King of Prussia Frederick II, Albert Naudé

Politische Korrespondenz Friedrich's des Großen

Sechszehnter Band

King of Prussia Frederick II, Albert Naudé

Politische Korrespondenz Friedrich's des Großen
Sechszehnter Band

ISBN/EAN: 9783743446458

Hergestellt in Europa, USA, Kanada, Australien, Japan

Cover: Foto ©ninafisch / pixelio.de

Manufactured and distributed by brebook publishing software (www.brebook.com)

King of Prussia Frederick II, Albert Naudé

Politische Korrespondenz Friedrich's des Großen

POLITISCHE

CORRESPONDENZ

FRIEDRICH'S DES GROSSEN.

SECHSZEHNTER BAND.

POLITISCHE

CORRESPONDENZ

FRIEDRICH'S DES GROSSEN.

SECHSZEHNTER BAND.

PRO GLORIA ET PATRIA

BERLIN,

VERLAG VON ALEXANDER DUNCKER,
KÖNIGLICHEM HOFBUCHHÄNDLER.

1888.

1757—1758.

[NOVEMBER 1757 — APRIL 1758.]

REDIGIRT VON DR. ALBERT NAUDÉ.

—.

9475. AU FELD-MARÉCHAL DE KEITH.

[Weissenfels, 1er novembre 1757.][1]

Si vous pouvez passer[2] à Merseburg et le prendre, c'est un coup décisif; si cela est impossible, il faut aller à Halle et avertir la garnison de Wittenberg qu'elle soit sur ses gardes. Je marcherai aujourd'hui, avec une partie de mon monde, vers Merseburg, pour être plus à portée. Voilà vraiment une chienne de guerre, où l'on ne peut avancer d'aucun côté, quoi qu'on fasse.

Nach der Ausfertigung. Eigenhändig.[3]   F e d e r i c.

9476. AN DEN GENERAL DER INFANTERIE PRINZ MORITZ VON ANHALT-DESSAU.[4]

[Weissenfels, 1. November 1757.]

Ich bin sehr embarrassiret. Schreiben Sie mir doch, ob es möglich oder nicht ist, eine Brücke bei Merseburg zu machen, um allda herüber zu kommen,[5] oder ob es nicht practicabel ist, auf dass ich weiss, wornach ich mir zu richten habe. Hier campiret die Reichsarmee. Ich lasse 4 Bataillons hier und ziehe mir in der Gegend Corbetha, um auf allen Seiten gleich nahe zu seind. Schreiben Sie mir geschwinde alle Umstände, dass ich gewisse weiss, wornach ich mir zu richten habe. Adieu.

                                                    F r i d e r i c h.

Nach der Ausfertigung im Herzogl. Haus- und Staatsarchiv zu Zerbst. Eigenhändig.

9477. AN DEN GENERAL DER INFANTERIE PRINZ MORITZ VON ANHALT-DESSAU.

[1. November 1757.][6]

Ich habe den Förster eben gesprochen. Morgen werde ich mit das meiste zu Ihnen stossen und ohngefähr mir bei Kriegsdorf[7] und die

---

[1] Mit dem Eingangsvermerke Keith's: „reçu le 1er novembre à 5 heures du soir." — [2] Keith sollte die Saale überschreiten. Vergl. Bd. XV, 470. — [3] Alle Schreiben, bei denen der Aufbewahrungsort nicht besonders angegeben ist, sind dem Königl. Geh. Staatsarchiv in Berlin entnommen. — [4] Die Berichte des Prinzen Moritz vom 1. und 2. November datiren aus Trebnitz. Dies ein Dorf 3/8 Ml. südöstl. von Merseburg. — [5] Die Brücke über die Saale bei Weissenfels war von Truppen der Reichsarmee niedergebrannt worden. Vergl. Bd. XV, 469. — [6] Prinz Moritz empfängt das Schreiben nach der Mitternacht vom 1. zum 2. November. — [7] 5/8 Ml. östl. von Merseburg.

Gegend setzen. Es ist gefährlich, von Merseburg weit abzumarschi[
indem sie sogleich bei Merseburg die Brücke wieder machen wür
und grade auf Leipzig gehen. Ich habe heute nach Torgau um
Schiffbrücken geschrieben; die können übermorgen bei Torgau se[
von da ich sie mit Vorspannpferden noch werde heranbringen las[
Zwischen hier und Merseburg müssen wir über, dann kommen wir [
Feind im Rücken und schneiden ihm von seine Magazine ab,
ist sicher.

Weilen ich nicht weiss, wor der Feldmarschall[1] ist, so wird
nöthig sein, dass, woferne in der Gegend nichts neues vorfällt, Sie
von meiner Intention avertiren. Adieu.

Frideric[

Nach der Ausfertigung im Herzogl. Haus- und Staatsarchiv zu Zerbst. Eigenhändig.

9478. AU FELD-MARÉCHAL DE KEITH.

[2 novembre 1757.]

Ce n'est du tout point mon intention, Monsieur, de passer la S[
à Halle, à moins que l'ennemi ne marche de ce côté-là. Ils ont
core un corps à Naumburg, qui, si je marchais à Halle, irait dro
Leipzig et même à Torgau. Faites passer la Saale aux hussard[
envoyez-les pour tâcher d'inquiéter l'ennemi, pour voir ce qui se pas[
à Merseburg, mais vous-même avec 6 bataillons, il faut me rejoi[
du côté de Merseburg, à moins que les hussards ne vous appren[
que toute l'armée ennemie marche de ce côté-là. Si rien n'y mar[
il faut défaire les ponts de vos Hallois. J'ai fait venir mes ponton[
surtout il faut être ensemble. Je vous avoue que votre marche[3]
pas été à mon gré. Adieu.

Federi[

Dès que les hussards seront de retour, il faudra défaire les p[
à moins que toute l'armée de l'ennemi ne marche de ce côté-là.

Nach der Ausfertigung. Eigenhändig.

9479. AN DEN GENERAL DER INFANTERIE PRINZ MOR[VON ANHALT-DESSAU.

[2. November 175[

Ich marschire nicht nach Kriegsdorf,[4] dass aber das Bataillon G[
dahin[5] marschiret, ist gut. Der Feldmarschall muss wieder hie[

---

[1] Keith. — [2] Mit dem Eingangsvermerk Keith's: „reçu 2 novembre à 10 h[
du matin." — [3] Der Marsch nach Halle. — [4] Vergl. Nr. 9477. — [5] Prinz [
meldete, Trebnitz 2. November, in Beantwortung des Schreibens des Königs
1. November (Nr. 9477), er werde das erste Bataillon Goltz nach Liebenau marsc[
lassen, um die dortige Brücke über die Elster und damit die Verbindung mit[
zu decken.

Ich nehme mein Quartier in Schladebach; wor Sie gegen Mittag hinkommen wollen, soll es mir lieb seind.

Friderich.

Nach der Ausfertigung im Herzogl. Haus- und Staatsarchiv zu Zerbst. Eigenhändig auf der Rückseite des Berichts des Prinzen vom 2. November.

9480. AN DEN GENERAL DER INFANTERIE PRINZ MORITZ VON ANHALT-DESSAU.

[2. November 1757.]

Die Reichsarmee ist den Augenblick aufgebrochen.[1] Schaffen Sie mir, ich bitte Ihnen, Nachricht von Keith; ich weiss noch nichts von ihm. Wann da was ist geschossen worden, so müssen Sie was davon gehöret haben: Summa, ich muss wissen, was da passiret, sonsten mache ich lauter falsche Mouvements. Es scheinet, als wenn der Hildburghausen nach Merseburg marschiret. Könnte man über der Saale kommen, so wäre man sie im Rücken. Das würde eine schöne Kurzweile geben. Adieu.

Friderich.

Nach der Ausfertigung im Herzogl. Haus- und Staatsarchiv zu Zerbst. Eigenhändig.

9481. AU FELD-MARÉCHAL DE KEITH.

[2 novembre 1757.][2]

Mon cher Maréchal. Dans ce moment, j'apprends que les Français ont quitté Merseburg; mon pont à Weissenfels sera achevé vers les 4 heures. Dès que cela sera fait, j'y passerai pour vous. Si les hussards et les dragons peuvent pousser en avant, ce sera admirable; peut-être y aura-t-il quelque coup à faire. Pour moi, j'agirai à la pandour, et dès que j'aurai passé la Saale, je tâcherai de couper leurs convois de Freiburg. Le pont de Merseburg ne pourra pas se refaire si vite, ainsi vous ne devez pas compter de pouvoir passer là. Si vous croyez, de votre côté, pouvoir faire un bon coup, je parlerai au prince Maurice, qui, en ce cas, vous pourra suivre; sinon, il faut s'assembler tout-à-fait à Weissenfels et couper ces gens de l'Unstrut. Adieu, mon cher Maréchal, je vous embrasse.

Federic.

Nach der Ausfertigung. Eigenhändig.

---

[1] Der Aufbruch der Reichsarmee von dem Weissenfels gegenüberliegenden Ufer der Saale sowie der Abzug der Franzosen aus Merseburg erfolgten am Nachmittage des 2. November. (Vergl. Tagebuch Gaudi's. Kriegsarchiv des Grossen Generalstabs, C. I, 1, II. S. 348.) — [2] Eingangsvermerk: „reçu 2 novembre à 5 heures après-midi."

9482. AN DEN GENERAL DER INFANTERIE PRINZ MOR
VON ANHALT-DESSAU.

[Weissenfels, 2. November 1757

Der Feind ist nach Querfurt marschiret, morgen will er we
marschiren. Ich werde also morgen früh hier übergehen. Lassen
2 Bataillons in Merseburg, die alles besorgen, was ich Ihnen gesagt hal
und mit dem übrigen marschiren Sie nur grade hierher und geben ‹
Feldmarschall Nachricht, dass er hierher folget. Sollte es angehen, ‹
seine Husaren über der Saale wären, so können sie jenseit des Was
zu mir stossen, und so werde sehen, was weiter zu thun sein w
Adieu.

Friderich

Nach der Ausfertigung im Herzogl. Haus- und Staatsarchiv zu Zerbst. Eigenhändig.

9483. AU FELD-MARÉCHAL DE KEITH.

[Weissenfels, 3 novembre 1757

Je passe la Saale et marche à Kayna; il faudra nous joindr‹
tomber en force sur l'ennemi, une bataille décidera le tout.

Federi‹

Nach der Ausfertigung. Eigenhändig auf der Rückseite eines Berichts von Keith, d. d.
2. November. Im Besitze des Herrn Alexander Cohn in Berlin.

9484. AN DEN GENERAL DER INFANTERIE PRINZ MOR:
VON ANHALT-DESSAU.

Weissenfels, 3. November 1757

Da die Brücke zu Merseburg fertig und also zu passiren ist,
kann das Corps sowohl von Feldmarschall von Keith als Derosel
Ihres allda über die Brücke zu Merseburg gehn, etwa eine Meile ·
wärts zwischen hier und Merseburg ist der Ort der Zusammenkunft
der Versammlung der Colonnen. Ich bin Ew. Liebden freundwill‹
Vetter

Friderich

Merseburg wird mit 2 Bataillons besetzt.

Nach der Ausfertigung im Herzogl. Haus- und Staatsarchiv zu Zerbst. Der Zusatz e
händig.

---

1 Vergl. Nr. 9479.

9485. AN DEN OBERST VON FINCK IN DRESDEN.

Weissenfels, 3. November 1757.

Mein lieber Obrister von Finck. Ich habe Eure beide Schreiben vom 28. und 31. voriges erhalten und gebe Euch darauf in Antwort, dass, wenn auch was vom Feinde sich in Bewegung setzet,[1] Ich es geschehen lassen muss; jedennoch glaube allemal noch zur rechten Zeit auf solches zu fallen, nur muss Ich hier erst endigen. Ich bin Euer wohlaffectionirter König

Es wird wohl morgen allhier zu einer Bataille kommen, und die wird wohl die Kurzweile ein Ende machen.

Nach der Ausfertigung. Der Zusatz eigenhändig.   Friderich.

9486. AN DEN GENERALMAJOR VON MANTEUFFEL.[2]

Weissenfels, 3. November 1757.

Mein lieber Generalmajor von Manteuffel. Was Ich Euch nachstehend schreibe, darüber sollet Ihr das grösseste Geheimniss bis zu seiner Zeit beobachten, inzwischen alles vorläufig wohl veranstalten.

Sowie nur die Husarenregimenter aus Preussen Eurer Orten angekommen sein[3] und sich einen Tag ausgeruhet haben werden, so sollet Ihr solche gleich in die Quartiere derer Schweden einfallen lassen, um einige von solchen zu enleviren. Ihr müsset aber inzwischen einige und verschiedene tüchtige Leute bei der Hand haben und ihnen mitgeben, die von allem hierzu benöthigten Bescheid wissen und sie führen, auch ihnen alle nöthige Nachrichten geben können. So müsset Ihr ihnen auch einige dortige Bataillons und Canons mit detachiren, die solche souteniren können.

Ihr sollet auch eine Anzahl von denen dortigen dreipfündigen Canons mit allem Attirail, auch dazu gehöriger Munition, auch Knechte und Pferde bereit halten, weil dem Generalfeldmarschall von Lehwaldt einige dergleichen Canons fehlen, so Ihr ihm bei seiner Ankunft gleich abliefern lassen müsset. Gedachter Generalfeldmarschall wird gleich nach seiner Dahinkunft nach Anklam und der Peene zu marschiren haben, um denen Schweden in ihre Quartiere zu fallen und solche nach aller Möglichkeit auch in Schwedisch-Pommern aufzuheben. Wie aber zu glauben ist, dass die Schweden bei ihrer Retraite die Brücke zu Anklam hinter sich abbrennen werden, so sollet Ihr darauf denken, auch mit dem Präsidenten Aschersleben Euch besprechen, wie es zu

---

[1] Nach Finck's Bericht vom 28. October sollten feindliche Truppen bei Elsterwerda angekommen sein. — [2] Die im Geh. Staatsarchiv befindlichen Berichte Manteuffel's vom 14. und 27. November, sowie vom 7. December sind aus Stettin datirt. — [3] Vergl. Bd. XV, 450.

veranstalten, dass der Feldmarschall gleich wieder eine Brücke über die Peene bekomme; dem Ihr aber, nämlich dem Aschersleben, bei Leibe nicht ein Wort von dem Operationsplan sagen, sondern Euch stellen sollet, als wäre es nur Euer Gedanken und Einfall. Ich bin Euer wohl-affectionirter König

Friderich.[1]

Nach der Ausfertigung im Archiv der Familie von Manteuffel zu Collatz[2] in Pommern.

9487. AN DEN ETATSMINISTER GRAF FINCKENSTEIN
IN MAGDEBURG.

Merseburg, 5. November 1757.

Das letztere Schreiben, so von Ew. Excellenz zu erhalten ich die Ehre gehabt, ist vom 29. voriges gewesen, von dessen Einlage ich aber noch keinen Gebrauch machen können, weil ich beides nur allererst in Weissenfels bekommen, wohin des Königs Majestät mich von Leipzig rufen lassen, und allwo ich auch währendem Dero vorhabenden Marsch und Expedition bleiben sollen, bis kurz vor Dero Abmarsch von dar Sie gut fanden, dass ich Dero Corps d'armée gleich mit folgen und mit solcher nach einem Dorfe, wo Se. Königl. Majestät zu Nacht blieben, Braunsdorf, mitgehen müssen. Da Sie intentioniret waren, Tages darauf, als gestern, die gegen Sie etwa einer guten Stunde weit stehende fran-zösische und Reichsarmee anzugreifen, habe ich noch die Nacht vorher hieher gehen müssen, um bis weitere Ordre zu bleiben.

Man hat hier gestern Vormittages vieles Canoniren gehöret, auch zu sehen geglaubet, als ob es wirklich zu einer Bataille gekommen sei; der Herr Obriste von Lentulus aber hat mir noch gestern Abend geschrieben, dass, als des Königs Majestät gestern nach Anbruch des Tages mt Dero Ca-vallerie die Position des feindlichen Lagers recognosciret und gefunden hatten, dass beide auf Anhöhen stehende feindliche Flügels sich bis an die Zähne retranchiret und stark mit Batteries gedecket hätten, Sie selbigen Tages den Angriff auf den Feind zu thun nicht convenable gefunden, jedoch die Position Dero Lagers geändert und solches weiter nach des Feindes linkem Flügel, jedoch zugleich näher an den Feind genommen hätten; bei welcher Gelegenheit und bei der vom Recognos-ciren der Feind stark, aber ohne sonderlichen Effect canoniret habe.

Heute ist bisher noch alles stille gewesen, ausser einigen Canon-schüssen, die man heute Vormittages hier hören können; Gott weiss auch, wie es weiter gehen wird. Sogleich empfange ein Schreiben von gedachtem

---

[1] In einem Erlass, d. d. Grossenhain 18. November, bezieht sich der König auf die obigen Weisungen und antwortet dem General auf eine Anfrage, „dass die Schweden fortgehen mögen oder nicht, denenselben demohnerachtet nach meiner vor-hin überschriebenen Disposition auf den Hals gegangen werden muss" [Archiv zu Collatz]. — [2] Bei Polzin im Kreise Belgard.

Herrn Obristen vom heutigen Dato, worin er mir die Ehre thut, zu melden, dass nichts neues heute passiret sei und beide Armeen noch in ihrem Lager stünden. Die feindliche sei an 40,000 Mann; der Duc de Richelieu habe gestern noch 20 Bataillons und einige Regimenter Cavallerie an Soubise geschicket, so Deserteurs, welche von diesem Corps gekommen, confirmiret hätten. Der ganze Krieg, zumalen im November, taugt nichts, Ew. Excellenz machen nur bald einen guten Frieden . . .[1]

E i c h e l.

Den Augenblick, da ich dieses gegen 2 Uhr Nachmittages schliesse, hören wir hier ein sehr starkes Canonenfeuer und, wie es scheinet, kleines Feuer.

Nach der Ausfertigung.

9488. AU MINISTRE D'ÉTAT ET DE CABINET COMTE DE PODEWILS A MAGDEBURG.

5 novembre 1757.

Nous venons de battre totalement les Français et les Cercles. Nous avons un grand nombre de prisonniers, plus de 50 canons, des drapeaux et étendards. Le comte de Revel, lieutenant-général, est prisonnier, beaucoup de généraux et officiers. L'ennemi était 50,000 hommes, nous 20,000. Le Ciel a béni la juste cause. Il faut faire des *Te Deum* avec du canon et les décharges d'infanterie à Berlin, Stettin, Magdeburg. Il est nuit close. Demain, nous poursuivrons l'ennemi jusqu'à l'Unstrut.

J'étais campé à Rossbach, et ils m'avaient voulu tourner du côté de Weissenfels. Je les ai poursuivis jusqu'au premier défilé. Mon frère Henri est blessé légèrement, de même que le général Seydlitz. Je crois le général Meinecke mort.[2] Si nous avons perdu 400 hommes morts et blessés, c'est le bout du monde.[3]

Nach dem Concept. Eigenhändig. F e d e r i c.

9489. A LA MARGRAVE DE BAIREUTH A BAIREUTH.

Auprès de Weissenfels, 5 novembre [1757].

Ma très chère Sœur. Enfin, ma chère sœur, je peux vous annoncer une bonne nouvelle. Vous saviez sans doute que les ton-

---

[1] Zum Schluss übersendet Eichel die Abschrift eines Immediatberichts des preussischen Geschäftsträgers Michell in London. — [2] Vergl. dagegen S. 8. 9. — [3] Am 6. November übersendet Eichel das obige Schreiben des Königs in Abschrift an den englischen Gesandten Mitchell in Leipzig und an den Generallieutenant Herzog von Bevern in Pöpelwitz bei Breslau; an letzteren mit dem königl. Befehl, dass „ein solennes Te Deum unter Lösung derer Canonen und gewöhnlicher Abfeurung des kleinen Gewehrs" gehalten werden solle.

neliers,[1] avec leurs cercles, voulaient prendre Leipzig. Je suis accouru et les ai chassés au delà de la Saale. Le duc de Richelieu leur a envoyé un secours de 20 bataillons et de 14 escadrons; ils se sont dits forts de 63,000 hommes. Hier, j'ai été pour les reconnaître, et n'ai pu les attaquer dans leur poste, ce qui les a rendus téméraires. Aujourd'hui, ils ont marché en intention de m'attaquer, mais je les ai prévenus. C'était une bataille en douceur. Grâces à Dieu, je n'ai pas eu 100 hommes de morts; le seul général mal blessé, c'est Meinecke. Mon frère Henri et le général Seydlitz ont de légères contusions aux bras. Nous avons tout le canon de l'ennemi; leur déroute est totale, et je suis en pleine marche pour les rejeter au delà de l'Unstrut.

Après tant d'alarmes, voici, grâces au Ciel, un évènement favorable, et il sera dit que 20,000 Prussiens ont battu 50,000 Français et Allemands. A présent, je descendrai en paix dans la tombe, depuis que la réputation et l'honneur de ma nation est sauvé. Nous pouvons être malheureux, mais nous ne serons pas déshonorés. Vous, ma chère sœur, ma bonne, divine et tendre sœur, qui daignez vous intéresser au sort d'un frère qui vous adore, daignez participer à ma joie. Dès que j'aurai du temps, je vous en dirai davantage. Je vous embrasse de tout mon cœur. Adieu.

Nach der Ausfertigung. Eigenhändig.   F e d e r i c.

9490. AN DEN ETATSMINISTER GRAF FINCKENSTEIN IN MAGDEBURG.

Merseburg, 5. November 1757, Abends, um 9 Uhr.

Bei dem Schlusse meines heutigen Schreibens an Ew. Excellenz[2] habe gemeldet, wie man hier soeben ein heftiges Canonfeuer gehöret und daraus eine Action urtheilen müsse. Solches hat sich auch nachher verificiret, und ist es noch heute Nachmittages gegen 3 Uhr zwischen Sr. Königl. Majestät und der französischen und Reichsarmee zu einer formellen Bataille gekommen, da dann, Gott sei gelobet! des Königs Majestät eine ganz complete Victoire in Zeit von ohngefähr 3 Stunden ohne sonderlichen Verlust erhalten haben.

So viel ich aus denen mir gesagten Umständen begreifen können, hat die französische combinirte Armee, so über 40,000 Mann in ihrem retranchirten Lager stark gewesen, gestern aber noch von dem Duc de Richelieu einen Renfort von 20 Bataillons und etlichen Regimentern Cavallerie erhalten haben soll, wie solches die von solchem Corps gekommenen Deserteurs confirmiret haben, schon heute Vormittag allerhand Marches und Contremarches, um ihr Dessein zu masquiren, gemachet, so dass es zuweilen geschienen, als ob sie sich nach Freiburg

---

[1] Vergl. „Congé de l'armée des cercles et des tonneliers." Œuvres, XII, 70—73. S. 72. Anm. — [2] Nr. 9487.

ziehen wollen, da sie dann alle ihre meiste Cavallerie nach dem rechten
Flügel gezogen; bis endlich Mittages man gesehen, dass sie attaquiren
und sich zwischen hier und des Königs Corps ziehen wollen. Der Generalmajor Seydlitz hat also mit der leichten Cavallerie, als Dragoner
und Husaren, ihr entgegengehen und das erste Treffen ihrer Cavallerie
sogleich attaquiren müssen, welchem denn gleich darauf die schwere
Cavallerie gefolget und ihn souteniret hat, da dann die Attaques so
wohl reussiret haben, dass das erste und zweite Treffen und endlich
auch die Reserve der feindlichen Cavallerie renversiret und verjaget,
dabei auch sehr maltraitiret worden. Als die Infanterie darauf dazugekommen, ist die Action allgemein geworden, da denn die feindliche
Infanterie das Feuer der unsrigen nicht lange aushalten können, auch
von dieser so pressiret und poussiret worden ist, dass sie sich gar nicht
recolligiren können, und es also auf Seiten des Feindes zur völligen
Retraite gekommen ist, der sich nach der Gegend von Freiburg und
gegen Naumburg gezogen. Unsere Cavallerie soll ungemein brav und
wohl gethan und sich diesesmal[1] sämmtlich distinguiret, die Infanterie
aber mit der grössesten Confiance Merveille gethan haben.

Der Verlust von der Infanterie soll sehr geringe, der von der Cavallerie etwas mehr sein, weil sie zu Anfang bei dem Attaquiren das
feindliche Canonenfeuer mit aushalten müssen; doch soll der Verlust
überhaupt nicht considerabel sein. Dahergegen der vom Feinde an
Todten, Blessirten und Gefangenen sehr stark und gar considerabel sein
soll, und er seine mehriste Artillerie und bei sich gehabte Bagage, da
er seine schwere Bagage [mit sich geführet], auf dem Wahlplatz hinterlassen haben. Ich bin noch nicht im Stande, davon etwas detaillirtes
zu melden, weil noch zur Zeit von des Königs Majestät kein Courier
oder dergleichen hier angelanget ist, und die Action, so erst um 3 oder
gegen 4 Uhr Nachmittages angegangen, an 2 bis 3 Stunden gewähret,
und der Abend und die Nacht also herangekommen ist, der Feind aber
noch immer poussiret und verfolget worden. Die Attaque soll bei dem
Dorfe Braunsdorf angegangen sein, die Armee des Königs aber endlich
bei einem Dorfe, so mir Reichertswerben genannt worden, vorerst Halt
gemachet haben, indess der Feind dennoch weiter poussiret wird.

Wie ich höre, soll kein Officier von Marque unsererseits geblieben
seind. Des Prinz Heinrich Hoheit seind, gottlob aber sehr légèrement,
durch einen Streifschuss oder vielmehr Contusion blessiret worden und
ausser aller Gefahr. Der Generalmajor von Seydlitz soll einen Streifschuss in der Seite bekommen haben, der ihn aber nicht *hors de combat*
gesetzet, Generalmajor Meinecke soll etwas gefährlich, Generalmajor
Itzenplitz leicht blessiret sein, sonsten und ausser welchen ich bisher von
niemanden gehöret habe. Major Schwerin vom Regiment Gensd'armes

[1] Vergl. dagegen das Urtheil über einen Theil der Cavallerie bei Kolin Bd. XV,
177. 193.

hat 5 Blessuren bekommen, als 3 Stiche im linken Arm, einen im dicken Fleisch des Schenkel und einen, jedoch kleinen, Hieb hinterwärts der linken Backe, alle aber seind ausser Gefahr von Suiten.

Ich erwarte hier Sr. Königl. Majestät Befehl, wenn und wohin zu Deroselben gehen soll, und habe Ew. Excellenz dieses inzwischen nur vorläufig melden wollen, bis ich im Stande sein werde, solches näher und specifiquer melden zu können. Ich zweifele auch nicht, dass Ew. Excellenz geruhen werden, des Herrn Grafen von Podewils Excellenz von diesem glücklichen Évènement sogleich zu benachrichtigen.

Eichel.

Es ist noch heute Abend fast eine kleine Welt von blessirten gefangenen französischen Officiers hiehergebracht worden, die mehrentheils schlecht zugerichtet sein; die Reichstruppen sollen gleich anfänglich auf ihre Sicherheit gedacht und, so gut es sein mögen, retiriret haben.

Nach der Ausfertigung.

9491. AU MINISTRE DE LA GRANDE-BRETAGNE MITCHELL A LEIPZIG.

Merseburg, 6 novembre 1757.

Monsieur. Dans la lettre que j'ai eu l'honneur de vous faire la nuit passée,[1] j'avais oublié de vous marquer que le Roi mon maître m'a ordonné de vous assurer de sa part, de la manière la plus positive, que Sa Majesté était instruite à présent, de façon à y pouvoir compter sûrement, que la cour de Vienne est convenue secrètement avec celle de Versailles de la cession de tous les Pays-Bas autrichiens,[2] pour aider la première à reconquérir la Silésie, et pour brider par là les Puissances maritimes; que c'est là une des raisons pourquoi la France a fait jusqu'ici d'aussi grands efforts contre lui, le Roi mon maître, sans aucun ménagement. Sa Majesté assure à Votre Excellence cet avis aussi juste et fondé qu'elle Lui permet de le pouvoir mander hardiment à Sa cour.

M'étant acquitté des ordres du Roi à ce sujet, je vous réitère les sentiments de respect et de considération avec lesquels je suis, Monsieur etc.

Nach der Ausfertigung im British Museum zu London.

Eichel.

9492. AU ROI DE LA GRANDE-BRETAGNE A LONDRES.

Freiburg, 7 novembre 1757.

Monsieur mon Frère. Comme j'étais en pleine marche pour la Silésie, j'appris que l'armée française et celle de l'Empire s'avançaient du côté de Leipzig, ce qui m'obligea à revenir sur mes pas pour défendre mes magasins et couvrir le pays de ces environs. Le 3 de ce

---

[1] Vergl. S. 7. Anm. 3. — [2] Vergl. Nr. 9511. S. 29; Bd. XV, 369.

mois, je tombais dans leurs cantonnements, je les obligeais à se replier au delà de la Saale et leur enlevais le poste de Weissenfels; après quoi, nous avons passé la rivière, nous sommes marchés à eux le 4, mais, leur poste étant trop fort pour être attaqué, nous avons voulu les tourner. Le 5, ils sortirent de leur poste, et ils ont été battus. Ils y ont perdu 8 généraux, 206 officiers, 4500 hommes, 62 canons, 15 étendards, deux paires de timbales et 7 drapeaux; leur déroute a été si considérable que les trois quarts ont jeté leurs armes. Je reviens de la poursuite, et je ne les ai quittés qu'auprès d'Erfurt. J'ai cru peut-être que cette nouvelle pourrait ne point être désagréable à Votre Majesté.

Le duc de Richelieu avait renforcé cette armée de 20 bataillons et de 16 escadrons, elle était forte en tout de 62,000 hommes. A la nouvelle de cette bataille, les Français se sont retirés avec précipitation du pays de Halberstadt, et je laisse à juger à Votre Majesté des suites que cela pourrait avoir, si l'on saisissait le moment pour en profiter. Les Autrichiens ont mis le siège devant Schweidnitz, j'y marche incontinent pour y apporter du secours et pour nettoyer en passant la Lusace.

Le maréchal Lehwaldt arrivera dans huit jours à Stettin,[1] et je ne doute pas qu'il n'expulse en peu le[2] pays des Suédois qui l'ont infecté.

M. Mitchell m'a dit que Votre Majesté souhaitait que le prince de Brunswick se mît à la tête de Son armée;[3] je le fais partir incontinent, très persuadé que, si l'on agit d'abord dans la circonstance présente, on en retirera le plus grand avantage. Je fais des vœux pour la prospérité de Votre Majesté, étant avec la plus haute estime, Monsieur mon Frère, de Votre Majesté le bon frère   F e d e r i c.

Nach der Ausfertigung im Königl. Staatsarchiv zu Hannover. Eigenhändig.

9493. AU FELD-MARÉCHAL DE KEITH.

7 [novembre 1757].

Nous avons fait le 6 des ponts sur l'Unstrut, on a fait beaucoup de prisonniers en marche, nous sommes avec l'avant-garde auprès d'Eckartsberga.[4] L'ennemi était intentionné d'y camper hier, mais, sur notre arrivée, il s'est d'abord remis en marche. Ce matin nos hussards ont poussé jusqu'à Buttstædt, on fait continuellement des prisonniers, et nous ne cesserons de les talonner que vers Erfurt.

F e d e r i c.

Nous avons encore pris un étendard et 6 canons à l'ennemi.

Il faut envoyer ce bulletin à Merseburg, de là à Leipzig, Magdeburg et Berlin, Torgau.

Nach der Ausfertigung. Eigenhändig.

---

[1] Vergl. Nr. 9497. — [2] Sic. — [3] Vergl. Bd. XIII, 609; XIV, 550; XV, 467. — [4] In der Vorlage: auprès de l'Eckertsberg.

9494. AU FELD-MARÉCHAL DE KEITH.

Keith beantwortet, Freiburg 7. November, das Schreiben des Königs vom selbigen Tage (Nr. 9492) mit Glückwünschen zu den ruhmvollen Folgen des erfochtenen Sieges. „On ne Vous fera pas du moins les reproches qu'on fit autrefois à Hannibal, car jamais on n'a poussé si vivement une poursuite; pendant que Votre Majesté fait des prisonniers, je les achète aux paysans qui m'en amènent à tous moments. Mais comme Votre Majesté avance beaucoup, il me paraît que je suis bien en arrière, et si Elle juge à propos, je pourrais m'avancer jusqu'à Punschrau¹ ou aux environs pour être plus à portée. Je tiens les troupes toutes prêtes à marcher."

[7 novembre 1757.]

L'ennemi, mon cher Maréchal, vous épargnera des marches, leur fuite est si précipitée que la tête est aujourd'hui à Erfurt; nous faisons beaucoup de prisonniers. Envoyez des détachements, par votre gauche, le long de la Saale et vers Querfurt, je sais que vous trouverez là des fuyards et des vivres de l'armée française, et répandez le bruit que toute l'armée va marcher par le Mansfeld à Halberstadt; il faut qu'on le sache dans mon pays, cela fera fuir tout le monde. Adieu.

Federic.

Nach der Ausfertigung. Eigenhändig auf der Rückseite des Berichts von Keith. Im Besitze des Herrn Alexander Cohn in Berlin.

9495. AU FELD-MARÉCHAL DE KEITH.

[7 novembre 1757.]

Je rassemblerai demain toutes les troupes. On m'écrit de Silésie que l'ennemi a ouvert la tranchée devant Schweidnitz; il faut que j'y aille en diligence. Je vous laisserai avec un corps, le plus fort que mes circonstances le permettront, de ces côtés-ci, et je me mettrai incessamment en marche pour la Silésie. Voilà une année bien laborieuse pour moi! Adieu. Avertissez Retzow, s'il vous plaît, de tout ceci.

Federic.

Nach der Ausfertigung. Eigenhändig.

9496. AN DEN GENERALLIEUTENANT HERZOG VON BRAUN-SCHWEIG-BEVERN.²

Freiburg, 8. November 1757.

Ew. Liebden Schreiben vom 29. October, 1. und 3. November habe Ich zu ihrer Zeit richtig erhalten. Ich approbire die Resolution gar sehr, so Ew. Liebden genommen, um die österreichische Armee, nachdem sich selbige durch das Detachiren nach Schweidnitz geschwächet

¹ 1¹/₄ Ml. wnw. von Naumburg. — ² Bevern's Berichte sind bis zum 19. November, ebenso wie im October (vergl. Bd. XV, 412. Anm. 1), sämmtlich aus dem Lager von Pöpelwitz bei Breslau datirt.

hat, zu attaquiren, ohne dass Dieselbe Mich weiter abwarten, und bin persuadiret, dass unter Dero guten Disposition und Veranstaltung mit Gottes Hülfe alles gut und glücklich abgehen und Dieselbe den Feind schlagen werden.

Sobald Ich nur hier fertig bin, werde Ich, wie Ich Ew. Liebden im höchsten Vertrauen schreibe, den Generalfeldmarschall Keith mit einem Corps nach Böhmen schicken, um da eine Diversion und Luft zu machen, Ich aber gehe nach der Lausnitz[1] und gerade auf Schweidnitz, da dann, wenn zumalen Ew. Liebden, wie Ich hoffe, den Feind schlagen und es gut gehet, wir solchen in die Mitte fassen, und nicht zu zweifeln ist, dass er über Hals und Kopf davon und nach Böhmen laufen wird. Wenn Ich eigentlich dahin kommen werde, kann Ich noch nicht gewiss sagen. Inzwischen Ew. Liebden um Gottes willen bitte, Sich keine timide Partie von schwachen Leuten inspiriren zu lassen,[2] sondern Dero eigener Einsicht und Erfahrung zu trauen. Dero Armee ist frisch, die Cavallerie hat sich aufgenommen, die feindliche dagegen ist heruntergekommen und durch das Wegschicken geschwächet, also kommet es nur auf gute Disposition, den Feind zu nehmen, wo er am schwächsten, auf Contenance, Bravour und Vigueur an.[3]

Nach dem Concept.   F r i d e r i c h.

9497. AN DEN GENERALFELDMARSCHALL VON LEHWALDT.[4]

M e r s e b u r g, 9. November 1757.

Ich mache Euch nunmehro Euren Operationsplan bekannt, welchen Ihr zu befolgen habet, sobald Ihr mit Eurem ganzen Corps d'armée in Hinterpommern eingerücket sein werdet;[5] inzwischen Ihr aber das höchste Secret davon zu halten habet. Und zwar:

Operationsplan vor den Feldmarschall Lehwaldt.

Bei Stettin muss der Feldmarschall sein Corps sammlen. Er darf die letzten nicht abwarten; wor er die Husaren, 20 Escadrons Dragoners und 16 Bataillons zusammen hat, so muss er aufbrechen und grade auf Anklam marschiren. Sollte er an andern Örtern besser über die Peene kommen, so stehet ihm solches frei. Was er vor schwedische Quartiere zum nächsten findet, muss er enleviren und sodann seinen Marsch

---

[1] Dem Obersten Finck in Dresden zeigt der König, Merseburg 9. November, an, dass er nach Torgau und von dort nach der Lausitz und Schlesien gehen werde. Es solle ihm ein Convoi Brod aus Dresden geschickt werden, sobald er „der Gegenden Bautzen" komme; nach Torgau sollen, wenn der Weg dorthin frei würde, 1000 bis 1500 Wispel Mehl geschafft werden. — [2] Vergl. Bd. XV, 412. 419. 453. — [3] In der Ausfertigung ist ein unchiffrirter Zusatz angefügt, die bei Rossbach errungenen Erfolge betreffend. Der obige Haupttheil der Ausfertigung ist chiffrirt, ein Déchiffré nicht vorhanden. — [4] Die Berichte Lehwaldt's sind datirt am 12. November aus Marienwerder, am 10. December aus Stettin. — [5] Vergl. S. 5; Bd. XV, 449. 450.

grade auf Stralsund fortsetzen. Sein Hauptzweck muss dahin gehn, die Schweden auseinander zu sprengen oder solche in Stralsund einzuschliessen. In Stralsund haben sie nicht zu leben, also zwinget sie die Noth, auf der Insel Rügen zu gehen. In Schwedisch-Pommern muss so gehauset werden, wie die Russen es in Preussen gemacht haben,[1] und das Mecklenburgsche muss Vivres und Winterquartiere hergeben, 2 Million Contribution, 6000 Winspel Mehl und Haber etc. Die Kanonen kann der Feldmarschall aus Stettin nehmen, imgleichen auf drei Wochen Mehl. Er muss aussprengen, als wollte er Stralsund das Frühjahr belagern, so werden die Schweden noch den Winter zum Frieden gezwungen werden.

NB. Gegen der Priegnitz, wor da noch französische Husaren rodiren,[2] wird ein 500 Mann Husaren aus Schwedisch-Pommern müssen hingeschicket werden. **Friderich.**

P. S.

Was die Russen nach Eurem Abmarsch aus Preussen thun werden, solches muss Ich erwarten und kann aus denen Euch schon gemeldeten Ursachen vorerst darunter nichts ändern.[3] So viel kann Ich Euch aber sagen, dass, was Benoît schreibt,[4] nichts anders als Illusions derer Sachsen und ihrer Clique seind, um das Public zu imponiren. Denn Ich gar sichere Nachrichten habe,[5] dass die russische Kaiserin den 19. September in der Kirche eine starke Ohnmacht gehabt und zur Erden gefallen ist, da sie dann vor todt aus der Kirche getragen und ihr gleich zur Ader gelassen worden, worauf aber kein Blut folgen wollen, bis man es in ihrem Zimmer wiederholet, da dann nach verschiedenen Tentativen ein wenig Blut gefolget. Sie soll ganz herunter sein, nichts mehr nehmen wollen, sondern ihr Zimmer voll wunderthätige Marienbilder haben behängen lassen, vor welche die Geistlichkeit brennende Wachslichter unterhält; wie dann auch ihr alter Schaden sich sehr verschlimmert haben soll. Dergleichen Attaquen vom Schlage soll sie seit dem Monat Juni zum sechsten Mal gehabt haben, welches alles man sehr sorgfältig cachire, aber vor die wahre Ursache der russischen Retraite aus Preussen[6] gehalten werde. Ihr könnet davon wohl etwas in Preussen glissiren lassen, doch nur *en général* und nicht, als ob es von Mir komme, um die Leute etwas dort wegen Eures Ausmarsches zu consoliren. Ich vor Mein particulier glaube daher auch noch nicht, dass die Russen wieder in Preussen dringen werden.

Nach dem Concept. Der „Operationsplan" eigenhändig.

---

[1] Vergl. Bd. XV, 333. 401. — [2] Vergl. Bd. XV, 434. — [3] Vergl. Bd. XV, 398. 405. — [4] Nach dem Berichte Lehwaldt's, Marienwerder 31. October, hatte Benoît angezeigt, der sächsisch-polnische Hof suche die russische Kaiserin zu einem Winter.feldzuge gegen Preussen zu überreden. — [5] Nach Berichten von Hellen, d. d. Haag 17. und 22. October, auf Grund von Berichten des holländischen Gesandten Swart in Petersburg. — [6] Vergl. Bd. XV, 494.

9498. UNTERREDUNG DES KÖNIGS MIT DEM GROSS-BRITANNISCHEN MINISTER MITCHELL.

[Merseburg, 9. November 1757.]

Mitchell berichtet an Holdernesse, Leipzig 11. November (most secret): „ . . . His Prussian Majesty told me that he had sent for me, in order to be present at an audience he was to give to General Count Schulenburg, who was sent to him from the Hanoverian ministry; that I could not be surprised if, after what had happened,[1] he was diffident and distrustful of every thing that came from that quarter.

Mitchell richtet an den König die Bitte, mit seinem siegreichen Heere den Marschall Richelieu aus Hannover zu vertreiben.

The King answered plainly it was impossible, that he must immediately go into Silesia to endeavour to save Schweidnitz, and, when I pressed again to this point, he answered with great warmth: »Sure, it is but just that I should take some care of my own country; what assistance have I had of any sort? You know, you have seen what I have suffered by the Hanoverian convention,[2] and from your nation I have nothing but good words.«[3] I replied I hoped they would soon be realized, and that this act of generosity on his part of helping to drive the French out of Hanover, would for ever secure to him His Majesty's friendship and the gratitude of the English nation. »Well,« says he, »but, in the mean time, the Austrians will get a settlement in Silesia; will the Hanoverian troops help me to recover it?« I replied I made no doubt they would; but he still remained inflexible and concluded with saying he thought, as the troops at Hanover were 42,000 men compleat, they might act for themselves; »you see what I have done with less than half that number. I will however, when *maréchal* Lehwaldt arrives, give any assistance in my power, after he has chastised the Swedes.«

I then put His Prussian Majesty in mind of the promise he has made to His Majesty of a general to command his troops.[4] He desired that Count Schulenburg might come in, and I renewed the request about the general. His Prussian Majesty asked whether, if Prince Ferdinand of Brunswick[5] was to go to Hanover, the troops would obey him, and the ministers receive him as general. I answered I had the King's commands to ask this favour of His Prussian Majesty, but did not know whether any commission was yet made out for the Prince, and Count Schulenburg added that he believed the troops would obey him, but that the ministers of Hanover had not told him that there was a commission ready for the Prince, and proposed the Prince's going incognito to Stade. The King of Prussia replied he could not advise

---

[1] Vergl. Bd. XV, 489. — [2] Vergl. Bd. XV, 489. — [3] Vergl. Bd. XV, 143. 162. 228. 237. — [4] Vergl. Bd. XV, 467. — [5] Vergl. S. 12; Bd. XIII, 609; XIV, 550; XV, 467.

that measure as well for the Prince's sake as for the sake of the business he went upon; which, to make it successful, must be managed with the greatest secrecy, that it would be impossible to conceal the Prince's arrival at Stade, and, the moment it was known, the whole design was discovered to the French and consequently prevented. His Prussian Majesty therefore proposed that the Prince, after conferring with Count Schulenburg, should go to Magdeburg, of which he is governor,[1] and wait there, till the commission and every thing was prepared, and the troops put into such a posture, as to be ready to act on an hour's warning after the Prince's arrival.

His Prussian Majesty had some discourse with Count Schulenburg as to the manner in which this enterprise should be conducted, of which the Count will himself give an account.

I then asked His Prussian Majesty whether he was willing to give an assurance that he should not treat for a peace without the previous approbation of, and in concert with the King, both as King and as Elector. He answered he was willing to give that assurance, provided the King did the same, and that it was equal and reciprocal, and he added: »You know I never made the distinction nor never approved of its being made.«

As to the report about his treating separately with France, he said it was true and Prince Ferdinand of Brunswick should shew me the copy of the convention the Prince had signed,[2] but he, King of Prussia, had refused to ratify, and that the late battle was a full proof he had concluded nothing with France.[3]

I concluded this conversation by asking His Prussian Majesty's interest and assistance with the King's allies to keep them steady. The King of Prussia replied the Landgrave of Hesse has shewn great firmness,[4] and I have no doubt of him nor of the Duke of Brunswick. I then insinuated that, in case the regency of Hanover resolved on active measures, it might be of great use, if His Prussian Majesty would but made a feint of acting with the troops he had in Magdeburg. He did not reject this request, but said they were to few to do anything to purpose, and repeated to me the assurance he had given before of assistance from *marêchal* Lehwaldt's army."[5]

Nach der Ausfertigung im Public Record Office zu London.

---

[1] Vergl. Bd. XV, 400. — [2] Vergl. Bd. XV, 458. 464. — [3] In der gleichen Weise antwortet der König am 10. November an Hellen im Haag; derselbe hatte angezeigt, dass der englische Gesandte Yorke über Verhandlungen zwischen Preussen und Frankreich beunruhigt sei. — [4] Vergl. Bd. XV, 491. — [5] In seinen Tagebüchern berichtet Mitchell aus den Gesprächen dieser Tage, dass der König sich geweigert habe, mit der Notification des Sieges von Rossbach Jemand nach England zu senden, „with this short answer: »what have those people done for me?«". Vergl. Memoirs and papers of Sir Andrew Mitchell; by Bisset I, 382. Ueber die Sendung des Majors Grant nach London vergl. unten S. 25.

9499. UNTERREDUNG DES KÖNIGS MIT DEM GROSS-BRITANNISCHEN MINISTER MITCHELL.

[Leipzig, 10. November 1757.]

Mitchell berichtet an Holdernesse, Leipzig 11. November (private):

„. . . When His Prussian Majesty asked me if I knew what footing the Prince [Ferdinand] was to be upon, I answered I did not, but that I had no doubt it would be such a one as became his high birth and rank. He then told me that, though the Prince was not rich, it was not proper that he should receive pay, as the Prince was in his service and only lent to His Majesty, but he hoped the table, equipages and other necessaries would be suitably provided for . . .

His Prussian Majesty then said he hoped the King would show that confidence in the Prince as to give him all the powers necessary for his station, in the same manner he has done in His Royal Highness the Duke, that, without those powers, the Prince would not be enabled to render that service to His Majesty he was capable of doing, that he was sure the Prince would not abuse those powers, but that it was absolutely necessary he should be made independent of the ministers, to whom the strictest orders should be given to assist in every thing . . .“ [1]

Nach der Ausfertigung im Public Record Office zu London.

---

[1] Vom 10. December aus Leipzig liegt ein ausgefertigtes, aber nicht unterzeichnetes Schreiben des Königs an den Prinzen Ferdinand vor, welches nicht zur Absendung gelangt ist, „weil,“ wie Eichel bemerkt, „des Königs Majestät mit des Prinzen Durchlaucht alles mündlich besprochen haben“. Der König hatte dem Prinzen geschrieben: „Elle connaît trop l'estime que j'ai pour Elle, pour devoir jamais soupçonner que la commission dont Elle sera chargée, L'éloignera de ma personne. Ce ne sera qu'une absence momentanée et temporaire; c'est aux instances expresses de Sa Majesté Britannique qui, n'ayant dans les circonstances présentes, où il s'agit d'une expédition de vigueur, aucun général à qui elle saura se confier, m'a fait faire la demande de la personne de Votre Altesse, par la haute estime qu'elle a pour Elle, et par une confiance particulière qu'elle a mise à Ses talents et à Ses mérites personnels. Je n'ai pas pu la refuser, surtout en considération de l'avantage qui en résultera à la cause commune et à mes propres intérêts. Du reste, Votre Altesse ne sortira nullement par là hors de mon service; Elle gardera d'ailleurs Ses charges, Son rang et Ses pensions, avec tout ce qu'Elle retire de moi. Au reste, l'affaire ne sera qu'une commission temporaire par où Elle rendra un service signalé également au roi d'Angleterre, à moi et au Duc régnant, Son frère. Au surplus, le roi d'Angleterre fournira non seulement tout ce qu'il faut pour votre table et autres dépenses inséparables d'un tel commandement général, mais, l'expédition finie, Sa Majesté Britannique reconnaîtra les services que Votre Altesse rendra, par une récompense proportionnée à Sa naissance et au service important qu'Elle lui rendra, de sorte qu'Elle sera en tout parfaitement contente.“

9500. A LA MARGRAVE DE BAIREUTH A BAIREUTH.

Leipzig, 10 novembre 1757.

Ma très chère Sœur. Je ne comprends pas comment il est possible que vous ayez su le 6 le combat qui s'est donné le 5; c'est, je crois, ma chère sœur, votre génie supérieur, qui vous fait deviner les évènements. Enfin, la fortune s'est un peu ravisée en ma faveur, il faut cependant de la constance de sa part, sans quoi je ne serai guère avancé encore. Je vous envoie, comme vous l'ordonnez, la relation de nos sottises héroïques;[1] vous verrez que cette armée formidable est presque entièrement dissipée. Je me tourne à présent du côté droit, j'aurai à faire à Marschall[2] et à Dieu sait qui encore. Dès que je pourrai vous donner quelque nouvelle, je ne manquerai pas de le faire.

Je vous embrasse de tout mon cœur, ma divine et adorable sœur, en vous assurant de la parfaite et inviolable tendresse et de l'attachement à toute épreuve avec lequel je suis, ma très chère sœur, votre très fidèle frère et serviteur

Nach der Ausfertigung. Eigenhändig.   F e d e r i c.

9501. AN DEN GENERALLIEUTENANT HERZOG VON BRAUN-
SCHWEIG-BEVERN.

Leipzig, 10. November 1757.

Ich habe Ew. Liebden Schreiben vom 5. dieses per Estafette richtig erhalten und zweifele nicht, dass Dieselbe gleichfalls das Meinige vom 8. dieses,[3] so der Feldjäger Bartikow zum Ueberbringen bekommen, richtig empfangen haben werden. Wenn der Commandant[4] und Grumbkow nebst der Garnison zu Schweidnitz sich nicht sechs Wochen bis zwei Monat halten werden, so kenne Ich ihr Verfahren nicht und werde von beiden sehr übel zufrieden sein, welches Ew. Liebden, wo es auf der Welt möglich ist, ihnen durch zwei oder drei differente Émissaires zu wissen zu thun Sich bestens angelegen sein zu lassen haben. Sie haben dort Minen, überflüssige Magazins, eine starke Garnison und alles, was sie nöthig haben, und also keine Entschuldigung. Ich aber setze Mich im völligen Marsch dahin.

Was Ew. Liebden vor Sich zu thun haben, solches muss Deroselben überlassen, wie Sie es à propos finden; nur muss anführen, dass mit Stillestehen man die Umstände nicht ändert noch bessert, und es wohl sehr zu wünschen wäre, dass Ew. Liebden gleich zu Liegnitz[5] die Partie genommen, dem Feind auf den Hals zu gehen, da es Zeit gewesen zu batailliren, und Dieselbe noch alles von Truppen zusammen hatten;

---

[1] Vergl. unter Nr. 9510. — [2] Vergl. Bd. XV, 454. — [3] Nr. 9496. — [4] Generalmajor von Sers. — [5] Vergl. Bd. XV, 348. Anm. 1.

welches besser gewesen, als sich in die jetzige benauete Umstände zu setzen.

Ich marschire den 13. aus Leipzig, den 14. bin Ich zu Torgau, wo wegen der Truppen einen Ruhetag nehmen muss, den 25. bin Ich an das Gebirge und den 28. ohngefähr bei Schweidnitz, eher nicht, weil alles arrangiren muss und sonst die Truppen durch Fatigues ruiniren würde.

Nach dem Concept.   F r i d e r i c h.

9502. AN DEN PRINZEN HEINRICH VON PREUSSEN IN LEIPZIG.

Leipzig, 11. November 1757.

Durchlauchtiger Fürst, freundlich lieber Bruder. Da Ich Ew. Liebden das völlige Commando sowohl allhier als hiesiger Orten herum überall aufgetragen habe, so mache Ich Deroselben hierdurch bekannt, wie Ich an den Commandanten zu Magdeburg, den Generallieutenant von Borcke, die Ordre gestellet habe, dass alles, was Ew. Liebden dahin wegen der Franzosen oder des Feindes befehlen werden, executiret werden soll, auch dass, wenn Dieselbe befehlen, dass der Generalmajor von Jungkenn mit 2 Bataillons nach Halberstadt, oder wohin es Ew. Liebden befehlen werden, vorrücken und marschiren solle, solches sogleich geschehen müsse. Ich habe auch dem magdeburgschen Kammerpräsidenten von Blumenthal, dem Kriegesrath Lamprecht zu Halle, dem Landrath von Dacheröde im Mansfeldschen und sonsten aufgegeben, dass dieselbe alle ihre Berichte wegen dessen, so etwa mit denen Franzosen oder sonst wegen des Feindes ihrer Orten und Gegenden vorfallen wird, nebst allen Nachrichten, so sie des Feindes wegen erhalten werden, immediate hieher an Ew. Liebden einsenden sollen.

Im übrigen haben Ew. Liebden zu besorgen, dass es wegen Verpflegung der gefangenen französischen Officiers so gehalten werde, wie es sich gehöret. Ich bin Ew. Liebden freundwilliger Bruder

Nach der Ausfertigung.   F r i d e r i c h.

9503. AU FELD-MARÉCHAL DE KEITH.[1]

[Leipzig,] 11 [novembre 1757].

Voici, mon cher Maréchal, la réponse au comte de Mailly,[2] telle que vous pouvez l'imaginer, et qu'elle doit l'être. Je partirai d'ici après-demain pour Eilenburg, j'ai dit à mon frère qu'il garde le régiment d'Anhalt, de Hauss et le régiment du corps[3] à sa disposition. Je crois qu'on pourrait faire marcher le *Leibregiment* vers Aschersleben, pour dé--

---

[1] Keith war in Merseburg zurückgeblieben. — [2] Vergl. Nr. 9504. — [3] Das Regiment Garde du corps.

2*

nicher Turpin, surtout si ce régiment se trouve soutenu par un détachement d'infanterie. Adieu, mon cher Maréchal, je vous embrasse.

Nach der Ausfertigung. Eigenhändig.   F e d e r i c .

9504. AU LIEUTENANT-GÉNÉRAL COMTE DE MAILLY A MERSEBURG.

Der bei Rossbach in preussische Gefangenschaft gefallene französische Generallieutenant Graf von Mailly erbittet, Merseburg 10. November, die Erlaubniss, eine
Zeit lang nach Frankreich zurückkehren zu dürfen, um seine durch den Tod der
nächsten Verwandten in grosse Verwirrung gerathenen häuslichen Angelegenheiten
zu regeln.

[L e i p z i g , 11 novembre 1757.][1]

Obligeante réponse, mais qu'on ne pouvait pas leur accorder les
passe-ports, puisqu'on ne les regarde pas comme prisonniers français,
mais comme autrichiens, et que, comme le maréchal Daun a rompu avec
nous le cartel établi, ils ne pourront être relâchés que lorsqu'on me
rendra mes prisonniers.

F e d e r i c .

Si vous étiez ici en qualité de Français, je me ferais un plaisir
d'aller au-devant de tout ce qui pouvait vous être agréable. Mais la
qualité d'auxiliaires dont vous vous êtes revêtus, m'oblige de vous traiter
comme tels et de ne vous échanger que lorsqu'il plaira à la reine de
Hongrie de me rendre mes officiers, qui, pendant leur détention, ont
été traités avec indignité.

Das Hauptschreiben nach der eigenhändigen Weisung für den expedirenden Cabinetssecretär.
Der Zusatz nach Abschrift der Cabinetskanzlei; in der Ausfertigung war derselbe eigenhändig.

9505. AU MINISTRE D'ÉTAT ET DE CABINET COMTE DE FINCKENSTEIN A MAGDEBURG.

L e i p z i g , 11 novembre 1757.

J'ai reçu à son temps les lettres que vous m'avez faites consé-
cutivement le 29 d'octobre et le 1er de ce mois. Ne sachant pas à
combien monte le poids et la valeur en argent des 38 barres d'argent
dont le sieur de Boden vous a dit qu'il y en avait en fonte dans le
trésor, je n'en saurais aussi rien disposer, et comme cela ne presse pas,
il faut que, préalablement, vous vous arrangiez avec le sieur Knœffel
touchant le monnaiement de cette argenterie que je regarde comme
inutile en meubles, que mes intentions soient remplies à cet effet;[2] que
vous devez faire venir ledit sieur Knœffel à Magdeburg, afin de l'in-

---

[1] Vergl. Nr. 9503. — [2] Vergl. Bd. XIV, 198; XV, 373. 380. 381.

struire vous-même que, par les raisons que je vous ai déjà indiquées, il doit arranger lui-même auprès de la monnaie de Magdeburg que cette quantité de 28,560 marcs 7 loth d'argent fin soit monnayée *nach dem clevischen Fuss*, mais non pas en pièces de *6-Kreuzerstücken*, mais en *Groschen-* et *6-Pfenningstücken*, selon le timbre ordinaire de ces pièces-là; enfin, que le sieur Knœffel doit s'arranger en sorte que, par l'alliage[1] de cette argenterie, j'en retire nettement la somme ronde de 600,000 écus en argent comptant, tous frais et dépens décomptés et rabattus. Les considérations que le sieur Knœffel a voulu vous alléguer contre le pied le plus bas que j'adopte, quoique sans conséquence et uniquement pour le monnaiement de cette argenterie, sont justes en temps de paix; mais, dans un temps de guerre, et où toutes ces petites espèces, dites communément *Scheidemünze*, sortiront du pays, on ne saurait regarder de si près là-dessus. D'ailleurs, il faut s'y prendre de façon, afin qu'il n'en éclate d'abord rien de cedit pied monnayé, et que tout se fasse avec le secret nécessaire, pour qu'il n'en transpire rien, avant que ces espèces ne roulent dans les pays étrangers. Au reste, je veux bien confier, sur vos instances, au ministre de Boden la direction de tout ceci, à qui je viens d'écrire,[2] quoiqu'en termes généraux, là-dessus, et à qui il faut que vous expliquiez en détail mes intentions, n'ayant pu le faire moi-même, faute de n'avoir pas un chiffre avec lui.

Pour ce qui regarde le prince de Hesse-Cassel, je ne suis aucunement en doute sur son attachement pour moi et sur sa bravoure; mais vous considérerez comme il me sera difficile de lui confier quelque commandement de troupes[3] pendant les expéditions présentes militaires trop sérieuses et de trop de conséquence, pour en oser confier à de jeunes princes sans expérience, quoique sous de bons commandants en chef, comme l'expérience du passé m'en a fait éprouver. Ainsi vous tâcherez de tranquilliser au mieux ledit prince par des compliments les plus flatteurs et onctueux, en lui alléguant que, comme la saison des expéditions militaires était passée cette année-ci, de sorte qu'on ne saurait rien faire à présent que de s'arranger sur les quartiers d'hiver, il attendrait bien l'année qui vient, où, vers l'ouverture de la campagne, je saurais bien satisfaire à son inclination. Et, sur ce, je prie Dieu etc.

Nach der Ausfertigung.   F e d e r i c.

9506. AN DEN ETATSMINISTER GRAF PODEWILS IN MAGDEBURG.

Leipzig, 11. November 1757.

Mein lieber Geheimer Etatsminister Graf von Podewils. Ihr habt aus denen beikommenden Anlagen mit mehrerm zu ersehen, was die

---

[1] In der Vorlage: l'allèguement. — [2] Liegt nicht vor. — [3] Vergl. Bd. XIV, 404; XV, 46.

Kaufleute zu Berlin Scheel und Fronmüller wegen einer Entreprise, so die darin benannte englische Kaufleute zu Bristol in der See gegen die Schweden *par manière de représaille* tentiren wollen, vorgestellet haben.[1] Und da Ich resolviret bin, letzterwähnten Kaufleuten die gesuchte Commission und *lettres de marque* ohne alles weitere Bedenken, jedoch nur als *représailles privatives de moi* gegen die Schweden, zu accordiren, so ist Mein Wille, dass Ihr letztere alsofort und sonder Zeitverlust, jedoch sonder allen Éclat, expediren, allenfalls auch nur zu Gewinnung der Zeit, und da Ich Mich auf Meinem bevorstehenden Marsch nicht sonderlich mit Unterschriftssachen befangen kann, auf Specialbefehl unterzeichnen, demnächst aber völlig expediren [und] auf das baldigste obgedachten berlinschen Kaufleuten zusenden lassen sollet, als welche Ich davon bereits avertiren lassen. Ich bin Euer wohlaffectionirter König

Nach der Ausfertigung.   F r i d e r i c h.

9507. AN DEN ETATSMINISTER GRAF PODEWILS IN MAGDEBURG.

Der Landgraf von Hessen-Cassel stellt in einem Schreiben, d. d. Hamburg[2] 30. October, dem Könige den traurigen Zustand seines Landes vor; die Franzosen forderten in Hessen Contributionen, welche gar nicht zu erschwingen seien, „tout est préparé, pour ainsi dire, pour la ruine entière et totale de mes États et de ma maison."

L e i p z i g , 11. November 1757.

Der Etatsminister Graf von Podewils soll cito sehr obligeant darauf antworten, dass der Landgraf nur noch etwas Geduld haben möchte; das grösseste Uebel sei vorbei und das Eis gebrochen. Und da er so lange gewartet habe, so möchte er nun auch etwas warten.

Die Convention sei ein *faux bruit*,[3] das Ich gänzlich desavouiret hätte, und was davon auf den Tapis gebracht worden, sei geschehen, um uns zu betrügen, so Ich aber bald rompiret und desapprobiret hätte.[4]

Mündliche Resolution. Nach Aufzeichnung des Cabinetssecretärs.

---

[1] Immediateingabe der Kaufleute Scheel und Fronmüller, d. d. Berlin 28. October, enthaltend das Gesuch der englischen Kaufleute Camplin und Smith, d. d. Bristol 8. October, um Gewährung eines Kaperbriefes gegen die Schweden für das Schiff Eagle, von 350 Tonnen, 30 Canonen und 200 Mann Besatzung. — [2] Vergl. Bd. XV, 224. — [3] Die Convention zwischen Prinz Ferdinand und Marschall Richelieu. Vergl. S. 16. — [4] In einem folgenden nicht zur Absendung gelangten Cabinetsschreiben, d. d. Naumburg am Queiss, 24. November, dankte der König dem Landgrafen für die Glückwünsche zu den Siege bei Rossbach und sprach die Hoffnung aus, dass die Erfolge der preussischen Waffen das Vaterland von seinen Unterdrückern befreien würden. (Die unterzeichnete, aber nicht abgesandte Ausfertigung im Kriegsarchiv des Grossen Generalstabs.)

9508. A LA MARGRAVE DE BAIREUTH A BAIREUTH.

[Novembre 1757.]

Depuis la bataille de Weissenfels, les choses sont bien changées, et, pour les remettre, il faut chasser les Autrichiens de la Silésie. Cela décidera de tout, et alors il faut négocier, s'il est possible, pour avoir la paix cet hiver. La France en veut sûrement à la Flandre, la reine de Hongrie à la Silésie, et la Saxe[1] ne leur sert que de prétexte. Si je trouve moyen de bien finir ma campagne, cela pourra procurer la paix, faute de moyens qu'auront ces puissances de continuer la guerre. Dans six semaines d'ici, les négociations deviendront sérieuses, mais je dois vous avertir que, depuis les derniers arrangements que je viens de prendre avec les Anglais,[2] il m'est impossible de faire une paix séparée.

[Federic.]

Nach dem Concept. Eigenhändig auf der Rückseite eines undatirten Schreibens der Markgräfin.[3]

9509. AN DEN ETATSMINISTER GRAF PODEWILS IN MAGDEBURG.

Leipzig, 12. November 1757.

. . . .[4] Da auch des Königs Majestät Höchsteigenhändig eine Relation von der, gottlob, so glücklichen und glorreichen Bataille vom 5. dieses aufgesetzet haben, so übersende auf allergnädigsten Befehl Ew. Excellenz eine Abschrift davon hierbei,[5] um davon nach Sr. Königl. Majestät Intention denen Herrn Ministern an auswärtigen Höfen Communication davon zu thun, als auch solche denen teutschen und französischen Zeitungen überall in- und ausserhalb Landes inseriren zu lassen.[6] Ich muss vor mich bekennen, dass solche wiederum mit vieler Modestie abgefasset und nicht das allergeringste darin exag[er]iret worden, auch die darin angezeigte Trophées nicht nur zu jedermanns Gesichte auf dem Schlosse zu Merseburg stehen, sondern verschiedene darin, so nachher und noch heute gebracht worden, nicht mitgezählet worden seind. Die Artillerie ist ganz neu und so schöne wie möglich, die mehriste von solchen französisch, verschiedene nürenbergische und reichsstädtsche, anspachsche, auch einige von denen, so die Franzosen aus denen Zeughäusern zu Weimar und Gotha genommen. Die Anzahl

---

[1] D. h. die Befreiung Sachsens. — [2] Vergl. S. 16; Bd. XV, 425. 426. 466. 467. — [3] Die Ausfertigung war in Chiffern und, wie es scheint, ohne Unterschrift. — [4] Im Eingange übersendet Eichel dem Minister mehrere nicht mehr vorhandene Schreiben des Königs an Mitglieder der königlichen Familie. — [5] Vergl. Nr. 9510. — [6] Die Relation wurde am 14. November an die preussischen Gesandten, am 15. an die befreundeten deutschen Höfe verschickt. In den Berliner Zeitungen erschien sie Donnerstag, 17. November, vergl. „Berlinische Nachrichten" Nr. 138; in den Danziger „Beyträgen" in Bd. III, S. 547—552.

der Gefangenen würde weit beträchtlicher und vielleicht an 20,000 Mann
gegangen seind, wann nicht die Dunkelheit der eingefallenen Nacht verhindert hätte, diejenigen, so bereits alle das Gewehr gestrecket und nur
auf ihre Abforderung gewartet haben, zu sehen und zu nehmen, die aber
hernach von der Nacht profitiret und weiter gegangen seind; wie dann
auch nicht zu leugnen, dass viele von denen bereits gefangenen, da sie
in der Nacht in grossen Haufen transportiret worden, von der Dunkelheit profitiret und sich verlaufen haben. So seind auch viele Blessireten
von ihren Truppen mitgenommen worden. Die eigentliche Anzahl derer
Todten vom Feinde habe ich nicht ausfindig machen können, weil die
unsrigen, zumalen bei Verfolgung des Feindes, sich nicht viel Mühe
darum gegeben und die sächsischen Bauren mit deren Beerdigung ge-
eilet haben. Verschiedene andere Officiers, so sich auf dem *Champ de
bataille* darnach umgesehen, wollen einige dererselben über 800, andere
über 1000, andere über 1500 gezählet haben. Die beiden österreichschen Cavallerieregimenter Pretlack und Trauttmansdorf aber und sonderlich das erstere haben sehr gelitten, da es mit 60 Mann par compagnie zur Bataille aufmarschiret ist und hernach die stärksten Compagnien sich mit 13 Mann retiriret haben sollen. Es ist noch auf der
Retraite bis Erfurt viele Equipage und dabei viele mit Seiden gefutterte
Officierzelter [zur] Beute gemachet worden. Die Consternation und Furcht
derer feindlichen Truppen auf der Retraite soll nach allgemeiner Aussage aller dererjenigen, so sie begegnet und gesehen haben, ganz ohn-
beschreiblich gewesen seind, da sie auf ihrer Flucht, auch ohne einen
verfolgenden Feind zu sehen, Gewehre und alles, was sie vermeinet an
ihrem geschwinderen Fortkommen hinderlich zu sein, von sich und
weggeworfen haben, so dass drei Viertel von ihnen ohne Gewehr seind.

Dahergegen ist ihre Rage gegen den armen sächsischen Bauren und
Unterthanen um so grösser gewesen, als welche sie indistinctement rein
und theils bis auf das Hemde, Thüren, Kisten und Kasten erbrochen
und geplündert, derer Kirchen nicht nur mit der Plünderung gar nicht
geschonet, sondern auch die Vilenie begangen haben, auf die Altäre zu
steigen und darauf zu hofiren; dergleichen denn auch denen Bauren
und sonsten mit ihren wenigen Mehl- und Brodvorräthen verschiedentlich widerfahren, da sie das Mehl in denen Fässern durch ihre Ordures
verdorben, die Brode aber aushohlet und die sogenannte Krume heraus,
hergegen ihre Unfläthereien herein gethan und so den Bauren wieder
auf den Tisch geleget haben. Ofen und Fenster seind eingeschlagen,
das Vieh aber todtgestochen oder weggejaget worden. Und dieses alles
ist von denen sogenannten Erretters derer Sachsen geschehen! Es seind
auch des Königs Majestät, da die armen sächsischen Unterthanen solches bitterlich geklaget haben, darüber so indigniret worden, dass Sie
mir exprès befohlen, Ew. Excellenz solche schändliche Procédés zu melden, um zu besorgen, dass solche auf gute Art, in specie aber die ge-
waltthätige Plünderungen derer Kirchen und geschehenen Vilenien auf

denen Altären, in denen öffentlichen Zeitungen[1] und insonderheit aus-
ländischen und denen, so in das Reich kommen, bekannt gemachet
werden. Das *bouquet de Saxe* also, wozu der Maréchal de Richelieu
nach des Benoît neulichem Bericht dem König von Polen Hoffnung gemachet, wird also nicht gut ausfallen. Im übrigen haben sich die französische Truppen hinter Erfurt und nach dem Eisenachschen gezogen,
ohne dass man noch weiss, wo sie weiter bleiben werden. Die Kreistruppen, so sich sehr dissipiret und viele von ihnen bei uns Dienst genommen, sollen sich wieder den Weg, so sie gekommen, gezogen haben.

Was die unsrigen anbetrifft, da hat man insonderheit dem Höchsten
zu danken, dass auch noch bis dato wir unseren Verlust an Todten
und Blessirten, deren ersteren ohnehin wenig seind, noch nicht völlig
auf 350 rechnen können. Mit der Blessur des Prinzen Heinrich's Hoheit hat es gar nichts auf sich, die mehr eine Contusion ist, als eine
Blessur zu nennen, und von denen Generalmajors Meinecke und Seydlitz
hat mir heute noch der Herr p. Cothenius, der sie besuchen müssen,
nach seiner Retour versichert, dass solche ohne alle Gefahr noch
Suites wären.

Ich unternehme mich, Ew. Excellenz eine Designation von der gefangenen französischen Generalität und Officiers beizufügen,[2] sowie des
Königs Majestät mir solche in Merseburg gegeben haben, muss aber dabei melden, dass solche wegen der darin angesetzten zwar richtig, aber
nicht complet sei, indem an Officiers noch viele und über 50 nachher
dazugekommen seind. Der in der zweiten aufgeführte Boulanger ist
kein gemeiner Bäcker, sondern das, was bei uns der Oberbackmeister
und noch mehr ist; der auch in einem sehr reich galonirten Kleide getroffen worden. Des Königs Majestät haben die gefangene französische
Generals und Officiers auf das gracieuseste accueilliret, verschiedene von
ihnen zur Tafel gezogen, mit vielen Sich umständlich unterredet; sowie
denn auch des Prinz Heinrich Hoheit an vielen Blessirten von ihnen
viel gracieuses gethan haben.

Dieses wäre nun insoweit vorbei, und stehet zu erwarten, was
es weiter vor Impression in denen Affairen machen wird.

Der Major und Flügeladjutant Grant gehet heute wiederum[3] als
Courier an des König von Engelland Majestät ab. Morgen aber und
da die Truppen sich erst etwas ruhen müssen, treten des Königs Majestät Dero Marsch über Torgau und die Lausnitz nach Schlesien an,
wo die Oesterreicher die Belagerung von Schweidnitz sehr pressiren
sollen. Der Höchste gebe nur, dass Dieselbe noch bei guter und rech-

---

[1] Ein entsprechender Artikel erschien in den „Berlinischen Nachrichten“ Sonnabend 19. November, Nr. 139. — [2] Die Liste ist gedruckt: „Berlinische Nachrichten“
Donnerstag 17. November, Nr. 138; Danziger „Beyträge“, Bd. III, S. 552—555. —
[3] Grant, ein geborener Engländer, war auch mit der Siegesbotschaft von Prag nach
London gesandt worden. Vergl. Bd. XV, 475.

ter Zeit dahin kommen, und segne Dero Waffen alsdenn mit gleichem Success wie hier, so dörfte alsdenn [nicht nur] die diesjährige Campagne mit Anfang Decembers zu Ende gebracht, sondern demnächst auch, wenn zumalen die Destinations des Generalfeldmarschall von Lehwaldt und ein und andere mehrere Entreprises von Success sein, auch die Engelländer nicht säumen in Petersburg zu pressiren, um etwas gedeihliches auszurichten, ein guter und honorabler Frieden in kommendem Winter erfolgen können.

Soeben da noch die Ehre habe, den Herrn Obristen Lentulus zu sprechen, welcher nach der Blessur des Generalmajor von Seydlitz die Avantgarde von des Königs Corps [geführt], so den Feind poussiret und beständig im Rücken gelegen, auch noch viele Gefangene gemachet und Canons und Trophées genommen hat, versichert mir derselbe, wie die Anzahl der wirklich gefangenen Officiers und Gemeinen, so mehrentheils noch zu Merseburg befindlich, weit höher gehe, als des Königs Majestät solche in der Relation gesetzet, daher ich mir auch die Freiheit genommen, solche in der Relation zu ändern und drüber zu setzen.[1] Erwähnter Herr Obrister versichert mich auch auf das höchste, wie er repondire, dass über 10,000 Stück Gewehre in der Saale lägen, so beiderseitige feindliche Truppen auf der Flucht darin geworfen. Seit der Bataille von Ramillies[2] haben also wohl die französischen Armées [keine] dergleichen Défaite als diese gelitten, wie solches auch der Maréchal de camp M. de Custine[3] in einem an den Comte d'Argenson adressireten und offen abgegebenen Schreiben sehr wohl remarquiret hat. Es seind auch nach mir gegebener Versicherung sowohl die französische Armee als die von denen Cercles dergestalt auseinander, dass sie zu Corps von 2, 3 bis höchstens 8000 Mann marschiren.

Ich muss endlich aufhören und Ew. Excellenz tausend Mal um Vergebung bitten, dass mich vor dieses Mal so sehr étendiret und Deroselben Geduld missbrauche. Die Correspondance dörfte nach dem morgenden Aufbruch und insonderheit nachher wohl etwas difficile werden und sonder Chiffre nicht zu hasardiren seind; daher mich inzwischen zu Ew. Excellenz gnädigem Andenken und Wohlwollen mit meinem gewöhnlichen Respect und getreuesten Attachement unterthänig empfehle.

Nach der Ausfertigung.   E i c h e l.

9510. RELATION.[4]

Vers le commencement de septembre, l'armée de l'Empire et le corps du prince de Soubise s'assemblèrent à Erfurt, pour pénétrer en Saxe et se rendre maître de l'Elbe. Sur ces mouvements, une partie de l'armée du Roi marcha sur Naumburg; nos troupes légères eurent

[1] Vergl. Nr. 9510. S. 29. Anm. 1 und Nr. 9511. — [2] 23. Mai 1706. — [3] Custine war in der Schlacht gefangen worden. — [4] Vergl. hierzu Nr. 9500 und 9509.

en chemin quelques rencontres avec celles des ennemis [1] et remportèrent sur elles de grands avantages. L'armée passa la Saale à Naumburg et se porta sur Buttelstædt. Ce fut dans ces temps que la convention de Bremervœrde fut signée entre les Français et l'armée hanovrienne. [2] Les troupes du duc de Richelieu pénétrèrent dans la principauté de Halberstadt, où le prince de Brunswick fut détaché. Il nettoya le pays et enleva un des quartiers français à Egeln, où on leur fit 20 officiers et 400 prisonniers. Aux approches de la grande armée de France, le prince de Brunswick prit son quartier à Wanzleben, [3] d'où il leur pouvait rendre la subsistance difficile.

L'armée du Roi avança sur Erfurt, d'où les ennemis se retirèrent; on les poussa jusque dans les montagnes d'Eisenach. Nous avions un poste avancé de dragons et de hussards à Gotha. Le prince de Hildburghausen marcha avec un gros corps pour l'en déloger, à quoi il ne put réussir et fut obligé de se retirer avec perte de quelque monde. [4]

Les armées restèrent dans cette situation jusqu'à la fin d'octobre qu'un corps de Hongrois [entra] par la Lusace dans l'électorat de Brandebourg. [5] On croyait ce corps suivi de celui du général Marschall. Le prince d'Anhalt fut détaché pour s'y opposer, et le Roi s'avança jusqu'à Annaburg, pour les prendre à dos. Cette expédition de l'ennemi se borna à tirer des contributions, que l'approche du prince d'Anhalt les empêcha de recueillir entièrement. Pendant qu'une partie de l'armée accourait au secours de l'électorat, le maréchal Keith se replia avec le reste sur Leipzig.

L'armée des ennemis jugea ce moment favorable pour exécuter le projet qu'elle méditait depuis longtemps; elle avança par cantonnements tant par Naumburg et Zeitz que par Weissenfels, à dessein de s'emparer de tout le cours de la Saale, de Leipzig et de nos magasins de Torgau. [6] Notre armée eut ordre de s'assembler à Leipzig. Ceux de la Lusace et ceux du pays de Magdeburg y arrivèrent tous le 26 d'octobre. Le 31, toute l'armée se mit en marche pour tomber dans les quartiers des ennemis. On fit quelques prisonniers, mais on ne put arriver qu'à Lützen.

Le lendemain, à la nouvelle que les ennemis se retiraient de tous côtés, le Roi marcha avec l'avant-garde à Weissenfels. La ville, défendue par des Bavarois et troupes des Cercles, fut aussitôt attaquée et forcée, mais l'ennemi, pour y couvrir sa fuite, brûla le pont de la Saale. [7] Nous fîmes à peu près 300 prisonniers sur l'ennemi; il parut alors que l'ennemi avait dessein de nous disputer le passage de la Saale. Les troupes de l'Empire se campèrent au delà de cette rivière, vis-à-vis de Weissenfels, [8] et prirent des postes derrière des enclos de vigne et dans

[1] Vergl. Bd. XV, 340. 344. 345. — [2] Die Convention von Zeven. Vergl. Bd. XV, 489. — [3] Vergl. Bd. XV, 387. 388. 443. — [4] Vergl. Bd. XV, 358—360. — [5] Vergl. Bd. XV, 493. — [6] Vergl. Bd. XV, 460. 461. — [7] Vergl. Bd. XV, 469. — [8] Vergl. S. 1.

des cassines, pour nous empêcher de rétablir le pont brûlé. Ils tirèrent un cordon le long de la rive gauche de la rivière, et le maréchal Keith, qui avançait avec le gros de l'armée sur Merseburg, y trouva le pont brûlé et la ville occupée par 14 bataillons français, en même temps qu'un détachement français avait brûlé le pont de la Saale proche de Halle. Le Maréchal marcha avec un détachement à Halle et y rétablit le pont, ce qui obligea les ennemis d'évacuer tous les postes qu'ils avaient au delà de cette rivière, et de se retirer au village de Saint-Mücheln. Nous refîmes aussitôt les ponts et passâmes la rivière à Halle, Merseburg et Weissenfels. Ces trois colonnes se joignirent le même jour au village de Rossbach. Le Roi fut reconnaître le camp de l'ennemi, et comme on le trouva attaquable par sa droite, il fut résolu d'y marcher le lendemain.

Le 4, on se mit en devoir d'exécuter ce projet. La cavalerie avait l'avant-garde. En arrivant sur les hauteurs où l'on avait reconnu la veille, on trouva le camp ennemi changé de position; non seulement il faisait front à notre armée, mais il était couvert sur son front d'un ravin considérable. Sa droite était sur une hauteur dans des bois fortifiés par trois redoutes et d'abatis d'arbres. On ne jugea pas l'attaque de ce poste convenable. L'infanterie se campa, et la cavalerie se retira de même dans le camp. L'ennemi, voyant qu'il n'allait point être attaqué, fit sortir de son camp quelque détachement et fit tirer quelques coups de canon sur notre cavalerie qui furent presque sans effet.

Le 5 au matin, nous fûmes informés que l'ennemi faisait un mouvement vers sa droite, et nous apprîmes par nos coureurs que toute l'armée était en marche. Sur le midi, on aperçut les têtes de ses colonnes sur l'extrémité de notre gauche, et l'on ne voulut prendre aucun parti, avant que d'être plus assuré des vues qu'il pouvait avoir. A 2 heures de l'après-midi, on vit qu'il avait dessein de tourner notre gauche, et que sa marche se dirigeait du côté de Merseburg. Sur quoi, notre armée se mit en bataille et par un demi-tour à gauche côtoya celle de l'ennemi. Nous gagnâmes les hauteurs dont notre cavalerie sut si bien profiter qu'elle prit celle des ennemis en flanc et, après quelques charges, la dissipa entièrement. L'infanterie gagna le village de Reichertswerben où elle s'appuya, et comme nous vîmes que l'infanterie française formait des colonnes et se mettait en bataille pour nous attaquer, on marcha sur elle. Le combat ne dura qu'une heure et demie. Nous n'avons eu que 6 bataillons de notre gauche d'engagés, et après avoir poursuivi les fuyards jusques au delà de [Burgwerben],[1] la nuit nous empêcha de profiter de la victoire.

Le lendemain, l'armée est marchée sur Freiburg. Le 7 un gros détachement a passé la Saale et s'est avancé jusqu'à Eckartsberga;[2] le 8 et le 9, on poursuivit les fuyards jusqu'à Erfurt. Nous avons 8 gé-

---

[1] Vom Könige offen gelassen, in der Kanzlei hinzugesetzt. — [2] Vorlage: jusqu'au Ekersberg, vergl. S. 10. Anm. 3.

néraux français, 206 officiers de tout grade, 4300 prisonniers,[1] 62 canons, 15 étendards, 2 paires de timbales et 7 drapeaux. De notre part, le colonel Priegnitz[2] a été tué, le prince Henri, les généraux de Seydlitz et de Meinecke blessés légèrement, et notre perte entre morts et blessés ne monte pas entièrement à 300 hommes.

Nach der eigenhändigen Aufzeichnung des Königs.

9511. AU MINISTRE D'ÉTAT ET DE CABINET COMTE DE FINCKENSTEIN A MAGDEBURG.

Leipzig, 12 novembre 1757.

Mon cher comte de Finckenstein. Il se trouve depuis ma relation que le nombre de nos prisonniers est fort augmenté, nous en avons 250 officiers et 6000 [hommes].[3] Voilà un commencement de fortune; mais il m'en faut encore beaucoup. Je marche pour chasser Marschall de la Lusace et pour voler au secours de la Silésie. Il faut[4] que ces coquins manquent, ou bien notre situation n'est guère améliorée. L'armée hanovrienne va rentrer en activité, le prince Ferdinand de Brunswick la commandera.[5] Le maréchal Lehwaldt chassera bientôt les Suédois de la Poméranie.

Tout cela est d'autant plus nécessaire que le duc de Richelieu a avoué de bonne foi qu'il y avait un traité par lequel la maison d'Autriche cédait les Pays-Bas à la France, moyennant son assistance pour le recouvrement de la Silésie.[6] Comment et sur quoi établir dans cette situation une négociation avec la France, et par quel moyen parvenir à une paix honnête, si ce n'est par l'épée et en chassant les Français du Wéser! Vous voyez que les évènements et la raison me forcent à faire les démarches que je fais, et que, si j'y suis obligé par une combinaison indépendante de ma volonté, il ne me reste qu'à me tenir uniquement à l'Angleterre, pour parvenir ensemble avec elle à une paix honorable. Et, sur ce, je prie Dieu etc.

Nach der Ausfertigung.   F e d e r i c.

9512. AU PRINCE DE PRUSSE A LEIPZIG.

Der Prinz von Preussen schreibt, Leipzig 12. November: „Mon très cher Frère. Comme vous quittez ces contrées, mon très cher frère, j'espère que vous m'accorderez de me rendre à Berlin,[7] où je tâcherai de rétablir entièrement ma santé.[8] Je suis avec le plus profond respect et un inviolable attachement toute ma vie, mon très cher frère, le très humble, très obéissant, très fidèle serviteur et frère

G u i l l a u m e.“

[1] Eichel änderte in der Abschrift 206 in 250, 4300 in 6000. Vergl. S. 26 u. Nr. 9511. Diese neuen Zahlen wurden in die Drucke übernommen. — [2] Vergl. Bd. XIII, 442. 600. — [3] Vergl. Anm. 1. — [4] In der Vorlage „il ne faut pas“. — [5] Vergl. S. 16. 17. — [6] Vergl. Nr. 9491; Bd. XV, 369. — [7] Vergl. Bd. XV, 289. 297. — [8] Vergl. Bd. XV, 429. 468.

Monsieur mon Frère. Je suis bien content que vous vous rendiez à Berlin pour y soigner le rétablissement de votre santé, et je souhaite sincèrement que vous soyez bientôt remis tout-à-fait de votre indisposition, et suis avec considération, Monsieur mon frère, votre très affectionné frère

Nach der Ausfertigung. Federic.

9513. AU LIEUTENANT-GÉNÉRAL COMTE DE MAILLY A MERSEBURG.

Der Generallieutenant Graf Mailly wiederholt in einem Gesuch, d. d. Merseburg 11. November, die Bitte, eine kurze Zeit nach Frankreich heimkehren zu dürfen. [1]

[Leipzig, 12 novembre 1757.][2]

Réponse obligeante et gracieuse: Qu'il pourrait être persuadé que le Roi avait trop d'égard personnel pour lui pour que Sa Majesté ne dût pas se prêter à ses désirs, autant que les circonstances le sauraient permettre. Qu'en conséquence de cela Sa Majesté lui accorderait le congé de partir pour que[lque] temps en France, mais que ceci ne saurait se faire publiquement, vu les raisons que Sa Majesté lui avait indiquées. Que c'était uniquement par rapport à ces raisons que le Roi voulait ignorer son congé; mais que son frère, le prince Henri, à qui Sa Majesté avait parlé, n'y opposerait aucune difficulté, et que tout ce que le Roi demandait de lui à ce sujet, serait de vouloir bien garder cette lettre pour lui, sans la produire ou laisser voir à personne, pour que ne soit pas tirée à conséquence par d'autres la condescendance de Sa Majesté, qu'elle n'avait eue qu'en considération de sa qualité et de son mérite.

Weisungen für die Antwort. Nach einer Aufzeichnung Eichel's.

9514. AU FELD-MARÉCHAL DE KEITH.

Leipzig, 12 novembre 1757.

Mon cher Maréchal. J'ai oublié, en vous parlant, encore une chose que je crois également nécessaire et convenable à notre dessein. C'est que, quand vous marcherez en Bohême,[3] vous ferez ébruiter adroitement comme si votre dessein était de marcher droit à Prague, pour surprendre cette ville ou la prendre d'une façon ou d'autre. Ce qui favorisera vos vues et opérera sans doute que nous nous débarrasserons d'autant

---

[1] Vergl. Nr. 9504. — [2] Am 12. November übersendet der König aus Leipzig das für Mailly bestimmte Schreiben an den Feldmarschall Keith in Merseburg und macht diesem von dem Inhalte Mittheilung. — [3] Keith sollte, während der König nach Schlesien marschirte, einen Vorstoss nach Böhmen hinein unternehmen. Vergl. S. 13.

plus de l'ennemi, et qu'il prendra de fausses mesures. Et, sur ce, je
prie Dieu etc.

Je pars demain.

F e d e r i c.

Nach der Ausfertigung. Der Zusatz eigenhändig.

9515. AN DEN GENERAL DER INFANTERIE PRINZ MORITZ VON ANHALT - DESSAU IN LEIPZIG.

Leipzig, 12. November 1757.

Durchlauchtiger Fürst, freundlich geliebter Vetter. Ew. Liebden
hat es gefallen, in Dero an Mich unterm 28. vorigen Monats October
erlassenen Schreiben um Dero Dimission und Erlassung von Meinen
Kriegeschargen bei denen jetzigen Umständen anzusuchen.[1] Die davon
angeführte Ursachen wegen der Deroselben sonst androhenden Gefahr
und Verlustes kann Ich keinesweges vor relevant halten, da Ew. Liebden wissen müssen, dass, was von einem Reichshofrath zu Wien desfalls an die Reichsstände publiciret werden wollen,[2] schlechterdings gegen
alle Freiheit derer Reichsstände und gegen alle Constitution anlaufet,
mithin weder von dem gesammten Reiche, noch allen patriotischen
Reichsfürsten als gültig angesehen und genommen werden muss. Ich
glaube also, dass Ew. Liebden Sich Dero Ortes ohne Präjudiz aller rechtschaffenen Reichsfürsten daran weder binden, noch kehren können,
vielmehr Dero Ehre und wohlerworbene Reputation zu hoch achten
werden, als einen Dienst zu verlassen, der Deroselben und Dero würdigen Vorfahren von allen Zeiten Ruhm und Distinction zuwege gebracht hat. Wenigstens declarire Ich hierdurch Deroselben so viel, dass
Ich Dieselbe dieserwegen niemalen aus Meinem Dienst erlassen, noch
den gebetenen Abschied bewilligen werde. Ich bin Ew. Liebden freundwilliger Vetter

F r i d e r i c h.

Nach der Ausfertigung im Herzogl. Haus- und Staatsarchiv zu Zerbst.

9516. AN DEN GENERALMAJOR VON FINCK[2] IN DRESDEN.

Leipzig, 12. November 1757.

Mein lieber Generalmajor von Finck. Weilen Ich Meine Winterquartiere in Dresden nehmen werde, so befehle Ich Euch hierdurch,

---

[1] Prinz Moritz hatte in dem Schreiben, Leipzig 12. November, seinen Missmuth
zu erkennen gegeben, dass der König zweimal die Unterredung mit ihm über die ihm
zugegangenen Drohungen des Reichshofraths abgeschlagen habe (vergl. Bd. XV,
407. 416); Prinz Moritz bat deswegen, nunmehr, da die Campagne zu Ende sei, ihn
„aller seiner Kriegschargen zu erlassen". — [2] Finck war am 10. November zum
Generalmajor und zum Chef des bisher dem Erbprinzen von Darmstadt gehörenden
Regiments ernannt worden.

dass Ihr alles darnach einrichten und sowohl für Mich das Brühl'sche Haus, wo Ich zu logiren gemeinet bin, aptiren, als auch vor 10 Bataillons, so dahin in Garnison kommen werden, Quartiere reguliren sollet. In Freiberg sollen 5 Bataillons und in Bautzen 5 Bataillons alsdenn kommen. Die Cavallerie von 40 Escadrons, sowie auch überdem 20 Bataillons werde Ich längst der Elbe, wo es am convenablesten sein wird, verlegen lassen, vor welche Ihr also gegen den 18. dieses auf 5 Tage Brod allenfalls vorräthig halten und vor die benöthigte Fourage sorgen müsset. Da Ich auch vormals, wie Ich in dem Brühl'schen Hause abgetreten bin,[1] die Kammern kalt und ohneingeheizet gefunden habe, so müssen solche vorher geheizet und gewärmet werden. Weil Ich auch einen Train von vielen Flügeladjutanten, Brigademajors, Ordonnanzen und dergleichen, desgleichen viele Domestiquen, Pferde p. und sonsten allerhand mehr mitbringe, so muss auch vor deren commodes Unterkommen und vor das Unterbringen aller derer Pferde, nicht weniger vor die benöthigte Fourage, vor alles dieses gesorget und alles bestellet werden. Ich bin Euer wohlaffectionirter König

Nach der Ausfertigung.   F r i d e r i c h.

9517. AU LIEUTENANT-GÉNÉRAL PRINCE FERDINAND DE BRUNSWICK A LEIPZIG.

Leipzig, 12 novembre 1757.

Monsieur mon Cousin. J'ai reçu, avec votre lettre d'hier, le projet d'opérations à faire dont vous vous êtes concerté avec le ministre d'Angleterre et le sieur de Schulenburg.[2]

Bien que je le trouve assez bien digéré, je me réserve de vous en parler moi-même encore. En attendant, je suis bien aise de vous faire observer que, si les troupes alliées d'Hanovre dirigent leur marche entre Brunswick et Hanovre, elles risqueront d'être coupées, les Français étant maîtres de ces deux forteresses et pouvant s'assembler pour agir en conséquence; au lieu que, si l'armée va droit vers le Wéser, l'ennemi se verra obligé par là de songer de soi-même à la retraite, pour ne pas être coupé, ce que je ne saurais dire cependant avec précision, vu qu'il faut que les opérations se dirigent selon les occurrences et qu'il faut que les troupes aillent là où l'ennemi s'assemble.[3]

---

[1] Vergl. Bd. XIV, 408. — [2] Der Operationsplan, mit dem Datum Leipzig 11. November 1757, ist gedruckt: Westphalen, Geschichte der Feldzüge des Herzogs Ferdinand von Braunschweig, Bd. II. S. 137. 138. — [3] Ueber eine Unterredung mit dem Könige vom 12. November berichtet Mitchell an Holdernesse, Leipzig 13. November (secret). Der König habe den zwischen Prinz Ferdinand und Schulenburg vereinbarten Plan gebilligt, doch einige allgemeine Bemerkungen zu demselben hinzugefügt. „The chief of which are:

1o to endeavour to divide and separate the forces of the enemy by a vigorous and sudden attack, and, in order to succeed in this, to have the great object always in view, without embarrassing the operations with an attention to smaller matters.

Je réserve à l'entretien que j'aurai avec Votre Altesse, tout ce qu'Elle trouvera nécessaire de me dire à ce sujet; en attendant, je Lui adresse l'ordre qu'Elle m'a demandé au sujet des logements des troupes alliées, quand les évènements les mèneront en mes provinces, soit du côté du Wéser, soit de la Vieille-Marche, afin que Votre Altesse puisse S'en servir selon le temps et les conjonctures. Je suis avec des sentiments d'estime, Monsieur mon Cousin, de Votre Altesse le très affectionné cousin

F e d e r i c.

Nach der Ausfertigung im Kriegsarchiv des Königl. Grossen Generalstabs zu Berlin.

9518. AU FELD-MARÉCHAL DE KEITH.

Leipzig, 13 novembre 1757.

Mon cher Maréchal. J'ai reçu ce matin la lettre d'hier que vous m'avez faite, et suis très content de tous les arrangements que vous m'y avez marqués, auxquels j'applaudis parfaitement, tout comme à la lettre que vous écrirez au prince de Soubise,[1] de laquelle j'ai lu et approuvé la copie. Et, sur ce, je prie Dieu etc.

Je pars dans ce moment et vous donnerai, mon cher Maréchal, de mes nouvelles, autant que les obstacles de ces voleurs de grand chemin me le permettront.

Nach der Ausfertigung. Der Zusatz eigenhändig.   F e d e r i c.

9519. A LA MARGRAVE DE BAIREUTH A BAIREUTH.

[Novembre 1757.]

La roideur des Français m'a obligé de renouer plus étroitement avec les Anglais;[2] leur armée d'observation va agir incessamment, et j'ai lieu de croire que le maréchal de Richelieu sera replié au delà du Wéser. Il ne me convient pas de négocier, mais bien d'entretenir des pourparlers, pour me ménager, en cas de besoin, une porte de derrière. Voilà, ma chère sœur, ce que ma situation me permet; je crois donc qu'on pourrait toujours insister en France pour qu'ils s'expliquent sur

2° that the King's army should keep united and assembled together as much as possible, and beware of scattering and providing from motives of convenience of quarters or from other small advantages that may be obtained over the enemy. 3° if the King's army should make demonstrations as if they intended to cut off the enemy from the Weser, this, it is thought, will occasion an alarm and some confusion in the enemy's quarters and may serve to accelerate their retreat . . ." [Public Record Office. London.]

[1] In Betreff der allgemeinen Gefangenen-Auswechselung. — [2] Vergl. Nr. 9508. mit Anm. 2.

la nature des conditions auxquelles ils voudraient faire la paix; plus je la désire, moins je dois le faire remarquer. S'il leur arrive encore quelque malheur en Allemagne, je crois qu'ils deviendront beaucoup plus traitables; enfin, je crois que l'expédition que je vais faire en Silésie pour dégager Schweidnitz et le plat pays, décidera en grande partie de mon sort; cela me traînera jusqu'au commencement de décembre.

L'armée de Prusse avance à grands pas, et je crois qu'elle pourra commencer en dix jours ses opérations contre les Suédois.

Nach dem Concept. Eigenhändig.[1]   [Federic.]

9520. AU FELD-MARÉCHAL DE KEITH.

· Eilenburg, 14 novembre 1757.

Mon cher Maréchal. J'ai reçu votre lettre du 13. Je suis surpris d'apprendre que le prince de Soubise soit à Nordhausen, et l'autre[2] à Mühlhausen, au lieu que mes avis ont été qu'ils s'étaient retirés, l'un au delà d'Erfurt, et l'autre dans l'Eisenach. Quoi qu'il en soit, les voilà toujours bien séparés. Il y a une chose encore dont il faut que je vous avertisse d'avance; c'est qu'autant que je souhaiterais d'entretenir une correspondance régulière avec vous, ma lettre dernière que je pourrais vous faire, sera du 18 à peu près . . .[3]

Nach der Ausfertigung.   Federic.

9521. AN DEN GENERALLIEUTENANT HERZOG VON BRAUN-
SCHWEIG-BEVERN.

Torgau, 15. November 1757.

Secret! Ich benachrichtige Ew. Liebden hierdurch, dass Ich gegen den 18. dieses bei Bautzen sein werde und den österreichischen General Marschall schon von dort wegzuschaffen gedenke. So wie Ich darauf nur in Schlesien kommen und einrücken werde, so wird es Mir so lieb als auch nothwendig sein, dass Dieselbe inzwischen Mir gegen solche Zeit etwas von Zeitungen und sichern Nachrichten dahin schaffen werden, damit Ich nur weiss und *au fait* komme, wie alles dorten stehet, und wie sowohl Dero als auch der feindlichen Corps Positiones überall seind.

---

[1] Die Ausfertigung war in Chiffern und vermuthlich ohne Unterschrift. — [2] Hildburghausen. — [3] Es folgt ein chiffrirter Abschnitt. Der Chiffer ist nicht vorhanden, auch fehlen Déchiffré, Concept, Abschrift etc. Aus dem gleichen Grunde können ein Schreiben an Keith d. d. Torgau 15. November, das Hauptschreiben vom 19. November (Nr. 9528), ein Schreiben an Keith, d. d. Naumburg 25. November, und ein Schreiben an Zieten, d. d. Lobendau 27. November, (praes. 28. Nachm. 3½ Uhr zu Gross-Osten) nicht Aufnahme finden.

Die beste Zeitung vor Mich, so Ew. Liebden Mir alsdenn schreiben könnten, würde seind, dass Dieselbe die feindliche Armee geschlagen oder poussiret hätten und Mir solche alsdenn entgegentrieben, auch wir sie dergestalt sodann in die Klemme bekämen. Ew. Liebden haben Mir hiervon das grösseste Geheimniss zu halten, auch keinem Dero Generals etwas davon zu sagen.

Nach dem Concept. F r i d e r i c h.

9522. AN DEN GENERALMAJOR VON FINCK IN DRESDEN.

T o r g a u , 15. November 1757.

Mein lieber Generalmajor von Finck. Ich mache Euch hierdurch bekannt, wie dass Ich mit Meinem Corps d'armée den 18. dieses Monates ohngefähr bei Kemnitz, Königsbrück oder Bautzen sein werde. Gegen den 18. dieses werde Ich müssen Brod haben; wenn Ihr Mir also vorerst auf 4 Tage schicket, so wird solches alles seind, was wir nöthig haben. Den Tag, da Ihr sehen werdet, dass alles das Volk von Hadik, Mittrowsky und von Marschall[1] sich Eurer Orten weg- und zurückziehet, da müsset Ihr von dem Tempo und Moment profitiren, um die 1000 oder 1500 Winspel, davon Ich Euch vorhin schon mit einem Feldjäger von Leipzig aus geschrieben,[2] und der hoffentlich wohl bei Euch angekommen sein wird, sogleich nach Torgau transportiren zu lassen.

Wenn Ihr Mir den obgedachten Convoi mit Brod schicket, so sollet Ihr ein Bataillon von denen dortigen Reconvalescirten, und zwar sowohl von Meinen hiesigen als von denen schlesischen Regimentern, machen und den Convoi escortiren lassen, welche Reconvalescirte Ich alsdenn mitnehmen werde, jedoch werde Ich Euch noch avertiren[3] und dem Convoi entgegenschicken.

Der Feldmarschall Keith wird mit einem Corps den 15., als heute, in Zeitz sein und alsdenn nach Böhmen marschiren.[4] Mit demselben sollet Ihr alsdenn weiter correspondiren und ihn avertiren, wo Marschall, Mittrowsky und dergleichen geblieben und hin marschiret seind, auch andere Nachrichten mehr, so ihm diensam sein können. Ich werde Euch noch einen Chiffre zuschicken, dessen Ihr Euch werdet bedienen

---

[1] Vergl. S. 18. — [2] Vergl. S. 13. Anm. 1. — [3] Am 17. November gibt der König aus Grossenhain weitere Befehle über die Sendung des Convoi. Der König fügt hinzu: „Hier hat Hadik und die österreichischen Husarenofficiers vor ihrem heutigen Ausmarsch ausgesprenget, dass Schweidnitz über sein sollte. Ich glaube es aber nicht und nehme es vor eine Fanfaronnade an, so sie hier hinterlassen wollen. Schreibet mir inzwischen, was Ihr davon wisset; denn wäre es wahr, so müsste man es schon in Dresden gewiss wissen." Ueber die Capitulation von Schweidnitz vergl. Nr. 9525. — [4] Vergl. Nr. 9514.

3*

können, um sowohl mit ihm als künftig mit Mir in Ziffern zu schreiben. Ich bin Euer wohlaffectionirter König

Friderich.

NB. Die Garnison von Pirna muss auf drei Monat verproviantiret werden.

P. S.

Da Ich auch auf die Spur gekommen bin und mit gutem Grunde nachher erfahren habe, wie der von Looss[1] und der Consistorialpräsident Globig hauptsächlich diejenigen seind, welche bei allen calomniösen und lügenhaften Berichten und Zeitungen, so von Seiten des dresdenschen Hofes bisher so vielfältig ausgestreuet worden, die Feder geführet, überdem aber auch eine nachtheilige Correspondance im Lande unterhalten und dabei Stände, Bedienten und Unterthanen zu allen übelen Sachen, auch mit denen schuldigen Praestandis zurückzuhalten, animiret haben, so ist Mein Wille, dass Ihr beide sogleich arretiren lassen und ihnen zugleich alle Gelegenheiten zu einiger Correspondance und zum Schreiben, noch mündlich etwas tramiren zu können, benehmen, auch sie wohl in Verwahrung halten lassen sollet, zumalen der von Globig ohnehin eine verschmitzte und malitieuse Creatur von dem Grafen Brühl sein soll. Ihr sollet überhaupt in vorkommenden Fällen wegen des Hofes und sonsten nur ganz rigide verfahren, weil Ich weiss und Meine schriftliche Proben in Händen habe, dass alle Meine Indulgence und bisherige Complaisance nichts ausrichtet, vielmehr aus übel ärger machet, so dass man sich über Mein Sujet auf das allerunanständigste ausdrücket und einen Weg wie die andern gegen Mich recht grob tramiret.

Ich habe Eure beide Schreiben vom 14. dieses erhalten.

Nach der Ausfertigung. Der Zusatz zum Hauptschreiben eigenhändig.

9523. A LA MARGRAVE DE BAIREUTH A BAIREUTH.

Torgau, 15 novembre [1757].

Ma très chère Sœur. J'ai reçu votre lettre, ma chère sœur, et j'y réponds le mieux qu'il m'est possible. Les temps et les circonstances ne nous favorisent guère, et je crois que le meilleur parti est de se tenir tranquille, d'approfondir les choses et d'attendre. Pour moi, je m'en vais faire le chevalier errant d'un autre côté et m'éloigner de beaucoup

---

[1] In einem Schreiben, d. d. Königsbrück 18. November, antwortet der König auf eine Anfrage Finck's: „Der von Looss, den ich meine, ist nicht der in Frankreich vormals gewesen ist, sondern muss von dem Consistorio seind." Der König befiehlt dann weiter: „Sonsten müsset Ihr aus der Stadt Dresden so viel an Contribution und an Gelde ziehen, als Ihr zur Verpflegung der ganzen Garnison gebrauchet; denn ich nicht die Gelegenheit habe, Euch jetzt einige Verpflegungsgelder zu schicken noch zu assigniren."

de vous. S'il y a moyen de vous donner de mes nouvelles, je le ferai ;
mais cela deviendra bien difficile. Après vous avoir écrit de Leipzig, [1]
il s'est trouvé que nos avantages se sont fort accrûs. Outre les 8 généraux français, nous avons 256 officiers et passé 6000 hommes de prisonniers. [2] Je crois que cette journée vaudra une poudre blanche à Versailles, et que du moins cela humiliera un peu l'insupportable hauteur
que ces gens commençaient à afficher. Si la fortune daignait m'accom-
pagner jusqu'à la fin de janvier, je croirais peut-être pouvoir redresser
entièrement mes affaires ; mais sans la fortune, en vérité, on ne fait
rien. Dès qu'il y aura quelque chose d'éclairci dans cet obscur avenir,
je ne manquerai pas de vous en informer, quoique je suppose que vous
en apprendrez quelque chose par la Bohême, et plus tôt que mes lettres,
par un long circuit, ne vous arriveront.

Adieu, mon aimable, ma chère, ma divine sœur, je vous embrasse
mille fois en vous recommandant les plus grands soins pour votre santé
et pour votre conservation, étant avec la plus vive tendresse et la plus
haute estime, ma très chère sœur, votre très fidèle frère et serviteur

Nach der Ausfertigung. Eigenhändig. *F e d e r i c.*

9524. AU PRINCE HENRI DE PRUSSE A LEIPZIG.

Kœnigsbrück, 18 novembre 1757.

Mon cher Frère. Je suis arrivé aujourd'hui ici, où je ferai demain
jour de repos, pour arranger mes vivres. J'irai le 23 à Gœrlitz. Je
ne crois pas que Marschall ira vers le château Stolpen, mais plutôt à
Gœrlitz ou à Zittau, ce dont je vous ferai part encore pour en communiquer au maréchal Keith ; ce que, cependant, je ne saurai faire que
le 21, où je serai à même de vous marquer la route que Marschall
prendra. Je suis avec cette estime que vous me connaissez, mon cher
frère, votre bon et affectionné frère

Nach der Ausfertigung. *F e d e r i c.*

9525. AN DEN GENERALLIEUTENANT HERZOG VON BRAUN-
SCHWEIG-BEVERN.

Königsbrück, 18. November 1757.

Mit was vor grosser Bestürzung Ich aus Ew. Liebden Schreiben
vom [14.] dieses ersehen müssen, dass nicht nur Schweidnitz an den
Feind übergegangen, [3] sondern auch dass Dieselbe demohneracht stehen
geblieben seind und die feindliche Armee nicht attaquiret haben, solches
werden Dieselbe gar leicht ermessen können.

---

[1] Nr. 9500. — [2] Vergl. auch hierzu von dem selbigen Tage das Schreiben des
Königs an den Marquis d'Argens in den: Œuvres Bd. XIX, S. 45. — [3] Die Capitulation von Schweidnitz, von Nadasdy und Sers unterzeichnet, datirt vom 12. November. Sie ist gedruckt: Danziger „Beyträge" Bd. III, 497—502.

Ich bin gezwungen, Deroselben frei und ganz reine heraus zu sagen, dass Ich von solchem Dero Betragen zum höchsten unzufrieden bin und Mir Dero darunter gehaltene Conduite nicht anders als sehr empfindlich sein kann, Ich auch darüber sehr böse bin, da Dieselbe Mir vorher Selbst die absolute Nothwendigkeit geschrieben, dass Sie, auf den Fall Schweidnitz übergehen sollte, den Feind attaquiren und schlagen müssten, ehe derselbe sich mit dem Belagerungscorps conjungirete, sonsten Sie hernach eine sehr übele Partie haben würden. Ich habe Ihnen darauf auch positive Ordre gesandt,[1] den vor Sie stehenden Feind, ohne auf Mich zu warten, zu attaquiren und zu schlagen. Urtheilen Sie also Selber und setzen Sich einmal an Meine Stelle, ob Ich nicht Ursache habe, zum höchsten unzufrieden zu sein, dass Sie solches nicht gethan, sondern Sich so intimidiren lassen, nichts zu thun, meine positive Ordre nicht zu executiren und Sich zu amusiren, da indess Schweidnitz verloren gegangen. Bei solchem Umstande, und wenn Ew. Liebden so continuiren, so muss Ich nicht nur Deroselben lediglich die Perte von Schweidnitz zuschreiben, sondern Sie werden Mich auch um ganz Schlesien bringen, Meine ganze Armee decouragiren und Mich in Verlust von Land und Leuten setzen, Ihrer Reputation aber einen ewigen Affront und Schande zuwege bringen. Ueberdem bringen Sie Mich hier in die Nasse,[2] da Ich Meinen geraden Weg hier fortgehe, indess durch Ihr Stillsitzen sich der ganze Klumpen vom Feinde hieher auf Mich ziehen wird; welches also Mich nothwendig zum höchsten arretiren und mehr schaden muss, als wenn Ich eine Bataille durch Sie verloren hätte. Ich habe Sie vor timide Rathgeber und Conseils gewarnet;[3] sagen Sie aber Kyau und Lestwitz von Meinetwegen gerade heraus, dass ihre Köpfe Mir insonderheit davor repondiren und fliegen sollten, wenn sie weiter gleichsam wie alte Huren agiren würden, und dieses wird noch mehreren andern Generals arriviren, die dergleichen Lâcheté und Schwachheit bezeigen und ihr Devoir nicht wie redliche Leute thun werden.

Ew. Liebden aber befehle Ich nochmals und positive, dem Feind auf dem Halse zu gehen, ihn zu attaquiren und zu schlagen, denn Sie sonst Mir den ganzen Schwarm vom Feinde auf den Hals bringen, Mich in die Nasse setzen und alles verlieren machen werden, welches Ich Deroselben zeitlebens nicht vergessen könnte und Ihrer Ehre und Reputation höchst nachtheilig sein würde. Wetzen Sie den grossen Scharten wieder aus, und bin Ich alsdenn u. s. w.

Friderich.

P. S.

Wenn Sie nichts thun werden, so bin Ich verloren, weil Ich hier immer Meinen geraden Weg vorwärts fortgehe.

Nach dem Concept.

---

[1] Vergl. Nr. 9496. — [2] être dans la nasse: in der Patsche sitzen. — [3] Vergl. S. 13; Bd. XV, 412. 419. 453.

9526. AU PRINCE ÉLECTORAL DE SAXE A DRESDE.

Kœnigsbrück, 19 novembre 1757.

Monsieur mon Cousin. Votre Altesse Royale voudra être persuadée de la part sincère que je prends de la perte qu'Elle vient de faire,[1] et de ma véritable compassion de l'affliction qu'Elle ressent sur un évènement si inattendu, dont je Lui fais ma véritable condoléance, faisant des vœux pour Sa propre conservation.

Je serais charmé si je saurais me prêter d'abord à la demande que Votre Altesse Royale me fait au sujet du comte de Wackerbarth;[2] Elle connaît, je m'en flatte, les sentiments d'une amitié véritable que je Lui garde invariablement; je me prêterais à tout ce qu'Elle désire à ce sujet, si je n'étais pas accablé dans ce moment des arrangements à prendre pour finir la campagne. Mais Elle pourra être assurée qu'incessamment que la campagne sera finie, et que le temps des quartiers d'hiver arrivera, je n'hésiterai plus un moment de donner mes ordres à ce que Son attente soit remplie, et que ledit comte prenne les fonctions que Votre Altesse Royale lui destine, quand il Lui plaira de m'en faire ressouvenir. Si tous mes vœux seront accomplis, le temps de calme et de paix succèdera bientôt, de sorte que toutes les tristes suites, souvent inévitables, d'une fâcheuse guerre cesseront, et j'en serai d'autant plus charmé que cela me fournira plus souvent les occasions pour prouver à Votre Altesse Royale les sentiments de la haute estime et de la considération parfaite avec lesquels je suis, Monsieur mon Cousin, de Votre Altesse Royale le bon cousin

Nach dem Concept.   F e d e r i c.

9527. AU PRINCE HENRI DE PRUSSE A LEIPZIG.

Kœnigsbrück, 19 [novembre 1757].

Mon cher Frère. Je vous remercie de toutes les bonnes nouvelles que vous me mandez de chez vous. J'espère que vous communiquerez au prince Ferdinand les avis que vous avez reçus du duc de Richelieu. Je souhaiterais de vous donner d'aussi bonnes nouvelles d'ici; mais, malheureusement, je suis obligé de vous dire qu'hier j'appris la nouvelle que Schweidnitz s'est rendu. Je ne saurais vous dire des détails, mais il n'y a eu ni brèche ni rien. Vous savez ma façon de penser; ainsi vous jugerez de tout ce qui se passe dans ma tête, sans que j'aie besoin de m'expliquer là-dessus. Je ne me laisserai cependant point distraire de mon projet, et arrive ce qui pourra, je ferai tous les plus grands efforts pour remettre les choses.

---

[1] Am 17. November war die Königin von Polen, die Mutter des Churprinzen, in Dresden gestorben. — [2] Der Churprinz bat, Dresden 18. November, den Grafen Wackerbarth, seinen Oberhofmeister, aus der Haft zu entlassen, da er der Hülfe desselben in seinen häuslichen Angelegenheiten dringend bedürfe. Ueber Wackerbarth vergl. Bd. XIV, 480. 484. 485. 498. 500. 513.

Vous avez très bien fait d'endoctriner le sieur de Mailly; [1] je souhaite, plus que je ne l'espère, qu'il réussisse. Faites, je vous prie, faire
mes compliments à Seydlitz, et ayez les plus grands soins pour votre
personne. N'oubliez rien de tout ce que je vous ai si souvent dit,
quand nous nous sommes entretenus de l'avenir; car soyez persuadé
que vous ne me reverrez que victorieux. Écrivez au maréchal Keith
que nos gens [2] m'ont la mine d'aller à Gœrlitz. Voilà tout ce que j'y
comprends jusqu'à présent; mais Finck écrit que Laudon est revenu à
Freiberg, ce dont je crois que le Maréchal doit être instruit. Adieu,
mon cher frère, je suis avec une parfaite et sincère amitié, mon cher
frère, votre fidèle frère et serviteur

F e d e r i c.

On me mande de Dresde que la reine de Pologne était morte d'un
catarrhe suffocatif; [3] cela ne nous fait ni froid ni chaud.

Nach der Ausfertigung. Eigenhändig.

9528. AU FELD-MARÉCHAL DE KEITH.

Kœnigsbrück, 19 novembre 1757.

Mon cher Maréchal . . . [4]

F e d e r i c.

Monsieur Marschall a eu beaucoup de magasins du côté de Bautzen.
J'en aurai quelques-uns. Il se repliera sur Gabel. Selon toutes les pro-
babilités, il ne soupçonne rien, et autant que j'en peux juger, il ne pourra
quitter Gabel, quoi qu'il arrive, que vers le 24.

P. S.

J'accuse la lettre du 18 que vous m'avez faite.

Eigenhändiger Zusatz. Das P. S. nicht eigenhändig.

---

[1] Der Prinz schrieb, Leipzig 18. November: „Le comte de Mailly (vergl. Nr. 9513)
est parti; je lui ai fait envisager, selon les ordres que vous m'avez donnés, que l'emploi le
plus utile qu'il pouvait faire du congé qu'il a obtenu, serait de porter les esprits vers la
paix; je crois qu'il se trouverait flatté de pouvoir suivre l'exemple de Mr. de Tallart
et retirer le même fruit de sa captivité." Vergl. S. 42. Camille von Hostun
Graf von Tallart, französischer Maréchal de camp, war 1704 bei Blenheim von den
Engländern gefangen worden. Er wurde von der Königin Anna im November 1711
ohne Lösegeld nach Frankreich entlassen und soll für die Einleitung des Sonderfriedens zwischen England und Frankreich wirksam gewesen sein — [2] Die Oesterreicher unter Marschall. Vergl. S. 35. — [3] Vergl. Nr. 9526. — [4] Das Hauptschreiben
chiffrirt, ein Chiffre nicht vorhanden. Vergl. S. 34 Anm. 3.

9529. AU MINISTRE D'ÉTAT ET DE CABINET COMTE DE FINCKENSTEIN A MAGDEBURG.

Kœnigsbrück, 19 novembre 1757.

J'ai reçu la lettre que vous m'avez faite du 15 de ce mois. Jugez de ma triste et désolée situation. Je fais tout au monde pour corriger ma fortune, et dès qu'elle paraît commencer à me seconder du côté où je me trouve, j'essuie d'un autre côté des désastres accablants. Je marche vers la Silésie pour secourir Schweidnitz. J'avais donné les ordres les plus positifs au duc de Bevern de combattre l'armée ennemie, pendant qu'elle était affaiblie par les renforts qu'elle avait envoyés aux assiégeants, et qu'elle était, d'ailleurs, dans une situation assez mauvaise. J'appris hier, en arrivant ici, que Schweidnitz s'était rendu,[1] sans en savoir d'autre détail, sinon que cette place avait été prise sans brèche ni rien. Je reçois, en même temps, un rapport du duc de Bevern,[2] qui, par des appréhensions frivoles, n'a pas osé attaquer l'ennemi, contre mes ordres positifs. De cette façon-là, et me voyant si peu secondé par ceux en qui j'ai mis ma confiance, il faut bien que mes malheurs restent toujours les mêmes, et que je succombe à la fin par le peu d'habileté de mes gens, et qui négligent leurs devoirs les plus essentiels. A présent, il faut que je m'abandonne aux purs hasards, et que je tente les entreprises les plus difficiles et les plus hasardées pour secourir la Silésie et pour redresser, s'il y a moyen encore, les fautes et les bévues grossières que d'autres ont faites, pour remettre seulement les choses dans l'état où elles ont été.

Pour ce qui regarde l'envoi des troupes anglaises dans l'Hanovre, vous pouvez compter que je n'ai point oublié cet article, sur lequel j'ai déjà fait des représentations réitérées.[3] C'est à voir quel en sera le succès. En attendant, vous pourrez instruire Michell de presser, de son côté, sur ce point-là, et écrire à M. Mitchell à Leipzig pour pousser de son mieux à la roue. Sur ce, je prie Dieu etc.

Federic.

Nach der Ausfertigung.

9530. AN DEN ETATSMINISTER GRAF FINCKENSTEIN IN MAGDEBURG.

Königsbrück, 19. November 1757.

Des Königs Majestät seind den 16. dieses von Torgau aufgebrochen und selbigen Tages auf Mühlberg, Tages darauf aber bis Grossenhain marschiret, von dar des Morgens früh der General Hadik auf erhaltene Nachricht von des Königs Annäherung mit vieler Précipitation aufgebrochen, und noch einer von seinen zurückgebliebenen Posten aufgehoben,

[1] Vergl. S. 37. Anm. 3. — [2] Vergl. Nr. 9525. — [3] Vergl. Bd. XIV, 386. 397. 429; XV, 489.

und dabei 30 Husaren gefangen gemachet worden, ausser 7 Todte, so dabei geblieben. Gestern seind des Königs Majestät hier eingetroffen, nachdem sich der General Hadik abermalen mit vieler Consternation und Précipitance von hier retiriret, und vor das Mal nur 2 Gefangene von ihm erhalten worden, inzwischen dessen Leute die hiesigen Einwohner noch, so gut als möglich gewesen und es die Zeit zulassen wollen, ausgeplündert und redlich mit Namen von ketzerschen Hunden beehret haben. Morgen werden des Königs Majestät weiter vor marschiren, um nach Situation derer Sachen weiter zu agiren, welches dann der Allerhöchste mit allem erwünschten Success benedeien wolle, damit die Sachen einmal zu einem honetten Frieden mehr und mehr gelangen und inzwischen diese so fatigante Campagne sich bald endigen möge, davon ich gestehen muss, dass ich die Fatigues fast nicht mehr souteniren kann, sondern dadurch fast gänzlich bei meinem erreichten Alter accabliret werde.

Ich beziehe mich sonsten wegen mehrerer Umstände auf dasjenige, so des Königs Majestät in einliegender Antwort[1] an Ew. Excellenz berühret haben. *Veuille[2] le bon Dieu nous accorder une bonne victoire contre les Autrichiens en Silésie, qu'on puisse par là incessamment reprendre Schweidnitz dont la perte nous est très sensible et considérable; mais si le malheur arriverait que le prince de Bevern ne saurait accomplir les intentions du Roi, en conséquence des ordres les plus positifs, de combattre l'armée autrichienne,[3] ou que même il fût battu, alors j'avoue que je ne connais plus de ressource de cette malheureuse guerre, et je craindrais beaucoup pour la personne du Roi et pour sa vie.* Ich behalte mir vor, ein mehreres von diesem allen und denen Successen zu schreiben, sobald es die Zeit und die Sicherheit vergönnen wird.

Ew. Excellenz danke ich zum höchsten *de ce qu'Elle a rappelé au Roi la nécessité absolue de négocier une bonne paix.[4] S. M. s'est ouverte encore aujourd'hui à moi que, dès qu'elle aurait fini les opérations présentes, elle y ferait travailler cet hiver et enverrait quelque émissaire en France. Le comte de Mailly, un des généraux français prisonniers, beau-fils de M. Paulmy et d'ailleurs homme raisonnable et entendu. qui a obtenu un congé pour 4 mois d'aller en France,[5] nous a beaucoup promis là-dessus,* und, so wie es scheinet, *il aimerait fort de faire le second tome de M. de Tallart.[6] La margrave de Baireuth pousse d'ailleurs au mieux à la roue par ses amis et émissaires à Paris.* Ew. Excellenz dörften

---

[1] Nr. 9529. — [2] Die französischen Worte waren in Chiffern gesetzt. — [3] Vergl. Nr. 9496. 9525. — [4] Vergl. Bd. XV, 427. — [5] Vergl. Nr. 9527. Mitchell berichtet an Holdernesse, Leipzig 22. November (private), der König habe den Grafen Mailly zum letzten Male am 9. in Merseburg gesehen „where I was present at dinner". Danach am 11. habe der König dem Gesandten die gleichen Versicherungen wiederholt, welche er schon früher gegeben habe (vergl. Bd. XV, 489) „that he would hearken to no terms of a separate peace, but act in thorough concert with His Majesty". — [6] Vergl. S. 40. Anm. 1.

inzwischen doch ohnvorgreiflich wohl thun, diesen Articul in allen vorkommenden Gelegenheiten zu rafraichiren. *Plaise au bon Dieu seulement que le Roi ne succombe pas dans ses expéditions militaires, [et] qu'il n'y ait plus de désastres.*[1]

Nach der Ausfertigung. Eichel.

9531. AN DEN GENERALLIEUTENANT HERZOG VON BRAUN-SCHWEIG-BEVERN.

Königsbrück, 19. November 1757.

Ew. Liebden werden hoffentlich Mein gestriges Schreiben[2] mit dem Feldjäger Bartikow erhalten haben. Durch dieses und das hierbei kommende Duplicat erwähntes Schreiben wiederhole Ich Meine Ordre, dass Sie dem Feind gleich auf den Hals gehen und zum Schlagen bringen sollen. Zu Dero Nachricht dienet zugleich, dass sobald nur Ich hier mit Marschall fertig bin, welches in wenig Tagen hoffentlich geschehen soll, wenn Ew. Liebden Mir nur sonst nicht den ganzen grossen Klumpen vom Feinde auf den Hals kommen lassen, Ich gerade auf Liegnitz marschiren werde. Haben Sie den Feind geschlagen, so stosse Ich gerade zu Sie. Haben Sie nichts gethan oder wären unverhoffter Weise geschlagen worden, so ziehe Ich Mich auf Glogau. Ich muss wiederholen, wie es ohnverantwortlich ist, dass Dieselbe aus einer ohnnöthigen Beisorge das beste Moment vorbeigehen lassen, den Feind zu attaquiren und zu schlagen — denn wenn solches geschehen wäre, so würde sich das feindliche Corps von Schweidnitz gewiss nicht herumgezogen haben —, zumalen Ew. Liebden gewusst, dass Ich der Gegend Schweidnitz kommen werde. Sie klagen über besorglichen Mangel von Subsistance; eben dieser Umstand hätte Dieselbe so mehr animiren und pressiren sollen, auf den Feind loszugehen und solchen zu schlagen. Und warum schlagen Sie den Feind nicht, der Ihnen die Subsistance benimmt, weil Sie ihn ruhig lassen? Es ist vor Mich höchst betrübt, dass Meine Ordres so schlecht attendiret werden, und Ich Mich, so zu sagen, von Meinen besten Freunden, zu denen Ich alles Vertrauen habe, verlassen und in die benaueste Umstände gesetzet sehen muss, nachdem Ich hier alles gethan, um die Sachen wieder in gutem Stande zu bringen.

Friderich.

P. S.

Damit Ew. Liebden von Meinem nunmehrigen, nach geschehenem Unglück mit Schweidnitz und nach Situation der jetzigen Umstände genommenen Operationsplan genau informiret sein mögen, so schreibe Ich Ihnen solchen ganz klar und deutlich hierdurch, damit Sie Sich exacte darnach richten und solchen befolgen und Dero Ortes secondiren.

---

[1] Am Schluss übersendet Eichel mehrere nicht mehr vorliegende Schriftstücke und meldet den Tod der Königin von Polen. Vergl. Nr. 9526. — [2] Nr. 9525.

Ich bin nämlich den 23. in Görlitz. Wenn Ew. Liebden den Feind schlagen, so werde Ich nicht, wie Ich zuerst geschrieben, nach Liegnitz, sondern statt dessen nach Landshut und nach Hirschberg gerade marschiren, um den Feind von seinen Magazins abzuschneiden, dass solcher nach Braunau und nach Böhmen laufen muss.

Zweitens, weil Schweidnitz, zum Theil durch Ew. Liebden Schuld, verloren worden, so muss Ich diesen Platz noch wieder haben, als wovon Ich nicht nachlassen und die Canons dazu aus allen schlesischen Festungen ziehen werde, so dass Ich vor Ende Decembris diesen Ort wieder haben muss. Würden aber, wie Ich nicht hoffe, Ew. Liebden geschlagen, so müssten Dieselbe Breslau defendiren, und Ich werde Mich solchenfalls über Glogau zu Sie ziehen.

Dies ist Mein richtiger und fermer Plan und Resolution. Ich wünsche, dass Ew. Liebden den Feind schlagen. Das Hauptwerk hierbei ist, dass Ich nur bald von Deroselben Nachricht habe, wie das Schlagen mit dem Feinde abgegangen. Wenn Ew. Liebden den Feind schlagen, so müssen Sie solchen brav mit Vigueur verfolgen, nicht bis an den schweidnitzer Bach, sondern bis gegen das Gebirge, und Mir also den geschlagenen Feind entgegentreiben, weil Ich von der andern Seite dazukomme und ihn von denen Pässen abschneiden werde.

Ich werde aber nicht eher über die Neisse gehen, bis Ich von Ew. Liebden Nachricht habe, wie es mit Deroselben gegangen ist. Nach diesem allen haben Dieselbe Sich zu achten, Mir auch das grösseste Geheimniss davon zu halten und mit keinem Dero Generals vorher darüber zu communiciren, sondern Sich darnach zu dirigiren und zu befehlen, auch nur drauf zu sehen, dass die Generals, was Ew. Liebden befehlen, ausrichten und bei Verlust von Leben, Ehre und Reputation ihr Devoir exact thun müssen.

F r i d e r i c h.

Nach dem Concept.

9532. AN DEN GENERALLIEUTENANT HERZOG VON BRAUN-
SCHWEIG-BEVERN.

C a m e n z , 20. November 1757.

Ich habe Ew. Liebden Schreiben vom 15. dieses erhalten und darauf nicht einen Moment versäumen wollen, Deroselben darauf zu antworten, dass, nachdem Ich des Feindes Umstände in Schlesien nunmehro recht erfahren habe, Ich also auch von hier ganz grade auf Breslau marschiren werde, um dem Feind in den Rücken zu kommen. Ew. Liebden können Sich also darnach achten und richten. Ich werde morgen in Bautzen sein, darauf nach Görlitz marschiren, wo Ich einen Ruhetag mache; den 26. dieses bin Ich in Naumburg, den 30. aber bei Jauer und mithin den 3. oder zum höchsten den 4. December in der Gegend Breslau.

Ich kann indess Ew. Liebden nicht cachiren, dass, wann Ich das was bei Deroselben geschehen, mit dem, so Ich von dem Feinde erfahren, zusammenhalte, Ich Dero Schwachheit und Irresolution gar sehr ersehe, und was vor ein Unglück Mir daher geschehen mögen. Dieses aber recommandire Ich Deroselben und befehle es Ihnen auf das höchste, dass Sie sehr attent sein und wohl Acht haben sollen, ob der Feind, wenn er, wie Ich nicht zweifele, von Meinem Marsch in Schlesien Nachricht bekommen wird, auf Mich marschiret. Sobald Ew. Liebden sehen, dass der Feind auf Mich marschiret, so sollen Sie sogleich demselben folgen, auf den Feind gehen und Mich nicht im Stiche lassen. Wo Dieselbe solches nicht thun und wenn der Feind auf Mich marschiret, stehen bleiben und Mich im Stiche lassen, so repondiret schlechterdings Dero Kopf davor. Ich bin also den 3. December bei Breslau und komme dem Feind auf die rechte Flanke, da Ich dann Ew. Liebden ein Signal mit Canons von Meiner Ankunft geben werde; ob Sie es dann hören werden, solches kann Ich nicht voraus wissen.

F r i d e r i c h .

Nach Abschrift der Cabinetskanzlei.

9533. AN DEN GENERALLIEUTENANT HERZOG VON BRAUN-
SCHWEIG-BEVERN.

Bautzen, 21. November 1757.[1]

Ew. Liebden danke Ich zwar vor die in Dero Schreiben vom 17. dieses Mir gegebene Nachrichten, die Umstände aber zwingen Mich, dass Ich Ew. Liebden, ohne die Termes zu mesuriren, sagen muss, wie es abermal von Deroselben schwach gewesen ist, dass Dieselbe detachiret haben, und dass Sie den Graf Wied nicht detachiren sollen, weil Sie Sich damit immer schwächen; wie dann, frei zu sagen, es der erste Fehler gewesen, dass Sie zu viel detachiret und Sich dadurch zu sehr geschwächet haben.

Ich bin heute in Bautzen und marschire, wie ich Deroselben gestern[2] schon geschrieben, grade auf Breslau. Ew. Liebden werden Mir aber wegen der Importance der Sache nicht verdenken, wenn Ihnen grade sage, dass Dero Kopf Mir davor repondiren soll, dass Dieselbe Sich von dem Feind nicht weiter rückwärts zwingen oder auch Sich von demselben keinen Marsch vorwärts abgewinnen lassen, sondern dass vielmehr Sie dem Feind beständig in den Hessen[3] liegen und, so wie er nur aufbricht, um vorwärts auf Mich zu gehen, ihm gleich auf den Hals marschiren. Ich werde den 29. dieses in Jauer sein, von dar Ich grade auf Breslau marschire und allemal drei Märsche und einen Ruhetag machen werde. Sobald Ich an Schlesien komme, werde Ich aussprengen, als ob Ich nach Schweidnitz marschiren und solches wiedernehmen oder auch den Feind von seinen Magazins abschneiden wollte. Ich werde

---

[1] Eine im Generalstabsarchiv befindliche Abschrift des Déchiffré führt den Eingangsvermerk: „pres. 24. Nachmittags ¹/₂2 Uhr." Vergl. Nr. 9536. Anm. 1. — [2] Nr. 9532. — [3] Vergl. Bd. XV, 439. Anm. 2.

aber dem Feind grade auf die Flanke gehen, da Ew. Liebden ihn dann *en front* attaquiren müssen, so dass wir mit Gottes Hülfe ihn grade nach der Oder dringen und jagen wollen. Ich wiederhole aber, dass, wann der Feind weggehen sollte und Ew. Liebden ihm nicht gleich auf den Hacken sitzen und ihn einen Marsch vorgewinnen lassen sollten, Mir sodann ohne Consideration noch Entschuldigung Dero Leben und Kopf davor repondiren muss. Sonsten will Ich, dass der Generallieutenant Lestwitz das breslausche Gouvernement haben und versehen soll, und soll der Generallieutenant von Katte[1] nichts weiter damit zu thun haben, sondern von allem dispensiret sein.

Was Ich Ew. Liebden endlich nochmals zum höchsten mit recommandire, ist, dass Sie weder einem General noch sonst einem Officier das geringste Wort von Meinem Plan noch von Meiner Hinkunft in Schlesien sagen oder merken lassen sollen, bis auf den Tag, da Ich Ew. Liebden die gestern geschriebene Signals durch Raketen u. s. w. von Meiner Ankunft geben werde, oder aber bis auf den Fall, da der Feind aufbricht und Sie ihm folgen und auf den Hacken rücken müssen: alsdenn Sie denen Officiers sagen können, dass der König, als Ich, da wäre, und [was] Meine Ordre sei, die jeder von ihnen wissen und executiren müsse, wenn auch schon Ew. Liebden ein Unglück durch einen fatalen Schuss begegnen sollte.

Uebrigens verbiete Ich Ew. Liebden nochmal hierdurch alle *Conseils de guerre*[2] noch Rücksprache mit denen Generals und recommandire, Selbst gute Disposition zu machen, sodann mit Autorité zu befehlen und jeden General bei Verlust seines Lebens exact zur Execution anzuhalten.

Nach Abschrift der Cabinetskanzlei.   F r i e d e r i c h.

9534. AN DAS DEPARTEMENT DER AUSWÄRTIGEN AFFAIREN.

Podewils und Finckenstein berichten, Magdeburg 14. November, dass sie dem königl. Befehl gemäss[3] den Kaperbrief für die Kaufleute in Bristol aufgesetzt hätten. Sie geben jedoch zu erwägen, dass die Bewilligung der Kaperei den preussischen Unterthanen Schaden bringen könne; die Schweden hätten bisher keine preussischen Schiffe belästigt, würden aber, nach Bewilligung des Kaperbriefes, damit den Anfang machen; auch würde England nicht gern sehen, dass man sich seiner Unterthanen bediene, um Kaperei gegen eine Nation zu treiben, mit der es in Frieden lebe.

Bautzen, [21. November 1757].[4]

Wenn der Feldmarschall Lehwaldt in Pommern fertig sein wird, alsdenn soll der Präsident Aschersleben mit denen Kaufleuten zu Stettin, Colberg p. sprechen und sich mit ihnen concertiren, um zu wissen, ob die Entreprise quaestionis ihrem Seehandel schädlich oder indifferent sein kann. Wovon Aschersleben alsdann citissime an Mich Selbst berichten[5] und das Du-

---

[1] Vergl. Bd. XV, 403. 404. — [2] Vergl. S. 38. — [3] Vergl. Nr. 9506. — [4] Im Datum nur: „Bautzen." Der König befand sich daselbst am 21. November. Im Departement präsentirt wurde die Resolution erst am 3. December. — [5] Aschersleben

plicat an das Ministerium schicken, dieses aber nach Maassgebung dieses Berichtes die Einlage wieder an Mich einschicken oder zurücklegen soll.

Mündliche Resolution. Nach Aufzeichnung des Cabinetssecretärs.

9535. AU PRINCE HENRI DE PRUSSE A LEIPZIG.

Au quartier de **Maltitz**, 22 novembre 1757.

Mon cher Frère. J'ai cru nécessaire de vous informer sur notre situation présente, que je suis arrivé aujourd'hui ici, d'où je marcherai demain à Gœrlitz, où je ferai un jour de repos, pour prendre des arrangements absolument nécessaires, afin de pouvoir poursuivre ma marche. Le général Marschall est encore auprès de Zittau, ses hussards et pandours à Lœbau. Il sera nécessaire que vous informiez incessamment le maréchal Keith que Schweidnitz s'est rendu,[1] et que l'ennemi se tire sur le prince de Bevern, en faisant de gros détachements, dont une partie doit passer l'Oder, l'autre à Brieg pour l'assiéger. Je marcherai, au contraire, tout droit à Breslau, où j'attaquerai l'ennemi d'un côté et le prince de Bevern de l'autre. Si cette entreprise aura le succès dont je m'en attends, toutes nos affaires en Silésie en seront rétablies en ordre, sans compter d'autres succès. Ayez la bonté, mon très cher frère, de me ménager religieusement le secret sur mon dessein, que je masquerai moi-même devant tout le monde, pour qu'il n'en rien transpire avant le temps où il faut qu'il éclate. Sans le secret, je saurais fort risquer.

Pour revenir encore au général Marschall, je suis sûr qu'il restera auprès de Zittau jusqu'au 24, mais je ne saurai [dire] sur quoi il se déterminera après. Donnez-en part encore au feld-maréchal Keith. Soyez assuré de l'estime avec laquelle je suis, mon très cher frère, votre très bon frère

Le corps régulier de Marschall ne fait que 5000 hommes, celui de Hadik 3000 tout compris. Voilà toute leur force. On dit qu'il a détaché quelque chose vers la Bohême; mais j'ai peine à le croire, car la nouvelle vient non seulement d'une source bourbeuse, mais encore il est trop faible, pour s'éparpiller de la sorte.

Nach der Ausfertigung. Der Zusatz eigenhändig.   F e d e r i c.

---

berichtet demgemäss, Stettin 19. Januar 1758. Er spricht sich gegen die Bewilligung des Kaperbriefes aus. Die englischen Kaufleute hätten allein im Sinn, die schwedische Handlung nach der mittelländischen und der spanischen See zu unterbrechen; die Preussen an der Ostsee würden nur Schaden leiden.

Der König verfügt darauf eigenhändig auf der Rückseite des Berichts: „Nun ist es nicht Zeit und wird auch nicht viel damit herauskommen. Friderich.“

Demgemäss ergeht, Berlin 31. Januar, von Podewils eine Antwort an die berliner Kaufleute Scheel und Fronmüller, dass das ganze Project fallen zu lassen sei.

[1] Vergl. S. 37. Anm. 3.

9536. AN DEN GENERALLIEUTENANT HERZOG VON BRAUN-
SCHWEIG-BEVERN.

Görlitz, 23. November 1757.[1]

Ew. Liebden Schreiben vom 19. dieses habe Ich erhalten. Ich beziehe Mich auf die Deroselben in Meinem letzteren Schreiben vom 21. dieses[2] durch einen Feldjäger Drebbert und [durch ein] durch einen Namens
Steinecker davon nachgesandtes Duplicat bekannt gemachte Disposition,
wobei es lediglich verbleibt, daferne Sie sonsten keine Noth dazu forciret,
mit dem Feinde eher zu schlagen; da Sie dann nur Ihre Sachen bei
Meiner Ankunft gegen den Feind recht zu machen haben. Ich werde
längst dem striegauer Wasser marschiren und solches allemal Mir auf
dem rechten Flügel behalten. Wann Ich Mich aber wider Verhoffen
nicht recht auf Sie verlassen können würde, und Mir der ganze Klumpen vom Feinde auf den Hals käme, ohne dass Sie Mich prompt se-
condireten, so werde Ich Mich rechter Hand über das Wasser ziehen,
dass Ich doch was vor Mich habe. So wie Ich bei Jauer vorbei bin,
so werde Ich allerhand durchschicken, dass Ew. Liebden Nachricht davon bekommen.

Wenn Sie Mir einen kleinen Riss von des Feindes Lager entgegenschicken können, ist es sehr gut, und könnten Sie solchen nur ganz
bloss einem Husaren in die Tasche geben, ohne Umstände und was
dabei zu schreiben.

Den Weg von Jauer auf das striegauer Wasser werden Sie Mich
allemal finden können. Ich werde vielleicht Nachtmärsche machen, um
den Feind zu deroutiren. Ew. Liebden sollen Sich aber nicht daran
kehren, wenn Sie deshalb hören, man könnte Mich nicht finden. Wenn
Sie Mich nur auf der erwähnten Route suchen lassen, so finden Sie
Mich gewiss.

Ich bin fest resolviret, den Feind zu attaquiren, und vielleicht gleich
wenn Ich an ihn komme, doch mit der Condition, dass Ew. Liebden
alsdenn gewiss mit attaquiren; sonst bin Ich zu schwach und nicht viel
über 12,000 Mann.

Wenn es zum Schlagen kommet, so müssen Sie in Dero Armee
die Ordre geben, dass der Feind beständig nach der Oder hingetrieben
werde, und nicht nach der Seite nach Liegnitz, noch nach Schweidnitz,
sondern nur immer nach der Oder. Dieses ist alles wohl zu observiren.

Nach dem Concept.   F r i d e r i c h.

---

[1] Eine im Generalstabsarchiv befindliche Abschrift des Déchiffré führt den
Eingangsvermerk: „Stroppen, 25. November, Mittags 12 Uhr durch den Feldjäger
Duden". Der Vermerk im Original des Déchiffré rührte vom Generallieutenant Kyau,
dem Nachfolger Bevern's, her; ebenso die S. 45. Anm. 1, S. 53. Anm. 3, S. 54.
Anm. 1 erwähnten Vermerke. — [2] Nr. 9533.

9537. AU LIEUTENANT-GÉNÉRAL PRINCE FERDINAND DE BRUNSWICK.

Prinz Ferdinand meldet, [Magdeburg] 19. November: „Je pars demain pour me rendre à ma destination.[1] Le ministère d'Hanovre m'a invité en pressant mon départ, j'aime mieux passer sur bien des formalités que de manquer, par un retardement, l'occasion de servir ma patrie. Le bien et l'avancement de la cause commune sera l'unique but de mes actions." Der Prinz bittet, das Departement der Auswärtigen Affairen zu beauftragen, über den Gang der Politik ihn auf dem laufenden zu erhalten.

Naumburg sur le Queiss,
24 novembre 1757.

Mon cher Cousin. J'ai été charmé d'apprendre, par la lettre que vous m'avez faite du 19, que je ne me suis point trompé dans mon attente que, dans l'importante commission dont Votre Altesse S'est chargée, Elle partirait de Magdeburg, pour S'en acquitter, sur l'invitation du ministère du Hanovre, sans regarder sur le défaut de bien des formalités à régler encore. Je suis persuadé d'avance de tout le bien qui en reviendra à la bonne cause commune, et me flatte d'apprendre bientôt de bonnes nouvelles sur Ses heureux progrès contre l'ennemi commun. J'ai donné mes ordres à mes ministres à Magdeburg, pour qu'ils doivent exactement informer Votre Altesse de la situation des affaires publiques, en tout ce qui peut avoir le moindre rapport à Sa commission et Lui saurait servir de direction. Je suis avec les sentiments d'estime que vous me connaissez, Monsieur mon Cousin, de Votre Altesse le bon cousin

Federic.

Avec de la fortune, mon cher, je me flatte de terminer ici mes affaires en quinze jours.

Nach der Ausfertigung im Kriegsarchiv des Königl. Grossen Generalstabs zu Berlin. Der Zusatz eigenhändig.

9538. AU PRINCE HENRI DE PRUSSE A LEIPZIG.

Naumburg, 24 [novembre 1757].

Mon cher Frère. Je vous donne la bonne nouvelle que les Autrichiens sont bien battus, et que je marche pour leur couper la retraite. S'il plaît à Dieu, tout ira bien à présent, et nous pourrons entièrement redresser nos affaires. Adieu, je vous embrasse.

Federic.

Nach der Ausfertigung. Eigenhändig.

---

[1] Vergl. S. 15—17. Der folgende Bericht des Prinzen an den König vom 24. November ist aus Stade datirt.

9539. A LA MARGRAVE DE BAIREUTH A BAIREUTH.

Naumburg sur le Queiss. 24 [novembre 1757].

Ma très chère Sœur. J'ai la satisfaction de vous apprendre que les Autrichiens sont battus; je marche à présent pour leur couper tout-à-fait la retraite. Je connais votre amitié pour moi, ainsi je sais d'avance la part généreuse que vous daignerez prendre à ce changement de fortune qui, depuis un mois, a été presque inouï. Je vous embrasse de tout mon cœur.

Nach der Ausfertigung. Eigenhändig.   F e d e r i c.

9540. AU FELD-MARÉCHAL DE KEITH. [1]

Naumburg sur le Queiss, 24 [novembre 1757].

Mon cher Maréchal. Les Autrichiens sont battus, je marche pour leur couper tout-à-fait la retraite, et, s'il plaît à Dieu, mettre fin à la guerre. Je crois que cela vous assurera dans la Bohême, et que peut-être vous pourriez par la suite tenter sérieusement la surprise de Prague, où, de mon su, il y a peu de monde et beaucoup de nos prisonniers. J'ai beaucoup à faire. Adieu.

Nach der Ausfertigung. Eigenhändig.   F e d e r i c.

9541. AN DEN GENERAL DER INFANTERIE PRINZ MORITZ VON ANHALT-DESSAU.

[Naumburg, 24. November 1757.]

Den 22. hat Daun den Prinzen Bevern attaquiret, welcher ihm tüchtig repoussiret hat. Bei Borne hat sich der Feind setzen wollen; da ist er den 23. wieder mit grossem Verlust verjaget worden. Nun will er sich bei Neumarkt feste setzen; da werde ich hinmarschiren, um ihm ganz und gar einzuschliessen, und ihm vielleicht obligiren, das Gewehr zu strecken. Sagen Sie es an der ganzen Armee und geben die hierbei folgende Disposition zum Marsch. Den 26. ist das Hauptquartier in Deutmannsdorf. Ich werde Marquart schicken, Ihre Colonne zu führen, und werde einen hier lassen, um das zweite Treffen und die übrigen Regimenter zu führen; ich aber, vor meine Person, werde zeitig vorausgehen, um die Märsche zu reguliren. Adieu.

F r i d e r i c h.

Nach der Ausfertigung im Herzogl. Haus- und Staatsarchiv zu Zerbst. Eigenhändig.

---

[1] Ein Bericht von Keith vom 22. November datirt aus Chemnitz. Nach dem Tagebuche Weidemann's, des Secretärs von Keith (vergl. Bd. XV, 483), brach der Heerestheil des Feldmarschalls am 24. von Zschopau auf und marschirte bis Marienberg. [Kriegsarchiv des Grossen Generalstabs. C. I, 24.]

9542. AU MINISTRE D'ÉTAT COMTE DE FINCKENSTEIN A MAGDEBURG.

Naumburg, 24 [novembre 1757].

Le prince de Bevern a battu ce 22 l'armée autrichienne de Daun, et je marche à présent pour l'environner totalement; j'espère que nous la détruirons, et que cela mettra fin à la guerre. Je ne saurais vous marquer d'autres particularités.[1]

Nach der Ausfertigung. Eigenhändig.   Federic.

9543. AN DEN ETATSMINISTER GRAF FINCKENSTEIN IN MAGDEBURG.

Naumburg am Queiss, 24. November 1757.

Nach so vielen betrübten und benaueten Umständen erweiset uns der Allmächtige eine grosse Wohlthat über die andere, davor ihm unendlich Lob und Preis gesaget sei. Ew. Excellenz werden aus einliegendem königlichen eigenhändigen Schreiben[2] zu ersehen belieben, was vor eine angenehme Nachricht des Königs Majestät gleich bei Dero Ankunft allhier erhielten. Man wusste schon gestern in Görlitz davon zu sagen, dass aus Schlesien dahingekommene Reisende ein starkes Canoniren in der Gegend von Breslau zwischen 7 und 11 Uhr Vormittages gehöret haben, ohne dass wir in Görlitz auf solche Anzeige grosse Attention nahmen.

Heute, kurz nach der Ankunft Sr. Königl. Majestät und da Sie wieder den ersten Fuss, so zu sagen, auf Dero schlesisches Territorium gesetzet hatten, meldete Deroselben der hiesige katholische Prälate, sowie auch nachher mehrere, welches durch soeben aus Schlesien weiter reisende Passagiers und andere Leute confirmiret worden, dass ehegestern der Herzog von Bevern mit seinem unterhabenden Corps d'armée die grosse feindliche Armee zu Lissa, zu welcher Nadasdy von Schweidnitz her mit gestossen, totaliter geschlagen habe. Wir wissen hier noch keine weitere Particularia davon, weil der Herzog von Bevern bisher seine Couriers wegen der durch fast ganz Schlesien ausgestreuten kleinen Husarenpartien nicht anders als *par détour* und über Crossen gehen lassen können; so viel aber wird einhellig versichert, dass der Feind ehegestern früh nach 7 Uhr den Herzog attaquiret, da denn das Treffen bis 11 Uhr Mittages gedauret, worauf der Feind gänzlich in die Flucht getrieben

---

[1] In einem Schreiben, Naumburg 25. November, zeigt der König dem Erbprinzen von Hessen-Darmstadt den vermeintlichen Sieg des Herzogs von Bevern an: dieser Erfolg lasse erhoffen „que la face des affaires dans l'Empire et ailleurs prendra bientôt toute une autre tournure en faveur des vrais patriotes qui ont gémi sous l'oppression". [Dieses Schreiben befindet sich ebenso wie das S. 22 Anm. 4 erwähnte in einer unterzeichneten Ausfertigung im Generalstabsarchiv; es ist ebenfalls nicht zur Absendung gelangt. Vergl. S. 53]. — [2] Vergl. Nr. 9542.

und denselben Tag bis Borne, 2 Meilen von Breslau, den folgenden
Tag aber bis Neumarkt, 4 Meilen von gedachtem Breslau, verfolget,
die feindliche Armee auch auseinander gesprenget worden, dass ein Theil
davon sich auf Liegnitz, ein anderer gegen Schweidnitz und noch ein
Theil, man weiss nicht wohin eigentlich, gezogen. Die weitere Particularia davon müssen wir nächstens und hauptsächlich von dem Herzog
von Bevern erwarten, die solchenfalls sogleich zu communiciren nicht
ermangeln werde. Gott sei gelobet, wenn es auch hier so weit gekommen sein wird, dass der grosse österreichsche [Uebermuth] totaliter
dispersiret worden!

Nach der Ausfertigung.   E i c h e l.

9544. AU PRINCE HENRI DE PRUSSE A LEIPZIG.

Naumburg sur le Queiss, 25 novembre 1757.

Mon cher Frère. J'ai bien voulu vous instruire par la présente
que, dès que vous saurez le prince Ferdinand de Brunswick aux prises
d'avec les Français, vous devez détacher quelques bataillons de la garnison de Magdeburg avec le régiment du corps à cheval, pour aller
reprendre sur les Français ou Autrichiens la ville d'Osterwieck dans le
pays de Halberstadt, où ils se sont nichés encore, et comme ils ont
laissé garnison d'ailleurs dans le château de Reinstein ou Regenstein,[1]
vous la ferez bloquer, afin de faire maison nette dans ce pays-là. S'il
se trouve des magasins que les Français ont assemblés aux frontières
de Halberstadt et même dans le territoire de Brunswick, vous ferez
vous en emparer et les faire transporter d'abord à Magdeburg.

Vous presserez, après, les princes d'Anhalt — excepté celui d'Anhalt-
Zerbst, que vous ménagerez en tout, par la raison que je vous ai dite[2]
— pour la livraison des farines ou des grains que j'ai concertée avec
vous, et supposé qu'ils voudraient tirer ou tergiverser, vous leur enverrez l'exécution moyennant le régiment du corps à cheval; quant aux
recrues que ces susdits princes ont à sister, vous les presserez en alle-
mand, afin qu'on les rassemble et envoie, l'hiver qui vient, à quelque
endroit convenable. Je remets la disposition de tout ceci à votre discernement.

Je suis avec l'estime imaginable, mon très cher frère, votre bon et
affectionné frère

Je me flatte, avec l'aide du Ciel et de la Fortune, de déblayer
tous les ennemis de ce pays-ci en 15 jours. Je vous informerai de tout
ce qui se passe.

Nach der Ausfertigung. Der Zusatz eigenhändig.   F e d e r i c.

---

[1] Der Regenstein bei Blankenburg. Vergl. Bd. XV, 383. — [2] Die Grossfürstin
Katharina von Russland war eine Schwester des regierenden Fürsten Friedrich August von Zerbst.

9545. AN DEN ETATSMINISTER GRAF FINCKENSTEIN IN MAGDEBURG.

Naumburg, 25. November 1757.

Die gestern gemeldete Nouvelle,[1] so zwar überall und im ganzen Lande debitiret und ausgesaget worden, confirmiret sich noch gar nicht durch Briefe von dem Herzog von Bevern, und ich fange an deshalb sehr besorget zu werden, dass solche prämaturiret sei. Eine Bataille ist gewiss gewesen, ich bin aber noch über den Success *en peine*. Ew. Excellenz dörften also wohl thun, den Éclat noch zur Zeit zu vermeiden und nichts eher davon wegzuschreiben bis auf nähere Nachricht. Gott gebe indess alles gutes!

Eichel.

Ich bitte auch nur noch die Briefe an Michell, Hellen, Landgraf Cassel, Erbprinz Darmstadt[2] an Sich zu behalten, bis nähere Nachricht kommt.

Nach der Ausfertigung.

9546. AN DEN GENERALLIEUTENANT HERZOG VON BRAUN-SCHWEIG-BEVERN.

Naumburg am Queiss, 25. November 1757.[3]

Ew. Liebden Schreiben vom 23. dieses erhalte. Da das ganze Land hieherum von einer Victorie voll gewesen, so Dieselbe gegen den Feind erhalten, so bin Ich um so mehr bestürzt gewesen, aus Dero Schreiben das contrarium zu erfahren.[4] Ich befehle Deroselben demnach darauf, dass Sie vor Ihro Person Selbst mit in Breslau bleiben, auch 10 bis 12 Bataillons darinnen bei Sich behalten und die Stadt durchaus nicht übergeben sollen, wenn auch der Feind die ganze Stadt abbrennen sollte. Die übrigen Regimenter nebst der ganzen Cavallerie, und insonderheit die Husaren, sollen Ew. Liebden nach Parchwitz oder Leubus mit denen Pontons, so Sie bei Sich haben, schicken, allda diese eine Brücke schlagen sollen; und da Ich auch dahin kommen und noch Pontons mit Mir bringen werde, so werde Ich wohl die Brücke zu Stande bringen, und soll alsdenn alles zu Mir stossen. In Breslau aber müssen Ew. Liebden Selbst bleiben und Mir mit Dero Kopf davor repondiren, dass die Stadt in 14 Tagen nicht übergeben werde. Ew. Liebden haben Sich hiernach ponctuel zu achten.

Nach dem Concept.

Friderich.

---

[1] Vergl. Nr. 9543. — [2] Vergl. S. 22. Anm. 4 u. S. 51. Anm. 1. — [3] In einer Abschrift des Déchiffré im Generalstabsarchiv der Eingangsvermerk: „praes. den 26. Abends ½8 Uhr in Hünern". — [4] Bevern hatte am 22. November die Schlacht bei Breslau gegen die Oesterreicher verloren.

9547. AN DEN GENERALLIEUTENANT HERZOG VON BRAUN-SCHWEIG-BEVERN.

Naumburg am Queiss, 25. November 1757, Abends um 9 Uhr.[1]

Durch Mein heutiges Schreiben[2] und Duplicat habe Ich Ew. Lieb-den befohlen, dass Dieselbe mit 10 à 12 Bataillons [Sich] in Breslau legen und solches defendiren und absolut mainteniren, Dero übrige Regimenter Infanterie nebst der ganzen Cavallerie, und insonderheit die Husaren, Mir nebst denen Pontons[3] nach Leubus schicken sollen. Hier-durch befehle Ich noch ferner:

Erstlich, dass Dieselbe Mir zugleich die ganze schwere Feldartillerie und Canons nebst denen 3 und 12pfündigen Kugeln, Kartätschen und allem, was dazu gehöret, so Sie noch übrig haben, mit denen Regi-mentern mitschicken sollen.

Zweitens, wenn die Regimenter und die Cavallerie und Husaren, so Ich haben will, mit der schweren Feldartillerie und mit denen Pon-tons nur den 28. dieses bei Leubus seind, so ist es früh genug; dann aber muss es absolut sein.

Drittens, wenn wider Verhoffen Ew. Liebden schon von Breslau wegmarschiret wären, so müssen Sie doch sogleich wieder nach Breslau zurück und Sich vor Dero Person Selbst darin werfen.

Viertens, müssen Ew. Liebden Breslau defendiren und halten, es koste, was es wolle, und Sich absolute nicht geben; es sei dann, dass auch bei der stärksten Résistance [es] mit stürmender Hand ge-nommen würde: als wovor Sie Mir mit Ihrem Kopf repondiren müssen.

Fünftens, wenn Ich in der Nähe bei Breslau den Feind attaquiren werde, so müssen Ew. Liebden einen vigoureusen Ausfall auf den Feind thun.

Dieses alles haben Dieselbe exact zu observiren.

Nach dem Concept.   Friederich.

---

[1] Eine Abschrift des Déchiffré befindet sich im Generalstabsarchiv, sie führt den Vermerk: „Hünern, praes. den 26. November, Abends 10 Uhr." — [2] Nr. 9546. — [3] In einem Schreiben, d. d. Naumburg am Queiss 25. November, an den Comman-danten von Glogau, Oberst von Lange, befiehlt der König, 20,000 Portionen Brod auf 6 Tage in Glogau zu backen und ihm unter Escorte der drei in Glogau befindlichen Feldbataillone zuzusenden; desgleichen alle Schiffe auf der Oder um und in Glogau zusammenzubringen und nach Parchwitz zu schaffen, „um solche mit zu Brücken schlagen gebrauchen zu können". In einer zweiten Ordre vom 25. November, „Abends nach 9 Uhr", sendet der König an Lange den Befehl, dass das bestellte Brod am 29. bei der Armee sein müsse, es sollen ferner Patronen und Kanonenkugeln aus Glogau geschickt werden. [Ausfertigungen, das erste Schreiben mit eigenhändigem Zusatz, im Kriegsarchiv des Grossen Generalstabs.]

9548. AN DEN GENERALLIEUTENANT HERZOG VON BRAUN-
SCHWEIG-BEVERN.

Naumburg, 26. November 1757.[1]

Meine gestrige zwei Schreiben[2] nebst einem Duplicat werden
hoffentlich Ew. Liebden richtig zugekommen seind. Durch dieses mache
Deroselben noch bekannt, dass, da Ich bei Parchwitz eine Brücke machen
lassen werde, Ew. Liebden Mir alle Tage Nachricht geben müssen, was
Dero Ortes passiret, damit wir in Connexion bleiben.

Den 3. werde Ich gewiss nahe Breslau sein und den 4. December
gewiss den Feind attaquiren, da Ew. Liebden festen Staat darauf machen
können. Wenn Ich aber marschire, lasse Ich die geschlagene Brücke
abbrechen.

Was Ich sonst wissen muss, und Dieselbe von den Thürmen der
Stadt werden sehen können, ist:

1) auf welcher Seite der Stadt der Feind seine Attaque machet;

2) ob solcher Meister von der Vorstadt oder nicht, oder ob er
Posten darin hat;

3) wenn solcher in seinem Lager stehet, wie seine Position ist,
was er vor Schanzen gemacht, wo er Redouten hat; — welches von
denen Stadtthürmen alles gesehen und auf einen Plan notiret werden
kann, den Ew. Liebden Mir schicken und täglich communiciren müssen.

Ich werde den 2. December, wo Ich nicht schon den 1. fertig
werden kann, gewiss von Parchwitz aufbrechen und nach Neumarkt
marschiren. Den 3. muss Ich Mich richten, wie der Feind stehet.
Sollte er sich hinter das Wasser bei Lissa[3] gesetzet haben, werde Ich
vielleicht bei Arnoldsmühle oder bei Kammelwitz übergehen und Mich
mit dem Rücken gegen Schweidnitz setzen, um den Feind gegen die
Oder zu haben.

P. S.

Wenn Ich den 2. oder 3. bei Jauer vorbei sein werde, so werde
Ich Raketen, es sei bei Tage oder Nachts, aufsteigen lassen, daraus
dann Ew. Liebden ohngefähr wissen werden, wo Ich bin. Sie müssen
also in solche zwei, drei Tage Zeit Tages und Nachts genau darauf
Acht geben lassen, was Ich Deroselben vor Signals, wie gedacht, geben
lassen werde. Vor Nadasdy haben Dieselbe nichts zu besorgen, als ob
er über die Oder gehen wolle, und können Sie also grade auf den Feind
vor Breslau marschiren, wenn was zu thun sein wird, und derselbe auf
Mich marschiren wollte. Im übrigen recommandire Ich Ew. Liebden

---

[1] Eine Abschrift des Déchiffré, in welcher ein Theil des Textes des Concepts
fehlt, führt den Eingangsvermerk: „praes. 28. Morgens 5 Uhr." Es rührt auch dieser
vermuthlich von Kyau her (Vergl. S. 48. Anm. 1). Im Datum hat die Abschrift
des Déchiffré statt Naumburg „Quartier Deutmannsdorf". Vergl. Nr. 9541. —
[2] Nr. 9546. 9547. — [3] Die Weistritz.

das grösseste Geheimniss von dieser Meiner Ordre, damit nicht das geringste von Meinem Vorhaben vor der Zeit unter andere, es sei Generals oder wer es wolle, bekannt und durch Indiscretion dem Feinde verrathen werde, welches Mich und Sie in grosse Verlegenheit und Unglück bringen könnte.

Die Kirche, so auf dem schweidnitzer Anger liegt, desgleichen die Häuser vor dem ohlauer Thor, so der Stadt zu nahe liegen, werden Sie wohl gleich abbrechen und rasiren lassen, Ihre Canons aber wohl nicht anders gebrauchen, als gegen die Batterien, so der Feind machet, um diese zu ruiniren.

Denen Generals, so Ew. Liebden haben, werden Sie wohl jeden auf seinen Posten vertheilen, welche alle allert sein und in solcher Zeit wenig an den Schlaf denken müssen. Gegen die Mauren werden Sie wohl Balken ansetzen lassen, dass, wenn der Feind Bomben dahin werfen sollte, die Leute, so die Wacht haben, einigermaassen gesichert sein.

Auf jenseit der Oder haben Ew. Liebden nichts zu besorgen, weil der Feind schwerlich detachiren wird, wann er erfähret, dass Ich ihm auf den Hals komme. Das Pulver werden Sie wohl in denen Bastions vertheilen und etwa 15 Fuss tief in der Erde legen lassen, damit es nicht zusammen lieget.

Auf den Batardeau an dem Oderthor sollen Sie die grösste Attention haben, dass der Feind solchen nicht nehmen kann, sonsten Sie das Wasser, so Sie jetzo zu 6 Fuss tief haben, verlieren. Des Nachts müssen von halben Viertelstunden zu halben Viertelstunden die Ronden gehen, und die Generals und Stabsofficiers und Majors alle selber Ronden mit thun, damit alles allerte sei, und Sie nicht surpreniret werden können.

Die Brücken werden Sie wohl an den meisten Orten abbrechen lassen und Sich nur frei behalten, dass, wenn Sie sehen, dass Ich komme, Sie da wieder eine machen lassen, wo Sie sehen, dass Ich kann überkommen.

Von der Bürgerschaft werden allemal Leute zum Löschen, wenn Bomben fallen, parat gehalten und etwas von der Garnison dabei, dass erstere, wenn Bomben fallen, nicht weglaufen.

Wenn Stürme geschehen, müssen Ew. Liebden solche abschlagen, und Sich sogar der nächsten Häuser gebrauchen, dass, wenn auch schon der Feind auf dem Wall wäre, solcher doch wieder, wenn Sie aus den Häusern auf ihn schiessen lassen, zurück müsse.

Was Ew. Liebden über dieses zur Defension dienlich noch einfället, werden Sie wohl alles noch thun.

Ich wiederhole nochmals, dass, wann Dieselbe auch schon von Breslau weg wären, Sie wieder umkehren und den Ort Selbst defendiren müssen.

Hauptsächlich aber befehle Ich, dass, wann Sie sehen sollten, dass sich die ganze Armee der Feinde auf Mich zu ziehet, Ew. Liebden alsdenn wieder mit allem, was Sie haben, herüber nach Mir müssen, und werde Ich schon sehen, wie Ich zu Sie stossen werde. Dieses aber ist nicht anders als auf den Fall, wenn Sie sehen, das sich alles vom Feinde von Breslau auf Mich zöge.

Nach dem Concept.   F r i d e r i c h.

9549. AN DEN GENERALLIEUTENANT VON KYAU.[1]

[November 1757.]

Ich bin erstaunt über das Accident, so Ihr Mir wegen des Herzog von Bevern gemeldet habt.[2] Indess gebe Ich Euch wegen Breslau in Antwort, dass dem sei, wie ihm wolle, Breslau und Ihr Euch nicht ergeben und eher alle nicht mehr leben sollet; denn Ich ganz gewiss und ohnfehlbar baldigst zum Succurs komme. Alle Briefe, so von Mir inzwischen an den Herzog von Bevern kommen, habt Ihr zu eröffnen, gleich dechiffriren zu lassen und alles, was Ich diesem befohlen, statt seiner zu executiren.

Nach dem Concept.   F r i d e r i c h.

9550. A LA MARGRAVE DE BAIREUTH A BAIREUTH.

Parchwitz, 28 novembre 1757.

Ma très chère Sœur. Nous sommes arrivés en Silésie avec toute la rapidité possible pour une armée, ayant fait 45 grandes milles en quinze jours. La bonne nouvelle que je vous avais mandée, ma chère sœur, avec trop de précipitation de Naumburg,[3] s'est trouvée bien différente de ce que j'avais espéré. L'ennemi a forcé le prince de Bevern à quitter son poste. La perte des Autrichiens va à 24,000 hommes, ce qui est certain, et la nôtre entre 3 et 4000; le pis qui m'est arrivé, c'est que la tête a tourné à M. le commandant de Breslau,[4] qui a rendu la ville, sans tirer un coup.[5] Voilà de la nouvelle besogne: chasser les Autrichiens et reprendre tout ce que nous avons perdu; ce qui n'est pas une bagatelle. Cependant, je l'entreprends au risque de ce qui en pourra arriver.

Je vous réponds que ni le prince de Soubise ni celui de Hildburghausen ne reviendront de cette année; quant à celle qui vient, il faut espérer qu'on fera la paix, car, en vérité, il semble que l'on ait résolu de détruire l'espèce humaine.

---

[1] Kyau's Berichte datiren am 24. aus Schebitz, am 27. aus Hünern. Vergl. dazu auch die Eingangsvermerke S. 45. Anm. 1; S. 48. Anm. 1; S. 53. Anm.3; S. 54. Anm. 1; S. 55. Anm. 1. — [2] Kyau meldet, Schebitz, 2 Meilen von Breslau auf dem Marsche, (ohne Tagesdatum, aus dem Inhalt ergibt sich der 24. November), der Herzog von Bevern sei „heut früh" von den Oesterreichern gefangen worden, als er ganz allein, nur von einem Reitknecht begleitet, zum Recognosciren geritten sei. — [3] Vergl. Nr. 9539. — [4] Generallieutenant von Lestwitz. — [5] Breslau capitulirte am 24. November. Die Capitulation vergl. in Danziger „Beyträge" Bd. III, 622—627.

Dès qu'il y aura quelque chose de décidé dans ces environs, j'aurai l'honneur de vous l'écrire, comme témoin oculaire, c'est-à-dire, en vous donnant des nouvelles certaines. Je vous supplie d'attendre en patience l'évènement; nos inquiétudes ni nos soins n'y changent rien, et il n'en arrivera que ce qu'il plaira à Sa Sacrée Majesté le Hasard.

M. de Richelieu aura bientôt de la besogne, s'il ne l'a déjà, et je crois que le maréchal Lehwaldt sera à présent sur le territoire suédois. [1]

Veuille le Ciel conserver vos jours et vous donner la tranquillité d'esprit si nécessaire dans ces tristes conjonctures! Si j'attrape la fin des quartiers d'hiver, j'aurai l'honneur de vous envoyer une prodigieuse quantité de vers de toutes les façons et en tous genres. Voici un petit billet que je prends la liberté de vous envoyer, [2] en vous suppliant de me croire avec la plus parfaite tendresse, ma très chère sœur, votre très fidèle frère et serviteur

Nach der Ausfertigung. Eigenhändig.   F e d e r i c.

9551. A LA MARGRAVE DE BAIREUTH A BAIREUTH.

Die Markgräfin schreibt, 20. November: „Le prince de Hildburghausen veut tirer un cordon depuis Coburg jusqu'à Hof. L'armée peut monter à 13 ou 14,000 hommes. Si le corps de Mayr [3] était augmenté de quelques troupes réglées, il pourrait vous débarrasser, mon cher frère, de toute cette race qui vous occupera toujours un corps de vos troupes l'année prochaine. On nous persécute de nouveau pour donner les nôtres. Le plus tôt que le coup pourrait se faire, serait le meilleur, puisque l'épouvante règne encore."

[Novembre 1757.]

Ceci est d'autant plus impraticable que le maréchal Keith est entré avec un corps en Bohême, pour faire une diversion et pour attirer de de ce côté-là Marschall, qui, pendant mon absence, aurait pu marcher droit à Berlin. Dans huit jours, nos affaires seront décidées de ce côté-ci, et j'aurai bien encore de l'ouvrage jusqu'au commencement de janvier, avant que de nettoyer entièrement le pays des ennemis qui l'infestent, et encore faut-il que tout aille bien et heureusement; après quoi, les troupes ont un très grand besoin de repos.

Nach dem Concept. Eigenhändig. [4]   [F e d e r i c.]

9552. AN DEN GENERALMAJOR VON KURSSELL IN GLOGAU.

Parchwitz, 29. November 1757.

Mein lieber Generalmajor von Kurssell. Ich vertraue Euch hierdurch das Commando der Stadt und Festung Glogau auf Euren Eid,

---

[1] Vergl. S. 5. 13. 14. — [2] Liegt nicht bei. — [3] Vergl. Bd. XV, 494. — [4] Das Schreiben wurde in Chiffern und vermuthlich ohne Unterschrift abgesandt.

Ehre, Leben und Reputation an. Ihr sollet aber auch wissen, dass Ich darunter nicht den geringsten Scherz noch Uebersehen verstehe, sondern dass vielmehr, wenn Ihr als Commandant, auf den Fall eines feindlichen Anfalls oder Attaque auf die Festung Glogau, nicht alles zu deren Defension anwenden, solche mainteniren und Euch darin bis auf den letzten Mann defendiren werdet, Euch solches alsdenn ohnausbleiblich Euren Kopf, Ehre und Reputation kosten soll und wird. Ihr habt Euch also stricte darnach zu achten. Ihr habet zwar vor der Hand keine Gefahr von einem Feind zu besorgen, wenn es aber dennoch geschehen sollte, so bleibet es auf solchen Fall absolument bei dieser Meiner Ordre.

Ich habe dem Generallieutenant von Zieten[1] befohlen, dass er in Glogau alles, was er bei seinem unterhabenden Corps von Marode und Kranken, auch Leuten hat, die nicht fortkommen können, zurücklassen soll, die aber von Euch ordentlich eingetheilet und bei der Festung und Garnison mit Dienste thun sollen. Gleichfalls wird Euch gedachter Generallieutenant das schwächste Bataillon von allen, so er bei seinem Corps hat, noch mit zur Garnison lassen. Wornach Ihr Euch also einrichten und auf alle Fälle schon zum voraus auf eine gute und rechtschaffene Defension der Festung Euch präpariren müsset. Ich bin Euer wohlaffectionirter König

Die Kanonen und Artilleristen an Zieten abfolgen zu lassen, so er verlangen wird.

Friderich.

Nach der Ausfertigung im Kriegsarchiv des Königl. Grossen Generalstabs zu Berlin. Der Zusatz eigenhändig.

9553. AU PRINCE HENRI DE PRUSSE A LEIPZIG.

Parchwitz, 30 novembre 1757.

Mon très cher Frère. Vous ne sauriez croire en quel état d'horreur et de confusion j'ai trouvé les affaires de ce pays-ci, quand j'y suis entré. A mon arrivée, je vous faisais part des bruits qui couraient le pays d'une victoire complète que le prince de Bevern avait eue sur l'armée ennemie près de Breslau;[2] quoique je n'avais encore aucune nouvelle directe de ce Prince, ces bruits n'étaient pas sans fondement. L'armée autrichienne avait attaqué le prince de Bevern dans son poste; les troupes s'étaient bien défendues, on avait repoussé à différentes fois l'ennemi avec une perte immense. Le général Zieten avait battu entièrement l'aile droite de l'ennemi sous les ordres de Nadasdy, l'aile gauche de l'ennemi tint mieux. Celle de l'armée du prince de Bevern, sous les ordres de Lestwitz, plia; l'ennemi se replia sur Neumarkt, tandis qu'en même temps le prince de Bevern se retira, et passa, la nuit,

---

[1] Zieten hatte an Stelle von Kyau den Oberbefehl über das ehemals Bevern sche Corps erhalten. Vergl. S. 60. 64. — [2] Vergl. Nr. 9538.

avec toute l'armée par Breslau et l'Oder, en sorte que l'ennemi, voyant
le champ de bataille vide, prit la résolution d'y retourner et de s'attri-
buer une victoire qui était au prince de Bevern, s'il avait osé rester
campé en deçà de Breslau et de l'Oder. Le 24, ce Prince sort à quatre
heures du matin, accompagné d'aucun officier ni escorte, mais d'un seul
palefrenier,[1] hors de son camp, pour aller reconnaître, à ce qu'il marque,[2]
au clair de la lune, la position de l'ennemi, qui n'était pas là, hormis
quelques détachements de pandours sous les ordres du général Beck, il
s'égare[3] et vint[4] à un des avant-postes de celui-ci, consistant d'un bas-offi-
cier et quelques croates, qui le font prisonnier. Le général Kyau se charge
du commandement de l'armée, marche, en abandonnant Breslau, où,
par mon ordre,[5] le général Lestwitz s'était jeté, qui trouva les désordres
et les horreurs dans la ville au point qu'il la rend à l'ennemi sans coup
férir, croyant avoir tout fait en faisant une capitulation, pour en faire
sortir la garnison, à condition de ne plus servir durant cette guerre
contre la reine de Hongrie.[6]

Voilà, mon cher frère, un précis de la situation dans laquelle j'ai
trouvé, après la perte de Schweidnitz[7] et en entrant dans ce pays-ci,
les affaires. Tous ces malheurs ne m'ont point abattu. Je marche mon
droit chemin vers ici, selon le plan que je m'étais formé. Je joindrai
demain le corps d'armée ci-devant sous les ordres du prince de Bevern,
à présent sous ceux du général Zieten; quand cela sera ensemble, cela
composera une armée au delà de 36,000 hommes combattants, avec laquelle j'irai droit à l'armée autrichienne pour la combattre, qui, après
ses pertes au siège de Schweidnitz qui vont au delà de 8000 hommes,
et surtout par celle de la bataille susdite, qu'on compte au delà de
24,000 hommes, et après d'autres pertes considérables qu'elle a eues
par une campagne extrêmement rude, ne doit plus être composée que
de 39,000 hommes. Si la fortune seconde mon entreprise, ce qu'il faut
qu'il se déclare entre ci et le 6 de décembre, et à quelle fin je me
munirai d'une grosse et forte artillerie de Glogau, outre celle que j'ai
avec moi et celle que Zieten m'amène, je reprendrai Breslau et Schweidnitz et redresserai tout dans ce pays-ci; mais ce sera aussi tout ce que
je pourrai faire pour finir une fois la campagne. Ayez la bonté d'informer le maréchal Keith de ce que dessus, afin qu'il puisse s'en orien-
ter et prendre ses mesures. Je suis, mon cher frère, avec des sentiments
d'estime, de tendresse et de cordialité à jamais votre très bon et
affectionné frère

    S'il plaît au Ciel, tout se redressera, mais avec grand' peine.

Nach der Ausfertigung. Der Zusatz eigenhändig.   F e d e r i c.

---

[1] Vergl. S. 57. — [2] Bericht Bevern's an den König aus der Gefangenschaft,
d. d. Stabelwitz 24. November. — [3] In der Vorlage, einem Déchiffré: „du général
Bekil Seyare et vint" etc. — [4] Sic. — [5] Vergl. Nr. 9533. — [6] Vergl. Nr. 9550. —
[7] Vergl. S. 37.

9554. AN DEN ETATSMINISTER GRAF FINCKENSTEIN
IN MAGDEBURG.

Parchwitz, 30. November 1757.

Seit der Zeit, dass ich mein letzteres aus Naumburg am Queiss
auf allergnädigsten Befehl an Ew. Excellenz zu schreiben die Ehre gehabt,[1] haben sich die Umstände in hiesigem Lande so geändert, dass
man nicht sonder Schrecken und Horreur daran denken kann.

Von des Königs Majestät war Dero Ortes wohl nicht das geringste
versehen noch vergessen worden, um alles inzwischen im Stande und
aufrecht zu erhalten und zu souteniren, bis dass Dieselbe mit Dero Corps
herankommen und denen Sachen gegen den Feind den völligen Aus-
schlag geben könnten. Die an den Herzog von Bevern ergangene
Ordres und Instructiones, die die nützlichsten und die positivesten, auch
so energique als gracieuse waren, und alle richtig überkommen seind,
bleiben davon beständige und ohnverwerfliche Zeugnisse; der Herzog
von Bevern erkannte selbst in seinem Briefe an den König die Nothwendigkeit davon, dass er, währender Belagerung von Schweidnitz oder
wenn dieser Posten fallen sollte, sogleich mit der für ihm stehenden
feindlichen Armee schlagen müsste,[2] ehe dieselbe nach der Eroberung
von Schweidnitz das zur Belagerung gebrauchte Corps, wohin die feindliche Armee sehr stark detachiret und sich dadurch sehr geschwächet
hatte, wieder an sich ziehen könnte. Der gemeine Soldat und Officiers
bezeigten ein brennendes Verlangen, mit dem Feinde zu thun [zu] bekommen (wollte Gott! verschiedene derer commandirenden Generals
hätten auch so gedacht, an deren bezeigtes Betragen aber man nicht
sonder Horreur denken kann); man machte alle Anstalten zum Schlagen,
die Détachements wurden deshalb eingezogen, die Armee rückte dazu
en ordre de bataille aus; es ward aber aus allem nichts, die positivesten
Ordres vom Könige wurden vergessen oder ganz *à travers* ausgeleget,
die Armee musste des Abends wieder in das Lager rücken und dem
gemeinen Mann blieb bei den deshalb gehabten vergeblichen Fatigues
nichts anders übrig, als dass er sich durch sehr starke Ausdrücke gegen
verschiedene und viele seiner commandirenden Generals exhaliren konnte.
Und so wurd' die Zeit verloren, bis der General Nadasdy die gewann,
sich mit der feindlichen Armee wieder conjungiren und solche verstärken zu können.

Der Feind, der noch vor Ende der Campagne Breslau *à tout prix*
haben wollte, machte seines Ortes endlich Ernst daraus und griff den
22. dieses den Herzog von Bevern in seinem Posten an; diese Attaque
gerieth ihm übel, dessen Verlust war nach einmüthiger Aussage von
Feind und Freunde sehr gross, als der von den mehristen an 20,000
Mann, von andern gar auf 27,000 Mann angegeben wird. Der Generallieutenant von Zieten schlug mit seinem unterhabenden, glaube ich,

---

[1] Vergl. Nr. 9543. — [2] Vergl. S. 12. 13.

linken Flügel den rechten Flügel des Feindes unter dem Nadasdy totalement, so dass solcher sich nach Neumarkt zu retiriren anfing; der Feind sahe sich nach der Retraite um und hielt sich selbst vor geschlagen, welches auch gleich im ganzen Lande herumlief,[1] indess auf noch einige Résistance des linken Flügels vom Feinde der Generallieutenant von Lestwitz mit seinem unterhabenden Flügel zu pliiren anfänget, welches Gelegenheit giebet, dass das *champ de bataille* unsererseits verlassen wird, und der Herzog von Bevern, wider die pressanteste Vorstellung von verschiedenen braven und rechtschaffenen Leuten, die Resolution fasset, noch selbigen Abend sich mit der Armee durch Breslau und jenseits der Oder zu ziehen; da dann der Feind, als er das *champ de bataille* ledig und bis gegen Breslau nichts mehr von unsern Truppen siehet, sich recolligiret und von der Gegend Neumarkt zurückziehet, das *champ de bataille* occupiret und den folgenden Tag auf dem Platz Victoire schiesset, wo der Herzog von Bevern, wenn er stehen geblieben wäre, solches mit allem Fug und Rechte und sonder alle Gefahr thun und den Feind noch weiter poussiren können.

Ich habe alles dieses aus den Rapports und theils schriftlichen Gezeugnissen glaubwürdiger Leute genommen; die darunter alle einstimmig seind, und in welchen ich keine Méfiance setzen kann. Ew. Excellenz werden auch daraus zu ersehen geruhen, wie diese Bataille mehrentheils den zweiten Tome von der von Hastenbeck[2] ausmachet.

Den folgenden Tag, als den 23., bleibet der Herzog von Bevern jenseit der Oder bei Breslau stehen, präpariret aber bereits alles, um sich von dar weiter gegen Glogau heraufzuziehen, mit Abandonnirung von Breslau, worinnen er doch noch 8 schwache Bataillons, theils Sachsen theils Schlesier, leget und das Commando dem, ich schäme mich es zu sagen, dem sehr schwachmüthigen Generallieutenant von Katte lässet.

Den 24. des Morgens früh um 4 Uhr reitet der Herzog, von keinem Officier noch Adjutanten, noch einiger Escorte, sondern nur bloss einem einzigen Reitknecht begleitet, vor die Vorposten seiner Armee, um, wie er nachher geschrieben,[3] die Position eines Feindes, der nicht da war, als bloss und allein ein schwaches Corps Panduren unter Commando des Generalmajor von Beck, bei Mondenschein zu recognosciren, verirret sich, seiner Anzeige nach, und stösset auf einen Vorposten von Panduren von 1 Unterofficier und 12 oder 15 Mann, deren Feuer er im Mondenschein vor eins von unsern Husarenposten nimmet, ohne diese Leute auch von ferne zu unterscheiden, und lässet sich von solche zum Kriegesgefangenen machen.

Nachdem man ihn in seinem Lager den ganzen Tag vergeblich zurückerwartet hat, übernimmt folgendes Tages der Generallieutenant von Kyau, als ältester General, dessen Reputation jedoch bei der Bataille und vorhin schon keinen Zuwachs bekommen, das Commando der

---

[1] Vergl. Nr. 49—53. — [2] Vergl. Bd. XV, 288. 291. — [3] Vergl. S. 60. Anm. 2.

Armee, abandonniret Breslau gänzlich seinem Sort und marschiret, nach der schon gemachten Disposition des Herzogs, wie er wenigstens an des Königs Majestät geschrieben, mit starken Schritten weiter jenseits der Oder den Weg nach Glogau zu. Unterwegens laufet ihm eine positive Ordre vom König an den Herzog ein,[1] die er erbricht und des Einhaltes findet, dass Breslau à *tout prix* mainteniret und wenigstens so lange souteniret werden soll, bis der König, der im Anmarsch auf Breslau im Begriff war, herankommen und den Feind attaquiren könne, indess der Generallieutenant von Lestwitz und nicht Katte in Breslau commandiren solle. Der Generallieutenant von Kyau marschiret dem ohnerachtet seinen Weg weiter und entschuldiget es theils mit dem Mangel von Brod, dessen man doch 120,000 und mehr Portiones in Breslau liegen lassen, theils dass er schon an 5 Meilen von Breslau ab wäre und den General Beck mit einem Corps Croaten hinter sich habe, mit dem sich zu thun zu machen er Bedenken trage.

Der Generallieutenant Lestwitz hat sich inzwischen dennoch in Breslau geworfen, findet aber schon alles allda in einer affreusen Confusion, keine Anstalten zu einiger Defension, sondern vielmehr den Generallieutenant von Katte im Begriff mit einem, mit einem Trompeter dahin gekommenen, österreichischen Stabesofficier eine Capitulation zu schliessen, in welcher der erste Articul sein soll, dass die ganze Garnison sich schlechterdinges, sowie auch alle nach der Bataille dahin gebrachte kranke und blessirte Officiers, sich zu Kriegesgefangenen ergeben sollen. Man muss dem Generallieutenant Lestwitz das Zeugniss geben, dass er seines Ortes alles gethan, um die von dem von Katte schon gemachte Bévues zu redressiren. Da ihm aber der Feind wenig Zeit dazu gelassen, vielmehr pressiret und seine Batteries fertig gemachet hat, inzwischen auch der katholische Clerus durch seine Brigues die Bürgerschaft und das gemeine Volk theils aufgewiegelt theils intimidiret hat, dass letzteres das Zeughaus und noch ein Haus, worinnen ein Vorrath von Tonnen mit Mehl, geplündert hat, viele von denen Schlesiern und fast alle Sachsen von denen Regimentern sich theils in denen Klöstern verstecket, theils sonst sich verlaufen, ihre Posten abandonniret und das Gewehr weggeworfen haben, so hat der Generallieutenant von Lestwitz sich contentiren müssen, es nur dahin zu bringen, dass sowohl die Garnison als die dort befindliche kranke oder blessirete Officiers, Generals und andere von der Armee nicht zu Kriegesgefangene erkläret, sondern diesen der freie Ausmarsch und jenen der freie Transport bewilliget worden, wiewohl wegen der Garnison stipuliret werden müssen, dass solche bei jetzigem Kriege nicht gegen die Königin von Ungarn dienen soll.[2] Es ist also auch solche aus- und nach Frankfurt an der Oder zu marschiret, von dar sie, obgleich wegen der vielen Desertion vor ihrem Ausmarsch aus Breslau, deren sich verschiedene Officiers nicht geschä-

---

[1] Vergl. Nr. 9546. 9547. — [2] Vergl. S. 60.

met, in einem piteusen Umstand, nach Berlin kommen wird. Es ist
zwar der Punkt, nicht in diesem Kriege zu dienen, nachher *per post-
scriptum* declariret worden,[1] ich gestehe aber, dass mir die Expressions
so équivoque seind, dass ich nicht weiss, wie ich den Sinn davon verstehen soll.

Da des Königs Majestät die Generallieutenants von Kyau, Katte
und Lestwitz arretiren lassen, um über sie hiernächst ein Kriegesrecht
anzuordnen, so commandiret der Generallieutenant von Zieten das vormalige Bevern'sche Corps und wird mit solchem morgen hieher zu des
Königs Corps stossen.

Was Schweidnitz angehet, so kann man ohne Indignation nicht
daran denken, noch hören, was Freund und Feind und selbst österreichsche Generals und Officiers sagen, wie schlecht und lâche die Defension
geführet worden, ohnerachtet die Garnison den allerbesten Willen und
Muth dazu bezeiget hat. Dieselbe klaget, dass sie wenig von ihren
commandirenden Generals ausser der Stadt und auf den Wällen zu
sehen bekommen, sondern einigen davon der Kopf gedrehet, andere
ihre Plaisirs gefolget haben und nur auf die Sicherheit ihrer Personen
gedacht haben. Wenn man denen Aussagen derer vielen von der gefangenen Garnison auf dem Transport echappirten und zurückgekomme-
nen Leuten, die gar sehr frei davon sprechen, völlig trauen dörfte, so
weiss man nicht, was man von Commandanten, commandirenden Generals und dergleichen, so darin gewesen, bei sich denken soll, da es sehr
weit gehet; so viel ist inzwischen wahr, dass der Feind seine Approches
mit vieler Commodité gemachet, von den Aussenwerken nur ein oder
zwei Redoutes erobert worden, die die Garnison wieder zu nehmen sich
freiwillig offeriret, ihr aber nicht zugestanden worden; dass von denen
vielen zur Defension angelegten Minen nur ein oder zwei gesprungen,
obschon allererst, nachdem der Feind schon über solche passiret gewesen; dass keine Brèches geleget, sondern die Werke nur effleuriret
worden; und dass, als der Feind einen Generalsturm auf die Werke
tentiret, solcher durch die bezeigte Bravour der Garnison, da inzwischen
die Generals in der Stadt auf dem Wall Spectateurs geblieben, den einzigen Generalmajor Rebentisch ausgenommen, sehr rude abgeschlagen
worden, so dass der Feind dabei 6 bis 8000 Todte und Blessirete
gehabt haben soll; dass dem ohnerachtet den Morgen drauf, nach ab-
geschlagenem Sturm, mit dem Feinde, ohne Vorbewusst der Garnison,
über die Uebergabe auf die schlechteste Capitulation von der Welt tractiret, der Garnison aber eingebildet worden, es sei ein honorabler Ausmarsch stipuliret, die auch, als sie nachher gesehen, dass sie Kriegesgefangene sein sollten, sich wieder freiwillig offeriret, durch den von
dem abgeschlagenen Sturm entkräfteten Feind sich mit aller Bravour

[1] Vergl. dazu: Danziger „Beyträge" III, S. 622, Artik. 1 und S. 626 den Artik.
? des Nachtrags zur Capitulation.

durchzuschlagen, welches ihr aber refusiret und also dem Feinde ein Platz in die Hände geliefert worden, der mit Magazins, Artillerie, Ammunition zum Ueberfluss und mit einer Kasse an baarem Gelde von mehr als 350,000 Thaler versehen gewesen, so alles in des Feindes Hände gegangen. Viele, so von obgedachten Echappirten hiesiger Orten angekommen, prätendiren, dass, obschon die Generals in der Festung von der Victoire des Königs gegen die Franzosen Nachricht bekommen, man solche doch der Garnison sorgfältig cachiret, vielmehr beibringen wollen, der König sei geschlagen worden und also nichts mehr zu thun; daher dann auch geschehen sei, dass, als die Garnison auf ihrem Transport nach Böhmen gedachte Victoire des Königes allererst und selbst durch einen österreichischen Officier erfahren, solche dadurch in eine so starke Bewegung gerathen, dass bei der ohnedem schwachen Escorte, so sie gehabt, sie sich mehrern Theils zerstreuet und dissipiret habe, auch nach Schlesien zurückgegangen sei, so dass von der ganzen gefangenen Garnison, exclusive derer Officiers, nicht viel über 200 Mann an Ort und Stelle gebracht worden sein würden.

Alles vorangeführte seind Umstände, die man alle Mühe hat sich einzubilden, wenn nicht theils schriftliche Rapports davon vorhanden, theils die fast überall einstimmige Aussage derer Leute deshalb vorhanden wäre; Ew. Excellenz aber werden zu urtheilen geruhen, wie sehr accablant solches alles des Königs Majestät sein müsse, dergleichen Sachen von Personen zu erfahren, die Sie ausserdem und vorhin alles Dero Vertrauens gewürdiget haben. Inzwischen, Gott sei Lob! lassen Dieselbe Sich durch alle diese so harte Begebenheiten dennoch nicht terrassiren noch niederschlagen, sondern bezeigen gewiss und wahrhaftig eine Fermeté, die fast übernatürlich und Deroselben, ohne alle Flatterie zu sagen, nur alleine ähnlich und eigen ist, arrangiren Sich auch, diese schwere Désastres wieder zu redressiren und alles, obschon mit unglaublicher Mühe, wieder zu Stande zu bringen. Die Zeit vergönnet mir heute nicht ein mehreres, vielleicht kann ich Nachmittag noch solche gewinnen, etwas weiter zu schreiben. . . .   E i c h e l.

P. S.

Mit denen Briefschaften des seligen Herrn Generallieutenant von Winterfeldt wird es ohnvorgreiflich wohl bis zu ruhigeren Zeiten *in statu quo* bleiben müssen. Das besonders überschriebene Paquet „Nach meinem Tode p." wird vermuthlich ein gewisses mir bekanntes Buch sein,[1]

---

[1] Höchstwahrscheinlich ist das an Winterfeldt übersandte Exemplar der Druckschrift „Die General-Principia vom Kriege" gemeint. Eichel selbst war bei der für den Druck veranstalteten deutschen Uebersetzung des Werkes beschäftigt gewesen. (Vergl. Œuvres Bd. 28, S. XIV). Jedem preussischen General, der die Druckschrift erhielt, war der Befehl ertheilt, wenn er in Gefahr käme, mit dem Tode abzugehen, „so muss Er sorgfältig veranstalten, dass dieses Buch wohl versiegelt und gleich nach Seinem Tode an Se. Königl. Majestät Selbst wieder eingeschicket werde." Vergl. Taysen, Friedrich der Grosse, Militärische Schriften. Seite (ohne Seitenzahl) vor S. 1.

welches sich gleich auch aus dem Angriff wird fühlen lassen, und also nichts pressantes über andere Sachen enthalten.

Die vor verschiedenen Tagen von Görlitz aus schon remittirete unterschriebene Notificationsschreiben werden hoffentlich des Herrn Grafen von Podewils Excellenz schon vorlängst zugekommen seind.

Nach der Ausfertigung.

9555. A LA MARGRAVE DE BAIREUTH A BAIREUTH.

[Novembre-décembre 1757.]

Dès que notre campagne sera entièrement finie, ce qui pourrait bien encore durer un mois, nous commencerons à négocier, et alors ce sera avec succès, si vous pouvez faire naître aux Français des dispositions pour la paix: c'est tout ce que nous pouvons désirer pour le moment présent.

Lehwaldt doit déjà être entré dans la Poméranie suédoise.[1]

Nach dem Concept. Eigenhändig.[2]   [Federic.]

9556. AN DEN GENERALMAJOR VON MANTEUFFEL.[3]

Parchwitz, 1. December 1757.

Mein lieber Generalmajor von Manteuffel. Ich bin von dem Einhalt Eures Berichtes vom 27. voriges, so Mir heute allhier eingeliefert worden, recht sehr zufrieden gewesen und finde, dass der Anfang, so Ihr mit denen Schweden auf Wollin gemachet,[4] recht gut ist, und es weiter damit continuiren werde. Wann es hiernächst weiter damit gekommen, und man erst in ihrem eigenen Lande jenseit der Peene gekommen sein wird, alsdann muss man sie auch vor den Frevel und den Schaden, so sie uns, ohne einige dazu gegebene gegründete Ursache, gethan, rechtschaffen wieder züchtigen, wie Ich Euch denn auch schon in der dem Generalfeldmarschall von Lehwaldt ertheilten Instruction[5] mit mehreren expliciret habe, welche ihm hoffentlich richtig

---

[1] Vergl. S. 58 mit Anm. 1. — [2] Die Ausfertigung wurde in Chiffern und, wie es scheint, ohne Unterschrift abgesandt. Es sind in dieser Zeit zwei Arten von Schreiben des Königs an die Markgräfin von Baireuth zu unterscheiden: einerseits die eigenhändig unchiffrirt ausgefertigten (z. B. Nr. 9489. 9500. 9523. 9539. 9550.), andererseits die chiffrirt und vermuthlich sämmtlich ohne Unterschrift ausgefertigten, bei denen die Concepte von der Hand des Königs stammen (z. B. Nr. 9508. 9519. 9551). Häufig wurden zu gleicher Zeit durch einen Boten zwei Schreiben übersandt, das eine unchiffrirt, das andere, geheimere Nachrichten enthaltend, chiffrirt. Vergl. oben Nr. 9550. u. 9551, in Bd. XV. Nr. 9329 u. 9330, 9340 u. 9341, 9403 u. 9404, 9410 u. 9411, 9431 u. 9432. — [3] Manteuffel's Berichte vom 27. November und 7. December datiren aus Stettin. — [4] Manteuffel hatte die Schweden von der Insel und aus der Stadt Wollin verjagt und ihnen dabei fast 300 Gefangene und mehrere kleine Schiffe abgenommen. — [5] Vergl. Nr. 9497. S. 14.

zugekommen sein wird. Da auch derselbe nunmehr dort angekommen sein muss, so können die Regimenter von Moritz und von Bevern[1] schon mit ihm marschiren, bis in das Mecklenburgische herein. Ich bin Euer wohlaffectionirter König

Friderich.

Nach der Ausfertigung im Archiv der Familie von Manteuffel zu Collatz in Pommern.

9557. AU PRINCE HENRI DE PRUSSE A LEIPZIG.

Parchwitz, 1er décembre 1757.

Mon cher Frère. Je m'en rapporte à mon chiffre[2] pour ce qui regarde nos affaires. J'ajoute qu'aujourd'hui toute mon armée sera rassemblée et en ordre de bataille. Par ce que contiennent les listes, nous sommes 39,000 hommes. Vous pouvez être sûr que l'ennemi a perdu, de son aveu, 24,000 hommes à la dernière bataille. J'ai tout lieu de bien augurer de ce que nous allons entreprendre :

> . . . . . Mais pour être approuvés,
> De semblables desseins veulent être achevés.[3]

Attendez donc en patience ce que le sort en décidera.

Vous me parlez de ce commis des vivres;[4] il faut l'échanger contre le *Landrath* Grævenitz que les Français retiennent à Lüneburg,[5] pour délivrer ce pauvre diable.

Vous pouvez bien croire que je suis extrêmement occupé ici; ainsi je ne vous en dis pas davantage, sinon que je me réjouis de votre reconvalescence,[6] et que je vous prie de faire mes amitiés à Seydlitz,[7] étant avec toute l'estime et la plus tendre amitié, mon cher frère, votre fidèle frère et serviteur

Federic.

Je suis ici, depuis le 28, à attendre les autres; j'ai fait depuis le 12, départ de Leipzig, 42 milles d'Allemagne avec les troupes.

Vous avez très bien fait par rapport à la réponse que vous avez faite aux États de la Priegnitz et de la Vieille-Marche,[8] et il faut espérer que, dans peu, la marche des Hanovriens fera changer la face des affaires.[9]

---

1 Vergl. Bd. XV, 246. — 2 Vergl. unten. — 3 Racine, Mithridate, Akt III, Scene 1. — 4 Ein gefangener französischer Intendant, dessen Freilassung der Prinz von Soubise wünschte. — 5 Vergl. Bd. XV, 434. — 6 Vergl. S. 40. — 7 Seydlitz weilte in Leipzig, um sich von der bei Rossbach erlittenen Verwundung zu erholen. Vergl. S. 9. 40. — 8 Prinz Heinrich berichtet, Leipzig 23. November, die Stände der Altmark seien genöthigt worden, mit dem Herzoge von Richelieu einen Vertrag einzugehen über Lieferungen an Getreide und Futter. „Je leur ai écrit d'y mettre tous les retardements possibles, dans l'espérance que l'expédition des Hanovriens changera la face des affaires." — 9 Für diese letzten Worte befindet sich eine hier zu Grunde liegende eigenhändige Bemerkung des Königs auf der Rückseite des Berichts des Prinzen.

5*

Le corps de Bevern, sous les ordres du général Zieten,[1] me joint aujourd'hui ici. Nous ferons demain jour de repos; le lendemain j'irai marcher droit à l'ennemi pour l'attaquer dans son poste derrière Lissa, ce qui se fera le 4 ou le 5, ou le 6 de ce mois. Nous l'attaquerons avec autant de vigueur que de prudence et de disposition, et je me flatte que, sous l'assistance du Ciel, nous le battrons. Je me vois forcé de l'entreprendre, au risque de ce qui en pourra arriver. J'ai cependant bonne espérance que cela réussira à mon gré, quoique non pas sans peine ni hasard. Si la bataille sera à nous, je reprendrai incessamment Breslau, que le commandant a rendu sans coup férir à l'ennemi.[2] Je tâcherai après de reprendre Schweidnitz.[3] Voilà beaucoup de nouvelle besogne jusqu'au commencement de janvier, et, avant que de nettoyer la Silésie des ennemis qui l'infestent, il faut que tout cela aille bien et heureusement; après quoi, les troupes ont un très grand besoin de repos.

Rassurez [le prince Ferdinand],[4] si vous le trouvez nécessaire et convenable, contre les appréhensions qu'il pourrait prendre sur les [pertes ci-]desssus [mentionnées] que le prince Bevern a essuyées ici, pour la grande part par ses [malheureuses][5] et lourdes fautes, poussez-le à ne pas [différer] son expédition contre les Français, pour ne pas laisser le temps à l'ennemi de se reconnaître.

Votre frère Ferdinand se porte bien.

Nach der Ausfertigung. Der Zusatz zum ersten Theil („Je suis ici etc.") eigenhändig. Der zweite Theil des Schreibens war chiffrirt („Vous avez très bien fait" bis zu Ende).

9558. AU MINISTRE D'ÉTAT COMTE DE FINCKENSTEIN A MAGDEBURG.

Parchwitz, 1er décembre 1757.

Votre Excellence Se donne le loisir et la peine de déchiffrer tout ce qui suit, pour son importance et pour que le secret en soit d'autant mieux gardé.

Elle Se représentera l'état où notre maître doit être par tant de désastres qu'il a essuyés depuis peu dans ce pays-ci, par les fautes énormes, pour ne pas dire pis, de quelques-uns de ses officiers généraux. Cependant, Dieu en soit loué, il n'en est point accablé, son cœur en est déchiré, sa tête reste fraîche et bonne, il ne songe, pour le présent, qu'à corriger la fortune et à redresser les fautes d'autrui. Aujourd'hui le corps de Bevern, à présent sous les ordres du général Zieten, le joindra ici avec ce que le Roi a de troupes auprès de lui, composé

---

[1] Vergl. S. 60. 64. — [2] Vergl. S. 60. — [3] Vergl. S. 37. In ähnlicher Weise wie an den Prinzen Heinrich schreibt der König am 1. December an den Generalmajor von Finck über seine bevorstehenden Unternehmungen. — [4] Das Déchiffré ist nicht in Ordnung; es scheinen einige Worte zu fehlen. Gemeint ist jedenfalls Prinz Ferdinand von Braunschweig. — [5] Vergl. in dem S. 74. Anm. 1 citirten Schreiben an Keith.

d'un nombre de 39 à 40,000 combattants. Demain, jour de repos; le jour suivant, tout marchera droit à l'ennemi, qui campe encore entre Lissa et le poste que le prince de Bevern occupa avant la bataille.[1] Quoique l'ennemi ait perdu, selon bien des lettres interceptées de ses officiers, au delà de 24,000 hommes, et par le siège de Schweidnitz 8000, qu'il a beaucoup souffert de maladies, que la moitié de sa cavalerie est ruinée, et qu'il lui a fallu détacher pour les garnisons de Schweidnitz et de Breslau, il pourrait, nonobstant cela, être, sinon supérieur, au moins égal en nombre avec nous autres. Il est dans un camp avantageux, garni de beaucoup d'artillerie, il vit de nos magasins, et la possession de Breslau lui donne l'aisance de se retirer en tout cas, ce dont le bon Dieu nous préserve, au delà de l'Oder. Cependant, le Roi l'attaquera dans son poste, ce qui se fera entre le 4 et le 6 de ce mois. L'attaque sera vive, mais dirigée avec beaucoup d'intelligence et de disposition, et le Roi se flatte que, sous l'assistance du Ciel, il battra son ennemi. Si la bataille se décidera pour nous, Breslau sera repris incessamment, et Schweidnitz et Liegnitz suivront.

Tout cela se décidera dans le courant de ce mois. Cela ne sera pas sans perte et sans hasard; mais le Roi est résolu absolument ou de vaincre, ou de ne pas survivre à sa ruine. Si la bataille va mal, il n'y a plus de ressource, et tout sera perdu. Tout au plus, la suite en sera que nous aurons la paix l'hiver qui vient ou le printemps prochain, par laquelle chacun sera remis dans la possession de ce qu'il a eu avant la guerre, frais et dommages compensés.

En attendant la bataille, le Roi me laissera ici dans un très fichu lieu, où je courrai, tandis que la bataille se décidera, bien des hasards. Malgré cela, le Roi m'a chargé de bien des commissions de bouche, sur tous les cas qui pourraient arriver. Si la bataille sera gagnée, je dois envoyer d'abord des courriers à Magdeburg, Berlin et autre part en faire la notification. Si le Roi sera tué, je dois aller incessamment par Glogau à Berlin et remettre au Prince de Prusse un certain Testament militaire.[2] Si la bataille serait perdue, je dois aller aussitôt seul et travesti à Glogau et de là selon les circonstances. Je suis très en peine de ces commissions, surtout dans un lieu où, quelque train que les choses prennent, je pourrais être enveloppé d'ennemi, même quand il sera battu et sur sa retraite. Je garderai religieusement ledit Testament, qui est d'ailleurs de petit volume. Cependant, comme il pourra m'arriver du malheur, de sorte que je pourrais me voir obligé de déchirer la pièce, pour ne pas la laisser tomber dans les mains de l'ennemi, j'ai pris la précaution d'en faire une copie très fidèle et exacte que j'ai bien chiffrée, que voici même, du chiffre de Hæseler, et [que] j'envoie ci-clos cachetée, demandant en grâce à Votre Excellence de la vouloir bien garder auprès d'Elle cachetée, comme elle se trouve, sans en dire mot à âme qui

---

[1] Vergl. S. 12. Anm. 4. — [2] Vergl. Nr. 9559.

vive, ce dont je La conjure très instamment. Veuille le bon Dieu que de ma vie ce Testament, ni sa copie ne soit produit pour en faire usage! Le Tout-puissant nous conserve le Roi et fasse réussir toutes ses entreprises! . . .

Nach der Ausfertigung.   Eichel.

9559. TESTAMENT DU ROI AVANT LA BATAILLE.[1]

Disposition de ce qui se doit faire, en cas que je sois tué.

J'ai ordonné à mes généraux tout ce qui se doit faire après la bataille, en cas de bonheur ou de malheur. Quant au reste, pour ce qui me regarde, je veux être enterré à Sans-Souci, sans faste, sans pompe, et de nuit; je ne veux pas que mon corps soit ouvert, mais qu'on m'envoie là-bas sans façon, et qu'on m'enterre la nuit.

Quant aux affaires, il faut d'abord un ordre à tous les commandeurs de faire prêter le serment à mon frère; si la bataille se gagne, il faut néanmoins que mon frère dépêche quelqu'un en France avec une notification, et qui négocie, en même temps, la paix avec des pleins pouvoirs.

On ouvrira mon testament,[2] et je dispense mon frère de tous les legs en argent comptant que j'ai faits, à cause que le triste état de ses affaires l'empêche de les accomplir. Je lui recommande mes aides de camp, surtout Wobersnow, Krusemarck, Oppen et Lentulus. Ceci doit tenir lieu de testament militaire.

Je recommande à ses soins tous mes domestiques.

Fait le 28 novembre 1757.

Federic.

Nach der eigenhändigen Niederschrift des Königs; im Königl. Hausarchiv zu Berlin.

9560. AU MINISTRE D'ÉTAT ET DE CABINET COMTE DE FINCKENSTEIN A MAGDEBURG.

Parchwitz, 2 décembre 1757.

J'ai reçu ce que vous m'avez marqué le 26 novembre au sujet d'une lettre qu'un nommé Berg vous a faite.[3] Sur quoi, je vous dirai

[1] Das Testament, vom Könige am 28. November niedergeschrieben, wurde am 2. December in einer chiffrirten Abschrift an Finckenstein übersandt (vergl. Nr. 9558). Die obige eigenhändige Niederschrift des Königs schickte Eichel am 14. März 1758 an Finckenstein, da der König sie nicht zurückverlangt hatte, und da Eichel, wie er schreibt, den König nicht habe an dieselbe erinnern wollen, um nicht „das traurige Andenken der damals gewesenen betrübten Umstände dadurch zu erneuen". — [2] Das im Jahre 1752 aufgesetzte Testament. — [3] Berg, ein uckermärkischer, von den Schweden fortgeführter Edelmann, hatte in einem Schreiben an Finckenstein angezeigt, dass der schwedische General Horn ihm im Geheimen mitgetheilt habe, es sei für den König von Preussen jetzt die beste Zeit, ein vortheilhaftes Abkommen mit der Krone Schweden zu treffen. Um in Stockholm die ersten Eröffnungen zu machen, sei keiner besser geeignet als ein gewisser Engländer Campbell, Bruder der Wittwe des verstorbenen Senators Cederkreutz (vergl. Bd. V, 559); man könne durch den englischen

que je ne suis point éloigné de faire la paix avec la Suède, le plus tôt
le mieux, et que toutes les opérations dont le maréchal Lehwaldt est
chargé, n'ont pour but que d'obliger les troupes suédoises de s'enfermer
à Stralsund et, comme elles n'y sauraient pas subsister, de passer dans
l'île de Rügen et de forcer, par là et par ce que Stralsund se verra
menacé d'un siège ou d'un bombardement, le Sénat de Suède à une
prompte paix à faire cet hiver encore avec les Suédois. Mais, pour ce
qui regarde l'ouverture faite, je suis bien aise de vous faire observer
que le général Horn, avec ceux qu'on nomme dans la lettre, sont du
parti de la cour, et qu'ainsi il est à présumer que, quelques peines qu'ils
emploient pour le rétablissement de la paix, ils seront d'abord contre-
carrés et rebutés par ceux du parti du Sénat. Je ne saurais de plus
faire directement des propositions, de sorte qu'il faut que nous attendions
que le maréchal Lehwaldt soit entré dans la Poméranie suédoise, où ses
succès opéreront sans doute que les Suédois eux-mêmes commenceront à
faire des propositions, que je ne refuserai pas d'écouter favorablement.
D'ailleurs, comme les affaires de ce pays-ci et la bataille que je donnerai
aux Autrichiens, influeront sur tout le reste, il faudra bien que j'attende
comment la fortune décidera sur mon entreprise difficile à la vérité et
bien hasardeuse, mais dont, à l'aide de Dieu, j'espère de venir à bout,
sans quoi tout serait perdu. En attendant, vous pourriez bien communiquer préalablement sur les ouvertures susdites et sur mes intentions
là-dessus avec M. Mitchell pour savoir son sentiment sur ce qui regarde
les propositions que les Suédois pourraient faire par le sieur Campbell;
mais il faudra un bon chiffre pour votre correspondance avec lui. Sauf
à voir comment les affaires désespérées de ce pays-ci se décideront, ce
qui doit se faire entre le 6 et le 7 de ce mois et donnera le ton et le
branle à tout le reste. Sur ce, je prie Dieu etc.

Nach der Ausfertigung.   F e d e r i c.

9561. AUX MINISTRES D'ÉTAT COMTES DE PODEWILS
ET DE FINCKENSTEIN A MAGDEBURG.

Parchwitz, 3 décembre 1757.

C'est en réponse du rapport que vous m'avez fait du 26[1] novembre
touchant la lettre que m'a faite le landgrave de Hesse, que je
vous dirai que le temps ni les circonstances ne me permettent pas de
lui répondre moi-même, ne sachant le faire en chiffre, ni ne voulant le
faire en clair, dans le moment présent où je n'ose me fier à la sûreté
des chemins. Vous lui représenterez donc en termes bien affectueux et
obligeants qu'entrant moi-même dans toutes les peines que sa situation
lui causait, je ne saurais qu'admirer sa fermeté par rapport à la cause

Gesandten ihn mit dieser Sache betrauen. Finckenstein befürwortet eifrigst in seinem
Bericht die Unterhandlungen zu einem Vergleiche mit Schweden.

[1] In der Vorlage fälschlich 21.

commune, applaudissant à la réponse qu'il venait de faire au duc de Richelieu.[1] Que, quant aux troupes anglaises nationales à envoyer pour renforcer l'armée alliée d'observation, j'avais déjà fait des instances réitérées à la cour de Londres[2] et pressé son ministre chez moi sur cet article. Et, pour ce qui regarde la demande du Landgrave touchant les représentations à faire sur son indemnisation[3] de la part de l'Angleterre, vous êtes assez instruits de mes intentions pour pouvoir lui répondre.

Aussi pourrez-vous réitérer vos instructions là-dessus au sieur Michell, tout comme vos représentations à M. Mitchell.

Vous informerez, d'ailleurs, le Landgrave des circonstances par rapport à l'envoi du prince Ferdinand pour commander l'armée d'observation, et du concert pris à ce sujet.[4] Au surplus, vous ferez bien de communiquer de tout avec M. Mitchell à Leipzig, auquel, pour plus de sûreté de votre correspondance entre vous, vous enverrez incessamment un chiffre.

Remerciez bien, au reste, M. de Münchhausen de la communication de ce qui s'est passé avec les troupes de Brunswick,[5] dont j'ai été bien aise. Et, sur ce, je prie Dieu etc.

Nach der Ausfertigung. _____ F e d e r i c.

9562. AU MINISTRE D'ÉTAT COMTE DE FINCKENSTEIN A MAGDEBURG.

Parchwitz, 3 décembre 1757.

Voici l'extrait de deux lettres de France que le prince Ferdinand de Brunswick vient de communiquer au Roi, et que j'ai trouvé assez intéressantes [pour] que j'ai cru bien faire d'en communiquer une copie à Votre Excellence,[6] en cas qu'Elle n'en soit déjà en possession, pour Sa direction et celle du comte Podewils. Je suis confirmé par là que, pourvu que le bon Dieu bénisse de son assistance la grande entreprise prochaine du Roi et ses armes seront victorieuses contre les Autrichiens — malgré la position présente de leur armée bien difficile, *wie ich schon gemeldet habe,*[7] dans un camp garni de redoutes et de beaucoup d'artillerie, ayant devant soi une petite rivière[8] et Breslau à dos — la paix ne saurait

---

[1] Der Landgraf hatte in seinem Schreiben, d. d. Hamburg 19. November, gemeldet, dass er dem Marschall Richelieu trotz aller Drohungen habe erklären lassen, er werde nichts thun ohne im Verein mit seinem Verbündeten, dem Könige von England. — [2] Vergl. S. 41 mit Anm. 3. — [3] Vergl. Bd. XV, 491. — [4] Vergl. S. 15. 16. 17. 32. 49. — [5] Münchhausen hatte, Stade 20. November, angezeigt, dass das braunschweigische Truppencorps am 18. November den Versuch gemacht habe, von der verbündeten Armee sich zu trennen; General Zastrow aber habe durchgesetzt, dass die Braunschweiger als englische Subsidientruppen zur Rückkehr nach Stade genöthigt worden seien. — [6] Es sind zwei Schreiben, wie Eichel vermuthet von französischen Ministern, welche den Eindruck der Schlacht bei Rossbach in Paris schildern und über die zum Frieden geneigte Stimmung am französischen Hofe einige Andeutungen enthalten. — [7] Die deutschen Worte waren unchiffrirt. — [8] Die Lohe.

guère manquer d'être faite entre ici et le printemps prochain. Au moins crois-je qu'on pourrait la rétablir en Europe, laissant en tout cas la France vider avec l'Angleterre son procès en Amérique, soit par composition dans quelque congrès séparé, soit par les armes en Amérique. Ce ne sont, cependant, que mes propres rêveries. Que tous les bons patriotes prient le Tout-puissant pour le Roi et ses succès, par rapport à cette grande entreprise qui doit se décider dans les premiers quatre jours! . . .

Eichel.

Nach der Ausfertigung.

9563. AN DEN GENERALMAJOR VON FINCK IN DRESDEN.

Parchwitz, 3. December 1757.

Mein lieber Generalmajor von Finck. Was Ihr Mir in Eurem Schreiben vom 29. voriges von den dortigen Umständen meldet, ist Mir recht lieb zu vernehmen gewesen. Es ist kaum glaublich, wie grosse Fauten verschiedenen von meinen Generals, so hier gewesen, völlig die Köpfe gedrehet haben, und wodurch die hiesige Sachen in so desperate Umstände gesetzt worden. Ich hoffe indessen, mit göttlicher Hülfe noch alles, obgleich nicht ohne grosse Mühe und Hasards, wiederum in Ordnung zu bringen, und breche morgen, nachdem Ich hier nun alles zusammen habe, auf und werde gegen den Feind marschiren, gedenke auch zwischen hier und dem 7. es zu einer decisiven Affaire mit dem Feinde zu bringen, dazu Ich hoffe, dass der Himmel seinen Success vor Mich geben werde. Ich bin Euer wohlaffectionirter König

Friderich.

Nach der Ausfertigung.

9564. AU LIEUTENANT-GÉNÉRAL PRINCE FERDINAND DE BRUNSWICK.

Parchwitz, 3 décembre 1757.

Monsieur mon Cousin. Je vous sais infiniment gré de votre amitié et attention pour me communiquer les nouvelles très intéressantes et bonnes que votre chère lettre du 24[1] de novembre comprend.[2] Je ne doute nullement que, si de votre côté, comme j'en suis parfaitement persuadé, vous travaillez ultérieurement pour pousser avec succès votre expédition, tout ira à merveille, et que nous aurons, peut-être avant le commencement du printemps encore, une paix glorieuse et honorable générale.

---

[1] In der Vorlage fälschlich 27. — [2] Der Prinz meldete, Stade 24. November, die braunschweigischen Truppen seien am Verlassen des verbündeten Heeres gehindert worden (vergl. S. 72. Anm. 4); er habe seinem Bruder, dem Herzoge, geschrieben, dass er fest entschlossen sei, die Braunschweiger nicht abmarschiren zu lassen, möge geschehen, was wolle; man sei beschäftigt, die nothwendigen Anstalten zum Vormarsch zu vollenden.

Pour moi, mon cher prince, vous serez déjà informé combien de mauvais arrangements j'ai trouvés dans ce pays-ci, par les lourdes fautes commises par quelques-uns de mes généraux, que je ne veux pas rappeler, pour ne pas vous fatiguer par des choses fâcheuses. J'espère, cependant, de tout redresser encore, quoique je ne saurais disconvenir que cela me coûtera bien des peines, et que je sois chargé ici de la plus difficile et hasardeuse entreprise, que j'espère, nonobstant cela, de surmonter avec l'assistance du bon Dieu. [1] Je suis etc.

F e d e r i c.

Nach der Ausfertigung im Kriegsarchiv des Königl. Grossen Generalstabs zu Berlin.

9565. AU CONSEILLER PRIVÉ DE GUERRE EICHEL. [2]

Lissa, 5 décembre [1757].

Nous venons de gagner une bataille complète sur les Autrichiens. Nous leur avons pris trois ou quatre régiments d'infanterie prisonniers, grand nombre de canons et de drapeaux. Je ne puis rien spécifier, car je ne saurais détailler les choses, à cause de la nuit. Nous n'avons perdu aucun général. Krockow est blessé et prisonnier. Dieu merci, tout va à merveille. Je marche demain à Breslau, que j'espère de reprendre entre ci et huit jours. Nous avons perdu morts et blessés 2000 hommes à peu près.

F e d e r i c.

Nach einer von Eichel am 6. December an Mitchell übersandten Abschrift, im British Museum zu London. Die eigenhändige Ausfertigung des Königs liegt nicht vor.

9566. A LA MARGRAVE DE BAIREUTH A BAIREUTH.

Lissa, 5 décembre [1757].

Ma chère Sœur. Nous venons de battre totalement les Autrichiens. Je marche demain à Breslau pour reprendre la ville. Nous avons une prodigieuse quantité de drapeaux et de canons et beaucoup de prisonniers. Nous n'avons perdu en tout que 2000 hommes, morts et blessés; je compte la perte des ennemis au delà de 10,000 hommes. La tendre part que vous prenez à ce qui me regarde, m'oblige, ma chère sœur, de vous en faire part, vous assurant de ma tendre amitié et services.

Nach der Ausfertigung. Eigenhändig. F e d e r i c.

9567. AU PRINCE HENRI DE PRUSSE A LEIPZIG.

Lissa, 5 décembre [1757].

Mon cher cœur. Aujourd'hui, un mois du jour de votre gloire, j'ai été assez heureux de traiter les Autrichiens ici de même. Je crois

---

[1] Zu vergleichen auch der handschriftlich uns nur chiffrirt vorliegende Erlass an Keith, d. d. Parchwitz 3. December, in: Preuss, Friedrich der Grosse, Urkundenbuch II. S. 7. — [2] Vergl. Nr. 9568.

que nous avons 8000 prisonniers, prodigieusement de canons et de drapeaux. Ferdinand se porte à merveille; point de général de tué. Notre perte en tout va à 2000 hommes. J'ai attaqué à une heure avec ma droite, et il est sept heures que j'arrive ici. Demain, je les poursuis à Breslau.

J'ai tourné tout-à-fait leur armée, en masquant ma marche et leur cachant mon mouvement. J'ai refusé ma gauche, et cela a réussi à merveille. Demain, je marche à Breslau. Adieu, mon cœur, je vous embrasse.

Nach der Ausfertigung. Eigenhändig.   F e d e r i c.

9568. AN DEN ETATSMINISTER GRAF PODEWILS IN MAGDEBURG.

Glogau, 6. December 1757.

Auf Sr. Königl. Majestät allergnädigsten Befehl, welchen ich heute früh nach 6 Uhr allhier, wohin ich auf Dero Ordre bei Deroselben ehegestrigem Aufbruch von Parchwitz gehen müssen,[1] durch zwei von Deroselben an mich abgefertigte Feldjägers erhalten, habe Ew. Excellenz hierdurch melden sollen, wie dass des Königs Majestät gestern früh von Neumarkt aus, nachdem Sie Tages vorher daselbst ein ganz beträchtliches feindliches Magazin nebst der feindlichen Feldbäckerei genommen und zugleich, ausser 300 Croaten, so dabei geblieben, an 600 Gefangene gemachet, gerade auf die grosse combinirte österreichische Armee unter Ordres des Prinz Karl von Lothringen und derer Maréchals Leopold Daun und Nadasdy[2] marschiret sei, solche glücklich attaquiret und nach ein vier- bis ohngefähr fünfstündigem Treffen totaliter geschlagen habe.

Die Bataille hat sich gestern Nachmittages gleich nach 1 Uhr in der Gegend des Dorfes Borne angefangen, wo Se. Königl. Majestät zuerst den Feind attaquiret und weiter poussiret, auch eine complete Victoire erhalten haben. Des Königs Majestät haben die Flügels vom Feinde, der sich hinter Lissa weggezogen, separiret und gänzlich auseinandergesprenget, davon sich ein Theil gegen Breslau und der andere auf das Städtchen Kanth gezogen, der vermuthlich auf Schweidnitz wird gehen wollen.

Des Königs Majestät lassen mir dabei sagen, dass Deroselben dermalen bereits 40 vom Feinde eroberte Canons gemeldet, auch eine grosse Menge Gefangene vom Feinde gemachet worden, ausser Fahnen, Estandarten und dergleichen mehr, deren Anzahl man noch nicht wissen können.

Se. Königl. Majestät befinden Sich gottlob! wohl und in höchst erwünschter Gesundheit. Von Prinzen und von Officiers von Marque

---

[1] Vergl. S. 70. — [2] Nadasdy war nicht Feldmarschall, sondern General der Cavallerie.

ist Deroseits nichts geblieben noch blessiret worden, ausser dass der Generalmajor von Lattorff als blessiret angegeben worden sein soll.

Da des Königs Majestät die an mich abgeschickte Feldjägers auf dem *champ de bataille* und währender Verfolgung des Feindes abgefertiget und mithin Dero Zeit nicht zugeben wollen, etwas deshalb Selbst zu schreiben, noch einen Officier *en courrier* damit abzufertigen, so haben Sie Sich vorbehalten, Ew. Excellenz nächstens eine umständliche Relation von dieser Bataille nachzusenden.

Sr. Königl. Majestät expresse Intention ist übrigens, dass Ew. Excellenz inzwischen nur sogleich veranstalten sollen, damit in Magdeburg ein solennes *Te Deum* mit Abfeurung derer Canons und des kleinen Gewehres celebriret werde, auch solches anderer Orten überall gehalten werden müsse. [1]

Dero auswärtigen Ministern, *in specie* nach Regensburg, Cöln und der Orten, sowie auch nach Holland und Hamburg sollen Ew. Excellenz diesen herrlichen Sieg sogleich durch expresse Couriers und Estafettes bekannt machen, insonderheit aber davor sorgen, dass sogleich des Prinz Ferdinand von Braunschweig Durchlaucht, wie auch der würdige Landgraf von Hessen-Cassel davon Nachricht bekommen möge, welches auch wohl wegen des regierenden Herzog von Braunschweig Durchlaucht, wo möglich, gut und nöthig sein dörfte. [2]

Zu meiner grössesten Surprise lassen des Königs Majestät mir dabei noch wissen, dass der Feind wider Vermuthen[3] bei dieser Bataille noch an 80,000 Mann stark gewesen. Die ohnendliche Güte des Allerhöchsten sei also um so mehr deshalb gepreiset, die des Königs Majestät einen so herrlichen und completen Sieg gegen Dero bisher so gar sehr hoch- und übermüthigen Feind gegeben hat, so Sr. Königl. Majestät Gloire verewigen und hoffentlich von allem und noch grösserem glücklichen Success sein wird!

Nach der Ausfertigung.   E i c h e l.

9569. AN DEN ETATSMINISTER GRAF FINCKENSTEIN
IN MAGDEBURG.

Glogau, 7. December 1757.

Ew. Excellenz werden hoffentlich mein letzteres Schreiben aus Parchwitz[4] erhalten haben. Da auch der Herr von Puttlitz bereits dasjenige, so auf allergnädigsten Befehl ich an des Herrn Grafen von Podewils Excellenz schreiben müssen,[5] in Magdeburg abgegeben haben wird,

---

[1] Mit den gleichen Worten wie an Podewils berichtet Eichel, Glogau 6. December, über den erfochtenen Sieg an den Prinzen Heinrich in Leipzig; in Leipzig möge das *Te Deum* abgehalten werden, der Prinz möge an den Feldmarschall Keith die Nachrichten übermitteln. Die zwei folgenden Abschnitte in dem Schreiben an Podewils bis zum Schluss fehlen in demjenigen an den Prinzen Heinrich. — [2] Demgemäss Ministerialschreiben an die Gesandten und an die deutschen Fürsten, d. d. Magdeburg 8. December. — [3] Vergl. S. 69. — [4] Nr. 9562. — [5] Nr. 9568.

so bin ich zum voraus von der grossen Freude versichert, welche die Nachricht von Sr. Königl. Majestät so gar herrlichen und completen Victoire über die österreichische grosse Armee verursachet hat, und von denen Regungen, so Ew. Excellenz deshalb empfunden haben werden. Der Allerhöchste sei dafür höchstens gepriesen, insonderheit dass Derselbe des Königs Majestät in so vielen Gefahren, welchen Dieselbe bei dieser Gelegenheit exponiret gewesen, [gnädiglich bewahret!] Dass wir besonders Gott davor zu danken grosse Ursach haben, werden Ew. Excellenz aus nachstehendem, so mir der Herr Generalmajor und Generaladjutant von Wobersnow noch gestern, unter dem Dato Lissa den 5. December, des Nachts um 12 Uhr, geschrieben, zu ersehen geruhen, *in verbis:*

„Gottlob! unser Sieg ist so complet, wie wir erbitten und wünschen können; es ist mir aber nicht möglich, denselben *en détail* zu beschreiben. So viel man jetzo weiss, könnte die Anzahl der Gefangenen zwischen 7 und 8000 Mann sein, eine Menge Officiers, Fahnen und Kanonen, von letzteren wenigstens 80 Stück. Der König ist noch in der Nacht bis Lissa gefolgt, und diesen Morgen um 6 Uhr wird die Armee folgen. Wohin sich der Feind zurückziehen wird, kann man nicht positive wissen. Der König ist beständig im grössesten Feuer gewesen; es war nicht möglich, ihn zurückzuhalten, ob ich mich zwar alle ersinnliche Mühe gegeben p."

Ich hoffe, sowohl Ew. Excellenz als des Herrn Grafen von Podewils Excellenz werden geruhen, bei Gelegenheit dessen, so ich auf allergnädigsten Befehl an Letztere schreiben müssen,[1] des Königs Majestät immediate zu antworten. Der grosse Gott gebe ferner die besten Folgen von diesem so grossen Sieg, unter welchen ich dann vor die vornehmste rechne, wenn darauf bald an einer Friedensnegociation gearbeitet und ein glorieuser und rechtschaffener Generalfriede erhalten wird. Nachdem der harte und grosse *nodus Gordius* von denen Oesterreichern nunmehro gelöset worden, so mache mir alle Hoffnung dazu, zumalen wenn der Prinz Ferdinand von Braunschweig auch seines Ortes durch eine vive, prompte und glückliche Expedition dazu etwas beitragen kann, und sehe ich jetzo augenscheinlich, hoffe auch beständig darauf, dass die göttliche Providence uns vor dieses Mal aus dem schweren und ohne Exempel seinden Labyrinth, worin wir uns befunden, ziehen will.

Auf allergnädigsten Befehl gehe ich nebst des Herrn von Schlabrendorff Excellenz sogleich von hier nach Lissa. Ew. Excellenz Wohlwollen empfehle mich gehorsamst.   E i c h e l.

Die Einlage[2] bitte unterthänig zu denen andern bei Deroselben befindlichen königlichen Papieren zu asserviren.

Nach der Ausfertigung.

---

[1] Vergl. Nr. 9568. — [2] Nicht vorhanden.

9570. A LA MARGRAVE DE BAIREUTH A BAIREUTH.

D ü r r g o y,[1] au faubourg de Breslau, 8 décembre 1757.

Ma très chère Sœur. La fausse nouvelle que je vous avais mandée d'une bataille gagnée,[2] est à présent, Dieu soit loué! véritable. Le 5, nous avons attaqué l'ennemi, et nous avons remporté sur lui une des plus grandes victoires du siècle. Elle nous coûte peu de sang, point de général de tué, environ 500 morts et 2000 blessés; mais nous leur avons pris 163 officiers, 22,000 prisonniers, 172 canons et 43 drapeaux et étendards, 3000 chariots d'équipage et de vivres, sans compter les mulets. Le général Zieten les poursuit encore, et je suis actuellement occupé à reprendre Breslau, après quoi nous nous tournerons sur Schweidnitz. J'ose vous assurer que cette bataille nous procurera la paix. Toute leur armée est presque dissipée. S'ils ramènent 20,000 hommes en Bohême, c'est le bout du monde; mon grand embarras à présent est de nourrir le prodigieux nombre de prisonniers que nous avons, et qui nous arrivent encore à tout moment. La tyrannie est détruite, quoique les tyrans subsistent encore. Nous avons eu cette fois plus de fortune que jamais. J'attends que tout ceci soit fini, pour vous envoyer des détails, qui vous ennuieraient peut-être, s'ils ne satisfaisaient votre curiosité. O'Donell est prisonnier et blessé, le vieux Lucchesi et le prince de Stolberg sont morts. C'est ici comme une foire de bagage et de prisonniers autrichiens. Nous avons beaucoup de hussards, qui ont fait jusqu'à 2000 ducats dans la poursuite. Je ne saurais vous dire encore avec certitude si l'ennemi dirige sa marche sur la Moravie ou sur la Bohême, toutefois je répondrais bien que, dans huit jours, il n'y aura plus d'Autrichien dans cette contrée. J'avais attiré à moi l'armée de Bevern battue; j'ai été le jour de l'action 35,000 hommes et l'ennemi 60,000 passé: un parti désespéré nous a sauvés, c'était le seul qui me restait.

Ma chère, ma bonne, mon adorable sœur, soyez tranquille à présent, nous aurons la paix au mois de mars, et j'ai à présent espérance de vous revoir, de vous embrasser et de vous témoigner toute la reconnaissance dont mon cœur est pénétré pour vous, et que je conserverai jusqu'au dernier soupir de ma vie, étant avec la plus haute estime et la plus vive tendresse, ma très chère sœur, votre très fidèle frère et serviteur

F e d e r i c.

Je n'ai point reçu les lettres de Voltaire.[3] En voici une en logogriphe.[4] Tout le corps des Würtembergeois[5] est pris et dissipé.

Nach der Ausfertigung. Eigenhändig.

---

[1] Die Vorlage hat „Daber"; in den übrigen folgenden Schreiben meist „Durgan" oder „Durian". „Dürrgoy" ½ Meile sö. von Breslau. — [2] Vergl. Nr. 9539. 9551. — [3] Unter dem 13. u. dem 19. November hat Voltaire an den König geschrieben (vergl. Œuvres complètes de Voltaire, Paris 1880, par Condorcet, Vol. 39, p. 296 u. 300). Von dem Schreiben vom 19. meldet die Markgräfin am 27. December an Voltaire, dass es auf gefangen worden sei (ebenda p. 336). — [4] Liegt nicht vor. — [5] Gegen den Herzog

9571. AN DEN ETATSMINISTER GRAF PODEWILS
IN MAGDEBURG.

Hauptquartier Dürrgoy, 9. December 1757.

Ich bin gestern Abend allhier in Sr. Königl. Majestät Hauptquartier, so dieses Mal in einem elenden Dörfchen dicht an der ohlauer Vorstadt von Breslau bestehet, angekommen. Ich muss gestehen, dass, so gross auch der herrliche und von Gott beglückte Sieg Sr. Königl. Majestät über die österreichsche Armee gewesen, dennoch der Success davon alle meine davon gemachte Einbildung überstiegen hat, und wenn ich nicht selbst unterwegens so viele redende Proben davon gesehen, ich mich schwerlich von dem, so mir ein Dritter an einem dritten Orte davon gesaget hätte, würde haben überzeugen lassen können. Es ist wohl die Hand des Allerhöchsten, so die Oesterreicher durch einen abscheulichen Stolz und Uebermuth geblendet hat, dass sie Sr. Königl. Majestät entgegengekommen, um, wie der Aussage derer Deserteurs nach sich verlauten lassen, den König von Preussen aus seinen Löchern bei Parchwitz zu jagen und ihn bis in die Mark und hinter Berlin zu treiben, und sich auf dem freien Felde finden und von Sr. Königl. Majestät attaquiren lassen, wo der Allerhöchste das Ziel ihres Uebermuthes und ganz ohnglaublichen Stolzes gesetzet, des Königs gerechte Sache auf einmal wiederum releviret hat. Der Feind ist effectivement an 70,000 Mann, obschon er sich vor 80,000 ausgegeben, stark gewesen; alle Generals und Officiers von uns gestehen, dass dessen Truppen sich gut und zum Theil hartnäckig gewehret und uns den Sieg nach allem Vermögen disputiret haben; dessen Consternation aber, nachdem er überall poussiret worden, ist hergegen auch ohnglaublich und so gewesen, dass man solche fast stärker, als die den 5. vorigen Monates der feindlichen Armee vom Feinde bei Rossbach gewesen zu sein urtheilet. Alle seine Bataillons seind von ihm, sowie auch die von uns, im Feuer gewesen, alle von ihm aber seind totaliter deroutiret und zum Weichen gezwungen, auch auseinander gesprenget worden.

Ich beziehe mich wegen mehreren Details auf beiliegende Abschrift Sr. Königl. Majestät Relation,[1] so auf Dero Ordre ich Ew. Excellenz communiciren, jedoch dabei exprès melden soll, dass Ew. Excellenz solche noch nicht drucken lassen sollten, weil des Königs Majestät Sich vorbehalten, die Summe derer Gefangenen noch zu ändern und zu corrigiren,[2] um solche exact und complet zu setzen.[3]

Es ist ohnmöglich, dass solche jetzo accurat specificiret werden kann, weil bisher noch täglich und, so zu sagen, stündlich mehrere Ge-

Karl von Württemberg, ihren Schwiegersohn, war die Markgräfin besonders erbittert wegen seines schlechten Verhaltens gegen ihre Tochter. (Vergl. Bd. XIV, 289. 347; XV, 276.)
[1] Nr. 9572. — [2] Vergl. S. 82. Anm. 2. — [3] Die Relation wurde am 17. December von Magdeburg aus an die preussischen Gesandten verschickt. In den Berliner Zeitungen erschien sie Dienstag 20. December („Berlinische Nachrichten" Nr. 152). In den Danziger „Beyträgen" Bd. III, S. 695—698.

fangene von dem Generallieutenant Zieten, so das zusammengebliebene
feindliche Corps verfolget, und von andern Detachements, so auf dessen
Trousses seind, eingesandt werden. So viel aber wollte mich wohl
unternehmen, Ew. Excellenz zu versichern, dass von dieser grossen feindlichen Armee, so zur Geissel von ganz Teutschland und vielleicht von
Europa destiniret war, nicht viel über 30,000 Mann, alles in allem,
Cavallerie, Infanterie, reguläre und irreguläre Truppen gerechnet, nach
Böhmen und nach Mähren zurückkommen werden. Der Feind hat
ausser dem grössesten Theil seiner Artillerie, davon sich aber noch
immer mehr findet, fast seine mehriste Zelter und seine sämmtliche Bagage verloren, und hat der Generallieutenant Zieten gestern schon an
3000 Bagage-Munitionswagen, Artilleriekarren und dergleichen gehabt
und gemeldet, dass seiner Orten noch alle Wege und Felder voll stünden, die zum Theil von denen Pferden ausgespannet worden.

Da des Königs Majestät in diesen Tagen auch beikommende Medaille nebst anliegendem Imprimé[1] erhalten haben, worin der wiener
Hof sich auf eine so sehr orgueilleuse als offensante Art gegen Se.
Königl. Majestät über die Action von Planian oder Kolin ausgedrücket
hat, wie Ew. Excellenz aus beiden mit mehrern ersehen werden, so
wollen höchstgedachte Se. Königliche Majestät wegen dieses insolenten
Verfahrens doch vor dieses Mal Ihre kleine Revanche hierunter nehmen
und denen Oesterreichern ein Paroli machen, dergestalt, dass Sie mir
befohlen haben, Ew. Excellenz nebst des Herrn Grafen von Finckenstein
Excellenz zu melden, wie Dieselbe sogleich eine eben dergleichen Medaille von gleicher Grösse mit eben dergleichen Revers und Avers, auch
derselben Umschrift, jedoch nur dass anstatt des Brustbildes von dem
Kaiser und der Kaiserin und der Umschrift das von Sr. Königl. Majestät gepräget, auf den Revers hergegen dasselbe Gepräge und Motto
gesetzet, die Exergue aber dahin geändert und eingerichtet werden soll,
dass *post verba: restaurata felicitas*[2] p., : „Lissa 1757, 5. December“ gesetzet wird. Ich zweifele nicht, Ew. Excellenz werden Sr. Königl. Majestät Intention völlig beurtheilen und die Veranstaltung, allenfalls mit
des Herrn von Boden Excellenz, jedennoch so viel den Stempel anbetrifft,
unter Ew. Excellenz und des Herrn Grafen von Finckenstein Excellenz
[Assistenz] zu machen belieben, dass von der von des Königs Majestät
verlangten Medaille eine proportionirte Anzahl zu Berlin oder Magdeburg fordersamst und während Zeit es noch *de saison* ist, ausgepräget,
auch des Königs Majestät einige Quantité davon eingesandt werde.[3]

---

[1] Eine Beschreibung der Medaille. — [2] Sic. Die Worte lanten auf der österreichischen Medaille: „Restaurata Felicitate Publica. MDCCLVII. XVIII. Juni.“ Vergl. auch
Œuvres Bd. XV, S. 575 — [3] Die preussische Medaille, von der sich ein Exemplar in der
Münzsammlung des Berliner Kgl. Museums befindet, zeigt auf der Vorderseite das Brust-
bild des Königs, auf der Rückseite, ebenso wie die österreichishhe, eine Minerva und darüber die Worte: „Frangit Deus Omne Superbum“; darunter aber: „Restaurata Felicitate
Publica Lissæ V. Decembris MDCCLVII“.

NB. Es soll auch dasselbe Imprimé von Wort zu Wort, nur mit veränderten Hauptumständen, gedrucket und beigefüget werden.

Nach der Ausfertigung.   E i c h e l.

9572. RELATION DE LA MARCHE DU CORPS PRUSSIEN DE LA SAXE, APRÈS LA BATAILLE DE WEISSENFELS, JUSQU'EN SILÉSIE, APRÈS LA BATAILLE DE LISSA.[1]

Après que nos troupes eurent poursuivi l'armée de l'Empire jusqu'à Erfurt et celle des Français jusques à Querfurt, il fut résolu de marcher au secours de la ville de Schweidnitz, que le général Nadasdy assiégeait. Le Roi partit le 12 novembre de Leipzig avec 19 bataillons et 28 escadrons.

Pendant que ce corps s'acheminait vers la Lusace, le maréchal Keith pénétra en Bohême par le défilé de Basberg,[2] et s'empara à Leitmeritz d'un magasin considérable que l'ennemi y avait assemblé, fit brûler le pont de l'Elbe et prit la route de Prague.

Nous poursuivîmes notre marche avec beaucoup de diligence. En arrivant à Grossenhain, on reçut la fâcheuse nouvelle que la ville de Schweidnitz s'était rendue. On délogea sans peine le général Marschall de la Lusace, et le corps que le Roi commandait, arriva le 24 à Naumburg-sur-le-Queiss. Nous y apprîmes que, le 22, il s'était passé une affaire entre le maréchal Daun et le prince de Bevern, que l'on disait s'être terminée à notre avantage; mais l'on sut, le lendemain, que l'armée de Bevern avait été forcée dans son retranchement et s'était retirée de l'autre côté de l'Oder, et, peu après, que la ville de Breslau s'était rendue. Nous forçâmes de marche et nous arrivâmes le 28 à Parchwitz auprès de l'Oder. L'armée du prince de Bevern avait passé cette rivière à Glogau, et nous joignit le 2 de décembre. On laissa reposer les troupes le 3, parcequ'elles étaient très fatiguées des pénibles marches qu'elles avaient faites.

Le 4, nous nous portâmes sur Neumarkt, où nous fîmes 500 prisonniers, la plupart pandours ou hussards. On sut que le prince Charles était parti de Breslau avec son armée, et qu'il s'était avancé au delà de Lissa; qu'il avait appuyé sa droite au village de Nippern et sa gauche à celui de Gohlau, le petit ruisseau de Schweidnitz á dos.[3]

L'armée se mit en marche le 5 de très grand matin; notre avant-garde rencontra celle de l'ennemi auprès du village de Borne, consistant en deux régiments de hussards et les dragons saxons. Notre avant-garde les attaqua, les ramena battant jusques à leur camp et leur prit 6 officiers et environ 500 hommes. Lorsque l'armée arriva sur ces hauteurs, il fut résolu d'attaquer la gauche de l'ennemi. Nous déployâmes par

---

[1] Vergl. hierzu Nr. 9571 und Anm. 3. S. 79. — [2] Basberg, gewöhnlich Sebastiansberg genannt, auf dem Wege von Kommotau nach Marienberg in Sachsen. — Die Weistritz.

notre droite, qui vint s'appuyer au ruisseau de Schweidnitz. L'attaque commença par un bois que l'ennemi avait garni d'infanterie, et que nous emportâmes assez vite. L'ennemi, qui se voyait tourné, fut obligé de changer sa position; il avait perdu son appui, ce qui le mettait dans la nécessité de prendre les premiers postes les meilleurs, pour nous empêcher de balayer toute son armée d'une aile à l'autre. Il garnit une hauteur qui se trouvait derrière ce bois, avec quelques brigades d'infanterie, que notre droite attaqua, et qu'elle emporta après une opiniâtre résistance. L'ennemi forma une nouvelle ligne auprès du village de Leuthen, où il se défendit avec beaucoup de valeur, mais où nous le forçâmes. Alors la cavalerie de notre droite chargea celle de l'ennemi et la battit, mais elle fut ramenée par un feu de canon à cartouches qu'elle essuya. Elle se remit assez vite et donna sur l'infanterie ennemie, où elle fit grand nombre de prisonniers. Pendant toutes ces différentes attaques, la droite de la cavalerie et de l'infanterie impériale arriva; notre gauche de cavalerie chargea celle de l'ennemi et la renversa, après quoi le régiment de Baireuth prit l'infanterie autrichienne, postée sur une hauteur, à dos, tandis que notre infanterie de la droite les attaqua de front. Tout ce corps des ennemis fut mis dans une entière déroute, et le Roi les poursuivit jusques à Lissa.

L'action commença à 1 heure de l'après-midi et finit à 4. Si nous avions eu encore une heure de jour, leur défaite aurait été complète.

Le 6, nous avons poursuivi les Impériaux jusqu'à Breslau, le 7, nous avons formé l'investissement de la ville, et l'on a pris tous les arrangements nécessaires pour en faire le siège. Le même jour, le général de Zieten fut détaché avec un grand corps de cavalerie et d'infanterie à la poursuite de l'ennemi; il leur a pris d'abord au delà de 3000 chariots d'équipages et de vivres, du canon et un prodigieux nombre de prisonniers; il les talonne toujours. Les Autrichiens marchent vers Grossburg, sans que l'on puisse encore assurer s'ils prennent le chemin de Schweidnitz ou celui de la Moravie.

Nous leur avons pris à cette bataille 183 officiers, parmi lesquels les lieutenants-généraux O'Donell[1] et Nostitz, le colonel comte Browne et d'autres dont on se propose de donner la liste, aussitôt qu'on en aura le temps; au delà de 22,000 prisonniers, 168 canons et 43 drapeaux ou étendards.[2] Nous n'avons perdu aucun général, sinon Krockow des

---

[1] Johann Graf O'Donell (der jüngere O'Donell vergl. S. 157. Anm. 1) war vielmehr Generalfeldwachtmeister. — [2] Die vom Könige hier angegebenen Zahlen der österreichischen Verluste waren nur vorläufige und sollten nachträglich geändert werden. (Vergl. S. 79.) Am 12. December schreibt Eichel an Podewils, dass die in der Relation enthaltenen Zahlen „nunmehro dahin zu rectificiren wären, dass nämlich 291 gefangene Officiers, 21,500 andere Gefangene, 116 Canons, 51 Fahnen und Standarten und 4000 Artillerie-, Bagage- und Proviantwagens nebst verschiedenen anderen Équipages zu setzen wären." Diese Zahlen wurden in die Drucke der Relation (vergl. oben S. 79. Anm. 3) aufgenommen. — Am 14. December sendet Eichel an Podewils die schon oben in der Relation erwähnte Liste „derer in letzterer Bataille gefangenen österreichischen Offi-

dragons blessé et prisonnier. Nous comptons 500 morts et à peu près 2300 blessés. Les officiers et jusqu'au commun soldat y ont fait des prodiges de valeur.

Nach der eigenhändigen Aufzeichnung des Königs.

9573. AN DEN GENERALLIEUTENANT VON ZIETEN.[1]

Hauptquartier Dürrgoy, 9. December 1757.

Mein lieber Generallieutenant von Zieten. Ich habe Euren heutigen Rapport erhalten, wegen dessen Ich Euch denn in Antwort ertheile, wie dass alles dasjenige, so Ihr Mir darin gethan zu haben meldet, recht sehr gut ist; nur allein verlange Ich sehr, dass Ihr den Feind noch immer weiter poussiren und verfolgen und keine Ruhe lassen sollet. Gehet solcher nach Mähren, so müsset Ihr das nöthig habende Brod aus Neisse ziehen; gehet er aber nach Schweidnitz, so müsset Ihr das Brod vom Lande liefern lassen. Ich recommandire Euch also sehr, den Feind bei Leibe nicht stille stehen, noch die Zeit zu lassen, sich zu recolligiren; und ob Ich zwar wohl glaube, dass Eure Leute müde und wieder etwas fatiguiret seind, so kann es doch nicht anders gegenwärtig seind, und müsset Ihr bedenken, dass der Feind noch weit müder und fatiguirter sein muss, daher Ihr ihn dann nicht eher ruhen und verlassen lassen, vielmehr immer poussiren und verfolgen müsset, bis dass Ihr solchen in denen Gebirgen und Bergen sehet. Ich bin Euer wohlaffectionirter König

Ein Tag Fatigue in diesen Umständen, mein lieber Zieten, bringet uns in der Folge 100 Ruhtage. Nur immer dem Feind in die Hessen gesessen![2]

Friderich.

Nach der Ausfertigung im Gräflich Zieten-Schwerin'schen Familienarchiv zu Wustrau.[3] Der Zusatz eigenhändig.

9574. AN DEN GENERALLIEUTENANT VON ZIETEN.

Hauptquartier Dürrgoy, 10. December 1757.

Mein lieber Generallieutenant von Zieten. Ich vernehme durch Deserteurs sowohl als von anderen sichern Orten her, dass die östreichsche auf der Retraite befindliche Armee in der grössten Confusion

ciers, so fordersamst gedrucket werden soll". „Es bleibet aber deshalb deren Anzahl noch nicht vollständig, weil tagtäglich noch mehr dergleichen Gefangene nach und nach eingebracht werden. Wo ich kann, werde davon ein mehreres melden. Die eigentliche Summe derer erbeuteten Canons ist 131, und 51 Fahnen und Standarten." Die genannte Liste der gefangenen Officiere nebst der neuen Zahl der Kanonen und Fahnen wurde am 20. December durch das Ministerium an die preussischen Gesandten verschickt; in den berliner Zeitungen erschien sie Sonnabend, 24. December („Berlinische Nachrichten" Nr. 154); in den Danziger „Beyträgen" Bd. III, S. 699—704. Vergl. auch unten Nr. 9652 S. 140.
[1] Ein Bericht Zieten's vom 9. December führt kein Ortsdatum, zwei Berichte vom 11. und 12. December sind datirt aus Langen-Seifersdorf (sö. von Schweidnitz). — [2] Vergl. S. 45; Bd. XV, 439. Anm. 2. — [3] Bei Neu-Ruppin in der Mark.

6*

sei, und die Confusion und Consternation bei solcher dadurch, dass Ihr derselben bisher auf dem Fuss gefolget seid, noch immer grösser und stärker werde. Ich recommandire Euch also hierdurch, in Verfolgung der feindlichen Armee gar nicht Halte zu machen, sondern selbige nach aller Möglichkeit immer weiter vor Euch und in das Gebirge zu poussiren. Wenn solche sich unter die Canons von Schweidnitz setzet, so weiss Ich wohl, dass' Ihr derselben allda nichts thun könnet; wenn aber sie von dar wieder aufbricht, so müsset Ihr gleich wieder hinter solche her nach dem Gebirge sein, den Obristen von Werner nehmen und selbigen ihnen mit einigen Esquadrons Husaren, etwa einem Freibataillon oder auch Grenadierbataillons, sowie Ihr es *à propos* und convenable findet, detachiren und immer ihnen hinterher nach dem Gebirge sein. Sollte der Feind auch bei Schweidnitz unter denen Canons stehen bleiben wollen, so müsset Ihr doch den Obristen von Werner, der das Gebirge und alle Gegenden dahin wohl kennet, mit Husaren, einem Freibataillon oder auch Grenadierbataillon [1] nach dem Gebirge zu detachiren und vorschicken, da dann der Feind das Laufen bald kriegen wird.

Ihr müsset hierbei überlegen, dass, je weiter wir den Feind auf seiner Retraite nach dem Gebirge und in das Gebirge treiben, je mehr wir solchem dieses Jahr Abbruch thun und schwächen, so dass er dadurch allemal verdorben und geschwächet wird, es mögen sich alsdann auch die Sachen zum weitern Kriege oder zu einem Frieden lenken.

Vor Mich will Ich Euch wohl vorläufig sagen, dass, wenn Ich mit Breslau fertig bin, so Ich in drei oder vier Tagen zu sein gedenke, Ich alsdann mit der Armee gerade hinter dem Feind her nach den böhmischen Grenzen zu marschiren werde. Ich recommandire Euch obstehendes nochmalen sehr und bin Euer wohlaffectionirter König

Hier kommt wahrhaftig die Wohlfahrt des ganzen Landes darauf an.

F r i d e r i c h.

Nach der Ausfertigung im Gräflich Zieten-Schwerin'schen Familienarchiv zu Wustrau. Der Zusatz eigenhändig.

9575. AU PRINCE HENRI DE PRUSSE A LEIPZIG.

Près de Breslau, 10 décembre [1757].

Mon cher Frère. J'approuve beaucoup tous les arrangements que vous avez pris, et vous verrez le reste par le chiffre ci-joint. [2] J'espère que, dans trois jours au plus tard, nous serons maîtres de Breslau. Zieten est toujours sur l'ennemi, leur armée est presque dissipée et se sauve chez elle. Leur perte est prodigieuse; vous, qui me connaissez pour ne point être fanfaron, vous pouvez m'en croire en comptant leur perte de beaucoup au delà de 30,000 hommes. Un coup de canon dans leur arrière-garde l'a absolument dispersée, 2 et 3 hussards font des officiers et 50 hommes prisonniers, tant la confusion y est grande. Ils

[1] Sic. — [2] Liegt nicht vor.

marchent presque jour et nuit. Nous sommes à présent maîtres du faubourg d'Ohlau; j'ai déjà des troupes au delà de la rivière, pour en
former l'investissement, ainsi la garnison court risque d'être faite prisonnière de guerre.

Lehwaldt doit être à présent au beau milieu de la Poméranie
suédoise,[1] et je me flatte que sa besogne sera achevée vers la fin du mois.

Vous n'avez donc rien à appréhender pour moi, cher frère. Je
vous remercie de l'amitié que vous me témoignez à l'occasion des dan-
gers que l'État a courus, et je · vous assure que vous ne vous intéressez
pas pour un ingrat. Il faut que je règle à présent l'ouvrage de la journée. Adieu, cher frère, je vous embrasse.

Nach der Ausfertigung. Eigenhändig.   F e d e r i c.

9576. AU CONSEILLER PRIVÉ DE LÉGATION DE VIERECK[2]
A COPENHAGUE.

Quartier général près de Breslau, [10 décembre][3] 1757.

J'ai été bien aise de voir ce que vos dernières dépêches m'ont appris touchant l'ouverture confidente et secrète que le chevalier Williams
vous a faite au sujet de son plan dressé et concerté.[4] Assurez-le tout-
à-fait sur le secret le plus absolu que je lui garderai, quoique les circonstances m'en soient encore inconnues, et si vous n'avez rien à craindre
que la sûreté des postes, vous pourrez, je crois, me marquer, au moins
en gros, sur quoi ce projet roule, quand vous chiffrerez votre dépêche
au chiffre immédiat, mais entremêlé dans chaque ligne de nombre de
non-valeurs, et que vous adressiez cette dépêche au sieur de Hecht à
Hamburg, pour en avoir soin. Mais ce que j'attends préalablement et
au plus tôt, c'est que vous preniez de bonnes informations de M. Williams de l'état de santé de l'impératrice de Russie ou plutôt de celui
de ses maladies,[5] et ce que l'on en aurait à espérer ou à craindre;

---

[1] Vergl. S. 66. — [2] Der frühere preussische Gesandte von Haeseler in Kopenhagen
hatte aus Gesundheitsrücksichten den Abschied nehmen müssen. Vergl. Bd. XII, 89.
230. 405. — [3] Das Datum nach der Antwort Viereck's, d. d. Kopenhagen 20. December. — [4] Viereck hatte, Kopenhagen 19. November, berichtet, der auf der Durchreise befindliche ehemalige englische Gesandte in Petersburg Williams (vergl. Bd. XV,
484) habe ihm mitgetheilt, dass er mit der Ausführung eines Planes umgehe zur Lösung der französisch-russischen Allianz; Viereck möge vorläufig auf dem gewöhnlichen
Postwege dem Könige noch keine Anzeige zukommen lassen, um das Geheimniss
besser zu wahren. Am 24. December übersendet Viereck eine am 20. December ihm
mitgetheilte Denkschrift von Williams; nach derselben hat Williams den Kanzler
Bestushew von der Gefährlichkeit des französischen Bündnisses überzeugt, indem er
vorstellte, wie Frankreich, Russlands alter Gegner in Schweden und Polen, alle Absichten des petersburger Hofes in diesen beiden Nachbarstaaten durchkreuze; es sei
Hoffnung, dass durch Bestushew auch die Kaiserin Elisabeth über die Nachtheile der
Verbindung mit Frankreich aufgeklärt werden würde. — [5] Vergl. Bd. XV, 494. In
einem Cabinetserlass, d. d. Hauptquartier bei Breslau 14. December, wiederholt der
König den obigen Befehl an Viereck.

circonstance dont vous auriez dû vous aviser d'abord de vous bien informer, afin de pouvoir m'en instruire exactement.

Nach dem Concept.   F e d e r i c.

9577. AN DEN ADMINISTRATOR PRINZ DIETRICH VON
ANHALT-DESSAU IN DESSAU.

Hauptquartier D ü r r g o y, bei Breslau, 11. December 1757.

Was Ew. Liebden vermittelst Dero Schreiben vom 7. dieses an
Mich gelangen zu lassen belieben wollen, solches habe Ich daraus mit
mehrern ersehen, zugleich aber auch nicht anstehen können, Deroselben
darauf in Antwort zu melden, wie dass, da Ew. Liebden durchlauchtige
Vorfahren sich jederzeit an Mein Haus attachiret und in dessen Diensten gestanden haben, also auch von Seiten Meines Hauses und Mir
niemalen etwas unterlassen worden, um gegen solche alle Consideration
in jeden Vorfällen zu bezeigen. Wie es aber jüngsthin des Erbprinzen
Liebden gefallen, diese von so langen und vielen Jahren her beständig
gebliebene Connexion mit Meinem Hause zu unterbrechen und Meinen
Dienst auf eine kaltsinnige Art mit einer nicht gar anständigen Gleichgültigkeit zu quittiren,[1] so werden Ew. Liebden auch von Selbst erachten, dass die vormalige Consideration nicht füglich weiter hat continuiren können.

Was diejenige Lieferungen aus dortigem fürstlichen Antheile anbetrifft, so Mein Feldkriegescommissariat zum Unterhalt und Subsistance
Meiner Armeen verlanget hat,[2] da kann niemanden als Ew. Liebden besser
bekannt sein, wie ohnumgänglich nöthig es sei, dass einer Armee, so in
beständiger Action bisher hat sein müssen, die gehörige Subsistance
fourniret werde; die Bedenklichkeiten, so Ew. Liebden deshalb hegen
könnten, werden sich auch legen, wenn Dieselbe nur auf dasjenige zu
sehen belieben werden, was bei jetzigen Conjuncturen von österreichischen und andern fremden Truppen mehr geschehen, als die keinen
Anstand genommen, sich die Subsistance und noch ein weit mehreres
von denen Ständen indistinctement der Orten, wo diese Truppen sich
befunden, liefern zu lassen. Ew. Liebden werden also ermessen, ob
darunter von Mir in gegenwärtigem Vorfall etwas neuerliches oder ohn-
gewöhnliches verlanget wird, zweifele Ich auch nicht, es werden Dieselbe
Dero Ortes die Verfügung treffen, damit [durch] das dortige fürstliche
Antheil dasjenige, so zur unentbehrlichen Subsistance Meiner Truppen
durch Mein Feldcommissariat gefordert worden, geliefert werde, damit
es der sonsten ohnausbleiblichen Executionsmittel, nach dem Exempel

---

[1] Leopold Friedrich Franz von Dessau stand vom Jahre 1751 bis 1758 unter
der Vormundschaft seines Oheims des Prinzen Dietrich, der bis zur Volljährigkeitserklärung
für ihn die Regierung führte. Er hatte als Oberst im preussischen Heere die Feldzüge von 1756 und 1757 mitgemacht; im October 1757 aber, in Folge der kaiserlichen Advocatorien, seinen Abschied erbeten. — [2] Vergl. S. 52.

anderer oberwähnter Truppen, nicht bedürfe. Womit Ich doch sonsten gedachtes fürstliches Antheil aus personellem Égard und Hochachtung vor Ew. Liebden gerne übersehen und verschonen möchte. Ich bin mit aller Consideration u. s. w.

Nach dem Concept. F r i d e r i c h.

9578. AU LIEUTENANT-GÉNÉRAL PRINCE FERDINAND DE BRUNSWICK.[1]

Au quartier D ü r r g o y, 12 décembre 1757.

Monsieur mon Cousin. La dernière lettre que j'ai eue de Votre Altesse, a été du 1er de ce mois, et je me flatte d'avoir bientôt de bonnes nouvelles du succès de Ses entreprises. En attendant, comme l'on vient de me marquer que quelques-uns des généraux français dans les États d'Hanovre ont menacé qu'ils feraient saccager, brûler et raser les maisons appartenantes au roi d'Angleterre et de ses ministres dans l'Hanovre, à moins que les troupes de l'armée d'observation ne se tinssent exactement à la prétendue convention de Bremervœrde,[2] nonobstant qu'elle n'ait pas été ratifiée ni de l'une ou de l'autre cour, et que, d'ailleurs, si les Français se verraient obligés de quitter le pays d'Hanovre, ils ne marcheraient à leur retraite que sur les cendres des villages et des lieux brûlés, j'ai bien voulu dire à Votre Altesse que, quoique je ne saurais croire que jamais ni le maréchal de Richelieu ni aucun des officiers français voudraient venir à cet excès d'inhumanité, contraire à tout droit des gens et aux règles de guerre, que, s'il arrivait cependant que de telles menaces fussent réalisées, alors on devrait s'attendre immanquablement que j'userais de représailles contre tout ce qu'il y a des maisons royales et des ministres en Saxe, et que je ferai traiter également les sujets saxons comme les Français en auront usé envers ceux des États d'Hanovre. J'abandonne au bon plaisir de Votre Altesse si Elle en voudra faire avertir les généraux français de ma résolution prise à ce sujet, si Elle le trouve nécessaire et convenable. Je suis avec des sentiments de considération et d'estime, Monsieur mon Cousin, de Votre Altesse le bon cousin

Allons, mon cher, bon courage!

F e d e r i c.

Nach der Ausfertigung im Kriegsarchiv des Königl. Grossen Generalstabs zu Berlin. Der Zusatz eigenhändig.

---

[1] Die Berichte des Prinzen Ferdinand sind datirt am 1. December aus Jesteburg (s. von Harburg), am 7. aus Ebstorf (nw. von Uelzen), am 11. aus Suderburg (sw. von Uelzen), am 14., 15. und 23. aus Altenhagen (nö. von Celle). — [2] Die gewöhnlich nach dem Kloster Zeven benannte Convention. Vergl. Bd. XV, 489.

9579. AN DEN ETATSMINISTER VON BORCKE.[1]

Hauptquartier Dürrgoy, bei Breslau, 12. December 1757.

Mein lieber Geheimer Etatsminister von Borcke. Euch ist am besten bekannt, wie unrichtig es seit verschiedenen Monaten her in Sachsen mit Ablieferung der ordinären Revenus und Einkünfte zur Torgauschen Hauptkasse zugegangen. Ihr werdet Euch auch zurück-erinnern, was Ich deshalb mit Euch bei Meiner letztern Anwesenheit zu Torgau gesprochen habe. Damit aber darunter einmal eine Remedur getroffen, alles in eine gewisse Ordnung gesetzet und die bisherige Inconvenienzien coupiret werden, so befehle Ich hierdurch, dass Ihr sogleich die sächsischen Stände, es sei nach Torgau oder nach Leipzig zusammenkommen lassen und ihnen dazu einen ganz kurzen Termin ansetzen, sodann aber von ihnen ganz grosse und beträchtliche Summen fordern und mit ihnen festsetzen sollet, die sie in gewissen und kurzen Terminen von dem ganzen Lande ausschreiben, aufbringen und abliefern müssen, und welcherwegen sie einer vor alle und alle vor einen stehen müssen. Ihr sollet Euch darunter nicht weiter um Catastra, noch wie es sonsten heisse, bekümmern, sondern nur fordern, da wir uns dann von der Repartition, wie solche aufgebracht werden müssen, noch von der Administration derer Revenus nicht weiter meliren, sondern solches denen Ständen überlassen und uns begnügen wollen, dass die Gelder von ihnen prompte beigeschaffet und bei Vermeidung der härtesten militärischen Execution gegen sie abgeliefert werden müssen. Auf gleiche Weise sollet Ihr ein beträchtliches Quantum an Getreide, Mehl und Fourage zu unsern Magazinen fordern und reguliren. Worüber dann keiner dererselben sich um so weniger mit einigem Fug wird beschweren können, als das Exempel am Tage lieget, auf was Art die Franzosen darunter sowohl mit Meinen westphälischen als hannöverschen und andern Landen verfahren haben.

Der Generalfeldmarschall von Keith,[2] an den Ich deshalb geschrieben habe, wird Euch darunter sowohl als Meines Bruders, des Prinzen Heinrich, Liebden[3] alle möglichste Assistance leisten, deren Ihr Euch zu bedienen nöthig finden werdet. Ihr habt vorstehendes alles auf das prompteste und sonder grosse Weitläuftigkeit und mit Verspillerung der Zeit zu executiren, und Ich bin Euer wohlaffectionirter König

Friederich.

Nach dem Abdruck[4] bei: Preuss, Friedrich der Grosse, Urkundenbuch II, S. 8 und 9.

---

[1] Borcke, der Präsident des preussischen Feldkriegsdirectoriums in Sachsen, hatte seinen gewöhnlichen Aufenthalt in Torgau. — [2] Vergl. Nr. 9580. — [3] Vergl. Nr. 9581. — [4] Ein handschriftlicher Text liegt uns nicht vor.

9580. AU FELD-MARÉCHAL DE KEITH. [1]

Au quartier de Dürrgoy, 12 décembre 1757.

Mon cher Maréchal. Après les grands succès dont Dieu a béni mes armes ici, dont je voudrais bien tirer tous les avantages possibles pour parvenir à la fin à une paix juste et honorable, j'ai bien voulu vous dire pour votre direction que, quand vous serez rentré avec votre corps de troupes en Saxe, vous devez d'abord demander des contributions et des livraisons en Saxe aussi fortes qu'il sera possible, sans ménagement, et sans faire attention aux regîtres qu'on qualifie ordinairement du nom de cadastres. Mais, pour y réussir d'autant mieux et pour qu'il y soit observé quelque ordre et que je puisse savoir ce que j'en retirerai, je viens d'ordonner à mon ministre d'État de Borcke . . . [2]

Comme le comte de Brühl a, entre autres, deux ou trois terres aux environs de Leipzig ou de Nossen, je serais bien aise que vous y détachiez le lieutenant-colonel de Mayr [3] avec quelques-unes de ses compagnies franches, afin d'y faire, quoique sous son propre nom, quelque tapage, que je veux cependant ignorer moi.

Au reste, ayant appris que les généraux français dans le pays d'Hanovre font de fortes menaces de vouloir faire saccager, brûler et raser les maisons appartenantes au roi d'Angleterre et de ses ministres . . . [4]

Quant à vous, vous ne devez point faire la petite bouche là-dessus, en parlant aux gens de condition et à la noblesse du pays saxon. Sur quoi, je prie Dieu etc.

Vous n'avez rien à craindre là-bas; ces gens-ci ont perdu au delà de 30,000 hommes à la dernière bataille, et ils font venir Marschall [5] à leur secours pour couvrir la Bohême, vous ne garderez là-bas que Laudon ou Mittrowsky. [6]

Federic.

Nach der Ausfertigung. Der Zusatz eigenhändig. Der in der Ausfertigung chiffrirte Theil, für welchen ein Déchiffré nicht vorhanden ist (,,d'abord demander des contributions bis" zum Ende des zweiten Alinea), nach dem (nur für diesen Theil gefertigten) Concept.

---

[1] Die Berichte Keith's datiren am 28., 29., 30. November aus Postelberg in Böhmen (vergl. S. 50. 58), am 4. December aus Marienberg in Sachsen, am 6. bis 24. December aus Chemnitz. — [2] Es folgt die Mittheilung des am 12. December an Borcke ergangenen Befehls. Vergl. Nr. 9579. — [3] Mayr war seit dem 12. November 1757 Oberst (Akten der Geh. Kriegskanzlei). Vergl. auch Bd. XV, 30. — [4] Es folgt mit den gleichen Worten wie in dem Cabinetserlass an Prinz Ferdinand (Nr. 9578) die Drohung mit Repressalien in Sachsen. — [5] Vergl. S. 40. — [6] Die in dem eigenhändigen Zusatz ausgesprochenen Ansichten werden wiederholt in einem Cabinetserlass an Keith vom 13. December, mit welchem dem Feldmarschall zugleich die Relation über die Leuthener Schlacht (Nr. 9572) zugeht. In einem Cabinetserlass an Finck in Dresden, d. d. Hauptquartier bei Breslau 12. December, äussert der König ebenfalls, dass Marschall nach Böhmen gezogen werden würde, so dass, „da Ihr nichts als etwa Laudon vor Euch behaltet, wohl werdet ruhig sein können". In demselben Erlass gibt der König Finck Nachricht von den Erfolgen Zieten's, von der Zahl der Gefangenen und den in der Schlacht bei Leuthen erbeuteten Kriegstrophäen.

9581. AU PRINCE HENRI DE PRUSSE A LEIPZIG.

Au quartier de Dürrgoy, 12 décembre 1757.

Mon cher Frère. Je vous adresse ci-clos un petit détail de ce qui s'est passé depuis la marche de mon corps de troupes de la Saxe et surtout à la bataille de Lissa.[1] Je serai bien aise que vous en fassiez tirer différentes copies dont il en tombât quelques-unes entre les mains des généraux et officiers français prisonniers de guerre, qui, à ce que je m'imagine, ne laisseront pas d'en envoyer des copies en France, de leur propre mouvement, et sans qu'il soit nécessaire de leur faire des insinuations à ce sujet.

Je vous envoie, d'ailleurs, une lettre pour le maréchal Keith,[2] que vous lui ferez parvenir. Il s'y agit des contributions et des livraisons qu'il doit demander, aussi fortes qu'il est possible, du pays saxon, sans plus de ménagement, afin d'en tirer tout ce qu'il peut. On en criera, mais mon intention est — ce dont cependant vous me garderez un profond secret — de presser par là le roi de Pologne de songer sérieusement à une paix et un accommodement avec moi, et ne pas se laisser plus mener des Autrichiens par le nez. Je viens d'ailleurs de faire mes ordres au ministre de Borcke à ce sujet, afin d'y agir conformément et de faire convoquer les États de Saxe pour leur en faire des demandes . . .[3]

Nach der Ausfertigung.   Federic.

9582. AN DEN OBERST VON TAUENTZIEN IN LEIPZIG.

Hauptquartier Dürrgoy, bei Breslau, 12. December 1757.

Mein lieber Obrister von Tauentzien. Ich mache Euch hierdurch zu Eurer Direction und Achtung bekannt, wie Ihr unter der Hand sowohl selbst als auch durch vernünftige Leute vom Bataillon, doch ohne sonderlichen Éclat und so wie Ihr es am convenablesten finden werdet, zu Leipzig so viel Manufacturiers [als möglich] von allerhand Sorten[4] persuadiren und engagiren lassen sollet, damit selbige nach Berlin und Potsdam oder anderer Orten Meiner Lande gehen und sich daselbst setzen und etabliren; wie Ihr denn auch zu dem Ende ihnen insinuiren lassen sollet, dass, wenn sie solches thun und dahin gehen würden, sie von aller Enrolirung und Werbung gänzlich frei sein sollten, und man ihnen deshalb

---

[1] Vergl. Nr. 9572. Am 12. sendet der König auch an den englischen Gesandten Mitchell eine Abschrift der Relation und zugleich eine Abschrift des an Prinz Ferdinand von Braunschweig ergangenen Cabinetserlasses, Nr. 9578. — [2] Nr. 9580. — [3] Zum Schluss macht der König dem Prinzen Mittheilung von den an Borcke ergangenen Befehlen (Nr. 9579) und von den in Sachsen gegen die Franzosen etwa zu gebrauchenden Repressalien (Nr. 9578); der Prinz möge in Sachsen von den letzteren laut sprechen. — [4] In einem Erlass, d. d. Striegau 26. December, befiehlt der König „Fabrikanten von allerlei Gewerken und insbesondere Taftmacher zu engagiren". Vergl. auch den Erlass, d. d. Breslau 5. Februar 1758. Preuss a. a. O. S. 123 und 125.

Pässe oder schriftliche Versicherungen geben würde; sowie Ihr denn auch dergleichen zu ertheilen autorisiret sein sollet.

Friderich.

Nach dem Abdruck bei: Preuss, Friedrich der Grosse. Urkundenbuch V, S. 123. Ein handschriftlicher Text liegt uns nicht vor.

9583. AU PRINCE FERDINAND DE PRUSSE.

[Dürrgoy, 13 décembre 1757.]¹

Mon cher Frère. Je suis bien aise de vous savoir maître du faubourg. Mettez 400 hommes dans l'église, et faites y faire des échafaudages dedans, et garnissez faiblement le cimetière. Le reste de vos bataillons peut prendre tranquillement ses quartiers dans les maisons du faubourg qui sont derrière l'église. L'ennemi ne fera pas de sorties, et j'espère que peut-être aujourd'hui mes mortiers commenceront à démonter ses pièces. Adieu.

Federic.

Nach der Ausfertigung im Königl. Hausarchiv zu Berlin. Eigenhändig.

9584. AN DEN GENERALLIEUTENANT VON ZIETEN.

Hauptquartier Dürrgoy, 13. December 1757.

Mein lieber Generallieutenant von Zieten. Von dem Einhalte Eures Rapports vom gestrigen Dato bin Ich recht wohl zufrieden gewesen und recommandire Euch ferner, dem Feind allen Schaden und Abbruch zu thun, so nur immer möglich sein wird. Vielleicht gehet es auch an, dass Ihr dem Feind in der Gegend Striegau in den Rücken kommen könnet. Wann aber derselbe den Marche nach dem Gebirge und nach Böhmen nimmet, so zweifele Ich nicht, dass Ihr von solchem noch mehrere Bagage bekommet und zugleich auch dessen Desertion sehr befördern werdet. Ich glaube übrigens auch gewiss, dass, wenn der Feind seine Bagage voraus nach Böhmen geschicket und in Sicherheit gesetzet haben wird, er solcher alsdenn sogleich folgen werde. Ich bin Euer wohlaffectionirter König

Friderich.

Nach der Ausfertigung im Gräflich Zieten-Schwerin'schen Familienarchiv zu Wustrau.

9585. AN DEN GENERALLIEUTENANT VON ZIETEN.

[Dürrgoy, December 1757.]²

Mein lieber Zieten. Nur immer dichte an dem Feind, und will er sich bei Bögendorf setzen, so muss man Werner mit zwei Bataillons

---

¹ In der Nacht vom 12. zum 13. December hatte Prinz Ferdinand die Vorstadt Breslaus am Nikolaithore in Besitz genommen; mit der Kirche und dem Kirchhofe sind die Nikolaikirche und der Nikolaikirchhof gemeint. — ² Der obige Befehl des Königs

ihm in's Gebirge schicken; dann die Armee muss nach Trautenau, und
ist kein Rath mehr vor ihr, in Schlesien zu bleiben, und bei diesem
Rückmarsch durch das Gebirge muss sie Kanonens und Bagage verlieren,
auch viele Desertion haben. Er kann sie dann gleich verfolgen und,
wor möglich, den Posten von Landshut occupiren; dann ist Schweidnitz
und Liegnitz abgeschnitten. Adieu!

Hier gedenke in vier oder fünf Tage fertig zu werden.

Friderich.

Nach der Ausfertigung im Gräflich Zieten-Schwerin'schen Familienarchiv zu Wustrau. Eigenhändig.

9586. AU CONSEILLER PRIVÉ VON DER HELLEN A LA HAYE.

Quartier général près de Breslau, 13 décembre 1757.

J'ai reçu l'ordinaire dernier les rapports que vous m'avez faits du
27 et 29 novembre et du 3 de ce mois. J'attends avec impatience ces
extraits de certaines lettres que vous me faites espérer,[1] et ne doute
pas que je les aurai au premier ordinaire. Comme je suis extrêmement
satisfait des sentiments zélés et très patriotiques de M. Yorke pour la
bonne cause commune, vous vous ménagerez au mieux sa confiance, et
l'assisterez au possible en tout ce qu'il proposera aux États-Généraux,
aussi ne saurez-vous jamais me rendre un service plus essentiel que de
remuer ciel et terre, afin que la République commence à se remuer et
se déclarer présentement pour la cause commune.

Quant aux stipulations prises entre les cours de Versailles et de
Vienne, je vous enverrai au premier jour, sous l'enveloppe du sieur Splitgerber, une pièce assez singulière,[2] contenant l'extrait des articles du
traité dont les deux cours sont convenues, qu'à la vérité je ne vous soutiens pas pour authentique, mais [qui] indique assez les vues de ces
cours, en combinant les mesures que nous leur avons vu prendre; aussi
crois-je que vous saurez toujours faire un bon usage de cette pièce qui
ne manque pas de vraisemblance, surtout quand on considère de quoi
des gens, comme les deux principaux ministres des deux cours, l'un sans
connaissance des affaires, l'autre orgueilleux et plein de chimères,[3] sont
capables.

wird vom 13. December zu datiren sein. Er bildet die Antwort auf den Bericht Zieten's, d. d. Langen-Seifersdorf 12. December, welcher zugleich durch einen vom Cabinetssecretär aufgesetzten Erlass vom 13. (Nr. 9584) beantwortet wird. Zieten hatte
berichtet, die feindliche Armee habe sich ehegestern bei Schweidnitz wieder gesammelt, die Mitte stehe bei Bögendorf. Zieten berichtet am 14. December aus Neudorf,
er detachire den Oberst von Werner mit seinem Regiment und zwei Bataillonen in
das Gebirge, um den Feinden in der Bagage Tort zu thun und bei Landshut wieder zu
dem Zieten'schen Hauptcorps zu stossen. Offenbar ist dieser Bericht Zieten's vom
14. December bereits die Antwort auf den obigen königlichen Befehl.

[1] Auszüge aus Berichten von Swart in Petersburg; Hellen übersendet sie am
6. December. — [2] Vergl. Nr. 9588. Anm. 2. S. 94. — [3] Bernis und Kaunitz-

Au reste, ne doutant pas que mes ministres vous n'aient informé au préalable de l'heureux succès dont le Ciel a béni mes armes le 5 de ce mois, où j'ai remporté une victoire complète contre la grande armée autrichienne sous les ordres du prince Charles de Lorraine, de Leopold Daun et de Nadasdy, qui a été battue à plate couture, j'ai bien voulu faire joindre ci-clos une courte relation[1] [de la] bataille pour votre usage.

Nach dem Concept.   F e d e r i c.

9587. AU SECRÉTAIRE MICHELL A LONDRES.

Quartier près de B r e s l a u, 13 décembre 1757.

J'ai reçu [vos dépêches] du 22 et du 25 de novembre passé, dont j'ai été très content, par les bonnes nouvelles que vous m'y avez marquées. Vous observerez cependant que, quant aux subsides que l'Angleterre veut bien me payer pour me soutenir et seconder,[2] je serai bien aise si vous saurez diriger les choses à ce sujet au point que la somme entière m'en soit avancée dès le premier mois de l'année qui vient. Vous vous représenterez combien j'aurai à soutenir de frais en sommes immenses pour réparer tout ce qu'il faut auprès de mon armée, pour les autres besoins de guerre et pour amasser ce qu'il me faut en magasins, après avoir eu à soutenir une si rude campagne contre tant de puissantes armées ennemies, et après avoir été obligé de livrer sept batailles rangées dans cette année-ci, et jugerez ainsi de la nécessité qu'il y a que l'Angleterre me soutienne d'abord à soutenir efficacement la guerre pour notre cause commune.

Quant à une escadre anglaise à envoyer, le printemps qui vient, dans la mer Baltique,[3] je serais bien embarrassé si l'Angleterre me devait manquer encore sur ce point-là qui m'intéresse extrêmement, à moins que le ministère britannique ne trouvera moyen de détacher la Suède des liaisons présentes avec la France et de faire changer le système de la cour de Pétersbourg, pour n'en avoir plus à appréhender du côté de la Prusse. En sorte donc que vous ne cesserez pas de faire vos représentations au ministère anglais de la nécessité de cet article d'une façon ou d'autre.

Au surplus, comme je ne doute pas que mes ministres vous auront déjà préalablement instruit de la journée du 5 de ce mois, où, par l'assistance du Ciel, j'ai battu à plate couture la grande armée des Autrichiens sous les ordres du prince Charles de Lorraine, de Leopold Daun et de Nadasdy, en sorte que ma victoire en a été des plus complètes, je vous adresse ci-clos une relation préalable à ce sujet,[4] que vous saurez communiquer aux ministres, en leur annonçant que, dès que j'aurai repris la ville de Breslau, dont le siège m'occupe présentement, j'en-

---

¹ Nr. 9572. — ² Vergl. Bd. XV, 489. — ³ Vergl. Bd. XV, 489. — ⁴ Vergl. Nr. 9572.

verrai un courrier exprès à Sa Majesté Britannique, pour lui porter de ma part une relation complète.[1]

Nach dem Concept.   Federic.

9588. A LA MARGRAVE DE BAIREUTH A BAIREUTH.

Auprès de Breslau, 13 décembre 1757.

Ma très chère Sœur. Je vous envoie une pièce authentique[2] par laquelle vous pourrez voir clair dans les projets de mes ennemis, des vôtres et du repos de l'Europe. Si je suis assez heureux de faire la digue contre le torrent prêt à tout submerger, ce sera un grand bonheur. Les deux jours du 5 de novembre et du 5 de décembre auront un peu dérangé ce plan, mais je crains fort que ce sera à recommencer l'année prochaine.

Nous assiégeons la capitale de la Silésie, je n'ai point encore toute l'artillerie qu'il me faut pour dompter l'opiniâtreté de l'ennemi; cela arrivera dans peu de jours, pourvu qu'il ne gèle pas.

Vous pouvez compter que les Autrichiens ont perdu au delà de 30,000 hommes. Nous avons actuellement 21,500 prisonniers; ils ont laissé 4000 morts sur le carreau; 3000 déserteurs ont passé l'Oder [sur] le chemin de la Pologne, et il y en a plus de 1500 qui courent ici le pays. Nous avons 116 canons, 310 officiers et 51 drapeaux et étendards, outre près de 4000 chariots de bagage. Veuille le Ciel que nous voyons bientôt la fin de nos embarras!

Adieu, ma chère, ma charmante sœur, conservez vos jours, je vous en conjure! La seule consolation, la seule espérance qui me reste, est de vous embrasser, avant de mourir, et de vous assurer de la haute estime, de la tendresse et de la reconnaissance avec laquelle je suis, ma très chère sœur, votre très fidèle frère et serviteur

Nach der Ausfertigung. Eigenhändig.   Federic.

9589. AN DEN GENERALLIEUTENANT VON ZIETEN.[3]

Hauptquartier Dürrgoy, 15. December 1757.

Mein lieber Generallieutenant von Zieten. Ich habe Eure beide Rapports vom 14. dieses erhalten und gebe Euch darauf in Antwort, wie Ich glaube, dass der Feind noch etwas bei Freiburg stehen bleiben dürfte, in der Absicht, die Garnison zu Liegnitz und das dortige Magazin an sich zu ziehen. Ich vermuthe auch, dass solcher alsdann sich auf Schweinhaus[4] und so weiter zurückziehen werde. Ihr müsset also

---

[1] Vergl. Nr. 9614 und S. 110. Anm. 1. — [2] Eine in italienischer Sprache abgefasste Mittheilung, betitelt: „Il mistero dell' alleanza e dell' unione perpetua conchiusa con la corte di Vienna e di Versalies per il Signor Marchese di Estrées e per il Duca di Broglie passando da Vienna per andare alla corte di Polonia." — [3] Zieten's Berichte vom 14. und 17. December sind datirt aus Neudorf (sö. von Schweidnitz). — [4] 1/4 Meile nnö. von Bolkenhain.

demselben näher auf denen Hacken sein; denn von der Seite Ihr ihm
nichts thun werdet, um ihm sowohl die Ansichziehung des Magazins
zu behindern und beschwerlich zu machen, als die Desertion von solchem zu befördern. Wenn Ihr also über Striegau, Jauer und der Orten
schicken werdet, so werdet Ihr dem Feind mehr Abbruch thun, als
da, wo Ihr jetzo stehet. Wann auch der Generalmajor Meier alert sein
wird, und Ihr noch etwas zu ihm schicken werdet, so werdet Ihr dadurch nicht nur etwas von dem Magazin bekommen, sondern es wird
auch der Feind dadurch nicht mehr die Liegnitzer Garnison an sich
ziehen können. Ich bin Euer wohlaffectionirter König

F r i d e r i c h.

Nach der Ausfertigung im Gräflich Zieten-Schwerin'schen Familienarchiv zu Wustrau.

9590. AN DEN GENERALLIEUTENANT VON ZIETEN.

[D ü r r g o y , December 1757.]

Er muss den Feind besser auf die Hacken sitzen und das Baireuth'-
sche [2] und Székely'sche Regiment mehr vor nach Freiburg ziehn und
den Feind bis über Landshut verfolgen. Dabei muss nicht gezaudert
werden. Brod muss auf's Land ausgeschrieben werden.

F r i d e r i c h.

Nach der Ausfertigung im Gräflich Zieten-Schwerin'schen Familienarchiv zu Wustrau. Eigenhändig.

9591. AU MINISTRE DE LA GRANDE - BRETAGNE MITCHELL
A LEIPZIG.

Quartier de D ü r r g o y , 15 décembre 1757.

Monsieur. Étant sur le point de finir avec la ville de Breslau,
où, après avoir achevé ma campagne, je pourrais bien m'arrêter quelque temps, je serai bien aise d'avoir alors la satisfaction de m'entretenir
avec vous sur nos affaires et sur les mesures ultérieures à prendre. C'est
pourquoi je souhaiterais que vous voudriez bien vous mettre en chemin
pour aller préalablement à Glogau, soit par la route la plus proche par
Torgau, Cottbus et Sagan, soit par la voie la plus sûre, afin de ne
hasarder aucun inconvénient, par Berlin. Ce sera là à Glogau où je

---

[1] Der Befehl des Königs wird vom 15. December zu datiren sein. Er bildet die
eigenhändige Antwort auf den ersten von zwei Berichten Zieten's, d. d. Neudorf
14. December, welche beide vorher zugleich durch einen vom Cabinetssecretär aufgesetzten Erlass (Nr. 9589) beantwortet wurden. Zieten meldete am 14. December,
dass der General von Meier mit seinem Regimente (d. h. den Baireuth-Dragonern)
und einigen andern Regimentern (darunter die Székely-Husaren, vergl. Zieten's Bericht vom 12. December) „noch bei den Zobten-Bergen sich aufhalte". In demselben
Berichte erwähnt Zieten den Mangel an Brod. — [2] In der Vorlage: „Bareith'sche".
Auf der Rückseite eines Berichtes von Meier, dem Commandeur des Regiments,
d. d. Domanze 14. December, findet sich mit Bleistift die Weisung: „Recht sehr gut,
aber nun, däucht Mir, könnte Zieten mehr thun." Auf Grund dieser Weisung wird ein
Cabinetsbefehl an Meier erfolgt sein.

pourrai vous marquer précisément le jour, quand vous sauriez venir me voir à Breslau.[1] Et, sur ce, je prie Dieu etc.

Nach der Ausfertigung im British Museum zu London. **Federic.**

9592. AN DIE REGIERENDEN FÜRSTEN VON ANHALT-BERN-BURG UND KÖTHEN, AUCH FÜRSTEN DIETRICH VON AN-HALT-DESSAU.

Hauptquartier Dürrgoy, bei Breslau, 16. December 1757.

Was Ew. Liebden wegen der von dem Generallieutenant von Retzow bei Deroselben angesuchten und requirirten Lieferung einiger Quantitäten von Mehl und Fourage zum Behuf Meiner dasigen Magazine[2] an Mich gelangen lassen wollen, solches habe Ich aus Deroselben an Mich erlassenem Schreiben vom 9. dieses mit mehrern ersehen. Ew. Liebden ist vorhin bereits bekannt, mit wie vielem Ménagement Ich bisher alle wohlgesinnete Stände des Reichs hierunter begegnet und nichts von denenselben verlanget habe, als was allenfalls die höchste Nothwendigkeit erfordert hat. Nachdem aber bekannter Maassen so wenig die österreichschen als französischen in dem Reiche befindliche Truppen keinen von denen Reichsständen, indistinctement wohin solche getroffen, menagiret, vielmehr von solchen die stärkeste Lieferungen er-zwungen haben, auch darunter, wie es ohne Mein weiteres Anführen überall bekannt ist, noch beständighin continuiren, hierzu aber annoch tritt, dass bei dem von Mir jetzo führenden Kriege Mein hauptsächlicher But mit ist, die in so grosser Gefahr jetzo stehende Freiheit derer Reichs-stände zu souteniren, so werden Ew. Liebden auch Selbst erachten, wie Dieselbe Sich nicht entbrechen können, bei solchen Umständen, und da es die indispensable Nothwendigkeit erfordert, Mich mit denen requirirten Lieferungen zu assistiren, und zwar dieses um so mehr, als es ohnaus-bleiblich erfolgen würde, dass, wenn Dieselbe Mich darunter nicht assi-stirten, Dieselben Sich doch obligiret sehen würden, dergleichen und vielleicht noch weit stärkere denen in dortiger Nachbarschaft stehenden französischen Truppen zu thun. Ich hoffe demnach, Ew. Liebden wer-den die Billigkeit Meines Verlangens Selbst einsehen und solches auf einer solchen guten Art thun, damit Ich anderergestalt nicht nöthig habe, zu Executionsmitteln zu schreiten. Ich werde hergegen in allen andern vorkommenden Gelegenheiten gerne zeigen, mit was Consideration Ich bin u. s. w.

Nach dem Concept. **Friderich.**

---

[1] In einem Schreiben vom 16. December wiederholt der König ziemlich mit den nämlichen Worten die obige Aufforderung an Mitchell. — [2] Vergl. S. 52. 86.

9593. AU PRINCE HENRI DE PRUSSE A LEIPZIG.

Quartier de Dürrgoy, 16 décembre[1] 1757.

Mon cher Frère. Je ne vous fais cette lettre que pour vous prier de vouloir bien prendre la peine d'engager 500 à 600 hommes parmi les prisonniers de guerre français pour mes bataillons francs et surtout pour le bataillon de Le Noble. Comme j'ai toutes prêtes les armes qu'il leur faut, je pourrai, d'abord que ces gens auront pris engagement, les faire transporter ici, afin d'en faire usage encore l'hiver qui vient. Je suis avec des sentiments d'estime, mon cher frère, votre bon et très affectionné frère

On peut dire aux soldats que, comme le roi de France ne prend aucun soin de leur rançon, qu'ils pourraient encore rester longtemps en servitude, et l'on trouvera des Suisses et des Français qui prendront parti. Je vous prie encore de voir si, parmi ces officiers français, ils s'en trouvent quelques-uns de gens solides, et qui ont connaissance du génie et du terrain, que vous pourriez engager avec avantage dans mon service, à condition qu'ils prennent le congé, après être rançonnés.

Nous ouvrons la tranchée aujourd'hui, et j'espère de finir bientôt ma besogne. Adieu.

Nach der Ausfertigung. Der Zusatz eigenhändig.　　　　　Federic.

9594. AU PRINCE HENRI DE PRUSSE A LEIPZIG.

Au quartier de Dürrgoy, 16 décembre 1757.

Mon très cher Frère. J'avais à peine dépêché le courrier pour vous porter la lettre que je vous ai faite aujourd'hui,[2] que Puttlitz m'apporta celle que vous m'avez écrite le 10 de ce mois.[3] J'avoue que je ne comprends rien à ce que le prince Ferdinand de Brunswick demande au sujet d'un train de grosse artillerie de Magdebourg, et pour faire avancer des troupes du côté de Halberstadt, n'ayant rien concerté ni arrangé avec lui sur tous ces points-là. Je ne vois même de la possibilité de le seconder avec ce train d'artillerie, vu qu'il n'y a ni attirail, ni valets, ni canonniers assez, pour lui mener ce train, ainsi que tout ce que je pourrai faire, c'est de faire avancer les 3 régiments de la garnison ci-devant à Wésel,[4] avec quelques pièces de grosse artillerie, pour que le prince Ferdinand s'en puisse servir, le cas le demandant.[5] Mais, comme vous observez très bien, mon cher frère, que l'ennemi est encore en force du côté de Halberstadt, il faut bien de toute

---

[1] Das Déchiffré der Ausfertigung hat „15 décembre"; wie aber das folgende Schreiben an den Prinzen (Nr. 9594) beweist, verdient das Datum „16 décembre", welches in dem für den ersten Theil des Schreibens von Eichel aufgesetzten Concept sich befindet, den Vorzug. — [2] Vergl. Nr. 9593. — [3] In der Vorlage: „5 de ce mois". — [4] Vergl. Bd. XV, 238. 280. 489. — [5] Vergl. auch S. 52.

nécessité qu'avant que ces 3 régiments susdits s'avancent, l'ennemi s'éloigne préalablement des frontières de Halberstadt, pour ne pas attirer les forces de l'ennemi dans mes propres provinces; ce que vous ne manquerez pas de répondre audit Prince. Quant à vous, il est bien sûr que vous ne saurez point vous dépouiller de ce que je vous ai laissé de troupes dans vos contrées.

Dans le cas que les susdits 3 régiments de Wésel s'avancent, vous aurez la bonté d'écrire au prince héréditaire de Hesse-Cassel en mon nom que je lui confiais la place de vice-gouverneur à Magdeburg, où il resterait en l'absence du prince Ferdinand, pour y avoir soin de la sûreté de la forteresse. Il convient que je prenne cet expédient pour tranquilliser le prince héréditaire[1] et prévenir tout inconvénient qui pourrait naître, supposé qu'il voudrait prétendre au commandement des 3 régiments mentionnés, quand il faudrait qu'ils marchassent en avant.

Pour ce qui regarde le comte d'Armentières, vous vous souviendrez de ce que j'ai déclaré au comte de Mailly, quand il me fit la même demande que lui;[2] de sorte que vous aurez la bonté de lui répondre en termes bien polis que je ne saurais envisager les troupes françaises qu'en auxiliaires de la reine de Hongrie, qui en avaient agi comme telles, moi n'ayant directement rien à démêler avec la France; et comme ladite princesse avait interrompu le cartel établi entre moi et elle, en refusant l'échange des prisonniers de guerre réciproquement faits en conséquence de ce cartel, je ne saurais aussi, de ma part, me prêter à aucun échange particulier, sinon à un échange général réciproque de tous prisonniers, et quant au cartel que le susdit comte a prétendu alléguer, il faut bien que je vous dise pour votre direction que ce cartel n'a jamais pris consistance, vu que ni le prince Ferdinand, ni le maréchal duc de Richelieu ne l'ont jamais signé, ni approuvé, et que d'ailleurs il n'ait pas été ratifié par moi ou par la cour de France.[3] Je suis avec ces sentiments de la parfaite estime que vous me connaissez, mon cher frère, votre bon et très affectionné frère

J'ai tant à faire, mon cher, qu'il m'a été impossible de vous écrire moi-même.

Nach der Ausfertigung. Der Zusatz eigenhändig.   F e d e r i c.

9595. AU LIEUTENANT-GÉNÉRAL PRINCE FERDINAND DE BRUNSWICK.

Au quartier près de Breslau, 16 décembre 1757.

Monsieur mon Cousin. J'ai bien reçu la lettre que vous m'avez faite du 7 de ce mois,[4] et suis charmé d'apprendre le beau commence-

---

[1] Vergl. S. 21. — [2] Vergl. Nr. 9504. — [3] Vergl. S. 16. — [4] Prinz Ferdinand meldet, Ebstorf 7. December, er habe in der Umgegend von Harburg seine Trup-

nent que Votre Altesse vient de faire dans Ses opérations contre les
roupes françaises. Aussi je me tiens déjà pour assuré que vous con-
inuerez en si beau chemin, en marchant sur le corps des Français,
)our les pousser au mieux possible, afin d'entretenir et de cultiver l'ar-
leur des troupes sous vos ordres et de ne pas donner le temps à l'en-
1emi de se reconnaître, pour nettoyer les États hanovriens et ceux de
Vestphalie des ennemis et les délivrer de leurs cruels oppresseurs.

Quant à Monsieur votre frère le Duc régnant, vous ne devez pas être
ort en peine de ses prétendus ordres, pour faire revenir ses troupes,
:t je veux bien confier à Votre Altesse, quoiqu'en La priant de garder
e secret, que, sur une lettre que la Reine mon épouse a faite au Duc,[1]
)our lui faire des représentations, comme d'elle-même, sur la résolution
1u'il paraissait avoir prise de rappeler ses troupes, il lui a répondu en
ermes exprès qu'il avait été à la vérité obligé de céder aux malheurs
lu temps, et qu'il ne pouvait pas se dispenser de conformer son lan-
3age aux engagements qu'on l'avait forcé de prendre, mais que ses
roupes ne se sépareraient pas pour cela de l'armée alliée, et qu'il serait
oujours charmé de pouvoir contribuer indirectement à l'avancement
le mes intérêts et de la bonne cause, témoignant en même temps la
oie la plus vive à l'occasion de ma victoire remportée sur l'armée au-
richienne.

Comme tout ceci fait voir clairement la bonne volonté du Duc,
Votre Altesse dira à mon cher neveu,[2] en lui faisant mille tendres
:ompliments de ma part, que je le prenais sur moi et me chargeais
le le réconcilier avec son digne père, si jamais il arrivait que celui-ci
ie croirait offensé contre lui, dans le cas dont il s'agit. Adieu, mon
:her prince, poussez toujours vivement vos progrès, et soyez assuré de
a parfaite estime et de l'amitié véritable avec laquelle je suis, Monsieur
mon Cousin, de Votre Altesse le bon cousin

Federic.

Nach der Ausfertigung im Kriegsarchiv des Königl. Grossen Generalstabs zu Berlin.

9596. AU MINISTRE D'ÉTAT ET DE CABINET COMTE DE FINCKENSTEIN A MAGDEBURG.

Quartier de Dürrgoy, 16 décembre 1757.

J'ai bien reçu le rapport que vous m'avez fait du 10 de ce mois,
:t j'applaudis extrêmement à la résolution que vous aviez prise d'en-
;ager la Reine à écrire au duc de Brunswick, comme elle a fait.[3] Je

en gesammelt und sei von dort gegen den Feind vorgerückt; die Städte Lüneburg
nd Uelzen seien mit den dort befindlichen Magazinen bereits in seine Hände ge-
lallen. Weiter berichtet der Prinz, dass sein Bruder, der Herzog von Braunschweig,
sei dem Entschluss beharre, die braunschweigischen Truppen von der verbündeten
Armee abzuberufen (Vergl. S. 72. Anm. 4).

[1] Vergl. Nr. 9596. — [2] Der Erbprinz von Braunschweig Karl Wilhelm Fer-
linand. — [3] Vergl. das Schreiben der Königin an den Herzog, die Antwort des

7*

connais trop les sentiments zélés du duc de Brunswick pour la bonne cause, pour douter de l'impression que cette démarche a faite sur son esprit, et je suis persuadé du bon effet que cette démarche de la part de la Reine fera encore sur lui, pour l'y confirmer d'autant plus.

Je vous recommande la lettre ci-close,[1] pour la faire parvenir le plus tôt possible et le plus sûrement à sa direction. Sur ce, je prie Dieu etc.

Nach der Ausfertigung.   F e d e r i c.

9597. A LA MARGRAVE DE BAIREUTH A BAIREUTH.

Auprès de B r e s l a u, 17 [décembre 1757].

Ma chère Sœur. Vous aurez vu par ma lettre[2] que tout n'est pas encore perdu; j'ai fait ce que j'ai pu ici; à présent, il s'agit de Breslau. Ces gens préludent sur la capitulation, et je les veux prisonniers de guerre; ce sera encore l'ouvrage de quelques jours.

Vous jugez très bien de tout ce que j'ai souffert jusqu'à présent. Veuille le Ciel que je voie bientôt la fin de mes peines! Il y a apparence que tout le monde à présent se tiendra dans ses quartiers: comment agir dans cette saison rude et dure? Il faut du repos nécessairement. Enfin, ma chère sœur, tranquillisez-vous et attendez la fin de ceci; notre impatience, ni nos vœux ne hâtent, ni ne changent les évènements. Je suis si occupé que je ne saurais vous en dire davantage. Conservez-vous, si vous m'aimez, et soyez persuadée de la tendresse et de tous les sentiments les plus dévoués avec lesquels je suis, ma très chère sœur, votre très fidèle frère et serviteur

Nach der Ausfertigung. Eigenhändig.   F e d e r i c.

9598. AU PRINCE DE PRUSSE A ORANIENBURG.

Près de B r e s l a u, 17 décembre 1757.

Mon cher Frère. Je vous suis bien obligé du compliment de félicitation que vous avez bien voulu me faire à l'occasion du succès de la dernière bataille, et suis persuadé de la sincérité de vos sentiments. Ne vous plaignez pas de moi, et pensez qu'il n'y a que votre conduite extraordinaire et, pour ainsi dire, inconsidérée qui a tout gâté.[3] J'aurais souhaité pour votre propre réputation que, quand même vous n'auriez eu aucun commandement à l'armée, vous auriez été du moins présent à la susdite bataille pour en partager la gloire, ce qui vous aurait été

Herzogs und den Bericht Finckenstein's an den König in: Schäfer, Gesch. des siebenjährigen Krieges I, 663; ferner das Dankschreiben des Königs an seine Gemahlin, d. d. in der Nähe von Breslau 17. December: Œuvres Bd. XXVI, S. 30.

[1] Liegt nicht vor; vielleicht der Cabinetserlass an Prinz Ferdinand von Braunschweig. Nr. 9595. — [2] Vergl. Nr. 9588. — [3] Vergl. Bd. XV, 492.

bien plus avantageux que de rester avec indifférence à Oranienburg. [1]
Soyez cependant persuadé des sentiments avec lesquels je suis, mon
cher frère, votre bon frère

Nach der Ausfertigung.   F e d e r i c.

_____

9599. AU FELD-MARÉCHAL DE KEITH. [2]

Au quartier près de B r e s l a u, 17 décembre 1757.

J'ai reçu votre lettre du 12, par laquelle j'ai vu avec la dernière
surprise la malheureuse et fatale résolution que vous avez prise de vouloir vous replier vers Leipzig. Plaise à Dieu que vous n'ayez [pas] déjà exécuté ce malheureux dessein, qui me ferait juger que la tête vous a
tourné, comme elle a tourné autrefois aux gens ici, et par où vous rui-
nerez et gâterez absolument mes affaires qu'à peine j'ai remises en bon
train. Mon Dieu, que je suis malheureux d'avoir à combattre partout
à tant de travers! D'ailleurs, quand même les avis qu'on vous a donnés de la marche de Marschall, [seraient justes,] pensez au moins qu'il
est assez éloigné encore de vos quartiers; et ne deviez-vous pas songer
qu'il était assez de penser à une retraite telle que vous proposez, quand
Marschall vous eut approché jusqu'à une marche? Je ne saurais donc
absolument pas approuver votre dessein ni votre timide conduite, qui
gâtera mes affaires qui n'ont que commencé d'être remises en train, si
jamais vous la mettez en exécution. Au surplus, vous devez penser
que le régiment de cavalerie du corps n'est du tout à vos ordres, et
qu'il est destiné à d'autre usage. [3] Après que l'armée autrichienne a
été entièrement ruinée et déroutée, vous deviez être persuadé que l'avis
que je vous ai donné [4] qu'elle attirerait le corps de Marschall à soi, pour
avoir seulement assez de troupes pour faire sa chaîne dans les montagnes de Bohême, [est vrai,] et vous ne deviez plus prendre des résolutions aussi timides que funestes pour moi.

Nach dem Concept.   F e d e r i c.

_____

9600. AU PRINCE HENRI DE PRUSSE A LEIPZIG.

[Près de B r e s l a u, 17 décembre 1757.] [5]

Mon cher Frère. Vous voyez trop noir. Les [troupes de] Brunswick marchent avec le prince Ferdinand, et les Hessois sont fidèles.
Vous avez trop de préjugés dans tout ceci, et vous devriez pourtant
remarquer qu'avec des résolutions vigoureuses l'on corrige la Fortune.

L'ennemi s'est retiré au delà de Landshut, Breslau prélude sur la
capitulation. Les canons du bastion et du polygone que nous attaquons,

_____

[1] Vorlage: Orangebourg. — [2] Keith berichtet aus Chemnitz. — [3] Vergl. S. 19. 52.
— [4] Vergl. S. 89. — [5] Das Datum nach einem Vermerk von Eichel auf dem Concept. Das Déchiffré der Ausfertigung hat 18. December.

sont démontés; dans 4 ou 5 jours ils seront prisonniers de guerre, après quoi je marcherai aux montagnes pour nettoyer tout, prendre Liegnitz et bloquer Schweidnitz et me reposer alors, si je le peux. Adieu.

Nach dem Concept. Eigenhändig. F e d e r i c.

9601. AN DEN GENERALLIEUTENANT VON ZIETEN.

Hauptquartier Dürrgoy, 17. December 1757.

Mein lieber Generallieutenant von Zieten. Ich übersende Euch hierbei ein Schreiben von dem Prinz Karl von Lothringen, so derselbe an den commandirenden Officier zu Liegnitz ergehen lassen wollen, so aber von Meinen Commandos unterwegens aufgefangen und an Mich eingebracht worden. [1]

Ihr werdet aus solchem mit mehrern ersehen, was des Feindes Intention und vorhabende Disposition ist. Und da Ich glaube, dass Ihr stark genug seid, um sowohl den etc. Buckowsky[2] als auch den Palasty zu delogiren, so befehle Ich hierdurch, dass Ihr mit allem Ernste dazu thun und überall mit mehrerer Vivacité als bisher agiren sollet,[3] um denen dortigen Sachen nach Meiner Euch genugsam bekannten Intention ein baldiges Ende zu machen. Ich bin Euer wohlaffectionirter König

Friderich.

Nach der Ausfertigung im Gräflich Zieten-Schwerin'schen Familienarchiv zu Wustrau.

9602. AU PRINCE HENRI DE PRUSSE A LEIPZIG.

[Dürrgoy,] 18 [décembre 1757].

Mon cher Frère. Il serait inutile de vous dire toute la peine et les embarras que j'ai trouvés ici. Imaginez-vous que Breslau a une garnison de 10,000 hommes bien portants, que j'ai été obligé de faire venir de l'artillerie, par des chemins horribles, de Brieg et de Neisse, que, malgré la gelée et les neiges, nous avons fait nos parallèles, que nous les avons à 300 pas du fossé, qu'ils nous ont démonté une batterie, et qu'enfin, sans beaucoup de constance, nous aurions manqué notre

---

[1] Schreiben des Prinzen Karl von Lothringen an den Oberst von Bülow in Liegnitz, d. d. Freiburg 15. December 1757; enthält eine Benachrichtigung über die Stellung der österreichischen Truppen und den Befehl, Liegnitz „nach aller Möglichkeit zu halten". Gedruckt, jedoch mit vielen Fehlern im Einzelnen, bei: Blumenthal, Zieten (Berlin 1797) S. 376. — [2] Wahrscheinlich ist der Feldmarschalllieutenant von Buccow gemeint, da in dem Schreiben des Prinzen Karl über die Stellung Buccow's in Freiburg und Palasty's in Hirschberg Mittheilung gemacht wird. — [3] Auf der Rückseite eines Berichts des Generalmajors von Meier (vergl. S. 94. Anm. 3.), d. d. Tschechen 16. December, findet sich mit Bleistift die Weisung „Approbire Conduite sehr. Wenn Zieten viver agirte, wie ihm zwei- bis dreimal geschrieben . . . . . Striegau wegjagen. Recommandirte sich bei Mir durch seine Art zu agiren." Auf Grund dieser Weisung wird ein Cabinetsbefehl an Meier erfolgt sein.

coup. Mais, à présent, nous avons une brèche, aujourd'hui 32 pièces en batterie, les sapes à 150 pas du fossé, le feu de l'ennemi éteint, une sortie vigoureusement repoussée cette nuit. Le commandant[1] a déjà demandé à capituler, et je crois que, demain ou après-demain, la chose sera sûrement faite et réussira à notre honneur.

L'ennemi a quitté la Silésie; il n'y a plus que Buccow et Patai[2] à chasser; Zieten et Fouqué sont à leurs trousses. Dès que Breslau sera rendu, je marcherai aux montagnes pour établir les quartiers, après quoi je compte prendre à Breslau un repos dont ma santé chancelante a grand besoin. Je n'ai eu que du chagrin et des angoisses depuis huit mois, et à force d'inquiétudes et d'agitations la machine s'use. Je vous remercie de tout mon cœur de la tendre part que vous prenez à ma situation. Mon page[3] m'a assuré que vous êtes tout-à-fait rétabli. Si le prince Ferdinand chasse les Français du pays d'Hanovre, et que tout se tranquillise de votre côté, j'espère de vous revoir dans ce pays, que je n'ose quitter à présent, ayant cent arrangements à y faire, et ne m'osant absenter, de crainte qu'on n'y fasse des sottises. Adieu, mon cher frère, je suis avec la plus haute estime et la plus parfaite amitié, mon cher frère, votre fidèle frère et serviteur

Nach der Ausfertigung. Eigenhändig.   F e d e r i c.

9603. AN DEN GENERALMAJOR VON FINCK IN DRESDEN.

Quartier D ü r r g o y, 18. December 1757.

Ich danke Euch vor die in Eurem Schreiben vom 13. dieses gegebene Nachrichten, und ist darauf in Antwort, wie es nöthig sein wird, dass Ihr auf die weitere Mouvements des Marschall gute Acht habet, indem einigen aufgefangenen Nachrichten nach der Hofkriegsrath zu Wien nicht allerdinges von ihm zufrieden, dass er sich bei des Marschall von Keith Einmarsch in Böhmen sogleich nach Prag gezogen,[4] vielmehr von ihm verlanget hat, dass er den Posten von Zittau wieder besetzen und mainteniren sollen, worüber auch dieser bei dem Prinz Karl angefraget, ob er sich etwa über Peterswalde gegen Schandau ziehen, von dem General Hadik aber seine linke Seite gegen Dresden zu decken lassen, sodann daselbst eine Brücke schlagen und nach dem Verlangen des Hofkriegesrath nach der Lausnitz ziehen solle; welcher Brief aber nicht an den Prinz Karl gekommen, sondern aufgehoben worden. Vor Mich bleibe Ich noch der Meinung, dass Prinz Karl den Marschall an sich ziehen werde.

Ich hoffe übrigens Euch nächstens gute Nachrichten wegen Breslau geben zu können. Ich bin Euer wohlaffectionirter König

Nach der Ausfertigung.   F r i d e r i c h.

---

[1] Feldmarschalllieutenant Salomon Sprecher von Bernegg. — [2] Sic; wohl Palasty gemeint. Vergl. Nr. 9601. — [3] Puttlitz. Vergl. S. 97. — [4] Vergl. S. 89.

9604. A LA MARGRAVE DE BAIREUTH A BAIREUTH.

Die Markgräfin schreibt (ohne Datum): „On fait sous main tous les préparatifs ici pour faire marcher les troupes des Cercles en Saxe, on prétend qu'on y joindra un gros corps de Français et celui de Laudon. Nous avons l'exécution;[1] nos troupes marchent, malgré cela elle n'est pas levée. Sans la timidité du ministère, on n'y aurait jamais consenti. Je vous supplie de vous en servir. Les officiers, s'il se peut, se laisseront prendre. Vous jugez bien qu'ils sont instruits. La cavalerie n'est pas montée, elle suivra. Si vous relâchez les prisonniers et les déserteurs, mon cher frère, ce sera toujours à recommencer. Vous pourrez en faire des valets de paysans ; ces gens ne demandent pas mieux. L'Empereur a ôté le commandement au prince de Hildburghausen, pour avoir mal manœuvré; on l'accuse, outre cela, du crime de trahison et de vous avoir averti qu'on voulait vous attaquer. Il sera remplacé par un Autrichien. J'avertirai à Leipzig, dès qu'on se mettra en mouvement . ! . L'homme de Paris[2] me mande qu'on n'y chante que vos louanges, et qu'on ne marque pas la moindre animosité au sujet de votre victoire."

[Décembre 1757].

Ayez la bonté d'avertir mon frère Henri, si quelque chose se passe là-bas. Je doute beaucoup que les Cercles reviennent en Saxe dans cette saison ; d'ailleurs, la dernière bataille, je crois, mettra de l'eau dans le vin de la reine de Hongrie.

Il serait bon de savoir comme l'on pense en France sur la paix. Les Hanovriens sont à présent en mouvement,[3] et je me flatte qu'ils donneront sur les oreilles à M. de Richelieu ; le prince Ferdinand les commande.

Nach dem Concept. Eigenhändig.[4]   [F e d e r i c.]

9605. AU LIEUTENANT-GÉNÉRAL PRINCE FERDINAND DE BRUNSWICK.

Auprès de B r e s l a u, 18 décembre 1757.

Monsieur mon Cousin. J'ai reçu avec bien de la satisfaction la lettre que vous m'avez faite du 11 de ce mois, et vous suis bien obligé de la part que vous avez voulu prendre au succès de mes armes, et des sentiments que vous m'avez renouvelés à cette occasion, dont j'ai été véritablement touché, connaissant leur sincérité et le fond dont ils partent.

Quant à l'opposition du Duc votre frère par rapport à ses troupes, et à ce que vous me marquez à ce sujet, Votre Altesse aura déjà vu, par la dernière lettre que je Lui ai faite,[5] les vrais sentiments du Duc votre frère en tout ceci, et par quelles raisons il se voit obligé de ménager les dehors, sans qu'il veuille le moindre préjudice à la bonne

---

[1] Vergl. S. 58; Bd. XV, 399. 400. — [2] Mirabeau. Vergl. Bd. XV, 490. — [3] Vergl. Nr. 9595. — [4] Die Ausfertigung war in Chiffern und, wie es scheint, ohne Unterschrift. Vergl. S. 66. Anm. 1. — [5] Vergl. Nr. 9595.

cause; en sorte que Votre Altesse n'a qu'à tenir ferme sur cet article, tout comme jusques à présent. En attendant, j'écrirai moi-même au Duc régnant[1] pour le rectifier plus encore. Votre Altesse dira d'ailleurs à Son digne neveu[2] que je prenais sur ma tête la bonne résolution qu'il avait prise de rester avec les troupes auprès de vous, et que je me chargeais de le réconcilier sûrement avec Monsieur son père. Vous insinuerez même confidemment à ce digne et brave prince que tout ce que Monsieur son père faisait de démarches pour le rappeler, n'étaient que des démonstrations au dehors, auxquelles il était obligé et forcé par les Français, contre les sentiments de son cœur et contre sa véritable intention, et qu'il serait peut-être bien mortifié, si lui, le Prince, l'envisageait autrement.

J'espère, au reste, que Votre Altesse me donnera bientôt de bonnes nouvelles de Ses succès. Je La prie d'être persuadée de la haute estime et des sentiments de l'amitié invariable avec lesquels je suis, Monsieur mon Cousin, de Votre Altesse le bon et très affectionné cousin

Federic.

La ville de Breslau a une garnison de 10,000 hommes. Ils sont sur le point de se rendre; nos sapes sont à 150 pas du fossé, leur canon presque démonté. Avec cette capture, je compte d'avoir au delà de 700 officiers et de 33,000 soldats autrichiens prisonniers.

Federic.

Nach der Ausfertigung im Kriegsarchiv des Königl. Grossen Generalstabs zu Berlin. Der Zusatz eigenhändig.

9606. AN DEN GENERALLIEUTENANT VON ZIETEN.

[Hauptquartier bei Breslau, December 1757.][3]

Das ist ganz gut. [In] Freiburg stehet Buccow, den muss man wegjagen; in Hirschberg stehet ein Ungar,[4] der muss auch furt; und was Cavallerie muss um Schweidnitz bleiben, um die Garnison in Respect zu halten.

Friderich.

Nach der Ausfertigung im Gräflich Zieten-Schwerin'schen Familienarchiv zu Wustrau. Eigenhändig auf der Rückseite eines Berichts von Zieten, d. d. Neudorf 17. December.

---

[1] Vergl. Nr. 9608. — [2] Vergl. S. 99. — [3] Der König pflegte in dieser Zeit die Berichte Zieten's ein oder zwei Tage nach dem Tage ihres Datums zu beantworten; Zieten antwortet auf obigen königlichen Befehl Neu-Reichenau 21. December. — [4] Palasty. Vergl. Nr. 9601 mit Anm. 2.

9607. AU PRINCE HENRI DE PRUSSE A LEIPZIG.

[Décembre 1757.]

Toute la manœuvre du duc régnant de Brunswick [1] n'est, au moins à ce qui me paraît, qu'une grimace et comédie, qu'il joue pour ne pas irriter les Français, afin que son pays n'en soit maltraité, s'il allait tête levée et à jeu ouvert.

Quand le maréchal Lehwaldt sera entré dans la Poméranie suédoise, il pourrait bien arriver que les Français voudraient faire quelque diversion dans la Vieille-Marche; mais elle ne sera pas importante. Cependant, dans ce cas-là, il faudra que le maréchal Keith vous détache un régiment de dragons, quelques hussards et un bataillon, pour aller soutenir le corps de troupes dans le Halberstadt, [2] et alors il n'y aura aucun risque.

Nach dem Concept. [3]   F e d e r i c.

_____

9608. AU DUC RÉGNANT DE BRUNSWICK. [4]

Près de Breslau, 19 décembre 1757.

Monsieur mon Frère et Cousin. Votre Altesse connaît trop les vrais sentiments de mon cœur et toute l'étendue de mon amitié la plus invariable envers Elle, pour que je ne dusse pas me flatter qu'Elle ne voudrait permettre que je m'ouvrisse envers Elle sur une affaire de la dernière conséquence, et qui intéresse également la bonne cause commune et Sa propre dignité, tout comme les liaisons étroites dans lesquelles j'ai toujours eu la satisfaction de vivre avec Elle. J'ai appris la résolution que Votre Altesse a prise de vouloir rappeler Ses troupes de l'armée des alliés, [5] et je crois pouvoir aisément comprendre les raisons qui L'ont conduite à faire une pareille déclaration. Qu'Elle me permette de Lui représenter l'inconvénience de cette résolution qui, à tous égards, ne saurait être que très préjudiciable à la bonne cause commune et à Ses propres intérêts, tout comme à ceux de Sa maison. Elle Se souviendra combien Ses États ont souffert de l'injuste oppression de nos ennemis communs, et Elle jugera par là Elle-même ce qu'Elle aura encore à souffrir, si jamais Elle Se livrera entièrement à la discrétion des gens qui, jusqu'à présent, n'ont marqué la moindre considération pour tout ce qu'il y a des princes les plus respectables en Allemagne, et qui ne connaissent d'autre règle que leur volonté absolue. Si jamais Votre Altesse Se sera dépouillée de Ses troupes en les séparant de celles avec lesquelles combinées elles se soutiennent, et en les voyant désarmées et pour ainsi dire anéanties, quels égards les susdits gens conserveront-ils pour Votre Altesse? au lieu que, si le Ciel bénit les entre-

_____

[1] Vergl. Nr. 9608. — [2] Vergl. Nr. 9594. — [3] Eichel bemerkt am Rande für die Ausfertigung: „Ohne Curialien noch Rubrique". — [4] Der Herzog befand sich zu dieser Zeit in Blankenburg. — [5] Vergl. S. 72. 99.

prises q. l'armée alliée a commencées, il faut se flatter que Ses États, tout comme ceux de Ses voisins, seront bientôt délivrés d'une oppression dont il n'y a d'exemple. Je ne veux point excuser ce qui s'est passé à occasion de la convention faite à Kloster-Zeven,[1] je crois l'indication que Votre Altesse en a conçue, juste, mais nos ennemis ne sont-ils pas intrevenus eux-mêmes à plusieurs points de cette malheureuse convention? Je n'entre point dans des détails là-dessus, mais comme Votre Aesse a soutenu avec une fermeté qu'on ne saurait assez admirer, tout le mal qu'on Lui a fait, je me persuade qu'Elle ne voudra pas reculer à présent, et dans un instant où la mauvaise fortune que nous avons tous essayée, sera apparemment corrigée par d'heureux succès de nos armes. Elle ne voudra d'ailleurs y exposer Son prince héréditaire d'être retenu avec tout ce qu'il a de troupes sous ses ordres, contre leur gré, selon le droit et la raison de guerre.

Votre Altesse pense trop bien pour ne pas sentir tous les inconvénients qui nécessairement en résulteraient, si Elle voulait abandonner et, si j'ose le dire, sacrifier dans ce moment critique ce qu'Elle a et aura toujours de véritables amis, et, quant à moi, je suis charmé d'avoir l'occasion de Lui renouveler les sentiments de considération, d'estime et de l'amié avec lesquels je serai à jamais, Monsieur mon Frère et Cousin, de Votre Altesse le bon frère et cousin

Federic.

P. S.

C'est à présent le moment de tenir bon, où nos affaires prennent une face avantageuse pour vos intéréts, pour votre gloire et pour votre honneur. Il ne faut pas vous démentir. Si votre fils vous désobéit, c'est à la seule persuasion,[2] et jetez-en toute votre colère sur moi; car je l'ai assuré que tout ce que vous lui écriviez, n'était que grimace, que vous vouliez être désobéi, et que je me chargeais de tout. J'en fais mon affaire, et je le prends ouvertement sous ma protection.

Nac em Concept. Der Zusatz nach Abschrift der Cabinetskanzlei.[3]

---

609. A LA REINE DE SUÈDE A STOCKHOLM.

Près de Breslau, 19 décembre 1757.[4]

Grace à Dieu! je viens encore de battre totalement et à plate couture la grande armée autrichienne le 5 de ce mois. Mon maréchal Lehwald est entré dans la Poméranie suédoise, où il aura bientôt fait avec les troupes suédoises et les recognera à Stralsund et sur l'île de

---

[1] Vgl. Bd. XV, 489. — [2] Vergl. S. 99. — [3] In der nicht mehr vorhandenen Ausfertigung war der Zusatz eigenhändig. — [4] Nach einem Begleitschreiben Eichel's an Podewils vom 19. December sollte das königliche Schreiben an die verwittwete Fürstin von Zerbst gesendet werden, mit dem Ersuchen, dasselbe ihrer Schwägerin, der Königin von Schweden, zukommen zu lassen. (Vergl. hierzu Bd. XV, 329.)

Rügen. Je ne doute pas que mes ennemis en Suède, voyant leur injuste entreprise contre moi mal réussie, crieront à la paix, que je ne
leur refuserai pas, mais dont je tâcherai de renvoyer la proposition à
vous, et je déclarerai qu'à votre considération je m'y prêterai. Ma chère
sœur, arrangez-vous là-dessus, et prenez en conséquence vos mesures.

Nach der Ausfertigung.   F e d e r i c.

9610.   AU MINISTRE DE LA GRANDE-BRETAGNE MITCHELL
A LEIPZIG.

Quartier de D ü r r g o y, 19 décembre 1757.

Monsieur. J'ai bien reçu la lettre que vous m'avez faite du 14 de
ce mois, et suis bien aise de vous avoir déjà prévenu dans la demande[1]
que vous m'y avez faite, dont je vous ai fait communication par ma
lettre du [12] de ce mois,[2] qui, à ce que j'espère, vous aura été bien
rendue.

F e d e r i c.

Dès que la ville de Breslau sera emportée, je dépêcherai d'abord
un courrier à Sa Majesté Britannique avec une relation détaillée de tout
ce qui s'est passé ici depuis la journée du 5 de ce mois.[3]

Nach der Ausfertigung im British Museum zu London.

9611.   AU SECRÉTAIRE MICHELL A LONDRES.

Près de B r e s l a u, 19 décembre 1757.

Vous pouvez juger de la satisfaction que j'ai eue en voyant, par
la dépêche que vous m'avez faite du 2 de ce mois, et que je viens de
recevoir avec celle du 29 de novembre, le bon train que les choses
ont pris à l'ouverture du Parlement, et que la nation commence tout
de bon à se ranimer pour faire ses efforts à nous procurer la paix par
une vigoureuse guerre contre nos ennemis communs.

Ce que je vous recommande le plus, c'est de continuer vos représentations aux ministres, afin que, supposé que nous ne saurions parvenir cet hiver à une pacification honorable et générale, l'on arrange
les affaires qu'au printemps qui vient, l'on augmente et fortifie l'armée
d'Hanovre en Allemagne, surtout d'un bon renfort de troupes anglaises,[4]
afin de la mettre par là en état de recogner entièrement les troupes
françaises et de les rechasser.

Quant aux subsides que l'Angleterre m'accordera, vous devez déjà
être instruit, par la dernière dépêche que je vous ai faite,[5] des raisons

---

[1] Mitchell richtete an den König das Gesuch, die französischen Generale in
Hannover von der Ausführung der gegen dieses Land ausgesprochenen Drohungen
durch eine Gegenerklärung abzuhalten. Vergl. Nr. 9578. — [2] Vergl. S. 90. Anm. 1.
— [3] Vergl. Nr. 9614. — [4] Vergl. S. 41 mit Anm. 3; S. 72. — [5] Vergl. Nr. 9587.

pourquoi je désire que toute la somme me soit avancée bientôt et dans un seul terme; aussi de bonnes lettres d'Angleterre ont marqué que, touchant le terme de payement du subside, l'on y trouverait toute facilité si tôt que je marquerais mes intentions là-dessus. [1]

Quant à la façon que je juge la plus convenable pour me les faire toucher, j'approuve entièrement le plan que vous m'avez fourni là-dessus le 23 de septembre dernier; [2] ainsi que, connaissant votre zèle pour mes intérêts et votre droiture, vous n'avez qu'à vous arranger conformément audit plan. Sur ce, je prie Dieu etc.

Nach dem Concept. [3]   Federic.

9612. AU PRINCE HENRI DE PRUSSE A LEIPZIG.

[Breslau,] 19 [décembre 1757].

Mon cher Frère. Enfin voilà une grande difficulté de surmontée: la garnison de Breslau est prisonnière de guerre. Elle consiste en 12 généraux, 12 bataillons, 12 compagnies de grenadiers, 450 pandours et passé 3000 malades, en tout près de 15,000 hommes. J'en fais faire la désignation, et je la joindrai à ma lettre, avant que de la fermer. [4] Le Ciel soit loué que je me sois tiré cette terrible épine du pied! Nous allons marcher à présent dans les montagnes; reste Liegnitz et quelques petites chicanes que l'on nous pourra faire dans les montagnes, qu'il faudra vaincre encore pour couronner l'œuvre. Soyez sûr que de ma vie je n'ai trouvé tant d'obstacles que dans cette dernière expédition; à présent, nous avons notre revanche de tous les affronts qui nous sont arrivés, et la réputation des troupes est pleinement rétablie. Je vous demande pardon, si je ne vous en dis pas davantage; mais vous pouvez bien vous imaginer que j'ai beaucoup d'arrangements à prendre. Adieu, cher frère, je vous embrasse.

Federic.

Le commandant prélude sur la capitulation; [5] dans peu ceci va être fini.

Federic.

Nach dem Concept. Eigenhändig. Der eigenhändige Zusatz nur auf der im übrigen chiffrirten Ausfertigung.

---

[1] Schreiben Mitchell's an den König, d. d. Leipzig 14. December, auf Grund von Weisungen seiner Regierung. — [2] Vergl. Bd. XV, 425. — [3] In der Ausfertigung findet sich noch ein unchiffrirter, wörtlich mit dem Zusatz im Schreiben an Mitchell (Nr. 9610) übereinstimmender Zusatz über die Sendung einer eingehenden Relation an König Georg II. — [4] Eine im Cabinet aufgestellte Berechnung liegt bei. Dieselbe lautet: „La garnison de Breslau avec les autres prisonniers de guerre consistent en 13 ou 14 généraux, 10,000 hommes portant les armes et 3 à 4000 hommes blessés. Avec ces prisonniers, le nombre total des Autrichiens qui sont en notre pouvoir, se monte à au delà de 700 officiers et 33,000 hommes. On chantera le Te Deum." — [5] Die vom General Sprecher unterzeichnete und Breslau 20. December 1757 datirte Capitulation ist gedruckt u. a. in den Danziger „Beyträgen" Bd. III, S. 723—727; in den „Berlinischen Nachrichten" Dienstag 3. Januar 1758 (Nr. I), vergl. unten S. 130.

9613. A LA MARGRAVE DE BAIREUTH A BAIREUTH.

Breslau, 19 [décembre 1757].

Ma très chère Sœur. J'ai la satisfaction de vous mander que Breslau vient de se rendre. Nous y avons pris 12 généraux, passé 300 officiers, 11,500 hommes portant les armes et 4000 malades ou blessés. Je vais marcher à présent aux montagnes, pour nettoyer toute cette partie d'ennemis, ce qui ne nous arrêtera guère, et il ne restera, selon toutes les apparences, que la ville de Schweidnitz, dont les fortifications sont trop considérables pour être emportées dans cette saison. J'espère donc d'être à la fin de la plus rude et plus terrible campagne que l'on puisse faire; veuille le Ciel qu'elle nous achemine à une bonne et prompte paix.

A présent, ma chère, ma divine sœur, je vous supplie de vous tranquilliser; que votre tendre amitié s'applique à me conserver mon unique trésor, votre personne précieuse, bien au dessus de toutes les fortunes humaines! J'ai le bonheur de posséder en vous une amie qui n'a point de pareille, je sens et j'en connais tout le prix; mais souvent je suis si accablé d'affaires que je n'ai pas l'esprit de vous témoigner la centième partie de ma reconnaissance; elle n'en est pas moindre pour cela, et, s'il est possible, elle me survivra. Soyez persuadée que ce sont les sentiments avec lesquels je fais gloire d'être, ma très chère sœur, votre très fidèle frère et serviteur

Federic.

Nous avons en tout près de 700 officiers autrichiens prisonniers et passé 33,000 hommes.

Nach der Ausfertigung. Eigenhändig.

9614. AU ROI DE LA GRANDE-BRETAGNE A LONDRES.

Breslau, 19 décembre 1757.

Monsieur mon Frère. Je n'en ai pas voulu faire à deux pour marquer à Votre Majesté tous les détails de notre campagne. Depuis la bataille de Weissenfels, je me suis vu obligé d'accourir au secours de la Silésie et surtout de la forteresse de Schweidnitz que l'ennemi assiégait, je l'ai trouvée prise en arrivant, le prince de Bevern forcé dans ses retranchements et la ville de Breslau prise. Nous avons attaqué l'ennemi le 5, nous avons eu le bonheur de le battre, j'ai détaché un corps qui l'a poursuivi jusqu'en Bohême, et j'ai été dans la triste nécessité d'assiéger la capitale de la Silésie. Elle vient de se rendre; la garnison, consistant en 13,000 hommes, est prisonnière. Je prends la liberté d'ajouter à ma lettre un petit détail de tous ces évènements pour que Votre Majesté en soit mieux instruite.[1]

[1] Diese an den König von England gesandte Relation (la relation détaillée, relation complète im Gegensatz zur relation préalable, vergl. S. 93. 94. 108) ist zusammen-

Du reste, je ne saurais assez La remercier de la lettre qu'Elle a bien voulu m'écrire,[1] j'espère et je me flatte que le prince de Brunswick répondra à l'attente de Votre Majesté; tout [est] en bon train. Le maréchal de Lehwaldt doit être actuellement sur le territoire suédois, et ce n'est qu'une affaire de peu de marches pour qu'il achève son expédition, et alors il pourra toujours envoyer soit cavalerie ou infanterie ou quelque genre de troupes dont le prince Ferdinand peut avoir besoin. J'ai fait avancer des troupes du côté de Lenzen,[2] ce qui a fait faire un détachement au duc de Richelieu, dont le prince Ferdinand pourra profiter. En un mot, je me flatte qu'après toutes les rudes épreuves de cette campagne, je n'aurai plus que des sujets de féliciter Votre Majesté sur les succès de Ses troupes et des miennes, étant avec la plus haute considération, Monsieur mon Frère, de Votre Majesté le bon frère

Federic.

Nach der Ausfertigung im Königl. Staatsarchiv zu Hannover. Eigenhändig.

9615. AUX MINISTRES D'ÉTAT COMTES DE PODEWILS ET DE FINCKENSTEIN A MAGDEBURG.

[Breslau,] 19 [décembre 1757].

La ville de Breslau est rendue, la garnison prisonnière de guerre. Elle consiste à peu près en 13 ou 14 généraux, 10,000 hommes portant les armes et 3000 à 4000 blessés. Avec ces prisonniers, le nombre total des Autrichiens qui se trouvent en mon pouvoir, se monte au delà de 700 officiers et 33,000 hommes. Je vais marcher dans quelques jours aux montagnes pour chasser encore le peu d'ennemis qui y restent, et j'espère de nettoyer toute cette partie des Autrichiens qui l'infestent, à l'exception de Schweidnitz dont le siège est trop difficile pour être entrepris dans cette rude saison.[3]

gesetzt aus der Relation über den Marsch von Weissenfels nach Schlesien und über die Schlacht bei Leuthen (Nr. 9572), aus der Relation über die Verfolgung der Oesterreicher und die Einnahme von Breslau (Nr. 9618) und einer Liste der Gefangenen (vergl. S. 114. Anm. 1).

[1] Schreiben des Königs Georg, d. d. St. James 3. December, enthaltend einen Glückwunsch zu dem Siege bei Rossbach und den Dank für das durch Grant überbrachte Schreiben (Nr 9492), sowie für die Ueberlassung des Prinzen Ferdinand von Braunschweig. — [2] Es soll wohl die in Nr. 9544 u. 9594 erwähnte Bewegung gemeint sein. Vergl. auch S. 168. — [3] Mit den gleichen Worten wie in dem ersten Abschnitt des obigen Schreibens wird die Nachricht von der Einnahme Breslaus am 20. December in nichteigenhändigen Schreiben mitgetheilt an: den englischen Gesandten Mitchell, an den Etatsminister von Borcke, an den Generalmajor von Finck, an den Feldmarschall Keith, an Prinz Ferdinand, an den Landgrafen von Cassel; an Borcke und Finck mit dem Befehl, ein Te Deum singen zu lassen; das Schreiben an Keith enthält auch den letzten Abschnitt des obigen Schreibens an Podewils; an Prinz Ferdinand, und ähnlich an den Landgrafen von Cassel, ist hinzugefügt, der König sei überzeugt, wenn

Si jamais la Prusse a eu lieu de chanter des *Te Deum*, c'est dans cette occasion-ci. J'espère que vous serez ·content de mon expédition; jamais je n'ai trouvé tant d'obstacles que dans cette occasion-ci. Le Ciel soit loué que cela nous a réussi! Adieu.

Nach der Ausfertigung. Eigenhändig.   Federic.

9616. AU LIEUTENANT-GÉNÉRAL PRINCE FERDINAND DE BRUNSWICK.

Près de Breslau, 20 décembre 1757.

. . . Nous[1] avons à présent 700 officiers et 33,000 prisonniers de l'ennemi. Je vous en souhaite autant de Français, et alors nous ferons une bonne paix. J'ai écrit à votre frère, et je lui ai parlé sérieusement.[2] Je me suis déclaré le séducteur et protecteur de son fils, en ajoutant que tout ce que le père lui écrivait, n'était que grimace, et qu'il y était contraint par les Français. Je vous le mande, pour que le fils lui écrive du même ton. Adieu, mon cher, frottez dru ces drôles qui veulent nous donner des lois, et n'épargnez personne!

Federic.

Eigenhändiger Zusatz auf der Ausfertigung im Kriegsarchiv des Königl. Grossen Generalstabs zu Berlin.

9617. AN DEN ETATSMINISTER GRAF PODEWILS IN MAGDEBURG.

Bei Breslau, 20. December 1757.

Mein Pressentiment, so ich gehabt und mir die Freiheit genommen, Ew. Excellenz wegen der Uebergabe von Breslau zu melden, ist nicht nur erfüllet worden, sondern des Königs Majestät haben solches durch Dero Activité noch präveniret, indem die feindliche Garnison noch gestern Abend um 9 Uhr zu capituliren angefangen und sich völlig zu Kriegesgefangenen ergeben, nachdem des Königs Majestät dem gestern gegen Mittag herausgeschickten Obristen Prinz Lobkowitz, so eine Capitulation, jedoch gegen freien Abzug, und dass die Garnison binnen Jahr und Tag der Königin von Ungarn nicht dienen solle, [proponiret,] rondement, jedoch mit vieler Modération und gratieusem Accueil gegen erwähnten Obristen, solches abgeschlagen und declariret haben, wie Sie bis heute früh der Garnison eine Capitulation als Kriegesgefangene accordiren, in Entstehung dessen aber solche nicht anders als Kriegesgefangene nehmen würden. Welches dann ausser allem Zweifel die Uebergabe beschleuniget hat.

auch die Unternehmungen des Prinzen gegen die Franzosen Erfolg hätten, dass man alsdann baldigst einen ehrenhaften und allgemeinen Frieden erhalten werde. Vergl. Westphalen, a. a. O., S. 176.

[1] In einem ersten nicht eigenhändigen Theil des Schreibens benachrichtigt der König mit den gleichen Worten wie in dem Schreiben an Podewils und Finckenstein den Prinzen von der Einnahme Breslaus. Vergl. S. 111. Anm. 1. — [2] Vergl. Nr. 9608.

Wegen aller übrigen Umstände beziehe ich mich auf das königliche Handschreiben an Ew. Excellenz[1] und melde mit wenigem nur noch, dass des Königs Majestät wollen, wie die beigefügte Relation[2] durch den Druck public gemachet werden soll. Da inzwischen der Herr Major von Marwitz der Porteur von derselben Relation an des Königs Majestät von Engelland ist,[3] welche Se. Königl. Majestät Dero eigenhändigem Schreiben mit beigeschlossen haben, so dörfte ganz ohnvorgreiflich wohl nöthig seind, dass der Druck dieser Relation noch ohngefähr acht Tage suspendiret würde, bis der Herr von Marwitz einen guten Vorsprung erhalten, auf dass sonsten nicht die Incongruité erfolge, dass die Relation in denen holländischen Zeitungen gedruckt, mithin in Engelland erscheine, bevor der Herr von Marwitz, vielleicht durch contraire Winde aufgehalten, in Engelland ankäme.[4]

Für heute, schreibt Eichel, vergönne die Zeit nicht, weiteres Detail zu melden.

Ew. Excellenz empfehle ich mich inzwischen zu geneigtestem Wohlwollen und danke dem Allerhöchsten vor diesen abermaligen Success von Sr. Königl. Majestät Waffen, welcher, und wenn des Prinz Ferdinand Durchlaucht Dero Ortes auch die hannövrischen und Sr. Königl. Majestät westphälische Provinzien von den Franzosen balayiren, hoffentlich einen baldigen und honorablen Generalfrieden zuwege bringen soll.

Nach der Ausfertigung.   E i c h e l.

9618. RELATION.

Le 6, nous avons poursuivi l'ennemi, et nous avons passé la [Lohe]; le 7, notre avant-garde s'est mise aux trousses de l'ennemi et leur a pris 1500 prisonniers et près de 4000 chariots de bagage, de vivres et de fourrages. Le général de Zieten les a talonnés au delà de Reichenbach. Le prince de Lorraine s'est retiré sur Landshut, et notre avant-garde est encore aux mains avec quelques corps de troupes légères que l'ennemi a laissées en arrière pour couvrir sa marche.

Notre armée n'était point préparée à un siège, mais la forte garnison de la ville nous a obligés d'en venir à la grande cérémonie. Nous avons pris possession du faubourg d'Ohlau et du couvent des frères de la charité, de même que du cimetière de Saint-Maurice, où nous avons établi nos deux premières batteries. Nous sommes avancés de là avec une parallèle à 400 pas du fossé jusque vers la porte de Schweidnitz, embrassant un polygone et demi; nos bombes ont fait sauter une tour à poudre qui se trouvait dans l'épaule d'un bastion, et l'irruption de la poudre, ayant formé une brèche considérable dans le rempart, nous a beaucoup facilité l'attaque. C'était le soir du 15. Le 16, la plupart

---

[1] Nr. 9615. — [2] Nr. 9618. — [3] Vergl. Nr. 9614. — [4] Die Relation erschien am Dienstag 27. December in den „Berlinischen Nachrichten" Nr. 155; am 24. December wurde sie von Magdeburg aus an die preussischen Gesandten verschickt.

du canon ennemi était démonté et son feu éteint. Le 17, nous avons avancé avec la sape. Le 18, une nouvelle batterie a été établie à la droite de la parallèle. Le 19, nous n'étions qu'à 140 pas du fossé; la brèche était presqu'achevée. L'ennemi, n'ayant point d'ouvrages extérieurs, ni chemin couvert, voyant que nous avions saigné l'Ohlau dont les eaux abreuvaient son fossé, a été obligé de se rendre par capitulation prisonnier de guerre.

Voici l'état des troupes et des prisonniers que nous y avons faits.[1]

Nach der eigenhändigen Aufzeichnung des Königs.

9619. AU FELD-MARÉCHAL DE KEITH.[2]

Breslau, 21 décembre 1757.

Mon cher Maréchal. La lettre que vous m'avez faite du 16 de ce mois, m'a été bien rendue, et j'approuve parfaitement la disposition que vous marquez avoir faite par rapport à la dislocation des troupes sous vos ordres, dont je suis bien aise et très content.

Me voilà à Breslau où je viens d'entrer aujourd'hui matin. Vous savez que je n'aime nullement de grossir les objets, mais vous pouvez sûrement compter que le total du nombre des officiers prisonniers que nous tenons des Autrichiens, va au delà de 700, parmi lesquels il y a 16 généraux, outre 33,000 hommes prisonniers de guerre. Au surplus, je marcherai dans une couple de jours vers les montagnes, afin de nettoyer la Silésie de tout ce qui s'y trouve encore d'ennemis. Et, sur ce, je prie Dieu etc.

Tout ceci va plus loin que je ne l'ai cru; vous pouvez compter que cette expédition coûte à l'ennemi plus de 42,000 hommes, et si cela ne mène à la paix, jamais les succès de la guerre n'y achemineront.

Nach der Ausfertigung. Der Zusatz eigenhändig.   Federic.

9620. AU MINISTRE DE LA GRANDE-BRETAGNE MITCHELL A LEIPZIG.

Breslau, 22 décembre 1757.

Monsieur. Un parti de mes hussards ayant enlevé une lettre allemande du comte Esterhazy à Pétersbourg au lieutenant-général autri

---

1 An die von Eichel den Ministern zugesandte Abschrift ist eine von Cöper geschriebene kurze vorläufige Liste der in Breslau Gefangenen — d. h. der Zahl und Namen der Bataillone, der Namen der Generale, und auch der Zahl der erbeuteten Kanonen — angeschlossen. Die endgültige Liste vergl. S. 130. 136. In den Drucken der Relation ist die vorläufige Liste fortgelassen und auf die demnächst kommende genaue Liste hingewiesen. — 2 Die Berichte Keith's vom 6. bis zum 24. December sind aus Chemnitz datirt; auch die letzten Tage des December verblieb Keith in Chemnitz, wie das Tagebuch seines Secretärs Weidemann (Generalstabsarchiv C. I. 24) ergibt.

chien Buccow,[1] j'ai cru à propos de vous en communiquer la tra-
duction française ci-jointe qui en a été faite littéralement, afin de vous
mettre à même d'en faire tel usage que vous jugerez convenable aux
intérêts de la cause commune. Sur ce, je prie Dieu etc.

Nach der Ausfertigung im British Museum zu London.   F e d e r i c.

9621. AU LIEUTENANT-GÉNÉRAL PRINCE FERDINAND
DE BRUNSWICK.[2]

B r e s l a u, 22 décembre 1757.

Monsieur mon Cousin. J'ai reçu à la fois les lettres que vous
m'avez faites du 14 et du 15 de ce mois. Si j'ose vous dire sincèrement ma pensée sur la besogne que vous avez faite en marchant droit
vers Celle, je ne saurais m'empêcher de vous dire que ç'a été une faute
d'y aller, au lieu que, si vous aviez dirigé votre marche tout droit à
Nienburg,[3] vous auriez coupé là à l'ennemi tout secours qu'il peut attirer
de ce côté-là, et en [le] prenant [par] derrière, vous l'auriez forcé à se
retirer d'abord.

Votre Altesse sera persuadée que, loin de vous imputer la faute,
je l'attribue plutôt aux impulsions des Hanovriens et en particulier à
celles du sieur de Schulenburg; mais permettez-moi de vous dire que,
par cette manœuvre-là, vous vous rendrez votre entreprise bien plus
difficile que si vous eussiez tourné d'abord vers Nienburg et Minden,
comme le seul côté qui aurait été le plus sensible à l'ennemi, par les
susdites raisons. Aussi mon avis est que, quand vous aurez passé l'Aller
à quelque endroit plus convenable et moins hasardeux que vis-à-vis de
Celle, que l'ennemi occupe, et derrière laquelle se trouvent ses forces,
il faudrait que vous vous tourniez encore du côté de Nienburg et de
Minden, pour couper la communication à l'ennemi et l'obliger à se
retirer.

Quant au passage de l'Aller, je ne crois pas que l'ennemi vous le
puisse plus disputer dans la saison présente d'hiver, où la gelée couvre
toutes les rivières. Au surplus, je proteste à Votre Altesse que ce n'est
par aucune envie de m'ingérer à Lui donner des avis sur les opérations
à faire, ni critiquer ceux que les Hanovriens Lui prêtent. Jamais je
ne m'en mêlerai, et vous serez toujours le maître absolu de prendre
vos mesures telles que vous les trouverez les plus convenables. Il n'y
a [rien] dans mon fait sinon que je ne voudrais pas que vous dussiez jamais m'accuser de ne pas vous avoir expliqué mes sentiments. Au reste,

---

[1] D. d. Petersburg 18. November. Esterhazy klagt auf das heftigste über die Kriegführung des Feldmarschalls Apraxin; er meldet, dass derselbe in Narwa verhaftet sei,
und dass General Fermor an seiner Stelle den Oberbefehl erhalten habe. — [2] Die Berichte
des Prinzen vom 14., 15. und 23. sind aus Altenhagen, vom 26. aus Uelzen datirt.
— [3] Ueber den Marsch gegen die Weser vergl. S. 32.

je ne saurais prévoir comment les choses seront allées, [en attendant][1] que ma lettre vous sera arrivée; mais pensez, je vous en prie, à ce que, quand vous passerez de ce côté-ci, près de Celle, l'Aller, vous entrerez dans un trait de pays peu fertile, où vous serez obligé de faire charrier vos subsistances, au lieu que l'ennemi les aura de ses magasins à droite et à gauche.

Pour ce qui regarde les représailles que vous me demandez, de ce que l'ennemi vient de mettre le feu au faubourg de Celle, je vous prie de considérer qu'il n'y a là qu'une marque de ce que l'ennemi a envie de vouloir défendre la ville, et que c'est l'usage de brûler alors les faubourgs. Mais, si l'ennemi voulait brûler les villes sans défense, de même que les villages, uniquement dans le dessein de ruiner le pays, alors soyez persuadé qu'en conséquence de la lettre que je vous ai faite à ce sujet,[2] j'userai de représailles en Saxe.

Il ne me reste, pour vous répondre, que l'article des troupes légères que vous me demandez; sur lequel je suis obligé de vous dire qu'il n'est pas possible de vous en détacher d'ici, où j'en ai moi-même grand besoin, et qui ne vous arriveraient qu'au mois de février. Quant à celles que le maréchal Keith a auprès de son corps, il en a absolument besoin contre Laudon.

Lehwaldt ne fait que commencer ses opérations, et il faut qu'il porte des coups sensibles aux Suédois. Cependant, comme ses opérations auront apparemment fini en quinze jours, il vous enverra alors cinq escadrons de hussards avec un régiment de dragons, selon ma promesse.[3] Je suis avec des sentiments d'estime et de l'amitié la plus parfaite, Monsieur mon Cousin, de Votre Altesse le bon cousin

Federic.

Nach der Ausfertigung im Kriegsarchiv des Königl. Grossen Generalstabs zu Berlin.

9622. AU PRINCE HENRI DE PRUSSE A LEIPZIG.

Breslau, 22 [décembre 1757].

Mon cher Frère. Comme je crois devoir satisfaire votre curiosité et le tendre intérêt que vous prenez à l'État et à la gloire de l'armée, je puis, à présent que je suis positivement instruit de tout, vous accuser au juste le détail de nos avantages. La perte de l'ennemi à la bataille consiste en 6000 et quelques cents morts, enterrés par les paysans de Leuthen, de Lissa et de Gohlau, 18,350 prisonniers, dont 1200 sont morts, depuis, de leurs blessures; 5450 de coupés qui ont jeté leurs armes et se sont sauvés en Pologne; 123 canons, 327 officiers et à peu près 1600 hommes qui leur sont désertés sur la route de Trautenau. Total de leur perte: 31,400. Nous avons pris dans la ville, selon le billet ci-joint,[4] 715 officiers, 11,000 hommes portant les armes, consi-

[1] Die Ergänzungen nach dem Concept (Geh. Staatsarchiv). — [2] Vergl. Nr. 9578. — [3] Vergl. S. 15. 16. 111; Bd. XV, 424. 447. 466. — [4] Liegt nicht bei.

stant en 420 cuirassiers et dragons, 300 hussards, 4300 Croates, Ogulins de la Save et Licaniens, et 12 bataillons, 5000 hommes, 5000 blessés et malades: ce qui fait monter le total de leur perte à 47,707 hommes. Nous avons pris ici 12 drapeaux qui font, avec ceux de la bataille, 63; 170 artilleurs et 17 pièces de 24, 10 obusiers, 6 mortiers et 8 pièces de 3 livres qu'ils ont menés ici, leur caisse de guerre, consistant en 63,000 florins, et 22 de nos canons qu'ils avaient pris sur le prince de Bevern. Fouqué, qui nettoie les montagnes, leur a fait, à ce qu'il m'écrit, un grand nombre de prisonniers, entre autres, le général Schreger des hussards.

Demain, nous marchons sur Liegnitz qu'ils ont accommodé, et qu'ils évacueront, ou que nous prendrons encore. Je les tiens bloqués par ma cavalerie. Il me sera impossible de prendre Schweidnitz, vu la rigueur de la saison; nous avons déjà tenté l'impossible pour réussir ici, ayant poussé nos sapes à 100 pas du fossé, en travaillant dans la terre gelée d'un pied et couverte de quatre pouces de neige.

Werner a chassé Simbschen de Neustadt[1] et leur a enlevé un petit magasin. En un mot, la fortune m'est revenue; mais envoyez-moi les meilleurs ciseaux que vous pourrez trouver, pour que je lui coupe les ailes.

Ayez la bonté de communiquer toutes ces nouvelles au cher Seydlitz,[2] qui, j'en suis sûr, y prend une part sincère. Ajoutez de ma part que je lui défends de sortir, avant que ses plaies soient guéries, et qu'il ne doit point monter à cheval, sans en avoir la permission de la faculté.

Je suis malade de la colique depuis huit jours, je n'ai ni sommeil ni appétit; mais je supporte et maladies et fatigues gaîment, puisque, grâces au Ciel, les affaires vont bien.

J'ajoute à ma longue lettre des extraits de lettres d'officiers interceptées,[3] par lesquelles vous jugerez que je ne fais point le fanfaron, et que tout ce que je vous écris, est simple et conforme à la plus exacte vérité.

J'ai oublié de vous parler de nos pertes; nous avons eu positivement 930 morts et 3900 blessés à la bataille; le siège nous coûte le capitaine Schweinichen et Weyher de Charles et 30 hommes, les compagnies franches y comprises. Adieu, mon cher frère; j'espère que vous serez content de moi, et que je vous enrôlerai dans la bande des généraux audacieux et entreprenants, ce que je souhaite de tout mon cœur pour le bien de l'État, étant avec une parfaite tendresse et estime, mon cher frère, votre très fidèle frère et serviteur   F e d e r i c.

Vous pouvez communiquer ces particularités au maréchal Keith, à ma sœur de Baireuth et à qui vous le jugerez à propos. Il ne sera pas mauvais de les faire parvenir à vos officiers français, pour que cela passe en France par leur canal, et qu'on y apprenne la vérité.

Nach der Ausfertigung. Eigenhändig.

---

[1] Neustadt in Oberschlesien. — [2] Vergl. S. 68. — [3] Liegen nicht vor.

9623. AN DEN ETATSMINISTER GRAF FINCKENSTEIN IN MAGDEBURG.

Breslau, 22. December 1757.

Bei Gelegenheit einer abgehenden Estafette habe Ew. Excellenz nur mit wenigem melden wollen, wie dass morgen wohl die von Sr. Königl. Majestät an Ew. und des Herrn Grafen von Podewils Excellenz unterschriebene Ordre abgehen dörfte, dass die königliche Familie sowie auch das Departement derer auswärtigen Affairen von Magdeburg nach Berlin abgehen könne.[1] Von dem Tresor und übrigen haben des Königs Majestät noch nichts erwähnet, wo es aber die Gelegenheit ichtes wird leiden wollen, werde ich desfalls besonders anfragen, auch mir die Ehre vorbehalten, noch ein und anderes zugleich zu melden.

Es wird zugleich an Ew. Excellenz die Ordre erfolgen, anher nach Breslau zu Sr. Königl. Majestät zu kommen,[2] sowie auch der Herr von Knyphausen hieher zu kommen beordert werden wird. Der Marquis d'Argens ist schon befehliget worden, hieher zu gehen.[3]

Morgen brechen die zur noch übrigen Expedition wegen Liegnitz, und um Schlesien völlig von den Oesterreichern zu säubern, beorderte Regimenter von hier auf, des Königs Majestät aber werden solchen allererst übermorgen folgen. Sowie Dieselbe mir die Gnade gethan zu sagen, werden Sie ohngefähr den 4. kommenden Monates Januarii wieder hier eintreffen, ich aber soll inzwischen hier bleiben und Dero Retour allhier abwarten; daher Ew. Excellenz Befehle sowie auch die von des Herrn Grafen von Podewils Excellenz allhier erwarten werde.

Unter ein und andern Commissionen, wovon des Königs Majestät mich hier chargiren mochten, haben Dieselbe mir bereits insonderheit aufgetragen, vor Deroselben indess alle diejenigen Relationes zu sammlen und Deroselben alsdenn vorzulegen, welche von Anfang des jetzigen Krieges und von Dero Einmarsch in Sachsen her bis jetzo zu von Deroselben wegen aller vorgefallenen Kriegsoperationen aufgesetzet und publiciret worden, weilen Höchstdieselben Dero Gebrauch davon machen[4] und solchen vor Sich noch ein und anderes zusetzen wollten. Da ich, wie Ew. Excellenz bekannt, meine unter Händen gehabte Papiere insgesammt von Zeit zu Zeit nach Berlin und sonst an Ew. Excellenz remittiret habe, hier aber es fast schwer, wo nicht ohnmöglich fallen dörfte, alle diese Relationes, obschon mir alle Mühe deshalb geben werde, in der Suite, zumal in französischer Sprache, aufzutreiben, so nehme mir die Freiheit, Ew. Excellenz zu ersuchen, ohnvorgreiflich dem Herrn Geheimen Rath von Hertzberg oder sonsten jemanden nach Gefallen aufzutragen, alle diese Relationes, und zwar in französischer Sprache, auf Schreibpapier abgedruckt oder wie sonsten

[1] Vergl. Nr. 9624. — [2] Vergl. Nr. 9625. — [3] Vergl. die Schreiben des Königs an Argens vom 13., 19. und 26. December: Œuvres XIX, 46—48. — [4] Der König gedachte die Relationen zur Ausarbeitung seiner Memoiren zu benutzen.

solche bei dem Archive vorhanden sein, mit aller Attention, damit keine manquire, aufzusuchen und mir solche alsdenn vermittelst expresser Estafette anhero zu adressiren, dergestalt, dass ich selbige noch gegen den 4. des instehenden Januarii hier haben und des Königs Majestät präsentiren könne.

Sonsten continuiren hier die Sachen, gottlob, noch beständig einen sehr guten Train wegen des Feindes zu nehmen. Ich bin so viel gerühret als frappiret gewesen, da ich die währender Belagerung von Breslau darin gestandene österreichische Garnison ausziehen und defiliren gesehen, die weit stärker gewesen, als man solche jemalen glauben wollen. Ich muss auch bekennen, dass ich die österreichischen Regimenter sowohl an Officiers als Gemeinen weit besser als wohl ehemals und im vorigen Kriege gefunden, obschon denenselben noch vieles fehlet. Wobei erwähnen muss, dass [von] solche[n] noch viele Leute, so nicht mit *en parade* ausgezogen, in der Stadt unter allerhand Prätexten zurückgeblieben, die man nachher aufgefunden hat, so dass die vorläufig übersandte Liste davon noch um ein beträchtliches stärker werden wird. Es zog diese Garnison hier ehegestern früh mit Ober- und Untergewehr und klingendem Spiel zum Schweidnitzer Thor aus, musste aber sodann auf dem sogenannten Schweidnitzer Anger ihr völliges Gewehr ordentlich und bataillonsweise ablegen, die Cavallerie und Husaren von ihren Pferden absitzen, und sodann wiederum zu einem anderen Thore als Kriegsgefangene ein- und nach denen ihnen angewiesenen Orten marschiren. Des Königs Majestät lassen nunmehro eine accurate Liste (welche die Herrn österreichsche Commandanten nicht selbst fourniren können) von allen Kriegesgefangenen, Generals, Officiers und Gemeinen, auch von denen gefundenen neu eingebrachten österreichischen Canons, deren Anzahl auf 50 gehet, anfertigen, die ich dann dorthin zu übersenden nicht ermangeln werde,[1] damit solche zum Druck gebracht werden könne.

Da der Generallieutenant von Zieten mit seinem unterhabenden Corps die übergebliebene österreichische Armee (die bei der Gelegenheit der letzteren Bataille nach einmüthiger Aussage aller daher kommenden Deserteurs und mit Beistimmung anderer Nachrichten einen Abgang von fast 40,000 Mann gehabt, und wegen mehrentheils verlorener Bagage und Zelter sich in der äussersten Misère befindet) beständig talonniret und harceliret hat, so ist selbige auch von Schweidnitz wieder aufgebrochen und über Freiburg,[2] Landshut und Liebau wiederum in Böhmen nach Trautenau und der Gegend Königgrätz eingerücket, ausser einigen Detachements, so dieselbe noch unter dem Generallieutenant Buccow zu Freiburg und einem Obristen Palasty zu Hirschberg[3] zu Deckung ihrer Retraite stehen lassen. Ersterer hat sich bei Annäherung des General Zieten nebst noch einem im Gebirge stehen gebliebenen

---

[1] Vergl. S. 130. 136. — [2] In der Vorlage: Freistadt. — [3] Vergl. S. 102.

General Kalnoky zurückgezogen, bei welcher Gelegenheit dann abermal der österreichische Generalmajor Schreger[1] nebst seinem Adjutanten und 100 Mann von denen Székely'schen Husaren zu Kriegesgefangenen gemachet worden; und letzterer dörfte schwerlich das Weihnachtsfest in Hirschberg ruhig feiern.

So hat sich auch der zeither fameuse gewesene Obriste Simbschen in Oberschlesien bei Annäherung des Obristen von Werner mit seinen von allerhand gehabten 2500 Mann über Hals und Kopf nach dem mährischen Gebirge retiriret und sogar die zusammengeraubte noch vorräthig gehabte Kassengelder à 1500 Thaler im Stiche gelassen.

Meine Nouvelles machen mein Schreiben länger, wie ich gedacht, desfalls Ew. Excellenz gehorsamst um Vergebung bitte.

Nach der Ausfertigung.   Eichel.

9624. AUX MINISTRES D'ÉTAT ET DE CABINET COMTES DE PODEWILS ET DE FINCKENSTEIN A MAGDEBURG.

Breslau, 23 décembre 1757.

Le temps et les circonstances me paraissant assez convenables pour que toute la famille royale puisse aller de retour de Magdebourg à Berlin,[2] afin d'y être plus à son aise, mon intention est que vous le lui notifiiez et arrangiez ce qu'il faut pour ce retour. Je veux, d'ailleurs, qu'aussi vous, avec tout ce qui a du rapport au département des affaires étrangères, retourniez au premier jour à Berlin, pour y vaquer à vos affaires ordinaires.

Nach dem Concept.   Federic.

9625. AU MINISTRE D'ÉTAT ET DE CABINET COMTE DE FINCKENSTEIN A MAGDEBURG.[3]

Breslau, 23 décembre 1757.

Comme les opérations de la campagne vont finir, et que, nonobstant cela, je me vois obligé de rester ici, pendant l'hiver qui vient, afin d'y veiller contre toute entreprise que l'ennemi voudra tenter, ma volonté est que vous devez vous rendre ici, afin de vous expliquer mes intentions sur une pacification générale à faire, s'il y a moyen d'y parvenir pendant le temps de cet hiver.[4] Vous vous conformerez donc à

---

[1] Vergl. S. 117. — [2] Am 5. Januar 1758 melden die „Berlinischen Nachrichten", dass „vorgestern" der Minister Finckenstein, „gestern" die Prinzessin Amalie nach Berlin zurückgekehrt seien; am 7. melden sie, dass die Königin am 3. von Magdeburg abgereist und „vorgestern" in Berlin eingetroffen sei. — [3] Ebenfalls am 23. December ergeht an den ehemaligen preussischen Gesandten in Paris, Baron von Knyphausen (vergl. Bd. XIII, 581. 582), der Befehl, für die Zeit des Winters nach Breslau zu kommen; am 4. oder 5. Januar soll Knyphausen eintreffen. — [4] Schon am 20. December schrieb Eichel, ohne Vorwissen des Königs,

cet ordre, et vous préparerez de tout ce qu'il faut pour pouvoir y travailler, en conséquence des ordres que je vous donnerai. Et, sur ce, je prie Dieu etc.

Nach der Ausfertigung.   F e d e r i c.

9626. AN DEN GENERALLIEUTENANT VON ZIETEN. [1]

B r e s l a u , 23. December 1757.

Mein lieber Generallieutenant von Zieten. Es hat Mich sehr erfreuet, aus Eurem Bericht vom 21. dieses zu ersehen, dass die Sachen dorten so sehr gut und nach Verlangen gehen, Ihr auch den Feind immer mehr und mehr poussiret, um solchen der Orten aus Schlesien gänzlich zu delogiren. Wir werden den 25. dieses bei Striegau, Jauer und der Orten sein und dann sehen, was wegen Liegnitz weiter zu thun sein wird ; da Ich dann gerne sehen werde, wann Ihr Mir gegen Striegau um erwähnte Zeit weiter Nachricht geben werdet, wie es mit Euch und Eurer Orten stehet. Ich bin Euer wohlaffectionirter König

F r i d e r i c h.

Nach der Ausfertigung im Gräflich Zieten-Schwerin'schen Familienarchiv zu Wustrau.

9627. AU LIEUTENANT-GÉNÉRAL BARON DE LA MOTTE-FOUQUÉ. [2]

[23 décembre 1757.] [3]

Je vous salue Imperator, [4] mon cher Fouqué, et je me réjouis de vos succès qui sont dus à votre bonne conduite, à votre activité et à

---

an Finckenstein: „Wie [Se. Königl. Majestät] sowohl die Nothwendigkeit als den Nutzen, dass, wo möglich den Winter hindurch, an einer Friedensnegociation gearbeitet werde, einsehen, so wird Ew. Excellenz wohl das Sort treffen, dass Dieselbe nach Breslau kommen werden müssen, um darunter zu assistiren. Ich habe also Dieselbe auch hiervon zu avertiren mir die Freiheit nehmen, zugleich aber sehr bitten wollen, diesen wohl und treu gemeinten Avis zu menagiren, inzwischen aber auch zu diesem Sich zu präpariren, da wohl nichts von einer weiteren Etendue als dergleichen Negociation sein kann, bei welcher so viele Puissancen nebst dem Reiche, theils immediate, theils mediate, concurriren, auch viele auf dem Reichstag bisher begangene und geschehene Sottises redressiret und annulliret werden müssen, wenn es zu einem Generalfrieden kommen soll. Die Idee, so Se. Königl. Majestät Sich davon formiret haben, und der Plan, wornach gearbeitet werden soll, ist mir bis dato noch unbekannt, ich zweifele auch fast, dass Dieselbe Sich darüber bereits determiniret [haben] werden."

   [1] Die Berichte Zieten's sind datirt am 21. aus Neu-Reichenau (nö. von Landshut), am 23. 24., 25., 26., 31. December aus Landshut. — [2] Fouqué sendet, auf der Verfolgung der Oesterreicher begriffen, seine Berichte an den König am 14. aus Glatz, am 16. aus Frankenstein, am 17. aus Gross-Merzdorf (nö. von Schweidnitz), am 20. aus Reichenau (westl. von Schweidnitz), am 22., 23., 25., 26. aus Landshut. — [3] Das Datum ergibt der Inhalt. — [4] Vergl. hierzu Nr. 9636. Am 22. hatte Fouqué die Eroberung von Landshut gemeldet. Zu dem Berichte, Landshut 25. December, der Antwort auf ein nicht vorliegendes Schreiben des Königs vom 24. December, fügt

votre hardiesse. Voilà un homme comme il m'en faut! Si j'en avais
eu, mon cher, en temps et lieu, bien des malheurs ne me seraient pas
arrivés qu'il faut réparer à présent. Je serai infailliblement après-demain
à Striegau, mes régiments ont marché aujourd'hui, et tout sera le 25 à
son lieu de destination, et Liegnitz assiégée. J'espère que vous serez
content de ma campagne, ou je renonce pour jamais à ce maudit métier! Adieu.

Nach Abschrift der Cabinetskanzlei. [1]   F e d e r i c.

9628. AU GÉNÉRAL-MAJOR BARON BROUNE A BRESLAU.

Der bei der Capitulation von Breslau in preussische Gefangenschaft gefallene
österreichische Generalmajor Baron Broune [2] erbittet in einem Immediatgesuch, d. d.
Breslau 23. December, die Erlaubniss, sich auf Ehrenwort nach Prag begeben zu
dürfen, um seine sehr angegriffene Gesundheit wiederherzustellen.

[B r e s l a u, décembre 1757.]

Je serais porté à avoir toute la politesse pour des gens d'honneur
qui ont le malheur d'être prisonniers. L'année passée, nous avons relâché tous les officiers sur leur parole, tant que le maréchal Browne,
qui avait de bons procédés, en usait de même. Mais, depuis sa mort, [3]
on n'a relâché aucun de mes officiers sur leur parole, même on en a
traité comme des voleurs de grand chemin, les fourrant au Spielberg; [4]
le comte Gellhorn a été conduit à Olmütz comme un scélérat, le lieutenant-colonel Witzleben et bien d'autres ne sont pas mieux traités. Dès
que votre cour changera de procédés, j'en changerai de même, et ce
ne sera pas moi qui introduirai les mauvaises façons à la guerre; mais,
si mes ennemis les commencent, je serai, malgré moi, obligé d'user de
représailles. *Curialien!*

F e d e r i c.

Il ne tiendra pas à moi, Monsieur, d'avoir de bons procédés envers des gens que j'estime; mais la protection que je dois à nombre
d'officiers qui m'ont bien servi, m'oblige à forcer la roideur et la dureté
de votre cour, par des représailles, à mettre de la politesse et de bons
procédés de sa part dans la guerre. Je connais la haine que l'on a
pour moi à Vienne, et je peux vous assurer que je leur rends bien la
pareille; mais il faut se haïr en grands princes, et il est injuste que
de pauvres particuliers en souffrent. Au reste, il ne tiendra pas à moi
que je ne vous donne, Monsieur, comme à tous les autres officiers de

---

Fouqué eigenhändig hinzu: »Respect et obéissance à Federic le Grand, le plus for-
tuné de l'Univers!«

[1] Die Ausfertigung war jedenfalls eigenhändig. — [2] So, nicht „Browne", die
eigenhändige Unterschrift. — [3] Vergl. Bd. XV, 201. — [4] Vorlage: Sigelberg.

la Reine qui sont actuellement prisonniers, toutes les marques de mon estime.

Das Hauptschreiben nach dem eigenhändigen Concept; der Zusatz nach Abschrift der Cabinetskanzlei (in der Ausfertigung war derselbe eigenhändig). Concept und Abschrift beides auf der Rückseite des Gesuchs von Broune.

9629. AU CONSEILLER PRIVÉ VON DER HELLEN A LA HAYE.

Breslau, 24 décembre 1757.

Comme je suis en quelque manière en défaut de bons officiers ingénieurs, et que j'en voudrais bien engager en mon service, je vous fais cet ordre pour vous dire que je serai bien aise, quand vous saurez engager quatre ou cinq, des capitaines ou majors, ce qui m'est indifférent, du service hollandais, que j'agréerais dans le mien, pour les y placer sous le même caractère qu'ils ont servi en Hollande. Il faut cependant que ce soient des gens bien entendus dans leur métier et, s'il est possible, de la religion protestante, gens honnêtes et d'une bonne réputation établie. Avec cela, il est bon que vous sachiez que les appointements d'un capitaine ingénieur chez nous sont ordinairement de 360 écus allemands par an, et ceux d'un major ingénieur de 512 écus. J'attends le rapport que vous me ferez sur la réussite de cette commission dont je vous charge.

Au surplus, me souvenant que vous m'avez envoyé de temps en temps quelques lettres d'un nommé Catt,[1] vous lui direz que, s'il voulait venir ici, que ce serait à présent le temps le plus propre de le faire.

Nach dem Concept.   Federic.

9630. AN DEN GENERALFELDMARSCHALL[2] PRINZ MORITZ VON ANHALT-DESSAU.[3]

Laasen, 24. December 1757.

Nach denen heutigen Rapports von General Fouqué hat derselbe den Feind von Landshut weggejagt, und ist die ganze Gegend rein, ausser dass noch 300 Husaren etwa in Goldberg stehn. Ich habe dieserhalb dem General von Zieten schon Ordre gestellet, dass gleich Husaren nach Goldberg geschickt werden. Da Ich nun aus diesen Umständen gewiss glaube, dass der Feind suchen wird, die Garnison von Liegnitz über Lauban nach Böhmen zu herauszuziehn, als werden Dieselben, wo er sich herausziehet, suchen müssen, die Canons, so er mit wegnehmen sollte, ihm abzunehmen. Ich werde aus denen von Ihnen an Mir [kommenden] morgenden Rapports ein mehres ersehn.

Friderich.

Nach der Ausfertigung im Herzogl. Haus- und Staatsarchiv zu Zerbst.

[1] Diese Briefe liegen nicht vor. — [2] Prinz Moritz war nach der Schlacht bei Leuthen zum Generalfeldmarschall ernannt worden. — [3] Die Berichte des Prinzen vom 25., 26. und 27. December sind aus Prinkendorf (sw. von Liegnitz) datirt.

9631. AN DEN GENERALLIEUTENANT VON ZIETEN.

[December 1757.] [1]

Mein lieber General Zieten. Was bei Angreifung der feindlichen Arrièregarde und bei Verfolgung des Feindes geschehen ist, ist sehr gut, und ist Mich lieb, dass der Feind aus Schlesien ist. Wenn Er denselben etwas viver verfolgt hätte [2] und Sich nicht so lange bei Reichenbach aufgehalten hätte, würde es noch besser gewesen sein.

Ich werde Ihm das Commando auf der Postirung gegen der böhmischen Grenze geben. Mit die Bataillons, die Er anjetzo da hat, und mit die Freibataillons kann Er den Anfang von der Postirung machen. Ich werde Ihm das Bataillon Le Noble noch darzu vorschicken. Den Major Kleist mit dem Bataillon Székely muss Er nach Goldberg schicken, um den Feind von da wegzujagen. Dem General Fouqué werde Ich das Commando über die Bloquade von Schweidnitz geben, und die Husarenregimenter von Puttkammer und Seydlitz sollen auf Postirung stehen bleiben. Seinem Regimente und die von Warnery will Ich Winterquartiere geben. Den General Meier mit dem Baireuthischen Dragonerregiment will Ich auf Postirung setzen. Das Regiment Czettritz, Normann und Württemberg muss Er nur allmählich zurückziehen.

Er muss auch Anstalt machen, dass das Regiment complet wird; die Pferde habe Ich schon. Denen übrigen Regimentern befehle Er dasselbige in Meinem Namen an. Die drei Dragonerregimenter, die Er zurückziehen soll, müssen in der Gegend Hohen-Giersdorf, Ober-Bögendorf [3] und Kunzendorf [4] postirt werden.

Friderich.

Nach der Ausfertigung im Gräflich Zieten-Schwerin'schen Familienarchiv zu Wustrau.

9632. AN DEN GENERALLIEUTENANT VON ZIETEN.

Striegau, 25. December [1757].

Ich habe hier erfahren, dass der Feind ein starkes Magazin bei Trautenau hat. Wann es möglich wäre, ihm solches zu nehmen, so würde dieses das ganze Werk krönen. Gehet es nicht mit der Gewalt an, und sollte es auch 1000 Ducaten kosten, so muss man Leute anstellen, die es anzünden. Eins von den beiden muss probiret werden. Es ist important und verhindert den Feind, gegen des Frühjahrs sich allda in Force zu setzen. Adieu!

Friderich.

Nach der Ausfertigung im Gräflich Zieten-Schwerin'schen Familienarchiv zu Wustrau. Eigenhändig.

---

[1] Das Schreiben des Königs ist die Antwort auf den Bericht Zieten's, Landshut 23. December. Zieten antwortet dem Könige Landshut 25. December. — [2] Vergl. Nr. 9573. 9589. 9590. 9601 mit Anm. 3. — [3] In der Vorlage „Ober-Mögendorf", einen solchen Ort gibt es nur in Baiern; Zieten spricht in der Antwort von Ober-Bögendorf. — [4] Kunzendorf im Westen, die beiden anderen Orte im Südwesten von Schweidnitz.

9633. AN DEN GENERALLIEUTENANT VON ZIETEN.

[Striegau, December 1757.]

Wegen der Postirung ist noch Zeit. Erstlich muss man sehen, ob was auf Schatzlar zu thun ist; dann das Magazin in Trautenau[1] kann nicht geduldet werden: entweder genommen, verbrennen lassen, oder den Feind gezwungen, solches anzustecken.

Wegen die übrige Regimenter und dem Cordon werde alles reguliren, sowie Liegnitz über ist. Was in Reichenbach ist, muss allda stehen bleiben. Werner ist in Jägerndorf; er ist da gut, seine Güter haben auch was Theil an dem Marsch. Sobald wie Liegnitz über ist, werde die Postirung reguliren. Es wird nöthig seind, dass der General Wedell allhier kömmt, dem ich alles mitgeben will.

Friderich.

Nach der Ausfertigung im Gräflich Zieten-Schwerin'schen Familienarchiv zu Wustrau. Eigenhändig auf der Rückseite eines Berichts von Zieten, d. d. Landshut 25. December.

9634. AN DEN GENERALLIEUTENANT VON ZIETEN.

[Striegau,] 26. December [1757].

Mein lieber General von Zieten. Mit Euren mir vom 26. dieses gegebenen Nachrichten vom Feind bin Ich sehr wohl zufrieden; indessen würde es Mir sehr lieb sein, wann es möglich wäre, etwas auf Schatzlar zu unternehmen. Die Défilés sind alle jenseits Schatzlar, Ihr habt deswegen von der feindlichen Cavallerie so .viel weniger zu befürchten. Um Nachrichten zu haben oder Leute zu Euren vorgesetzten Entreprisen zu erkaufen, brauchet Ihr kein [Geld] zu ersparen. Ihr dürft nur schreiben, wie viel Ihr dazu nöthig habt. Ich bin Euer wohlaffectionirter König

Friderich.

Nach der Ausfertigung im Gräflich Zieten-Schwerin'schen Familienarchiv zu Wustrau.

9635. AU LIEUTENANT-GÉNÉRAL COMTE DE MAILLY.

[Striegau,] 26 décembre [1757].

Monsieur le Comte de Mailly. Je vous accorde volontiers la prolongation de votre congé,[2] d'autant plus que je suis charmé d'avoir

---

[1] Vergl. Nr. 9632. — [2] Mailly hatte, Versailles 8. December, um Verlängerung des erhaltenen Urlaubs (vergl. S. 30) gebeten. Die Antwort des Königs liegt handschriftlich nicht mehr vor. Ausser in den „Memoiren des Herzogs von Luynes" befindet sich ein, aber offenbar weniger zuverlässiger, Abdruck in den „Œuvres diverses du philosophe de Sans-Souci", Bd. III (vom Jahre 1761) S. 130. Ein Exemplar dieses sehr seltenen Werkes besitzt die Bibliothek des Königl. Hausarchivs zu Berlin. [Preussen. C. VI, i, 65.] Verschiedene der dort abgedruckten Briefe sind gefälscht. So u. a. S. 128 an Lord Marschall nach der Schlacht bei Kolin (vergl. Bd. XV, 173. Anm. 3); S. 140 an König Georg II. nach der Convention von Zeven (vergl. Bd. XV, 433 mit Anm. 1); S. 131 an die Kaiserin Maria Theresia nach der Schlacht bei Lissa.

l'occasion d'obliger un homme de mérite, et que j'ai été toujours du sentiment que les malheureuses querelles des rois doivent être le moins funestes qu'il est possible aux particuliers. Prenez tout le temps qu'il vous faut pour arranger vos affaires, et au cas que la cour de Vienne devienne plus flexible, comme j'ai lieu de supposer, et plus fidèle à observer le cartel, vous pourrez peut-être vous dispenser d'un voyage désagréable dans ce temps-ci, et on pourra régler l'affaire des échanges, sans que vous ayez besoin de vous déplacer. Sur quoi, je prie Dieu etc.

Federic.

Nach dem Abdruck in den: Mémoires du duc de Luynes, Bd. 16, S. 365 (Paris 1864). Dieser Abdruck jedenfalls nach der Ausfertigung.

9636. AU PRINCE HENRI DE PRUSSE A LEIPZIG.

Striegau, 26 décembre 1757.

Mon cher Frère. Je suis charmé du petit exploit de Henckel.[1] Ces sortes de coups rendent l'ennemi circonspect et l'empêchent de s'aventurer trop étourdiment dans le fond du pays.

Je vous envoie la minute de la lettre que j'ai répondue à M. de Mailly,[2] avec ma réponse que vous aurez la bonté de lui faire tenir.

Quant au sujet des officiers français, je désirerais que vous puissiez en engager quelques-uns, à condition qu'ils ne viennent qu'après la paix. Il m'a paru qu'il y avait quelques capitaines de mérite dans Piémont; ces gens n'ont point de débouché pour leur fortune, et s'ils trouvent des avantages dans les grades et quelque pension, ils viendront après la paix.

Pour vous rendre compte de nos opérations ultérieures, vous saurez qu'après que je vous avais écrit de Breslau,[3] nous y avons trouvé encore 2600 blessés et malades, de sorte que le compte de cette prise se monte à 18,917 hommes. Fouqué a depuis talonné les Autrichiens; il a attaqué un gros corps auprès de Landshut et leur a fait bon nombre de prisonniers et les a poussés à Schatzlar. Cette action s'est passée au même lieu que celle de Kreytzen.[4] J'ai salué Fouqué Imperator.[5] Nous avons trouvé 1100 tonneaux de farine à Landshut et un bon magasin de paille, d'avoine et de foin. Les pandours et les Hongrois désertent par centaines; l'armée ennemie ne consiste à présent, selon de bons avis, qu'en 13,000 hommes d'infanterie et 9000 de cavalerie, tant

[1] Der Adjutant des Prinzen Heinrich, Hauptmann Graf Henckel von Donnersmarck, hatte in der Gegend von Halberstadt eine französische Abtheilung von 15 Mann überfallen und zu Gefangenen gemacht. — [2] Vergl. Nr. 9635. — [3] Vergl. Nr. 9622. — [4] Am 16. August 1757 war der preussische Generalmajor von Kreytzen bei Landshut von dem österreichischen Oberst Baron Franz von Jahnus geschlagen worden. Vergl. den Bericht von Jahnus an den Prinzen Karl von Lothringen, d. Landshut 16. August, Danziger „Beyträge" Bd. III, S. 262—266. — [5] Vergl. Nr. 9621

désertion a été épouvantable. J'ai recomplété les régiments, comme je l'ai pu, et, malgré cela, j'ai près de 36,000 prisonniers et passé 1000 officiers à nourrir, ce qui m'incommode fort. Nous assiégeons à présent Liegnitz, où il y a 3400 hommes. Si aujourd'hui ils ne sortent par capitulation, nous les aurons en trois jours. Reste à Schweidnitz, que je tiendrai bloqué, en faisant retirer les paysans, les bestiaux et les grains de tous les villages les plus proches, et plaçant des corps à la distance d'un mille et demi à la ronde avec beaucoup de cavalerie, pour leur interdire entièrement l'entrée de tous les vivres; ce qui les fera tomber d'eux-mêmes en 6 ou 7 semaines.

J'ai oublié de vous dire, mon cher frère, qu'il faudra user d'exécution dans le pays d'Anhalt,[1] pour faire livrer les choses qu'il nous faut, surtout les recrues dont nous avons grand besoin, et dont votre régiment aura sa part.

Je suis fort inquiet pour le pauvre Ferdinand qui a pris une grosse fièvre. Il est resté à Breslau. Je souhaiterais fort que Cothenius y fût. Tâchez, je vous en supplie, de l'envoyer, je n'ai pas grande confiance en ces médecins de Breslau.

J'ai appris ici bien des détails, par ces officiers prisonniers, de l'armée autrichienne, qui ne lui fait guère d'honneur; tous disent le Diable du prince Charles; un quartier-maître des logis est celui en qui gît leur sagesse, y joint un colonel de l'artillerie, nommé Walter, et un aide de camp de Nadasdy. Ce tableau se présentait bien à la vue de loin, mais il perd à être examiné de près. Voilà comme sont toutes les choses humaines, et pourquoi les anciens rois de Perse ne se montraient jamais, pour qu'on eût d'eux une plus haute idée.

Enfin, mon cher frère, nous espérons d'entrer dans nos quartiers vers les premiers jours de janvier. Cela j'appelle une campagne qui en vaut trois. Je n'en puis plus, mon tempérament commence à s'user, et je suis malade et souffre beaucoup de coliques toutes les nuits. Je n'entrerais pas dans ces détails, si je ne croyais que votre amitié y prend quelque part; mais cela n'y fait rien, dès que nos affaires prennent un bon train. Je bénirai le Ciel, si je suis le seul qui souffre!

Comme je suis ici dans le voisinage de vos terres, je ferai ce qui dépendra de moi, pour que vous n'en souffriez pas, et que vos intérêts pâtissent le moins possible des calamités générales. Adieu, mon cher frère, je suis avec la plus tendre estime, mon cher frère, votre fidèle frère et serviteur

Nach der Ausfertigung. Eigenhändig.   F e d e r i c.

---

[1] Vergl. S. 52. 96.

9637. AN DEN GENERALFELDMARSCHALL PRINZ MORITZ
VON ANHALT-DESSAU.

[Striegau,] 26. [December 1757].

Anjetzo, da ich Ihren Brief empfangen, so schicke sofort Schulenburg
zur zweiten Colonne, um Ihnen alle 12pfündige Kanonen hinzuschaffen.
Ich weiss nicht, was Moller da wieder vor ein Versehen begangen hat,
dann alles ist ihm sehr deutlich bestellet worden. Der Bülow[1] wird,
glaube ich, capituliren; unsere Deserteurs müssen sie uns herausgeben,
und was meine Kanonen seind, muss ich auch mitkriegen. Man könnte
darzusetzen: „in keinem Jahr[2] gegen mir zu dienen etc." Also verspreche ich mir, dass dieses leichte gehen wird.

Anjetzo fangen die Panduren auch an zu desertiren, und weilen
die Bredouille bei der Armee so gross ist, so werde ich sehen, ob man
das Trautenau'sche Magazin auf ein oder ander Art wird ruiniren können.[3]
Adieu.   Friderich.

Nach der Ausfertigung im Herzogl. Haus- und Staatsarchiv zu Zerbst. Eigenhändig.

9638. AN DEN ETATSMINISTER GRAF PODEWILS
IN MAGDEBURG.

· Breslau, 26. December 1757.

. . . Dass[4] in denen übersandten Nachrichten wegen des von Sr.
Königl. Majestät, gottlob, erhaltenen so herrlichen Sieges gegen die Oesterreicher nichts outriret worden, davor kann Ew. Excellenz allemal mit meinem Gewissen und Ehre repondiren; vielmehr ist in allem die grösseste
Moderation[5] gebrauchet und eher zu wenig als zu viel geschrieben worden,
wie denn mit Ansetzung derer 22,000 Gefangenen[6] gewiss kein *error
scribentis* vorgegangen, sondern deren Anzahl sich allemal, die Breslau'sche
Garnison nicht mitgerechnet, um ein beträchtliches höher durch die
Listen justificiren wird, obschon mit der Zeit davon verschiedenes, sowohl wegen derer, so an ihren Blessuren und Krankheiten gestorben,
auch deren, so freiwillig in Dienste genommen zu werden gebeten, und
darin nach davon gemachtem Choix angenommen worden, wie mit
vielen Württembergern geschehen, abgehen dörfte.

Wegen des in den Berliner Zeitungen unter dem Namen eines
Schreibers aus Neukirchen[7] gesetzten Articuls habe den Herrn Geheimen Camerier Leinig selbst gesprochen; solcher desavouiret nicht
nur solches, sondern, da die Zeitungsschreiber vorgegeben, als ob selbiges auf sein Verlangen und gleichsam auf allerhöchsten Special-

---

[1] Der Commandant von Liegnitz. Vergl. S. 102. Anm. 1. — [2] Soll vielleicht
heissen: „in einem Jahr nicht". Vergl. S. 131. Anm. 2. — [3] Vergl. Nr. 9632. 9633. —
[4] Im Eingange bestätigt Eichel den Empfang mehrerer Schreiben des Ministers. — [5] Vergl.
S. 23; Bd. XIII, 539; XIV, 376; XV, 18. 203. — [6] Vergl. S. 82. — [7] Schreiben aus
Neukirchen bei Breslau vom 9. December in Nr. 149 der „Berlinischen Nachrichten",
von Dienstag, dem 13. December.

befehl denen Zeitungen inseriret werden müssen, so lässet er durch mich Ew. Excellenz ersuchen, dieses ganz falsche und unrichtige Vorgeben denen Zeitungsschreibern nicht nur auf das schärfste verweisen, sondern selbige auch davor ernstlich ansehen zu lassen . . .

Ueber die aus Anlass des Sieges bei Leuthen zu prägenden Medaillen [1] meldet Eichel, der König habe befohlen, „dass nebst einigen goldenen 400 Stück silberne gepräget werden möchten". Eine Anzahl derselben solle an den König geschickt werden, ebenso sollen den preussischen Gesandten Exemplare „nebst der behörigen Information der dabei vorgefallenen Umstände" zugehen; „die übrigen würden sonsten wohl ihre Liebhaber finden, die sie allenfalls auch kaufen würden, sonderlich im Reiche, wenn sie durch Particuliers dahin kämen".

Ueber die Unternehmungen des Prinzen Ferdinand von Braunschweig schreibt Eichel:

Wann ich es vor mich sagen darf, so fange ich an vor letzteren etwas *en peine* zu werden, dass er sich nicht allerdinges recht nehmen und bei einer Expedition, wo es auf Vigueur und Vivacité ankommet, seinem Feind zu viel Zeit, sich zu recolligiren und zu renforciren lassen dörfte.[2] Gott gebe ein besseres und alles Glück, sonsten der intendirte Friede ein grosses Anicroche erhalten würde.

An den regierenden Herzog von Braunschweig haben Se. Königl. Majestät vor 8 Tagen ohngefähr bereits in so amiablen als energiquen Terminis geschrieben[3] und denselben dehortiret, sowohl seine Truppen als den Erbprinzen von der hannöverschen Armee abziehen zu wollen. Ew. Excellenz kennen indess schon längsten die Gesinnungen des herzoglich braunschweigischen Ministerii und insonderheit des Herrn von Cramm und vormaligen Herrn von Schrader, dessen neu angenommener Name mir nicht beifället.[4]

Se. Königl. Majestät seind ehegestern früh mit einem Corps Truppen von hier wiederum aufgebrochen und haben Dero Marsch über Striegau, Jauer und der Orten gerichtet, um sowohl Liegnitz als sonsten das schlesische Gebirge wiederum vom Feinde zu reinigen, Dero Bloquade von Schweidnitz zu berichtigen und die Kette zu [den] Winter-Postirungen gegen Böhmen zu formiren. Da Sie den 3. oder 4. dieses wieder hier einzutreffen gedenken, so haben Dieselbe vor gut gefunden, mich inzwischen hier zu lassen, um sowohl Dero inzwischen eingehende Correspondance als sonst ein und anderes zu besorgen.

Sonsten soll auf allergnädigsten Befehl an Ew. Excellenz beikommende Piecen übersenden.

Erstere ist das Diarium von der Belagerung von Breslau,

2) die Capitulation[5] und

3) die Liste von aller darin gefangen bekommener Generalität und Officiers mit namentlicher Benennung der letzteren und derer Regimenter und Bataillons.

[1] Vergl. S. 80. — [2] Vergl. Nr. 9621. — [3] Vergl. Nr. 9608. — [4] Schrader von Schliestedt. Vergl. Bd. XV, 482. — [5] Vergl. S. 109. Anm. 5.

Sr. Königl. Majestät Intention ist, dass alles solches als eine Suite derer bisher schon zum Druck geschickten Piecen an Ew. Excellenz übersenden und zugleich melden soll, wie Dieselbe deren Abdruck, und dass solche auf das allerfordersamste public gemachet werden möchten, besorgen, und zwar sowohl in teutsch- als französischer Sprache, auch dahin zu sehen hätten, dass eine gute Anzahl von letzteren citissime und allenfalls *par estafette* an des Prinz Heinrich Hoheit nach Leipzig geschicket würden, in der Intention, dass solche unter die daselbst gefangene französische Officiers kommen sollten, die solche gewiss bald nach Frankreich schicken und also auch mitten in Frankreich bekannt [machen] würde[n]. ¹

Des Herrn von Schlabrendorff Excellenz werden hier sehr gerne alles, was Ew. Excellenz verlangen, drucken lassen. Die ohnehin mir einige Jalousie zu haben scheinen, dass hier nicht alles zuerst gedrucket und durch Deroselben von hier aus gedruckt nach Magdeburg geschicket wird.

Wegen der Ordnung im Druck erwähnter Piecen, so Se. Königl. Majestät dabei gehalten wissen möchten, melde noch gehorsamst, wie Dero Intention sei, dass zuvorderst das Diarium, dann die Capitulation und darauf die Liste derer Gefangenen sammt dem, so hinterher folget, gedrucket werde. ²

Im übrigen lege ich noch vor mich bei, was an Kleinigkeiten zeither hier vorgefallen, und überlasse Ew. Excellenz lediglich, ob Dieselbe solches nur zu Dero Information behalten oder auch dem Publico daraus einige Communication thun wollen. ³ Heute seind von hier viele österreichsche gefangene Officiers nach Frankfurt an der Oder abgegangen, als welcher Ort denenselben vorerst zu ihrem Aufenthalt angewiesen worden.

Wegen der Liste von denen gefangenen Officiers, so in Breslau bekommen worden, muss ich noch melden, wie es affreuse Schwierigkeiten

¹ Vergl. S. 117. — ² Die 3 genannten Stücke wurden durch das Ministerium am 31. December an die preussischen Gesandten verschickt. In den Berliner Zeitungen erschien das Diarium Sonnabend 31. December („Berlinische Nachrichten" Nr. 157), die Capitulation und eine vorläufige Gefangenenliste am Dienstag, 3. Januar 1757 („Berlinische Nachrichten" Nr. 1); ein „summarischer Extract" der endgültigen Gefangenenliste (vergl. Nr. 9646), sowie eine „Recapitulation" der Gefangenen und ein „Designation" der erbeuteten Artillerie und Magazine erschien Dienstag, 10. Januar in Nr. 4 der Zeitung. In den Danziger „Beyträgen" ist das Diarium gedruckt Bd. II, S. 721—723, die Capitulation S. 723—727, die endgültige Gefangenenliste nebst Extract, Recapitulation und Designation in Bd. IV, S. 112—141. — ³ Diese Beilage ist nicht vorhanden; doch ist jedenfalls ein „Extrait einiger Berichte, was seithher weiter mit dem Feinde vorgefallen" gemeint. Das von Eichel durchcorrigirte Concept dieses Extracts liegt noch vor (im Geh. Staatsarchiv fälschlich geheftet zu den „Extracten für die Cabinetsvorträge" Bd. pro 1778). Podewils hat diesen Extract f. wörtlich abdrucken lassen in Nr. 157 der „Berlinischen Nachrichten" von Sonnaben 31. December (S. 648 „Nach einem Berichte vom 19. December meldet der Ma von Kleist" bis S. 649 „in das Mährische Gebirge poussiret".)

gekostet und sich damit über vier Tage trainiret hat, ehe solche auch nur so weit, als sie jetzo lieget, gebracht werden können, da es nicht zu glauben ist, wie wenig die österreichsche Generalität, so in Breslau commandiret hat, von der Anzahl derer Officiers und deren Personen bei den Regimentern sowohl, als von denen, so krank und blessiret liegen, informiret gewesen, und repondire ich noch nicht davor, dass in solcher insonderheit die Anzahl von letzteren richtig und vollständig angegeben sei. Ew. Excellenz empfehle ich mich übrigens ganz gehorsamst zu geneigtestem Andenken.

Eichel.

Breslau, 26. December 1757.

Ohnerachtet ich heute nunmehro wiederum bis gegen 2 Uhr Nachmittags auf die mir so heilig versprochene Liste sub numero 3, deren in meinem Schreiben Erwähnung gethan, gewartet, so habe dennoch solche noch nicht bekommen können und also nur heute den Abgang des Couriers nicht länger aufhalten wollen, damit inzwischen nur das andere besorget werden könne. Ich hoffe aber solche morgen noch durch eine expresse Estafette nachsenden zu können,[1] und soll es hier an meinem Treiben nicht fehlen.

Nach der Ausfertigung.

Eichel.

9639. AN DEN GENERALFELDMARSCHALL PRINZ MORITZ VON ANHALT-DESSAU.

[Striegau,] 27. [December 1757].

Ich werde die Capitulation eingehen,[2] einestheils die Stadt zu schonen, zweitens unsere Infanterie, der die Belagerung in dieser Witterung sehr schwer fallen würde. Alle unsere Deserteurs werden Sie herausnehmen; was krank in der Stadt ist, bleibet gefangen; der Weg, den die Garnison nehmen muss, ist über die Dörfer, bei Jauer etc., wie ich es Thadden dictiret habe. Hierbei kömmt die Liste, allwo Ihre unterhabende Regimenter verleget werden, welche, sowie die Garnison heraus ist, jedes den nächsten Weg ihres Orts marschiren können. Wann alle Magazins überliefert seind und alles richtig ist, so werden der Garnison zur Escorte 100 Cuirassiers gegeben; diese aber gehen nicht weiter als Liebau und von da gegen Schweidnitz in ihren Quartieren. Wann dieses alles in Ordnung ist, so kommen Sie hier und bringen Brandes und den Prinz Franz mit Sich. Adieu. Ich gedenke, morgen frühe wird alles zu Stande seind.

Friderich.

Nach der Ausfertigung im Herzogl. Haus- und Staatsarchiv zu Zerbst. Eigenhändig.[3]

---

[1] Vergl. Nr. 9646. — [2] Die Capitulation von Liegnitz, d. d. Liegnitz 26. December, ist von Bülow unterzeichnet; eine Zusatzerklärung, von Brandes und Bülow unterzeichnet, d. d. Prinkendorf bzw. Liegnitz 28. December, betrifft die Aufhebung der Bedingung, dass die Garnison binnen Jahresfrist nicht gegen den König von Preussen kämpfen dürfe. Vergl. S. 128. Vergl. Danziger „Beyträge" Bd. IV, S. 100 bis 103. Vergl. auch S. 163 Anm. 1. — [3] In einem undatirten gleichfalls eigen-

9*

9640. AN DEN GENERALMAJOR VON LATTORFF IN COSEL.

[Striegau, 27. December 1757.]¹

Es ist mir lieb, dass Er Seinen Fleck herum so reine gehalten hat, und bin ich mit Seiner Conduite überaus zufrieden. Wann widerspenstige Edelleute gewesen seind, die nicht auf Order haben pariren wollen, so lasse Er solche gefänglich einholen und schaffe Sich Respect. Im übrigen hat Er sehr wohl gethan, das Bataillon von Rath² nach Troppau zu schicken.

Friderich.

Eigenhändige Weisungen für die Antwort; auf der Rückseite von Lattorff's Bericht, Cosel 24. December.

9641. AN DEN GENERALMAJOR VON FINCK IN DRESDEN.

Striegau, 27. [December 1757].

Weilen die Wege nun sicher seind, und ich keinen heuer zum chiffriren habe, so schreibe Ihm nur gerade weg. Wann Er mehrere Nachricht von der letzten Zeitung kriegen sollte, so bitte Ihn, es mir zu communiciren. Hier seind wir gottlob so weit gekommen, dass Liegnitz mit Capitulation übergegangen ist und also nur Schweidnitz überbleibet, welches mit etwas Geduld nach denen mir bekannten Umständen auch bald fallen wird. Werner hat Oberschlesien geräumet und stehet anjetzo in Troppau. Skrbensky³ hat die polnische Seite auch gesäubert und die Uhlanen über Tarnowitz nach Teschen gejaget. Bei Schatzlar machen die Oestreicher starke Verhack; ihre Infanterie, regulirte Leute, ist noch 13,000 Mann und die Cavalerie 8900, also glaube, dass, um einiger Maassen einen Klumpen zu haben, dass sie werden Marschall an sich ziehen,⁴ worauf Acht zu geben ist. Sie werden wohl in guter Ruhe den Winter in Sachsen zubringen; nur brav geworben und Geld herbeigeschafft! Adieu.

Nach der Ausfertigung. Eigenhändig.

Friderich.

händigen Schreiben, welches dem obigen folgte, sendet der König dem Prinzen den Befehl: „Wann die Capitulation nicht unterzeichnet wird, wie ich sie aufgeschrieben habe (vergl. Nr. 9637), so muss die Stadt sofort attaquiret werden; aber es wird nicht nöthig seind. Adieu. Friderich." In einem nichteigenhändigen Schreiben, d. d. Striegau 28. December, wünscht der König zu erfahren, wann die Liegnitzer Garnison ausmarschire; in einem zweiten, d. d. Striegau 29. December, antwortet er, es sei ihm „sehr angenehm, dass die Garnison heute ausmarschiret ist", Prinz Moritz solle über die aufgefundenen Magazine und die befreiten gefangen gewesenen preussischen Soldaten „baldmöglichst Nachricht geben". [Die 3 Schreiben im Zerbster Archiv.]
¹ Das Datum nach der Ausfertigung im Kriegsarchiv des Königl. Grossen Generalstabs. — ² Oberst Werner hatte das Grenadierbataillon von Rath zu seiner Verstärkung nach Troppau erbeten. — ³ Vergl. Bd. XV, 482. — ⁴ Vergl. S. 89. 103.

9642. AU FELD-MARÉCHAL DE KEITH.

Striegau, 27 décembre 1757.

Mon cher Maréchal. Les chemins étant assurés à présent, je crois pouvoir vous écrire sans chiffre. Vous pourrez passer tranquillement votre hiver, et je serais très fort étonné que quelque Autrichien vous incommodât. A cela se joint la barrière des neiges et le dégoût d'une campagne qui paraissait ne point avoir de fin. Si vous voulez aller à Dresde,[1] il ne dépend que de vous; je ne doute pas que vous ne preniez, pour y aller, et quand vous retournerez, toutes les précautions, pour ne point être pris.

Nous sommes à présent à la fin de nos travaux; l'ennemi a été poursuivi jusqu'à Schatzlar, Liegnitz s'est rendu par capitulation, Werner est à Troppau, de sorte qu'il ne reste d'Autrichiens en Silésie que la garnison de Schweidnitz et 37,000 prisonniers que je suis obligé de nourrir. Il ne reste au prince Charles de troupes réglées que 13,000 hommes et 8900 cavaliers; mais il faut vous dire qu'il a près de 30,000 blessés ou malades dans les hôpitaux de la Bohême.

On assure fort que le Turc remue. Si cela se confirme, le comte Kaunitz jouera gros jeu.

Je règle à présent mon cordon et la bloquade de Schweidnitz; cela fait, je m'en vais à Breslau, pour prendre quelque repos dont j'ai grand besoin.[2] Adieu, mon cher Maréchal, je vous embrasse.

Nach der Ausfertigung. Eigenhändig. Federic.

9643. AN DEN GENERALLIEUTENANT VON ZIETEN.

Striegau, 28. December 1757.

Ich gebe Euch hierdurch in Nachricht, wie die Garnison von Liegnitz den 29. ausmarschiren wird[3] und also ohngefähr den 31. dieses oder den 1. Januarii passiren wird auf dem Weg nach Schatzlar. Es sind 100 Cuirassiers bei ihnen, um sie zu escortiren. Ihr müsst also unter dem Vorwand, sie bis Schatzlar escortiren zu lassen, ein Commando Husaren mit bis Schatzlar schicken. Es ist Mir weiter an dem Posten von Schatzlar nichts gelegen, und wird doch nur ein beständiger Zank darum sein; sollte es aber gewiss sein, dass der Feind sein Magazin aus Trautenau[4] herausziehet, so lasse Ich Mir den Posten von Schatzlar gefallen. Woferne aber das Magazin in Trautenau bleibet, so wird es gewiss diese Folgen haben: erstlich, dass sie ein grosses Corps auf der Grenze halten können; zweitens, wann der Feind erfähret, dass Schweidnitz nur blokiret ist, so wird er sich alle mögliche Mühe [geben], es

---

[1] Von Chemnitz nach Dresden. — [2] In der gleichen Weise benachrichtigt der König, Striegau 28. December, durch ein eigenhändiges Schreiben den Marschall von der Lage in Schlesien; zugleich spricht er seine Zufriedenheit aus, dass Keith in Sachsen mit Repressalien habe drohen lassen. Vergl. S. 87. 89. — [3] Vergl. Nr. 9639. — [4] Vergl. Nr. 9633.

suchen zu entsetzen, und wird die Postirung sehr beunruhiget werden.
Drittens ist er im Stande, auf's Frühjahr ein starkes Corps allda zu-
sammenzuziehen, welches uns die Belagerung von Schweidnitz sehr beschwerlich machen würde.

Ich überlasse also dieses alles Euch zu genauer und reifer Ueber-
legung, um den vorfallenden Umständen darnach zu agiren; Ich recommandire Euch, bestens darauf bedacht zu sein, um gute und sichere
Nachrichten von der ganzen Grenze einzuziehen, und müsst Ihr kein
Geld sparen. Ich hoffe den 31. in Breslau wieder zu sein, da Ich dann
sogleich, dieweil kein Geld hier ist, Euch etliche 1000 Thaler zur Bestrei-
tung darzu übermachen will. Ihr werdet Euch unterdessen suchen die
Canäle darzu anzuschaffen, und muss nichts darbei gesparet noch menagiret werden.

Friderich.

Nach einer Abschrift im Kaiserl. Königl. Kriegsarchiv zu Wien; die Abschrift ist nach der
Ausfertigung [1] genommen.

9644. AU PRINCE HENRI DE PRUSSE A LEIPZIG.

Striegau, 28 [décembre 1757].

Mon cher Frère. Je vous apprends par cette lettre la reddition
de Liegnitz. L'ennemi en avait fait un bon poste par les inondations
de la Katzbach. La garnison, forte de 3400 hommes, sort avec armes
et bagage, on nous rend nos déserteurs, tout ce qu'on y a pillé à nos
officiers, et nous trouvons au delà 1200 *Winspel* de farine autrichienne
et un bon magasin de fourrage. J'ai consenti à cette capitulation, premièrement pour ménager cette bonne ville et les faubourgs, qui sont
considérables, et, en second lieu, pour ménager ma bonne infanterie qui
aurait beaucoup souffert par le grand froid qu'il fait dans les tranchées,
et, en troisième lieu, pour mettre fin à une campagne qui n'a déjà été
que trop longue, et pour donner du repos à tout le monde.

Si vous voulez que je vous parle à cœur ouvert au sujet de l'expédition du prince Ferdinand, je vous dirai bien qu'il n'a pas du tout
suivi le conseil que je lui ai donné. Au lieu de marcher à Nienburg,
il s'est tourné vers Celle,[2] où il trouvera le triple d'obstacles. Avec
cela, je dois ajouter que de pareilles expéditions se doivent pousser avec
vigueur, et qu'il laisse à l'ennemi tout le temps qu'il lui faut pour se
mettre en force contre lui. Veuille le Ciel que cela tourne bien, malgré mes appréhensions!

Voici une lettre pour Baireuth,[3] dont je vous prie d'avoir soin; une
autre pour le maréchal Keith,[4] et une troisième pour le comte Rutowski.

Vous avez très bien fait, mon cher frère, de faire payer l'argent
pour les chevaux et recrues; comme je voudrais remettre mes hussards

---

[1] Die Ausfertigung war vermuthlich aufgefangen worden, Zieten bestätigt in
seinen Berichten den Empfang derselben nicht. — [2] Vergl. Nr. 9621. — [3] Dieses
Schreiben sowie dasjenige an Rutowski liegen nicht vor. — [4] Vergl. Nr. 9642. Anm. 2.

à 1300 chevaux, je vous prie de prendre soin des cinq escadrons de Székely et de celui de Seydlitz que vous avez là-bas, pour que tout cela soit complet vers le printemps. Il y a grande apparence, vu le délabrement des Autrichiens, que nous aurons la paix au printemps; mais, quand même on en serait sûr, il n'en faut pas moins travailler, pour se mettre dans une situation formidable, l'argument de la force étant le seul que l'on peut employer avec ces chiens de rois et d'empereurs.

Werner a chassé les Autrichiens de toute la Haute-Silésie. Il est à Troppau et pousse des partis en Moravie. On dit que nous avons quelque gloire; en cas que nous en ayons, nous n'en sommes pas moins des gueux de héros. Je vous prie donc d'assister Borcke dans ses opérations de finances:[1] il nous faut de l'argent, et j'aime mieux, puisqu'il le faut, fouler le pays ennemi que mes pauvres sujets.

Voilà une longue lettre, mais je n'ai pas le temps de la rendre plus courte. J'ai encore à régler ici mon cordon et la bloquade de Schweidnitz, et je crois pouvoir partir le 31 pour Breslau. Adieu, mon cher frère, ne m'oubliez pas, et soyez persuadé de la haute estime et de la parfaite tendresse avec laquelle je suis, mon cher frère, votre très fidèle frère et serviteur

Federic.

Je n'ai aucune nouvelle de mon frère Ferdinand;[2] je ne sais pourquoi je crains pour lui, mais j'ai le cœur serré.

Nach der Ausfertigung. Eigenhändig.

9645. AU LIEUTENANT-GÉNÉRAL PRINCE FERDINAND DE BRUNSWICK.[3]

Striegau, 28 décembre 1757.

Monsieur mon Cousin. J'ai reçu la lettre que vous m'avez faite du 19 de ce mois. Il me semble que vos opérations s'arrêtent tout court;[4] si vous laissez le temps au duc de Richelieu qu'il attire à lui des troupes, tout manquera.

Vous avez fort bien fait de menacer de représailles; si les Français brûlent encore,[5] je ferai brûler Hubertsburg.

Au surplus, ayant reçu jusqu'ici toutes vos lettres, vous aurez, j'espère, toutes mes réponses. Mais donnez-vous patience, et prévenez[6] les secours de Richelieu. Je suis avec les sentiments de la plus parfaite estime, Monsieur mon Cousin, de Votre Altesse le bon cousin

Federic.[7]

---

[1] Vergl. S. 88. 90. — [2] Vergl. S. 127. — [3] Die Berichte des Prinzen vom 26., 27. und 28. December sind aus Uelzen datirt. — [4] Vergl. Nr. 9621 und S. 129. 134. — [5] Vergl. S. 87. 116. — [6] In der Vorlage: „prenez"; in der eigenhändigen Weisung: „qu'il prévienne". — [7] Für das Hauptschreiben befindet sich eine eigenhändige Weisung auf der Rückseite des Berichts des Prinzen vom 19. December aus Altenhagen; auf Grund derselben ist obiges Schreiben abgefasst.

Je crains fort que votre expédition ne s'en aille en eau de boudin. Vous perdez du temps, et c'est tout perdre.

Nach der Ausfertigung im Kriegsarchiv des Königl. Grossen Generalstabs zu Berlin. Der Zusatz eigenhändig.

9646. AN DEN ETATSMINISTER GRAF PODEWILS IN MAGDEBURG.

Breslau, 28. December 1757.

Ew. Excellenz werden hoffentlich mein letzteres unterthäniges Schreiben[1] mit denen solchem beigefügten Nachrichten wegen der Eroberung von Breslau bereits wohl erhalten haben. Ich übersende nunmehro auch versprochener Maassen die namentliche Liste derer in Breslau sowohl von der Garnison als sonsten an Blessirten und Kranken gefangen gemachten österreichschen Generalität als Officiers, um solche Sr. Königl. Majestät Intention nach durch den Druck bekannt und public machen zu lassen. Ich muss hierbei aber wiederholen, wie ich an der Richtigkeit auch dieser Liste, ohnerachtet solche von dem General Sprecher selbst extradiret und durch seine Unterschrift autorisiret worden, noch grosse Ursache zu zweifeln habe, indem sich noch immer mehr sowohl Officiers als Gemeine hervorthun, so in gedachter Liste nicht mit marquiret worden, auch die Confusion bei denen Herrn Oesterreichern darunter so gross ist, dass selbst in denen Regimentslisten, so die Regimenter an Sprecher'n eingesandt, diejenigen N. N.[2] eingeflossen, so in der übergebenen Generalliste befindlich seind, mithin der General Sprecher sich obligiret siehet, zu bekennen, dass er zuvorderst noch wegen der N. N. Nachricht einziehen müsse, ehe er solche angeben und benennen könne, ob solche schon wirklich da wären und unter denen Gefangenen existireten.

Des Königs Majestät Intention ist inzwischen, dass, wie schon zn melden die Ehre gehabt, diese Liste, wie sie ist, hinter der Capitulation von Breslau als eine Beilage gedrucket werden soll, dergestalt, dass 1) die commandirende und dann die blessirte und kranke Generalität und Stab kommen, nachher die Listen derer Officiers von denen Regimentern, Bataillons, Corps p. Der darauf kommende summarische Extract könnte ohnvorgreiflich ausgelassen werden,[3] da er im Drucken sowohl als bei der Correctur seine Schwierigkeit haben würde, die darauf folgende Recapitulation alles suppliren dörfte; wiewohl ich

---

[1] Vergl. Nr. 9638. — [2] Bezeichnung für solche Officiere oder höhere Militärbeamten, deren Namen nicht bekannt waren. — [3] Der „summarische Extract" nebst Recapitulation und Designation (vergl. S. 130. Anm. 2) wurden in den Zeitungen vielmehr allein gedruckt, die endgültige Liste — d. h. die Liste der gefangenen Truppentheile nebst namentlicher Angabe der sämmtlichen Officiere und Angabe der Zahl der gefangenen Soldaten — wurde als „zu weitläuftig" fortgelassen. Liste sowohl als Extract, Recapitulation und Designation sh. in den Danziger „Beyträgen" Bd. IV, S. 112—132, 133—137, 138—139, 140—141.

dieses Ew. Excellenz lediglich überlasse und fast glaube, dass der Herr von Schlabrendorff vorgedachten summarischen Extract mit drucken lassen wird.

Alsdenn würde die Designation des wieder eroberten und des genommenen Feldgeschützes, der österreichschen Proviantpferde und Wagen folgen und schliessen müssen. . . . .[1]

E i c h e l.

Nach der Ausfertigung.

9647. AN DEN GENERALMAJOR VON FINCK IN DRESDEN.

[Striegau, 29. December 1757.][2]

Ist ganz gut. Liegnitz ist über, und Werner stehet in Troppau. Nur in Sachsen brav Contributions eingetrieben! Wenn die Reconvalescirten von hiesigen Regimentern nach Wobersnow seiner Liste über Bautzen und Görlitz anhero marschiren, so müssen sie aus beiden Städten die Gefälle mitbringen, und, was Contribution aufzutreiben ist, imgleichen. Es werden nur die Bursche von Schulze, Lestwitz und Brandes nach Berlin geschicket, die andern alle hierher.

F r i d e r i c h.

Eigenhändige Weisung für die Antwort; auf der Rückseite des Berichts von Finck, d. d. Dresden 25. December.

9648. AU MAJOR DE PLACE D'O A GLATZ.

S t r i e g a u, 29 décembre 1757.

Il y a six bataillons à Glatz, c'est trois de plus qu'il n'en faut pour mettre la ville à l'abri de toute insulte. Soyez alerte, comme il convient à des officiers vigilants, et vous n'aurez point de surprise à craindre; au reste, je saurai le temps, quand il faudra vous envoyer du renfort. Sur cela, je prie Dieu etc.

Jahnus ne prendra pas la ville avec des traineaux ni n'ouvrira la tranchée; je ne vois donc pas de quoi craindre. Vous n'avez qu'à prendre de bonnes précautions pour n'être point surpris, jusqu'à ce que ma chaîne des quartiers aligne le comté, ce qui sera exécuté entre ci et huit jours.

F e d e r i c.

Nach dem Druck in den „Mittheilungen des Kaiserl. Königl. Kriegsarchivs" 1881. S. 492. Der dortige Druck nach der Ausfertigung (mit eigenhändigem Zusatz) im Kaiserl. Königl. Kriegsarchiv zu Wien.[3]

---

[1] Zum Schluss bittet Eichel, die von General Sprecher unterschriebene Generalliste nach dem Abdruck ihm zurückzustellen, da sie bei einer Auswechselung der Kriegsgefangenen gebraucht werden würde. — [2] Das Datum nach der Ausfertigung. — [3] Die Papiere der Glatzer Commandantur gelangten bei der Eroberung im Jahre 1760 in die Hände der Oesterreicher.

9649. AU MAJOR DE PLACE D'O A GLATZ.

Striegau, 30 décembre 1757.

Depuis que Liegnitz s'est rendu, je fais défiler des troupes à Reichenbach, Frankenstein et Patschkau, et aussitôt que les bataillons de Prusse seront arrivés dans les quartiers de la bloquade de Schweidnitz, j'en ferai avancer d'autres dans le comté de Glatz. Tous ces différents détachements décamperont bientôt, quand ils verront qu'il n'y fait pas sûr pour eux. Je prie Dieu etc.

Il faut donner avis de tout ce que vous apprenez de la Bohême, au lieutenant-général Zieten, tout comme à Fouqué.

Federic.

Nach dem Druck in den „Mittheilungen des Kaiserl. Königl. Kriegsarchivs" 1881. S. 492. Der dortige Druck nach der Ausfertigung (mit eigenhändigem Zusatz) im Kaiserl. Königl. Kriegsarchiv zu Wien.

9650. AN DEN GENERALLIEUTENANT VON ZIETEN.

Striegau, 30. December 1757.

Mein lieber Generallieutenant von Zieten. Ich danke Euch sehr und wünsche Euch und Eurem ganzen Corps ein gut neu Jahr.

Da nunmehro Schweidnitz ganz eingesperret ist, und Ich gewisse Nachrichten habe, dass es ihnen an unterschiedlichen Sachen mangelt und fehlet, als supponire Ich, dass der Feind tentiren möchte, binnen vier oder sechs Wochen was durchzuschicken. Ihr müsst also darauf vorhero bedacht sein, wo er etwa was tentiren könnte, um Sich wider seiner Entreprise zu opponiren. So viel Mir jetzo bekannt, hat der Feind ein Corps von etwa 6000 Mann bei Braunau. Ihr werdet solches bald erfahren, ob es an dem oder nicht. Zweitens hat er noch viel bei Trautenau stehn. Drittens können sie leicht, wann sie was nach Böhmisch-Friedland hinziehn, über Löwenberg was tentiren. Dieses sind also drei Hauptorte, worauf Ihr genauer Attention haben müsset. Was in Löwenberg passiret, werdet Ihr von Eurem Regiment erfahren können.

Wann der Feind nun sollte was tentiren, so werden Bewegungen in denen Quartieren geschehn, und wird falsche Demonstrationes nah [machen] und am andern Ort suchen zu perciren. Ich zweifele dahero nicht, dass Ihr nicht gleich die wahre Sache erfahret und nicht nach dem Schatten greifen werdet. Sollte er nun was tentiren an einem oder andern Ort, so übersende Ich Euch hierbei die Liste, wo und wie die Regimenter verlegt sein, um aus denen Quartieren der Regimenter und Bataillone, so im Winterquartiere sein, was, im Fall es nöthig ist, an Euch zu ziehn, absonderlich die im Quartier stehn in Hirschberg, Löwenberg, Bunzlau und Frankenstein, um Euch gleich des Feindes Unternehmen zu widersetzen. Ihr werdet Mir dann sofort und ferner von allem Bericht abstatten. Ich bin Euer wohlaffectionirter König

Friderich.

Nach der Ausfertigung im Gräflich Zieten-Schwerin'schen Familienarchiv zu Wustrau.

9651. AN DEN GENERALFELDMARSCHALL VON LEHWALDT.

Breslau, 30. December 1757.

Ich habe Euer Schreiben vom 25. dieses[1] erhalten, und ist Euch darauf zur Resolution, wie Ich zufrieden bin und approbire, dass Ihr[2] das Strelitz'sche schonet, auch alles gute Vernehmen mit solchem unterhaltet, dagegen das Mecklenburg-Schwerin'sche ganz mitgenommen werden muss, und Ihr von solchem nach dem Einhalt Eurer Instruction[3] sowohl Geld und Mehl, als auch insonderheit Rekruten fordern und liefern lassen sollet.

Dass der Generalmajor von Manteuffel mit Eurem Corps gehe und dabei unter Eurer Ordre commandire, solches approbire hierdurch. Der Schweden Magazin ist eigentlich bis dato in Anklam. Ich wünschete sehr, dass Eure Operationes nunmehro etwas viver gingen, und Ihr dem Feind nicht so viel Zeit liesset, alle seine Magazine und auch in seinem Vorpommern habende Vorräthe rückwärts und nach Stralsund zu transportiren.

Nach dem Concept.   Friderich.

9652. AN DEN ETATSMINISTER GRAF PODEWILS IN MAGDEBURG.

Breslau, 30. December 1757.

Ew. Excellenz wird mein Schreiben mit der Liste derer in Breslau gefangen gemachten österreichischen Officiers und übrigem hoffentlich bereits richtig zugekommen seind.[4] Ich habe etwas darin berühret, worum ich auch solche nicht vor complet halten können; Dieselbe werden aber das mehrere deshalb aus anliegendem Originalschreiben des königlichen Oberauditeur[5] an mich zu ersehen geruhen, was es damit vor Schwierigkeiten hat, und wie schlecht die österreichischen Herrn Generals von der eigentlichen Anzahl ihrer eigenen Officiers informiret sein. Die von dem Oberauditeur vorgeschlagene Angabe der Bürgerschaft von denen bei sich im Quartier habenden österreichischen gefangenen Officiers ist geschehen, welche aber wieder von der Sprecherschen Liste discrepant ist und sich mehrere Officiers als in dieser von neuem gefunden. Alles dieses nun zu conciliiren und eine richtige und complete Liste zu haben, würde noch eine Zeit von etlichen Wochen erfordern und dadurch der Druck unserer Liste und übrigen Pièces sehr aufgehalten werden; indess, wie ich glaube, es nicht schaden kann, am Ende der zu druckenden Liste noch einiges Avertissement anzuhängen, dass man solche so genommen, wie sie der österreichische General Sprecher vorerst selbst angegeben, obschon hiernächst sich geäussert,

---

[1] Der Bericht ist aus Daberkow datirt (ein Dorf 2½ Ml. sö. von Demmin). — [2] Auf der Rückseite des Berichts von Lehwaldt befindet sich für das Folgende eine kurze eigenhändige Weisung. — [3] Vergl. Nr. 9497. — [4] Vergl. Nr. 9646. — [5] Goldbeck.

dass die Anzahl derer gefangenen Officiers sich noch um ein beträchtliches mehr gefunden, als welches noch zu suppliren man sich reserviren
müssen etc. . . .

Ich muss aber auch bekennen, dass die Liste derer in der Bataille
gefangenen Officiers[1] gleichfalls sehr unrichtig und hie und da wegen
derer Namen falsch geschrieben und abgedrucket worden. Ich übersende hierbei ein von gedachtem Oberauditeur rectificirtes Exemplar
davon, welches ich aber gleichfalls noch nicht vor richtig agnoscire,
und die in der Anzahl auch deshalb von der gedruckten differiret, weil
erwähnter Oberauditeur mir gesaget, dass er die wegen schwerer Blessuren noch auf denen Dörfern des *Champ de bataille* herumliegende
gefangene Officiers noch nicht bereisen und eine accurate Designation
davon fertigen können, da dann deren Anzahl in allem noch wohl höher
als in der schon gedruckten Liste gehen, auch einige davon wohl gar
schon gestorben sein dörften.

Beiläufig erwähne nur noch, dass die in der Liste befindliche blessirte Officiers noch alle aus der Bevern'schen Bataille und aus der Belagerung sein und mit denen aus letzterer Bataille bei Lissa keine Connexion haben;

2) dass die der letzteren Liste angehängte Specification der in
Breslau genommenen Canons keine andere Artillerie enthält, als die
a) vorhin von denen Oesterreichern uns genommenen Canons, die mit
Breslau wieder von uns erobert worden, und b) diejenige, so die Oesterreicher nach der Bevern'schen Bataille an wirklichem und wahrem österreichschen Geschütz mit der Garnison und sonsten hereingebracht haben,
und welche also mitgenommen worden. Alle übrige Artillerie aber, so
vorher in Breslau bei der Fortification gewesen, und wovon die Oesterreicher in ihrer Relation von ihrer Eroberung von Breslau ein so spe-
cifiques Étalage gemachet, ist unter obiger Artillerie gar nicht mitgerechnet worden, sondern noch insgesammt allhier wirklich befindlich;

3) dass in denen hiesigen Magazins nach der letzteren Eroberung
sich noch die in der Anlage specificirte Bestände gefunden haben, und
endlich dass

4) in der hiesigen österreichschen Kriegeskasse über 144,000 Gulden
gefunden worden seind, davon aber der General Sprecher noch nähere
Nachweisung und Berechnung zulegen muss und wird. . .[2]

Nach der Ausfertigung.   E i c h e l.

———————

[1] Vergl. S. 82. Anm. 1. — [2] Zum Schluss meldet Eichel die Einnahme von
Liegnitz. Vergl. Nr. 9639.

9653. AU CONSEILLER PRIVÉ VON DER HELLEN A LA HAYE.

Breslau, 30 décembre 1757.

Les dépêches que vous m'avez faites du 17 et du 20 de ce mois, [m'ont été fidèlement rendues]. J'accuse surtout celle que vous m'avez envoyée du 6 du courant, et au sujet de laquelle vous devez assurer M. de Yorke[1] du plus parfait secret que je lui garderai absolument sur les pièces très importantes et intéressantes qu'il a eu la bonté de vous communiquer et de permettre que vous m'en fissiez part.

Quant aux autres circonstances que vous touchez dans ces rapports regardant les affaires publiques, je me réserve de vous répondre au premier ordinaire; en attendant que je vous dirai que, pour ce qui regarde le lieutenant Knoch, qui[2] m'offre sa nouvelle invention de canon ou machine de guerre, vous devez lui marquer qu'il n'a qu'à venir incessamment ici à Breslau se présenter à moi-même, et qu'il aura toujours lieu d'être content du zèle et [de] l'attention qu'il a bien voulu marquer pour moi.

Vous ferez la même réponse au sieur de Rochemont,[3] et observerez également sur ceci que vous devez m'envoyer ici tous officiers qui veulent me servir avec des compagnies franches, avec lesquels je conviendrai moi-même sur les conditions pour les levées et l'entretien de ces compagnies. Sur quoi vous vous conformerez exactement.

Federic.

P. S.

Breslau, 31 décembre 1757.

Comme je ne doute pas que vous n'ayez déjà reçu la copie de ce qui est dessus,[4] qu'on vous a déjà adressée de ma part, je n'ai rien à y ajouter, sinon que vous devez employer tout votre savoir-faire et votre industrie pour faire revenir les Régents de la République de leur léthargie et leur dessiller les yeux, afin de les faire agir efficacement. Quant au bruit d'une convention faite entre moi et la France, vous êtes déjà autorisé[5] de lui donner un haut démenti, comme d'une chose absolument fausse et controuvée, malgré tout ce qu'on en a voulu répandre pour en imposer, et à laquelle je n'ai jamais songé. Vous observerez même que, si jamais de pareils bruits s'élèvent, vous devez les démentir d'abord et même sans attendre mes ordres là-dessus.

Nach dem Concept.

---

[1] Durch Vermittlung von Yorke hatte Hellen von den letzten fünf Berichten des holländischen Gesandten Swart in Petersburg Einsicht nehmen dürfen, den Inhalt derselben meldete er in einem P. S. zu dem Bericht vom 6. December. Vergl. schon S. 92. Anm. 1. — [2] Für das Folgende bis zum Schluss des Hauptschreibens befindet sich eine kurze eigenhändige Weisung auf der Rückseite des Berichts vom 6. December. — [3] Capitän von Rochemont, bisher im französischen Freicorps des Obersten Fischer, wollte ein preussisches Freicorps errichten. — [4] Es ist, wie Hellen's Antwort, Haag 17. Januar, ergibt, der obige Cabinetserlass vom 30. December gemeint. — [5] Vergl. S. 16. Anm. 3.

9654. A LA MARGRAVE DE BAIREUTH A BAIREUTH.

Breslau, 31 décembre 1757.

Ma très chère Sœur. Vous permettrez que je vous assure des vœux sincères que je fais pour vous au renouvellement de l'année, et dont, j'espère, vous êtes bien persuadée. S'ils sont exaucés, vous serez immortelle comme vos divines vertus, et heureuse, autant que mérite de l'être une personne accomplie. Je prends la liberté de vous envoyer le grimoire de la Sibylle que vous me demandez.[1]

Enfin, notre campagne est finie, la ville de Liegnitz s'est rendue par capitulation, et, jusqu'à Schweidnitz près, qui, j'espère, ne tiendra pas longtemps, toute la Silésie est purgée d'ennemis, et nous avons même pied sur les États de la Reine. Je me trouve, d'ailleurs, en possession de toute la Saxe. Le maréchal de Lehwaldt doit être auprès de Stralsund, et si le prince Ferdinand frotte bien les Français, ce tableau me paraît bien dépeindre des préliminaires d'une paix à signer dans le cours de l'année que nous allons commencer.

Je souhaite de n'entendre de vous et de n'avoir l'année prochaine que de bonnes nouvelles à vous donner. Adieu, ma divine et adorable sœur, je suis persuadé que vous conserverez les mêmes bontés pour le vieux frère, qui est avec la plus haute estime, le zèle et tout l'attachement imaginable, ma très chère sœur, votre très fidèle frère et serviteur

Federic.

Daignez faire mille amitiés au Margrave.

Nach der Ausfertigung. Eigenhändig.

9655. AU LIEUTENANT-GÉNÉRAL PRINCE FERDINAND DE BRUNSWICK.

Breslau, 31 décembre 1757.

Monsieur mon Cousin. Les lettres que vous m'avez faites du 20 et du 23 de ce mois, m'ont été bien rendues. Vous connaissez mon empressement à relever[2] la bonne cause, et je me flatte que ma campagne faite et passée en sera la plus sûre garante. Mais, pour faire cette diversion que vous souhaitez,[3] vous conviendrez de l'impossibilité de la faire dans le moment présent, vu le repos dont mes troupes, que j'ai ici sous mes ordres, ont besoin, épuisées par une campagne des plus

---

[1] Liegt nicht vor; in der sehr unvollständig vorhandenen Schreiben der Markgräfin findet sich keine Andeutung. Man wird am ersten die Worte auf die Uebersendung eines neuen Chiffres für die Correspondenz der Markgräfin beziehen können. — [2] In dem Déchiffré der Ausfertigung „redresser" verlesen, das Concept hat „relever"; ebenso sind einige andere Lesefehler der Ausfertigung im obigen Text nach dem Concept verbessert. — [3] Der Prinz hatte, Altenhagen 23. December, geschrieben, der Marschall Richelieu habe seine Truppenmacht ausserordentlich verstärkt. „Je sais que Votre Majesté a assez d'ouvrage sur les bras; sans cela, il serait d'un effet admirable, s'il Lui plût faire faire une diversion."

vives et des plus pénibles, pour reparaître le printemps qui vient. Il faut considérer d'ailleurs que, quand même cet obstacle n'existerait point, il faudrait au moins le temps jusques au mois de février, avant qu'une partie de ces troupes saurait arriver sur les lieux, pour y opérer une diversion. Et quant au maréchal Keith, il faut qu'il ait attention sur le corps du général autrichien Marschall, et Lehwaldt est actuellement en pleine action avec les Suédois. De sorte que vous voyez par là qu'il n'y a pas moyen de faire, dans l'instant, cette diversion que vous souhaitez. En attendant, comme j'espère que Lehwaldt aura bientôt fait avec les Suédois, je verrai alors ce que je pourrai faire en votre faveur.[1] Ce que j'aurais toujours souhaité que Votre Altesse eût fait du commencement de Ses opérations, c'est qu'Elle eût d'abord suivi le plan dont j'étais convenu avec Elle, pour tomber tout droit sur Nienburg et , Minden,[2] afin de séparer par là les forces de l'ennemi et l'obliger à se replier et à quitter les pays d'Hanovre et de Brunswick, ce qui aurait fort facilité vos opérations et rejeté l'ennemi jusqu'aux rives du Rhin. Je suis avec ces sentiments que vous me connaissez, Monsieur mon Cousin, de Votre Altesse le bon et très affectionné cousin

Federic.

Nach der Ausfertigung im Kriegsarchiv des Königl. Grossen Generalstabs zu Berlin.

9656. AN DEN GENERALFELDMARSCHALL PRINZ MORITZ VON ANHALT-DESSAU.

Breslau, 31. December 1757.

Durchlauchtiger Fürst, freundlich geliebter Vetter. Ew. Liebden habe durch gegenwärtiges Schreiben bekannt machen wollen, wie Mein Wille ist, dass Dieselbe sogleich an den östreichschen Feldmarschall Leopold Daun schreiben und Sich gegen denselben zwar in höflichen, jedoch aber auch ganz energiquen Terminis beschweren sollen, wie dass östreichscher Seits man bishero gar üble Procédés gegen königliche Civilbediente, als Landräthe, Burgermeister, Einnehmer und dergleichen ganz unschuldigen und mit dem Kriege gar nichts zu thun habenden Leuten, gehalten; solche nicht nur auf eine, deutlich zu sagen, barbarische und ganz unanständige Art tractiret, weggeschleppet und zurückgehalten habe, sondern auch viele davon, ohnerachtet diese Leute zum Kriege weder etwas geben, noch nehmen könnten, in Arrest behalten. Wie nun dergleichen üble Procédés nicht nur wider alles, was sonst in honneten Kriegen Gebrauch ist, und allen gesitteten Völkerrechten schlechterdings zuwider laufet, so hoffete man, dass man östreichscher Seits dergleichen nicht nur alsofort abstellen, sondern auch diejenige von solchen Leuten, so bishero noch auf eine höchst injuste Art zurückbehalten, wiederum zurück und zu den ihrigen schicken würde, widrigenfalls wir uns nicht länger würden entbrechen können, ganz nachdrücklichere Représailles deshalb zu exerciren. Worüber Ew. Liebden dann mit dem fordersamsten eine positive Erklärung gewärtigen wollten.

Im übrigen, und da Ich in Erfahrung kommen müssen, dass man östreichscher Seits sich in diesem Stücke auch sogar so weit vergangen, dass man zu Hof im Baireuthschen den dortigen Geheimen Rath Osten[1] mit Gewalt in seinem Hause aufgehoben und, ohnerachtet die Stadt Hof ein freier reichsständiger Ort, denselben nicht nur spoliiret, ganz übel tractiret und unter gar nichtigen Prätexten geschlossen nach Eger transportiret habe, so sollten Ew. Liebden gedachtem Feldmarschall Daun von Meinetwegen gar nicht verhalten, dass, wofern er es bei der östreichschen Generalität und bei seinem Hofe nicht vermitteln könnte, dass gedachter Geheime Rath von Osten sofort wiederum seines höchst injusten Arrestes relachiret, nach Hof zurück erlassen und daselbst in aller ihm gebührender Freiheit bleiben würde, Ich hiesiger Seits die ganz gerechte Représailles dagegen exerciren und einen von denen östreichschen kriegesgefangenen Stabsofficiers, der mit mehrgedachtem Geheimen Rath Osten etwa·von gleicher Qualität wäre, arretiren und, in Ketten geschlossen, sowie mehrermeldetem Geheimen Rath Osten geschehen, nach einer Festung abführen, ihn auch dasselbe *par représaille* empfinden lassen würde, was mehrgedachtem von Osten gewaltsamer Weise arriviren könnte oder wollte. Dahero Ew. Liebden auch über diesen Punkt positive Antwort haben müssten. Ich bin Ew. Liebden freundwilliger Vetter

F r i e d e r i c h.

Nach der Ausfertigung im Herzogl. Haus- und Staatsarchiv zu Zerbst.

9657. AN DEN ADMINISTRATOR PRINZ DIETRICH VON ANHALT-DESSAU IN DESSAU.

Prinz Dietrich erinnert in einem Schreiben, d. d. Dessau 25. December, an seine vielen Verdienste für den preussischen Staat und bittet, das von ihm verwaltete Land mit den grossen Lieferungen[2] zu verschonen.

[December 1757.]

Was ihm anging, hätte keine Connexion mit den Anhaltschen Landen; ich könnte und würde von die Forderungen nicht abgehen; den einzigen Rath, den ich ihm geben könnte, wäre, solche mit gutem zu thuen, um das noch grössere Uebel, [das] die Executions nach sich zögen, zu vermeiden.

F r i e d e r i c h.

Eigenhändige Weisung für die Antwort; 3 auf der Rückseite des Schreibens des Prinzen.

---

[1] Vergl. Bd. XIV, 327, 541. — 2 Vergl. S. 86. 96. — 3 Die Ausfertigung liegt im Zerbster Archive nicht mehr vor.

9658. A LA MARGRAVE DE BAIREUTH A BAIREUTH.

Die Markgräfin antwortet, in einem undatirten Schreiben, auf den vom Könige am 13. December[1] ihr mitgetheilten Vertrag des Wiener mit dem Versailler Hofe: der Vertrag, welcher als ersten Artikel die Abtretung der Niederlande an Frankreich enthielt, sei eine Fälschung, die vermuthlich vom Wiener Hofe ausgehe, Frankreich sei fortdauernd zum Frieden mit Preussen geneigt. „Depuis le mois de septembre, on ne cesse de me donner des lumières, pour vous les faire parvenir et pour tâcher de procurer la paix." An den antiösterreichischen Höfen würden die Fürsten von den französischen Ministern ermahnt, ihre Rechte gegen die Uebergriffe der Oesterreicher aufrecht zu erhalten. „Tout ce qu'il y a à craindre, mon cher frère, est que, si vous différez trop longtemps à entamer les négociations, ils ne s'unissent plus étroitement, puisqu'ils perdront l'espérance de vous regagner, et qu'ils ne fassent des arrangements à la longue qui pourraient vous devenir funestes."

[Décembre 1757.][2]

J'avoue que j'ai bien de la peine à concilier cette grande modération des Français avec les démarches qu'on leur voit faire en Flandre. Pourquoi des garnisons françaises à Ostende et Nieuport, pourquoi des troupes à Tournay, pourquoi cette prodigieuse dépense pour me faire la guerre? La Flandre est le dessous des cartes,[3] j'en suis persuadé; de plus, le duc de Richelieu l'a avoué à quelqu'un[4] qu'on lui avait détaché. Mon traité avec l'Angleterre[5] est de nature à ne point compromettre de paix séparée; il me convient à présent moins que jamais de négocier secrètement, mais j'aurais désiré de leur faire parler de temps à autre, afin d'être éclairci de leur façon de penser et pour me ménager, en cas d'un grand malheur, une porte de derrière. Si nous sommes obligés de faire encore une campagne, nous la ferons, mais jamais de bassesse! et c'en serait certainement une que d'aller gueuser la paix chez ces Français qui m'ont outragé.[6] Plus j'examine les discours de ces gens, et plus je me persuade qu'ils veulent l'arbitrage de la paix, et c'est, entre nous soit dit, à quoi je ne consentirai pas, tant que j'aurai les yeux ouverts.

Federic.

Nach dem Concept.[7] Eigenhändig auf der Rückseite eines Déchiffré des Schreibens der Markgräfin.

9659. A LA MARGRAVE DE BAIREUTH A BAIREUTH.

Breslau, 2 janvier 1758.

Ma très chère Sœur. J'ai été fort réjoui et surpris en même temps de recevoir ici le Mercure qui m'a réjoui par votre lettre, mon adorable sœur. J'y trouve toujours ces expressions de bonté et de tendresse qui font le bonheur de ma vie. Je n'ai point reçu la lettre dont vous me

[1] Vergl. Nr. 9588. — [2] Das Schreiben der Markgräfin wird 8 bis 9 Tage nach dem 13. December, das Schreiben des Königs etwa eben so lange Zeit nach dem der Markgräfin anzusetzen sein. — [3] Vergl. S. 10. 23. — [4] Eickstedt. Vergl. Bd. XV, 369. — [5] Vergl. S. 16. 23. 33. 93. — [6] Vergl. Bd. XV, 434. — [7] Das Schreiben gelangte chiffrirt und vermuthlich ohne Unterschrift zur Absendung. Vergl. S. 66. Anm. 2.

parlez, ma chère sœur, ni celle de Voltaire; il faut que malheur leur soit arrivé, ce qui peut très facilement arriver dans ces temps de crise.

Il est vrai que nos avantages ont de beaucoup surpassé nos espérances; mais quand je pense à l'avenir et au nombre des ennemis qui me restent, il me semble que ce n'en est point encore assez pour parvenir promptement à une bonne paix.

Les deux régiments autrichiens qui quittent votre voisinage, seront sans doute obligés de se joindre à Marschall,[1] pour couvrir le cercle de Saaz, où le maréchal Keith a fait une incursion,[2] et qu'il menace de nouveau; d'ailleurs, la quantité de neige qui est tombée dans les montagnes, met fin à toutes les opérations militaires jusqu'au [moment que] les approches du printemps nous permettent — comme dit Philinte — d'avoir l'honneur de nous entrecouper la gorge.[3]

Pour l'amour de Dieu, ma très chère sœur, ménagez votre santé, et conservez vos jours pour un frère qui vous adore, et qui ne cessera d'être avec la plus haute estime, le zèle et le plus vif attachement, ma très chère sœur, votre très fidèle frère et serviteur

Nach der Ausfertigung. Eigenhändig.   F e d e r i c.

———

9660. AU PRINCE HENRI DE PRUSSE A LEIPZIG.

B r e s l a u , 2 janvier 1758.

Mon cher Frère. Bon jour, bon an! Je fais mille vœux pour vous, pour votre prospérité et pour votre conservation. Je suis charmé des nouvelles que vous me donnez du prince Ferdinand, dont je n'en ai pas reçu de longtemps:

La montagne en travail enfante une souris.

Je vous ai expliqué naturellement ce que je pensais de son opération;[4] je souhaiterais cependant beaucoup qu'il pût décider quelque chose là-bas ou du moins harceler les Français pendant l'hiver, ce qui leur rendra la vie insupportable.

Vous avez très bien fait de signifier l'exécution à messieurs d'Anhalt;[5] il ne faut pas ménager ces messieurs: ils sont dans le cas de ces Chrétiens que Dieu rejette de sa bouche parcequ'il les a trouvés tièdes.[6]

Dieu merci! mon frère Ferdinand est hors de danger.[7] J'espère qu'il se remettra dans peu tout-à-fait.

Les Autrichiens nous ont empesté la paix par leur maudite maladie hongroise;[8] il y a beaucoup de villages que je suis obligé de laisser vides, pour que la contagion ne gagne pas les troupes.

———

[1] Vergl. S. 132. — [2] Vergl. S. 50. 58. — [3] Destouches, Le Glorieux, Akt III, Scene 7. — [4] Vergl. Nr. 9644. — [5] Vergl. S. 52. In einem Schreiben an die anhalter Fürsten, d. d. Breslau 2. Januar, zeigt der König denselben an, dass er von den am 16. December (vergl. Nr. 9592) gestellten Forderungen nicht abgehen werde. — [6] Offenbarung Johannis III, 15. 16. — [7] Vergl. S. 127. 135. Vergl. vom selbigen Tage auch das Schreiben des Königs an den Prinzen Ferdinand von Preussen in den Œuvres Bd. 26, S. 540. — [8] Vergl. über diese Krankheit: Histoire de la guerre de sept ans. Ch. VII. Œuvres Bd. 4, S. 181. 182.

Tout est fort tranquille sur les frontières; le froid et le dégoût me sont un bon rempart pour la sûreté de nos quartiers; à peine 1000 hommes de la garnison de Liegnitz[1] ont repassé en Bohême, le reste est déserté.

Lehwaldt doit être à présent auprès de Stralsund;[2] messieurs les Suédois seront à coup sûr les premiers qui feront la paix,[3] et quand une fois le chapelet commence à se dévider, alors, pour l'ordinaire, cela va tout de suite.

Adieu, mon cher frère. ·Voici une lettre que je vous prie de faire tenir à son adresse,[4] vous assurant de la parfaite estime et de la tendre amitié avec laquelle je suis, mon cher frère, votre fidèle frère et serviteur

Nach der Ausfertigung. Eigenhändig. *Federic.*

9661. AU LIEUTENANT-GÉNÉRAL PRINCE FERDINAND DE BRUNSWICK.[5]

Breslau, 2 janvier 1758.

Monsieur mon Cousin. La lettre que Votre Altesse m'a faite du 26 décembre,[6] vient de m'être rendue. Permettez-moi de vous parler franchement et de vous dire que je vois avec regret que votre expédition est manquée, et que vous vous êtes laissé séduire par le sieur de Schulenburg[7] et par d'autres Hanovriens. Il ne fallait point aller à Celle, mais sur Nienburg.[8] De pareilles opérations veulent être menées avec vigueur. A présent, l'affaire est gâtée, celle de Lehwaldt en Poméranie ira mieux. Il fallait attaquer l'ennemi et lui tomber vertement sur le corps. Le temps que vous perdez, l'ennemi l'emploiera utilement à se renforcer, et ensuite vous aurez double peine et double risque. Voilà ce que c'est que d'avoir suivi de mauvais conseils. Je suis avec estime, Monsieur mon Cousin, de Votre Altesse le bon et très affectionné cousin

Rien ne pouvait venir plus mal à propos que ce que vous avez fait. Voilà tout ce que la douleur me permet de vous dire.

Federic.

Nach der Ausfertigung. Der Zusatz eigenhändig. Für das Hauptschreiben („je vois avec regret — de mauvais conseils") befindet sich eine eigenhändige Weisung auf der Rückseite des Berichts vom 26. December.

---

[1] Vergl. S. 131. — [2] Vergl. S. 139. — [3] Vergl. auch das Schreiben an die Herzogin von Gotha vom 2. Januar in den Œuvres Bd. 18, S. 168. — [4] Vermuthlich das Schreiben an die Markgräfin von Baireuth vom 2. Januar, Nr. 9659. — [5] Die Berichte des Prinzen vom 26., 27. und 28. December sowie diejenigen vom 5. und 7. Januar sind aus Uelzen datirt; die folgenden Berichte vom 16. bis zum 30. Januar datiren aus Lüneburg. — [6] Vergl. den Bericht bei Westphalen, a. a. O. II, 175. 176. — [7] Vergl. S. 115. — [8] Vergl. S. 115. 134.

9662. AUX MINISTRES D'ÉTAT ET DE CABINET COMTES DE PODEWILS ET DE FINCKENSTEIN.

Breslau, 2 janvier 1758.

J'ai vu ce que vous m'avez marqué par votre rapport du 28 décembre, au sujet de la lettre du landgrave de Hesse-Cassel que je vous renvoie ci-jointe, par laquelle il a bien voulu réclamer mon assistance dans la négociation entre lui et l'Angleterre. Sur quoi, je vous dirai que je ne saurais qu'approuver les instructions que vous avez données préalablement à mes ministres à Londres pour concilier les différends qui ont arrêté la négociation sur une affaire dont je ne reconnais que trop toute l'importance. Mais aussi serait-il bien à souhaiter que la cour de Hesse se montrât un peu plus pliable, pour ne pas pousser hors de saison et contre leurs vrais intérêts trop loin leurs demandes. Et quant à moi, mon intention est que je veux bien seconder le Landgrave, pour autant qu'il sera possible et convenable, mais que je ne saurais m'en mêler trop immédiatement. Voilà sur quoi vous vous dirigerez, et répondrez à la lettre du Landgrave en termes très obligeants.

Nach dem Concept.   Federic.

9663. AN DEN ETATSMINISTER GRAF PODEWILS.

Breslau, 2. Januar 1758.

Eichel spricht zunächst dem Minister seine Glückwünsche zum neuen Jahre aus.
... Das im Original hierbei kommende Schreiben,[1] auswendig mit a marquiret, ist schon vor einiger Zeit unter dem Couvert des Herrn Splitgerber an des Königs Majestät gekommen, welche mir befohlen haben, solches bei nunmehro sicheren Wegen an das Departement zu senden. Sie wollen zwar die Authenticité der Beilage nicht gänzlich garantiren, halten aber dennoch davor, dass, wenn man die verschiedene bisher geschehene Démarches derer französischen und wienerschen Höfe zusammennimmt, der in der Beilage enthaltene Plan so ganz ohnwahrscheinlich und ohngegründet nicht sein dörfte. Es vermeinen auch Se. Königl. Majestät, dass es nicht schaden könne, wenn man ein und anderen derer auswärtigen Herrn Minister davon mit sicheren Gelegenheiten oder en chiffres davon Communication thun, desgleichen einige Abschriften in übersetzten Sprachen, adroitement und sonder remarquiret zu werden, in das Publicum glissiren und endlich gar in eine oder andere derer

---

[1] Ein anonymes Schreiben an den König, d. d. Amsterdam 18. October, unterzeichnet „Son plus fidèle, mais trop malheureux sujet". Dem Schreiben waren zwei Beilagen zugefügt: die erste ein Schreiben aus Wien, d. d. 10. October, über die Absichten des österreichischen Hofes; die zweite Beilage, auf welche sich Eichel oben bezieht, bildete die schon am 13. December der Markgräfin von Baireuth übersandte, in italienischer Sprache abgefasste Mittheilung über eine neue Union zwischen den Höfen von Wien und Versailles. Vergl. Nr. 9588 und Nr. 9658.

auswärtig gedruckten Zeitungen bringen könne, um das Publicum dadurch attent zu machen und solchem Ombrage zu geben. Ich bitte gehorsamst, des Herrn Grafen von Finckenstein Excellenz noch vor Dero Abreise von Berlin[1] davon Communication zu thun, und melde nur noch, wie schon vorhin dem von Hellen im Haag unter sicherem Couvert[2] eine Abschrift von allem geschicket worden, der aber den Empfang davon noch nicht accusiret hat.

Es ist des Königs Majestät etwas sensible gewesen, dass die verwittibete Fürstin von Zerbst refusiret hat, das hierbei wiederkommende Schreiben[3] unter Dero Einschluss abgehen zu lassen, da es ihr allenfalls ein leichtes gewesen, solches nach Eutin zu schicken, zumalen des Königs Majestät aus diesen und anderen Égards das Zerbster Land auf alle nur mögliche Weise menagiret haben.[4] Ich soll aber erwähntes Schreiben an Ew. Excellenz remittiren, um zu erwägen, wie Dieselbe [solches] sonsten, allenfalls auch durch den Herrn von Viereck zu Kopenhagen, zu Händen der Königin von Schweden bringen können. Es ist sonsten das ganze Schreiben chiffriret, zu Ew. Excellenz Einsicht und Gutfinden muss aber die beste und convenableste Mittel dazu überlassen. Sonsten soll ich noch einliegende drei königliche Schreiben[5] Ew. Excellenz zur Beförderung recommandiren.

Des Königs Majestät haben mir sonsten noch befohlen, dass, da Ew. Excellenz bekannt wäre, wie viel Deroselben daran gelegen, dass, auf den Fall eines noch fortdauernden Krieges, von Seiten Engellands in kommendem Frühjahre eine Escadre in die Ostsee gesandt werde,[6] (wozu aber der Herr Michell bisher wenig Hoffnung geben wollen) um Russland und die Schweden in Respect zu halten, also Ew. Excellenz deshalb an den von Hellen im Haag rescribiren möchten, dass er einen Versuch durch eine confidente Insinuation bei dem dortigen englischen Minister Yorke[7] deshalb thun, sich mit demselben darüber expliciren und, wo möglich, diesen dahin zu disponiren suchen sollte, dass er dieses Verlangen durch seine gute Freunde und Verwandten in Engelland gelten mache . . .[8]

Nach der Ausfertigung.   E i c h e l.

---

[1] Vergl. Nr. 9623. 9625. — [2] Vergl. Nr. 9586. — [3] Das Schreiben des Königs an die Königin von Schweden vom 19. December, Nr. 9609. — [4] Vergl. S. 107. Anm. 4. — [5] Nicht sicher bestimmbar. Eins der Schreiben ist vermuthlich der Cabinetserlass an Prinz Ferdinand von Braunschweig, Nr. 9661. — [6] Vergl. S. 93. — [7] Vergl. S. 92. — [8] Zum Schluss empfiehlt Eichel, an Hellen einen neuen Chiffre zu senden, und neu eingelaufene Meldungen Plotho's an die Oeffentlichkeit zu bringen, „damit die höchst unnatürliche und üble Procédés derer Wiener und Franzosen immer mehr und mehr in Attention genommen werden".

9664. AN DEN ETATSMINISTER FREIHERRN VON SCHLABREN-DORFF IN BRESLAU.

Breslau, 2. Januar 1758.

Ich habe ersehen, was Ihr in Eurem Berichte vom 30. voriges wegen derer beiden Räthe aus der hiesigen Krieges- und Domänenkammer, Hänel und Witte, so sich bei der Gelegenheit, da Breslau letzthin auf eine kurze Zeit in östreichsche Hände gefallen, verleiten lassen, dem Grafen von Kolowrat zum Dienst der Kaiserin-Königin einen Handschlag zu geben, gemeldet habet; so ertheile Ich Euch darauf zur Resolution, dass weilen gedachte Räthe sich ganz leichtsinniger Weise dahin vergangen, dass sie, sonder von Mir vorher Ihrer Mir und Meinem Hause geleisteten Eidespflichten erlassen zu werden, sich durch gegebenen Handschlag zu Diensten einer fremden und jetzo feindlichen Puissance anheischig gemacht, Ich denselben solches so schlechterdinges nicht übersehen kann, vielmehr und da ein Exempel deshalb nöthig ist, über selbige erkannt und gesprochen werden muss.

Welches Euch denn auch wegen des Teubers zur Resolution dienet.[1]

Nach Abschrift der Cabinetskanzlei.   Friderich.

9665. A LA MARGRAVE DE BAIREUTH A BAIREUTH.

Breslau, 3 janvier 1758.

Ma très chère Sœur. Votre lettre m'a fait tout le plaisir du monde; j'y vois la continuation de votre amitié et la part que vous prenez à ce qui nous regarde. Souffrez que je vous réitère, à cette occasion, tous les souhaits que je fais bien sincèrement pour vous, afin que l'année que nous commençons vous soit à tous égards plus propice et plus favorable que la précédente. Les apparences y sont, et certainement, avec un peu de patience, l'on verra entièrement changer la face des affaires; il ne faut qu'attendre la moitié du mois prochain pour en être convaincu, le terme n'est pas long. Avec tous les ennemis qui me sont tombés sur le corps cette année, il n'est pas étonnant que nous ayons eu des revers; mais, comme il y a apparence que je me dégagerai des Suédois, et qu'il n'y aura guère à craindre des Russes, j'aurai les bras plus libres et pourrai porter des secours où ils seront nécessaires. J'ai à présent 1100 officiers autrichiens et 40,000 de leurs soldats entre mes mains; cela ne les rendra pas plus formidables l'année prochaine, et j'ai bonne espérance qu'à la fin de toute la guerre tout tournera à notre avantage.

Adieu, chère sœur, je vous embrasse tendrement; mes compliments à toute la famille. Soyez persuadée des sentiments sincères avec lesquels je suis, ma très chère sœur, votre très fidèle frère et serviteur

Nach Abschrift der Cabinetskanzlei   Federic.

---

[1] Hänel und Witte wurden cassirt, dem bereits verabschiedeten Kriegsrath Teubers wurde seine Pension genommen.

9666. A LA MARGRAVE DE BAIREUTH A BAIREUTH.

Die Markgräfin schreibt, ohne Datum,[1] sie habe durch den Emissär in Paris[2] Aufklärungen erhalten. Der Minister Bernis habe demselben gesagt: „Que M. Knyphausen lui avait porté, peu après le retour du duc de Nivernois,[3] le projet d'un traité dans lequel vous offrîtes d'attaquer Hanovre; que l'abbé, après avoir réfléchi à cette proposition, avait voulu s'aboucher avec K:, mais que, celui-ci s'étant adressé à beaucoup d'autres gens, qui avaient agi selon leurs vues, la mine avait été éventée. Que, depuis, trop de personnes avaient été mêlées dans les insinuations que vous aviez fait faire; que, la cour de Vienne en ayant été informée, il n'avait pu y prêter l'oreille; qu'on n'avait jamais eu l'intention de vous perdre, qu'on désirait une paix et une alliance solide avec vous, mais qu'il fallait indemniser les parties souffrantes. On lui demanda en quoi cela consisterait; que vous aviez souffert autant qu'elles. Il se mit à rire et dit: »Le roi de Prusse commence à voguer à pleines voiles; s'il continue, il faudra bien que les autres baissent les leurs. C'est le plus grand homme du monde; il ne lui faut qu'être au-dessus de César, que de donner la paix à l'Europe«; et que personne n'y serait plus propre que vous.

Il lui a envoyé encore depuis des gens qui lui ont fait comprendre que, lorsque vous voudriez en venir à une paix générale, personne ne pourrait leur être plus agréable que le comte Finckenstein; pour la négociation secrète, il faudrait un créditif, que le porteur ne donnerait qu'à bonnes enseignes.

L'article de la Flandre[4] est absolument faux. On a plutôt en vue de fortifier Dunkerque. On ne veut ni la guerre ni conquête. Le royaume est dépeuplé, la confusion y règne, et le négoce souffre; on ne songe qu'à redresser ces choses.

Un des griefs du Roi est que vous ne lui avez pas écrit »Mon cher Frère« à l'occasion de son assassinat,[5] ce qui a été fait par le roi d'Angleterre. Il a pris cela comme une marque de haine.

La nouvelle de la perte de la bataille du 22[6] a consterné tout le ministère, surtout Bernis; marque qu'on ne veut pas que vous perdiez la Silésie. On ignorait encore votre nouvelle victoire, quand l'homme est parti."

Die Markgräfin schreibt, ohne Datum: „Pour le coup, nous sommes prisonniers. Les gens que vous avez battus, se sont emparés de toutes nos villes, dont ils se sont fait donner les clefs. Ils ont commencé à agir avec nous comme avec Weimar et Gotha. Le Margrave a été forcé de dire qu'il donnerait les troupes.[7] Nous espérons encore de l'éviter, lorsqu'il faudra marcher. Si cela n'est pas possible, je tâcherai de faire en sorte qu'elles augmentent votre armée; elles sont bonnes et vous serviront fidèlement, pourvu que vous ayez la grâce de leur permettre leur congé, quand la paix se fera. Je réponds surtout de la cavalerie, gens braves et sûrs."

[Breslau, janvier 1758.]

Réponse en chiffre[!]

L'abbé Bernis n'accuse pas juste; je le trouve en défaut dans la plus grande partie des choses qu'il dit:

1° Il n'est point vrai que jamais Knyphausen ni qui que ce soit ait déclaré que j'étais prêt d'attaquer le pays d'Hanovre.[8]

---

[1] Die Markgräfin wusste bereits, welchen Eindruck die Schlacht bei Breslau in Paris gemacht hatte, mithin wird das Schreiben etwa 4 Wochen nach dem 22. November anzusetzen sein. — [2] Mirabeau. Vergl. S. 104. — [3] Vergl. Bd. XII, 507. — [4] Vergl. S. 145. — [5] Vergl. Bd. XIV, 208. Anm. 4. — [6] Die Schlacht bei Breslau vom 22. November. Vergl. S. 53. — [7] Vergl. S. 104. — [8] Vergl. Bd. XI, 144. 148. 149. 232. 244. 455.

2° Le traité avec l'Autriche renferme certainement l'article de Flandre et de Silésie. [1]

3° L'abbé de Bernis n'avance toutes ces choses que pour se rendre maître de la négociation.

Pour moi, je n'enverrai pas un marmiton en France; j'ai pris des engagements nouveaux avec l'Angleterre [2] qui sont incompatibles avec toute paix séparée, et assurément je ne les violerai pas. S'ils ont besoin de la paix, il faut les voir venir, et s'ils veulent continuer la guerre, ce ne sera pas par la plume, mais uniquement par l'épée qu'on les rendra susceptibles de sentiments raisonnables.

Federic.

Je plains bien la situation où vous vous trouvez, mais, quelque envie que j'aie de vous être utile, la chose est physiquement impossible à présent, et les troupes épuisées de fatigues ont tout le besoin du repos pour reparaître le printemps qui vient.

Il n'y a que 7000 Saxons rassemblés en Hongrie; j'ai des nouvelles certaines qu'on les fait marcher en grande hâte sur la frontière de la Bessarabie et de la Valachie. [3]

Nach dem Concept. Eigenhändig auf der Rückseite eines Déchiffré des ersten Schreibens der Markgräfin.

9667. AU LIEUTENANT-GÉNÉRAL PRINCE FERDINAND DE BRUNSWICK.

Breslau, 4 janvier 1758.

Monsieur mon Cousin. J'ai bien reçu la lettre que Votre Altesse a pris la peine de me faire du 27 décembre, [4] pour S'expliquer sur le plan d'opérations qu'Elle a suivi jusqu'à présent. Permettez-moi de vous parler avec cette cordialité et sincérité dont j'ai toujours usé avec vous, et de vous dire, en conséquence, que tout ce que vous alléguez des raisons pour avoir différé votre marche contre les Français et pour avoir tourné vers Celle, [5] ne me satisfait pas absolument:

primo, parceque la marche vers Celle est plus loin qu'une vers Nienburg;

en second lieu, tout le pays d'alentour de Celle est fort stérile et d'ailleurs déjà fort épuisé de l'ennemi;

tertio que, si vous voulez tirer l'ennemi hors de ce pays-là, il faut que cela se fasse plutôt par une marche sur Nienburg que vers Hanovre ou Brunswick, où l'ennemi trouve des villes d'où il peut toujours tirer toutes sortes de commodités et d'aisances, au lieu que, si vous le rejetez vers le Wéser, il en manquera bien, et vous aurez aisément fait de lui.

. [1] Vergl. Bd. XV, 369. — [2] Vergl. S. 16. 23. 33. 93. 145. — [3] Vergl. Nr. 9674. — [4] Vergl. diesen Bericht bei Westphalen, a. a. O. II, 180—182. — [5] Vergl. S. 147.

Nous venons d'apprendre ici que Harburg s'est rendu,[1] et qu'on y a pris plus de 3000 prisonniers de guerre. Je vous en félicite d'autant plus que par là la chance se tourne en votre faveur, et je me flatte que vous finirez mieux à présent. C'est là la meilleure occasion que vous pourrez trouver jamais pour rejeter l'ennemi au delà du Wéser.

D'ailleurs, permettez que je vous recommande comme une chose essentielle d'inquiéter et de fatiguer continuellement l'ennemi, qui par là se lassera et se repliera de soi-même.

Dès que vous longerez le Wéser, le pays vous fournira mieux les subsistances; l'ennemi abandonnera l'Hanovre, il fera peut-être quelque résistance à Minden, et il ne voudra pas quitter tout de suite le pays de Brunswick, où il s'est niché en partie. Mais, avec la supériorité du nombre des troupes que vous avez encore sur lui, vous avez à présent le meilleur instant pour le rembarrer. Il faut que vous observiez soigneusement de ne pas le laisser échapper, pour agir avec vivacité. Je suis avec des sentiments d'estime, Monsieur mon Cousin, de Votre Altesse le bon cousin

F e d e r i c.

Nach der Ausfertigung im Kriegsarchiv des Königl. Grossen Generalstabs zu Berlin.

9668. AU PRINCE ÉLECTORAL DE SAXE A DRESDE.

B r e s l a u , 5 janvier 1758.

Monsieur mon Cousin. Après la lettre du 18 décembre que vous avez bien voulu prendre la peine de me faire, et que je viens de recevoir à présent, je n'ai plus hésité un moment de me prêter à vos instances pour vous rendre le comte de Wackerbarth;[2] mes ordres sont même déjà partis, afin qu'il lui soit libre de partir à son gré de Cüstrin à Dresde.

Permettez cependant que j'ajoute à cette complaisance de ma part une condition d'autant plus nécessaire pour prévenir dorénavant tous ombrages et inconvénients entre nous: c'est que Votre Altesse Royale voudra bien tenir la main là-dessus à ce que toutes intrigues et pratiques sourdes de la part des gens de la cour de Dresde,[3] soit dans le pays ou par dehors, cessent entièrement contre moi et les miens, et qu'ils ne trouvent plus de la protection. Votre Altesse conviendra, selon Sa haute pénétration, que tous ces petits et souvent indignes manèges ne mènent jamais au grand but, et ne servent qu'à aigrir et irriter les esprits, l'un contre l'autre, dont ordinairement les mauvais effets qui en résultent ne rejaillent à la fin que sur les auteurs de ces méprisables intrigues ou sur ceux qui les nourrissent. C'est donc la seule

---

[1] Das Schloss von Harburg capitulirte am 31. December 1757. — [2] Vergl. S. 39. — [3] Vergl. Bd. XIV, 558. 559; XV, 495.

chose que je vous demande, à l'occasion de ce que je viens de faire à votre intercession en faveur de M. de Wackerbarth. Je m'attends de votre part à la même déférence et vous prie, au reste, d'être persuadé des sentiments de la haute estime et de la parfaite considération avec lesquelles je suis invariablement, Monsieur mon Cousin, de Votre Altesse Royale le bon cousin

Nach dem Concept. Federic.

9669. AU CONSEILLER PRIVÉ DE LÉGATION DE VIERECK A COPENHAGUE.

Breslau, 6 janvier 1758.

J'ai été bien aise de voir, par le rapport que vous m'avez fait du 27 décembre, l'impression que les représentations solides du chevalier Williams[1] ont faite sur l'esprit des ministres danois et particulièrement sur celui du comte de Moltke. Je veux me flatter et espérer que cela durera et fera du progrès, connaissant d'ailleurs combien messieurs les ministres de Danemark sont inconstants et variables dans leurs résolutions et toujours timides.[2] Peut être, quand ils verront que les Suédois seront bien frottés dans la Poméranie suédoise, que cela opèrera plus encore sur eux pour se déterminer en faveur de la bonne cause, ce qui est une chose bien désidérable.

Nach dem Concept. Federic.

9670. AN DEN GENERALFELDMARSCHALL VON LEHWALDT.[3]

Breslau, 6. Januar 1758.

Ich habe mit vielem Vergnügen aus Eurem letzteren Bericht vom [31.] voriges ersehen, dass Ihr einen so guten Anfang mit Euren dortigen Operationen gemachet,[4] und dass es dergestalt wohl damit gegangen ist, als Ihr Mir solches gemeldet habet. Das Vorgeben derer schwedischen Generalität, als ob sie sich zusammenziehen und das darauf ankommen lassen wollten, ist nichts anders als eine vergebliche Ostentation, und werden sie es gewiss nicht, weder zu einer Bataille, noch zu einer Action kommen lassen. Ihr müsset sie aber nur stark auseinanderjagen und dorfet sie nur brav verfolgen.

Sonsten sollet Ihr nicht vergessen, zugleich so viel Leute dort im Lande aufzubringen, wie wir hier zu Rekruten bei den Regimentern gebrauchen können, als die wir hier sehr nöthig haben.

---

[1] Vergl. S. 85. — [2] Vergl. Bd. XV, 231. 232. — [3] Lehwaldt's Berichte datiren am 31. December aus Anklam, am 3. Januar aus Demmin; am 8., 18., 21., 28., 30. Januar aus Grypswalde d. i. Greifswald. — [4] Lehwaldt meldete, dass er Loitz und Anklam eingenommen habe, die Capitulation von Demmin stehe in Aussicht.

Wenn Senateurs in Schweden in dem dortigen Vorpommern Güter haben, sowie andere gegen uns sehr übel gesinnete Leute, als der dortige Regierungsrath Graf Bohlen[1] und dergleichen, so müsset Ihr solche so mitnehmen, dass sie gänzlich verwüstet werden.

So müsset Ihr gleichfalls in dem schwedischen Pommern brav baares Geld aufbringen lassen, allermaassen Meine Intention ist, dass die sämmtlichen Regimenter von Eurem unterhabenden Corps alles und jedes, was ihnen an Winterquartier-Douceurs gebühret, aus denen in Schwedisch-Pommern aufzubringenden baaren Contributionsgeldern erhalten und bekommen und vor Euer Corps also alles bezahlen; diejenigen Contributionsgelder aber, so Ihr im Mecklenburgischen[2] ausschreiben und eintreiben werdet, zu Meiner Disposition bleiben und das Geld hieher an Mich kommen soll.

Nach dem Concept. *F r i d e r i c h.*

9671. AU DUC RÉGNANT DE BRUNSWICK.[3]

B r e s l a u, 7 janvier [1758].[4]

Monsieur mon Frère et Cousin. Je ne saurais assez marquer à Votre Altesse combien j'ai été sensible à la lettre qu'Elle a bien voulu me faire du 31 décembre, et aux vœux qu'Elle y forme pour moi; je vous prie d'être persuadé de toute ma reconnaissance, et que, si ceux que [je] fais pour Votre Altesse, seront exaucés, l'année que nous avons commencée, sera bien plus favorable et propice pour Elle par un changement entier de Ses affaires.

Je vous remercie, d'ailleurs, de ce que vous avez bien voulu vous expliquer envers moi sur la situation très critique et violente où vos affaires se trouvent actuellement encore; soyez persuadé de la part sincère que j'y prends, et que j'en suis extrêmement touché; mais que Votre Altesse prenne en considération que, pour changer cette situation au mieux, il faut absolument de la fermeté, pour ne pas ruiner tout-à-fait les affaires générales de la cause commune par des ressentiments particuliers.[5]

Je conviens que, par la pernicieuse et honteuse convention que les Hanovriens firent,[6] vous vous trouvez délaissé et abandonné; mais songez, je vous prie, que j'y étais autant intéressé que vous, et que je fus lâchement abandonné par cette indigne convention, au point que l'ennemi se vit les mains libres par là d'abîmer quelques-unes de mes plus belles provinces, et cela justement à un temps où la situation de mes affaires fut assez scabreuse et critique. Grâce à Dieu! j'en suis revenu, et sans penser un moment à quelque ressentiment, j'ai mis plu-

---

[1] Vergl. Bd. X, 513. — [2] Vergl. S. 14. — [3] Das Schreiben des Herzogs vom 31. December ist aus Blankenburg datirt. — [4] In der Vorlage: 1757. — [5] Vergl. S. 106. 107. — [6] Vergl. Bd. XV, 489.

tôt toute mon attention à redresser au possible nos affaires. Que Votre Altesse pense donc que, dans de pareilles occasions, il ne reste que de la fermeté pour se tirer d'embarras, et qu'à cette fin il faut bien sacrifier ses ressentiments particuliers, quoique les plus justes, au bien public. Je connais trop les sentiments généreux de votre cœur et votre attachement pour la bonne cause que je n'en oserais douter un moment; aussi Votre Altesse sera parfaitement persuadée que je serai avec toute l'estime imaginable et avec l'amitié la plus parfaite à jamais, Monsieur mon Frère et Cousin, de Votre Altesse le bon frère et cousin

Nach dem Concept. F e d e r i c.

9672. AU PRINCE HENRI DE PRUSSE A LEIPZIG.

B r e s l a u, 7 janvier 1758.

Mon cher Frère. J'approuve extrêmement les arrangements que vous avez pris touchant les contributions du pays d'Anhalt et les livraisons de recrues,[1] ainsi que pour les contributions saxonnes.[2] Les 1000 recrues anhaltins sont pour nos régiments d'ici, qui en ont le plus grand besoin du monde, et vous pourrez me les envoyer avec des reconvalescents de nos régiments qui pourront être guéris entre ci et un mois, tant de Dresde, de Torgau que de Wittenberg.

Je vous envoie le plan de notre bataille,[3] et je vous promets que ce sera le dernier mot que je vous en dirai, sans quoi vous me prendriez pour aussi fol que Cicéron, qui ne cessait de parler de son consulat.

Les Autrichiens proposent à présent l'échange des prisonniers, à quoi j'acquiesce tête par tête. Ils veulent à tout prix faire la campagne prochaine.

Lehwaldt doit être à présent aux environs de Stralsund;[4] j'espère que cela contraindra ces gueux de Suédois à faire la paix.

Les Hanovriens ont pris Harburg,[5] et le prince Ferdinand n'a attendu que la reddition de cette place, pour se porter sur le Wéser.[6] S'il chasse les Français au fin fond de la Westphalie, ce sera un grand argument pour la paix; mais c'est un grand si.

Mon frère Ferdinand est tout-à-fait hors d'affaire;[7] je vais dans ce moment chez lui. Adieu, mon cher frère, je suis avec la plus parfaite tendresse, mon très cher frère, votre fidèle frère et serviteur

F e d e r i c.

[1] Vergl. S. 52. 127. 146. — [2] Vergl. S. 88. 90. 135. — [3] Liegt nicht bei. — [4] Vergl. S. 154. — [5] Vergl. S. 153. — [6] In ähnlicher Weise spricht der König in einem Schreiben an den Landgrafen von Hessen-Cassel, d. d. Breslau 11. Januar, die Hoffnung aus, dass nach dem Falle von Harburg Prinz Ferdinand mit Nachdruck gegen die Franzosen vorgehen werde. In dem gleichen Schreiben dankt der König dem Landgrafen für die herzlichen Glückwünsche zu den Erfolgen der preussischen Waffen. — [7] Vergl. S. 146.

Si vous jugez à propos de donner permission à quelques officiers français qui ont de fortes raisons pour aller chez eux, je vous en laisse le maître.

Nach der Ausfertigung. Eigenhändig.

9673. A LA MARGRAVE DE BAIREUTH A BAIREUTH.

Breslau, 7 janvier 1758.

Ma très chère Sœur. Mon frère Henri m'a envoyé la lettre que
vous m'avez fait le plaisir de m'écrire. Que ne vous dois-je pas, ma
chère sœur, pour tous les témoignages de la plus sincère amitié que
vous me donnez! Je voudrais, au prix de mon sang, vous en pouvoir
témoigner ma reconnaissance. Certainement, ces sentiments ne s'effa-
ceront de mon cœur qu'avec le dernier souffle de vie.

L'O'Donell que nous avons ici prisonnier,[1] est le cadet, il est mal
blessé; je ne l'ai point vu. Il veut se faire transporter en Bohême, à
quoi j'ai consenti.

Une certaine nouvelle inquiète beaucoup la cour de Vienne. Ils
ont voulu rassembler de l'argent et, toutes les cordes leur ayant manqué,
ils ont voulu obliger les banquiers de leur apporter tous leurs fonds.[2]
Quelle ressource désespérée! quel moyen violent! En vérité, si ce que
l'on me mande de trois endroits, est vrai, la chance pourra changer
étrangement cette année et représenter un tableau tout différent de celui
de cette triste et malheureuse année.

Mon frère Ferdinand a été fort malade de la fièvre chaude,[3] mais
à présent il est hors de danger. On m'écrit que ma pauvre sœur de
Schwedt était mal; on la croit hydropique. J'espère en son tempérament, car nous autres nous avons le tempérament très fort: sans
quoi, vous n'auriez jamais résisté, ma chère sœur, à tous vos
maux, ni moi à tous mes chagrins. Mes deux nièces, dont l'une
est ma belle-sœur,[4] viennent ici; je crois que ma sœur Amélie
viendra aussi. Je vous avoue que je me réjouis de la voir, car je suis
comme un homme qui a été longtemps sur mer, et qui est bien aise
de se trouver pendant quelque temps sur terre et dans un port.

Adieu, ma divine sœur, conservez-vous, si vous m'aimez tant soit
peu, pour que j'aie la consolation de vous revoir, de vous embrasser
et de vous témoigner du moins une partie de ma reconnaissance. Ce
sont les sentiments avec lesquels je serai éternellement, ma très chère
sœur, votre très fidèle frère et serviteur

Federic.

Nach der Ausfertigung. Eigenhändig.

---

[1] Vergl. S. 78 und S. 82 mit Anm. 1. — [2] Vergl. Nr. 9674. — [3] Vergl. S. 127. 156.
— [4] Die Töchter der Markgräfin von Schwedt, der Schwester des Königs, Friederike
Dorothee Sophie und Anna Elisabeth Luise waren vermählt, die ältere mit dem Prinzen Friedrich Eugen von Württemberg (vergl. Bd. X, 160; XI, 210), die jüngere mit
dem Prinzen Ferdinand von Preussen (vergl. Bd. XI, 179). Beide Prinzen befanden
sich im Heere des Königs, sie waren gleich nach der Schlacht bei Leuthen beide zu
Generallieutenants befördert worden.

9674. A LA MARGRAVE DE BAIREUTH A BAIREUTH.

[Janvier 1758.]¹

Je vous rends mille grâces des nouvelles que vous m'avez communiquées à la suite de votre lettre. Le maréchal Keith vient de me marquer² qu'il a parlé à un marchand qui est parti de Vienne le 15 du mois passé, qui lui a dit que la consternation y est inexprimable, tant à cause de la bataille perdue à Lissa que par rapport aux mauvaises nouvelles qu'ils ont reçues de leur ministre à Constantinople, qui ne leur laissent plus douter que la guerre avec le Turc ne commence cet été; que la confusion était augmentée par un ordre que l'Impératrice avait donné que tous les banquiers devaient porter l'argent comptant qu'ils avaient dans leurs caisses, à la banque de Vienne, d'où ils devaient recevoir des billets de ladite banque pour la valeur; que ses deux correspondants avaient résolu de cacher leurs espèces, ne voulant se fier au crédit public, et craignant qu'on pourrait faire une recherche dans les maisons des négociants.

Si ces nouvelles et surtout celle des Turcs se confirment, les circonstances pourraient bien changer; et comme le roi de Pologne crie à la paix, qu'il faut croire que les Suédois, poussés et resserrés en Poméranie, s'accommoderont, il faut se flatter que nos affaires prendront encore un meilleur train que nous n'en avions osé espérer, surtout si le prince Ferdinand de Brunswick se prend habilement pour battre ou rejeter les Français au delà du Wéser.

Nach dem Concept.³   **Federic.**

9675. AU FELD-MARÉCHAL DE KEITH.⁴

Breslau, 7 janvier⁵ 1758.

Mon cher Maréchal. J'ai reçu les lettres que vous m'avez faites du 3 de ce mois. Ce qu'on vous a dit du nombre de la garnison d'Eger, a été grossi, et je sais de très bonne main que le but du mouvement des troupes de l'Empire est de fortifier l'armée autrichienne, d'entrer dans les garnisons de la Bohême et de Moravie, pour qu'ils puissent en retirer leurs troupes. L'on m'en marque qu'il était très sûr que les troupes des Cercles allaient en Bohême et en Moravie,

---

¹ Das Schreiben wird vom 7. Januar zu datiren sein. Vergl. den Erlass an Keith vom 7. Januar. Nr. 9675. — ² Vergl. Nr. 9675. — ³ Das Schreiben wurde chiffrirt gesandt, das voranstehende eigenhändige (Nr. 9673) unchiffrirt, vermuthlich mit dem gleichen Boten. Vergl. S. 66. Anm. 2. — ⁴ Die Berichte Keith's im Januar sind datirt am 3. und 12. aus Chemnitz, am 20. und 28. aus Dresden. — ⁵ In einem vorangehenden Erlass vom 2. Januar billigt der König die Anordnung der Kantonirungsquartiere Keith's und befiehlt, aus Sachsen Geld und so viel tüchtige Rekruten einzuziehen, dass alle Regimenter Keith's complet und übercomplet werden. An Finck in Dresden und an Keith sendet der König am 14. Januar einen Generalpardon für alle aus der preussischen Armee desertirten Sachsen.

qu'elles devaient y remplacer les garnisons que les Autrichiens voulaient tirer de leurs forteresses, qui devaient se joindre à l'armée du prince Charles; que ceux de Bamberg et de Würzburg défilaient déjà du côté de Nuremberg, pour entrer en Bohême par Pilsen, et qu'au surplus la garnison d'Eger consistait en deux bataillons.

Je vous sais parfaitement gré des nouvelles que vous m'avez mandé avoir apprises d'un marchand venant de Vienne.[1] Je serais bien aise, si surtout celle par rapport aux Turcs fût vraie, comme je commence presque à le croire, m'étant déjà revenu d'autres lieux des nouvelles sur ce sujet qui paraissent la confirmer. Sur ce, je prie Dieu etc.

Nach der Ausfertigung.   F e d e r i c.

9676. AN DEN GENERALFELDMARSCHALL VON LEHWALDT.

Breslau, 7. Januar 1758.

Ich habe Euern Bericht vom 3. dieses erhalten, auch ganz gerne ersehen, dass Ihr Euch von Demmin Meister gemachet.[2] Ich begreife gar wohl, dass Ihr wegen der Saison und des eingefallenen starken Frostwetters diesen Ort nicht anders als mit Accord nehmen können. Jetzo aber wird es ohnumgänglich nöthig sein, dass Ihr dorten mit etwas Vivacité agiret und den Feind pressiret und etwas anhänget, wenn es auch nur etwas wäre, auf dass die Wohlgesinneten in Schweden durch den daher erfolgenden Éclat Gelegenheit nehmen, auf ein Accommodement zu pressiren und die Sachen mit Mir zu einem Frieden zu bringen.

Was Ihr sonsten von Euren jetzigen Dispositionen meldet, daraus begreife Ich sehr wohl, wie Ihr Euch vornehmet, Stralsund von ferne zu bloquiren. Es ist aber alsdenn ganz nothwendig, dass Ihr alle Dörfer, so zwischen Euch und solchem Ort liegen, völlig ausleeren und dergestalt ausplündern lassen sollet, dass der Feind nicht die geringste Subsistance darin finden, noch sich in solchen souteniren kann.

Im übrigen werdet Ihr nicht vergessen, aus dortigen Gegenden so viel Rekruten zu nehmen und an Mich hieher zu schicken, als nur möglich ist; wie Ich dann rechne, von Euch 1000 Rekruten aus Schwedisch-Pommern und 4000 aus dem Mecklenburgischen, desgleichen an 1000 und drüber Dragonerpferde, sowie auch 3000 Pferde zum Behuf der Artillerie, Ammunitions- und Proviantwagens vor Meine hiesige Armee zu bekommen. Wornach Ihr Euch dann also zu arrangiren und diese Meine Intention bestens zu erfüllen Euch angelegen sein lassen sollet.

P. S.

Die Türken fangen sich an zu bewegen.[3] Dieses wird unserer Sache ein ganz anderes Ansehen geben.

Nach dem Concept.   F r i d e r i c h.

[1] Diese Mittheilungen sind wiedergegeben in dem vorangehenden Schreiben an die Markgräfin von Baireuth. Nr. 9674. — [2] Vergl. S. 154. Anm. 3. — [3] Vergl. Nr. 9674.

9677. UNTERREDUNG DES KÖNIGS MIT DEM GROSS-
BRITANNISCHEN MINISTER MITCHELL.

[Breslau, 8. Januar 1758.]

Mitchell berichtet an Holdernesse, Breslau 11. Januar: „I arrived here last Sunday[1] evening and had the honour to wait on His Prussian Majesty that night. I found him pleased and happy, but not elated with the great and almost incredible success of his arms, he talks of the action of the 5th December and of what has followed since, with the modesty becoming a hero whose magnanimity is not to be affected with the smiles nor with the frowns of Fortune. . ."

Mitchell berichtet an Holdernesse, Breslau 11. Januar (private), er habe den König gebeten, so schnell wie möglich die gesammten Truppen Lehwaldt's nach Hannover zu senden. „The King . . . answered fairly that he would do every thing that was possible, but that he must first finish affairs with the Swedes, which he thought would be very soon at an end; and on this occasion he highly praised the conduct of *maréchal* Lehwaldt, and added that it would be impossible to send the infantry of that army to succour Prince Ferdinand, as they had kept the field ever since April last, but that he would send a great part of the dragoons and hussars[2] . . .

I humbly begged [the King] that he would be pleased to form a plan of operations for the next campaign, which he promised to do, and at the same time he insisted on the necessity of sending a body of English troops[3] to join the King's army, and said, if it was possible to keep Russia quiet, that the whole army of Lehwaldt should join with the King's, he likewise told me that he heard the Port was favourably disposed to make a diversion[4] and hoped we would not fail on our part to improve those dispositions. . ."

Nach den Ausfertigungen im Public Record Office zu London.

9678. AU MINISTRE DE LA GRANDE-BRETAGNE MITCHELL
A BRESLAU.

[Breslau, janvier 1758.]

Voici, mon cher Monsieur Mitchell, le résultat de quelques bouffées de politique qui me sont montées à la tête.[5] Je ne sais si elles valent la peine d'être envoyées à votre cour; je crois que ces réflexions se sont présentées à vos ministres tout comme à moi, et que tout le monde comprend que, [dans] la guerre la plus animée que l'Europe ait vue de longtemps, où la plus faible partie de l'Europe est obligée de lutter avec la plus considérable, il convient que tout soit nerf et vigueur de

---

[1] 8. Januar. — [2] Vergl. S. 116. — [3] Vergl. S. 41. 72. 108. — [4] Vergl. S. 158.
— [5] Als Beilage übersandte der König eine Abschrift der unter Nr. 9679 gegebenen Denkschrift.

la part des plus faibles, il nous convient de faire usage de tout, pour résister au nombre et prévenir les sinistres desseins de nos ennemis, il ne faut ni membre paralytique ni engourdi dans notre alliance. Notre cause est celle de tous les souverains : il s'agit de sauver la liberté du genre humain; notre intérêt nous y porte, mais bien plus la gloire de résister à ce que le monde connaît de plus formidable. Après tout, si l'Angleterre seconde dans cette occasion présente ses alliés d'Allemagne, elle ne fera que suivre le chemin que la reine Anne, le roi Guillaume et la saine politique anglaise a tenu de tout temps; le chemin est tout tracé, il n'y a qu'à le suivre, et j'ose y ajouter que c'est le seul pour se tirer avec honneur et gloire du mauvais pas où nous sommes engagés.

J'abandonne le reste à vos propres réflexions, à votre bon sens, à votre zèle pour la gloire et l'avantage de la nation respectable dont vous êtes le ministre, et je ne doute point que le commentaire que vous voudrez bien ajouter à ce texte, ne lui soit infiniment préférable.

Adieu, mon cher, à vous revoir demain.

Federic.

Nach der Ausfertigung im British Museum zu London. Eigenhändig.

9679. MÉMOIRE. [1]

Comme il est assez connu que les armes de l'Angleterre n'ont pas prospéré jusqu'ici en Amérique, et que, malgré les grandes dépenses que la Grande-Bretagne a faites pour ses armements maritimes, le succès n'a pas répondu à ses espérances, il paraît probable qu'elle ne pourra pas s'indemniser de ses pertes par d'autres moyens que par le succès qu'elle et ses alliés pourront avoir sur terre. Les Anglais n'ont repris aucun des forts que les Français leur ont enlevés en Amérique, ni ils n'ont pu faire de conquête qui pût, à la paix prochaine, servir d'échange contre Port-Mahon; [2] ses grandes flottes n'ont rien effectué, et elle entretient, dans le royaume, passé 50,000 hommes de troupes qui ne lui rendent aucun service. Autant qu'il importait, l'année 1756, d'avoir ces troupes pour garantir le royaume des descentes dont il était menacé

---

[1] Die Denkschrift sowohl wie das Begleitschreiben des Königs (Nr. 9678) führen ein Datum. (Sie befinden sich im British Museum in Vol. 6843 der Additional MSS. hinter dem Monat October 1758.) Mitchell schreibt in dem „private and very secret" bezeichneten Bericht vom 9. Februar 1758 an Lord Holdernesse, bei einer Erörterung über die Sendung englischer Nationaltruppen nach Deutschland: „Just after my arrival at Breslau, I had prevailed with His Prussian Majesty to take back a very strong memorial, which he had drawn up on the subject, and desired me to transmit to England." Die gleiche Angabe wiederholt Mitchell in einem Bericht vom 12. März 1758. Nach Breslau kam Mitchell am 8. Januar, noch an demselben Abend beschied ihn der König zum Abendessen. (Vergl. Mitchell's Tagebuch in Bisset a. a. O. Bd. II, S. 2.) — [2] Vergl. Bd. XIII, 611.

de la part des Français, [1] autant ces troupes paraissent-elles à présent hors d'œuvre, que les Français n'ont pas un homme de reste pour l'employer à des descentes sur l'Angleterre: toutes leurs troupes de terre sont dans l'île de Minorque, en Corse, dans le Canada, surtout le grand nombre en Allemagne. Pendant que les Français font usage de toutes leurs forces, et qu'ils attaquent les Anglais et leurs alliés avec toute leur puissance et celle des plus considérables puissances de l'Europe, l'Angleterre n'emploie qu'une partie de ses forces et tient les autres inutiles: il semble voir un homme robuste et fort, qui se bat avec un autre qu'une paralysie a privé de l'usage d'un bras. Quel avantage l'Angleterre peut-elle espérer de cette conduite, sinon que de voir peut-être écraser ses alliés en Allemagne et de voir triompher la France, qui certainement, après avoir donné la loi en Allemagne et se trouvant en possession d'Ostende et de Nieuport, ne manquera pas de porter alors toutes ses forces contre les îles britanniques.

Voici d'autres considérations. On sait que l'Angleterre a garanti l'électorat d'Hanovre; [2] le cas de le secourir est arrivé: sera-t-il dit que cette nation généreuse ne volera pas aux secours des États de son Roi? et voudrait elle s'exclure elle-même de l'influence qu'elle a eue de tout temps dans les affaires d'Allemagne? De plus, tant qu'il n'y aura point de troupes anglaises jointes à l'armée des alliés qui en a grand besoin, comment peut-on se flatter que cette armée, telle qu'elle l'est à présent, avec quelque secours de Prussiens, puisse forcer les Français de repasser le Rhin? Si les Anglais s'y joignent, certainement il n'y a rien de plus possible, mais même de plus vraisemblable, et alors sans doute les Hollandais, voyant une armée victorieuse qui leur tend les bras, ne manqueront pas de se déclarer, de se joindre à elle et d'obliger les Français à quitter Ostende, Nieuport et à renoncer à tous les ambitieux projets. Il me paraît donc ou qu'il conviendrait à l'Angleterre d'envoyer quelques secours de ses troupes en Allemagne pour tirer parti de ses forces, ou que, si des raisons difficiles à deviner l'en dissuadent, qu'elle ferait mieux de réduire ces troupes inutiles, pour s'épargner cette dépense et de faire en revanche de plus grands efforts sur mer, pour gagner du moins sur un des deux éléments la supériorité sur l'ennemi éternel de sa puissance et des libertés de l'Europe.

Nach der eigenhändigen Aufzeichnung des Königs im Königl. Geh. Staatsarchiv zu Berlin; übereinstimmend mit der Mitchell übergebenen, zur Absendung an die englische Regierung aber nicht gelangten Abschrift im Nachlass Mitchell's im British Museum zu London.

9680. AN DEN ETATSMINISTER GRAF PODEWILS IN BERLIN.

Breslau, 9. Januar 1758.

In beikommendem Paquet habe ich auf allergnädigsten Befehl eine Abschrift von der Originalcapitulation wegen Liegnitz[3] an Ew. Excellenz

[1] Vergl. Bd. XIII, 609. — [2] Vergl. Bd. XII, 16. — [3] Vergl. S. 131. Anm. 2

mit übersenden sollen, um solche in teutsch- und französischer Sprache durch den Druck sowie sonsten auch in denen publiquen Zeitungen publiciren zu lassen.[1] Ich habe vor mich noch eine kurze Nachricht von dem, was bei solcher Gelegenheit vorgefallen, mit beigeleget, und ist sonsten bei dieser Occupation der Stadt Liegnitz *de part et d'autre* kein Schuss geschehen.

Des Herrn Grafen von Finckenstein Excellenz seind gestern gegen Abend glücklich hier angekommen,[2] nachdem M. Mitchell kurz vorher hier eingetroffen waren.[3]

Hiesiger Orten ist sonsten wegen der Kriegesoperationen, und nachdem die Bloquade von Schweidnitz formiret worden, die übrigen Regimenter aber in die ihnen assignirte Quartiere gegangen seind, alles so stille, als ob ein Waffenstillstand getroffen worden. Die commandirende Generalität zu Schweidnitz machet sich zwar zu Zeiten den Zeitvertreib, auf die Vedettes derer Vorposten von der zur Bloquade commandirten und cantonnirenden Postirung brav canoniren zu lassen, welches aber bisher, ohne dass der allergeringste Schaden dadurch verursachet worden, geschehen ist.

In Oberschlesien hat der bekannte Obriste von Werner den vor sich gehabten Feind so weit getrieben und poussiret, dass derselbe, nämlich ersterer, auch Meister von Troppau geworden und noch bis dato sein Quartier daselbst hat.[4] Da sich aber, dem Verlaut nach, der Feind nach aller Möglichkeit in Mähren verstärket, so stehet dahin, ob dessen Absicht sei, den Obristen von Werner wiederum aus Troppau zu drängen, oder aber, ob er nur seinen Cordon an den mährischen Grenzen so formiren wolle, dass er keine Invasion unsererseits in Mähren zu befürchten habe, als deshalb die Furcht und das Flüchten derer Leute, insonderheit der dortigen Geistlichkeit, sehr stark sein soll. Oberschlesien ist sonsten von dem Feinde ganz gesäubert worden, so dass er bisher nur noch ein oder zwei Posten, und zwar in seinem eigenen Antheil, in Oberschlesien hat, die er zu souteniren suchet, da inzwischen der Obriste von Werner auch bis in das Teschensche Contributions ausschreibet.

Dieses ist das wenige, so ich Ew. Excellenz zu einiger Information von unserer hiesigen Situation zu melden die Ehre haben kann.

Nach der Ausfertigung.   E i c h e l.

---

[1] Die Capitulation von Liegnitz wurde u. A. gedruckt in den „Berlinischen Nachrichten" Nr. 6 von Sonnabend 14. Januar; beigefügt ist ein Bericht über die Belagerung und die Einnahme, sowie ein Verzeichniss der erbeuteten Geschütze, der Munition und der Lebensmittel. Vermuthlich gehen diese Mittheilungen auf die oben von Eichel übersandte, aber nicht mehr vorliegende „kurze Nachricht" zurück. Die Capitulation und die übrigen Berichte auch gedruckt Danziger „Beyträge" Bd. IV, S. 99—104. — [2] Vergl. Nr. 9625. — [3] Vergl. S. 95. — [4] Vergl. S. 132. 135. 137.

9681. AN DEN GEHEIMEN KRIEGSRATH EICHEL IN BRESLAU.

[Breslau, Januar 1758.][1]

1. Ein Brief an meinen Bruder Heinrich: Monsieur de Fraigne, der in Berlin bei Valory war, hält sich in Zerbst auf, um zu spioniren.[2] Er möchte ihm mit einem Commando Husaren aufheben lassen und nach Magdeburg bringen.

2. Ein Brief an den Obersten Barleben nach Sagan und Saldern, benebst einer Quartierliste, so ich mitschicken werde, damit von Sagan aus die Reconvalescirten gleich den nächsten Weg nach ihre Regimenter nehmen, und Barleben soll weder Neumark noch die Dörfer bei Lissa berühren, wor östreichsche Kranken und Blessirten gelegen haben,[3] und lieber ummarschiren gegen den Zobtenberg[4] und von dar hier her.

Eigenhändige Weisungen für den Cabinetssecretär.   F r i d e r i c h.

9682. A LA PRINCESSE GOUVERNANTE DES PROVINCES-UNIES A LA HAYE.

Breslau, 11 janvier 1758.

Madame ma Cousine. Les sentiments d'amitié que Votre Altesse Royale m'a toujours témoignés,[5] me sont de sûrs garants de la part qu'Elle aura prise à mes derniers succès, et la confiance qu'Elle a su m'inspirer, m'engage à Lui ouvrir mon cœur sur la situation avantageuse où les affaires se trouvent dans le moment présent, et sur les espérances flatteuses que j'ai lieu d'en concevoir pour l'avenir. Je suis après à me concerter avec le roi d'Angleterre sur les opérations de la campagne prochaine, et il ne tiendra certainement pas à moi qu'elle ne soit aussi vigoureuse qu'elle doit l'être, pour assurer la liberté de l'Empire et pour rétablir la tranquillité de l'Europe. J'espère que les Suédois se verront bientôt dans la nécessité d'en venir à une paix séparée, qui, en me débarrassant d'un ennemi de plus, me mettra en état de faire de nouveaux efforts pour la cause commune en général et pour l'armée alliée en particulier.[6] C'est là un objet que je ne perdrai jamais de vue, et Votre Altesse Royale peut compter que je ferai tout ce qui sera humainement possible pour fortifier et épauler cette armée, autant que les circonstances pourront me le permettre.

Il serait bien à désirer que la République voulût profiter de ces mêmes circonstances pour agir en conformité de ses véritables intérêts et pour arrêter les vastes projets qui menacent sa liberté et son indépendance. Elle pourrait le faire en augmentant dès à présent ses

---

[1] Der Befehl an Prinz Heinrich, de Fraigne verhaften zu lassen, wurde am 11. Januar ausgefertigt und mit Estafette abgesandt. — [2] Vergl. schon Bd. XIII, 542. — [3] Vergl. S. 147. — [4] Vorlage: Zohtenberg. — [5] Vergl. Bd. XIV, 554. — [6] Vergl. S. 160.

troupes de terre,[1] et cette seule résolution suffirait peut-être pour inspirer des idées de conciliation aux cours de Vienne et de Versailles.
Ce serait, d'ailleurs, le parti le plus convenable à la gloire de l'État et
à l'avantage de la religion protestante, et le zèle que je connais à Votre
Altesse Royale pour tout ce qui intéresse le bien public, me fait espérer qu'Elle ne négligera aucun des moyens qui pourront conduire à un
but si salutaire.

Animé des mêmes sentiments, Votre Altesse Royale peut être persuadée que la République trouvera toujours en moi un ami sincère et
disposé à la soutenir dans toutes les occasions, et je serai charmé en
particulier de pouvoir donner à Votre Altesse Royale et à Sa maison des
preuves de cette amitié inaltérable avec laquelle je suis, Madame ma
Cousine, de Votre Altesse Royale le très affectionné cousin

Federic.

Nach dem Concept; von der Hand des Grafen Finckenstein.[2]

9683. AU CONSEILLER PRIVÉ VON DER HELLEN A LA HAYE.

Breslau, 11 janvier 1758.

J'ai bien reçu votre dépêche du 31 [du] mois [passé],[3] et je suis
très sensible à la confiance que le sieur Yorke vous témoigne; vous ne
manquerez pas d'en remercier ce ministre bien intentionné de ma part,
et de lui marquer dans les termes les plus obligeants la satisfaction que
je ressens de sa conduite à mon égard et de son zèle pour l'avancement des intérêts communs. La lettre ci-close[4] que j'ai écrite d'après
ses idées, et que vous aurez soin de remettre à la Princesse Gouvernante,
prouvera au susdit ministre le cas que je fais de ses conseils. J'espère
que cette lettre ne laissera pas que de faire quelque impression sur
l'esprit de la Princesse et de ceux auprès desquels elle jugera à propos
d'en faire usage, et je me flatte que le sieur Yorke profitera de cette
occasion pour pousser à la roue, et pour porter enfin l'augmentation
des troupes de terre à sa consistance. Je ne vous cacherai cependant
pas que je ne fais pas grand fond sur le succès de cette négociation;
l'expérience du passé, la faiblesse et l'abâtardissement des Hollandais,[5]
l'ascendant que la France a su gagner sur eux, leurs divisions intérieures
et la jalousie du commerce qui subsiste toujours entre eux et les
Anglais,[6] ne me laissent que très peu d'espérance de ce côté-là. Avec

---

[1] Vergl. Bd. XIV, 554. — [2] Eichel hatte, Breslau 11. Januar, den Grafen
Finckenstein gebeten, das Schreiben an die Prinzessin von Oranien und den Cabinetserlass an Hellen (Nr. 9683) zu entwerfen, „da ich mich dergleichen delicate und importante Expedition alleine zu fertigen, nicht stark noch routiniret genug zu sein erachte.“ — [3] In der Vorlage: „de ce mois“. Für das Schreiben an die Regentin Anna
und für den obigen Cabinetserlass an Hellen befindet sich eine eigenhändige Weisung
des Königs auf der Rückseite von Hellen's Bericht, d. d. Haag 31. December 1757.
— [4] Nr. 9682. — [5] Vergl. Bd. XIV, 553; XV, 265. 279. 280. — [6] Vergl. Bd. XIII,
298. 579; XIV, 554.

tout cela, il est toujours bon de ne pas se laisser décourager, et il est vrai encore que, s'il y eut jamais un moment propre pour réveiller ces républicains, c'est celui d'à présent, où mes succès contre les Autrichiens et les Français, la situation désavantageuse où se trouvent les Suédois, et les mouvements de l'armée alliée leur fournissent la plus belle occasion du monde de se décider, tandis que les projets de la France sur les Pays-Bas et le danger éminent qui menace la religion protestante, aussi bien que leur propre liberté, devrait naturellement leur ouvrir les yeux. C'est aussi ce que vous tâcherez, de votre côté, de glisser adroitement dans vos entretiens avec le Greffier [1] et les Régents bien intentionnés de l'État.

Nach dem Concept; [2] von der Hand des Grafen Finckenstein. F e d e r i c.

9684. AN DEN GENERALLIEUTENANT VON ZIETEN. [3]

Breslau, 11. Januar 1758.

Ich habe Euren Rapport vom 9. dieses erhalten und danke Euch zuvörderst vor die Mir darin communicirte Nachrichten. Was aber die Bruits von denen Bewegungen des Feindes in Böhmen und dessen Aussprengen, als ob er 20,000 Mann stark sei, anbetrifft, da kann solches ohnmöglich wahr und gegründet sein, da der Feind nicht im Stande ist, so viel frische Truppen zusammenbringen zu können, mithin Ich bis dato davor halte, dass er solche Bruits nur ausgestreut, um Euch zu allarmiren und, wo möglich, irre zu machen. [4] Inzwischen ist es doch sehr gut, dass Ihr die behörige Attention habt, auch Euch alle Mühe gebet und suchet, so viel Nachrichten, als nur immer möglich zu haben seind, [einzuziehen], inzwischen da Ihr Mir denn auch von solchen sowie von allen andern Bagatelles, so Ihr darunter nur erfahret, sofort und zum öftern Communication thun und Mir solche melden müsset. [5]

---

1 Fagel. — 2 In einem vom 12. Januar datirten Postscript zu dem obigen Cabinetserlass weist der König die Verwendung des französischen Gesandten Grafen Affry für einen bei Rossbach gefangenen französischen Officier zurück. — 3 Die Berichte Zieten's vom Januar 1758 sind aus Landshut datirt. — 4 Aehnlich äussert der König, Breslau 12. Januar, in einem Erlass an Zieten: „Es ist zu urtheilen, dass dessen [des Feindes] jetzige Bewegung nur geschiehet, um Euch zu allarmiren." Auf den Bericht Zieten's vom 16. Januar verfügt der König eigenhändig auf der Rückseite: „Sie hätten die grösste Furcht, dass wir nach Mähren kämen; ist gewisse. Vorjetzo wird allda noch alles stille bleiben" (demgemäss Erlass an Zieten, Breslau 18. Januar); auf der Rückseite eines Berichts vom 19. Januar ebenfalls eigenhändig: „Es ist weiter nichts bis dato; aber ob nicht was wieder wird nach der Lausnitz wollen, da stehe ich nicht vor" (demgemäss Erlass, d. d. Breslau 20. Januar); auf der Rückseite eines Berichts vom 23. Januar findet sich von Eichel's Hand die Weisung: „Möchte doch denken, dass sie jetzt nicht im Stande, 12,000 marschiren zu lassen; müssten sich ja auslecken und ausbessern, und wüsste gar nicht, wo sie dahin wollen, wie er stehet mit der ganzen Postirung vor, können nicht mehr durch." Am 29. Januar schreibt der König an Zieten, es könne wohl nicht viel sein „was sich dorten vom Feinde nach dem Glatzischen gezogen hat." — 5 Ebenso hatte der König auf einen Bericht

Im übrigen habe Ich Mühe, zu glauben, dass des Feindes Endzweck sein könne, die Garnison zu Schweidnitz succurirren zu wollen, maassen Ich nicht begreife, in was vor Absicht der Feind solches unternehmen wolle, da er erwähnter Garnison kein Holz, als woran es ihr sonderlich fehlet, hereinbringen kann, Pulver aber und Mehl in Schweidnitz genungsam vorhanden ist.

Nach Abschrift der Cabinetskanzlei. Friderich.

9685. AU LIEUTENANT-GÉNÉRAL PRINCE FERDINAND
DE BRUNSWICK.

Breslau, 13 janvier 1758.

Monsieur mon Cousin. J'ai reçu la lettre du 5 que Votre Altesse m'a faite. Je suis bien aise que la ville de Harburg se soit rendue,[1] quoiqu'il eût mieux valu de prendre ces gens prisonniers de guerre. Je sens bien cependant que la rigueur de la saison et la rareté des subsistances ont fait préférer le parti de leur accorder cette capitulation-là.

Je comprends bien que vous manquez de bien des choses, mais je vous prie de ne point oublier que, dans de pareilles occasions que celle-ci, il faut se passer des choses, utiles à la vérité, mais non pas essentielles pour le grand coup que vous méditez. J'ai toujours pensé que, si je vous portais du secours, ce ne pourrait être qu'à la mi-février, d'autant plus qu'il fallait que le maréchal Lehwaldt eût fini son expédition. Quant à votre projet[2] en soi-même, je le trouve bon et crois qu'il réussira, mais voyez mes petites réflexions, dont je crois que vous pourrez faire usage. Le premier point est d'observer sur votre projet le plus grand silence du monde, même de le cacher à vos officiers de l'armée; en second lieu, d'éclairer qui sont là-bas les espions de votre armée. La troisième chose est, quand vous connaîtrez ces gens-là, de les tromper eux-mêmes et donner des couleurs toutes différentes à vos desseins, pour qu'en trompant et votre armée et les espions français, vous parveniez d'autant mieux à tromper les Français.

Cela pourra se faire ou sous prétexte de différents arrangements pour les cantonnements des troupes ou en répandant des bruits que l'armée manque de tout au monde, que l'on ne savait plus de quel bois faire flèche pour la subsistance, que l'armée était délabrée etc. Plus vous donnerez cours à de pareilles nouvelles et plus vous tromperez les Français, parceque l'on aimera à croire ce que l'on désire et souhaite. Mais si vous croyez que les Français savent votre projet, ou que vous

---

Zieten's vom 5. Januar auf der Rückseite eigenhändig den Befehl niedergeschrieben, Zieten solle wegen des Feindes immer Nachrichten geben. (Der demgemäss aufgesetzte Erlass, ebenso wie der den Bericht vom 23. Januar beantwortende Erlass liegen nicht mehr vor.)

[1] Vergl. S. 153. 156. — [2] Vergl. hierzu das Schreiben des Prinzen an den König, d. d. Uelzen 5. Januar, in: Westphalen a. a. O. II, S. 182—184.

ne puissiez leur cacher les mouvements que vous faites, en ce cas-là vous pourriez débiter que vous irez du côté de Gifhorn, pour vous joindre aux 3 régiments de Wésel,[1] à un bataillon franc que je fais lever, et quelque cavalerie que j'ai de ce côté-là, pour marcher avec eux droit sur Wolfenbüttel et sur Brunswick. Il faut un concert pour qu'autant que vous vous mettrez en mouvement, je fasse en même temps remuer ces troupes du côté de Halberstadt. Cela donne plus de vraisemblance à ce projet-là. Si alors les Français prennent la route de Brunswick et de Wolfenbüttel pour s'assembler, vous aurez le temps de prendre Nienburg avant eux. Si Richelieu court alors du côté de Wéser, et qu'il n'oppose rien à mes 6 bataillons, ils seront en état d'enlever le magasin français de Helmstedt et de nettoyer le plat pays de Brunswick pour le remettre sous l'obéissance du Duc.

Quant à l'article de la grosse artillerie, je donnerai volontiers mes canons, mortiers, boulets et bombes qui sont à Tœnning.[2] Comme mon résident à Hamburg, le sieur Hecht, est instruit du nombre de toute l'artillerie, savoir canons, mortiers, boulets et bombes qui y sont, je lui ai donné mes ordres, afin qu'il fasse en livrer à Votre Altesse le nombre qu'Elle lui en demandera; ainsi qu'il n'y aura plus qu'à prendre avec lui un concert à ce sujet, pour en faire venir à vous, autant que vous en trouverez nécessaire. Il y a cependant encore un article [que je demande][3] pour cela, c'est que vous recevrez l'artillerie et la munition contre une bonne attestation spécifique en forme, et que l'on me donne, de la part des ministres d'Hanovre, une assurance par écrit que l'on me restituera non seulement l'artillerie, dès que Votre Altesse n'en aura plus besoin, mais aussi, si d'ailleurs le cas arrivait que l'ennemi s'emparait de quelques pièces, qu'alors on m'en rembourse le prix pour chaque pièce perdue, à une certaine taxe qu'on y mettra, et que, de plus, l'on me paiera les boulets et bombes dont on se servira contre l'ennemi, à un certain prix à régler, afin que je sois indemnisé de tout ce dont on se sera servi.

Voilà sur quoi vous vous concerterez avec les ministres d'Hanovre. Pour ce qui en est de la poudre à canon, je ne sais pas exactement s'il y en a à Tœnning; mais supposé qu'il y en ait, vous en commanderez aux mêmes conditions que par rapport aux autres munitions. Mais si, par hasard, il n'y avait là point de poudre, je ne saurais point vous en assister; car d'en faire venir de Stettin, ce serait trop difficile, et d'ailleurs je n'en saurais dépouiller cette forteresse, parceque, si la Fortune était contre vous, l'envie saurait bien prendre aux Français de tenter quelque chose contre cette place.

Quant au secours que je pourrai vous destiner, il pourrait consister en 5 escadrons de dragons et 6 escadrons de hussards,[4] que je ferai dé-

---

[1] Die nach Magdeburg verlegten 3 Weselschen Regimenter. Vergl. S. 97. 98; Bd. XV, 238. — [2] In der Gottorpschen Feste Tönning befand sich die aus Wesel fortgeschaffte (vergl. Bd. XIV, 494. 554) preussische Artillerie. — [3] Ergänzt nach dem Concept. — [4] Vergl. S. 116. 160.

tacher sous les ordres du lieutenant-général prince de Holstein-Gottorp,[1] bon officier et admirable pour les avant-gardes et pour toutes les actions vigoureuses. Mais il faut à présent que je sache par quel chemin vous voudriez [les] avoir, et à quel jour du côté de Lüneburg, et si d'ailleurs l'on pourra les nourrir, article principal sur lequel il faut de toute nécessité que je sois instruit le plus tôt possible, tant sur le pain que sur l'avoine, seigle et du reste qu'il faut pour les nourrir sans ma concurrence. Soyez persuadé, au reste, qu'on ne saurait être avec plus d'estime que je suis sincèrement, Monsieur mon Cousin, de Votre Altesse le bon et très affectionné cousin

F e d e r i c.

9686. AN DEN GENERALMAJOR VON LATTORFF IN COSEL.

B r e s l a u , 13. Januar 1758.

Mein lieber Generalmajor von Lattorff. Nachdem Ich den Einhalt Eures Schreibens vom 9. dieses und dessen, so der Obrist von Werner an Euch gemeldet hat,[2] mit mehrern ersehen, so gebe Ich Euch deshalb in Antwort, wie Jägerndorf von uns mit einer Garnison zu besetzen nicht angeht, weil es wegen seiner Situation ein recht schlechter Ort und garstiger Posten ist, worin sich keine Garnison wegen der Anhöhen und Berge, so solchen commandiren, halten kann. Daher Mein Rath nicht ist, Garnison darin zu legen. Vielmehr ist Meine Intention, dass, so oft die Oesterreicher sich in Jägerndorf legen, solche wieder herausgejaget werden müssen, oder aber, wann sie darin einmal Halt machen und sich wehren wollen, sie alsdenn brav mit Haubitzen und Grenaden, so wegen den diesen Posten commandirenden Anhöhen leicht geschehen kann, geängstiget, bei die Ohren gekriegt und zu Kriegesgefangene genommen werden müssen. Weshalb Ihr Euch dann weiter mit dem Obrist Werner concertiren könnet. Ich bin Euer wohlaffectionirter König

F r i d e r i c h.

---

[1] Vergl. Bd. XV, 405. — [2] An den Oberst von Werner in Troppau antwortete der König auf einen Bericht vom 9. Januar in gleicher Weise mit Bezug auf Jägerndorf; den Posten von Teschen erklärt der König für zu entfernt liegend, um ihn mit preussischen Truppen zu behaupten. Das vorliegende Concept dieses Schreibens an Werner führt kein Datum; es wird ebenfalls vom 13. Januar zu datiren sein.

9687. AN DEN GENERALMAJOR PRINZ VON BRAUNSCHWEIG-
BEVERN.

[Januar 1758.]

Ich hätte ihm aus Complaisance vor seinen Bruder[1] genommen,
ein alt Regiment kriegt er nicht; warum er das seinige hat aus einander
laufen lassen?[2]

Friderich.

Eigenhändig auf der Rückseite eines Berichts des Prinzen, d. d. Tannhausen 10. Januar 1758.

9688. AN DEN GENERALFELDMARSCHALL VON LEHWALDT.

Breslau, 14. Januar 1758.

Ich habe Euer Schreiben vom 8. dieses erhalten, und hat es Mich
sehr erfreuet, daraus zu ersehen, dass Eure bisherige Operationes überall so gut und nach Wunsch gegangen seind.

Ich zweifele dabei nicht, Ihr werdet, in Conformité Meines vorhin bereits an Euch ergangenen Schreibens,[3] nicht ermangeln, [denen] Landgüter
derer schwedischen Senateurs insonderheit viel schwerer wie anderen zu
fallen, allermaassen Euch darunter zu Eurer Direction dienen soll, wie
Meine Idee ist, die Schweden zu einem Particulärfrieden zu obligiren;
deshalb Ihr es so machen und ihnen so schwer fallen müsset, damit
das Geschrei im Lande so gross werde, dass der Senat in Schweden
sich daher gezwungen sehe Frieden zu machen.[4]

Dass Ihr Euch derer verschiedenen schwedischen Magazine dorten
bemeistert, ist Mir insonderheit lieb zu vernehmen gewesen, von welchen
dann, sowie auch von dem, so Ihr an Canons und Munition daselbst
gefunden, Ihr zuvorderst dasjenige, so Ihr davon für das Corps gebrauchen
könnet, an Euch behalten, das übrige alles aber zurückschicken
und nach Stettin transportiren lassen müsset. Sonsten bin Ich fast gewiss versichert, dass, wann Ihr näher an Stralsund kommen werdet, Ihr
sodann auch gewisser erfahren werdet, wie viel Magazins der Feind
dorten sowohl als auf Rügen Lebensmittel haben dörfte, alsdenn man
desfalls noch gewisser wird rechnen können.

Anlangend die Kriegesgefangene, so Ihr dorten gemachet, da sollet
Ihr unter solchen alles, was Leute seind, die zu Meinen Kriegesdiensten

---

[1] Herzog August Wilhelm von Bevern. — [2] Das aus sächsischen Kriegsgefangenen gebildete Regiment Jung-Bevern hatte sich im März 1757 durch Desertion
zum grossen Theil aufgelöst. Vergl. Bd. XIV, 451. — [3] Nr. 9670. — [4] Mitchell berichtet
an Holdernesse, Breslau 15. Januar (private), der König habe einige Unruhe darüber geäussert, dass der englische Gesandte Oberst Campbell Stockholm verlassen habe. „He
is of opinion that His Majesty having a minister in Sweden may be of the greatest
utility at this juncture, to mediate between the Swedes and His Prussian Majesty, who,
under the King's mediation, will grant them reasonable terms." [Nach einer Abschrift
im British Museum zu London.] Vergl. S. 71. 108.

tüchtig, aussuchen und Mir solche nur sogleich hieherschicken, weil Ich solche hier unter die Regimenter geben und zu deren Completirung mit gebrauchen will.

Ein gleiches habt Ihr wegen der kriegesgefangenen Artilleristen zu observiren, davon Ihr alle diejenigen, so gut seind, hieher transportiren lassen sollet, als die hier nöthig thun, und die Ich gleich in Dienst nehmen will.

Bei Gelegenheit des Eurem Schreiben beigefügten Plans, welchen Ich Euch hiernächst wieder zurückschicken werde, mache Ich Euch Meine Intention dahin bekannt, wie Ich glaube, dass, um Stralsund nicht so nahe bloquiren zu dörfen, und dennoch allemal denselben Effect davon als von einer nahen Bloquirung zu haben, Ihr wohl thun dörftet, ohngefähr die Bloquade so zu formiren, dass Ihr selbige gleichsam wie im halben Zirkel von Barth an hinter das daselbst auf dem Plan marquirete Fliess auf Dievitz und so weiter herunter auf Frauendorf, Wobbelkow, Redebas und hinter das marquirte Wasser oder Fliess auf Starkow hinter Lendershagen weg über Steinhagen, Elmenhorst auf Brandshagen über Arendsee durch das hinterwärts diesem Orte liegende Holz und so weiter auf Niederhof herunter ziehet; da Ihr dann oben gegen Barth, ferner etwa in der Mitte dieses Kreises und gegen das Ende desselben gegen Niederhof oder Brandshagen herum, starke Klumpen von Truppen setzen könnet, die alles observiren und eingeschlossen halten müssen. Hierbei aber ist sehr wohl und nothwendig zu beobachten, dass alle die Dörfer ohne Unterschied, welche zwischen dieser Circumferenz und nach Stralsund zu liegen, vorher ganz reine ausfouragiret und von allen Lebensmitteln, auch Vieh und Pferden, desgleichen dienstbaren Leuten ganz ledig gemachet werden müssen, so dass darin nicht das geringste übrig bleibet, wovon der Feind in Stralsund einigen Nutzen ziehen, noch Gebrauch machen könne; vielmehr müsset Ihr alles dergleichen zurücktransportiren und hinter Eure Kette zu eigenem Gebrauch bringen lassen, alsdenn Ihr, wie obgedacht, nicht nöthig haben werdet, Stralsund so nahe zu bloquiren, und dennoch denselben Effect haben werdet. Ihr könnet sodann Eure übrige Truppen, so Ihr nicht zu der Postirung gebrauchet, in das übrige schwedische Pommern zurück in die Quartiere legen, um die Lieferungen, Contributions, Winterquartiergelder, aufzubringende Pferde und Leute zugleich beizutreiben und einzuschaffen. Ihr müsset auch ferner etwa 3 Bataillons mit 1000 Pferden nach dem Mecklenburgischen detachiren und quartieren, um das Land daselbst gleichfalls etwas in Contribution zu setzen und das Euch vorgeschriebene[1] daraus zu ziehen.

Es dienet Euch ferner zur Nachricht und Achtung, dass Ihr die bei Eurem Corps habende Regimenter Cavallerie wegen ihres Abganges an Pferden aus Schwedisch-Pommern wiederum beritten machen müsset;

[1] Vergl. S. 139.

dann solche vor dieses Mal keine andere Remonte als diese bekommen können, noch werden. Welches Ihr dann auch wegen des Artillerie-, Proviant- und übrigen Fuhrwesen zu beobachten und deshalb nur sogleich alle die in denen Dörfern innerhalb obgedachter Eurer Postirung gegen und zunächst Stralsund befindliche Pferde wegnehmen und emploiren zu lassen habet.

Was die Peenemünder Schanze anbetrifft, da überlasse Ich Euch, ob es nicht gut sei, dass, wenn das Wetter gelinder wird, Ihr alsdenn 6 Mortiers etwa dahinschicket, um die darin befindliche Garnison zur Uebergabe zu obligiren und mit solcher ein kurzes Ende zu machen, damit Ihr nicht so viel Bloquaden habet und das Corps dadurch auseinander sein muss.

Man will Mir sonsten gewiss versichern, wie jetzo die Schweden dorten nicht mehr als 10,000 bis 11,000 Mann zusammen hätten. Im Fall dieses richtig ist, so glaube Ich, dass Ihr ihnen Ehre genug erweiset, wann Ihr gegen solche 10 bis 12,000 Mann von uns um Stralsund herum stehen lasset, das übrige aber zum Theil in Schwedisch-Pommern und zum Theil im Mecklenburgischen nach Eurer und der Truppen Convenienz in die Quartiere verleget.

Im übrigen adressire Ich Euch hierbei einen Orden vom Schwarzen Adler, welchen Ich des Generallieutenant Prinzen von Holstein-Gottorp [Liebden][1] conferire, und welchen Ihr Demselben nebst beikommendem Meinem Schreiben an ihn zu übergeben und zuzustellen habet. Ich beziehe Mich schliesslich hier auf beigehendes Postscriptum, dessen Inhalt Ich Euch wohl recommandire.

Friederich.

P. S.

Da Mir auch sehr und besonders daran gelegen ist, dass Ich die Rekruten, so zufolge Meines vorigen Schreibens[2] von Euch hieher geliefert werden sollen, bald bekomme, also habt Ihr nur sogleich dazu die erforderliche Veranstaltung zu machen und solche mit Execution zusammenbringen zu lassen. Weil auch der Herzog von Mecklenburg-Schwerin Truppen hat, wovon die Mannschaft recht gut ist, und wir wohl davon ein paar Tausend Mann zum Unterstecken bei andern Regimentern werden gebrauchen können, so habt Ihr auch solche nur ohne Bedenken deshalb wegnehmen zu lassen und mit zu emploiren.

Ich bin demnächst auch in einer besonderen Verlegenheit wegen der Winterquartier-Douceurgelder vor Meine hiesige Armee, da solche aus den mecklenburgischen beizutreibenden Contributionen erfolgen sollen, Ich aber solche denen hiesigen Regimentern nicht eher auszahlen lassen kann, bis Ich solche von Euch daher erhalten habe, welches indessen

---

[1] Vergl. S. 169. — [2] Vergl. Nr. 9670.

doch jetzo höchst nöthig wäre, damit dieselbe sich in Zeiten wiederum in Equipage setzen können. Ich recommandire Euch also diesen Articul gar besonders, und dass Ihr, allenfalls und wenn es nicht anders wäre, Mir vorerst nur in Abschlag des mecklenburgischen Contributionsquanti 6 à 700,000 Thaler baldigst und mit Execution beischaffet und cito anhero sendet, auf dass Ich nur anfangen kann, die Winterquartier-Douceurgelder hier auszahlen zu lassen. Im übrigen bleibet es bei der Disposition, dass Ihr für Euer Corps die Winterquartiergelder aus Schwedisch-Pommern nehmet, so wie Ich die für Meine in Schlesien stehende Armee aus der mecklenburgischen Contribution bekommen muss.

Nach dem Concept. [1]

9689. A LA MARGRAVE DE BAIREUTH A BAIREUTH.

Breslau, 14 janvier 1758.

Ma très chère Sœur. Vous recevez avec trop de bonté les misères que je prends la liberté de vous envoyer. [2] Mon adorable sœur, ne pensez pas que ma reconnaissance se borne à des vers, elle sera immortelle comme vos vertus; veuille le Ciel que je puisse un jour la manifester en entier, et que la plénitude des sentiments de mon cœur puisse éclater. La bonté que vous avez de vous intéresser à l'état de ma santé, m'oblige de vous en parler. Elle a été un peu altérée par le froid, mais à présent je me suis entièrement remis, et je me prépare à la campagne prochaine, qui, sans contredit, mettra fin à cette guerre.

J'ai bien de la peine à croire que les Français envoient actuellement tant de recrues en Allemagne; mais quoi qu'il en soit, entre ci et six semaines vous pouvez compter que l'on jouera un mauvais tour au duc de Richelieu.

Le maréchal Lehwaldt a chassé les Suédois de toute la Poméranie; il leur a pris sept magasins et 62 canons; ils se sont retirés sur l'île de Rügen, et quelque infanterie dans Stralsund. J'ai lieu de me flatter que ceux-là se lasseront les premiers de la guerre.

Si l'on voulait énumérer toutes les violences que la cour de Vienne a exercées dans cette guerre, le nombre d'infractions qu'elle a faites aux constitutions de l'Empire, et les actes contraires à la Capitulation

---

[1] In einem zweiten Erlass an Lehwaldt vom 14. Januar befiehlt der König, zur Completirung des Regiments Garde du corps von den ostpreussischen Dragonerregimentern 6 Mann und 6 tüchtige Pferde aus jeder Schwadron ihm zuzusenden; der Ersatz für die Dragonerregimenter soll aus dem besetzten Lande genommen werden; desgleichen sind für das Regiment Garde 15 gefreite Corporals aus den preussischen Infanterieregimentern zu senden. Aus Mecklenburg sollen 2968 gute Pferde zur Bespannung des Artillerietrains an den Oberst von Dieskau geschickt werden; die gefangenen schwedischen Artilleristen und 1000 Dragonerpferde aus dem Mecklenburgischen sollen nach Schlesien kommen. — [2] Vergl. S. 58.

Impériale, il y aurait de quoi écrire des volumes; et si l'on plaidait devant un Grotius, on la ferait condamner à frais et dépens; mais depuis que l'on ne connaît plus de loi que celle de la force, depuis que la violence a pris la place de l'équité et de la justice, il n'y a plus que l'épée qui puisse soutenir les droits germaniques, et ce qu'il y a d'extraordinaire, c'est que, tandis que nous combattons pour les libertés de ce corps, ils se joignent contre moi à leurs tyrans.

La lettre, ma chère sœur, que vous m'envoyez,[1] est d'un certain Leutrum,[2] homme décrié de mœurs, auquel je ne réponds pas, et qui, de plus, est sujet à des accès de folie.

Je suis charmé de ce que vous ayez musique, et que vous commenciez à vous dissiper un peu; croyez-moi, ma chère sœur, il n'y a de consolant dans la vie qu'un peu de philosophie et les beaux-arts. J'ai ici mes deux nièces qui sont arrivées de Schwedt;[3] mon frère Ferdinand n'est pas encore entièrement remis de sa fièvre chaude,[4] mais cependant hors de danger.

J'ai toujours beaucoup d'affaires et de préparatifs à arranger, pour la campagne prochaine. Je vous jure que je bénirai le Ciel le jour où je pourrai descendre de la corde sur laquelle on m'oblige de danser, ne désirant que de revoir le moment où je pourrai vous assurer de vive voix de la tendre reconnaissance, de la haute estime et de tous les sentiments avec lesquels je suis, ma très chère sœur, votre très fidèle frère et serviteur

Nach der Ausfertigung. Eigenhändig.   F e d e r i c.

9690. AU PRINCE HENRI DE PRUSSE A LEIPZIG.

[Breslau,] 14 janvier 1758.

Mon cher Frère. Je vous rends mille grâces de toutes les peines que vous vous donnez pour mes affaires de là-bas et pour les princes d'Anhalt;[5] j'ai reçu de très bonnes nouvelles de Lehwaldt,[6] et je me flatte que les Suédois seront les premiers à faire la paix. Le prince Ferdinand a trouvé une si grosse besogne pour remettre cette armée qu'il lui a nécessairement fallu quelque délai pour la faire agir.

Je compte de vous envoyer dans huit ou dix jours une longue dépêche pour ce qui regarde les troupes de Magdebourg,[7] et, s'il plaît au Ciel, cela ira bien.

Mes deux nièces sont arrivées ici; la joie qu'en a eu mon frère Ferdinand, a pensé lui causer une récidive, il en prit hier des transports au cerveau. J'ai obligé ma nièce à faire la malade,[8] et je viens de chez lui et l'ai trouvé beaucoup mieux qu'hier. C'est le meilleur enfant

---

[1] Das Schreiben liegt nicht bei. — [2] Vermuthlich identisch mit dem Bd. X, 246. 459—463. 486 genannten russischen Oberst Baron Leutrum. — [3] Vergl. S. 157. — [4] Vergl. S. 156. 157. — [5] Vergl. S. 146. 156. — [6] Vergl. Nr. 9688. — [7] Vergl. S. 98 und Nr. 9712. — [8] Wohl gemeint: „à faire la garde-malade".

du monde; jusque dans son délire, il a les rêves d'un honnête homme. J'ai ici le comte Finck, Knyphausen et d'Argens;[1] je suis si aise de pouvoir jouir, du moins pendant quelque temps, d'une société douce, pour perdre ce que cette terrible campagne pouvait avoir répandu de sauvage dans les mœurs.

Les Autrichiens se préparent sérieusement à faire la campagne prochaine, et j'en fais de même; si je réussis, je leur opposerai 96,000 hommes et, si cela ne se peut, j'en aurai pour sûr 84, sans compter les garnisons, 22,000 en Saxe et Lehwaldt à part, qui en a tout autant, et alors il faudra dire: »Saute Marquis!«[2] Il faut pourtant que cette fièvre chaude finisse une fois; le délire a été fort cette année, encore une couple de poudres tempérantes et le retour de la raison ramènera la paix.

Voici une lettre dont je vous prie de vous charger pour ma sœur de Baireuth.[3]

Adieu, mon cher frère, je vous embrasse de tout mon cœur, en vous assurant de la haute estime et de la parfaite tendresse avec laquelle je suis, mon cher frère, votre fidèle frère et serviteur

Nach der Ausfertigung. Eigenhändig.   F e d e r i c.

9691. AU PRINCE HENRI DE PRUSSE A LEIPZIG.

B r e s l a u, 14 janvier 1758.

Mon cher Frère. Sachant combien vous aimez de m'obliger, je viens vous prier de vouloir bien vous donner la peine d'écrire sous main à Gotha, Weimar, Baireuth et Ansbach, afin que j'en puisse avoir de jeunes gentilshommes, soit pages, soit d'une autre qualité, pour les employer parmi mes troupes, où je les placerai même comme officiers, si d'ailleurs ces gens sont de bonne éducation et de bonnes manières. Je vous tiendrai compte des peines que vous vous donnerez à ce sujet pour me satisfaire, étant avec des sentiments d'estime et d'amitié, mon cher frère, votre bon et très affectionné frère

Nach der Ausfertigung.   F e d e r i c.

9692. AU SECRÉTAIRE MICHELL A LONDRES.

B r e s l a u, 14 janvier 1758.

J'ai bien reçu, par le major Grant,[4] les rapports que vous m'avez faits du 9 et du 11 décembre, et en ai vu, avec une satisfaction entière et complète, que le ministère anglais prend les arrangements que vous me marquez. La seule chose fâcheuse est qu'ils paraissent être éloignés de l'envoi de quelque corps de troupes pour soutenir l'armée hano-

---

[1] Vergl. S. 118. 163. — [2] Vergl. Regnard, Le Joueur, Akt IV, Sc. 10 u. 11 Akt V, Sc. 4. — [3] Vergl. Nr. 9689. — [4] Vergl. S. 111. Anm. 1.

vrienne en Allemagne,[1] et qu'ils ne sauraient se résoudre encore
d'envoyer une escadre dans la Baltique:[2] choses cependant, et surtout
la première, qui paraissent d'une nécessité absolue pour le soutien de
la bonne cause commune, vu que ladite armée a contre soi presque
toutes forces réunies de la France, auxquelles elle aura de la peine à
résister, après que je ne lui saurais porter grand secours, dans la
situation où je me trouve moi-même par la multitude des ennemis auxquels je dois m'opposer. Si, cependant, l'Angleterre saura travailler en
sorte auprès de la cour de Danemark, afin de la mettre en mouvement
pour joindre une bonne partie de ses troupes à l'armée d'Hannovre,
alors, et dans ce cas-là, j'estime qu'on pourrait plus tôt se passer du
secours des troupes de terre anglaises.

Quant aux subsides que l'Angleterre a résolu de me fournir pour
mieux soutenir la guerre commune, vous savez déjà combien je désire
que toute la somme de ces subsides me soit payée et remise d'abord
et entièrement,[3] vu que les besoins pour la future campagne sont extrêmement coûteux, et qu'il me faut avoir en mains de fortes sommes,
afin que le nécessaire n'y manque en rien pour agir avec effet et succès. Vous ne manquerez donc de presser là-dessus, autant qu'il sera
possible et convenable.

Nach dem Concept.   F e d e r i c.

9693. AU CONSEILLER PRIVÉ VON DER HELLEN A LA HAYE.

Breslau, 14 janvier 1758.

Vous n'ignorez pas qu'il y a longtemps déjà que j'ai eu tout sujet
d'être mécontent de la conduite du ministre de la République à ma
cour, le comte Gronsfeld,[4] et de ses mauvaises intentions contre moi et
mes intérêts, en sorte que je ne lui aurais jamais permis de retourner
à ma cour, quand il avait fait un voyage en Hollande, si cela n'avait
été purement par considération pour la Princesse douairière Gouvernante
et pour donner une marque singulière aux Régents de la République
de mon amitié pour celle-ci. Cependant, comme l'expérience m'apprend
que ledit comte Gronsfeld est incorrigible à cet égard, et que, malgré
les assurances les plus fortes qu'il a données à son retour de Hollande
à mes ministres de se bien gouverner, il ne cesse pas d'intriguer sour-
dement contre moi, de sorte qu'il ne s'occupe presque pas à Berlin
d'autres choses que d'être l'espion des Autrichiens et des Saxons, et
par conséquence des Français, et de révolter, autant qu'il est de lui,
tout le monde contre moi, en donnant les plus odieuses explications sur
toutes mes démarches, il faut bien que je vois à la fin poussée ma
patience à bout. C'est pourquoi ma volonté est que vous en parlerez

[1] Vergl. S. 160. 162. — [2] Vergl. S. 149. — [3] Vergl. S. 93. 109. — [4] Vergl.
Bd. XIII, 159. 177. 195.

à la Princesse douairière Gouvernante, de même qu'au Grand-Pensionnaire,[1] pour demander le rappel du susdit comte de Gronsfeld, comme d'un ministre qui, à tous égards, ne saurait être qu'odieux à moi, et auquel je n'osais plus confier mes bonnes intentions pour cultiver la bonne intelligence que je souhaite d'entretenir toujours avec la République, et voudrais ainsi bien faire passer par d'autres mains plus dignes que les siennes mes sentiments de considération et d'amitié à la République.[2]

Nach dem Concept.   F e d e r i c.

9694. AU MINISTRE D'ÉTAT ET DE CABINET COMTE DE PODEWILS A BERLIN.

B r e s l a u, 14 janvier 1758.

Mon cher comte de Podewils. Je vous sais beaucoup de gré des nouvelles bien intéressantes que vous m'avez communiquées par votre lettre du 10 de ce mois, et que vous avez tirées de vos entretiens avec le baron de Steinberg, ci-devant ministre d'Hanovre à Vienne.[3] J'aurais, cependant, bien souhaité que vous eussiez tiré de lui encore quelques nouvelles par rapport à la Porte Ottomane et sur ce que la cour de Vienne avait à espérer ou à craindre de ce côté-là.[4] Et, sur ce, je prie Dieu etc.

Nach der Ausfertigung.   F e d e r i c.

9695. AN DEN GENERALMAJOR VON LATTORFF IN COSEL.

B r e s l a u, 15. Januar 1758.

Mein lieber Generalmajor von Lattorff. Nachdem Ich erwogen, wie dass es zwar an sich recht gut sei, dass der Feind durch allerhand auszustreuende Bruits und kleine Ostentationes, als ob man ihn bald zu Grätz, bald zu Landau,[5] bald anderwo entamiren wolle, alarmiret [werde], um ihn dadurch *en échec* zu halten und ihm beständig Inquiétudes zu geben, auch ofte zu beunruhigen; [so] muss dieses aber[6] also geschehen, dass unsere Truppen, und besonders die Cavallerie, dadurch nicht fatiguiret werden, sondern dass selbige vielmehr die benöthigte Ruhe habe, und sowohl Leute als Pferde im Stande kommen und bleiben, die künftige Campagne mit behörigen Kräften anzufangen und auszuhalten.

---

[1] Peter Steyn. — [2] In einem folgenden Cabinetserlass, d. d. Breslau 15. Januar, wird der Bericht Hellen's, d. d. Haag 3. Januar, beantwortet. Auf die Anzeige, man erkundige sich in Holland, in welcher Weise der König die verbündete Armee unterstützen werde, schreibt der König, er könne in dieser Angelegenheit keine Mittheilungen machen, die Herren Holländer bewahrten das Geheimniss zu schlecht. — [3] Steinberg, der von der österreichischen Regierung genöthigt worden war, Wien zu verlassen, hatte auf der Durchreise durch Berlin dem preussischen Minister sehr eingehende Mittheilungen über die Verhältnisse am Wiener Hofe gemacht. — [4] Vergl. S. 158. 160. — [5] Sic; wohl verwechselt mit einem anderen ähnlich lautenden Ort in der Gegend von Grätz. — [6] In der Vorlage: „dieses aber muss".

Betreffend die Belegung, so der Feind dorten im Mährischen und der Orten machet, so bin Ich fast persuadiret, dass er solche nur machet, um die Chaîne seiner Winterquartiere daselbst zu ziehen und zu verhüten, dass man unsererseits nicht in Mähren penetriren und daselbst was mehrers unternehmen könne, und dass mithin dessen Absichten vor jetzt nicht offensive, wie man solche Eurer Orten nehmen will, sondern vielmehr nur defensive seind.

Was den Posten von Grätz anbetrifft, da ist es zwar ganz gut, dass dem Feind darüber Alarmes und Inquiétudes gegeben werden, um ihn durch Hin- und Rückmärsche zu fatiguiren; sonsten aber ist Grätz an sich ein schlechter Posten,[1] welchen zu nehmen uns jetzo nicht helfen kann, noch solcher uns vor der Hand etwas nutze ist, den wir auch zu souteniren Mühe haben und dabei wohl gar riskiren würden, dass die darin gelegte Garnison aufgehoben und zu Kriegesgefangenen gemachet werden dörfte.

Ich wiederhole also nochmalen hierdurch, dass den Feind der Orten durch allerhand ihm zu gebende Jalousies zu alarmiren recht gut ist: es muss aber auch nicht weiter gehen, noch unsere Truppen dadurch fatiguiret werden. Ich habe Euch also dieses auch Eurer Orten zur Nachricht bekannt machen wollen, wie Ich solches bereits an der Generalmajor von Schmettau und Obristen von Werner[2] gethan habe Ich bin Euer wohlaffectionirter König

F r i d e r i c h.

P. S.

Auch gebe Ich Euch wegen dessen, so Ihr in einem Schreiben von 12. dieses wegen eines jungen Fürsten Lubomirski vorstellig machet in Antwort, dass, wie Ich glaube, letzterer schon hier ist oder doch nächster Tagen eintreffen wird, im übrigen gar nichts daran gelegen noch von Euch versehen worden wäre, wenn Ihr auch solchen von Cosel aus hieher zu Mir gehen lassen, da Ich Euch nur just durch das jenige, was Ich Euch vorhin davon geschrieben, bloss zu verstehen geben wollen, dass Ich diesen jungen Herrn vor einen Windbeutel, so wie viele und fast die mehreste seiner Landesleute seind, geurtheile

---

[1] Am 17. Januar berichtet der Generalmajor von Schmettau aus Troppau übe einen vergeblichen Angriff auf Grätz. Der König schreibt eigenhändig auf der Rück seite: „Da seind sie unbesonnen nach Grätz herangelaufen und haben es nicht genu en force attaquiret. Sie sollen zwischen Troppau und Leobschütz, Holzenplotz stehe bleiben." [Demgemäss Cabinetsbefehl an Schmettau, d. d. Breslau 19. Januar. A demselben Tage ein ähnlicher Befehl an den Oberst von Werner in Troppau.] - [2] Die fast wörtlich übereinstimmende Ordre an den Generalmajor von Schmettau i Troppau ist in der vorliegenden Abschrift nicht datirt; sie wird ebenfalls vom 15. Ja nuar zu datiren sein. Für Werner liegt auf der Rückseite des Berichts, d. d. Trop pau 12. Januar, eine eigenhändige Weisung des Königs vor: „Der Feind machet ge wisse allda die Kette seiner Winterquartiere. Man muss ihm ofte beunruhigen, abe nicht unsere Truppen fatiguiren."

labe, die mit grossem Empressement Dienste suchen, nach wenigen Vochen oder Monaten aber wiederum ihren Abschied haben wollen.[1]

F r i d e r i c h.

Nach der Ausfertigung im Kriegsarchiv des Königl. Grossen Generalstabs zu Berlin.

9696. AU PRINCE HENRI DE PRUSSE A LEIPZIG.

B r e s l a u, 15 janvier [1758].

Mon cher Frère. Vous pouvez bien croire que la nouvelle que ·ous venez de m'écrire, ne m'a été aucunement agréable;[2] mais cepenlant je l'envisage comme un mal passager qui pourra mener au plus ¡rand bien, en éparpillant l'armée française et en facilitant lès opérations lu prince Ferdinand.

J'ai reçu aujourd'hui de Prusse des nouvelles qui ne sont guère ·atisfaisantes également: on me mande que l'on craignait une nouvelle nvasion des Russes.[3] Il faut espérer que tout cela cessera à la fin ·out-à-fait, et que nous ne servirons pas toujours la nappe aux autres.

Je ne doute point que vous n'ayez informé le prince Ferdinand de ·ette nouvelle invasion; je ne la crois pas aussi considérable qu'on la lébite, et je parierais d'avance que, s'il y a 6000 Français, que c'est ·e bout du monde. Leur but est de dégager les Suédois, mais ils n'y ·éussiront pas. Je vous prie de me donner part de ce qui se passera ·ltérieurement là-bas, pour voir ce qu'il y aura à faire. Le prince ·erdinand ne peut agir que vers le 15 de février; ainsi, quoi qu'il ar·ive, il faudra prendre patience jusques alors. Adieu, mon cher frère, ·e vous embrasse, étant avec une parfaite tendresse, mon cher frère, ·otre très fidèle frère et serviteur

Nach der Ausfertigung. Eigenhändig.

F e d e r i c.

9697. AU MINISTRE DE LA GRANDE-BRETAGNE MITCHELL A BRESLAU.

B r e s l a u, 16 janvier 1758.

Monsieur. J'ai l'honneur de joindre ici les lettres qui m'ont été ·dressées pour Votre Excellence par une estafette arrivée ce matin ici.

Comme, d'ailleurs, le Roi m'a ordonné de vous communiquer l'ex·rait ci-clos, traduit d'une lettre allemande que Sa Majesté a reçue hier

---

[1] In einem Schreiben an Lattorff, d. d. Breslau 22. December, verfügt der König ·ber die vom Fürsten Lubomirski abgelieferten 72 Rekruten. In Betreff des „Bruit, als ·ð der Wienersche Hof in Ungarn auf ein daher zu ziehendes Insurrectionscorps an·ragen lassen,“ antwortet der König, er glaube nicht, dass der Wiener Hof seine Ab·icht erreichen werde. [Ausfertigung im Kriegsarchiv.] — [2] Das Schreiben des Prinzen ·egt nicht vor. Es handelt sich um den Einbruch der Franzosen in das Fürsten·um Halberstadt. Vergl. Nr. 9700. 9715. 9717. — [3] Vergl. Nr. 9697.

12*

par estafette de son président de la chambre de la Lithuanie prussienne,
le sieur Domhardt, touchant une très fâcheuse nouvelle sur une nouvelle
irruption en Prusse de l'armée russienne, je n'ai pas voulu manquer de
m'en acquitter, étant avec la haute considération que vous me connaissez, Monsieur, etc.

Eichel.

———   .

Extrait d'une lettre du Président de la chambre de Gumbinnen, du
8 janvier 1758.

Mon devoir m'oblige de mander à Votre Majesté que, dans ce moment-ci, le
soir à 7 heures, je reçois des avis sûrs que l'armée de Russie, sous les ordres du général en chef de Fermor, s'est mise ce matin en marche, en partie de Memel et en
partie du côté de la Samogitie, où la plus grande partie en a cantonné jusqu'à présent, pour envahir de nouveau hostilement les États de Prusse. A ce que l'on dit,
une colonne de cette armée prendra le chemin le plus droit sur Labiau à la capitale
de Kœnigsberg, et l'autre sur Tilsit et apparemment plus loin, afin d'occuper toutes
les autres contrées. Je suis etc.

Domhardt.

9698. AN DEN KAMMERPRÄSIDENTEN DOMHARDT IN GUMBINNEN.

Breslau, 16. Januar 1758.

Ich habe denjenigen Bericht, welchen Ihr Mir unter dem 8. dieses
Monates[1] auf die Euch zugekommene Nachricht von einer bevorstehenden abermaligen Invasion derer Russen in Preussen und Eurer Orten
erstattet habet, gestern allhier erhalten und gebe Euch darauf in Antwort, wie Ich bisher noch alle Mühe habe,[2] diese an sich ganz ohn-
angenehme Nachricht zu glauben, weilen solche mit allen Meinen andern
wegen der russischen Affairen sonst anderer Orten her erhaltenen Rapports gar nicht einstimmet, und Ich also von Euch noch mit dem fordersamsten die nähere und positivere Nachricht, wie weit obgedachtes
Gerüchte gegründet gewesen oder nicht, gewärtigen will.

Sollte jedennoch wider Verhoffen mehrerwähntes Gerüchte gegründet
und eine Invasion zu vermuthen oder gar schon der Anfang davon geschehen sein, so bleibet vorerst nichts anders übrig, als dass sowohl das
in denen Gumbinnenschen Kassen überall vorhandene Geld nach Königsberg und von da sogleich weiter nach Pommern und nach Berlin geschaffet werde, sondern dass auch die mehristen Bediente des Gumbinnenschen Departements nach Königsberg und erforderlichen Falls
gleichfalls weiter nach Pommern gehen und vorerst sich allda aufhalten.

---

[1] Vergl. Nr. 9697. — [2] Für das folgende befindet sich eine kurze eigenhändige
Weisung des Königs auf der Rückseite des Berichts von Domhardt, d. d. Gumbinnen
8. Januar. Auf Grund dieser Weisung ist das Concept aufgesetzt.

Nächstdem aber ist Mein Wille, dass alles, was sich in dem Königsbergischen Departement sowohl als auch in dem Gumbinnenschen von
Landmilice befindet, sogleich bei dem ersten Anmarsch des Feindes sich
in die Stadt Königsberg werfe,[1] maassen Ihr allerseits jetzo dorten nichts
anders noch ein mehreres thun könnet, als nur hauptsächlich Königsberg zu souteniren und zu mainteniren. Uebrigens müssen alle dortige
Kassengelder, und zwar sowohl die von Gumbinnen als auch die in
Königsberg befindlich sein, nur sogleich und zum Voraus von dort ob-
stehender Maassen nach Pommern abgeschicket werden.

Ihr habt Euch also darnach wohl zu achten und sofort mit dem
Königsbergischen Kammerpräsidenten von Marwitz,[2] auch mit dem in
Königsberg commandirenden Officier darüber zu communiciren, auch
das erforderliche Concert zu nehmen und alles Meiner Intention gemäss,
auch wie es die dasige Umstände erfordern, zu besorgen und in das
Werk zu richten.[3]

Nach dem Concept.   F r i d e r i c h.

9699. OFFENE ORDRE AN DIE LANDRÄTHE UND MAGISTRÄTE,
AUCH STÄNDE IN DER ALTEMARK UND ANGRENZENDEN
ORTEN.

Breslau, 16. Januar 1758.

Seine Königliche Majestät haben auf Ansuchen Dero Generallieutenant und jetzigen Chef-Commandanten der alliirten Armee im Hannöverschen, des Prinzen Ferdinand von Braunschweig Liebden, allerg-
nädigst resolviret und declariren hierdurch Dero Willensmeinung desfalls dahin, dass, wenn bei gegenwärtiger Situation ermeldeter Armee
solche nöthig finden sollte, zu ihrer Subsistance vor baares Geld in der
Altemark und denen angrenzenden Höchstderoselben zugehörigen Landen
Korn und Lebensmittel aufkaufen zu lassen, sodann solches in der Altemark sowohl als denen angrenzenden Orten, jedoch nicht anders als
gegen eigenhändige schriftliche Attestirung oberwähntes Prinzen Ferdinand von Braunschweig Liebden, dass solches nur bloss und allein zum

---

[1] Auf einem Berichte Domhardt's, d. d. Gumbinnen 12. Januar, enthaltend die
Meldung, dass die regulären russischen Truppen von Memel her in vollem Anmarsch
seien, bemerkt der König eigenhändig auf der Rückseite: „Wor dieses sich confir-
miret, so muss sich alles nach Königsberg ziehen." — [2] Dem Präsidenten von der
Marwitz wird am 16. die von Domhardt eingesandte Meldung mitgetheilt und eine
Abschrift des obigen Cabinetserlasses an Domhardt beigefügt. — [3] Am 23. Januar
schreibt Eichel an den Minister Podewils: „Die bisher aus Preussen hier eingelaufene
Nachrichten seind so schlecht gewesen, als die, welche deshalb zu Berlin eingegangen;
Gott wolle alles daher drohende Uebel durch glückliche und zur Zeit noch nicht zu
hoffende Événements abwenden, sonsten ich wohl demjenigen, so Ew. Excellenz zu
erwähnen geruhen, völlig Beifall geben muss, da in diesem Jahre die Scenen noch
weit critiquer und blutiger als im vorigen Jahre ausfallen dörften."

höchst nothwendigen Behuf mehrgedachter Armee geschehe, erlaubet sein und angewiesen werden solle; wie denn auch im Fall der Noth hierbei mit Fuhren vor Geld und baare Bezahlung an die Hand gegangen werden soll. Wobei jedennoch Se. Königl. Majestät exprès reserviren und wollen, dass dieses nicht anders geschehen kann noch muss, als nur insoweit es der Subsistance von Dero Corps d'armée unter Commando des Generalfeldmarschall von Lehwaldt nicht Abbruch thuet, und letztere dadurch ihrer gehörigen Subsistance [nicht] beraubet wird.

Wornach also die gesammten Landräthe, Magisträte und Stände in der Altemark und angrenzenden Orten in denen königlichen Provinzen, wenn denenselben diese Sr. Königl. Majestät offene Ordre vorgezeiget werden wird, sich allerunterthänigst und eigentlichst zu achten haben.

(L. S.)   Friderich.

Nach der Ausfertigung im Kriegsarchiv des Königl. Grossen Generalstabs zu Berlin.

9700. AN DEN GENERALLIEUTENANT PRINZ FERDINAND VON BRAUNSCHWEIG.

Breslau, 16. Januar 1758.

P. S.[1]

Ich vernehme, dass die Franzosen wieder in das Halberstädtsche gelaufen sein sollen;[2] sie sollen sich vor 10,000 ausgeben, aber an 8000 stark sein. Da solche sich dergestalt von neuem eparpilliret haben, so glaubte Ich, dass dieses eine schöne Gelegenheit und das Moment wäre, dass Ew. Liebden den gegen sie meditirten Coup, darüber Ich in Meinem letzteren chiffrirten Schreiben vom 13. dieses[3] Mich expliciret, mit so mehrerem Success ausführen könnten, daferne Sie mit den höchst nöthigsten Arrangements fertig werden.

Nach der Ausfertigung im Kriegsarchiv des Königl. Grossen Generalstabs zu Berlin.

9701. AN DEN ETATSMINISTER EDLER VON PLOTHO IN REGENSBURG.

Breslau, 16. Januar 1758.

Ich mache Euch hierdurch Meine expresse und positive Willensmeinung wegen der von dem Wienerschen Hofe Mir bisher angedrohten Achtserklärung und deren Publicirung in Regensburg dahin bekannt dass auf den Fall, dass gedachter Hof gröblich darunter zufahren und es so hoch treiben sollte, dass er solche Achtserklärung wirklich öffentlich dort publiciren und Mich wider alles Recht der Völker, auch wider

[1] Im vorangehenden Hauptschreiben übersendet der König dem Prinzen die „Offene Ordre an die Landräthe etc." Nr. 9699. — [2] Vergl. Nr. 9715. 9717. — [3] Vergl Nr. 9685.

alle Reichsgesetze und Verfassungen in die Reichsacht erklären sollte, Ihr alsdenn, und auf diesen Fall nur allein, nichts weiter menagiren und nicht nur solenniter dagegen protestiren, sondern auch zugleich gerade heraus declariren sollet, dass, da der jetzige Kaiser nicht allein dadurch wider alle Reichsgesetze und Reichsverfassung procedire und gegen die von ihm beschworene Wahlcapitulation so ganz offenbar handele, also Ihr auch von Meinetwegen den kaiserlichen Thron nunmehro als vacant und den Kaiser solcher Würde unfähig declariren und verlangen und fordern müsstet, dass die Churfürsten des Reiches zu fester Beibehaltung derer Reichsverfassungen, Prärogativen und Freiheit derer [Stände des Reiches] zu einer andernweiten Kaiserwahl zu schreiten haben, der bisherige Reichstag zu Regensburg aber bis dahin zu suspendiren sein würde. Welche Protestation und respective Declaration Ihr dann in sehr nachdrücklichen Terminis aufsetzen und Meinem Befehl gemäss, jedoch nicht anders als auf obgedachten Fall, verrichten und in das Werk setzen sollet. [1]

Nach dem Concept.   Friderich.

9702. A LA REINE DE SUÈDE A STOCKHOLM.

Die Königin von Schweden schreibt, Stockholm 24. November: „Mon très cher Frère. Je commence par vous féliciter sur la victoire que vous venez de remporter sur les Français. Je la crois complète, quelque chose que l'on fasse ici pour le cacher: j'en juge par les visages allongés et la mauvaise contenance. Ma joie en est si grande que j'ai toute la peine du monde à la contenir, me flattant que cet avantage changera à présent toutes vos affaires.

Selon toute apparence, vous aurez bientôt fini avec nous. Si la Providence pouvait faire tomber Fersen ou Lantinghausen, Lieven [2] ou Ehrensvärd entre vos mains, je vous prie de les garder le plus longtemps que possible, surtout Fersen, qui est mon plus mortel ennemi, et le même qui a été maréchal de la Diète. [3]

Tout ce que je puis vous dire, c'est que Williams qui a été ici, [4] m'a assuré que le Grand-Duc et la Grande-Duchesse étaient très bien intentionnés, mais le parti français travaillait à une révolution en faveur d'Iwan; que c'est à Bestushew et au Grand-Duc qu'on doit la retraite des Russes; [5] que l'Impératrice est moribonde et qu'à son décès on prendra des mesures si justes qu'en peu de temps la cabale française sera écrasée et Schuwalow pendu.

Je risque beaucoup, mon cher frère, vous écrivant. Dieu veuille que ma lettre vous parvienne! J'appréhende tout, mais il n'y a rien qui me retienne, quand il s'agit de vous prouver mon attachement. Ma situation est toujours des plus tristes, je ne vous en parle pas; mais si vous êtes heureux, je mourrai contente.

P. S.

Instruisez-moi, au moins par la gazette de Berlin, de votre santé et de celle de mes frères. Avertissez encore le duc de Brunswick de se défier du colonel Tunder-

---

[1] Eine Abschrift der obigen Ordre sendet der König am 16. Januar an den Minister Podewils nach Berlin. In einem Begleitschreiben fügt der König hinzu: „Comme cette résolution est prise par moi de manière que je n'en changerai pas, je ne veux point attendre de votre part que vous me fassiez des représentations en contraire de ce que j'ai absolument résolu." — [2] Vergl. Bd. X, 309. — [3] Vergl. Bd. XI, 367. 369; XIV, 288. — [4] Vergl. S. 85. 154. — [5] Vergl. Bd. XV, 494.

feld qui est à son service. C'est un misérable, à telles enseignes qu'on a lu aujour-
d'hui en plein sénat une de ses lettres à Scheffer, avec un commentaire méchant et
équivoque sur la dernière bataille.«

[Breslau, janvier 1758.][1]

J'espère que vous serez contente de ce qui se passe actuellement
auprès de Stralsund;[2] vous pouvez peut-être en profiter. Quant à ce
qui se passe ici, je l'ai fait mettre dans toutes les gazettes.[3] Je désirerais fort que le mauvais succès des affaires suédoises les obligeât à
faire la paix. J'ai fort pressé l'Angleterre d'envoyer un ministre à Stockholm; cela pourrait se faire par sa médiation.[4] Je ne serai pas difficile
pour les conditions, et je voudrais que vous en eussiez l'honneur, pour
que cela vous fît un mérite auprès de la nation.[5] Je ne crois pas le
quart de ce que Williams dit, c'est un homme éventé; je souhaiterais
que cela fût vrai, mais j'en doute.

Les Français et les Autrichiens ont été bien frottés, les Autrichiens
davantage, parcequ'ils sont plus braves et qu'ils ont tenu plus longtemps.[6]

Ne vous flattez pas que je prenne des Suédois, ce sont des gens
de précaution qui fuient 20 milles, pour ne point être attrapés.

Mon frère Henri est guéri d'une légère blessure qu'il a reçue au
bras;[7] mon frère Ferdinand a eu la fièvre chaude, mais il est hors
danger.[8]

Federic.

Nach dem Concept. Eigenhändig auf der Rückseite des Schreibens der Königin.[9]

9703. AN DEN HERZOG FRANZ JOSIAS VON COBURG IN COBURG.

Der Herzog von Coburg ersucht den König in einem Schreiben, d. d. Coburg
11. Januar, um die Erlaubniss, dass der in Breslau gefangene österreichische Oberst
Prinz Christian Franz von Coburg, der zweite Sohn des Herzogs, gegen Revers nach
Coburg sich begeben dürfe.

[Breslau, Januar 1758.]

Sehr obligeant antworten, dass, so gerne ihm alle Gefälligkeiten
und Freundschaft erwiese, Ich doch in gegenwärtigem Fall einigen Anstand wegen der Folgen, und dass andere österreichische Officiers alsdenn nicht dergleichen verlangeten, nehmen müsste; denn es wider den

---

[1] Das Schreiben des Königs war in der Ausfertigung vom 16. Januar datirt,
wie die Antwort der Königin Ulrike, d. d. Stockholm 10. Februar, ergibt. — [2] Vergl.
S. 154. 159. 171. — [3] Vergl. S. 79. 113. 130. 163. — [4] Vergl. S. 71. 170. — [5] Vergl.
S. 108. — [6] Vergl. S. 79. — [7] Vergl. S. 9. 68. — [8] Vergl. S. 174. — [9] Ebenfalls
eigenhändig befindet sich auf der Rückseite des Schreibens folgende Weisung für den
Cabinetssecretär: „Nach Brunswick an Herzog eine Warnung wegen den Obersten
Tunderfeld, desgleichens am Pr. Ferdinand.« Die beiden hierauf erfolgten Schreiben
an den Herzog von Braunschweig und an den Prinzen Ferdinand führen das Datum:
Breslau 17. Januar 1758.

Kriegesgebrauch sei, gefangene feindliche Officiers durch die Quartiere
frei reisen zu lassen. Und da überdem die Auswechselung beiderseitiger
Gefangenen nächst bevorstehe[1] und bald geschehen würde, so würden
alsdenn des Königs Majestät dahin sehen, damit der Prinz einer von
den ersten mit wäre, und also der Fürst dessen Ueberkunft bis dahin
Anstand gönnen.

<small>Weisungen für den expedirenden Cabinetssecretär,[2] auf der Rückseite des Schreibens des
Herzogs.</small>

9704. AU MINISTRE D'ÉTAT ET DE CABINET COMTE
DE PODEWILS A BERLIN.

Breslau, 18 janvier 1758.

Mon cher comte de Podewils. En vous renvoyant la lettre du
baron de Münchhausen[3] que vous avez bien voulu me communiquer
à la suite de celle que vous venez de me faire du 14 de ce mois, je
vous dirai que vous n'avez qu'à répondre audit sieur Münchhausen qu'il
prend l'alarme trop vite, et que j'ai tout concerté avec le prince Ferdinand de Brunswick pour les jonctions.[4] Mais voilà ce qui était le
secret de l'église. Qu'il fallait qu'il insistât d'ailleurs pour les secours
anglais vers le printemps,[5] et ne point s'effrayer en attendant des fan-
tômes que l'on se forge. Qu'au surplus la chose la plus principale
était que lui, Münchhausen, songeât à faire seulement de grandes pro-
visions de farine et d'avoine, et qu'il ne s'embarrassât pas du reste.
Et, sur ce, je prie Dieu etc.

Federic.

<small>Nach der Ausfertigung. Für den Haupttheil des Schreibens („vous n'avez qu'à répondre —
qu'il ne s'embarrassât pas du reste") befindet sich eine eigenhändige Weisung auf der Rückseite des
Berichts des Grafen Podewils vom 14. Januar.</small>

9705. AU CONSEILLER PRIVÉ DE GUERRE EICHEL A BRESLAU.

Der Marschall von Schottland übersendet, Neuchâtel 27. December 1757, den
Auszug aus einem Schreiben, d. d. Turin 18. November. Es heisst darin: „Vous serez
sûrement surpris et charmé d'apprendre les occupations de Monseigneur le duc de
Savoie. Il suit le roi de Prusse dans toutes ses opérations; il a un livre où il les
transcrit, qu'il porte toujours dans sa poche, et sur chaque fait il y joint ses réflexions.
C'est son héros, il le regarde comme le plus grand roi et le plus grand capitaine
qu'il y ait encore eu dans le monde, et il ne se lasse ni d'en parler ni de l'admirer."
    Lord Marschall fügt hinzu: „Vous jugerez, Sire, si quelque chose d'obligeant
vers le duc de Savoie serait bien placée, sans qu'il parût que Votre intention était
qu'il parvînt au Duc."

<small>[1] Vergl. S. 156. — [2] Von der demgemäss erfolgten Antwort des Königs liegt
uns weder Concept noch Ausfertigung noch Abschrift vor. — [3] D. d. Stade 6. Januar.
Münchhausen spricht in dem Schreiben die Befürchtung aus, die Franzosen könnten mit
grosser Uebermacht den Prinzen Ferdinand angreifen; er bittet den preussischen Minister,
sich bei dem Könige dahin zu verwenden, dass die Operationen des Prinzen von preussischer Seite unterstützt würden. — [4] Vergl. S. 116. 168. 182. — [5] Vergl. S. 160. 162.</small>

[Breslau, 18 janvier 1758].[1]

Le[2] remercier et lui écrire que les médiations ne sont pas encore de saison, et qu'il faut attendre que cela mûrisse.

F e d e r i c.

Eigenhändige Weisung, auf der Rückseite des Schreibens von Marschall.

9706. AU PRINCE DE PRUSSE A BERLIN.[3]

Der Prinz von Preussen schreibt, Berlin 5. Januar: „Mon très cher Frère. L'assurance que vous m'avez faite que mon incapacité militaire serait l'obstacle qui à jamais empêchera que vous me confiez la moindre chose,[4] ainsi[5] je crois, mon très cher frère, que vous ne désapprouverez point que je remette le soin de tout ce qui regarde mes régiments,[6] entre les mains de ceux qui les commandent. Soyez persuadé que je regrette mon inutilité dans le seul métier qui reste aux princes pour se distinguer! Dans le malheureux cas où je me trouve, il [ne] me reste d'autre parti à prendre, que d'éviter de vous être à charge et de l'être à l'armée. Le malheur qui m'a fait perdre votre estime, n'effacera jamais l'attachement que je vous ai voué, et les sentiments respectueux avec lesquels j'ai l'honneur d'être, mon très cher frère, le très humble, très obéissant, très fidèle serviteur et frère   Guillaume."

Breslau, 19 janvier 1758.

Mon cher Frère. J'ai reçu la lettre que vous m'avez faite du 5 de ce mois. Vous ne devez pas être fort étonné, si vous n'avez pas mon estime, car la conduite que vous avez tenue depuis quelque temps, vous en doit priver nécessairement, comme de celle de tous les gens raisonnables, et le rôle que vous jouez présentement dans le public, ne peut qu'être très préjudiciable à vous et à votre réputation. J'en suis d'autant plus fâché que je crains que vous vous ressentirez plus encore du tort que vous vous faites dans le monde par là. Je suis votre bon frère

Nach der Ausfertigung. F e d e r i c.[7]

---

[1] Die auf Grund der eigenhändigen Weisung verfasste Ausfertigung an Lord Marschall trägt das Datum des 18. Januar. — [2] Lord Marschall. — [3] Dieses Schreiben des Königs und das in der Anmerkung folgende des Prinzen sind die letzten zwischen den beiden Brüdern gewechselten Schreiben. — [4] Der König hatte dem Prinzen erklärt, ein Heerescommando ihm nicht mehr übergeben zu wollen. Vergl. Bd. XV, 257. 258. 298. — [5] Sic. — [6] Der Prinz war Chef eines Infanterie- und eines Kürassierregiments. — [7] Der Prinz von Preussen antwortet, Berlin 24. Januar, auf das obige Schreiben des Königs: „Mon très cher Frère. J'ai toujours tâché de régler ma conduite en sorte à n'avoir aucun reproche à me faire; cette persuasion fait mon unique consolation dans ma situation pressante. Il serait messéant que je vous renouvelle le souvenir des causes qui m'ont privé — peut-être injustement — de l'honneur de votre estime et confiance; mais, étant persuadé et convaincu d'en être privé, je crois que nul autre parti me reste à prendre que celui de la retraite. Soyez persuadé, mon très cher frère, que je regrette mon inutilité, et que je sacrifierai avec plaisir ma vie pour le bien-être de l'État et la gloire de l'armée, si vous m'en croyez digne, mais que j'aime plutôt vivre dans l'oubli que de vous être à charge et inutile à l'armée. Ces sentiments sont conformes à ceux dont j'ai toute ma vie tâché de vous donner des preuves; soyez persuadé qu'ils ne me quitteront jamais. J'ai l'honneur d'être avec le plus profond respect, mon très cher frère, le très humble, très obéissant, très fidèle serviteur et frère   Guillaume."

9707. AU CONSEILLER PRIVÉ DE LÉGATION DE VIERECK
A COPENHAGUE.

Breslau, 19 janvier 1758.

J'ai reçu votre rapport du 10 de ce mois, au sujet duquel je suis bien aise de vous faire observer que, si la cour de Danemark et surtout le baron de Bernstorff s'intéressent à présent pour la noblesse du pays de Mecklembourg, vous devez représenter convenablement là où il faut et avec un bon tour que vous donnerez à vos propos, qu'il n'y a pas de ma faute, — pourquoi n'ont-ils pas empêché le Duc régnant et ses ministres de se déclarer contre moi?[1] — et que rien ne me fera changer, à moins qu'il ne plaira au roi de Danemark de faire un traité avec l'Angleterre.

Nach dem Concept.

F e d e r i c.

9708. AN DEN ETATSMINISTER FREIHERRN VON
SCHLABRENDORFF IN BRESLAU.

Die Kaufmannsältesten von Breslau berichten, Breslau 20. Januar 1758, an den Minister von Schlabrendorff über einen vom Könige verlangten Vorschuss für die Münz-Entrepreneure, im Betrage von 300,000 Thaler: Es sei ihnen unmöglich, den Vorschuss zu leisten, da sie all ihres baaren Geldes nothwendig bedürften, um den Handel nach dem Gebirge einerseits und nach Polen und Russland andererseits aufrecht zu erhalten; die Gewährung des Vorschusses würde den Breslauer Handel auf das ärgste schädigen. Schlabrendorff fügt hinzu, die Münz-Juden besässen bei der Kaufmannschaft gar keinen Credit.

[Breslau, Januar 1758.]

Ich werde dem Herren Präsidenten was braten, wor er ohne Raisonniren das Geld nicht von denen Kaufleuten gleich schaffet.

F r i d e r i c h.

Nach der Ausfertigung. Eigenhändig auf der Rückseite des Berichts; im Kriegsarchiv des Königl. Grossen Generalstabs zu Berlin.

9709. AU MINISTRE D'ÉTAT ET DE CABINET COMTE
DE PODEWILS A BERLIN.

Breslau, 21 janvier 1758.

Mon cher comte de Podewils. J'ai reçu vos rapports du 17 de ce mois sur différents sujets.

Quant à ce que le baron de Steinberg a fait paraître envers vous au sujet des affaires de Constantinople,[2] vous observerez que, du temps que ce ministre séjournait encore à Vienne, il lui a été impossible d'être déjà exactement instruit de la façon de penser du nouveau Sultan,[3] qui

---

[1] Vergl. Bd. XV, 57. — [2] Vergl. S. 177. — [3] Am 28. October 1757 war dem Sultan Osman III. der Sultan Mustafa III. gefolgt.

ne fit alors que monter sur le trône, et que d'ailleurs l'on risque de se tromper fort, si l'on compte le crédit des Français à la Porte Ottomane au degré que le sieur Steinberg lui suppose. [1]

J'attends l'arrivée du sieur de Keith, [2] qui se fera peut-être aujourd'hui encore; mais pour vous expliquer naturellement mes pensées, je crois sentir que nous saurions bien hasarder de nous méprendre, si nous comptons sur les assurances promptes et efficaces de la part de l'Angleterre.

Pour ce qui regarde le sieur Viereck à Copenhague, vous lui ferez la même réponse que je l'ai faite en conséquence de l'original ci-joint; [3] à quoi cependant vous ajouterez encore convenablement et d'une façon un peu détaillée que tout le monde savait la façon cruelle avec laquelle les Français avaient traité mes provinces de Clèves et d'Ost-Friese, de Minden et de Halberstadt, [4] en les forçant à payer des contributions et des exactions tout-à-fait énormes. Que donc je croyais pouvoir user de la même façon contre ceux qui s'étaient déclarés ouvertement mes ennemis, et qu'en cela je ne faisais que suivre l'exemple que les Français me donnaient, quoique avec moins de rigueur qu'eux, soit dans mes provinces soit dans celles des autres princes de l'Empire; mais que, si le roi de Danemark voulait bien interposer ses bons offices à ce que lesdites exactions énormes cessassent, et qu'on n'abîmerait plus mes susdites provinces, je serais alors tout prêt d'agir également là-dessus avec le Mecklembourg.

Nach dem Concept.   F e d e r i c.

9710. AU LIEUTENANT-GÉNÉRAL PRINCE FERDINAND DE BRUNSWICK.

[Breslau,] 21 [janvier 1758].

Je vous envoie, mon cher Ferdinand, une lettre interceptée du prince de Soubise [5] dont vous devez tirer parti. Pour l'amour de Dieu, pressez vos opérations, il vaudrait mieux que la moitié de votre armée marchât sans souliers, que si Richelieu vous écrasait avec vos Hanovriens bien chaussés. Dans la situation des affaires, il faut aller au grand et négliger les bagatelles.

[1] Der Baron Steinberg hatte dem Grafen Podewils mitgetheilt, man erwarte in Wien, dass der neue Sultan das friedliche System seines Vorgängers fortführen und nichts gegen den Willen Frankreichs unternehmen werde; Frankreich besässe an der Pforte von allen abendländischen Mächten den grössten Einfluss. — [2] Keith war auf der Durchreise nach Petersburg, wohin er als Nachfolger von Williams (vergl. S. 85) ging, in Berlin eingetroffen. Er hatte dem Grafen Podewils die Versicherung gegeben, dass er sich bemühen werde, am russischen Hofe für Preussen sein Bestes zu thun. — [3] Vergl. Nr. 9707. — [4] Vergl. S. 193. — [5] Schreiben von Soubise an einen französischen Officier bei der österreichischen Armee in Schlesien, d. d. Cassel 21. December 1757, über die übeln Folgen der Schlachten bei Rossbach und Leuthen und über die Lage des Marschalls Richelieu den Hannoveranern gegenüber.

Les Français sont sortis du Halberstadt,[1] sans que je puisse vous en dire une raison. Ce détachement vous était avantageux;[2] vous n'en avez pas profité. Richelieu se renforcera trop, et si vous traînez, vous pouvez compter que, dans un mois peut-être, il ne vous sera plus possible d'entreprendre ce qui serait très facile à présent. Adieu, je vous embrasse.

F e d e r i c.

Nach der Ausfertigung im Kriegsarchiv des Königl. Grossen Generalstabs zu Berlin. Eigenhändig.

9711. AU PRINCE HENRI DE PRUSSE A LEIPZIG.

[Breslau,] 21 [janvier 1758].

Mon cher Frère. Je vous envoie dans une lettre ci-jointe[3] toutes les dispositions que j'ai faites pour fortifier le corps de Halberstadt.[4] Il faut défendre au pays de ne rien livrer, ni payer aux Français,[5] et faire ravancer ce corps-là, pour couvrir le pays, ce qui pourra répondre à un autre objet encore. Quand le prince Ferdinand avancera, vous pourrez joindre le bataillon de Halle à ce corps, pour prendre des magasins dans le Brunswick que les Français ont faits sur nos frontières.

Pour M. Fraigne,[6] je compte qu'il sera déjà à la forteresse de Magdeburg. J'ai envoyé d'ici tout un bataillon franc complet à Magdeburg, qui, dès qu'il sera habillé, se joindra au corps de Halberstadt. Je dois vous avertir que j'ai augmenté tous les bataillons francs, qui à présent sont mis à 750 têtes.

A présent, mon frère Ferdinand se trouve entièrement hors de danger.[7] Ma sœur Amélie arrivera ici dans une couple de jours, ce qui me fait d'avance grand plaisir.

Adieu, mon cher frère, je vous embrasse de tout mon cœur, vous assurant de la vive tendresse avec laquelle je suis, mon très cher frère, votre très fidèle frère et serviteur

F e d e r i c.

Nach der Ausfertigung. Eigenhändig.

9712. AN DEN PRINZEN HEINRICH VON PREUSSEN IN LEIPZIG.

Breslau, 21. Januar 1758.

Durchlauchtiger Fürst, freundlich geliebter Bruder. Nachdem Ich das Arrangement getroffen und das bisherige Regiment von Loën dem Generalmajor von Kalkreuth gegeben, von dessen bisherigem Regiment aber anderweitig disponiret habe, so habe Ich zugleich die Ordre gestellet, dass dieses vormalige Loën'sche Regiment von Berlin aufbrechen und nach Magdeburg marschiren soll. Ich beordre zugleich das Regi-

<hr>

[1] Vergl. S. 191. — [2] Vergl. Nr. 9700. — [3] Nr. 9712. — [4] Vergl. S. 98. 168. — [5] Vergl. Nr. 9715. — [6] Vergl. S. 164. — [7] Vergl. S. 184.

ment von Erbprinz Cassel,[1] dass solches nach Halberstadt marschiren und also zu denen bereits da stehenden 4 Bataillons stossen soll. Da alsdenn 6 Bataillons dort stehen werden, auch überdem das Leibregiment zu Pferde dorten ist, so werde Ich gerne sehen, wenn alsdenn diese Regimenter einmal vorrücken und ohnvermuthet etwas auf ein oder anderes derer französischen Quartiere im Braunschweigschen entrepreniren werden, es sei nun, solches zu enleviren oder doch denen dasigen französischen Truppen eine Niche und Schabernack zu machen, es sei auch solches, so klein es wolle. Ew. Liebden können allenfalls auch den Obristen von Tauentzien[2] dahin beordern, der alles dazu disponiren und dirigiren müsste, damit Ich Meinen Zweck darunter erhalte, da es denen dortigen Generals an der desfalls erforderlichen Vivacité und prompter guter Disposition fehlen möcht. Ich überlasse alles dieses Ew. Liebden guten Besorgung und bin Ew. Liebden freundwilliger Bruder

Nach dem Concept.   F r i d e r i c h.

9713. A LA MARGRAVE DE BAIREUTH A BAIREUTH.

Breslau, 21 [janvier 1758].

Ma très chère Sœur. En vérité, ma chère sœur, vous êtes ma seule consolation; quel bonheur d'être aimé de vous, et quels agréments que de recevoir de vos lettres! Ce sont des baumes qui guérissent toutes les plaies que mes ennemis me font.

Nous n'avons pas encore Schweidnitz, mais la place tombera entre ci et le mois de mars. Nos ennemis font tous les préparatifs pour la campagne prochaine; mais je me flatte que ce sera la dernière, car, en vérité, ce métier est insoutenable à la longue.

Les Français ont avancé du côté de Brême un corps de 7000 hommes, qui a été à moitié détruit par les Hanovriens. Cela commence à prendre forme, il faut espérer que les grands coups seront frappés avec un égal bonheur.

J'attends ma sœur Amélie demain ici; j'ai ici mes deux nièces de Schwedt, et nous prenons du bon temps.

Mon frère Ferdinand est à présent tout-à-fait mieux, il commence à se lever; c'est toutefois une inquiétude de moins. Adieu, ma chère sœur, je vous embrasse tendrement, vous priant de me croire avec la plus parfaite tendresse, ma très chère sœur, votre très fidèle frère et serviteur

Nach der Ausfertigung. Eigenhändig.   F e d e r i c.

---

[1] Befehl, d. d. Breslau 21. Januar, an den Erbprinzen in Magdeburg, sein Regiment nach Halberstadt zu senden und den Commandeur des Regiments an die Befehle des Prinzen Heinrich zu verweisen. [Ausfertigung im Kgl. Staatsarchiv zu Marburg.] —
[2] Vergl. S. 90.

9714. AU PRINCE HENRI DE PRUSSE A LEIPZIG.

Breslau, 22 janvier 1758.

Mon très cher Frère. C'est à cause des grands désordres et des exactions énormes que les Français ont commis dans leur dernière incursion à Halberstadt, que je vous demande d'écrire une lettre de votre part au maréchal duc de Richelieu, dans les termes que je les ai couchés de ma main propre dans la minute ci-jointe. Cette lettre faite, vous l'enverrez ensuite directement · au susdit maréchal même par un trompette. Je suis avec les sentiments d'estime que vous me connaissez, mon très cher frère, votre bon et très affectionné frère

Federic.

Monsieur. Après les horribles désordres et exactions et déprédations que les troupes françaises viennent de commettre dans la dernière incursion qu'elles ont faite dans la principauté de Halberstadt,[1] j'ai ordre du Roi de vous avertir qu'on en agira avec la même inhumanité et barbarie dans les terres des alliés du roi de France, et que désormais on ressentira sur les officiers français prisonniers les indignes procédés que vos troupes ont exercés envers les sujets de Sa Majesté.

Das Hauptschreiben nach der Ausfertigung. Die Beilage nach dem vom Könige eigenhändig aufgesetzten und dem Prinzen zugesandten Concept.[2]

9715. AN DIE DIRIGIRENDEN MINISTER DES GENERAL- ETC.-DIRECTORII IN BERLIN.

Breslau, 22. Januar 1758.

Da Se. Königliche Majestät vernommen haben, wie dass das ohnlängst in das Halberstädtsche wiederum eingefallene Corps französische Truppen sich nunmehro auf das schleunigste wiederum von dar retiriret und zurückgezogen hat, Höchstdieselbe aber zugleich zu Dero besonderm Missfallen in Erfahrung kommen müssen, wie dass man sich von Seiten der dortigen Kammer dergestalt intimidiren lassen und übereilet habe, dass man erwähnten Franzosen bei ihrem so gar kurzen Dasein auf unzeitige Drohungen sogleich eine Summa von 200,000 Thaler bezahlet, ohnerachtet Se. Königl. Majestät Dero Generaldirectorium bei andern Gelegenheiten vorhin schon und noch letztlich[3] declariret haben, die Kammern und Landräthe, auch Magisträte dahin zu instruiren, dass in dergleichen Fällen man sich mit Auszahlung der geforderten Contribution, Lieferungen und dergleichen gar nicht übereilen, sondern damit nach aller

---

[1] Vergl. Nr. 9717. — [2] Das demgemäss ausgefertigte Schreiben des Prinzen Heinrich, d. d. Leipzig 30. Januar, gelangte, da Richelieu abberufen wurde, an den neuen Befehlshaber des französischen Heeres, den Grafen Clermont. Vergl. Rousset, Le comte de Gisors. S. 376. — [3] Durch einen Cabinetserlass an das Generaldirectorium d. d. Breslau 21. Januar.

Möglichkeit trainiren solle, als machen höchstgedachte Se. Königl. Majestät Dero dirigirenden Ministern des Generaldirectorii Deroselben höchstes Missfallen über oberwähnten Vorfall hierdurch bekannt, mit Befehl, hinfüro überall und insonderheit die Kammern, Landräthe und Magisträte dererjenigen Provinzien, so bei ein oder andern Fällen feindlichen Anforderungen exponiret sein können, besser als bishero zu instruiren, dass selbige auf den Fall feindlicher Anforderungen und Exactionen nicht so gar facil mit deren Prästationen sein, noch sich dazu verstehen, sondern vielmehr nichts abgeben, noch liefern und es darunter bis zur letzten Extrémité ankommen lassen sollen, widrigenfalls diejenigen, so aus einer unzeitigen Furcht so gar facil sein und dagegen handeln werden, gewärtigen sollen, dass sie deshalb selbst vor ihre Person davor responsable bleiben, noch jemalen einige Remission oder Hülfe darunter zu gewärtigen haben sollen.

Nach dem Concept. F r i d e r i c h.

9716. AU SECRÉTAIRE MICHELL A LONDRES.

Breslau, 22 janvier 1758.

Je veux bien vous donner en réponse sur ce que vous me marquez, par votre post-scriptum du 23 de décembre dernier,[1] de certaine usance observée par telle ou autre puissance qui a tiré des subsides de l'Angleterre, savoir que je n'en avais aucune connaissance jusqu'ici, mais qu'indépendamment de cela, j'ai mes raisons pour lesquelles je serais bien aise de ne point me prêter justement à cette usance, vu ma situation présente et le grand nombre d'ennemis contre lesquels je me vois nécessité de faire jusqu'aux derniers efforts.

En attendant, vous n'avez qu'à vous en remettre sur cela à ma générosité et compter sur un présent convenable de ma part, selon que les circonstances présentes le permettent, et je vous donnerai par là une marque de la satisfaction sensible que j'ai des bons et fidèles services que vous m'avez rendus jusqu'à présent.[2]

Nach dem Concept. F e d e r i c.

9717. AU FELD-MARÉCHAL DE KEITH.

Breslau, 23 janvier 1758.

Mon cher Maréchal. Comme je vois, par les rapports de mon ministre de Borcke, que les États de la Saxe continuent toujours leurs

---

1 Michell hatte berichtet, es sei am englischen Hofe Gebrauch, dass ein jeder fremder Gesandter, der einen Subsidienvertrag mit England zeichne, von Seiten seines Souveräns ein Procent der Subsidien empfange; man hoffe, der König würde ihm diese Vergünstigung nicht abschlagen. — 2 Auf einen Bericht von Finckenstein, d. d. Breslau 22. Januar, verfügt der König, ebenfalls am 22. Januar, in Form einer „mündlichen Resolution", die Subsidien mögen in zwei Terminen und, wo möglich, in Gold ausgezahlt werden.

tergiversations ordinaires, pour ne pas vouloir s'assujettir aux contributions extraordinaires,[1] quoiqu'assez modérées en comparaison de celles que les Français ont exigées de mes provinces, où ils jouent les maîtres, ma volonté expresse est que vous devez assister de votre mieux mon susdit ministre par des exécutions les plus rigoureuses, dont les Saxons ne sauraient se plaindre, d'autant moins que, jusqu'à présent, j'ai traité assez modérément ces gens, au lieu que les Français ont usé d'horribles désordres, vexations et déprédations dans la dernière invasion qu'ils ont faite dans ma principauté de Halberstadt,[2] où de la seule capitale, lieu assez pauvre et ruiné par les exactions des Français, quand ils l'avaient envahi l'année passée, ils ont exigé en deux ou trois jours la somme de 200,000 écus argent comptant, sans les autres livraisons en grains et fourrages que les pauvres habitants ont été obligés de leur faire, se voyant toujours menacés du pillage et d'autres mauvais procédés. C'est pourquoi mon intention est que vous devez user, à votre tour, de toute la rigueur pour la levée des contributions en Saxe et ne parler aussi que de pillage, au cas qu'on ne paie pas exactement; et s'il arrivait même que vous trouviez nécessaire d'en donner un exemple, en faisant piller un ou deux lieux, cela ne saurait point nuire.[3] Et, sur ce, je prie Dieu etc.

Nach der Ausfertigung.   F e d e r i c.

9718. AN DEN GENERALFELDMARSCHALL PRINZ MORITZ
VON ANHALT-DESSAU.[4]

Breslau, 23. Januar 1758.

Durchlauchtiger Fürst, freundlich lieber Vetter. Ew. Liebden übersende hierbei die von Deroselben Mir communicirte Schreiben, so Dieselbe von dem Feldmarschall Graf Daun[5] erhalten haben, zurück. Ich finde auch dasjenige, was Ew. Liebden wegen derer beiden Punkte, davon gedachter Feldmarschall Daun nach Ew. Liebden Schreiben Erwähnung gethan, zu veranlassen vor nöthig gefunden, vor ganz recht und billig zu sein und überlasse solches alles zu Dero guten weiteren Besorgung. Wann aber der Etatsminister von Borcke geschrieben, wie

---

[1] Vergl. S. 88. — [2] Vergl. S. 189. 191. — [3] Auf der Rückseite eines Berichts von Keith, d. d. Dresden 20. Januar, verfügt der König eigenhändig in Betreff der in Sachsen einzufordernden 4 bis 6000 Rekruten: „Il faut obliger les Saxons à fournir; partagez le pays en cantons, et que les régiments tiennent la main qu'on leur livre le nombre. Alors, à mesure qu'on les aura, vous m'enverrez ici tout ce qui passe le nombre pour vous compléter." Auf Grund dieser Weisung wurde ein zweiter Cabinetserlass an Keith vom 23. Januar aufgesetzt. — [4] Die Berichte des Prinzen aus dem Januar sind von Breslau datirt. — [5] Die Schreiben von Daun liegen nicht bei. Es handelt sich um preussische Civilbeamte, welche in Sachsen und in Schlesien von den Oesterreichern „aufgehoben und auswärtig in die Gefangenschaft geschleppet worden". Der König hatte über diese Sache bereits am 11. Januar an den Prinzen Moritz geschrieben.

er keine Civilbediente aus Sachsen wisse, welche sich noch in der östreichschen Gefangenschaft befinden sollten, so fehlet es daran so weit, dass der zu Dresden von Mir sonst gestandene Legationssecretär Plesmann im vorigen Jahre bereits vor verschiedenen Monaten, als er auf Ordre eine Reise nach Plauen im Voigtlande gethan, unschuldiger und unverdienter Weise und wider das, was sonsten denen Kriegesgewohnheiten gemäss ist, von einem Commando östreichscher Husaren nebst seinen bei sich habenden Domestiquen und Hardes aufgehoben und nach Böhmen, auch dem Verlaut nach von dar weiter in die Gefangenschaft geschleppet worden, in welcher derselbe auch diese ganze Zeit über und bis dato gehalten wird, ohne dass von ihm bis dato die geringste Nachricht eingelaufen; auf dessen Erlassung, und dass er wieder zurückgeschicket werden müsse, Ew. Liebden ganz besonders zu insistiren haben. [1]

So haben Ew. Liebden auch besonders zu releviren, dass der Geheime Rath Osten zu Hof [2] wider alles Recht daselbst, als an einem neutralen Orte, mit der grossesten Gewalt aufgehoben und dergestalt misshandelt worden, dass man solchen, sichern Nachrichten nach, nach Böhmen in Ketten geschlossen als einen Criminellen auf eine ganz unerlaubte und ungebührliche Weise geschleppet hat.

Ew. Liebden werden Mir also eine besondere Gefälligkeit erweisen, wenn Dieselbe Sich jetzo aller dieser Sachen annehmen und dahin sehen und insistiren werden, dass solche redressiret und wiederum in ihre gehörige Ordnung gebracht werden müssen. Ich bin Ew. Liebden freundwilliger Vetter

F r i e d e r i c h.

Nach der Ausfertigung im Herzogl. Haus- und Staatsarchiv zu Zerbst.

9719. AN DEN GENERALFELDMARSCHALL VON LEHWALDT.

Breslau, 23. Januar 1758.

Ich habe Euren Bericht vom 18. dieses erhalten und dessen Einhalt mit vieler Zufriedenheit ersehen; es wird Mir auch ganz besonders angenehm sein, wenn Ihr Mir zum öftern Eure Nachrichten von des dortigen Feindes Situation, Subsistance, und wie derselbe sich dabei verhält, nebst andern Nachrichten, so Ihr nur einigermaassen Meiner Attention werth findet, zukommen lassen werdet.

Was die fürstlichen mecklenburgischen Aemter angehet, da habt Ihr ganz recht gethan, dass Ihr solche, um sie zur Parition zu bringen, mit Execution beleget habet; wie dann auch Mein Wille ist, dass Ihr solche fürstliche Aemter vorzüglich und zum schärfesten angreifen sollet.

---

[1] Breslau 23. Februar befiehlt der König noch einmal dem Prinzen, „gehöriger Orten nachdrücklich zu schreiben und auf die Erlassung und Extradition obgedachten Plesmann sehr zu insistiren". — [2] Vergl. S. 144.

Absonderlich aber sollet Ihr das fürstliche Bataillon, so noch in Schwerin stehet, aufheben und desarmiren lassen,[1] und würde es sehr gut und Mir besonders angenehm sein, wann wir die Leute davon bekämen, als die recht sehr gut hier zu gebrauchen, und die dabei, da sie dorten aus dem Lande, wie sicher anzusehen seind.

Sonsten mache Ich Euch zu Eurer Nachricht, wiewohl auch noch zur Zeit im Vertrauen, hierdurch bekannt, wie dass Ich des Generallieutenant Prinzen von Holstein Liebden[2] mit denen beiden Regimentern Dragonern, so Dieselbe schon bei Sich haben, desgleichen den Major von Beust mit 5 Escadrons Husaren destiniret habe, um solche vielleicht mit nächstem zu dem hannöverschen Corps d'armée, so jetzt des Prinzen Ferdinand von Braunschweig Liebden dorten commandiren, zum Secours stossen zu lassen, und erwarte Ich nur noch die nähere Nachricht, an was vor Orte und an welchem Tage solches eigentlich geschehen könne, davon Ich Euch alsdenn weitere Communication thun werde. Mein Wille aber ist, dass inzwischen Ihr vorgedachtes Detachement in dem Mecklenburgischen so verlegen sollet, dass solches gegen die Elbe zu à *portte* und bei der Hand sei, um allenfalls, und wenn es erfordert wird, gleich zur Armee des Prinzen Ferdinand Liebden marschiren und stossen zu können. Inzwischen Ihr von der darunter von Mir habenden Hauptintention nichts sonderliches äussern, noch eclatiren lassen sollet.

Angehend die Auswechselung derer dortigen beiderseitigen Kriegesgefangenen, da werde Ich sehr gerne sehen, wenn Ihr den Ingenieurcapitän Lefebvre,[3] den Ich hier sehr nützlich gebrauchen kann, bald werdet auswechseln können. Wenn Ihr also einen kriegesgefangenen Major habet, so sollet Ihr nur solchen sogleich gegen jenen auswechseln lassen.

Ich bin demnächst auch nicht nur sehr wohl zufrieden, sondern werde auch gerne sehen, dass Ihr die bei uns gefangene schwedische kriegesgefangene Officiers von der Hofpartie sowohl mit einiger Distinction begegnet, als auch solche auf Parole und allenfalls Reverse nach Stockholm abgehen lasset, indem nicht zu zweifeln, vielmehr sehr zu glauben ist, dass solche bei ihrer Retour nach Stockholm dort die Sache der Schweden nach ihrer wahren Beschaffenheit und auf eine uns ganz avantageuse Art vorstellen, viel Lärm deshalb machen und dadurch Meine Euch schon bekannte Absicht[4] befördern werden. Ihr habt Mir auch eine Liste zu senden, wie viel Ihr jetzo an schwedischen Kriegesgefangenen, an Officiers, Gemeinen und übrigen, zusammen habet. Ich beziehe Mich übrigens auf Meine letztere Schreiben vom 14. dieses[5] und erinnere Euch nur noch hierbei, dass Ihr die für Mich einzuziehende Contributiones bestens poussiren sollet, auf dass Ich, so viel möglich,

---

[1] Vergl. S. 172. — [2] Vergl. S. 169. — [3] Vergl. Bd. XV, 478. — [4] Vergl. S. 170. — [5] Vergl. Nr. 9688 u. Anm. 1 S. 173.

bald Geld hieher bekomme. Welches Ihr dann auch wegen der von
Mir hieher verlangten Pferde zu beobachten und es darunter so zu disponiren habt, dass, sobald von solchen nur 1000 Stück zusammen seind,
Ihr solche nur immer sogleich auf Frankfurt an der Oder abschicken
und so weiter hieher gehen lassen sollet.[1]

Nach dem Concept.   F r i d e r i c h.

9720. AU MINISTRE DE LA GRANDE-BRETAGNE MITCHELL
A BRESLAU.

Breslau, 23 janvier 1758.

Monsieur. Après n'avoir eu jusqu'à présent aucune assistance
de l'Angleterre, ni par mer ni par terre, ni par voie des négociations,
pendant tout le cours de cette guerre, au lieu que de ma part j'ai fait
des diversions puissantes à nos ennemis communs, en sorte que l'Angleterre n'a plus à craindre les invasions par des descentes,[2] j'aurais cru
que les subsides qu'elle m'a offerts, serviraient pour m'indemniser en
partie des pertes et des dommages que j'ai essuyés depuis mon alliance
contractée avec elle. Je viens cependant de m'apercevoir, par votre
lettre du [22][3] et par les insinuations que vous m'avez faites,[4] qu'il

---

[1] Ein P. S. enthält Anordnungen über Avancements und Abschiedsbewilligungen. —
[2] Vergl. Bd. XIII, 609; XIV, 551. — [3] In der Vorlage fälschlich 10. — [4] Ueber die
Unterredung berichtet Mitchell am 25. Januar an Holdernesse (private and most secret),
er habe die Wünsche des englischen Ministeriums dem Könige vorgetragen „in the most
guarded terms and as I thought suited to the King of Prussia's humour; but he
answered very briskly that he could give no such assurance consistent with his honour, and he would rather have no subsidy etc. He then talked of giving immediate
orders to his minister at London upon it." [Abschrift im British Museum.] Am
9. Februar berichtet Mitchell noch eingehender an Holdernesse (secret) über die Unterredungen dieser Tage und die Ablehnung der Subsidien; unter anderem meldet er,
der König habe angedeutet: „That, after the granting of subsidies, the givers sometimes
assumed an air of superiority over the receivers, considering them as their dependants,
to whom they had a right to dictate." Auf Mitchell's Darlegungen bei einer späteren
Gelegenheit hat der König, wie Mitchell in demselben Berichte anzeigt, „with good
humour" geantwortet: »I have heard everything you have said with attention, and
I have considered every argument you have offered, but you have deceived yourself
if you think you have convinced me. I have taken my resolution which is not to
touch any subsidy but in the case of extreme necessity, my affairs are now in a better
situation than they were lately, and I shall be happy if I can restore them without
subsidies, but my engagements with England continue the same, and I will give every
assistance in my power to the King your master. . ." [Ausfertigung im Public
Record Office zu London.] Ein zweiter Bericht Mitchell's an Holdernesse vom
9. Februar enthält die Versicherung, dass die Ablehnung der Convention allein
der Abneigung des Königs gegen alle Subsidienverträge entspringe und keineswegs
durch eine Veränderung in den Gesinnungen des Königs gegen England hervorgerufen sei. Nach demselben Bericht hat der König darauf hingewiesen, dass
Ungarn augenblicklich sich in einem ganz schutzlosen Zustande befinde, und daher
die geringste Bewegung von Seiten der Türken die grösste Unruhe in Wien erregen
würde; deswegen möge nichts an der Pforte versäumt werden. [Ausfertigung im
Public Record Office zu London.]

s'agit d'y attacher mes assurances pour faire joindre, vers le printemps, l'armée du Roi votre maître par un corps de mes troupes en auxiliaires, pour s'opposer à l'armée française dans le pays d'Hanovre. Je me vois donc obligé de vous dire, selon la sincérité et la bonne foi dont j'ai toujours agi avec vous, que la situation, où je me trouve actuellement par rapport au grand nombre des ennemis qui voudront m'accabler de tous côtés, ne me permet absolument pas de donner telle assurance, laquelle, contre mon gré et contre tout ce que j'ai de bonne volonté pour seconder l'Angleterre, saurait tromper son attente là-dessus, dans le cas que les évènements exigeront que j'usasse moi-même de tout ce que j'ai de forces pour me soutenir. C'est ainsi en conséquence que je vous déclare sans détour que, sous une pareille condition, je ne saurais point toucher aux subsides qu'on me destine, et que je viens de donner mes ordres à mon chargé d'affaires Michell[1] de suspendre plutôt sa signature de la convention projetée, que de m'engager à des promesses que les évènements sauraient rendre impossibles d'accomplir. Jamais je ne vendrai mon honneur au prix d'argent, et plutôt [que] de le commettre, j'aimerai mieux d'abandonner mes affaires au hasard des évènements, et m'aiderai par mon industrie, pour me tirer hors d'affaire, où je pourrai dire alors dans la vérité que j'ai manqué de tout secours de l'Angleterre pendant cette guerre, au risque des évènements qui en auraient pu arriver. Et, sur ce, je prie Dieu etc.

Federic.

Nach der Ausfertigung im British Museum zu London.

9721. AU LIEUTENANT-GÉNÉRAL PRINCE FERDINAND DE BRUNSWICK.

Breslau, 24 janvier 1758.

Monsieur mon Cousin. Je vous suis bien obligé des nouvelles que vous avez bien voulu me communiquer par votre lettre du 16, que je viens de recevoir. Ce que le prince Louis, votre frère, vous marque,[2] est bon et bien dit, mais ignore-t-il toute l'étendue de la frontière que j'ai à couvrir, le blocus de Schweidnitz et tous les autres endroits où j'ai moi-même grand besoin de mes troupes?

Permettez-moi de vous dire d'ailleurs que je suis toujours du sentiment que Votre Altesse aurait pu exécuter Elle-même, seule avec ce qu'Elle avait de troupes, la première expédition contre l'ennemi.

Cependant, les moments pour cela ne sont point encore perdus, pourvu que cela se fasse avec activité et sans perdre trop de temps. Je ferai ce que je pourrai, pour vous aider.

[1] Vergl. Nr. 9724. Anm. 2. S. 199. — [2] Prinz Ludwig hatte, nach des Prinzen Ferdinand Bericht, d. d. Lüneburg 16. Januar, seinem Bruder aus dem Haag geschrieben, Jedermann erwarte, die Expedition des Prinzen Ferdinand werde durch ein preussisches Corps unterstützt werden.

Je n'attends que votre réponse sur les points que je vous ai marqués par ma lettre du 13 de ce mois,[1] pour être par là à même à donner mes ordres aux troupes, afin de se mettre en mouvement, autant que cela pourra se faire. Je suis avec des sentiments d'estime, Monsieur mon Cousin, de Votre Altesse le bon et très affectionné cousin

Je vous jure qu'il ne faut point perdre de temps et passer sur bien des petites bagatelles, pour aller au grand but que vous devez vous proposer, qui est de faire ce que vous savez, avant la fin de février. J'attends votre réponse depuis longtemps, et je vous prie de considérer que vous perdez trop à vouloir tout arranger, car il ne s'agit point à présent d'une campagne, mais d'une expédition; 2° il faut que je sache si vous avez de quoi nourrir mes troupes, ou non.

Federic.

Nach der Ausfertigung im Kriegsarchiv des Königl. Grossen Generalstabs zu Berlin. Der Zusatz eigenhändig.

9722. AU PRINCE HENRI DE PRUSSE A LEIPZIG.

[Breslau,] 24 [janvier 1758].

Mon cher Frère. Il sera facile de couvrir le pays de Halberstadt et de Mansfeld, dès que les secours seront arrivés,[2] et il ne faut pas souffrir que ces faquins pillent impunément le pays. J'ai de la peine à croire que les Français envoient 40,000 hommes de nouveaux secours, ils n'ont plus en France que la maison du Roi[3] à leur disposition, et voilà tout ce qu'ils feront passer le Rhin en y joignant des milices; ils se servent toujours de ces ostentations pour intimider [leurs] ennemis, mais il y a toujours beaucoup à rabattre de tous ces grands nombres qu'ils mettent sur le papier. Je vois, quoi que nous ayons fait, que nos ennemis veulent absolument pousser la guerre et la faire cette année-ci; vous jugez bien que cela ne me fait aucun plaisir, mais il faudra en passer par là, sans même faire la grimace.

Vos hussards ont manqué M. Fraigne;[4] il le faut faire enlever à tout prix, c'est un espion, et il ne le faut absolument pas souffrir là.

Je vous rends mille grâces des choses obligeantes que vous me dites pour mon jour de naissance. Si l'année dans laquelle j'entre, devait être aussi cruelle que celle qui est finie, je souhaite que cela soit la dernière de ma vie.

Ma sœur Amélie est arrivée ici,[5] ce qui m'a fait grand plaisir; elle aura la complaisance de rester une huitaine de jours ici. Mon frère Ferdinand est hors de cour et de procès, entièrement rétabli, il n'attend que le retour des forces. Voilà, mon cher frère, tout ce que, pour le

---

[1] Vergl. Nr. 9685. — [2] Vergl. Nr. 9711. 9712. — [3] Die königliche Leibgarde. — [4] Vergl. S. 189. — [5] Vergl. S. 189. 190.

présent, je peux vous mander d'ici. Je me recommande à la continuation de votre précieuse amitié, étant avec une très haute estime et une parfaite tendresse, mon cher frère, votre fidèle frère et serviteur

Nach der Ausfertigung. Eigenhändig.   F e d e r i c.

9723. AU SECRÉTAIRE BENOÎT A VARSOVIE.

B r e s l a u , 24 janvier 1758.

Votre rapport du 18 m'a été rendu. Au sujet duquel je veux bien vous faire observer que vous ne devez pas oublier de me mander dans vos rapports ce que vous apprenez, là où vous êtes, des affaires turques, et ce [que] l'on croit de la conduite que le nouveau Sultan[1] tiendra envers ses voisins, choses sur lesquelles je n'ai pas pu avoir jusqu'à présent aucune nouvelle, vu le peu de temps que le Sultan vient de monter au trône, mais dont apparemment il en sera transpiré quelque chose en Pologne.

Nach dem Concept·   F e d e r i c.

9724. AU SECRÉTAIRE MICHELL A LONDRES.[2]

B r e s l a u , 25 janvier 1758.

Toutes vos relations que vous m'avez faites du 23 et du 30 de décembre dernier, de même que celle du 3 de ce mois, me sont heureusement entrées. J'ai même reçu le projet de convention entre moi et l'Angleterre, à signer à l'occasion des subsides que l'Angleterre a bien voulu m'accorder. Quoique j'aie d'abord résolu d'approuver ladite convention, et que vos instructions et vos pleins pouvoirs pour signer cette convention sont tous expédiés et signés de moi, je veux cependant vous dire et vous ordonne expressément, en vertu de celle-ci, de ne pas procéder de votre part, ni à conclure ou à signer cette convention, ni sur ce qu'il faut pour toucher les subsides, jusqu'à un nouvel ordre exprès de ma part pour y procéder.

---

[1] Vergl. S. 187. — [2] Bereits am 23. Januar war ein Cabinetserlass an Michell aufgesetzt, welcher die Ablehnung der Subsidien mit den nämlichen Motiven und fast mit den gleichen Worten enthielt, wie das Schreiben an Mitchell vom 23. Januar (Nr. 9720). Die Ausfertigung dieses ersten Erlasses wurde nicht vom Könige unterzeichnet, vielmehr „auf allergnädigsten Befehl reponirt"; dagegen der obige Erlass vom 25. aufgesetzt, welcher die Ablehnung der Subsidien mit einer anderen Motivirung anordnet. — Am 29. Januar berichtet Mitchell an Holdernesse (private and most secret), der König habe auf seine Vorstellung hin die Befehle an Michell gemildert; es sei noch Hoffnung auf eine Unterzeichnung der Convention. Nach Ansicht der preussischen Minister ist, wie Mitchell schreibt, der Unmuth des Königs hervorgerufen einerseits durch die Weigerung Englands, Kriegsschiffe oder Landtruppen zu Hülfe zu senden (vergl. S. 93. 160. 162), und andererseits durch die Nachrichten über das Vorrücken der Russen in Ostpreussen (vergl. S. 180). [Der Bericht Mitchell's in Abschrift im British Museum.]

Vous devez connaître mes sentiments, combien j'aime à ménager mes alliés, pour ne pas leur être, tant qu'il est possible, à charge; et comme, depuis quelque temps, ma situation se trouve moins gênée qu'elle ne l'était, j'aime mieux ménager encore les fonds de l'Angleterre, à laquelle je resterai néanmoins fidèlement attaché, et tâcherai de me soutenir par rapport aux frais de la guerre par mon industrie, jusqu'à ce que la nécessité indispensable m'obligera à recourir à ces subsides que l'Angleterre m'a destinés. [1]

Comme je vois par vos dépêches qu'il ne faut plus espérer que le ministère anglais se prête à envoyer des troupes nationales en Allemagne [2] pour joindre celles de l'armée dans l'Hanovre, j'en suis bien touché, vu le hasard que je prévois que cette armée, de même que toute la cause commune, en courra. Ma volonté est ainsi que, malgré le peu de succès que vos représentations ont eu jusqu'à présent sur ce sujet, vous deviez encore dire en mon nom et leur représenter exactement et fidèlement que je voyais bien que leur système était pris de manière à ne point se mêler des affaires du continent et de l'Allemagne, mais que je prévoyais et leur disais d'avance que cela réussirait fort mal. Que, les Français faisant tous leurs efforts, jusqu'à avoir résolu d'envoyer une nouvelle armée en Allemagne pour fortifier celles qui y existaient déjà, et pour y agir le plus vigoureusement, en attendant que le ministère anglais ne voulait rien faire pour soutenir celle d'Hanovre, les choses de la cause commune ne sauraient qu'y aller très mal, dont le contrecoup retomberait sûrement alors sur l'Angleterre même. Enfin, vous ajouterez qu'en qualité de bon et fidèle allié, je vous avais autorisé de les faire souvenir en mon nom de tout ce que dessus.

Nach dem Concept.   F e d e r i c.

9725. AU CONSEILLER PRIVÉ VON DER HELLEN A LA HAYE.

Breslau, 25 janvier 1758. [2]

Le rapport que vous m'avez fait du 14 de ce mois, m'a été fidèlement rendu. Comme j'en ai vu entre autres ce que vous me marquez touchant la prétendue communication que la France doit avoir eue d'une négociation entamée entre moi et le roi de Pologne, électeur de Saxe, j'ai eu lieu d'être surpris de l'effronterie de mes ennemis, pour controuver et débiter hardiment des mensonges les plus grossiers, et où il

---

[1] Am 25. schreibt der König an Mitchell, er könne seinen Entschluss in Betreff der für die Hannoveraner verlangten Hülfsleistung und in Betreff der von England angebotenen Subsidien nicht ändern; der König begründet die Ablehnung mit den gleichen Worten wie in dem obigen Schreiben an Michell. [Ausfertigung des Schreibens an Mitchell im British Museum.] — [2] In einem vorangehenden Cabinetserlass, d. d. Breslau 20. Januar, schreibt der König mit Bezug auf die Ingenieure, welche er aus Holland gewünscht hatte (vergl. S. 123), wenn er nur 3 oder 4 erhalte, welche Belagerungen mitgemacht hätten, so genüge ihm dies.

n'y a pas même quelque ombre de vraisemblance, vu que, depuis le temps que le roi de Pologne à séjourné à Varsovie, il n'y a eu entre nous la moindre correspondance ni directement ni indirectement. Je ne comprends donc rien à ces bruits, à moins que le comte Brühl, fertile en calomnies et pour controuver des mensonges, n'en ait imposé à la France de celle-là. Enfin, vous pouvez hardiment désabuser tous vos amis qui vous parleront à ce sujet, et donner un haut démenti là-dessus.

Nach dem Concept.   . _____   F e d e r i c.

9726. AU COMTE DE KAUNITZ A VIENNE.

Graf Kaunitz schreibt an den König, Wien 17. Januar: „Sire. Nous venons d'apprendre par une lettre d'Italie, en date du 3 de ce mois, qu'un marchand de vin de Boulogne, ayant appris l'évènement de la bataille du 5 décembre de l'année dernière, s'était écrié: »Est-ce qu'on ne trouvera pas un couteau qui lève de ce monde le roi de Prusse?« que ce Boulonais fit ensuite son testament et qu'il a disparu.'

Ce sont les propres termes de la lettre; nous n'en savons ni plus ni moins. Il se peut que ce propos n'est peut-être que le premier mouvement d'un enthousiaste, que peut-être le fait même est faux; mais comme il est des fanatiques, et que l'objet est des plus graves, puisqu'il intéresse la personne sacrée d'un grand prince, Leurs Majestés Impériales désirent que Votre Majesté en soit informée au plus tôt. Je me donne, moyennant cela, l'honneur de porter cette notion à la connaissance de Votre Majesté telle qu'elle est et pour ce qu'elle Lui paraîtra valoir, et comme elle regarde Votre Majesté personnellement, j'ai cru devoir la Lui donner directement. Je me flatte que cette considération vous engagera, Sire, à ne pas désapprouver la liberté que je prends, et j'ose même espérer que Votre Majesté voudra bien l'agréer, ainsi que le profond respect avec lequel j'ai l'honneur d'être etc.“

Breslau, 25 janvier 1758.

Le[1] Roi qui a reçu votre lettre, Monsieur, m'a chargé d'y répondre et de vous prier de remercier Leurs Majestés Impériales en son nom

---

[1] Die Antwort an Kaunitz war zuerst von Finckenstein concipirt worden. Der König strich den Haupttheil dieses Finckenstein'schen Concepts durch und setzte an dessen Stelle die oben abgedruckte Antwort. Finckenstein hatte geschrieben:

„Monsieur. C'est par ordre exprès du Roi mon maître que j'ai l'honneur d'accuser à Votre Excellence la réception de Sa lettre qu'Elle a écrite à Sa Majesté en date du 17 de ce mois.

Sa Majesté m'a chargé, Monsieur, de vous marquer en même temps qu'Elle n'avait jamais douté des sentiments nobles et généreux de Leurs Majestés Impériales et de Leur horreur pour un coup aussi révoltant que le serait celui d'un asssassinat intenté contre Sa personne. Que c'était de cette manière qu'Elle envisageait l'avis contenu dans la lettre de Votre Excellence, et qu'Elle ne pouvait qu'être sensible aux informations que Leurs Majestés Impériales Lui avaient fait tenir sur ce sujet, quoique ces sortes d'avertissements ne fussent, après tout, ni les seules ni les plus fortes preuves d'amitié que les princes pussent se donner. Ce sont les termes dans lesquels j'ai dû avoir l'honneur de répondre à Votre Excellence, et je me flatte qu'Elle voudra bien les faire parvenir à la connaissance de Leurs Majestés Impériales.

En mon particulier, je me félicite, . . .“ etc. wie oben S. 202.

des soins qu'Elles¹ paraissent prendre de sa conservation. Le Roi est persuadé que Leurs Majestés ont des sentiments trop nobles pour approuver des conjurations faites contre Leurs ennemis mêmes, et qu'Elles ne
poussent pas à ce point les haines politiques. Quoique l'on ait quelques soupçons de pareils attentats, Sa Majesté, qui n'aime point à entrer dans des discussions de faits mal prouvés, a trouvé à propos de
les supprimer. Nous devons au siècle éclairé et poli où nous vivons,
l'horreur que l'on a des assassinats; il serait à désirer que ce siècle eût
encore adouci l'amertume des plumes indécentes qui se servent souvent,
dans des ouvrages publics, des termes les plus injurieux contre de grands
princes. Voici, Monsieur, ce que le Roi m'a ordonné de vous répondre.

En mon particulier, je me félicite, Monsieur, de ce que les ordres
du Roi me procurent cette occasion de vous assurer de l'estime parfaite et de la considération distinguée avec laquelle j'ai l'honneur
d'être etc.

Finckenstein.

Nach dem Concept; bis zu den Worten „m'a ordonné de vous répondre" eigenhändig vom
Könige.

9727. AN DEN GENERALFELDMARSCHALL VON LEHWALDT.

Breslau, 26. Januar 1758.

Nachdem Ich Euch vermittelst Meines Schreibens vom 23. dieses²
schon bekannt gemachet, wie Ich intentioniret bin, des Generallieutenant
Prinzen von Holstein-Gottorp Liebden mit 10 Escadrons Dragoner und
mit 5 Escadrons Husaren zu dem unter Commando des Prinzen Ferdinand von Braunschweig Liebden im Lüneburgischen stehenden Corps
d'armée nächstens stossen zu lassen, um bei solchem bis auf Meine weitere Ordre mit zu agiren, so mache Ich Euch hierdurch bekannt, dass,
weil es nunmehro Zeit ist, dass des Prinzen von Holstein-Gottorp Liebden mit denen 15 Escadrons Sich fordersamst im Marsch setzen und
Sich durch das Mecklenburgische der Elbe nähern, um zu obgedachtes
Prinzen Ferdinand von Braunschweig Liebden zu stossen, Ihr also sonder weiteren Zeitverlust vorerwähntes Prinzen Liebden mit denen er-
meldeten 15 Escadrons dahin beordern und detachiren sollet.

So wie der Prinz Ferdinand von Braunschweig Mir aus Lüneburg
geschrieben hat, wovon Ihr aber gar keinen Eclat machen, sondern
alles bestens menagiren und nur allein den Prinzen von Holstein-Gottorp
darnach zu seiner Direction instruiren sollet, so muss letzterer mit denen
15 Escadrons, wo nicht eher, jedoch auf das späteste den 10. instehenden Monates Februarii am Bord der Elbe sein; es sei indifferent, ob er
seinen Marsch entweder gegen Lenzen oder gegen Neuhaus oder gegen

¹ In der Vorlage: Ils. — ² Vergl. Nr. 9719.

Boitzenburg dirigire, und wäre es genug, wenn ihn der Prinz von Holstein-Gottorp durch einen sicheren Expressen von seiner Marschroute
avertirete, damit er die erforderliche Anzahl von Schiffen oder Bacs
daselbst zusammenbringen lassen könnte, um die Elbe zu passiren, wenn
solche nicht mehr überfroren wäre; und dass übrigens denen 15 Escadrons es auf jener Seite und bei ihm nicht an Brod, noch an Haber
und Fourage, so alles ohnentgeltlich fourniret werden würde, im geringsten fehlen sollte. Daher Ihr dann mehrgedachten Prinzen von Gottorp
sogleich dahin detachiren und ihn von allem gebührend instruiren müsset,
damit er zu rechter Zeit sich mit dem Prinzen Ferdinand joignire.

Sonsten habe Ich Euer Schreiben vom 21. dieses sogleich erhalten,
worauf Euch dann in Antwort ertheile, dass Ihr[1] ja nun genug gefreite
Corporals aus dem Meklenburgischen bekommen und deren, so viel Ihr
nur wollet, daselbst nehmen könnet, um Euch damit wieder zu com-
pletiren. Demnächst ist auch das ganze unter Eurem Commando stehende
Corps nicht bei Stralsund nöthig, indem, wenn man auf 1¹/₂ Meile von
der Stadt stehet, so dörfen die Feinde keine Ausfälle thun, wenn auf
allen Seiten Cavallerie ist. Zweitens, alle Dörfer nach der See dörfet
Ihr nur ganz leer ausfouragiren und ausplündern lassen, so kann der
Feind nichts daraus ziehen.

Nach dem Concept.   Friderich.

9728. AU LIEUTENANT-GÉNÉRAL PRINCE FERDINAND DE
BRUNSWICK.

Breslau, 26 janvier 1758.

. . . Pour[2] ce qui regarde la disposition que vous souhaitez que
je fasse, pour agir de concert avec vous du côté de Halberstadt, il faut
bien que je vous prie de considérer que je n'ai pas de ce côté-là autant de troupes à ma disposition que vous le désirez pour favoriser
votre entreprise. Vous reconnaîtrez que je ne saurais nullement toucher
à la chaîne contre la Bohême, vu qu'elle ne consiste qu'en 9 bataillons,
un régiment de dragons et 5 escadrons de hussards, absolument nécessaires pour faire les patrouilles, de sorte que je ne saurais affaiblir
cette chaîne, à peine suffisante pour tout garder, sans déranger et faire
tort à mes propres affaires. Ainsi tout ce que je saurais assembler dans
le Halberstadt, ne pourra consister qu'en 5 bataillons, un régiment de
cavalerie, un escadron de hussards, et voilà tout ce que je pourrais
faire, dont j'écrirai cependant à mon frère Henri,[3] pour lui faire savoir
mon intention. Considérez d'ailleurs, je vous prie, que, quand le maré-

---

[1] Für das Folgende bis zum Schluss befindet sich eine eigenhändige Weisung
auf der Rückseite des Lehwaldt'schen Berichts, d. d. Greifswald 21. Januar. — [2] In
einem ersten Theil des Schreibens zeigt der König dem Prinzen an, dass Feldmarschall Lehwaldt Befehl erhalten habe, den Prinzen von Gottorp nach der Elbe
marschiren zu lassen. Vergl. Nr. 9727. — [3] Vergl. Nr. 9730.

chal Lehwaldt aura détaché les 15 escadrons, il ne saurait outre-passer ce nombre, sans trop s'affaiblir et sans courir le hasard de ne rien effectuer contre les Suédois. Selon sa situation présente, il a contre lui 8000 Suédois à Stralsund et le reste des troupes suédoises sur l'île de Rügen. Il doit bloquer les premiers et fourrager en même temps le pays, pour forcer les Suédois à une composition. D'ailleurs, il faut qu'il lève du pays de Mecklembourg des contributions, des chevaux et des recrues, sans quoi, je ne serais pas en état d'ouvrir la campagne qui vient, comme il faudra; et jugez alors, mon très cher prince, si, en vous détachant le prince de Gottorp avec 15 escadrons, ce n'est pas tout ce que je puis faire, et si ce n'est même une grande complaisance de ma part, qui saurait m'être nuisible, et que vous ne sauriez plus prétendre de moi, tant qu'on n'aura pas achevé avec les Suédois.

Car pour lors, [et] si on pouvait respirer de ce côté-là, j'emploierai avec plaisir tout le corps de Lehwaldt pour se porter à votre secours; aussi quand je fais tout ce que je puis humainement, voilà de quoi vous contenter. Je suis, au reste, avec des sentiments d'estime et d'amitié, Monsieur mon Cousin, de Votre Altesse le bon et très affectionné cousin

Je suis obligé de me régler sur vous pour mon projet de campagne. Pour l'amour de Dieu, faites que vos coïons mordent bien! Le prince de Holstein vous mène 10 escadrons de dragons et 5 de hussards, mais ces gens en valent 30 de l'ennemi. Le prince de Holstein est un excellent général de cavalerie,[1] auquel vous pouvez confier tout ce que vous ne pouvez pas exécuter vous-même. Si ce que vous savez réussit, je pourrai, dès que je serai débarrassé des Suédois, vous épauler davantage; mais vous devez comprendre que je me dois *primo* débarrasser de ces gens-là, pour n'avoir ni ne laisser rien à dos, ce qui serait très imprudent.

Federic.

Nach der Ausfertigung im Kriegsarchiv des Königl. Grossen Generalstabs zu Berlin. Der Zusatz eigenhändig.

9729. AU PRINCE HENRI DE PRUSSE A LEIPZIG.

Breslau, 26 janvier 1758.

Mon très cher Frère. Comme je ne trouve plus convenable à Leipzig ce grand nombre d'officiers français prisonniers de guerre, qui y sont restés jusqu'à présent, et que je crois qu'ils seront mieux et plus sûrs à Berlin, mon intention est que vous ferez transporter tout ce nombre d'officiers français, excepté ceux dont les fortes blessures ou de grandes maladies ne permettent pas d'être transportés pendant la saison d'hiver. Je suis avec estime, mon cher frère, votre bon frère

Federic.

Nach der Ausfertigung.

[1] Vergl. S. 169.

9730. AU PRINCE HENRI DE PRUSSE A LEIPZIG.

[Breslau,] 26 [janvier 1758].

Mon cher Frère. Je vous communique dans le chiffre ci-joint[1] le secret de l'église. Débarrassez-vous promptement de vos Français,[2] et soyez vers le 8 du mois prochain à Halberstadt, où vous pourrez, outre vos 7 bataillons, tirer un ou deux bataillons de milices de Magdeburg, et vers le 15 vous pourrez avec votre cavalerie et quelques bataillons détachés vers la frontière faire quelques démonstrations et, à mesure que les choses iront bien pour nous, en profiter en raflant à l'ennemi tous les magasins les plus proches de nos frontières, qui sont formés de nos blés. Votre objet doit être de faire le plus grand mal possible à l'ennemi. Je ne vous donne aucune instruction détaillée, parcequ'il peut arriver bien des choses entre ci et que vous receviez ma lettre, qui la rendraient inutile. Je m'en repose entièrement sur vous, vous donnant entière liberté d'entreprendre ou de faire ce que vous jugerez convenable selon vos circonstances et celles de l'ennemi; mais toute votre expédition, ne se bornât-elle qu'à une simple démonstration, elle serait toujours très utile et nécessaire pour faciliter ce que le chiffre vous dira. Il importe infiniment, pour le bien de la campagne, que l'on me force de faire encore que tout cela réussisse; ainsi je suis persuadé que vous y contribuerez de votre part, autant qu'il sera dans votre pouvoir, et que vous tiendrez le plus grand secret sur ce que je vous confie. Vous aurez cent occasions de masquer votre départ de Leipzig, ne fût-ce que pour voir votre femme et l'assemblée des troupes pour couvrir le pays de Halberstadt contre les perpétuelles invasions des Français etc. Adieu, mon cher frère, je vous embrasse de tout mon cœur.

Federic.

Secret à garder religieusement et avec un profond silence.[3]

Ce sera à la mi-février, à peu près le 16, que le prince Ferdinand se mettra en mouvement pour porter coup à l'armée française dans le Lüneburg. Il tâchera de se mettre en possession de la ville de Brême,[4] pour passer le Wéser, puis se tourner du côté de Nienburg et de Minden, afin de forcer par là l'ennemi de courir pour défendre leurs magasins. Pour rendre cette entreprise plus sûre, on tâchera d'attirer toute l'attention des Français vers Brunswick et Wolfenbüttel. Il serait pour cette fin d'un succès infini, si, de concert avec lui, les troupes prussiennes à Halberstadt se missent en mouvement pour y faire des démonstrations et pour y agir selon les occurrences.

Das Hauptschreiben nach der eigenhändigen Ausfertigung; die Beilage nach der Ausfertigung (Déchiffré).

---

1 Sh. unten. — 2 Vergl. Nr. 9729. — 3 Das Folgende beruht in der Hauptsache auf dem Berichte des Prinzen Ferdinand von Braunschweig, d. d. Lüneburg 20. Januar. — 4 Vergl. S. 190.

9731. AU MINISTRE D'ÉTAT ET DE CABINET COMTE
DE PODEWILS A BERLIN.

Breslau, 26 janvier 1758.

Mon cher comte de Podewils. Pour vous répondre à ce que vous
m'avez mandé par votre rapport touchant les prétendues plaintes du
prince de Zerbst à ce qui s'est passé en dernier lieu avec de Fraigne,[1]
je vous dirai que, bien éloigné que je suis de désavouer ce qui est
arrivé à ce sujet, vous saurez que c'est plutôt par mon ordre exprès
qu'on a dû enlever cet homme dont je sais de science certaine que son
séjour à Zerbst n'a d'autre objet que de servir d'espion aux Français,
à l'égard de ce qui se passe en Saxe et dans les quartiers de mes troupes
dans ces environs, et pour me desservir, autant que son mauvais caractère en est capable. Que, si donc l'officier qui a conduit cette entreprise,[2] est punissable, c'est uniquement pour s'être aussi mal pris qu'il
a manqué son coup; qu'il aurait été ridicule de vouloir faire des ré-
quisitions préalables qui n'auraient servi que d'avertir cet homme pour
prendre ses mesures, et qu'au surplus les lois et les usances de la guerre
ne reconnaissent nulle protection à des espions déclarés.

Vous répondrez donc, conformément à ceci, au susdit Prince en
termes convenables, en lui faisant observer d'ailleurs combien je lui ai
donné des marques convaincantes d'amitié et d'égards;[3] mais vous l'aver-
tirez en même temps que, si cet indigne personnage voudrait s'aviser
de m'insulter par un plus long séjour dans le pays de Zerbst, rien alors
m'empêcherait de le traiter en espion gagé et de le faire enlever de gré
ou de force à la première occasion que je trouverais convenable.[4] Et,
sur ce, je prie Dieu etc.

Nach der Ausfertigung.   Federic.

_____

9732. AU PRINCE HENRI DE PRUSSE A LEIPZIG.

[Breslau,] 27 [janvier 1758].

Mon cher Frère. A moins que vos généraux ne fussent les hommes
les plus négligents de l'univers, Magdeburg n'a rien à craindre d'une
surprise, et il ne faut pas prendre des précautions superflues pour un
corps de quelques mille hommes qui s'approchent. Je m'en rapporte
à la lettre que je vous ai écrite hier, et au chiffre, par lequel vous verrez de quoi il est question.[5]

L'officier de hussards[6] mérite les arrêts, pour n'avoir pas exécuté
mes ordres. Il faut que j'aie ce Fraigne à tout prix, ou il faut qu'on

_____

[1] Vergl. S. 198. — [2] Lieutenant von Barowsky von den Seydlitz-Husaren. —
[3] Vergl. S. 52. — [4] Demgemäss im Ministerium concipirtes Handschreiben des König
an den Fürsten von Zerbst, Berlin 31. Januar 1758. — [5] Vergl. Nr. 9730. — [6] Barowsky
Vergl. Nr. 9731.

le chasse de Zerbst; ainsi vous ferez votre possible pour le faire enlever, fût-ce de la chambre du Prince même. Adieu, mon cher frère, je vous embrasse.

Nach der Ausfertigung. Eigenhändig. F e d e r i c.

9733. AN DEN PRINZEN HEINRICH VON PREUSSEN IN LEIPZIG.

B r e s l a u, 27. Januar 1758.

Durchlauchtiger Fürst, freundlich lieber Bruder. Was Ew. Liebden in Dero Schreiben vom 23. dieses wegen derer Umstände in der Altmark an Mich gelangen lassen wollen, solches habe daraus mit mehrern ersehen.

Die Antwort, so Ew. Liebden denen dortigen Ständen und der Ritterschaft an die Hand gegeben, auf den Fall dieselbe von denen Franzosen wegen der vorhin verlangten Lieferungen pressiret werden sollten, ist recht gut;[1] Ich glaube auch, dass es darunter weder Noth noch Gefahr mit ihnen dort haben wird. Inzwischen können doch von Berlin aus 2 Landbataillons dahin commandiret werden, als deshalb Ich die Ordre an den Generallieutenant von Rochow gestellet habe. Ich beziehe Mich übrigens auf Mein letzteres an Ew. Liebden gestern ergangenes Schreiben[2] und bin Ew. Liebden freundwilliger Bruder

F r i d e r i c h.

Envoyez Salmuth avec ces *Landbataillons,* car je crains qu'ils n'aient pas d'officier assez intelligent pour les conduire.

Nach der Ausfertigung. Der Zusatz eigenhändig.

9734. AN DEN KAMMERPRÄSIDENTEN VON DER MARWITZ IN KÖNIGSBERG.

B r e s l a u, 28. Januar 1758.

Nachdem Ich aus Eurem Bericht vom 20. dieses ersehen habe, was Ihr darin von dem ferneren Anmarsch der Russen dortiger Orten melden wollen, so approbire Ich zuvorderst alle Eure dort gemachte Veranstaltungen und gebe Euch übrigens hierdurch nochmalen zur Resolution, dass alles, was Ihr gethan, recht gut ist; aber die Stadt Königsberg muss absolute souteniret, und deshalb alles, was dorten von Milice ist und was Ihr nur zusammenziehen könnet, dorthin gezogen werden,

---

1 Der Prinz hatte den altmärkischen Ständen gerathen, die Schuld für die Nichtleistung der ausgeschriebenen Lieferungen auf die preussischen und alliirten Truppen zu schieben, welche die Ablieferung bisher gehindert hätten; die Stände sollten bitten, ihnen spätere Termine für die Lieferungen anzuberaumen. — 2 Vergl. Nr. 9730.

um, wie Ich schon zu wiederholten Malen vorhin befohlen habe, die
Stadt Königsberg zu souteniren. [1]

Nach dem Concept. **Friderich.**

9735. AU CONSEILLER PRIVÉ DE LÉGATION DE VIERECK
A COPENHAGUE.

Breslau, 28 janvier 1758.

Étant curieux de savoir les propos qu'on tient à Copenhague relativement aux nouvelles qui y entrent concernant l'expédition de mon
maréchal de Lehwaldt contre les Suédois en Poméranie, savoir si l'on
comptait que les Suédois pourraient se soutenir longtemps à Stralsund
et dans l'île de Rügen, ou si, à cause du manque de vivres, ils se
verraient obligés d'en venir bientôt à une capitulation avec moi, mon
intention étant outre cela de vouloir être informé des nouvelles qui
entrent là où vous êtes sur l'impression que la triste situation des troupes
suédoises en Poméranie fait tant sur le Sénat que sur la nation suédoise,
si ledit Sénat en est embarrassé au point de se voir peut-être obligé
d'en venir à une paix particulière avec moi, vous ferez bien de ne point
épargner vos peines, afin de pouvoir m'en informer d'une manière bien
précise et de façon que j'y puisse compter avec assurance. Je me flatte
que vous réussirez d'autant plus facilement dans vos recherches, et que
vous ne sauriez guère manquer de vous procurer des notions détaillées
et bien sûres sur la façon de penser en Suède, sur l'état actuel de leurs
troupes en Poméranie, la correspondance réglée de Copenhague en
Suède vous en facilitant naturellement les moyens.

Il ne s'agira donc que des peines que vous emploierez à cet effet,
et pour réussir d'autant mieux, vous ne manquerez pas de vous en informer auprès des ministres de Danemark.

Je vous dirai à ce sujet, pour votre direction, qu'au cas que les
Suédois parussent incliner à un accommodement particulier avec moi et
voulussent me faire des propositions encore pendant cet hiver, soit directement ou par un tiers, je ne m'y refuserais pas, [2] mais que je m'y
prêterais volontiers et me rendrais tout facile sur les conditions; et je
me flatte que vous pourriez réussir sur vos lieux pour l'accomplissement
de mes vues, au cas que vous voyiez que la facilité que je veux bien
apporter à un accommodement avec la Suède, pourrait m'être utile, et
que cela pourrait se faire, sans m'exposer; sur quoi, je m'en rapporte
cependant à votre prudence et sagesse, pour vous y prendre d'une
manière adroite qui ne saurait m'exposer en aucune façon.

Nach dem Concept. **Federic.**

---

[1] Vergl. S. 181. — [2] Vergl. S. 170. 184.

9736. AU MINISTRE D'ÉTAT ET DE CABINET COMTE DE PODEWILS A BERLIN.

Breslau, 29 janvier 1758.

J'ai reçu votre lettre du 24 de ce mois, sur laquelle je suis bien aise de vous dire que tout ce que vous observez sur la nécessité indispensable de l'envoi d'un renfort de troupes anglaises en Allemagne,[1] est vrai et fondé; mais le moyen de disposer le ministère anglais à prendre cette résolution, après ce qu'ils ont déclaré nettement au sieur Michell de n'en pouvoir rien faire, et qu'ils ont fait des reproches au sieur Mitchell de ce qu'il avait insisté sur cet article, dans les rapports qu'il leur en a faits? Je vous saurais donc bien du gré, si vous pourrez m'indiquer de bons moyens pour rectifier le susdit ministère sur cet article et pour les obliger à se concerter avec moi sur un plan suivi dont on poussera l'exécution; car d'y envoyer quelqu'un de qualité pour travailler à cet effet-là, ce ne serait, à mon avis, que peines et frais perdus, tant que les ministres anglais sont dans le sentiment de ne pouvoir pas prendre sur eux la proposition d'envoyer des troupes hors du royaume, sans choquer la plus grande partie de la nation. Et, sur ce, je prie Dieu etc.

Nach der Ausfertigung. Federic.

9737. AU SECRÉTAIRE MICHELL A LONDRES.

Breslau, 30 janvier 1758.

Le rapport que vous m'avez fait du 10 de ce mois, m'est heureusement parvenu. Je me réfère d'abord à ce que je vous ai déjà marqué par ma dépêche du 25 de ce mois,[2] qui, sans doute, vous aura été déjà rendue; mais comme, en conséquence de votre rapport ci-dessus allégué, le ministère britannique souhaite beaucoup que l'armée sous les ordres du prince Ferdinand de Brunswick ne reste pas longtemps dans l'inaction, et prétend à cette fin que j'y doive envoyer des secours capables de la remettre en mouvement,[3] je vous avoue que j'ai tout lieu d'être très surpris d'une telle prétention à ma charge de la part dudit ministère. Il me demande de gros secours; saurait-il ignorer que je suis entouré de différents ennemis contre lesquels j'ai à me soutenir uniquement par mes propres forces? Il y a les forces de l'Autriche et des cercles de l'Empire que j'ai à observer, d'ailleurs celles de la France qui sont en quartiers aux voisinages de Saxe, du Magdeburg et du Halberstadt et de la Vieille-Marche.[4] Il faut que je défende toutes les

---

[1] Vergl. S. 160. 162. — [2] Vergl. Nr. 9724. — [3] Vergl. S. 197. — [4] In ähnlicher Weise lässt der König, durch einen Cabinetserlass an Hellen, d. d. Breslau 29. Januar, dem Prinzen Ludwig von Braunschweig antworten, der den Wunsch geäussert hatte, der König möge die hannoversche Armee durch ein beträchtliches

frontières de la Silésie et contienne les Suédois à Stralsund et sur l'île de Rügen; d'ailleurs les Russes rentrent dans ma province de Prusse:[1] comment veut-on que je me dégarnisse de troupes pour renforcer considérablement encore la susdite armée, et ne prétend-t-on pas à des choses impossibles là-dessus, à moins qu'on ne veut que je doive ruiner toutes mes propres affaires pour aller soutenir préalablement celles d'Hanovre? Ne saurait-on comprendre des choses si visiblement vraies que personne ne peut ignorer? Aussi ma volonté expresse est que vous devez expliquer tout ceci bien nettement et sans détours aux ministres et leur dire précisément que, vu toutes les circonstances susdites, il m'était absolument impossible de promettre ni de donner de grands secours à l'armée d'Hanovre; que je ferais en fidèle allié de l'Angleterre ce que je pourrais, en donnant de petits secours à cette armée,[2] quoique cela même ne saurait se faire sans m'incommoder; mais qu'il ne fallait pas prétendre à des choses moralement impossibles. Que, d'ailleurs, j'avais tout lieu d'être étonné que les ministres, voyant la nécessité absolue que l'armée ci-mentionnée fût renforcée par des secours capables de rejeter celle de France des États d'Hanovre, hésite[nt] cependant d'employer une partie de [leurs] troupes anglaises,[3] qui, dans le moment présent, où elle[4] n'a rien à craindre d'aucune descente, ne lui rendent aucun service et sont des hors-d'œuvres, pendant que les Français font usage de toutes leurs forces et qu'ils attaquent les alliés de l'Angleterre avec toute leur puissance et celle des plus considérables puissances de l'Europe pour écraser ceux-là.

Enfin, ma volonté expresse est que vous devez représenter tout ce que dessus fort nerveusement aux ministres, et ne saurais pas, au surplus, vous cacher que, comme je connaisse trop la haute pénétration de ces ministres et leur zèle pour la bonne cause commune, je ne puis pas m'imaginer comment ils savent envisager tout cela avec tant d'indolence. C'est aussi pourquoi je ne veux point vous cacher qu'il me paraît impossible que ce ministère pourrait se refuser à l'évidence des raisons que moi et mes ministres vous ont tant de fois suggérées, et que je commence de prendre par là des soupçons, sans faire tort à votre fidélité reconnue, que vous ne vous êtes point acquitté de vos ordres et de vos représentations avec toute la vigueur et dextérité nécessaire. Je vous en avertis, afin d'y prendre garde et de parler clairement aux ministres, quand je vous l'ordonne expressément, pour ne pas m'obliger à envoyer là quelque autre personne qui a les qualités requises pour s'exprimer avec nerf, quand les occasions le demandent nécessairement.

Corps preussischer Truppen verstärken. (Vergl. auch S. 197.) Auf die Meldung Hellen's, das Volk in Holland werde, sobald die Franzosen über die Weser gedrängt wären, die Regenten zwingen, sich gegen Frankreich zu erklären, entgegnet der König, die Verbündeten würden alsdann um diese Erklärung nicht mehr in Verlegenheit sein.

[1] Vergl. S. 207. — [2] Vergl. S. 202. 204. — [3] Vergl. Nr. 9736. — [4] L'Angleterre

et qui, en même temps, vous éclaire si vous vous êtes expliqué dans vos représentations de la façon que je vous l'ai ordonné.

Federic.

9738. AU LIEUTENANT-GÉNÉRAL PRINCE FERDINAND DE BRUNSWICK.

Breslau, 30 janvier 1758.

Monsieur mon Cousin. La lettre que vous avez bien voulu prendre la peine de me faire du 25 de ce mois, m'a été fidèlement rendue. Votre Altesse connaît mes sentiments de l'amitié la plus sincère et la plus constante pour Elle, et combien je m'intéresse à tout ce qui peut augmenter votre réputation acquise dans le monde; mais ne voudrez-vous pas me permettre de me confirmer dans le sentiment où j'ai toujours été, qu'un général commandant des troupes, tel qu'il soit, qui perd du temps, perd beaucoup?

Selon moi, il aurait fallu que, lorsque vous fûtes à Celle,[1] vous eussiez agi contre l'ennemi, d'autant plus que, le même jour que votre armée marcha en arrière, Harburg se rendit,[2] et que vous n'auriez dû voir de si près sur plusieurs minutes. Au surplus, je vous prie de ne pas compter sur un plus grand secours de ma part que sur celui dont je vous ai déjà écrit par mes lettres antérieures,[3] tel qu'il est et en quoi il consiste.

A présent, je crois le duc de Richelieu 5 à 6000 combattants plus faible que vous. Dans l'intervalle d'un mois, il peut être plus fort et en deux mois le double plus fort. J'ignore, cependant, la véritable situation où vous vous trouvez.

Au reste, je vous supplie de vous servir du prince de Holstein-Gottorp, quand il vous aura joint avec son corps de dragons et de hussards, de la manière que je vous l'ai déjà demandé,[4] savoir pour les avant-gardes, où il agira avec ses dragons excellemment. Mais, dans un jour de bataille, vous vous en servirez pour la réserve, afin que, si quelque chose allait mal à l'armée, il puisse d'abord le redresser; mais mêler ses dragons avec d'autres troupes, voilà ce qui réussira toujours bien mal. Je suis avec ces sentiments que vous me connaissez, Monsieur mon Cousin, de Votre Altesse le bon et très affectionné cousin

Vous m'accusez d'impatience! Ce n'est pas cela; mais je crains que, dans un mois, ce qui est facile ou possible aujourd'hui, ne devienne impraticable; je crains ce que pourraient faire vos ennemis, s'ils sont sages, et tout cela me fait juger qu'il n'y a pas un moment à perdre. Les Russes sont à Kœnigsberg,[5] autre belle nouvelle pour moi! Enfin,

---

[1] Vergl. S. 115. 134. — [2] Vergl. S. 153. 167. — [3] Vergl. Nr. 9685. 9728. — [4] Vergl. S. 204. — [5] Am 22. Januar wurde Königsberg von den Russen besetzt.

je me persuade pourtant que, si vous aiguillonnez vos pleutres, que vous en tirerez parti, non pas par la bonté intrinsèque, mais par le nombre, la seule façon dont vous puissiez les mettre en œuvre.

Nach der Ausfertigung. Der Zusatz eigenhändig. Federic.

9739. AU FELD-MARÉCHAL DE KEITH.

Breslau, 30 janvier 1758.

Mon cher Maréchal. J'ai reçu la lettre que vous m'avez faite du 28 de ce mois, sur laquelle je vous dirai que, puisque Dresde n'a pas payé l'argent stipulé, ma volonté est qu'on en doit à présent exiger 500,000 écus et faire surtout payer les nobles et catholiques attachés à la cour, par maisons ou d'autre manière convenable, pour en tirer la somme que je demande sans relâche. Et, sur ce, je prie Dieu etc.

Il nous faut de l'argent, mon cher Maréchal, et je vous prie de vous recorder sur votre politesse russe,[1] pour nous en procurer; car il ne faut plus ménager personne. J'attends la mi-février, après quoi je serai obligé de vous parler nécessairement. Il ne s'agira que du lieu et de l'état de votre santé, dont je vous prie de m'informer.

Nach der Ausfertigung. Der Zusatz eigenhändig.[2] Federic.

9740. AN DEN ETATSMINISTER VON BORCKE.

Breslau, 30. Januar 1758.

P. S.[3]

Auch befehle Ich annoch hierdurch, dass Ihr die vornehmsten von denen dort versammleten sächsischen Landesständen so lange dort behalten sollet, bis das geforderte Quantum bezahlet worden, und könnet Ihr selbige allenfalls nach Cüstrin oder sonst einem andern sicheren Ort hinbringen lassen. Ich bin Euer wohlaffectionirter König

La ville de Dresde doit payer 500,000 écus, et cela dans huit jours; il faut d'ailleurs prendre tout à la rigueur et faire comprendre que les 4 millions seront payés pour toute l'année, et qu'on ne retirera aucune autre contribution du pays.

Nach der Ausfertigung. Federic.

---

[1] Keith hatte von 1728 bis 1747 in russischen Militärdiensten gestanden. Vergl. Bd. XIV, 246. — [2] Auch für den ersten Theil des Schreibens befindet sich eine eigenhändige Weisung des Königs auf der Rückseite von Keith's Bericht, d. d. Dresden 28. Januar. — [3] Das Hauptschreiben liegt nicht vor.

9741. AN DEN GENERALFELDMARSCHALL VON LEHWALDT.

Lehwaldt meldet, Greifswald 26. Januar: „Ew. Königl. Majestät berichte in aller Unterthänigkeit, dass von Stralsund der schwedische Major und Obergeneraladjutant Baron von Wrangel in diesen Tagen anhero geschicket worden. Seiner Angabe nach sollte er die Berichtigung derer in Demmin zu vergüten gebliebenen schwedischen Schulden reguliren. Es schien aber, dass seine Herüberkunft einen geheimeren Auftrag zu Grunde hätte. Wenigstens müsste man solches aus seinem Verhalten argwöhnen, und dass er etwa sondiren sollte, inwieweit man diesseitig zum Frieden sich geneigt fände. Es wurde öfters von ihm angemerket, dass Schweden bei der jetzigen Lage des Krieges wenige Vortheile gewinnen könnte, und dergleichen mehrere Reden geführt, welche erachten lassen sollten, dass die Schweden von Friedensvorschlägen nicht entfernt wären, wenn sie nur einigermaassen wüssten, wessen sie sich hierinnen diesseitig zu versehen hätten. Da ihm, dieses zu erforschen, es nicht glückte, so suchte er Zeit zu gewinnen und das Demmin'sche Geschäfte gar zu merklich ins Weite zu spielen. Ich konnte daher nicht Umgang nehmen, ihm desfalls einiges Missvergnügen zu erkennen zu geben. Er liess sich hierauf in die deutliche Anfrage aus, ob Ew. Königl. Majestät zum Frieden mit Schweden wohl geneigt sein möchten. Es wurde von mir erwidert, dass von Ew. Königl. Majestät darüber an mich weder einige besondere Ordres noch Instructions ergangen oder andere Aeusserungen geschehen wären, Höchstdieselben aber öffentlich zu wiederholten Malen im Anfang und Fortgang des jetzigen Krieges zu declariren geruhet hätten, dass solcher bloss geführet würde, um einen redlichen, dauerhaften und unschädlichen Frieden zu erreichen, und stünde hieraus zu vermuthen, dass, wenn Schweden annehmbare Friedensvorschläge machte, auf solche sich auszulassen nicht würde geweigert werden. Mit dieser Antwort schien Wrangel vergnügt zu sein und beurlaubte sich mit der Versicherung, dass er also Hoffnung

Breslau, 31. Januar 1758.

Ich habe Euer Schreiben vom 26. dieses erhalten, und werdet Ihr von selbst nach Meiner Euch vorhin schon eröffneten Intention[1] erachten, wie dass es Mir nicht ohnangenehm gewesen, dasjenige zu vernehmen, was Ihr Mir von denen Aeusserungen des schwedischen Major und Generaladjutanten Baron von Wrangel wegen derer Schweden Neigung, Mir Friedensvorschläge zu thun, melden wollen. Ich bin auch von der Art, mit welcher Ihr Euch darunter gegen gedachten Baron von Wrangel betragen habt, sehr wohl zufrieden gewesen und finde nöthig, Euch wegen Eures weiteren Verhaltens deshalb dahin zu instruiren, dass, wenn Euch die Schweden darüber weiter besprechen sollten, Ihr zuvorderst zu sondiren und zu approfondiren habet, ob es denenselben mit ihrer bezeigten Neigung zum Frieden auch wirklich Ernst und nicht etwa die Absicht sei, Eure Operationes zu rallentiren und Zeit zu gewinnen, auch ob der General Graf Rosen zu dem Schluss eines Friedenstractats genugsam bevollmächtiget sei; da Ihr dann denenselben sagen könnet, wie Ihr von Mir autorisiret wäret, ihnen zu declariren, dass man zwar von Seiten derer Schweden durch den gegen Mich unter dem nichtigen Prätext einer Garantie des Westphälischen Friedens,[2] davon doch in gegenwärtigen Umständen gar nicht die Frage sei, angefangenen unrechtmässigen Krieg und durch die gar

---

[1] Vergl. S. 170. — [2] Vergl. Bd. XIV, 503; XV, 94. 379.

hätte, es würden durch den Reichsrath General Graf von Rosen vielleicht in kurzem schriftliche Anträge geschehen. Ich weiss nicht, ob derselbe bevollmächtiget ist, Friedensvorschläge zu thun, oder ob er erst dazu die Instruction nach der Eröffnung des auf den 7. Februarii festgesetzten Reichstag erhalten dörfte." übelen Procédés, so man in einigen Meiner Provinzien gehalten, Mich sehr offendiret habe, inzwischen Ich aber dennoch aus Consideration, dass Meine Schwester ihre Königin wäre, und dieselbe die Herstellung des Friedens gerne sähe, das Geschehene niederschlagen, und wenn insonderheit Meine Schwester sich davor interessirete, alles vergessen und zu Herstellung eines redlichen Friedens gegen billige Conditiones die Hände geben wollte.

Wann sie Euch also Propositiones zum Frieden thun, so sollet Ihr solche nicht abschlagen, jedoch es allemal so tourniren, als ob Ich Mich in Consideration Meiner Schwester, der Königin, dazu geneigt finden lasse. Ich werde Euch auch nächstens mit einer vollständigen Vollmacht dazu versehen,[1] damit, wenn Euch Propositiones geschehen und der- oder diejenigen, so darüber mit Euch tractiren wollen, ihres Ortes gleichfalls mit behöriger Vollmacht versehen seind, Ihr sodann gleich zur Sache schreiten könnet und die Zeit durch spätere Uebersendung der Vollmacht nicht verloren werde.[2]

Inzwischen aber und damit die Schweden um so mehr zu einem baldigen Frieden pressiret werden, so sollet Ihr alle Demonstrationes machen, als ob Ihr Stralsund mit dem grössesten Ernst angreifen, auch solches bombardiren und nehmen, auch sonst Eure Opérations mit allem Vigueur poussiren wolltet.

Von dem weiteren Erfolg deshalb werde Ich Euren Bericht erwarten.

F r i d e r i c h.

P. S.

Auch dienet Euch noch auf dasjenige, so Ihr zugleich wegen Augmentation der dortigen Artillerie mit 2 Compagnien angefraget habt, hierdurch in Antwort, wie dass Ich zwar solche genehm halten will, Euch aber Meines Ortes keine Leute dazu zu verschaffen weiss, und Ihr daher solche aus Pommern und aus dem Mecklenburgischen zusammenzubekommen suchen sollet, deren Tractament Ich sodann nebst denen Tractamenten vor die Capitäns und Subalternofficiers gleich auf den Etat ansetzen lassen will.

Wegen derer Leute zu dem Regiment Garde du Corps danke Ich Euch. Ihr müsset aber auch sehen, Mich wegen nachstehender drei

---

[1] Vergl. Nr. 9745. — [2] Am 1. Februar wird der Minister Podewils von den an Lehwaldt ergangenen Befehlen in Kenntniss gesetzt. Ebenso ist Mitchell durch den König davon unterrichtet worden, wie er, Breslau 1. Februar, an Holdernesse (private and most secret) meldet. In demselben Bericht zeigt Mitchell an: „I have spoken to the King of Prussia several times in the manner that I thought most proper to induce him to give orders to his minister at London to sign the convention, but I have not yet been able to prevail, and I fear I shall not." [Abschrift im British Museum zu London.] Vergl. Nr. 9720.

Articul zu contentiren, nämlich zu verschaffen, dass Ich von dorther Geld, Pferde und Rekruten bekomme,[1] so wir hier noch vor kommendes Frühjahr ganz ohnentbehrlich haben müssen.

Wenn es auch mit denen Schweden zum Frieden kommen sollte, so gehet solches die mecklenburgischen Lande nicht an, sondern es bleibet darunter bei Meiner Euch deshalb vorhin ertheileten Instruction,[2] so dass Ich daher Geld, Menschen, Pferde und Magazins haben muss. Was Ihr insonderheit von letzteren zusammen bekommet, müsset Ihr zunächst der Elbe bringen lassen, auf dass, sobald das Wasser aufgehet, wir solches nach Magdeburg oder auch nach Sachsen transportiren lassen können, sowie es die Umstände mit sich bringen werden. Weilen Ich auch hier sowohl vor die Dragoner als auch sonsten vor die hiesige Artillerie und vor das Proviantfuhrwerk Pferde hieher haben muss, so wird es bei solchen, sonderlich denen beiden letzteren, nicht darauf ankommen, dass solche so excellent von Ansehen seind, sondern wenn solche nur sonst gut, gesund und tüchtig seind, und dass solche nur bald aus dem Mecklenburgischen geschaffet werden. Uebrigens könnet Ihr auch inzwischen und bis es mit denen Schweden zum Frieden kommet, aus Schwedisch Pommern für Euer unterhabendes Corps ziehen, was nur möglich sein wird.

Nach dem Concept.

9742. AU CONSEILLER PRIVÉ VON DER HELLEN A LA HAYE.

Breslau, 1er février 1758.

J'ai reçu votre rapport du 21 janvier. A ce que j'estime, par tout ce que vous marquez des mouvements que le sieur d'Affry se donne, surtout à Amsterdam, pour entretenir la plupart des Régents dans leur léthargie, malgré les efforts que la Princesse Gouvernante, le prince Louis et le sieur de Yorke font, afin de les en éveiller, je crois avoir tout lieu de prédire, et vous verrez vous-même que l'évènement le justifiera, malgré que je souhaite bien le contraire, que, tandis que[3] M. de Yorke ne tâchera pas de se concilier et se former un parti dans la ville d'Amsterdam, les Français trouveront toujours moyens de contre-balancer tous les susdits efforts, en sorte qu'il n'en arrivera rien. Ce que vous direz aussi de ma part au sieur Yorke, quand vous aurez quelque entretien confident avec lui.

Au surplus, rien ne serait plus désirable et de meilleur effet, dans le moment présent, qu'une expédition des Anglais sur l'Ost-Frise, selon le projet du ministre d'Angleterre, pourvu que l'exécution n'en traîne pas, et que le secret, dont vous assurerez ce ministre de ma part, n'en éclate pas hors de saison.

Nach dem Concept.   Federic.

---

[1] Vergl. S. 154. 155. 172. 173. — [2] Vergl. S. 172. 194. — [3] Nach heutigem Sprachgebrauch wäre „tant que" zu erwarten.

9743. AU SECRÉTAIRE BENOÎT A VARSOVIE.

Breslau, 2 février 1758.

J'ai reçu votre rapport du 25 janvier et suis bien aise des assurances que vous m'y avez données et par vos rapports antérieurement faits, que vous ne manquerez pas de m'avertir, et même de bonne heure, de tous les mouvements que les troupes russes, à présent se trouvant dans ma Prusse,[1] sauront faire pour tenter quelque entreprise ultérieure, soit contre la Poméranie, soit contre la Silésie, soit pour vouloir entrer en Pologne. Je m'attends que vous vous en acquitterez fidèlement et avec toute l'attention qu'il faut, afin que je sois instruit à temps et de bonne heure par vous de tout ce [qui] saura arriver à ces sujets,[2] pour pouvoir prendre encore au temps juste mes mesures pour prévenir l'ennemi. Vous aurez même soin que les rapports que vous ferez là-dessus, me parviennent exactement, et n'oublierez pas, au reste, d'y joindre vos nouvelles que vous apprendrez par rapport aux affaires de Turquie.[3]

Nach dem Concept.   Federic.

————————

9744. AN DEN ETATSMINISTER VON BLUMENTHAL IN BERLIN.

Breslau, 2. Februar 1758.

Es kann Mir wohl nicht anders als besonders leid thun, aus Eurem Berichte vom ·28. voriges dasjenige zu ersehen, was Ihr darin von dem letzthin in Preussen geschehenen Vorfall[4] melden wollen. Indess bleibet uns vor der Hand nichts anders übrig, als darunter Geduld zu haben, bis dass hiernächst die Zeit und Umstände es vergönnen werden, die nöthige Remedur darunter zu treffen, Meinen dortigen getreuen Unterthanen zu Hülfe zu eilen, um sie von der Unterdrückung, worin sie unglücklicher Weise verfallen seind, wiederum zu befreien. Inzwischen bin .Ich von denen guten Präcautionen, welche der dortige Präsident Domhardt in ein- und andern Umständen gebraucht, ganz wohl zufrieden gewesen, und wird es Mir lieb sein, wenn Ihr auf den Fall, dass Ihr in Zeiten von ein- und andern Démarches des Feindes daselbst benachrichtiget werden solltet, Mir davon sogleich Communication thun werdet.[5]

Nach Abschrift der Cabinetskanzlei.   Friderich.

————————

[1] Vergl. S. 180. 207. 211. — [2] Den gleichen Befehl wiederholt der König in zwei Cabinetserlassen an Benoît vom 3. und 6. Februar. In dem letzteren Erlass wird Benoît ausserdem angewiesen, den Gerüchten von einer in Schlesien herrschenden Seuche zu widersprechen. — [3] Vergl. Nr. 9723. — [4] Der Bericht liegt nicht vor. — [5] In einem Erlass an den Residenten Reimer in Danzig fordert der König, Breslau 12. Februar, fleissige Benachrichtigung von allem, was jener Orten vorfalle; der König

9745. AN DEN GENERALFELDMARSCHALL VON LEHWALDT.[1]

Breslau, 2. Februar 1758.

Ich habe Euer Schreiben vom 28. letzteren Monates Januarii erhalten. Der darin gemeldete Ausfall derer Schweden, zumal bei dem schlechten Success, so sie dabei gehabt, kann wohl noch keine hinlängliche Marque sein, dass denen Schweden und dem General Rosen die Lust vergangen wäre, den Frieden mit Mir zu haben und zu schliessen;[2] und obgleich zu Meinem Leidwesen ein neuer russischer Einfall in Preussen geschehen,[3] und solches einige Impression auf die Schweden machen kann, so wird doch solcher keinen sonderlichen Effect auf die Schweden in Stralsund und auf Rügen machen können, da die daher vermeintliche Hülfe noch sehr entfernet ist, und erstere dadurch, wenn sie sonsten nicht in Stralsund und auf Rügen mit Brod, Fourage, Lebensmittel versehen seind, nicht mehr nicht weniger zu leben bekommen werden, nachdem Ihr hoffentlich alle gute Gegenveranstaltungen deshalb gemachet haben werdet. Ueberhaupt ist Mein Sentiment davon, dass, wenn der General Rosen Vollmacht hat und instruiret ist, auf einen Frieden mit uns zu arbeiten und solchen zu schliessen, er continuiren werde, weiter an Euch zu schicken und Propositions zu thun; daferne solches aber nicht geschiehet, so ist es eine Marque, dass der bisherige schlechte Success derer Schweden noch nicht in Schweden denjenigen Bruit und die Impression gemachet, so er machen sollen; dabei Ich aber solchenfalls nicht begreife, wo solchenfalls diese Leute das Geld vernehmen werden, um den Krieg continuiren zu können.

Uebrigens ist Mir die aus Preussen eingegangene Zeitung von der abermaligen russischen Invasion betrübt genug gewesen, da Ich zumalen vor der Hand bei jetzigen Umständen noch keine Hülfe dazu weiss.

Friderich.

P. S.

Auch empfanget Ihr hierbei das in Meinem vorigen Schreiben bereits erwähnte Pleinpouvoir[4] für Euch, um Euch dessen auf den Fall zu gebrauchen, da es denen Schweden Ernst wäre, den Frieden dorten zu negociiren und an Euch deshalb Propositions thun liessen, so dass Ihr mit den ihrerseits bevollmächtigten in wirkliche Unterhandlung darüber treten könntet. Die teutsche Uebersetzung davon dienet bloss zu Eurer alleinigen Information.

Nach dem Concept.

_____

führt dann fort: „Was sonsten das von Euch Mir allein gemeldete Betragen einiger preussischen von Adel angehet, da kann Ich solches noch nicht so hoch nehmen, als Ihr vermeinet, noch es als eine Manque der Mir schuldigen Treue und Pflichten ansehen, wenn selbige, um ihre Güter nicht gänzlich ruiniren zu lassen, sich bemühen, solche durch Sauvegarde-Briefe zu retten und einigermaassen in Sicherheit zu setzen."

[1] Die Berichte Lehwaldt's datiren im Februar und März ebenfalls aus Greifswald. Vergl. schon S. 154. Anm. 3. — [2] Vergl. S. 170. 213. 214. — [3] Vergl. S. 180. 207. — [4] Vergl. S. 214. In dem vorliegenden von Finckenstein aufgesetzten Concept der Vollmacht ist das Tagesdatum derselben offen gelassen.

9746. AU LIEUTENANT-GÉNÉRAL PRINCE FERDINAND
DE BRUNSWICK.[1]

Breslau, 2 février 1758.

Monsieur mon Cousin. Vous serez apparemment déjà instruit de
la fâcheuse nouvelle qui vient de m'entrer, mais qui ne saura manquer
de vous être parvenue également, d'une nouvelle invasion des troupes
russes en Prusse, et qu'ils ont même occupé la ville de Kœnigsberg,[2]
après que la garnison, trop faible pour se soutenir contre un corps de
troupes ennemies aussi fortement supérieur que celui qui a été mené
vers Kœnigsberg, a été obligée de s'en retirer. On vient de me marquer de même que, dès que les Russes, à ce qu'ils disent eux-mêmes
tout hautement, auront assemblé en Prusse toutes leurs forces et attiré
à eux les secours qu'ils attendent de Livonie, ils en détacheront deux
puissants corps, l'un vers la Poméranie pour y secourir les Suédois,
l'autre vers la Silésie.

Pour parler confidemment à Votre Altesse, Elle verra par là combien
mal je suis assisté par les Anglais, qui, contre tant de promesses qu'ils
m'ont faites de me vouloir rendre le dos libre, n'y pensent autrement
qu'avec une indolence incompréhensible; ce qui, cependant, ne me re-
butera pas de leur rester fidèlement allié. Mais Votre Altesse com-
prendra en même temps que, dans ces occurrences et menacé de tous
côtés, je ne saurais vous laisser plus longtemps le renfort que je vous
ai destiné,[3] et qui se sera déjà mis en marche, que pour le temps qu'il
vous faut pour votre expédition projetée, et que, cette expédition finie,
il me faudra absolument rappeler ledit Prince,[4] pour m'en servir à ma
propre conservation, vu que tout homme raisonnable convient que ce
serait ridiculement fait de ma part de vouloir laisser périr mes propres
affaires, pour courir au secours des États d'Hanovre que les Anglais
négligent jusques à présent eux-mêmes, en n'y voulant pas envoyer de
leurs troupes.[5] Je suis toujours avec mes sentiments d'estime, Monsieur mon Cousin, de Votre Altesse le bon et très affectionné cousin

Federic.[6]

Nach der Ausfertigung im Kriegsarchiv des Königl. Grossen Generalstabs zu Berlin.

---

[1] Die Berichte des Prinzen Ferdinand vom 25., 29., 30. Januar, 3., 8., 9. und
15. Februar sind aus Lüneburg datirt. — [2] Vergl. S. 211. Anm. 5. — [3] Vergl.
S. 211. — [4] Holstein-Gottorp. Vergl. S. 211. Im Concept stand zwei Zeilen
weiter oben: le renfort que je vous ai destiné „sous les ordres du prince de Holstein". — [5] Vergl. S. 210. — [6] In einem Erlass vom 10. Februar schreibt der König,
er werde, falls die Russen beträchtliche Truppencorps gegen Pommern und Schlesien
senden und der Prinz noch länger mit seinem Vorgehen gegen die Franzosen zögern
würde, genöthigt sein, den Prinzen von Holstein mit seinen Schwadronen zurückzuberufen.

9747. AU LIEUTENANT-GÉNÉRAL PRINCE FERDINAND DE BRUNSWICK.

Breslau, 3 février 1758.

Monsieur mon Cousin. J'ai reçu la lettre que Votre Altesse m'a faite du 29 de janvier, sur laquelle il faut que je vous fasse observer que la diversion[1] de mon frère Henri[2] ne peut consister, quoi que je fasse, qu'en 7 bataillons et 6 escadrons, et ce serait fort téméraire de s'aventurer trop en avant avec un petit corps. Mais ce que j'observe, moi, c'est que, depuis que vous êtes là-bas, vous me croyez plus fort que je ne suis. Lehwaldt n'a pas un homme de trop; pour moi, je n'ai que ce qu'il me faut. Keith n'a que 9 bataillons et 10 escadrons contre un corps de 30,000 hommes, depuis que les troupes des Cercles sont entrées en Bohême. Il ne faut pas dans nos circonstances compter sur le nombre, mais sur l'habileté et l'audace du général. Mais si vous n'agissez pas avec vigueur, vous pouvez compter que vous perdez tout. Il faut [faire][3] aller ces gens malgré eux et en faire des héros, quelque peu d'envie qu'ils en aient. Vous avez 42,000 hommes, et avec une armée aussi forte, soutenue de bonnes dispositions, on en a autant qu'il en faut, mais il faut être hardi. Pourquoi, mon très cher prince, n'avez-vous pas prévenu les Français à Brême,[4] lorsqu'il dépendait de vous de l'occuper? Ces gens-là ont fait ce qu'ils ont dû. En un mot, nous ne sortirons pas de ce labyrinthe-ci sans témérité et sans beaucoup de hardiesse.

Je suis avec toute la considération possible, Monsieur mon Cousin, de Votre Altesse le bon et très affectionné cousin

P. S.

Je viens de recevoir encore votre lettre du 30 janvier. Vous serez persuadé, cher prince, combien je connais l'importance de voir recognés les Français au delà du Wéser, et combien je souhaiterais d'y pouvoir contribuer par les 10 bataillons dont vous faites mention,[5] si ce n'était l'impossibilité absolue qui s'y opposât de ma part, qui ne permet pas de vous les procurer à cet usage. Je ne saurais donc y fournir au delà de ces 7 bataillons et 6 escadrons à la tête desquels mon frère Henri se trouvera.[6]

Vous avez vu auprès de Rossbach ce que c'est que les troupes françaises et leur misère.[7] Pensez-y un peu, et à la différence qu'il y aurait, si vous aviez autant d'Autrichiens devant vous. Avec les Fran-

---

[1] Dem folgenden bis zum Ende des Abschnitts bis „beaucoup de hardiesse" liegt eine wörtlich übereinstimmende eigenhändige Weisung des Königs, auf der Rückseite des Berichts vom 29. Januar, zu Grunde. — [2] Vergl. S. 189. 190. 203. 205. — [3] Ergänzt nach dem Concept. — [4] Vergl. S. 190. 205. — [5] Prinz Ferdinand bat, den Prinzen Heinrich mit 10 Bataillonen statt mit 7 zu seiner Unterstützung vorgehen zu lassen. — [6] Vergl. S. 205. — [7] Vergl. S. 8; Bd. XV, 12. 24. 41. 345. 361.

çais, il n'y a qu'à aller droit à eux, avec une fermeté et avec beaucoup de témérité, quoique bien ordonnée.

Federic.

Nach der Ausfertigung im Kriegsarchiv des Königl. Grossen Generalstabs zu Berlin.

9748. AN DEN GENERALLIEUTENANT GRAF DOHNA.[1]

Breslau, 3. Februar 1758.

Da es Mir zum höchsten importiret, dass dortiger Orten die Sachen mit denen Schweden auf das allerbaldmöglichste geendiget und zu Stande gebracht werden, so habe Ich an den Generalfeldmarschall von Lehwaldt geschrieben,[2] wie Ich glaubete, dass es leicht anginge, dass, da die Ufer zwischen Pommern und Rügen nur $^3/_4$ Meilen von einander, man bei jetzigem Winter- und Frostwetter vermittelst eines Corps von ohngefähr 10,000 Mann auf Rügen über das Eis passiren und die feindliche Truppen alsdann verjagen, auch ihnen alle dort habende Lebensmittel ruiniren könne. Wie aber es dem Generalfeldmarschall bei seinen hohen Jahren zu schwer fallen dörfte, wegen des Winters diese Expedition selbst zu commandiren, so habe Ich solchenfalls Mein Vertrauen auf Euch gerichtet und ihm eröffnet, dass er Euch zu solcher Expedition commandiren und solche auszuführen detachiren könnte.

Meine Intention hierbei ist, dass Ihr sodann bei dieser Expedition mit der grössesten Vivacité agiren und alles prompt und geschwinde thun müsset, um bald damit fertig zu werden. Es muss alsdenn sowohl der Feind verjaget, als auch die ganze Insel nach aller Möglichkeit ravagiret und die darauf befindliche Lebensmittel ruiniret werden, auf dass der Feind nicht mehr dergleichen von daher ziehen könne und also gezwungen werde, sich desto eher zum Ziel zu legen, damit Ich hiernächst alsdenn im Frühjahr Mein dortiges Corps d'armée anderweitig gebrauchen könne.

Sollte auch der Feind an einigen Orten die Küste von Rügen haben aufeisen lassen, so ist die Insel und das Ufer daselbst zu gross, als dass solches an allen Orten geschehen können; auch glaube Ich überdem, dass man mit Bretter und Balken doch darüber passiren können wird.

An welchem Orte Ihr sodann übergehen wollet, solches lasse Ich Euch frei, nur recommandire Ich Euch, auf drei Tage Brod mitzunehmen.[3]

Nach dem Concept.

Friderich.

[1] Die Berichte Dohna's im Februar 1758 datiren sämmtlich aus Greifswald. — [2] D. d. Breslau, 3. Februar. In diesem Cabinetserlass an Lehwaldt spricht der König ferner seine Zufriedenheit über den Aufbruch des Prinzen von Holstein zur hannoverschen Armee aus; er fügt hinzu: „Ich remarquire hierbei nur, dass vor Cavallerie 30 Meilen in 10 Tagen zu marschiren eine Kleinigkeit ist." — [3] An den Feldmarschall von Lehwaldt schreibt der König, d. d. Breslau 4. Februar, „dass sich zu Kiel

9749. AU CONSEILLER PRIVÉ VON DER HELLEN A LA HAYE.

Breslau, 3 février 1758.

J'ai bien reçu votre rapport du 24 de janvier dernier, et bien que les choses que vous m'y mandez, soient bonnes en partie, et que les nouvelles communiquées de Russie paraissent fort intéressantes, je commence pourtant quasi à croire que les accidents de l'impératrice de Russie sont plutôt incommodes et fâcheux pour cette Princesse que dangereux pour sa vie,[1] et qu'elle pourra traîner, sans en mourir de sitôt. Sur quoi, je vous enjoins cependant de ne laisser entrevoir ma façon de penser à personne.

Quant à la lettre ou plutôt le plan du colonel Yorke touchant la descente projetée en Ost-Frise,[2] je le trouve admirable, et il serait fort à souhaiter que la cour d'Angleterre le goûtât et s'y prît de la bonne sorte, pour le mettre en exécution.

En attendant, vous informerez M. de Yorke du nouvel évènement d'une seconde invasion des Russes en Prusse, leur plan étant, selon eux, que, dès que leur armée s'y serait un peu rassemblée et que les renforts attendus de la Russie se trouveraient plus à portée, ils en détacheraient incontinent un corps de troupes vers la Poméranie et un autre pour la Silésie, et vous préparerez ledit sieur de Yorke pour le faire convenir, comme quoi les Anglais reconnaîtraient d'eux-mêmes le peu d'assistance que je pourrai donner à l'armée d'Hanovre, vu les circonstances difficiles et critiques dans lesquelles je me trouve.[3]

Nach dem Concept.   Federic.

9750. AU PRINCE HENRI DE PRUSSE.[4]

[Breslau,] 3 février 1758.

Mon cher Frère. Je reçois votre lettre du 30. Je suis bien aise de ce que vous avez pris des arrangements pour inquiéter les quartiers de l'ennemi; mais il faudra s'en tenir là jusqu'au 15 qu'il faudra tâcher

---

oder zu Lübeck ein gewisser schwedischer Obrister Namens Hordt (so die eigenhändige Unterschrift, vergl. Bd. XIII, 595; XIV, 536; XV, 476), der von der Partie gegen den Senat in Schweden ist, auch sich deshalb dort retiriren müssen, befinden soll, welcher sich verschiedentlich von einer sehr guten Gesinnung gegen Mich declariret hat, auch vernehmen lassen, wie, unter der Hoffnung in Meine Dienste zu kommen, er gerne alle ihm sehr bekannte Mittel und Wege an die Hand geben werde, um mit Success die Schweden, insonderheit auf Rügen, entrepreniren zu können". Diesem schwedischen Officier habe · der König befehlen lassen, sich schleunigst bei Lehwaldt zu melden, und Lehwaldt solle bei der bevorstehenden Unternehmung gegen Rügen „allen guten Nutzen von ihm zu ziehen suchen".

[1] Vergl. S. 14. 85; Bd. XV, 494. — [2] Vergl. Nr. 9742. — [3] Vergl. Nr. 9720. 9737. — [4] Die Berichte des Prinzen Heinrich aus dem Februar datiren am 2. (vergl. Nr. 9757. Anm. 1) aus Leipzig, am 13., 21., 26. aus Halberstadt, am 27. aus Hessen (letzteres ein Marktflecken südl. von Schöppenstedt).

d'attirer davantage l'attention de l'ennemi sur vos manœuvres par la raison que vous savez. [1]

Pour ce qui regarde les officiers français, [2] je veux bien que vous donniez la permission à cinq ou six d'aller chez eux; mais il ne faut pas que cela aille dans le grand nombre, sans quoi ces gens se soucient très peu d'être prisonniers. Voici les réponses pour tout le monde, dont je vous prie d'avoir soin.

Que les mouvements des Français ne vous inquiètent point; je sais ce que c'est. Ils veulent former une armée dans le Bamberg, pour remplacer celle de l'Empire qui marche en Bohême; [3] mais j'espère que ce projet leur sera dérangé.

Ma sœur Amélie est repartie aujourd'hui pour Berlin, [4] ce qui m'a fait bien de la peine.

Adieu, mon cher frère, je vous embrasse de tout mon cœur, étant avec une parfaite tendresse, ma chère sœur, [5] votre très fidèle frère et serviteur

Federic.

Je vous envoie, pour vous et pour les officiers nommés, la médaille que l'on a frappée à Berlin à l'imitation de celle des Autrichiens. [6]

Nach der Ausfertigung. Eigenhändig.

9751. A LA MARGRAVE DE BAIREUTH A BAIREUTH.

Breslau, 3 février 1758.

Ma très chère Sœur. Vos lettres me font toujours un sensible plaisir, m'assurant la continuation de votre bonne santé; je souhaite qu'elle continue toujours de même, et que les inquiétudes ne l'altèrent pas. Pour à présent, ma chère sœur, il n'est question que de se reposer. Ma sœur Amélie est repartie aujourd'hui pour Berlin, ma sœur de Schwedt va beaucoup mieux, [7] elle a eu une espèce d'hydropisie, mais le danger est presque passé.

Il est certain que la guerre continuera cette année, [8] il faut se préparer à tout et ne se point laisser démonter par toutes les dangereuses apparences qui certainement se présenteront du commencement. Enfin,

---

1 Vergl. S. 205. — 2 Vergl. S. 204. — 3 Vergl. S. 158. — 4 Vergl. S. 190. — 5 Sic! — 6 Vergl. S. 80. 129. Ebenso wie an Prinz Heinrich wurden auch an andere Generale am 3. Februar goldene bezw. silberne Exemplare der auf den Leuthener Sieg geprägten Medaille versandt. Das bezügliche Schreiben an den Feldmarschall Keith in den: Œuvres Bd. XXV, S. 575. — 7 Vergl. S. 157. — 8 In einem Schreiben an Lord Marschall, d. d. Breslau 3. Februar, äussert der König: „Il y a beaucoup de choses en arrière bien difficiles à surmonter encore, de sorte que vous vous représenterez bien qu'il faudra peut-être faire et achever une campagne entière, avant que d'avoir tout fini." Ein folgendes Schreiben an Lord Marschall vom 7. Februar vergl. in den: Œuvres Bd. XX, S. 268.

ma chère sœur, mettons encore cette année sous le nombre de celles d'épreuve, par lesquelles nous sommes obligés de passer, il faut prendre son parti sur tous les évènements de la vie et en attendre l'arrivée patiemment. Ne vous embarrassez pas des princes de l'Empire, leurs troupes ne feront pas grand mal; peut-être que les Français feront plus de bruit que de besogne, comme c'est leur ordinaire. Les Russes sont venus en Prusse. Tout cela, il est vrai, est fâcheux et triste, mais il en faut voir la fin et devenir aussi bon stoïcien que Zénon. Voilà tout ce qui nous reste.

Je prends la liberté de vous envoyer une médaille[1] frappée à Berlin à l'imitation de celle des Autrichiens. Si ces gens n'avaient pas poussé l'insolence à ce point, je n'aurais jamais souffert que l'on eût frappé une pareille médaille.

Je vous prie, ne pensez pas à la mort, mais conservez-vous pour votre famille qui vous chérit, pour un frère qui vous adore, et qui ne respire que pour vous. Ce sont les sentiments avec lesquels je serai jusques au dernier soupir de ma vie, ma très chère sœur, votre très fidèle frère et serviteur

Nach der Ausfertigung. Eigenhändig.   F e d e r i c.

9752. A LA MARGRAVE DE BAIREUTH A BAIREUTH.

[Breslau, 3 février 1758.][2]

Toutes les lettres que vous m'avez fait tenir, m'ont été fidèlement rendues. Il ne m'en manque aucune; ainsi l'avis qu'on vous a donné, qu'il y en avait d'interceptées, ne saurait être vrai.

Le projet des Français est de former une armée dans le Bamberg et Würzburg, pour agir le printemps qui vient en Saxe [ou] dans la Thuringe, comme l'année passée. On formera d'ailleurs l'armée des Cercles en Bohême, pour la faire passer de là en Saxe, à laquelle on joindra apparemment le corps de Marschall; mais à ce que j'espère, c'est que ce dessein sera encore bien dérangé, avant qu'il parvienne à son exécution.

Nach dem Concept.[3]   [F e d e r i c.]

9753. AU MINISTRE D'ÉTAT ET DE CABINET COMTE DE PODEWILS A BERLIN.

Breslau, 4 février 1758.

Mon cher comte de Podewils. J'ai vu, par votre rapport du 31 janvier, ce que les deux ministres d'Hanovre,[4] Münchhausen et Harden-

---

[1] Vergl. Anm. 6 S. 222. — [2] Das Datum nach dem Déchiffré von der Hand der Markgräfin. — [3] Dieses Schreiben wurde chiffrirt und ohne Unterschrift gesandt, das vorangehende (Nr. 9751) unchiffrirt. Vergl. hierzu S. 66. Anm. 2 — [4] Hardenberg war

berg, vous ont marqué au sujet du prince héréditaire de Cassel, par leurs lettres[1] que je vous renvoie.

Pensez raisonnablement sur la demande que vous me faites à cet égard, et en combinant les circonstances très critiques et scabreuses où se trouvent mes affaires dans le moment présent, et d'où je ne saurais me tirer que par le succès de mes armes bien conduites, et vous concevrez aisément que je ne puis pas mettre au hasard mes affaires par considération de quelque prince tel qu'il soit.

Vous connaissez celui dont il s'agit, sa faiblesse de tête, son manque d'expérience en fait de guerre, sa précipitation et son esprit changeant à tout moment; vouloir le prendre auprès de mon armée-ci pour l'y employer conformément à son rang,[2] ce serait trop exposer mes affaires à des échecs, où il s'agit du tout pour le tout, et d'ailleurs inquiet et changeant que ce Prince est, il ne manquerait pas de former de nouvelles demandes qui m'embarrasseraient et me brouilleraient peut-être sans retour avec lui.

Quant à mes autres corps de troupes, il se peut qu'il y en a dont les apparences sont qu'il n'y aura pas de grandes choses à démêler; mais, dans les circonstances présentes, il ne faudra pas s'y fier, et la chance peut en peu de temps se tourner en sorte qu'il arrive là des choses les plus sérieuses et décisives, même où l'on aurait cru qu'il n'y arriverait aucune affaire de conséquence. D'ailleurs, ce Prince, placé auprès un corps où il n'y aurait rien à risquer avec lui, ne formerait-il pas de là de nouveaux griefs que son humeur changeante lui suppéditerait? En combinant tout ceci, vous me rendrez un service particulier d'employer vos soins et votre adresse pour tranquilliser de bonne grâce le Prince et pour répondre convenablement aux susdits ministres, afin de ne plus insister à des demandes que je ne saurais agréer, à moins d'exposer mes affaires à de grands hasards, dans ces circonstances très critiques. Et, sur ce, je prie Dieu etc.

Nach der Ausfertigung.   F e d e r i c.

9754. AU PRINCE HENRI DE PRUSSE.[3]

Breslau, 5 février 1758.

Mon très cher Frère. La lettre que vous m'avez faite du 31 janvier, m'a été fidèlement rendue. Je vous adresse ci-clos celle que vous m'avez

hessencasselscher Geheimrath und befand sich in der Umgebung des nach Hamburg geflüchteten Landgrafen von Cassel. Vergl. Bd. XV, 224. 356. Ueber Hardenberg vergl.: Ein kleinstaatlicher Minister des 18. Jahrhunderts. Leben und Wirken Friedrich Augusts Freiherrn von Hardenberg. Leipzig 1877.

[1] D. d. Stade, 24. Februar und Hamburg, 26. Februar. — [2] Vergl. S. 21; Bd. XIV, 404. — [3] In einem zweiten Schreiben an den Prinzen Heinrich vom 5. Februar befiehlt der König, den Halberstädtern jede Lieferung an die Franzosen zu untersagen (vergl. S. 191); der Prinz solle nochmals an den französischen

emandée au prince régnant de Zerbst, par laquelle je lui marque, en
onséquence de la copie que j'en fais joindre,[1] les raisons pourquoi je
e saurais absolument pas permettre un plus long séjour de de Fraigne
Zerbst. Si cette lettre ne sortira pas son effet, il faut qu'alors vous
étachiez quelques troupes assez fortes à Zerbst, qui, sous le prétexte
e vouloir passer par la ville à d'autres lieux, se mettront[2] en position
our enlever de haute lutte le susdit de Fraigne, où un officier de ces
oupes déclarera encore au prince régnant de Zerbst qu'il m'était im-
ossible de souffrir là plus longtemps un espion déclaré des Français,
t que ce de Fraigne, dont je savais, à n'en pas pouvoir absolument
outer, qu'il n'y avait séjourné que pour trahir aux Français tout ce qui
passait dans nos garnisons et parmi nos troupes dans ces environs-
. Et qu'ainsi j'avais tout lieu d'espérer du Prince que, vu son amitié
our moi et les attentions marquées que j'avais toujours observées pour
i, il ne voudrait plus donner sa protection à un homme tel que de
raigne, qui m'était pernicieux à tous égards, afin d'éviter par là les
trémités qui, sans cela, en résulteraient, sans qu'il y ait de ma faute.

Dans le cas que, contre toute mon attente, ces représentations
niables n'opèreront rien sur l'esprit de ce Prince, alors il ne restera
n que de s'emparer par force de ce de Fraigne, quand même il
rait pris sa retraite au château. Ce serait autre chose encore, si le
ince le faisait partir d'abord; mais absolument faut-il que cet homme
ait plus d'asile là, et qu'il en parte, quoique je croie que le meilleur
ra toujours de s'assurer de sa personne. Je suis avec toute l'estime
ssible, mon très cher frère, votre bon et très affectionné frère

Je vous demande pardon, si je ne vous écris pas moi-même. Je
e suis fait saigner aujourd'hui. On m'a dit que vous ne vous portiez
s bien; je vous prie, mon cher frère, de prendre le plus grand soin
votre santé et de vous ménager, autant que cela se peut faire.

Le prince Ferdinand paraît souhaiter que, vers le 15,[3] vous fissiez
ne de marcher droit à Hildesheim; mais, comme la distribution des
upes françaises m'est inconnue, je me repose absolument sur votre
nduite et sur votre prudence. Il est sûr que, si l'expédition du prince
rdinand réussit, que cela me mettra fort à l'aise pour la campagne
ochaine, ainsi qu'il faut lui faciliter sa besogne autant que cela se
urra. Si vous avez encore un bataillon de Kahlden de reste, il dé-
ndra de vous de vous en servir où vous le jugerez à propos. Adieu.

Federic.

Nach der Ausfertigung. Der Zusatz eigenhändig.

rfeldherrn schreiben mit der Drohung, man werde die gefangenen französischen
ciere, wenn sie weiterhin so wie in Halberstadt auftreten würden, nicht mehr als
ciere, sondern als Plünderer und Mordbrenner behandeln.

[1] D. d. Berlin, 31. Januar. Vergl. S. 206. Anm. 4. — [2] Vorlage: mettra. —
rgl. S. 205.

9755. AN DEN GENERALMAJOR VON FINCK IN DRESDEN.

Breslau, 5. Februar 1758.

Mein lieber Generalmajor von Finck. Ich bin von dem Einhalt des von Euch Mir erstatteten Berichtes vom 1. dieses recht wohl zufrieden gewesen und danke Euch vor die darin gemeldete Nachrichten. Was aber das vom Feinde zu Teplitz errichtete Magazin anbetrifft, da müssen wir solches nicht leiden, vielmehr uns bearbeiten, solches bei einer bequemen Gelegenheit entweder zu enleviren oder aber zu verbrennen,[1] weshalb Ich auch an den Feldmarschall von Keith schreiben werde,[2] mit dem Ihr darüber, wiewohl in Chiffres, correspondiren und ihm Eure Sentiments deshalb eröffnen könnet. Uebrigens sollet Ihr auch vor Eure Magazins in Dresden sorgen und dahin sehen und alles nöthige veranstalten, damit Ihr allemal wenigstens auf drei volle Monate, wo nicht mehr, einen Vorrath vor Eure unterhabende Garnison, und was dahin gehöret, völlig vorräthig habet. Ich bin Euer wohlaffectionirter König

Nach der Ausfertigung.   Friderich.

————

9756. AU CONSEILLER PRIVÉ VON DER HELLEN A LA HAYE.

Breslau, 6 février 1758.

La dépêche que vous m'avez faite du 28 janvier, m'est heureusement parvenue. Sur laquelle je n'ai cette fois-ci qu'à vous dire que vous devez insister au possible, quoiqu'en termes honnêtes et convenables, au rappel du comte de Gronsfeld,[3] qui ne laisse pas de me donner de plus en plus de marques de ses mauvaises intentions contre moi, très nuisibles et préjudiciables à mes intérêts. Au surplus, je trouve votre sentiment parfaitement fondé qu'il ne faudrait pas que cet homme fût envoyé à Pétersbourg, où certainement il rendrait tous les mauvais services dont il serait capable, à moi et à la bonne cause commune. C'est pourquoi aussi vous traverserez au mieux, là où vous êtes, son dessein, et je laisse à votre pénétration s'il ne conviendra pas de faire des insinuations adroites au Greffier et aux autres amis du sieur de Swart que c'était bien par les intrigues de Gronsfeld qu'il faisait jouer par le parti saxon à Pétersbourg, qu'il tâchait de révolter la cour là contre ledit sieur de Swart.

Vous remercierez, au reste, le sieur de Courvoisier[4] de ses bonnes intentions pour moi, en lui insinuant poliment que la saison était déjà

————

[1] In einem Schreiben an Finck, d. d. Breslau 15. Februar, wiederholt der König den Wunsch, „ein oder andern determinirte Kerls" anzuwerben, „die es hasardiren und übernehmen, die grosse feindliche Magazins hier und da anzustecken und zu verbrennen". — [2] Das Schreiben an den Feldmarschall Keith, d. d. Breslau 5. Februar, enthält die gleichen Befehle in Betreff des Teplitzer Magazins. — [3] Verg. S. 176. — [4] Ein holländischer Oberstlieutenant und Regimentscommandeur.

rop avancée dans cette année-ci, pour pouvoir travailler à la levée
l'un régiment dont on ne pourrait plus faire usage pendant toute la
ampagne qui vient.

Nach dem Concept.   F e d e r i c.

9757. AU PRINCE HENRI DE PRUSSE.

B r e s l a u, 7 [février 1758].[1]

Mon cher Frère. L'avantage que Tauentzien vient de remporter,
¡uoique petit, m'a fait beaucoup de plaisir. Cela fera de la peine aux
'rançais, et votre arrivée à Halberstadt[2] attirera d'autant plus leur
.ttention. Voilà ce qu'il faut précisément. Je me flatte qu'en même
emps Lehwaldt frappera un bon coup sur les Suédois, ce qui me
endra les coudées beaucoup plus libres vers la campagne.

Je sens toutes les peines que vous aurez à faire livrer les recrues
.ux princes d'Anhalt;[3] mais songez, je vous prie, le grand besoin que
ious en avons, et je me confie assez à votre savoir-faire, pour être
)ersuadé que vous en viendrez à bout. Je ne pense ici qu'à refaire
'armée, et, si vous me secourez, j'espère d'avoir, à la fin de mars,
)6,000 hommes pour mettre en campagne, sans compter les garnisons.
Infin, quoique je n'aie aucune envie de danser sur la corde, ces faquins
le rois et d'empereurs m'y obligent, et il ne me reste d'autre conso-
ation qu'après avoir fait quelques cabrioles, de leur donner du balancier
ur le nez.

Adieu, mon cher frère, soyez persuadé de ma parfaite estime et
le la tendre amitié avec laquelle je suis, mon cher frère, votre très
idèle frère et serviteur

Nach der Ausfertigung. Eigenhändig.   F e d e r i c.

9758. AU SECRÉTAIRE MICHELL A LONDRES.

B r e s l a u, 7 février 1758.

Vos dépêches du 17 et du 20 janvier me sont heureusement par-
'enues. J'en ai très bien compris qu'on ne ménage rien en fait de
lépenses pour fournir à tous les frais de la campagne prochaine. La
grande question cependant est toujours la manière dont on se prend

---

[1] Am 1. Februar wurde die Stadt Hornburg durch ein preussisches Truppencorps
nter dem Oberst von Tauentzien (vergl. S. 190) überrumpelt. Vergl. u. a. den Be-
icht des Grafen Henckel, der dieser Unternehmung beiwohnte. Milit. Nachlass, hrsg. v.
abeler, II, 1. S. 13—15. Prinz Heinrich meldet dem Könige den Erfolg in einem Schrei-
en d. d. Leipzig 2. Januar 1758, wobei „Januar" für „Februar" verschrieben ist. (Des-
'egen obiges kgl. Schreiben von Schöning fälschlich als vom 7 januer eingeordnet.
'ergl. Schöning, Siebenjähriger Krieg, Bd. I. S. 119. 121. 122.) — [2] Vergl. S. 221.
nm. 4. — [3] Vergl. S. 156.

pour les employer utilement, en courant là où il y aura le plus grand danger à craindre, et à mettre là des efforts où l'ennemi voudra faire les plus grands efforts. Et, sur cet article-là, je suis fâché de vous dire encore combien j'ai tout lieu de croire que vous n'ayez fait toutes les représentations aux ministres anglais que je vous ai ordonnées,[1] avec ce détail et cette énergie qu'il faut dans de pareilles occasions, mais que vous n'êtes passé que légèrement là-dessus, ce que les rapports vagues et peu ou point détaillés que vous m'en avez faits, me confirment; sans cela et si vous vous eussiez acquitté de mes ordres, aussi nerveusement que je vous l'avais commandé, il me paraît impossible qu'un ministère aussi éclairé que celui d'Angleterre n'y aurait fait attention.

Au reste, vous recevrez, par le courrier que le sieur Mitchell dépêchera au premier jour à Londres, le paquet où vous trouverez les pleins pouvoirs expédiés pour vous autoriser à signer la convention à faire, avec le projet approuvé de cette convention, de même que les instructions qu'il vous faut à ce sujet; je vous ordonne cependant que, nonobstant cela, vous n'en devez point faire usage encore, ni procéder à la signature de la convention, ni toucher aux subsides, avant que vous n'aurez reçu de nouveaux ordres de moi qui vous ordonnent expressément de procéder alors à la signature de la convention et à arranger ensuite ce qu'il faut pour toucher aux subsides. Voilà sur quoi vous vous conformerez exactement et sous peine de mon indignation, tout comme je vous l'ai déjà expressément ordonné par ma dépêche antérieure, à la date du 25 janvier dernier.[2]

Nach dem Concept.   F e d e r i c.

9759. UNTERREDUNGEN DES KÖNIGS MIT DEM GROSS-BRITANNISCHEN MINISTER MITCHELL.

[Breslau, Februar 1758.]

Mitchell berichtet an Holdernesse, Breslau 9. Februar (private and very secret), über mehrere Unterredungen, die er mit dem Könige von Preussen in Betreff der Sendung einer englischen Flotte in die Ostsee[3] und eines englischen Heeres nach Westdeutschland[4] gehabt hat.

Mit Bezug auf die erste Frage hat Mitchell, den Befehlen von Holdernesse folgend, erklärt, es sei für England unmöglich, die zu einer Flottendemonstration in der Ostsee erforderliche Zahl von Schiffen aufzubringen, da die brittische Seemacht bereits an so mannigfachen und weit entfernten Orten in Anspruch genommen sei.

„His Prussian Majesty said that he had observed all along there had been too much *ménagement* shewn to Russia, as if we were afraid to offend them; that perhaps this gentle manner of negociating was not the way to succeed at the court of Petersburg, but he would not so

---

[1] Vergl. S. 210. — [2] Vergl. Nr. 9724. — [3] Vergl. S. 93. — [4] Vergl. S. 160—162. 209.

much as guess at the motives; that, when he entered into treaty with
the King,[1] he did believe that the English interest was stronger at that
court than it has been found to be, and that it would have been sup-
ported in a better manner . . .

I find His Prussian Majesty still thinks that the sending of a very
small squadron last year would have prevented all the misfortune that
happened in Prussia during the late campaign.

As to the second point, of sending national troops into Germany,
when I urged the impossibility of raising more men without ruining the
manufactures, he laughed, and said it was a strange way of reasoning,
to prefer considerations of trade and manufactures to our own security
and independency; that we did not seem sensible enough of the danger
to which England was exposed, if things went wrong upon the Continent; that it was impossible for him to resist the united forces of all
Europe."

Mitchell spricht gegen den König die Befürchtung aus, es könne durch die
Forderung von englischen Truppen für den Continent die glücklich hergestellte Ein-
müthigkeit im Parlament [2] von neuem gestört werden.

„The King of Prussia answered, he had no notion, if the case was
fairly stated that there could be one contradictory vote. He then men-
tioned what England had done in the war of the succession and in
the late war, and concluded by saying that the necessity of sending
troops upon the Continent was now much stronger than it had ever
been on any former occasion, nor did he think it practicable to do
without them; that even so small a number as 8000 would make a
great impression upon the French, as it would convince them, and all
Europe besides, that England was hearty and resolved rather to risk
everything than to submit; and he added that an effort of this kind
might likewise facilitate operations in America, as it would give the
French full occupation at home.

I then endeavoured to shew the incompatibility of this measure
with the services in America, which required constant supplies of men.
His Prussian Majesty replied with some warmth, sure the way to save
America is not to suffer the French to become masters of Europe,
which they will be, if your nation does not exert itself with the utmost
vigour and activity in the next campaign, by land as well as by sea . . .

. . . As I could give no expectation that English troops would be
sent, I hinted that perhaps it might be possible to reinforce His Majesty's army with some Danish troops. The King of Prussia said he knew
for certain that we should not succeed in any negociation with Den-
mark; that we might indeed amuse ourselves from time to time, as
we had done in renewing our offers to that court, but he was persuaded
they would be to no purpose; and, after repeating what he had
formerly said of the impression that the sending even of a small body

[1] Vergl. Bd. XI, 474. 475.; XII, 503. — [2] Vergl. Bd. XV, 253.

of English troops would make upon the French, he added, if anything can, this measure will induce the Dutch to join in the alliance and to give assistance."[1]

Mitchell berichtet an Holdernesse, Breslau 9. Februar (private and secret):

„My Lord. The letter inclosed, from Mr. Keith,[2] will give Your Lordship an account of the audience he had of the King of Prussia, who told him fairly, that money was the only thing that would do at the court of Petersburg, and that, if he was not authorised to spend money, his mission would be of no avail. I hope, therefore, the necessary orders will be given for that purpose.

As, in this audience, the King of Prussia said that he was willing to make peace with the Russians, I took the liberty to ask, if the Russians could be brought to mediate a peace, whether it would be agreeable. He answered: »By no means, I am willing to make a separate peace with them, but will have none of their mediation« . . ."

Mitchell berichtet an Holdernesse, Breslau 9. Februar (private and particular):

„My Lord. In several conversations the King of Prussia has thrown out hints how easy he thought it for the English to make a descent of 20 or 25,000 men at Boulogne, Calais, or Port l'Orient, which, if well conducted by a bold and enterprising officer, might lay the city of Paris under contribution; that an attempt of this kind, if successfull, would greatly contribute to bring about a peace, as it would throw everything into confusion, the French having very few troops at home, and those greatly scattered.

I only said that I believed there wanted not inclination in the English to do all the mischief to the French, wherever it was practicable. He replied there were many things practicable which they did not so much as attempt; and that he hoped, however, as soon as the season permitted, we would at least give all the uneasiness and jealousy possible to the French, by either actually making, or seeming to make embarkations for a descent somewhere in France.[3] This, he said, could not fail to have a good effect; that, by constantly alarming their coasts, they might be induced to draw off 20 or perhaps 30,000 from their armies."

Nach den Ausfertigungen im Public Record Office zu London.

---

[1] In einem „most private" Schreiben an Holdernesse, ebenfalls vom 9. Februar, äussert Mitchell: „The King was so nettled at the refusal of troops, fleets etc., that he said to me in private that he thought of sending another minister." Vergl. S. 209. — [2] Vergl. S. 188. — [3] Vergl. auch Bd. XV, 36. 161. 199.

9760. A LA MARGRAVE DE BAIREUTH A BAIREUTH.

Breslau, 8 février [1758].

Ma très chère Sœur. J'ai été assez heureux aujourd'hui pour recevoir deux de vos lettres, l'une du 17 et l'autre du 28 janvier. Je
prends la liberté d'y répondre par le feuillet ci-joint. [1]

Nous sommes, ma chère sœur, ici dans une situation assez tranquille, à nous rétablir de nos pertes, et occupés à faire la meilleure résistance que nous le pourrons le printemps prochain à nos ennemis.
Ma sœur Amélie est retournée à Berlin, [2] et je mène à peu près la vie
d'un anachorète, travaillant beaucoup, ne sortant point et me délas-
sant le soir avec une petite société et de la musique.

Je plains bien, en vérité, votre voisinage de toutes les visites qui
y arrivent. Les triumvirs de l'Europe ont substitué la force au règne
des lois; il n'y a plus sur la surface de la terre que des injustices et
des violences, et, si la fortune ne nous seconde pas singulièrement, la
tyrannie donnera des fers à tout le monde connu. Nous devons tous
nous consoler de ce que notre siècle fera époque dans le monde, et que
nous avons été les témoins des évènements les plus extraordinaires que
la vicissitude des choses n'a produits de longtemps. C'est beaucoup
pour notre curiosité, mais rien pour notre bonheur. Enfin, ma chère
sœur, ces faquins d'empereurs, impératrices et rois me forcent encore
de danser sur la corde cette année ici. Je m'en console dans l'espérance de donner aux uns ou aux autres de bons coups du balancier
sur le nez; [3] mais cela fait, il faut en vérité en venir à la paix. Quel
sacrifice d'hommes! quelle épouvantable boucherie! je n'y pense qu'en
frémissant. Quoi qu'on en ait, il faut se faire un cœur d'airain et se
préparer aux meurtres et aux carnages que les préjugés rendent héroïques, mais qui sont toujours affreux, lorsqu'on les voit de près.

Je vous supplie de vous distraire de ces idées noires et de vous
égayer l'esprit, le plus qu'il vous sera possible. Pensez, ô ma chère
sœur, que votre amitié fait toute ma consolation, et que je perdrais
tout en vous perdant; daignez toujours compter sur mon cœur, comme
un bien qui vous appartient, et être persuadée de la tendresse infinie
avec laquelle je suis, ma très chère sœur, votre très fidèle frère et
serviteur

Nach der Ausfertigung. Eigenhändig.   F e d e r i c.

9761. A LA MARGRAVE DE BAIREUTH A BAIREUTH.

[Breslau, 8 février 1758.] [4]

L'affaire des Turcs n'est pas encore décidée en faveur de la reine
de Hongrie, mais aussi ne devons-nous pas compter dessus avec trop

---

[1] Nr. 9761. — [2] Vergl. S. 222. — [3] Vergl. Nr. 9757. — [4] Auf dem eigenhändigen Concept findet sich ein Vermerk Eichel's „10 février". Dagegen führt das
von der Markgräfin herrührende Déchiffré des Schreibens das Datum „8 février".

d'assurance.¹ Les Russes occupent toute la Prusse, et certainement nous en verrons arriver quelque partie dans notre voisinage. Pour cette fois, ils n'ont point avec eux de Tartares, et ils se conduisent mieux que les Français. Le désir de la paix que l'on marque en France, se manifeste par de nouveaux efforts que cette puissance fait contre nous. Quand même les affaires de l'Impératrice ne se trouvent pas dans un fort bon état, les miennes n'en sont pas meilleures, et il faut s'attendre à une campagne difficile et féconde en événements. Vos troupes de l'Empire ne feront du mal qu'aux endroits où [elles] ne trouveront personne; enfin, le sort en est jeté: il faut faire cette campagne avec vigueur et voir où l'on trouvera un joint pour la bien finir.

Nach dem Concept. Eigenhändig.²   [Federic.]

9762. AU FELD-MARÉCHAL DE KEITH.³

Breslau, 8 février 1758.

Mon cher Maréchal. M'ayant été mandé que les Russes, après la nouvelle invasion qu'ils ont faite par leurs troupes dans ma province de Prusse, ont obligé les magistrats et les habitants de ma ville de Kœnigsberg, de même qu'à d'autres lieux, de prêter le serment de fidélité à l'impératrice de Russie, selon le formulaire ci-clos, sous peine de ruine et de confiscation de tous les biens, menacée à ceux qui ne voudront pas s'y conformer, je ne veux point entrer présentement en discussion sur la justice ou injustice de ce procédé. Mais, comme le droit de guerre m'autorise d'user de justes représailles là-dessus, ma volonté expresse est que vous devez, par représaille, faire prêter le même serment de fidélité à moi par tous les magistrats des villes en Saxe où se trouvent actuellement garnisons de troupes sous vos ordres, et cela précisément selon le formulaire susdit, après y avoir changé ce qu'il faut, et rendu ce formulaire applicable à notre cas.⁴

Je viens aussi de donner mes ordres au ministre d'État de Borcke, afin que le même hommage me soit prêté des magistrats des villes de Dresde, de Leipzig, de Torgau, de Wittenberg, de Merseburg etc. Et, sur ce, je prie Dieu etc.

Nach der Ausfertigung.   Federic.

9763. AU FELD-MARÉCHAL DE KEITH.

Breslau, 9 février 1758.

Mon cher Maréchal. Je viens de recevoir la lettre par laquelle vous m'avez informé des arrangements que vous avez pris, pour tirer

---

¹ Das bezügliche Schreiben der Markgräfin liegt nicht vor. — ² Das Schreiben wurde in Chiffern und ohne Unterschrift abgesandt. — ³ Die Berichte Keith's vom Februar 1758 datiren sämmtlich aus Dresden. — ⁴ Ein entsprechender Befehl ergeht am 8. Februar an den Kommandanten von Dresden, den Generalmajor von Finck.

de la ville de Dresde cette somme en contribution extraordinaire que
j'ai fait demander,[1] dont j'ai été bien aise. Je ne doute pas aussi que
vos bons arrangements sur cet article ne sortissent leur effet, et que, si
la ville ne paie pas d'abord la somme entière, elle s'en acquittera au
moins pour la plus grande partie, et, dans les circonstances présentes, il
est indispensable d'en tirer tout l'argent qu'on peut.[2]

S'il y a eu du tapage au château de Nischwitz,[3] quand le colonel
Mayr, en passant auprès de cette terre, est entré dans la maison, pour
chercher des armes y cachées, cela ne fait rien, et dans un temps où
presque toute l'Europe se ressent des inconvénients de la guerre, il n'est
pas extraordinaire que le comte de Brühl en ressente aussi quelque
chose pour sa part.

Pour ce qui regarde le temps où je voudrai vous voir et vous
parler, je ne saurais encore le fixer autrement qu'à peu près vers la fin
du mois courant; avant ce temps-là, il n'est pas possible de songer à
des projets et plans de campagne, outre qu'il faut que j'attende encore
le succès de certaines entreprises du maréchal Lehwaldt et du prince
Ferdinand de Brunswick, dont l'exécution heureuse ou non ne laissera
pas d'avoir son influence dans nos plans de la campagne à faire. Et,
sur ce, je prie Dieu etc.

Nach der Ausfertigung. _Federic._

9764. AU MAJOR DE PLACE D'O A GLATZ.

Breslau, 9 février 1758.

J'ai reçu votre rapport du 7 de ce mois, dont j'ai été content, par
les nouvelles qu'il comprend. Cependant, je trouve nécessaire de vous
avertir que vous devez vous tenir bien sur votre garde et être fort vigilant contre toute surprise que l'ennemi saurait entreprendre sur votre
poste. J'ai appris de bonne main que l'ennemi a fait apprêter à Trautenau 200 cercles goudronnés avec quantité de fascines, dont il y en a
aussi de goudronnées, et qu'il prend d'ailleurs sous main des arrangements qui semblent marquer un dessein de quelque entreprise soudaine
et à l'impourvu. Soyez donc bien sur vos gardes, parcequ'il saurait
bien arriver que l'ennemi voudrait tenter quelque chose contre vous, en
jetant quelques bombes en Glatz, et hasarder là quelque échauffourée.
Je ne suis pas à même d'envoyer là, dans le moment présent, quelques
troupes, ce qui se fera cependant à la suite du temps.

Nach dem Concept. _Federic._

---

1 Vergl. Nr. 9739. — 2 Am 9. Februar schreibt der König an den Generalmajor von Finck, dass Dresden gar wohl 500,000 Thaler geben und aufbringen könne,
„wenn in Consideration genommen wird, dass die weit geringere und mit Dresden
ganz und gar in keine Comparaison zu stellende Stadt Halberstadt denen Franzosen
binnen einer Zeit von gar wenig Tagen 200,000 Thaler bezahlen und aufbringen
müssen". Vergl. S. 191. — 3 Vergl. S. 89.

9765. AN DEN GENERALFELDMARSCHALL PRINZ MORITZ VON ANHALT-DESSAU.[1]

Breslau, 9. Februar 1758.

Durchlauchtiger Fürst, freundlich lieber Vetter. Da Ich entschlossen bin, nunmehro die Sachen betreffend die drei auf Meine Ordre arretirte und noch in Arrest befindliche Generallieutenants von Katte, von Lestwitz und von Kyau[2] durch ein ordentlich deshalb zu bestellendes Kriegesgerichte untersuchen und demnächst durch solches darüber gehörig sprechen zu lassen, so habe Ich aus eigner Bewegung resolviret, zu solchem Kriegesgerichte nachstehende Generals und Officiers zu benennen, nämlich: Ew. Liebden als Feldmarschall wie Präses, ferner die Generallieutenants von Forcade, Prinz Ferdinand von Preussen und Prinz Eugen von Württemberg; die Generalmajors von Geist, von Plettenberg und von Lattorff; die Obristen von Brösicke und von Hoffmann vom Prinz Franz Braunschweigschen Regiment und von Bardeleben von Meinem Regiment Garde, und endlich die Obristlieutenants von Belling von Prinz von Preussen, von Zeuner vom Lattorff'schen Regiment und von Saldern von Meinem Regiment Garde.

Ew. Liebden haben Sich also hiernach zu achten und als Präses dieses Kriegesgerichts alles deshalb erforderliche sowohl zur Untersuchung als zum Spruche einzurichten.

Die Punkte übrigens, welche in dem über die obgedachte drei arretirte Generallieutenants von Katte, von Lestwitz und von Kyau bei gedachtem[3] deshalb geordneten Kriegesgerichte untersuchet und demnächst gesprochen werden soll,[4] seind nachfolgende:

1. Generallieutenant von Katte:

Warum er mit denen Oestreichern wider seine Ordres wegen Breslau capituliret hat?

Warum er noch vor der Capitulation allerhand östreichsche Proviantbediente und dergleichen in die Stadt gelassen, die nur allerhand übles darin angerichtet haben?

2. Generallieutenant von Lestwitz:

Warum er wegen Breslau capituliret hat?

Warum er die Garnison nicht ordentlich zusammengezogen, sondern damit in solcher Bredouille, wie geschehen, ausmarschiret ist?

3. Generallieutenant von Kyau:

Warum er nicht die Ordre gegeben, dass Breslau sich halten soll? und warum er nicht besser auf die Conservation davon gedacht hat?

Ew. Liebden überlasse demnach alles hierunter zu Dero weitern Besorgung und Verfügung und bin übrigens Ew. Liebden freundwilliger Vetter

Friderich.

---

[1] Die Berichte des Prinzen Moritz vom Februar 1758 sind aus Breslau datirt. — [2] Vergl. S. 64. — [3] Sic. — [4] Sic.

P. S.

Damit auch dieses geordnete und commandirte Kriegesgerichte im Stande sei, den Grund zu der befohlenen Untersuchung zu legen, so empfangen Ew. Liebden als Präses hierbei: den Rapport des Generallieutenant von Katte, so derselbe wegen der Uebergabe von Breslau unter dem Dato, Schönau bei Glogau den 5. December pr., an Mich erstattet hat, desgleichen den von dem Generallieutenant von Lestwitz wegen der von ihm getroffenen Capitulation von Breslau, d. d. Wohlau den 27. November 1757, ferner den von dem Generallieutenant von Kyau wegen seines nach Abwesenheit des Herzog von Bevern übernommenen Commando des damaligen Bevern'schen Corps d'armée;[1] um von allen solchen den erforderlich rechtlich- und pflichtmässigen Bericht zu machen. Ich bin Ew. Liebden freundwilliger Vetter

F r i d e r i c h.

Nach der Ausfertigung im Kriegsarchiv des Königl. Grossen Generalstabs zu Berlin.

9766. AU PRINCE HENRI DE PRUSSE.

B r e s l a u, 9 février [1758].

Mon cher Frère. J'ai été non seulement fort inquiet de l'état de votre santé, mais je le suis encore plus en recevant votre lettre. Vous savez que l'on ne vous demande que des démonstrations, et qu'il ne faudra commencer à en faire qu'après le 15 du mois.[2] Vous pourrez ensuite juger par les progrès du prince Ferdinand et par ce que font les ennemis que vous aurez vis-à-vis de vous, quelles mesures vous pourrez prendre. Si cette expédition n'était pas si importante, je n'insisterais pas dessus, mais elle est indispensable.

Pour ce qui regarde vos officiers français,[3] je vous avoue qu'après les mauvais traitements qu'ils font à Grævenitz,[4] à Dieterich et à d'autres personnes de mon service, que je ne saurais consentir aux complaisances qu'on pourrait avoir en d'autre temps envers les prisonniers, mais les procédés des Français ont été trop infâmes envers moi et pires que ceux des Russes; trop de douceur et de bonté dans pareil cas rend méprisable.

Nous nous préparons ici au siège de Schweidnitz, par où nous commencerons, dès que la gelée sera passée.

J'ai reçu de bonnes lettres de la Porte,[5] pour la première fois dans un an et demi.

---

[1] Den Bericht Kyau's, d. d. Schebitz [Scheftz] 24. November vergl. S. 57. Anm. 1. — [2] Vergl. S. 205. — [3] Vergl. S. 204. 222. — [4] Vergl. S. 67. In einem zweiten Schreiben vom 9. Februar befiehlt der König, den Landrath von Graevenitz gegen einen vornehmen französischen Gefangenen auszuwechseln. — [5] Vergl. Nr. 9768.

Voici une lettre pour ma sœur de Baireuth,[1] que j'ose vous recommander, vous assurant de la tendresse parfaite avec laquelle je suis,
mon cher frère, votre fidèle frère et serviteur

Federic.

Il n'y a jusqu'ici que 25,000 hommes de milices en marche de
France, le reste sont des rodomontades.

Nach der Ausfertigung. Eigenhändig.

9767. AU PRINCE HENRI DE PRUSSE.

[Breslau,] 10 [février 1758].

Mon cher Frère. Je vois avec plaisir les petits avantages que vos
officiers remportent sous vos auspices sur les Français.[2] Quoique cela
ne décide pas de la guerre, il en résulte deux avantages considérables:
le premier, que nous nous faisons craindre des Français, le second, que
vos mouvements attirent leur attention; et quand même vous ne feriez
que les amasser, c'en est assez pour faciliter au prince Ferdinand son
expédition, qui est la principale, et qui influera prodigieusement sur le
sort de la campagne prochaine.

Je n'aurais pas cru, à la vérité, ces régiments de Wésel[3] si mauvais;
mais un bon ouvrier fait avec de[4] mauvais outils de bon ouvrage. Le
Ciel, qui vous a donné du talent et du génie, vous les a départis, pour
que vous fissiez des choses plus difficiles que les autres. J'ai la meilleure
confiance du monde en tout cela, et quoique vous n'y jouiez pas le
premier rôle, vous aurez de quoi vous dédommager le printemps. Conservez seulement votre santé, et pourvoyez-vous de gaîté, s'il est possible, durant notre fortune maudite; car plus l'esprit est libre et mieux
l'on agit.

Adieu, mon cher frère, ne m'oubliez pas; et soyez persuadé de la
parfaite estime et tendresse avec laquelle je suis, mon cher frère, votre
fidèle frère et serviteur

Nach der Ausfertigung. Eigenhändig.
Federic.

9768. AN DEN COMMERZIENRATH VON REXIN IN KONSTANTINOPEL.

Breslau, 10. [Februar][5] 1758.

Euere Mir erstattete Berichte bis zu Nummer Sieben seind Mir
nebst allen dazu gehörigen Anlagen unter der Adresse *agli fratelli*

---

[1] Wohl Nr. 9760 u. 9761, die zusammen geschickt wurden. — [2] Vergl. Nr. 9757.
— [3] Vergl. S. 97. — [4] Vorlage „des mauvais" und „du bon". — [5] In der Vorlage
„Januar". Da der König in obigem Cabinetserlass erwähnt, dass die Russen „vor

Schwartz, sowie auch an deren Commis, nunmehro ganz richtig eingegangen, und zwar die ersteren über Warschau, neueren, importantesten und pressantesten aber letzthin über Amsterdam unter gewöhnlichem Couvert.

Meine Antwort darauf ist, zu Eurer Direction, dass Ihr wissen und begreifen müsset, wie dass das Negotium mit der Pforte, einen Commercientractat zu schliessen, bei denen jetzigen Umständen nichts anders als ein blosser Prätext, aber gar nicht die Hauptsache ist, wohin Ich eigentlich will, nämlich dass Ihr unter diesem Vorwand hauptsächlich darauf arbeiten und es dahin bringen sollet, dass die Pforte nunmehro, es sei mit denen Russen oder aber mit denen Oesterreichern, welches Mir einerlei ist, wirklich breche. Wenn Ihr die Minister der Pforte dahin bringen könnet, o, alsdenn müsset Ihr gar kein Geld sparen, um erstere dahin zu bringen; einen Commercientractat aber zu machen und darauf grosse Summen zu verwenden, würde in jetzigen Kriegeszeiten, da ohnedem alles Commerce behindert wird, von keinem Nutzen und vergebens sein.

Dass die Ottomannische Pforte mit denen Russen jetzo gleich breche, dazu hat sie jetzo alles Recht und die schönste Gelegenheit, weil letztere nicht nur wider den Willen der Republik Polen mit ihren Truppen vorhin in Litthauen eingedrungen seind[1] und darin fast ganz auf Discretion gelebet haben, um Mich von dar aus in Meinem Preussen zu bekriegen, sondern auch, nachdem sie im vorigen Herbste nach einem gehabten grossen Verlust an Menschen und allem wiederum aus Preussen weichen müssen, nunmehro vor einigen Wochen auf Instigation der Oesterreicher von neuem in Preussen eingefallen seind,[2] und, nachdem Ich vorhin alle Meine Truppen daraus gezogen hatte, solches nicht nur, da ihnen sogleich kein Gegenstand geschehen können, ganz occupiret haben, sondern auch die Anstalt machen, dass sie mit 2 Corps Armeen *nota bene* durch Polen, ein Theil nach Pommern und ein Theil nach Schlesien, marschiren wollen, welches aber denen solennesten Friedenstractaten, so vorhin zwischen der Pforte und Russland geschlossen worden, schnurstracks entgegen ist. Welches Ihr also gegen Eure Vertraueten und gegen die Minister der Pforte sehr releviren und ihnen zugleich den grossen Nachtheil gegen das Interesse der Pforte releviren, auch klar zeigen müsset, in was Umständen sich dieselbe selbst setzen würde, wenn die Russen sich, wie es scheinet, in Preussen festsetzen, dieses Land behalten, Danzig unter dem Prätext eines Waffenplatzes wegnehmen, dadurch einen grossen Zuwachs an Macht bekommen, und [Russ-

---

einigen Wochen" in Preussen eingefallen seien, diese Nachricht dem Könige aber am 16. Januar zugekommen ist (vergl. Nr. 9697. 9698), so kann obiger Cabinetserlass nicht am 10. Januar, sondern wird vielmehr am 10. Februar aufgesetzt sein. Vergl. hierzu auch den folgenden Erlass an Rexin vom 22. Februar Nr. 9793, sowie Nr. 9766 u. Nr. 9769.

[1] Vergl. Bd. XV, 494. — [2] Vergl. S. 180. 232.

land] dadurch die Republik Polen gänzlich unter seine Füsse bringen wollte.

Hierbei dienet Euch zur Nachricht, dass, ob Ihr zwar mit dem von Porter[1] alle gute Harmonie unterhalten müsset, zu dem Ende Ich Euch auch ein Schreiben von Mir in Complimente schicken werde,[2] Ihr dennoch dergleichen Negociation, um die Türken gegen Russland den Krieg declariren zu machen, sehr sorgfältig cachiren und alles solches vor ihm sehr geheim halten müsset, weil Ich gewiss weiss, dass die Engelländer, um ihren Handel mit Russland zu conserviren, sich nicht durch einige Intrigue bei der Pforte gegen Russland committiren wollen.

Ich werde Euch übrigens die verlangete neue Credentialbriefe sowohl an den jetzt regierenden Sultan[3] als dessen Grossvezier, und zwar wo möglich über Warschau durch einen Expressen, so der Benoît daselbst auf Chozim abfertigen wird, schicken,[4] auch solchen den Brief an Porter mit beilegen.

Dieses ist das Duplicat von der Dépêche, so Ihr alsdenn mitbekommen werdet, und lasse Ich dieses unter Einschluss von Splitgerber über Amsterdam gehen.

Nach dem Concept.   Friderich.

_____

9769. AU SECRÉTAIRE BENOÎT A VARSOVIE.

Breslau, 10 février 1758.

Je vous fais cette lettre pour vous dire que, trouvant très nécessaire d'envoyer au plus tôt mieux quelque exprès en courrier, dans le dernier secret et sans qu'il en éclate la moindre chose, par la route de Pologne sur Chozim à Constantinople, pour y porter sûrement et avec toutes les précautions possibles, afin que personne ne s'en aperçoive de rien, quelque gros paquet de lettres, et pour les rendre là à un certain émissaire secret que j'y entretiens, et qui apparemment vous sera déjà connu,[5] il m'est venu l'idée que je ne saurais m'adresser mieux à ce sujet qu'au Grand-Général de la Couronne,[6] pour qu'il me fît le plaisir de m'aider là-dessus en choisissant quelque homme de confiance et de fidélité, assez propre pour s'acquitter adroitement et avec exactitude d'une pareille commission, à qui cependant je ferai fournir les frais qu'il faut pour ce voyage.

Vous ne manquerez donc pas d'en parler au plus tôt possible au susdit Grand-Général, et le prierez de ma part, quoique sous le sceau du dernier secret, de vouloir bien m'aider là-dedans et me fournir un homme propre à cet usage qui s'en acquitte avec toute l'habileté et dextérité possible, et que [je] ferai alors dépêcher secrètement par vous.

_____

[1] Vergl. Bd. XIV, 122. 163. — [2] Vergl. Nr. 9794. — [3] Vergl. S. 187. 199. — [4] Vergl. Nr. 9795. — [5] Rexin. Vergl. Nr. 9768. — [6] Graf Branicki. Vergl. Bd. XII, 489; XIII, 592; XIV, 532.

Dès que le Grand-Général se sera prêté à mes instances pour me fournir un tel sujet, vous ne perdrez pas un moment, pour m'en avertir incessamment par le même courrier qui vous rendra cette lettre, afin que je puisse vous envoyer alors ce paquet de lettres dont je voudrais charger cet exprès, et me marquerez en même temps combien il lui faut à peu près en frais, pour faire le voyage et le retour. Vous me manderez, d'ailleurs, quel passe-port il lui faudra, pour qu'il passe sûrement par la Pologne et surtout à Chozim, afin de ne pas être retardé là par les Turcs, et si peut-être il ne suffira que cet homme n'aille que jusqu'à Chozim, et qu'il puisse là envoyer de là son paquet de lettres par quelque voie bien sûre à Constantinople, pour le faire parvenir à sa direction.

En faisant la proposition ci-dessus mentionnée au Grand-Général de la Couronne, vous lui représenterez encore de ma part que, comme il était connu que les Russes venaient de rentrer dans ma province de Prusse, laquelle, comme il paraissait, ils pensaient de la vouloir bien garder en perpétuité pour eux, et que, d'ailleurs, les troupes de Russie s'apprêtaient de vouloir passer de là par la Pologne vers la Poméranie et la Silésie, en occupant chemin faisant même la ville de Danzig, pour en faire une place d'armes, je croyais le Grand-Général de la Couronne trop bon patriote et trop bien intentionné pour sa patrie, pour vouloir voir indifféremment des choses aussi préjudiciables, et qui rendraient la République absolument esclave de la Russie pour toujours; que, selon [mon] avis, le Grand-Général n'aurait jamais une occasion plus propre à rendre un service signalé à sa patrie qu'en faisant faire des représentations énergiques là-dessus auprès de la Porte Ottomane, pour s'en mêler et ne pas laisser impunément opprimer la République, mais prendre plutôt ses intérêts en main, pour s'opposer vigoureusement à une telle démarche de la Russie, en quoi la Porte serait d'autant mieux fondée, supposé que les Russes voudraient exécuter leur dessein de marcher par la Pologne, que c'était diamétralement contraire aux traités les plus solennels faits entre la Porte et la Russie. Enfin, vous n'oublierez rien de ce qu'il faut représenter au Grand-Général sur ce sujet important, et m'en ferez votre rapport de ce qu'il vous a fait sentir là-dessus.

Nach dem Concept.   F e d e r i c.

9770. AN DEN GENERALFELDMARSCHALL VON LEHWALDT.[1]

.   Breslau, 10 Februar 1758.

Ihr seid ausser allem Zweifel bereits umständlich informiret, was zeither der Resident von Reimer zu Danzig bei Gelegenheit des Ein-

---

[1] In einem Schreiben vom 4. Februar hatte der König dem Feldmarschall angezeigt, dass die zwei nunmehr gleichfalls aus Preussen abberufenen Garnisonbataillone (vergl. Bd. XV, 442. 443) die Befehle Lehwaldt's in Colberg erwarten würden.

marsches derer Russen in Meine Provinz Preussen gemeldet hat. Wenn aber auch der Kammerpräsident von Aschersleben Mir jüngsthin dasjenige geschrieben, was Euch anliegender Extrait[1] mit mehrerem zeigen wird, so glaube Ich zwar nicht, dass, woferne auch der Russen Dessein, so wie es ihm gemeldet worden, sein sollte, und sie wirklich von Marienwerder und der Orten aus nach Pommern und nach Schlesien starke Corps detachiren wollten, sie unter zwei bis drittehalb Monate sich dazu arrangiren und von dar detachiren können. Indess und bis zu Erhaltung weiterer sicherer Nachrichten habe Ich dennoch gedachtem Kammerpräsidenten aufgegeben,[2] dass er auf allen Fall und wenn es doch nöthig sein sollte, einige Magazinvorräthe bei Colberg in Zeiten zusammenbringen lassen sollte, damit, wenn ein Corps d'armée von Mir dahin vorrücken müsste, solches die nöthigen Vorräthe an Subsistenz- und Lebensmitteln bereit finde. Bei solchen und andern jetzigen Umständen ist es also von der höchsten Nothwendigkeit, dass Ihr mit denen Schweden sowohl in Pommern als auf Rügen je ehe je lieber und auf das allerbaldigste zu endigen suchet und darauf arbeitet, dass wir nur erst an einem Orte freie Hände und den Rücken frei bekommen, um uns nachher dahin, wo es die Nothwendigkeit erfordern wird, tourniren zu können.

Sollte es alsdenn erfordert werden, dass wir uns gegen die Russen wenden müssten, so würde Ich zwar nicht gerne sehen, wenn Ihr Euch wiederum mit dem Corps nach der Seite von Preussen ziehen müsstet; im Fall es aber denoch nöthig wäre, dass, wenn Ihr mit den Schweden fertig, Ihr Euch dahin drehen und gegen die Russen wenden müsstet, so ist alsdenn Meine Idee, dass es alsdenn schlechterdinges das Beste sein wird, dem Feind dorten zu thun zu geben und also mit dem Corps bis gegen die Weichsel entgegen zu gehen, auch sodann auf den Hasard und auf Kosten derer Starosten und anderen in Polnisch Preussen zu leben, da es die Russen bisher und vorhin nicht anders noch besser in Polnisch Litthauen gemachet haben.

Gehet Ihr also und dergestalt dahin, so decket Ihr nicht nur Pommern und die Neumark, sondern gewinnet auch allemal dabei, dass, wenn Ihr Euch auch zurückziehen müsstet, Ihr dem Feind die Subsistance der Orten genommen und davon gelebet habet, was derselbe zu Prosequirung seines Marsches nöthig hat, mithin ihm alles sehr difficil gemachet wird.

Ich habe indess dem von Aschersleben aufgegeben, verkleidete Leute nach Danzig und der Orten zu schicken, die selber sehen und uns alsdenn von allem exacte Nachricht bringen können.

P. S.

Ihr müsset alles auf der Welt mögliche anwenden, um mit den Schweden dort vorhin befohlener Maassen bald zu endigen, auch mit

---

[1] Liegt nicht bei. — [2] Durch Cabinetserlass, d. d. Breslau 10. Februar.

llen Lieferungen aus dem Mecklenburgischen baldigst zu Stande zu ommen. Wenn wir uns alsdenn ja gegen die Russen tourniren müssen, ɔ ist nichts convenableres, als gerade gegen die Weichsel zu gehen nd diesen Fluss gegen den Feind zu defendiren.

Nach dem Concept.

---

771. AU CONSEILLER PRIVÉ VON DER HELLEN A LA HAYE.

Breslau, 11 février 1758.

J'ai reçu votre rapport du 31 de janvier, par lequel j'ai vu avec ıtisfaction l'impression que ma lettre écrite à la Princesse douairière 'Orange a faite sur elle.[1] Pour ce qui regarde son expédient proposé u sujet du comte Gronsfeld, pour lui faire écrire par le Grand-Pen- onnaire[2] qu'il demande la permission de faire un tour en Hollande, ıoyennant quoi il demandera, après, son rappel, j'en suis très content, e demandant point ni éclat ni bruit à ce sujet, mais seulement d'être uitte d'un homme qui, sous la protection du caractère respectable dont se trouve revêti, me fait infiniment tort.[3]

Comme j'ai vu, par la lettre des députés de la régence et de la hambre de Clèves, que vous m'avez fait parvenir à la suite de votre épêche, qu'il s'y agit d'un gros emprunt à faire d'eux en Hollande ux pressantes instances que les Français leur font, pour leur extorquer ɔs contributions énormes qu'ils demandent d'eux, je veux bien vous ıre pour votre direction que jamais je ne donnerai mon consentement à n tel emprunt, pour assouvir l'avidité excessive et déréglée des Fran- ɔis, et qu'en conséquence, quand même les susdits députés travaille- ɔient, soit pour la forme soit sérieusement, pour avoir un tel emprunt ı Hollande, vous devez employer toute votre adresse pour contrecarrer chose, et faire en sorte qu'il n'en soit absolument rien; je serai même en aise, quand vous saurez opérer que la Princesse Gouvernante ou le ɔuvernement interdissent aux sujets de la République de ne point ris- ɪer des emprunts en argent à ceux de Clèves, et qu'on leur en fasse ɔs refus même par écrit.

Vous vous dirigerez ainsi là-dessus, en attendant que je ferai par- ɪnir ma résolution aux députés mentionnés sur la lettre qu'ils me ennent de faire, par un autre canal,[4] ne croyant pas assez sûr celui : le faire par vous.

Federic.

Nach dem Concept.

---

[1] Vergl. Nr. 9632. — [2] Steyn. — [3] Vergl. S. 226. In einem Cabinetserlass Hellen, d. d. Breslau 10. März, spricht der König von neuem seine Zufriedenheit über aus, dass die holländische Regierung den Grafen Gronsfeld abberufen wolle. [4] Dies geschieht durch einen Cabinetserlass an den Kammerpräsidenten von Bessel Duisburg, d. d. Breslau 11. Februar.

9772. AN DEN GENERALFELDMARSCHALL VON LEHWALDT.

Breslau, 12. Februar 1758.

Ich habe heute früh Euer Schreiben vom 8. dieses per Estafette erhalten, von dessen Einhalt Ich dann auch insoweit ganz wohl zufrieden gewesen bin. Nur aber muss Ich Mich wegen der Entreprise auf Rügen auf dasjenige beziehen, so Ich Euch von der Nothwendigkeit solcher Entreprise, und dass solche mit Vigueur zu der dazu noch bequemen Zeit geschehen müsste, in Meinen beiden vorigen letzteren Schreiben umständlich bekannt gemachet habe.[1] Ich muss Euch auch solches hierdurch wiederholen und sehr recommandiren, diese Sache als eine der importantesten vor uns sehr in Attention zu nehmen und zu executiren, damit wir nur vorerst auf einer Seite mit dem Feind endigen und dadurch freie Hände und den Rücken frei bekommen, um uns gegen einen andern Feind mit Success zu tourniren.

Die von Euch in diesem Euern Schreiben angemerkte Difficultäten sehe Ich wohl ein und begreife solche gar wohl, es müssen solche aber auf das beste und prompt zu heben und zu übersteigen gesuchet werden. Das glatte Eis kann uns nicht hindern, da Mittel deshalb sein in gewisser Maasse aber muss es die Entreprise befördern. Hauptsächlich und als eines der vornehmsten Motive zu Pressirung und Realisirung dieser Entreprise müsset Ihr in Consideration nehmen, dass es ohnmöglich ist, dass wir dem Feind überall resistiren können, wenn wir nicht Efforts thun, um uns nicht überall einschliessen zu lassen. Die Russen marschiren, wie Ihr selbst meldet, und wie es Meine Nachrichten über all confirmiren, *en force* nach Marienwerder; stellet Euch also selbs Eure Situation vor, worin Ihr kommen würdet, wenn Ihr von der Seit einen Feind haben solltet, ohne dass wir vorher dem andern zu Hals gegangen seind und solchen geschlagen und zurückgeleget haben. Wie solches dorten gegen Rügen nöthig und möglich sei, werdet Ihr au einliegendem Originalschreiben,[2] so Ich nur sogleich aus Hamburg er halten habe, ersehen. Wir müssen also die sich findende Schwierig keiten zu übersteigen suchen. Der Feind kann wegen der weiten Étendu der Insul das Ufer nicht überall aufgeeiset haben; wenn man also auc hie oder da eine Viertelmeile um marschiren muss, kann solches nich schaden, allenfalls wird man sich auch an verschiedenen Orten mi Bretter und Balken helfen können. Dahero man Bauren als Spions d hin schicken und recognosciren lassen muss. Wo nicht allerdinges Bahn ist, kann man Stroh streuen, mit Wasser begiessen und solches friere lassen, so eine sichere und gut zu passirende Bahn giebet. Nur mu alles mit Vigueur geschehen, der Feind alsdenn mit Vivacité poussire so viel möglich coupiret und brav Gefangene davon gemachet, auf d Insul alsdenn aber sogleich alles von Lebensmitteln ruiniret werde damit der Feind keine Subsistance davon ziehen könne. Alles dies

---

[1] Vergl. Nr. 9770 und S. 220. Anm. 3. — [2] Nicht zu bestimmen.

habt Ihr sogleich dem Generallieutenant Dohna zu communiciren und
Euch diese so importante als nothwendige Sache bestens recommandirt
sein zu lassen, die Resolution und Vivacité erfordert und nicht zu trainiren ist, dass die dazu bequeme Saison sich darüber verlöre, und wir
alsdenn in ohnendliche Embarras kommen, vielmehr uns drehen und,
wo es nöthig ist, einem andern Feind entgegen gehen können.

Nach dem Concept.   **F r i d e r i c h.**

9773. AU CONSEILLER PRIVÉ DE LÉGATION DE VIERECK
A COPENHAGUE.

Breslau, 12 février 1758.

J'ai bien reçu la dépêche que vous m'avez adressée en date du
28 du mois passé,[1] sur le contenu de laquelle je vous dirai que vous
devez tâcher de rendre vos rapports plus intéressants et d'y mettre plus
de solidité et moins de contradictions que j'y en ai trouvé jusqu'ici.
A en juger par vos dépêches, la cour de Danemark serait sujette à des
changements continuels et pencherait tantôt pour le parti français et
tantôt pour celui de l'Angleterre, et comme des variations aussi subites
ne sont pas naturelles, et qu'il faut toujours supposer un système fixe
et suivi à chaque cour, vous devez aussi tâcher d'approfondir, mieux
que par le passé, la véritable façon de penser de celle où vous résidez,
de vous faire de justes idées de la manière dont on envisage la situation critique et compliquée où les affaires générales se trouvent actuellement, tant par rapport à l'Europe que relativement au Danemark
même, et de vous mettre ainsi en état de me donner des notions claires
et précises du plan que cette cour s'est formé, et de la conduite qu'elle
se propose de tenir pendant la continuation des troubles qui déchirent
actuellement l'Allemagne.

Quant aux affaires du Mecklembourg, il m'est impossible de changer, dans le moment présent, les mesures que j'ai prises à cet égard,[2]
et à vous dire vrai, je ne vois pas comment et sous quel prétexte la
cour de Danemark voudrait se mêler de ces affaires qui ne la regardent
pas. Je ne fais qu'exercer en cette occasion les mêmes droits que les
troupes françaises se sont appropriés dans toutes les provinces de l'Allemagne qu'elles ont occupées pendant cette guerre. Personne n'ignore les
excès inouïs qu'elles ont commis dans mes propres États[3] et même dans
les États neutres des princes de l'Empire, et il me semble que tout ce
qui est permis à mes ennemis, doit l'être aussi pour moi; mais si la
cour de Copenhague pouvait inspirer plus de modération à celle de
France à ce sujet et l'engager à ne pas exiger des contributions aussi

---

1 Vorlage: de ce mois. — 2 Vergl. S. 215. — 3 Vergl. S. 193.

16*

énormes de mes provinces et à ne pas avoir d'aussi mauvais procédés envers mes sujets, je changerai également en ce cas de conduite, à l'égard du pays de Mecklembourg, et je ferai aussi cesser alors les livraisons et les contributions que j'en ai exigées jusqu'ici par droit de représailles, et pour faire face à cette foule d'ennemis qui m'assaille de toutes parts.

C'est dans ce sens que vous pourrez vous expliquer envers le baron de Bernstorff et ceux d'entre les ministres danois qui vous parleront sur cette affaire.

Nach dem Concept.   Federic.

_____

9774. AU SECRÉTAIRE MICHELL A LONDRES.

Breslau, 12 février 1758.

Votre dépêche du 24 du mois passé[1] m'est bien parvenue; et comme le contenu n'en est rien moins qu'intéressant et ne répond nullement à l'importance des objets qui occupent actuellement toutes les cours de l'Europe, et qui devraient surtout fixer l'attention de celle d'Angleterre, je ne puis m'empêcher de vous dire que ce ne sont pas les simples compliments dont les ministres anglais tâchent de vous payer, ni des rapports conçus en termes vagues et généraux, mais des relations solides et intéressantes, remplies de réalités et accompagnées du détail nécessaire que j'attends de votre part dans la crise présente des affaires. Vous devriez me marquer ce que les ministres vous répondent aux représentations sérieuses que je vous ai si souvent chargé de leur faire de ma part, les arguments qu'ils opposent à ceux que je vous ai fournis, et qui sont certainement sans réplique, et la manière dont vous vous y prenez pour lever leurs objections. Ce sont là des articles que vous ne touchez qu'en passant dans vos dépêches, et dont le détail est cependant absolument nécessaire pour me mettre en état de juger de la véritable façon de penser du ministère britannique et de la valeur de ses promesses. Il m'importe de savoir si j'ai quelque assistance réelle à espérer de l'Angleterre dans les circonstances critiques où je me trouve, et quels sont les moyens que cette cour se propose de mettre en œuvre pour faire échouer les vastes projets de la France, dans un moment où cette dernière tourne toutes ses vues du côté du continent et de l'Allemagne en particulier, et où elle fait les plus grands efforts pour parvenir à ses fins et pour donner la loi à l'Europe. Je souhaite d'être instruit de l'usage que les ministres anglais comptent de faire de leurs troupes nationales;[2] s'ils ont résolu de ne les point employer du tout, si leur destination se borne à l'Amérique seule, et s'ils veulent mettre effectivement les affaires d'Allemagne au hasard et courir le risque d'un bouleversement général dans le système de l'Europe.

_____

[1] Vorlage: de ce mois. — [2] Vergl. S. 228. 229.

Voilà des matières dignes de mon attention, qui m'intéressent tout autrement que les repas et les réjouissances que l'on fait à Londres, et dont vous devez à l'avenir composer vos dépêches, si vous voulez qu'elles aient mon approbation. Celles que vous m'avez adressées depuis quelque temps, ne sont pas de ce genre, et je ne puis que vous répéter à cette occasion ce que je vous ai déjà marqué précédemment,[1] c'est que des rapports aussi stériles ne peuvent que me faire soupçonner que vous ne traitez pas les affaires sérieuses et importantes dont je vous charge, avec le nerf et la vigueur convenable, que vous les discutez trop légèrement, et que vous vous attirez par là ces réponses vagues, superficielles et peu satisfaisantes que l'on vous a données pendant tout le cours de cette guerre, et qui ne sont nullement de saison dans la situation épineuse où nous nous trouvons. Vous aurez donc soin de remplir dorénavant mes intentions sur ce sujet en mettant dans l'exécution de mes ordres et dans vos entretiens avec les ministres la force et la dignité nécessaire pour leur donner du poids, en leur faisant sentir, dans toutes les occasions qui se présenteront, qu'il y va de part et d'autre des plus grands intérêts, que le moment est venu où l'Angleterre doit reprendre ou perdre à toujours la considération et l'influence qui lui appartient dans les affaires générales de l'Europe, et que c'est le plus ou moins d'intérêt qu'elle prendra aujourd'hui à celles d'Allemagne qui décidera ce point si capital et si essentiel pour sa gloire et pour le bien de la cause commune. Vous me ferez sur tout cela des rapports tels que je viens de vous les prescrire.

Federic.

Nach dem Concept.

9775. AU MINISTRE DE LA GRANDE-BRETAGNE MITCHELL A BRESLAU.

Breslau, 13 février 1758.

Monsieur. En conséquence d'un ordre que le Roi mon maître vient de me donner, j'ai l'honneur de vous adresser à la suite de cette lettre trois pièces originales[2] que M. le chevalier Williams a bien voulu confier sous le dernier secret au résident Hecht à Hamburg, pour les communiquer au Roi et supplier Sa Majesté de vouloir bien les lui renvoyer, soit par le canal dudit sieur Hecht, soit par celui de M. Michell à Londres, son but n'étant que de faire voir au Roi par ces originaux à quel point de maturité — à ce qu'il s'est expliqué lui-même — il avait amené les affaires en Russie, et tout ce qu'on avait lieu de se promettre des dispositions où il avait mis les choses, au cas que certain évènement arriverait.

---

[1] Vergl. Nr. 9737. 9759. — [2] Zwei Schreiben der Grossfürstin Katharina und ein Schreiben des Grossfürsten Peter an den bisherigen englischen Gesandten in Petersburg, Charles Williams.

Comme le Roi voudrait que ces originaux, pour leur singulière importance, fussent remis au susdit chevalier plutôt par Votre Excellence que par aucune autre personne, pour ne pas être exposés à des indiscrétions ou à d'autres accidents, si ces originaux ne fussent remis avec de la précaution, dont il saurait résulter bien des inconvénients aux illustres personnes qui les ont écrits, — je m'acquitte de ce que le Roi m'a ordonné là-dessus, ne doutant pas que Votre Excellence ne voudra avoir attention à ce que Sa Majesté désire à ce sujet. Je suis avec cette haute estime et cet attachement que vous me connaissez, Monsieur, de Votre Excellence etc.

Eichel.

Le 19 août 1757.

J'ai pris la résolution de vous écrire, ne pouvant pas vous voir, pour vous faire mes adieux.[1] Les regrets les plus sincères accompagnent celui que je regarde comme un de mes meilleurs amis, et dont la conduite s'est attiré toute mon estime et mon amitié. Je n'oublierai jamais les obligations que je vous ai; pour vous en récompenser d'une manière conforme à la noblesse de vos sentiments, voici ce que je ferai. Je saisirai toutes les occasions imaginables pour ramener la Russie à ce que je reconnais pour son vrai intérêt, qui est d'être liée intimement à l'Angleterre, de donner à celle-ci, par tous les secours humains, l'ascendant qu'elle doit avoir pour le bien de toute l'Europe et plus en particulier pour celui de la Russie sur leur ennemie commune la France, dont la grandeur est la honte de la Russie. Je m'étudierai à mettre en usage ces sentiments, j'en bâtirai ma gloire et en prouverai la solidité au Roi votre maître. Je suis bien aise que le bien de la Russie m'oblige à pouvoir m'acquitter envers l'Angleterre des obligations personnelles que j'ai à Sa Majesté, dont je conserverai le souvenir avec la plus vive reconnaissance. Je vous prie confidemment, Monsieur, d'arranger pour le mieux ce dont vous êtes instruit. Soyez persuadé qu'une des choses du monde que je souhaite le plus, c'est de vous ramener ici en triomphe; j'espère qu'un jour le Roi votre maître ne me refusera pas la grâce que je lui demanderai de vous revoir, il ne lui en reviendra que du profit. Je suis avec une considération toute particulière, Monsieur, de Votre Excellence

la très dévouée amie
Caterine.

Mardi.[2]

Monsieur. Je suis au désespoir d'être privée du plaisir que j'aurais eu à vous voir, à vous parler en liberté. Votre amitié désintéressée pour moi et pour le G. D.[3] est sans exemple; mon cœur est ulcéré par la dureté du traitement que vous essuyez, mais aussi ma plus vive reconnaissance pour vous sera éternelle. Puissent des temps plus heureux me permettre de vous la prouver dans toute son étendue! Elle égale — et c'est tout dire — les obligations que je vous ai, et l'estime infinie qui est due à la beauté de votre caractère. Adieu, mon meilleur, mon cher ami![4]

Le 19 août 1757.

Monsieur. Je regrette infiniment de n'avoir pas eu le plaisir avant votre départ de vous dire de bouche combien, par votre mérite et votre conduite, vous vous êtes attiré mon estime. Je vous remercie et ne doute point de votre attachement à mes

---

[1] Ueber Williams' Fortgang aus Petersburg vergl. S. 85. — [2] D. i. der 19. August 1757 nach russischem (julianischem) Kalender. — [3] Grand-Duc. — [4] Dieser zweite Brief der Grossfürstin ist ohne Unterschrift.

intérêts; ils sont liés à ceux du roi d'Angleterre de plus d'un côté. J'espère que l'ennemi commun des deux royaumes s'en ressentira un jour; je suis bien aise de voir que vous me rendiez justice sur ce point. Je vous prie de vous intéresser auprès du Roi votre maître de ma part pour Swallow,¹ c'est un digne et fidèle sujet. Je vous en aurai une obligation très particulière, étant avec une considération très distinguée, Monsieur, de Votre Excellence

le très affectionné ami

P i e r r e.

Das Schreiben Eichel's sowohl wie die beiden der Grossfürstin Katharina und dasjenige des Grossfürsten Peter nach den eigenhändigen Ausfertigungen im British Museum zu London.

9776. AU CONSEILLER PRIVÉ VON DER HELLEN A LA HAYE.

Breslau, 14 février 1758.

La nouvelle la plus favorable d'entre celles que vous me marquez par votre rapport du 4 de ce mois, est, sans contredit, celle que vous me donnez en conséquence d'une lettre de bonne main de Russie,² et il est à croire que, si elle se soutient, il pourra à la fin en résulter un évènement propre à faire cesser les grands troubles qui affectent l'Europe presque entière, et effectuer une paix générale, honnête et durable. Vous sentez par là combien il m'importe que vous continuiez de donner une attention non interrompue de votre part aux nouvelles qui entrent de ce côté-là, et que vous me fassiez parvenir immédiatement, sans la moindre perte de temps, les notions que vous vous en serez procurées ultérieurement, sur lesquelles vous pouvez être assuré qu'il vous sera gardé le secret le plus religieux.

Au surplus, je m'aperçois malheureusement de reste qu'il n'y a point lieu à rien espérer de la République pendant la présente guerre, et que ses Régents sont bien résolus de persévérer dans leur léthargique indolence et faible conduite,³ même à tout hasard et arrive ce qui en voudra.

Pour ce qui regarde l'officier ingénieur⁴ de Rœmer dont vous m'écrivez, vous lui ferez savoir de se rendre ici sans délai et de s'y présenter à moi, étant résolu de convenir avec lui, pour l'engager à mon service, sur un pied qu'il aurait à en être satisfait.

Nach dem Concept.

F e d e r i c.

---

¹ Sic. Vielleicht für Schuwalow verschrieben. Näheres über den Schützling des Grossfürsten ist nicht angegeben. — ² Ein Bericht von Swart aus Petersburg vom 27. December 1757. Nach demselben sollte die Kaiserin von Tag zu Tag schwächer werden und sich dem Ende nahe fühlen. (Vergl. S. 221.) Eichel schrieb hierüber am 15. Februar an Podewils: „Ich habe sehr sichere und höchst secrete Briefe gesehen, die den schlechten und, so zu sagen, höchst desolaten Gesundheitszustand der russischen Kaiserin nicht genug beschreiben können, so dass, wenn es mit solchen seine Richtigkeit hat, sodann es wohl als ein Miracle zu rechnen sein dörfte, wenn diese Souveränin noch lange trainirete.“ — ³ Vergl. S. 141. 215. — ⁴ Vergl. S. 123.

9777. AN DEN ETATSMINISTER GRAF PODEWILS IN BERLIN.

Podewils übersendet mit einem Bericht, Berlin 11. Februar, ein Schreiben des Fürsten von Anhalt-Zerbst, d. d. Zerbst 5. Februar, in welchem der Fürst bestreitet, dass der in Zerbst sich aufhaltende Marquis de Fraigne ein französischer Spion sei. [1]

Breslau, 15. Februar 1758.

Der Mensch muss von dort weg; er ist ein Spion, davon Ich gar zu viel weiss, und soll der Graf von Podewils Mir nicht mehr davon schreiben, weil Ich darunter nicht von Resolution ändern kann noch werde.

Mündliche Resolution. Nach Aufzeichnung des Cabinetssecretärs.

9778. AU PRINCE HENRI DE PRUSSE.

Breslau, 16 [février 1758].

Mon cher Frère. Je vous rends grâces des nouvelles que vous me mandez, vous pouvez compter que ces soi-disant 60,000 Français se réduisent à 25,000; mais à cela ne tienne, pourvu que le prince Ferdinand oblige ses pleutres à mordre, vous verrez que tout ira à merveille, et que votre diversion[2] produira peut-être plus d'effet que vous ne le pensez; car, si les gros corps des Français se replient du côté du Wéser, il reste à savoir s'ils ne retireront pas leurs garnisons de Goslar ou de Wolfenbüttel.

Nous sommes ici très tranquilles dans nos quartiers. Si vous pouviez lever 500 hussards,[3] ce serait un grand bien; mais comment les armerez-vous, et d'où prendrez-vous les officiers? En tout cas, ayez la bonté de m'envoyer l'état de ce que vous voulez lever, pour que je pourvoie au payement.

Je me repose, d'ailleurs, si fort sur votre capacité que je n'ai pas la moindre inquiétude pour votre besogne, vous donnant carte blanche de faire tout ce que vous croirez utile pour le bien de l'État.

Adieu, mon cher frère; je suis avec une parfaite tendresse votre fidèle frère et serviteur

Federic.

Voici une lettre pour Baireuth.[4]

Nach der Ausfertigung. Eigenhändig.

---

[1] Vergl. S. 225. — [2] Vergl. S. 205. 219. 227. 236. — [3] Die Husaren sollten auf Kosten des Hildesheimer Landes errichtet werden. Es war dies der Grundbestandtheil des späteren Belling-Blücher'schen Husarenregiments. — [4] Vergl. Nr. 9779.

9779. A LA MARGRAVE DE BAIREUTH A BAIREUTH.

[Breslau,] 16 février [1758].

Ma très chère Sœur. J'ai reçu avec beaucoup de satisfaction votre lettre du 3. J'y vois du moins la continuation de votre santé. Enrôlez-vous, ma chère sœur, dans la secte de Zénon; voilà ce que firent la plupart des grands de Rome durant les triumvirats; voilà ce qu'auraient dû faire nos pères durant la guerre de 30 ans, et voilà ce qui nous reste dans des temps aussi fâcheux que ceux dont je viens de parler.

Le prince Ferdinand doit être en mouvement depuis hier,[1] et s'il rend bien son thème, je ne doute pas qu'il ne rejette les Français au delà du Wéser, ce qui sera toujours quelque chose. Quand même ce n'est pas tout, s'il y arrive des changements ou des révolutions dans le monde, elles ne peuvent que nous être favorables; ainsi il faut avoir patience et se préparer à voir d'un œil ferme l'une et l'autre fortune.

Je ne saurais vous marquer aucune nouvelle d'ici; je mène une vie si retirée que je n'apprends presque rien que par les tristes lettres des provinces, qui annoncent les ravages des barbares en Prusse et le brigandage des Français d'un autre [côté]; enfin, ma chère sœur, il faut prendre patience; nous sommes dans l'accès de fièvre, il faut attendre qu'il soit passé. Nous nous préparons bien de tous les côtés, pour agir avec la plus grande vigueur. Il est impossible de confier ce que je pense, au papier; ainsi, ma chère sœur, ne perdez pas l'espérance, et soyez persuadée de la tendresse infinie avec laquelle je suis, ma très chère sœur, votre très fidèle frère et serviteur

Federic.

Daignerez-vous de faire passer cette lettre à Voltaire?[2]

Nach der Ausfertigung. Eigenhändig.

9780. AU LIEUTENANT-GÉNÉRAL PRINCE FERDINAND
DE BRUNSWICK.

Breslau, 16 février 1758.

Monsieur mon Cousin. La lettre que Votre Altesse m'a faite du 8 de ce mois, m'est heureusement parvenue. J'ai été très sensible de voir avec quelle justesse vous entrez dans mes besoins, dans les circonstances où je me trouve. Il est vrai qu'elles sont un peu embarrassantes pour moi, vu qu'on me mande toujours que les Russes rentrés en Prusse pourraient bien y laisser seulement quelques milliers de troupes et marcher avec tout le reste en deux corps, l'un vers la Poméranie et l'autre vers la Silésie. Quoique j'ai de la peine à ajouter

[1] Vergl. S. 205. 225. 235. — [2] Liegt nicht vor.

pleinement foi à ces avis, je ne saurais cependant les négliger tout-à-fait. Mais je dois plutôt tenir ensemble tout ce que j'ai de forces. En attendant, cela ne m'empêchera pas de laisser encore à la disposition de Votre Altesse le prince de Holstein, avec ce qu'il a de troupes, pour le temps de l'expédition qu'Elle médite.[1] Et c'est pourquoi aussi je souhaite fort qu'Elle frappe un bon coup. Mais, après cette expédition faite, je me verrai obligé de faire revenir le susdit prince, pour m'en servir à la défense de mes propres États. Je suis avec toute la considération possible, Monsieur mon Cousin, de Votre Altesse le bon et très affectionné cousin

Federic.

Nach der Ausfertigung im Kriegsarchiv des Königl. Grossen Generalstabs zu Berlin.

9781. AU LIEUTENANT-GÉNÉRAL PRINCE FERDINAND DE BRUNSWICK.

Breslau, 17 février 1758.

Monsieur mon Cousin. Les lettres de Votre Altesse du 9 et du 11 de ce mois m'ont été fidèlement rendues, et [je] vous sais bien du gré des nouvelles que vous avez eu l'attention de me faire communiquer à leur suite. En revanche, j'ai bien voulu vous communiquer celles que mes dernières lettres de Londres renferment, savoir: que les ministres de la cour de Londres persistaient dans la ferme et inébranlable résolution à ne point envoyer de troupes anglaises sur le continent,[2] sur le danger, à ce qu'ils s'expliquent, qu'il y avait pour l'intérêt de la cause commune d'insister là-dessus, crainte d'une dissolution de la présente administration, et crainte que cela ne replonge la cour de Londres dans le même état de division et d'irrésolution où elle s'est trouvée l'année dernière,[3] au lieu que, demeurant dans le système qu'elle a adopté relativement aux affaires du continent, on était assuré de quelque chose et d'une stabilité dans le ministère, comme aussi des secours qu'on pouvait donner à l'électorat et à moi, qui n'existeraient, sans cela, point ou seraient du moins fort incertains ou peu durables autrement; enfin que la nouvelle administration ne se départirait jamais des principes qu'elle avait adoptés relativement aux affaires du continent.

Quoique ces nouvelles ne soient guère consolantes, je crois cependant entrevoir un moyen pour y remédier encore, qui est celui qu'aussitôt que Votre Altesse aura fait repasser le Wéser aux Français, vous tiriez tout le monde que vous pourrez retirer depuis le Brunswick jusques sur vos lieux, afin de remettre complètes de cette façon-là [les] troupes sous vos ordres. En second lieu, que vous fassiez d'abord un projet pour augmenter de 10,000 hommes l'armée sous vos ordres, et

[1] Vergl. S. 218. — [2] Vergl. S. 229. — [3] Vergl. Bd. XV, 489.

envoyiez ce projet au roi d'Angleterre, par quelle augmentation vous vous trouverez sûrement en état de résister à l'ennemi pendant la campagne qui vient.

Quant aux opérations militaires, je prie Votre Altesse d'avoir la bonté de porter toujours Ses vues en avant, et alors vous remarquerez bientôt quand et où il sera temps de donner bataille, parceque, si vous ne la donnez pas en cet état-là, il peut vous arriver des accidents fâcheux qui vous forcent et vous obligent à vous battre, comme il arriva fâcheusement au duc de Bevern,[1] quand vous n'y êtes préparé ni arrangé.

De cette façon-là, un général peut agir de la même façon qu'un roi, qui agit aussi selon les règles, mais qui entreprend courageusement comme un général, quand il tient toujours les choses préparées, et quand il s'agit du bien des affaires et de l'État.[2] Comme je ne doute point que vous ne tâchiez de pousser avec bien de la vivacité les Français, je vous prie de penser à l'évêché de Paderborn, quand vous aurez passé le Wéser. Je suis avec toute la considération et estime possible, Monsieur mon Cousin, de Votre Altesse le bon et très affectionné cousin

Enfin, mon cher, j'espère avoir bientôt de bonnes nouvelles de vos opérations. Il faut travestir vos pleutres en héros,[3] et pourvu qu'ils aient quelque avantage sur les Français, vous verrez fanfaronner vos lourdauds, et vous pouvez les mener au diable; mais je prévois qu'il faudra donner un bon coup de collier. Cependant, voilà un nouveau général[4] qui arrive le moment que toutes les humeurs sont en fermentation, et que peut-être Villemur[5] aura commencé à faire des dispositions. Cela doit donner lieu à bien des tracasseries, à des ordres opposés, des mesures changées, toutes circonstances dont vous pourrez profiter.

Federic.

Nach der Ausfertigung im Kriegsarchiv des Königl. Grossen Generalstabs zu Berlin. Der Zusatz eigenhändig.

9782. UNTERREDUNG DES KÖNIGS MIT DEM GROSS-BRITANNISCHEN MINISTER MITCHELL.

[Breslau, Februar 1758.]

Mitchell berichtet an Holdernesse, Breslau 19. Februar, (private): „. . . Upon an insinuation I made to the King of Prussia, he owned to me that he once thought of going to assist the King's army himself,

---

[1] Vergl. S. 53. — [2] Prinz Ferdinand hatte, Lüneburg 9. Februar, geschrieben: „Un général agit autrement que le souverain qui commande ses armées, et ce qui n'est qu'audace dans le second, est taxé de témérité dans le premier, dont on ne manque jamais de le rendre responsable, si la fortune lui est contraire." — [3] Vergl. S. 219. — [4] An die Stelle von Richelieu trat seit Anfang Februar der Graf Clermont als Oberbefehlshaber der französischen Truppen. Vergl. S. 191. Anm. 2. — [5] Vorlage: Vilmur.

and that, if the King's army could have been ready to act any time
in the month of January, he would have gone, but that the season was
now too far advanced for him to be absent, especially as there was
nobody here he could trust with the command of the army during
his absence.

When I communicated the intelligence in Your Lordship's letter of
the 3rd February,[1] the King of Prussia said, his enemies should not find
it so easy to crush him as they had imagined, that he would stand it
to the last, and was not to be vanquished by treaties . . ."

Nach dem Concept im British Museum zu London.

9783. AU LIEUTENANT-GÉNÉRAL COMTE DE DOHNA.

Breslau, 18 février 1758.

Je vous remercie de la communication confidente que vous me
faites par votre lettre du 12 de ce mois, et je dois vous dire que je
connais très bien l'officier suédois dont il y est question;[2] que je le
tiens pour honnête homme, mais qui est entièrement dévoué au parti de
la cour.

Ce dernier souhaite avec zèle d'employer tous les moyens possibles
pour rétablir la cour dans toute son autorité; mais, bien que tous les
projets pour y réussir paraissent plausibles, l'exécution n'a point encore
répondu à l'attente.

En attendant, il faudra voir l'usage que je pourrai faire de l'idée
du susdit officier, et, au cas d'une bonne réussite, il pourra compter sur
une parfaite reconnaissance de ma part.

Nach dem Concept.   F e d e r i c.

9784. AU SECRÉTAIRE MICHELL A LONDRES.

Breslau, 18 février 1758.

Je viens de recevoir vos deux dépêches du 31 de janvier et du 3
de ce mois. Les raisonnements que vous y faites pour me faire sentir
l'impossibilité de porter le ministère britannique à l'envoi d'un corps de
troupes anglaises en Allemagne, ne sont pas du tout de nature à me

---

[1] Frankreich und Oesterreich sollten am 15. Januar einen neuen Vertrag geschlossen haben, mit der Festsetzung, die Waffen nicht niederzulegen, als bis sie den
König von Preussen gezwungen hätten, alles anzunehmen, was sie vorschreiben würden. — [2] Ein schwedischer Major Dürgetz, der den ersten schlesischen Krieg als
Freiwilliger im preussischen Heere mitgemacht, hatte, wie Graf Dohna, Greifswald
12. Februar meldet, um eine Unterredung nachgesucht; er hatte hier die Meinung
ausgesprochen: wenn England eine geeignete Persönlichkeit mit annehmbaren Vor-
schlägen nach Stockholm sende, so liesse sich ein Frieden zwischen Schweden und
Preussen leicht vereinbaren. — Am 16. Februar sandte Eichel auf königlichen Befehl eine Abschrift des Berichts von Dohna an den englischen Gesandten Mitchell.

convaincre, et vous feriez beaucoup mieux de faire valoir les arguments que je vous ai si souvent fournis, et de vous en servir pour rectifier le susdit ministère et pour le faire revenir de ses préjugés. Vous me parlez des intrigues du duc de Cumberland qui n'a plus d'influence dans les affaires, et de la politique du sieur Pitt, comme si la façon de penser de ce ministre devait décider du sort de l'Europe, et comme si c'était à lui simplement que je vous eusse accrédité. Je sais bien que c'est un homme qui joue un rôle en Angleterre, et qu'il faut ménager jusqu'à un certain point, mais si ses idées sont fausses à quelques égards, je ne vois pas pourquoi l'on ne pourrait pas le lui faire sentir de bonne manière et lui faire comprendre qu'elles vont tout droit à détruire le vrai système de sa cour et à donner gain de cause à la France et à ses alliés. Il s'agit de savoir si les Anglais ne veulent pas du tout se mêler des affaires du continent; en ce cas, il faudra s'attendre à un bouleversement général en Allemagne, mais il est vrai aussi de dire que ce sera l'Angleterre qui s'en ressentira à son tour, et qu'elle regrettera, mais trop tard, de n'avoir pas voulu déférer aux instances réitérées que j'ai faites. Je ne puis donc que vous renvoyer au contenu de ma dernière dépêche[1] et vous recommander en particulier de me marquer une fois pour toutes ce que les ministres anglais prétendent faire de leurs troupes nationales, après les avoir augmentées si considérablement, si l'Amérique absorbe tout, et si l'on ne fait aucune sorte de projets pour le rétablissement des affaires de l'Europe, qui décideront cependant en dernier sort de la paix comme de la guerre.

Quant à l'invasion des troupes russiennes en Prusse,[2] je ne conçois pas non plus par quel motif de délicatesse vous avez cru devoir déguiser cette nouvelle à la cour où vous êtes, puisqu'on ne saurait, après tout, ignorer en Angleterre la vérité des choses, et que c'est la connaissance du mal qui devrait les engager à y apporter les remèdes nécessaires. Vous craignez, dites-vous, que les nouvelles fâcheuses ne les découragent et ne ralentissent leurs efforts, tandis qu'ils n'en ont fait aucun jusqu'ici pour m'assister et pour me soutenir. Ils devraient plutôt imiter la conduite des cours ennemies qui redoublent de zèle et d'activité à mesure que le danger augmente, et dont les ministres remuent dans les différentes cours de l'Europe et y font jouer tous les ressorts imaginables pour parvenir à leur but. L'Angleterre en devrait faire autant en Suède, aussi bien qu'en Russie, et si elle ne le fait pas, il faudra bien à la fin que la cause commune en souffre, et que la ruine de ses alliés entraîne la sienne propre. Federic.

Vos relations sont d'un secrétaire du sieur Pitt et non d'un envoyé du Roi; je suis excessivement mécontent de vous.

Das Hauptschreiben nach dem Concept. Der Zusatz eigenhändig auf der Ausfertigung.

---

[1] Vergl. Nr. 9774. — [2] Vergl. S. 180. 221.

9785. AU CONSEILLER PRIVÉ VON DER HELLEN A LA HAYE

Breslau, 18 février 1758.

J'ai reçu votre rapport du 7 de ce mois, et vous ferez bien de tâcher de faire comprendre là où il le faudra, comme quoi il n'y avait rien d'extraordinaire, et qu'il ne pouvait point y avoir matière à soupçon,[1] quand un prince ou roi qui se trouvait engagé dans une guerre, et qui n'avait point vu aucun de ses ministres au delà de dix mois,[2] ni par conséquent avait eu occasion de leur parler, en mandait au moins un d'entre eux, comme j'avais fait au sujet du comte de Finckenstein, pour se rendre auprès de sa personne dans ses quartiers d'hiver, d'autant que, pour rester à portée pour observer les mouvements de ses ennemis, il ne pouvait guère se rendre lui-même sur les lieux de sa résidence ordinaire. On n'a qu'à réfléchir qu'il n'y a point eu encore jusqu'à présent de roi qui, ayant commandé en personne son armée en campagne, n'ait eu pour le moins deux ou trois de ses ministres autour de lui, et qu'il n'y a aucun exemple par lequel on puisse prouver le contraire.

Nach dem Concept.   F e d e r i c.

––––––––––

9786. A LA PRINCESSE DOUAIRIÈRE D'ANHALT-ZERBST
A ZERBST.

Breslau, 19 février 1758.

Madame ma Cousine. J'ai été également sensible et surpris en lisant d'un bout à l'autre la lettre qu'il vous a plu de m'écrire en date du 14 de ce mois, ne pouvant point concevoir comment le sort de Votre Altesse ni celui du prince Son fils et de ses sujets puissent être le moins du monde en relation avec la fâcheuse affaire du marquis de Fraigne.[3] Vous connaissez, Madame, les sentiments d'estime et d'amitié que je vous porte,[4] et à quel point j'ai toujours été soigneux de les entretenir, et quant au prince votre fils et ses sujets, je puis hardiment provoquer au jugement de Votre Altesse, si j'aurai pu donner une marque plus éclatante de mon amitié pour Sa personne et de ménagement pour Son pays qu'en dispensant entièrement ce dernier, préférablement aux autres États de l'Anhalt, des inconvénients ordinaires et inséparables de la guerre.[5]

Cette circonstance une fois avérée, il ne saurait être question simplement que du séjour dudit marquis à Zerbst. Je me dispense d'entrer

––––––––––

[1] Es hatte sich bei Gelegenheit der Reise des Grafen Finckenstein nach Breslau (vergl. S. 163) in Holland das Gerücht verbreitet, der König habe mit Sachsen durch den Churprinzen Unterhandlungen eingeleitet; selbst der englische Gesandte Yorke war, wie Hellen berichtet, nicht abgeneigt, diesen Erzählungen Glauben zu schenken. — [2] Vergl. Bd. XIV, 197—201. — [3] Vergl. S. 248. — [4] Vergl. Bd. III, 237; IV, 55; XIV, 15. 16. 100. — [5] Vergl. S. 52.

en discussion sur ce qu'il a plu à Votre Altesse de me marquer là-dessus; mais je puis bien L'assurer que j'ai tout lieu de croire, non pas par des soupçons conçus à la légère, mais par des preuves constatées, que le principal objet que ledit marquis a eu en vue pour l'engager à se rendre à Zerbst, n'en a été point d'autre que celui d'y nuire à mes intérêts. J'ose donc espérer que Votre Altesse voudra bien considérer si j'ai pu tranquillement laisser faire le sieur de Fraigne à Zerbst, pendant un temps de guerre aussi critique que la présente, et je me flatte que Votre Altesse voudra bien contribuer Elle-même de tout Son pouvoir à ce que cet homme, que je ne saurais absolument point endurer à Zerbst où il se trouve en passe de faire du tort à mes intérêts, s'en retire, pour me trouver par là à même de continuer l'amitié invariable que je vous ai vouée; sans quoi, je me verrais indispensablement obligé de mettre en usage les moyens convenables pour m'assurer de la personne dudit sieur de Fraigne, en le faisant conduire à quelque forteresse, pour l'empêcher par là de me nuire par ses rapports sinistres à la cour de France.

Mais je me tiens assuré que Votre Altesse ne voudra jamais consentir que les choses en viennent à pareille extrémité, étant porté d'ailleurs à témoigner en toute occasion à Votre Altesse les sentiments d'estime, de considération et d'amitié avec lesquels je suis, Madame ma Cousine, de Votre Altesse le bon cousin

Nach dem Concept. F e d e r i c.

9787. AU CONSEILLER PRIVÉ VON DER HELLEN A LA HAYE.

B r e s l a u, 21 février 1758.

J'ai reçu votre rapport du 13 de ce mois, au sujet duquel il faut que je vous dise que, si [mes] lettres de France accusent juste sur les trois camps à former, deux dans l'intérieur du royaume et un aux Pays-Bas — ce dont, soit dit en passant, je doute encore beaucoup, ne pouvant comprendre d'où la France tirerait les troupes qu'il faut, après les nouveaux efforts qu'elle a annoncé de vouloir faire en Allemagne, — ce ne saurait être que dans la vue que, peut-être la paix n'étant pas trop éloignée, elle voudrait avoir toutes prêtes les forces nécessaires pour maintenir ses possessions présentes de Flandre et de Nieuport et d'Ostende.

Quant aux lettres des particuliers que vous avez jointes à votre susdit rapport, vous ne m'avez dit mot là-dessus, ainsi donc que je n'y ai aussi aucune réponse à vous faire à ce sujet.

Nach dem Concept. F e d e r i c.

9788. AU SECRÉTAIRE MICHELL A LONDRES.

Breslau, 21 février 1758.

J'ai bien reçu vos deux dépêches du 27 de janvier et du 7 de ce mois, de la première desquelles j'ai été d'autant plus satisfait que vous y êtes entré dans un détail intéressant, et que vous m'y avez expliqué, d'une manière circonstanciée, des choses que vous n'aviez touchées que légèrement auparavant. [1] Pour ce qui concerne le fond du contenu de ladite dépêche, il faut que vous observiez que je ne comprends pas bien quelle serait l'utilité qui en reviendrait à l'Angleterre, si, comme M. Pitt semble le désirer, je déclarais la guerre solennellement à la France. Je n'hésiterais certes pas un moment à le faire, si, à ce moyen, je pouvais me voir plus fort seulement de quelques milliers d'hommes à opposer à la France; mais pareille déclaration n'ajoutant rien à mes forces, pour pouvoir m'opposer avec plus de vigueur aux Français que je ne l'ai fait jusqu'à présent, j'ai bien de la peine à comprendre l'effet que devra produire une telle déclaration de guerre contre la France, pour assister plus·efficacement l'Angleterre et la renforcer par là, sans dire que la France s'inquièterait fort peu de semblable déclaration de guerre.

Je dois, d'ailleurs, vous faire remarquer que je ne saurais envisager que comme une mauvaise défaite, si on venait à soutenir là où vous êtes qu'on ne devait envoyer des troupes anglaises sur le continent qu'au cas que les Hollandais se déclarassent, puisque la chose, considérée en elle-même, paraîtrait être prise un peu de travers, la situation dans laquelle les Hollandais se voient actuellement, ne leur permettant pas de se déclarer, avant qu'ils ne se voient soutenus, et qu'autant qu'ils ne pourront point compter là-dessus, ni ne verront une armée en force à portée de les soutenir, ils balanceront toujours à se déclarer.

Au demeurant, il m'est absolument impossible de comprendre pourquoi on ne devrait pas faire entrevoir aux ministres anglais la situation de mes affaires telle qu'elle est au moment présent. Je pense plutôt qu'il faut se conduire d'une manière toute ouverte avec ses alliés, sans leur en imposer en rien; l'invasion que les Russes viennent de faire encore de la Prusse, n'est d'ailleurs plus ignorée de personne, et par conséquent j'aurais tout-à-fait mauvaise grâce de vouloir en faire un mystère au ministère britannique. [2]

Nach dem Concept.   F e d e r i c.

———————

9789. AU FELD-MARÉCHAL DE KEITH.

Breslau, 21 février 1758.

Mon cher Maréchal. J'ai reçu les trois lettres que vous m'avez dépêchées le 17 de ce mois. Je suis bien aise de ce que mes ordres

[1] Vergl. S. 244. 245. 253. — [2] Vergl. S. 253.

touchant le serment de fidélité à me faire des magistrats en Saxe ont été exécutés à Dresde.[1] Ce n'est pas que j'en fais grand cas, mais, outre que j'y ai pu justement prétendre par représailles de ce que les Russes ont pratiqué dans ma province de Prusse, cela retiendra toujours un peu ces gens-là pour ne pas machiner tout ouvertement contre nous, sans en craindre la punition d'un faux serment.[2] Au surplus, il m'a fait plaisir d'apprendre que, la planche faite de la capitale, les autres villes n'ont plus fait de difficulté d'y passer également.

Pour ce qui regarde la contribution demandée de la ville de Dresde, vous savez déjà mes intentions pour en tirer ce qu'on peut,[3] et, comme il nous faut absolument de l'argent, il vaut toujours mieux que nous en tirions de ladite ville par des impositions extraordinaires, que de nous voir forcés de le retirer de Berlin ou de Breslau.[4]

J'ai trouvé fort juste et bien pensé tout ce que vous m'avez marqué en chiffres touchant une entreprise à faire sur les magasins de l'ennemi les plus prochains aux frontières de Bohême et en particulier à Teplitz.[5] Mais n'aurait-il pas moyen de trouver quelques incendiaires hardis qui, contre une forte somme en récompense, risqueront de brûler ces magasins-là:[6] ce qui serait le moyen le plus court et le plus sûr pour parvenir à notre but?

Nach dem Concept. **Federic.**

9790. AN DEN GENERALLIEUTENANT VON ZIETEN.[7]

Breslau, 21. Februar 1758.

Der Vicecommandant zu Glatz d'O meldet Mir unter dem 19. dieses, wie er aus der Nachbarschaft von Nachod benachrichtiget worden, als ob die Oestreicher seit einigen Tagen nach Niederschlesien zwischen Trautenau und Braunau defilirten, um sich allenfalls und wann es nöthig wäre, gegen Schweidnitz zu ziehen und selbiges zu succurriren, wovon

---

[1] Vergl. S. 232. — [2] In gleicher Weise äussert sich der König in einem Erlass an den Generalmajor von Finck, d. d. Breslau 21. Februar; der König erklärt in dem gleichen Erlass an Finck: „Ich danke Euch . . . dass Ihr auf die erhaltene Nachricht, als ob aus dem dortigen Gebirge und besonders von Lauenstein, dem ausgetretenen Graf Bünau behörig, vieles Getreide und Fourage dem Feind nach Böhmen zugeführet werde, sogleich ein Commando dahin abgesandt habet, um sich der dort befindlichen Vorräthe zu bemächtigen und was davon nicht wegzubringen gewesen ist, zu ruiniren; dabei es denn auch nicht schadet, wenn bei solcher Gelegenheit auf gelachtem Schlosse, andern zum Exempel, etwas ausser der Ordnung gewirthschaftet worden, um andere dadurch von dergleichen unleidlichem Betragen abzuhalten." — Vergl. S. 233. — [4] Aehnlich schreibt der König am 1. März an den Generalmajor von Finck, es sei besser, dass das nothwendige Geld „an feindlichen Orten . . . aufgebracht werde, als dass solches zu Berlin und aus Meinen von dem Feinde schon vorhin sehr mitgenommenen Provinzien aufgebracht werde". — [5] Vergl. S. 226. — [6] Vergl. S. 226. Anm. 1. — [7] Die Berichte Zieten's im Monat Februar sind aus Landshut datirt.

dann auch gedachter Vicecommandant Euch sowohl als den Generallieutenant von Fouqué benachrichtiget zu haben versichert. [1] Ich habe
demohnerachtet vor nöthig gefunden, Euch gleichfalls davon Nachricht
zu geben, ob Ich wohl gar nicht zweifeln will, dass Ihr nicht von allem
was der Feind angezeigter Orten und besonders bei Braunau herum
unternimmt, informiret sein solltet. Ich glaube auch nicht, dass be
jetziger Wintersaison, wie solche ist, es dem Feinde practicable sein
werde, dergleichen zu entrepreniren. Indessen Ihr doch wegen alle
auf Eurer Hut sein und beständige richtige Nachrichten zu haben Euch
bemühen werdet. [2]

Nach Abschrift der Cabinetskanzlei.   F r i d e r i c h.

9791. AN DEN GENERALFELDMARSCHALL VON LEHWALDT

Breslau, 22. Februar 1758. [3]

Ich habe wohl ersehen, was Ihr in Eurem Schreiben vom 17. diese
wegen Eurer bisherigen dortigen Operationen ganz umständlich melde
wollen. Ich muss Euch darauf zu erkennen geben, wie es Mir scheine
als ob Ihr die wahre Beschaffenheit unserer jetzigen Situation nicht
genug einsehet. Wenn Ich Truppen genug hätte, um gegen jeden Feind
eine Armee stellen zu können, so würde Ich nicht embarrassiret sein
und in allen Stücken denen ordinären Regeln des Krieges folgen; s
aber und da Meine Situation nicht dergestalt ist, und Ich vielmehr au
drei, vier Orte zugleich Meine Attention richten muss, wohin Ich nich
überall Armeen entgegenstellen kann, so muss Ich also suchen, an Einen
Ort vorerst mit Einem Feinde fertig zu werden, um Mich weiter, w
hin es am nöthigsten ist, drehen zu können.

Ihr werdet also hieraus erachten, wie nothwendig und wie lieb
Mir gewesen sein würde, wenn Ihr gleich mit Anfang des Winter
und nachdem Ihr über die Peene gekommen, den dortigen Feind

---

[1] Fouqué befehligte das Belagerungscorps vor Schweidnitz. — [2] In einer —
vorliegenden Concepte undatirten — Antwort auf einen Bericht Fouqué's, d. d. Reiche
bach 20. Februar, erklärt sich der König mit der Disposition einverstanden, die Fouq
für den Fall eines feindlichen Angriffes aus Böhmen gemacht hat. „Sollte was g
schehen, so wird es ein *coup de main* seind, der Generallieutenant von Zieten al
muss Euch mit helfen und seine Quartiere, wenn es nöthig ist, auf der Seite, wo d
Feind, näher vorziehen lassen, um im Stande zu sein, dem Feind zugleich mit e
gegen zu gehen, als welches Ich demselben zugleich schreibe, auch den Gener
lieutenant Brandes avertire, auf solchen Fall näher vorzurücken." — [3] In ein
Schreiben an Lehwaldt, d. d. Breslau 16. Februar, befiehlt der König, ein Dragon
regiment nach Stolpe zu senden, um die Bewegungen der Russen zu beobacht
(Lehwaldt sandte darauf das Dragonerregiment Platen nach Hinterpommern, ve
S. 283.) In einem anderen Schreiben, d. d. Breslau 19. Februar, äussert der Kön
wenn die Nachricht, dass die Russen Truppen nach Hinterpommern senden wollt
begründet sei, so würden doch noch 6 oder 8 Wochen vergehen, bis sie die no
wendigen Vorkehrungen getroffen hätten.

fassen und nehmen können, dass es dorten mit ihm auf einmal aus gewesen wäre. Ich wünsche auch sehr, dass solches noch von Euch geschehen möge, wozu aber mit einem Bombardement von Stralsund wenig ausgerichtet sein und nichts weiter herauskommen dörfte, als dass einige Häuser in der Stadt verbrannt und einige Einwohner dadurch unglücklich gemachet werden. Auf Flotten zur See müssen wir auch keine Rechnung machen, da Ich keine dergleichen zu disponiren habe, die Engelländer aller Meiner Vorstellungen ohnerachtet aber bisher schlechterdinges nicht dahin zu bringen gewesen, eine Flotte in die Ostsee zu senden.[1] Woferne Ihr also sonsten nicht noch Euren Coup machen könnet, um dort zu endigen, so werdet Ihr leicht einsehen, dass sonst nichts weiter herauskommen wird, als dass wir in einer sehr genirten Situation dort kommen müssen.

Sonsten kann Ich ausserdem nicht umhin, noch zu bemerken, als ob Ihr Euch eine etwas zu favorable Idee von der schwedischen Artillerie und eine gar zu schlechte Vorstellung von der unsrigen machet. Ich glaube aber, dass Ihr besser thun werdet, wenn Ihr darunter mehr das Mittel haltet und vielmehr nur dabei bedacht seid, unsrigem dasigen Artilleriewesen durch fleissiges Exerciren und gute Anführung aufzuhelfen. Bei der ganzen Sache überhaupt müssen wir alle beständig guten Muth haben und gedenken, dass, ohne etwas zu risquiren, in unserer Situation nichts gedeihliches geschehen kann; daher Ich Euch dann auch auf das gnädigste ersuche, Euch dadurch nicht niederschlagen, noch von vigoureusen Efforts, wo solche nöthig seind, zurückhalten zu lassen, wenn es im vorigen Jahre mit denen Russen dermalen nicht so gegangen, wie es gewünschet worden;[2] vielmehr müssen wir uns nunmehr nichts daraus machen, sondern solches wieder abzuschütteln suchen.

Ich zweifele nicht, Ihr werdet dieses alles in Erwägung nehmen und bedenken, was alles geschehen kann, wenn wir nicht suchen, dorten durch einen guten Coup zu endigen, damit Ich von den Corps weiter disponiren kann.

Nach dem Concept.   Friderich.

9792. AU LIEUTENANT-GÉNÉRAL PRINCE FERDINAND
DE BRUNSWICK.[3]

Breslau, 22 février 1758.

Monsieur mon Cousin. J'ai reçu aujourd'hui la lettre que Votre Altesse m'a faite du 15 de ce mois. Je suis fort fâché que, par les accidents que vous touchez, vous ayez été conduit de suspendre de nouveau trois jours votre expédition, dont je crains que les Français

---

[1] Vergl. S. 228. — [2] Vergl. Bd. XV, 494. — [3] Die Berichte des Prinzen sind datirt am 15. Februar aus Lüneburg, am 21. aus Verden, am 24. aus Hudemühlen (an der Aller), am 27. Februar und am 1. März aus Drakenburg (an der Weser, nördl. von Nienburg).

17*

n'aient profité, pour approfondir votre dessein et pour prendre leurs précautions. Mais comme il n'y a plus rien à changer là-dessus, je vous prie seulement, mon très cher prince, que, dès qu'une fois vous avez commencé d'agir, vous le fassiez avec la plus grande vigueur, vu qu'il ne reste ni à vous ni à nous qu'à prendre ce parti-là.

Je vous laisserai sûrement le prince de Holstein-Gottorp pendant tout le temps de votre expédition; mais celle-ci finie, je me réglerai sur les circonstances,[1] afin de le faire revenir. Songez, je vous prie, que j'ai des ennemis trois fois plus forts que les vôtres ici sur les bras. Je souhaiterais bien que vous eussiez toujours la supériorité en nombre sur les ennemis, mais malheureusement je ne puis pas vous la procurer. Je suis avec mes sentiments d'estime, Monsieur mon Cousin, de Votre Altesse le bon et très affectionné cousin

Federic.

Souvenez-vous toujours, mon cher, du peu de valeur que les Français ont marqué à Rossbach, et soyez sûr qu'en les attaquant bien déterminément, à moins qu'ils n'aient des enclos et maisons maçonnées, vous les chasserez comme des lièvres.

Federic.

Nach der Ausfertigung im Kriegsarchiv des Königl. Grossen Generalstabs zu Berlin. Der 2 satz eigenhändig.

9793. AN DEN COMMERZIENRATH VON REXIN IN KONSTANTINOPEL.

Breslau, 22. Februar 1758.

Ich hoffe, dass Euch das Duplicat der vorstehenden Dépêche so unter dem bewussten Couvert über Amsterdam gegangen, bereits richtig zugekommen sein wird. Der Ueberbringer dieses Paquets ist durch den Benoît von Warschau abgefertiget worden,[3] der ihm die Reisekosten mit 350 Ducaten Species fourniret hat. Er überbringet Euch in einem emballirten Kästchen ein Creditiv und Gratulationsschreiben an den Grosssultan und ein dergleichen an den jetzigen Grossvezier, dessen Name *in blanco* von Euch zu suppliren und alles in beiden, wie es sein muss, zu ajustiren. Ein Schreiben an den Herrn Porter empfanget Ihr zugleich *sous cachet volant*. Da man hier Eure Adresse nicht gewusst, so hat man sich nicht dispensiren können, das Paquet für Euch versiegelt an den Herrn Porter zu adressiren. Lasset Euch den Einhalt der ob- und zuerstgedachten Dépêche wohl recommandirt seind, gebet denen Ministern der Pforte alle nur ersinnliche Jalousie über den Einmarsch derer Russen durch Polen nach Meiner Provinz Preussen, über die Intention der Russen, mit Einverständniss des wiener

---

[1] Vergl. S. 218. 250. — [2] Vergl. Nr. 9768. — [3] Vergl. Nr. 9795. — [4] Raclo Pascha war Grossvezier. — [5] Nr. 9794.

schen und selbst des sächsischen Hofes, damit diese beide letztere nur
ihre Absichten gegen Mich um so leichter ausführen können, nämlich
dass die Russen nicht nur bei solcher Gelegenheit aus Meinem Preussen
sich Meister von Danzig und Polnisch Preussen und von der Weichsel
machen, sondern auch durch Polen mit einer starken Armee nach Schlesien marschiren wollen, welches ihnen nicht nur die ganze Republik Polen
unterwürfig machet, sondern auch allen Tractaten mit der Pforte und
deren Interesse schnurstracks entgegen ist. Man wird von Seiten der
beiden kaiserlichen und des sächsischen Hofes alles anwenden, um denen
von der Pforte gesandten Ministern die wahren Umstände zu verbergen
und ihnen Illusiones zu machen; Ich hoffe aber, die Wahrheit soll doch
durchbrechen.

Thut Ihr alles mögliche, um dieses denen türkischen Ministern wohl
remarquiren zu machen, damit die Pforte den beiden kaiserlichen Höfen
oder einem davon zuvorkomme; könnet Ihr machen, dass die Tartern[1]
zuerst remuiren, desto besser. Auf solche Fälle habt Ihr die Euch
assignirten Mittel anzuwenden. Ich beziehe Mich nochmalen auf obgedachte Dépêche.

Nach dem Concept. Friderich.

9794. A L'AMBASSADEUR DE LA GRANDE-BRETAGNE PORTER A CONSTANTINOPLE.

Breslau, 23 février 1758.

Monsieur l'ambassadeur Porter. Je ne puis qu'être très sensible
au zèle que vous témoignez pour mes intérêts, et à la manière dont
vous vous employez pour assister le sieur de Rexin[2] dans les commissions
dont il est chargé. Je viens d'en être instruit par lui-même, et si jamais ses affaires parviennent à leur consistance, je vous en aurai la principale obligation. L'avantage qui en résultera pour les intérêts de votre
cour, et l'amitié sincère qui m'unit à Sa Majesté Britannique, me font
espérer que vous continuerez d'assister ledit sieur de Rexin de vos
lumières, de vos conseils et de votre crédit, et de l'aider principalement
de vos informations sur la façon de penser du Grand-Sultan et celle
de s'expliquer envers les ministres des cours étrangères sur les affaires,
tout comme également de[3] celles de ses premiers ministres. Ma reconnaissance sera proportionnée à l'importance du service que vous rendrez
par là à la cause commune, et je serai charmé de pouvoir vous donner
des marques de mon estime et de mon affection.

Nach dem Concept.[4] Federic.

[1] Tartaren. — [2] Vergl. Nr. 9793. — [3] Sic. — [4] Concipirt von Finckenstein, mit Correcturen von Eichel.

9795. AU SECRÉTAIRE BENOÎT A VARSOVIE.

Breslau, 23 février 1758.

J'ai bien reçu votre rapport du 18 de ce mois, sur lequel mes ministres du département des affaires étrangères ont ordre de vous répondre, afin que vous puissiez vous diriger en conséquence.

Pour ce qui est du contenu du post-scriptum de votre susdit rapport et des circonstances y mentionnées, je suis bien fâché que la situation où se trouve actuellement le Grand-Général de la Couronne, ne lui permette pas de me complaire par l'envoi d'une personne de confiance à l'endroit que vous savez,[1] sachant d'ailleurs très bien que le comte Branicki y aurait été enclin, par son amitié pour moi, sans la situation gênante dans laquelle il se trouve présentement. C'est par cette considération-là que je lui en ai une reconnaissance tout aussi vive que s'il m'eût effectivement rendu le service sur lequel je vous avais ordonné de le requérir, et tout ce que je désire présentement de lui là dessus, c'est qu'il veuille bien m'en garder le secret le plus inviolable et voilà ce que vous direz à ce sujet au Grand-Général de la Couronne d'une manière toute polie, en y ajoutant un compliment des plus obligeants de ma part.

Quant à l'affaire même de l'envoi en question, je me vois dans le cas de devoir vous dire que je ne me remets aucun officier actuellement à mon service que je pourrais charger de pareille commission, et qui possédât la langue polonaise au point que les circonstances l'exigent. C'est pourquoi vous manderez en grande hâte l'homme dont vous me parlez, que vous connaissez très bien, qui a déjà fait plusieurs fois et s'est bien tiré du voyage en question, mais qui se trouve, à l'heure qu'il est, dans le palatinat de Cracovie, afin qu'il vienne vous joindre incessamment; et si vous jugez pouvoir avoir une confiance entière en lui, vous l'expédierez à sa destination, en le chargeant du paquet ci joint[2] enveloppé dans de la toile cirée, en observant néanmoins de vous y prendre d'une manière qu'il n'en résulte aucun éclat, et que le secret de cet envoi reste impénétrable. L'importance du cas exige, avec cela qu'il tienne la route la plus sûre et la plus courte, et qu'il fasse toute la diligence humainement possible, pour finir son voyage.

Je ne saurais entrer dans aucun détail, ni ne vous rien prescrire, sur toutes les précautions que l'émissaire que vous emploierez, aura à observer pendant sa course, et je m'en rapporte simplement à ce sujet à votre savoir-faire et à celui de votre émissaire, pour agir conformément aux circonstances. Je me bornerai donc à vous dire que, quand l'émissaire que vous expédierez, sera heureusement arrivé à Constantinople, il faudra qu'il s'introduise adroitement et avec prudence chez l'ambassadeur d'Angleterre à Constantinople, le sieur Porter,[3] pour rester inconnu, jusqu'à ce qu'il ait remis sondit paquet entre les mains de

[1] Vergl. Nr. 9769. — [2] Vergl. Nr. 9793. — [3] Vergl. Nr. 9794.

sieur Porter et ait requis ce dernier de vouloir bien en avoir soin ultérieurement; à quoi il faudra que notre émissaire emploie un grand fonds
d'adresse, pour échapper à la vigilance des mouches qui se trouvent en
grand nombre à Constantinople, et pour rester inconnu le plus longtemps que faire se pourra. Voilà à quoi se réduisent les instructions
que je puis vous donner pour la direction de votre émissaire; je m'en
rapporte, pour le reste, à votre bon discernement, et je vous recommande
fortement de bien penser à tout ce qui sera de besoin dans le cas en
question. L'importance de l'affaire est toute des plus grandes, et vous
en jugerez vous-même sur ce pied, sans que j'aie besoin d'entrer là-
dessus dans aucun autre détail.

Il ne me reste que de vous parler d'un article que je tiens pour
tout-à-fait indispensable relativement à cet envoi, qui est, que vous re-
querriez convenablement le Grand-Général de la Couronne de vouloir
bien munir l'émissaire en question, sous quelque prétexte plausible, d'un
passe-port, au moins pour jusques au premier endroit sûr de la Turquie, et vous ne manquerez pas de vous employer de votre mieux
pour le procurer moyennant l'assistance du sieur Beck,[1] auquel vous
réitèrerez les assurances de ma reconnaissance envers lui, en lui disant
que je lui avais déjà effectivement fait expédier gratis le brevet de conseiller de guerre, et que je lui continuerais non seulement la pension
annuelle de 300 écus que je lui avais accordée, mais que je l'augmen-
terais même, mon intention étant de le placer, en considération des
bons services qu'il continuerait à me rendre, d'une manière convenable
et avantageuse dans une de mes chambres de guerre et de domaines.

Au surplus, si l'affaire du passe-port, que vous tâcherez de procurer
du Grand-Général de la Couronne, pouvait se trouver en règle, de la
façon que je le souhaite, je serais bien aise, et je le verrais volontiers,
si je pouvais de la sorte me passer entièrement du passe-port du ministre d'Angleterre, pour pouvoir lui faire un secret de toute cette
affaire.[2]

Pour ce qui regarde les frais du voyage de l'émissaire en question,
je vous ferai parvenir la valeur de 350 ducats, lesquels vous compterez
audit émissaire pour frais de son voyage contre sa quittance, en l'assurant qu'au cas, comme l'on s'en flattait, il s'acquittât bien de sa course
et rapportât de Constantinople les réponses qu'il aurait à vous remettre,
qu'il devait non seulement s'attendre à une discrétion pour le moins
d'une égale valeur, mais qu'il pourrait même compter sur une reconnaissance plus forte. Vous prendrez de justes mesures sur tout ce que
dessus; après quoi, vous vous arrangerez en conséquence avec tout le
secret nécessaire.

---

[1] Ein aus Preussen gebürtiger Secretär des Grafen Branicki, der schon früher
den Wunsch zu erkennen gegeben hatte, in die Dienste des Königs von Preussen
überzutreten. — [2] Vergl. S. 238.

P. S.

Supposé que, contre toute mon attente, le Grand-Général de la Couronne ne voudrait pas se prêter à vous donner un passe-port signé de sa main pour l'homme que vous expédierez, je vous envoie ci-clos un passe-port signé de moi-même, dont, en ce cas-là, il pourrait se servir pour faire le voyage à Constantinople. Mais toujours j'aimerai mieux que vous sauriez vous procurer, par l'entremise du sieur Beck, le passe-port nécessaire pour votre homme du Grand-Général.

Au surplus, je vous recommande fort de ne point traîner en ce qu'il faut pour faire partir cet émissaire, mais de tout presser et de l'expédier aussitôt que possible, en lui recommandant fort de faire toute la diligence imaginable, pour arriver bientôt à Constantinople et pour remettre là son paquet à sa destination.

Federic.[1]

Nach dem Concept.

9796. AN DEN GENERALLIEUTENANT VON ZIETEN.

Breslau, 23. Februar 1758.

Mein lieber Generallieutenant von Zieten. Ich bin Euch für die in Eurem Schreiben vom 21. dieses Mir communicirte Nachrichten besonders obliget. Alles, was Ihr deshalb anführet, kann wohl wahr sein; so viel aber erhellet sicher, dass der Feind dortiger Orten gewiss was vor hat. Ob er nun in einige unsere Quartiere fallen oder etwas, um Schweidnitz zu soulagiren, vornehmen will, solcherwegen müssen wir vigilant sein und alles thun, um seine Absichten zu penetriren und solchen vorzukommen. Es dörfte dieserhalb auch wohl nöthig sein, dass Ich Selbsten dorthin und der Orten käme, wie es auch geschehen wird, wenn Ich nur etwas nähere Umstände deshalb weiss. Inzwischen aber wird es nothwendig sein, dass Ihr von ohngefähr Silberberg an und so weiter nach denen Gorges nach Braunau Patrouillen schicket, die dorten wohl recognosciren und, wenn es auch nicht mehr ist, dennoch genau zu erfahren suchen, was der Feind der Orten vornimmet, auf dass der Generallieutenant von Fouqué davon und mit Zuverlässigkeit bald benachrichtiget werde. Ihr habt also hiernach das gehörige zu besorgen und mit Euren Berichten an Mich fleissig zu continuiren, auch solche auf das prompteste einzuschicken, zumalen wenn das geringste deshalb von Euch weiter in Erfahrung gebracht werden sollte. Ich bin Euer wohlaffectionirter König

Das vornehmste ist hier, nicht nach einem Blendwerk zu greifen. Von Trautenau her glaube ich nicht, dass der Feind was unternehmen wird, aber wohl von Braunau, Friedland und Silberberg. [2]

Friderich.

Nach der Ausfertigung im Gräflich Zieten-Schwerin'schen Familienarchiv zu Wustrau. Der Zusatz eigenhändig.

[1] Am 2. März wird Benoît beauftragt, über die Russen in Ostpreussen zu berichten. — [2] Auf der Rückseite der folgenden Berichte Zieten's, d. d. Landshut 28. Fe-

9797. AN DEN GENERALMAJOR VON SALDERN.

Breslau, 23. Februar 1758.

Der Einhalt Eures Berichtes vom 20. dieses[1] und dasjenige, so Ihr darin mit dem Stechow'schen Dragonerregiment vorgefallen zu sein meldet, hat Mir wohl nicht anders als sehr unangenehm sein können, und muss Ich es vorerst dahingestellet sein lassen, wie es zugegangen, dass gedachtes Regiment so schlecht avertiret worden ist.

Da Ihr bei dieser Gelegenheit von dem Obristen von Werner gar keine Erwähnung thut, so sollet Ihr Mir melden, wo er gewesen und warum er nicht bei dieser Affaire gewesen sei. Ich schicke Euch auch hierbei ein Schreiben von dem Major von Goltz, Stechow'schen Regiments, bei Gelegenheit dessen Ich von Euch pflichtmässig wissen will, wer der Chef ist, der die Disposition von der Bagage gemachet hat, ob es der Obristlieutenant von Leckow oder aber der Generalmajor von Stechow selber ist; worüber Ihr Mir Euren deutlichen und pflichtmässigen Bericht erstatten sollet. Bei denen vorgefallenen Umständen aber muss Ich urtheilen, dass die Officiers vom Regiment einestheils etwas traumerig gewesen seind und keine Patrouillen geschicket haben müssen, um von allem, was auf ihnen zukommt, informiret zu sein. Ich will aber auch, dass Ihr Mir mit dem von Euch geforderten Bericht [das Schreiben] des Major von Goltz wiederum mit einschicken sollet.

Bei der ganzen Sache würde es jetzo darauf ankommen, dass Ihr etwas mehr an Infanterie hättet, um alsdenn den Feind sogleich wiederum herauszujagen; die Umstände aber leiden es jetzo nicht, dass Ich Euch jetzo mehr Infanterie schaffen kann. Daher Ihr nur vor jetzt allert und vigilant sein und Eure Dispositiones recht gut machen müsset.

F r i d e r i c h.

Nach Abschrift der Cabinetskanzlei.

---

bruar, 2. und abermals 2. März, 8. März, befinden sich Bleinotizen Eichel's, enthaltend Weisungen des Königs für drei nicht mehr vorhandene Schreiben an Zieten. In Beantwortung des Berichts vom 28. Februar äussert der König: „was Ich aus allen den Mouvements vom Feind begriffe, dass sie was vorhätten, und also es hohe Zeit wäre, dass er sie prävenirte und ihnen das Nest bei Schatzlar störete", der König wird Zieten Kanonen schicken lassen. Aehnlich drängt der König, auf den Bericht vom 2. März, dass Zieten gegen Schatzlar vorgehe, der Feind würde dann 14 Tage Frieden halten.. Die Notizen auf dem zweiten Bericht vom 2. März enthalten Anordnungen über Lazarethe und über Verstärkungen des Zieten'schen Corps. Auf den Bericht vom 8. März wird Zieten angewiesen, auf des Feindes Vorhaben attent zu sein, bei Grüssau, bei Liebau; im Fall die Wege practicabel, so zweifele der König nicht, dass der Feind etwas tentiren werde.

[1] Saldern meldete, d. d. Nassiedel im Leobschützer Kreis, 20. Februar: die Oesterreicher hätten am 18. einen Sturm auf Troppau unternommen, am 19. frühmorgens habe er die Stadt räumen müssen; das Stechow'sche Dragonerregiment habe auf dem Rückzuge sehr schwere Verluste erlitten.

9798. AU PRINCE HENRI DE PRUSSE.

Reichenbach, 25 [février 1758].

Mon cher Frère. Votre lettre m'est venue très à propos pour me mettre du baume dans le sang. Ce que vous m'annoncez des mouvements du prince Ferdinand et de ce que les Français se préparent à repasser le Wéser, est excellent; il faut espérer que le prince Ferdinand en profitera, ce qui fera évanouir leur projet d'entrer dans le Brême et le Mecklembourg.

Je crois vous avoir répondu sur vos hussards[1] que je serais bien aise de les voir levés.

Vous voyez, par la lettre de Mailly, qu'il n'y a rien à faire en France pour la paix, et que cette réponse vague et ambiguë ferme la porte à toutes négociations.[2] Je suis ici sans secrétaire ni personne, je retourne dans quelques jours à Breslau; alors je répondrai à M. Mailly et vous prierai de lui faire parvenir ma lettre. Vous ne sauriez vous imaginer que de besogne de toutes espèces je trouve ici, j'en ai de toutes les façons; mais ce n'est pas les peines qu'il faut regretter, trop heureux si elles mènent à une bonne fin. Je ne saurais recevoir la proposition de M. de Mailly de se rançonner lui-même; je jouerais le rôle de marchand, et ce serait la dernière indécence.

Apprenez-moi, je vous en supplie, bientôt que le prince Ferdinand a frotté M. de Clermont d'importance; quand je fais ma petite prière, j'y ajoute toujours: »Ô Dieu, toi qui n'aimes ni les ingrats ni les brigands, daigne donner à ton serviteur Ferdinand toute la force de David pour qu'il assomme tous les bélîtres de Français — ainsi soit-il!« Si vous ne trouvez pas cette formule bonne, je vous prie de vous souvenir qu'elle vaut au moins la prière du vieil Ogilvy, que nous avons entendu brailler en latin dans l'église catholique de Dresde.

Je souhaite de tout mon cœur que votre santé se remette bientôt et tout-à-fait; si un emplâtre de gloire pouvait vous guérir, je vous vois en passe de vous pourvoir amplement de ce remède. Je vous enverrais volontiers Cothenius, mais le pauvre homme a la fièvre chaude très violente.

---

[1] Vergl. Nr. 9778. — [2] Das letzte Schreiben des Königs an Mailly vergl. unter Nr. 9635; zugleich sandte am 26. December Prinz Heinrich ein Schreiben an Mailly, vergl. Schäfer, Siebenj. Krieg I, 667. Es liegen von Mailly zwei Antworten vor, d. d. Versailles 30. Januar 1758; an den König, enthaltend den Dank für die Bewilligung des längeren Urlaubs, und an Prinz Heinrich, enthaltend die Antwort König Ludwig's XV. auf die durch Mailly versuchte Einleitung von Friedensunterhandlungen zwischen Frankreich und Preussen. König Ludwig hat zu verstehen gegeben: „Que le Roi, fidèle à ses alliés, évitera toute négociation qui pourrait leur donner ombrage, mais qu'il ne la refusera jamais, conjointement avec ses alliés, à une paix qui serait fondée sur les principes de l'équité et de la sûreté de la paix publique de l'Empire." Das oben erwähnte Antwortschreiben König Friedrich's an Mailly liegt nicht vor.

Je vais demain à Landshut pour arranger et régler bien des petites affaires. Vous entendrez dans peu une nouvelle qui vous étonnera, mais je suis forcé à faire ce que vous saurez dans peu; au moins ne me condamnez pas, sans m'entendre. Ce n'est rien qui regarde les expéditions militaires, mais quelque chose de fâcheux qui m'a obligé pour ma sûreté et celle de l'État en venir à une extrémité à laquelle je répugne moi-même. [1] Adieu, mon cher frère.

J'attends la fin de l'expédition du prince Ferdinand, pour vous charger du commandement de l'armée de Saxe, laquelle je compte de renforcer et de vous donner en gros un canevas, [2] sans cependant vous gêner en rien; car malheur à ceux qui veulent se tenir à la lettre; c'est dans ces cas que l'on peut dire que la lettre tue, mais que l'esprit vivifie. Comment prévoir d'avance tous les cas où vous pourrez vous trouver! cela est impossible, à moins que je ne vous donne pour adjoint un nouveau prophète qui vient de paraître à Berlin, et qui se met en réputation. [3]

Adieu, mon cher frère, soyez persuadé de ma tendre amitié et de la parfaite estime avec lesquelles je suis etc.   F e d e r i c.

Nach dem Abdruck bei Schöning, Siebenjähriger Krieg. I, S. 138. Das handschriftliche Original ist nicht mehr vorhanden; die Vorlage Schöning's war vermuthlich eine eigenhändige Ausfertigung.

9799. A LA COMTESSE DE BRÜHL, NÉE COMTESSE DE KOLOWRAT.

B r e s l a u, 28 février 1758.

J'ai reçu, Madame, la lettre que vous avez voulu me faire le 15 de ce mois, [4] et à l'égard du cas dont elle fait le sujet, je dois avouer

---

1 Es ist nicht ganz deutlich, was der König im Sinne hatte; vielleicht ein strengeres Vorgehen gegen den sächsischen Hof oder die sächsischen Unterthanen zur Vergeltung für das, was von Russen und Franzosen geschehen war. Vergl. S. 193. 232. Am 13. März (vergl. unten) schreibt der König dem Prinzen Heinrich, die angedeutete Sache werde nicht zur Ausführung gelangen; er sei erfreut darüber, da er alles hasse, was Strenge und Härte heisse, und nur im äussersten Nothfall dazu griffe. — 2 Vergl. unter dem 11. März. — 3 Es ist höchst wahrscheinlich der Leineweber Pfannenstiel in Berlin gemeint. Der König hatte von ihm und seinen Prophezeiungen durch Marquis d'Argens gehört, der damals nach Breslau kam (vergl. S. 118). Ueber Pfannenstiel sh. (König) Versuch einer histor. Schilderung . . . von Berlin (1798) Bd. V, 1., S. 213—215. — Es wurden in dieser Zeit mehrere Schriften und Gegenschriften über Prophezeiungen veröffentlicht. Zuerst erschien der „Europäische Staats-Wahrsager oder wundersame Propheceyungen von dem jetzigen Zustande der meisten vornehmsten Europäischen Staaten . . . Ferner eine uralte Propheceyung vom jetzigen Französischen und Deutschen Kriege und dessen Ende etc." In den „Berliner Nachrichten" am 10. December 1757 besprochen. Es folgten (am 14. Januar 1758 ebenda angezeigt) „Prophezeyungen auf das Jahr 1758" und (am 17. Januar angezeigt) „Wahrheit ohne Hemde oder der aufrichtige Wahrsager". Besonders gegen den „Staats-Wahrsager" richtete sich in scharfer Satire die, am 4. Februar in den „Berliner Nachrichten" besprochene, Schrift: „Von der Nothwendigkeit und Vortrefflichkeit der Tabagien zur Aufrechterhaltung des Gleichgewichts in Europa etc." — 4 Die Gräfin

de n'en avoir d'autre information que celle-ci: que quelques troupes,
passant aux environs de Nischwitz, furent averties qu'il devait y avoir
des armes cachées dans la maison;[1] on y entra là-dessus, pour en
faire la recherche et vérifier le fait, et qu'à cette occasion il était arrivé
que les habitants du pays avaient commis tout le dégât et n'avaient pu
être retenus ni détournés d'assouvir leur rage contre ceux qu'ils criaient
être la cause de leur malheur et de celui de la Saxe en général. Voilà
ce que j'en ai appris. Je ne manquerai cependant pas de m'en informer plus particulièrement.

A cette occasion, je ne saurais m'empêcher de remettre à votre
propre considération s'il serait étonnant que tout ménagement de ma
part cessât en Saxe, tout le monde sachant ce que mes propres sujets
ont eu à souffrir des mauvais procédés de mes ennemis, partout où ils
ont pu pénétrer, et que toutes les duretés et barbaries ont été exercées
sur eux. Je voudrais pouvoir bannir de ma mémoire les cruautés commises en Prusse; la fureur du pillage, du saccagement et des incendies
a été à l'excès. Personne n'ignore les duretés que les Français exercent
d'un autre côté dans le pays de Clèves et dans mes autres provinces
qu'ils occupent. Le cruel traitement que la ville de Halberstadt a eu
à essuyer en dernier lieu, est encore tout récent.[2] Dans ces circonstances, aucun homme raisonnable ne pourra trouver à redire, si, forcé
par les mauvais procédés de mes ennemis, je sortais enfin des bornes
de la modération, et si j'exerçais de justes représailles partout où j'en
suis le maître.

Il est certain et notoire que je n'ai point commencé de pareils
procédés, et si, par une suite de l'exemple que mes ennemis me donnent,
tout ménagement de ma part cesse, les auteurs de pareils procédés en
auront à répondre, et ceux qui ont tout fait et contribué pour animer
mes ennemis d'agir d'une façon si inouïe et si peu conforme à des
nations policées. Vous pouvez, au reste, être persuadée, Madame, de
mon estime.

Les temps ont changé, Madame; les alliés du roi de Pologne ont
pillé et ravagé mon pays. J'ai dû user de représailles, pour arrêter le
cours de leurs cruautés et de leur brigandage, et vous ne devez pas
être surprise que le châtiment est tombé sur le plus coupable.[3]

Federic.

Nach Abschrift der Cabinetskanzlei. Der Zusatz war in der Ausfertigung eigenhändig.

Brühl führte in dem Schreiben, Warschau 15. Februar, Klage über die Verwüstung
ihres Schlosses zu Nischwitz durch den preussischen Oberst Mayr. Vergl. dazu S. 89;
und auch Bd. XIV, 83. 84. 95.
   [1] Vergl. S. 89. 233. — [2] Vergl. S. 193. — [3] Minister Brühl. Vergl. S. 233.

9800. AU FELD-MARÉCHAL DE KEITH.[1]

Breslau, 1er mars 1758.[2]

Secret! Je vous suis bien obligé des nouvelles que vous m'avez apprises par votre lettre du 24 février, dont j'ai tout lieu d'être satisfait.

Quant au projet de campagne de l'ennemi, je crois pouvoir vous le dire à peu près. L'on joignera[3] l'armée des Cercles avec le corps de Marschall pour agir dans la Lusace; l'armée de Soubise agira de l'autre côté de l'Elbe: si cela se fera par la Bohême ou par la Thuringe, voilà ce que je ne saurais pas vous dire précisément. En attendant, je crois que c'est à peu près leur projet. Avec tout cela, je m'en trouve fort embarrassé encore, car de faire front partout, voilà ce qui sera assez difficile. D'ailleurs, l'on dit que les Russes voudront détacher un corps de la Prusse vers la Poméranie et faire marcher un autre vers la Silésie, ce que cependant je ne crois pas encore, quoiqu'on prétende savoir que cela pourrait se faire bientôt.

Quant à vous, je vous destine de faire la campagne avec moi, afin que, si je me vois obligé de détacher vers les Russes, je sache vous donner d'abord le commandement. Je destine à mon frère Henri le commandement en Saxe, dès qu'il aura fini son expédition présente.[4] Jusque là et jusqu'à ce que mondit frère le prince Henri sera de retour de son expédition, avec tout ce qu'il a des régiments avec lui, il faudra bien que vous ayez soin des affaires en Saxe, pour tout y diriger et tenir en ordre.[5]

Nach dem Concept.

Federic.

9801. AU LIEUTENANT-GÉNÉRAL PRINCE FERDINAND DE BRUNSWICK.

Breslau, 1er mars 1758.

Monsieur mon Cousin. J'ai reçu la lettre que Votre Altesse m'a faite du 21 de février,[6] et je Lui fais de bien grands remercîments des nouvelles qu'Elle a voulu me donner de Son expédition commencée. J'estime de bon augure le commencement que vous avez fait par la prise du fort de Rotenburg, et ce qui en est suivi. Je me flatte que les difficultés qui se sont d'abord présentées par le débordement de l'Aller, ne vous auront point arrêté en si beau chemin, vu que je ne

---

1 Die Berichte Keith's aus dem Monat März sind aus Dresden datirt. — 2 Die in Chiffern vorliegende Ausfertigung führt das Datum: 2 mars. — 3 Sic. — 4 Vergl. S. 235. 236. 248. — 5 Der König sendet aus Breslau unter dem 4. März an den Marschall Keith eine aus Regensburg gekommene Mittheilung über die Kriegsvorbereitungen der Oesterreicher. — 6 Prinz Ferdinand meldete, Verden 21. Februar, er habe am 20. Rotenburg (am Einfluss der Wiedau in die Wümme, n.-ö. von Verden), am 21. die Stadt Verden an der Aller eingenommen.

doute pas que vous ne soyez pourvu de pontons, au moyen desquels
on passe toutes sortes de rivières, et un jour de plus, qu'il faut pour
faire le pont, ne saurait guère retarder l'expédition.

Ce qui cependant me paraît être l'intention des Français, est qu'ils
paraissent vouloir prendre leur chemin vers Brême, afin de vous tourner par là et vous tomber en dos. Voilà ce que je prie Votre Altesse
de ne pas permettre à l'ennemi, mais d'aller plutôt tout droit à lui pour
le combattre, sans quoi tout ce que vous ferez de progrès, ne serait que
précaire. Je suis avec toute l'estime imaginable, Monsieur mon Cousin,
de Votre Altesse le bon et très affectionné cousin

F e d e r i c.

Nach der Ausfertigung im Kriegsarchiv des Königl. Grossen Generalstabs zu Berlin.

9802. AU LIEUTENANT-GÉNÉRAL COMTE DE DOHNA.[1]

Breslau, 1er mars 1758.

J'ai reçu hier la lettre que vous m'avez faite du 22 février, sur
laquelle je suis bien aise de vous faire observer que, si mon intention
avait été de négocier là la paix avec les Suédois, j'y aurais envoyé des
ministres; mais, au lieu de cela, j'y ai envoyé des généraux pour y
agir en militaires, et non pas pour y négocier.[2] J'espère ainsi que vous
vous conformerez là-dessus.

Nach dem Concept.   F e d e r i c.

9803. AN DEN GENERALMAJOR VON SALDERN.[3]

Breslau, 1. März 1758.

Ich habe bei Meiner gestrigen Wiederkunft allhier Eure beide
Schreiben vom 23. und 24. verwichenen Monates erhalten. Worauf Ich
Euch dann in Antwort ertheile, dass Ihr Euch doch in denen Nachrichten von der Stärke des Feindes [nicht] so sehr blousiren, noch Euch eine
so grosse Stärke von selbigem einbilden lassen sollet, da Ich gewiss
weiss, dass er kaum die Hälfte so stark gewesen, als wie er Euch angegeben worden.[4] Die Erfahrung hat Mir leider gelehret, wie Meine

---

[1] Die Berichte Dohna's vom März 1758 datiren wie im Februar aus Greifswald.
— [2] Der bereits vorher einmal zu Dohna gekommene schwedische Officier (vergl.
S. 252) war zu einer zweiten Unterredung zurückgekehrt. Er hatte offener sich ausgesprochen und versichert, dass er von seinem Hofe Befehl habe. Die geringsten
Schritte Englands würden genügen, um die Anschläge des französischen Gesandten in
Stockholm zu vernichten. Der Nation seien bereits die Augen geöffnet, das Staats-
interesse sei unvereinbar mit der Politik einiger an Frankreich verkauften Männer, die
gegenwärtig das Heft in Händen hätten. Der Officier versprach eine Adresse für den
aus England zu sendenden Bevollmächtigten, der mit einem Beglaubigungsschreiben
versehen sein müsse. Es könnten später 10 bis 12,000 Mann schwedischer Truppen
in den Sold Preussens oder seiner Verbündeten eintreten. — [3] Die Berichte Saldern's
sind datirt am 23. und 24. Februar aus Nassiedel (vergl. S. 265. Anm. 1.), am 6. und
7. März aus Deutsch-Neukirch. — [4] In einem Erlass an den Generalmajor von Lattorff in

sonst recht gute und brave Officiers darunter gar zu leichtgläubig sein und sich in der Anzahl des Feindes, so gegen sie kommt oder in der Nähe stehet, dadurch betriegen, dass sie den Feind, der sich regimenterweise angiebet, alsdenn (so wie auch Ihr diesmal gethan) auf den completen Fuss rechnen und dadurch solchen weit stärker schätzen, als er wirklich ist. Consideriret selbst einmal, ob nicht nach dem starken Verlust, so die österreichischen Truppen im vorigen Jahre erlitten haben, und den sie ohnmöglich bereits wieder ersetzet haben können, ein ganz beträchtlicher, wo nicht fast der halbe Theil ihrer in Böhmen und Mähren stehenden Truppen gegen Troppau zusammen gewesen sein müsste, wenn sie nach Eurer Angabe 14,360 Mann an Combattanten stark gewesen sein sollten. Lasset Euch also dergleichen nicht mehr weis, noch Rechnungen auf complete Stände vormachen, wie viele Meiner Officier aus Einfalt gethan, sondern überleget alle Umstände wohl und was möglich sein kann oder nicht. Dabei gedenket, dass Ihr ein preussischer Officier seid, der bei tüchtig und gut gemachten Dispositionen sich nicht fürchten, noch durch allerhand Vorspiegelungen verjagen lassen muss. Insonderheit recommandire Ich Euch sehr, dass, wenn Ihr einmal recht wohl überlegte Dispositions gemachet habt, Ihr alsdenn nicht leicht und geschwinde darin ändert, weil solches sonsten gemeiniglich Confusion machet und selten ohne Confusion und Unglück abgehet.

Angehend die Sache mit dem Stechow'schen Regiment,[1] so erhellet so viel aus Eurem Berichte davon, dass solches allemal eine garstige Sache ist, woran die Abwesenheit des Chefs vom Regiment und die wenige Vorsicht und übele Dispositions derer Officiers grosse Schuld haben. Ihr sollet auch nur dem Generalmajor von Stechow von Meinetwegen sagen, dass er gut thun werde, um seinen Abschied zu schreiben.

Wo der Obristlieutenant von Leckow jetzt ist, und warum er eigentlich vom Regiment abwesend ist, davon habt Ihr in Eurer Antwort nichts deutliches gemeldet, welches Ich aber noch wissen will.

Wenn übrigens die von Euch angeführete Rekruten von Brieg dorten noch nicht angekommen seind, so ist solches Meine Schuld nicht; und da Ihr Mir solches jetzo erst meldet, so schreibe Ich auch sogleich dahin, um deren Absendung zu beschleunigen.

Nach dem Concept.   F r i d e r i c h.

———————

Cosel, d. d. Breslau 1. März, schreibt der König, dass, wenn dem Generalmajor von Saldern „gegenwärtig nicht der Kopf gedrehet hätte" und er sich über die Stärke des nach Troppau gekommenen Feindes (vergl. S. 265) nicht hätte etwas „aufbinden lassen, er sodann den Feind aus Troppau, wo nicht den ersten Tag, doch gewiss den fünften oder sechsten Tag wiederum herausgejaget haben würde. Dieses aber kann Ich denen Leuten nicht geben noch anschaffen, wenn sie es nicht von selbsten haben."

[1] Vergl. S. 265.

9804. AN DEN GENERAL DER INFANTERIE PRINZ MORITZ VON ANHALT-DESSAU. [1]

Breslau, 1. März 1758.

Durchlauchtiger Fürst, freundlich lieber Vetter. Ew. Liebden gebe Ich auf Dero Schreiben vom 22. voriges, so Mir gestern bei Meiner Zurückkunft sogleich eingeliefert worden, und die darin gethane Anfrage hierdurch in Antwort, wie dass es sich wohl von selbsten verstehet, dass, wenn Ich jemanden einen Posten als Gouverneur und Kommandante anvertraue,[2] solches nicht geschiehet, dass derselbe solchen Posten bei einem feindlichen Anfall, sonder einige Gegenwehr zu thun, dem Feinde übergeben soll, als welches ein jeder Commandant oder Gouverneur, wenn er nur fünf Sinne hat, auch sonder speciale wiederholentliche Instruction verstehen und begreifen muss, im übrigen aber dem Generallieutenant von Katte noch nicht gänzlich entfallen sein wird, was Ich ihm unter'm 6. October vorigen Jahres[3] wegen Breslau geschrieben habe. Ich bin Ew. Liebden freundwilliger Vetter

Friderich.

Nach der Ausfertigung im Kriegsarchiv des Königl. Grossen Generalstabs zu Berlin.

9805. AN DEN ETATSMINISTER GRAF PODEWILS IN BERLIN.

Breslau, 1. März 1758.

Von Ew. Excellenz bin mit keinem weiteren Schreiben als dem, so ich in meinem letzteren accusiret, beehret worden; welches nur gehorsamst melden, im übrigen aber auf allergnädigsten Befehl Ew. Excellenz einliegende Note, so der englische Minister Monsieur Mitchell auf Sr. Königl. Majestät Verlangen mir zustellen müssen, zusenden sollen, mit dem Vermelden, dass, da höchstgedachte Se. Königl. Majestät den darin enthaltenen Vorschlag vor sehr gut und convenable fänden, also Ew. Excellenz nicht den geringsten Anstand nehmen möchten, das erforderliche deshalb alsofort zu besorgen und expediren zu lassen. Wie ich nicht anders weiss, so seind des Herrn Grafen von Finckenstein Excellenz die Umstände dieser Sache auch schon näher bekannt, da noch bei Dero hiesigen Anwesenheit[4] schon etwas davon vorgekommen ist . . .

Eichel.

---

[1] Die Berichte des Prinzen Moritz vom 6. und 12. März datiren ebenso wie diejenigen vom Februar aus Breslau. — [2] Vergl. S. 63. 234; Bd. XIV, 471. — [3] Vergl. Bd. XV, 403. 404. — [4] Ueber den Aufenthalt Finckenstein's in Breslau schreibt Eichel am 24. Februar an Podewils: „Ich hätte wohl von Grunde meiner Seelen gewünschet, dass Deroselben [des Grafen Finckenstein] hiesiges Séjour wichtigere Sachen zum Objet gehabt, als es leider nicht gewesen! Jedennoch da des Königs Majestät Sich mit Sr. Excellenz über verschiedene höchst importante Sachen mündlich expliciret, auch Dero Intentions bekannt gemachet haben, wovon Dieselbe Ew. Excellenz

L'année passée, quelques doutes s'étant élevés parmi les troupes suisses à la solde
le la France, si on devait agir contre Sa Majesté Britannique et le roi de Prusse, le
:olonel Yenner du canton de Berne offrit à son régiment, et son exemple fut suivi de
ous les autres cantons, à l'exception de celui de Zürich, lequel ordonna à M. le co-
onel Locman de ne pas agir contre Leurs Susdites Majestés.

On croit que, si les deux rois faisaient faire des représentations et des plaintes
:ontre ledit Yenner, le canton de Berne est à présent si bien disposé qu'il y a lieu
l'espérer qu'il pourrait rappeler le colonel Yenner et donner un ordre à ses troupes
»areil à celui qui fut donné l'année passée par le canton de Zürich.

Nach der Ausfertigung.

9806. A LA REINE DE SUÈDE A STOCKHOLM.

Breslau, 2 mars 1758.

Ma très chère Sœur. J'ai reçu la lettre que vous avez eu la bonté
le m'écrire; je ne réponds point au triste sujet de notre douleur com-
nune, qui en sera un pour moi de regrets pour la vie.[1]

Ne pensez pas, je vous en supplie, que je confonde votre Sénat
:vec vous; je fais la guerre à Scheffer, à. Palmenstjerna et à un tas de
nisérables, vendus à la France, mais non pas à vous, ma chère sœur.
e me prépare ici à toutes les opérations que nous allons entreprendre
ers les quatre pôles du monde, et si la fortune me seconde, je ne
loute point que ceux des Suédois qui sont les promoteurs de la guerre
njuste qu'ils me font, ne périssent sur l'échafaud.

Je vous embrasse de tout mon cœur, en vous priant de me croire
vec la plus tendre amitié, ma très chère sœur, votre très fidèle frère
t serviteur

Federic.

Nach Abschrift der Cabinetskanzlei. Die Ausfertigung war eigenhändig.[2]

---

nständlich informiren werden, so hat doch diese Reise ihren grossen Nutzen gehabt.
:h vor meine Wenigkeit habe mich auch unterstanden, gegen gedachte Se. Ex-
ellenz so über alles zu decouvriren, wie ich glaube, dass solches meine Pflicht und
:huldigkeit zu thun erfordert hat, da ich nach allen meinen innerlichen Empfin-
'ungen genugsam überzeuget bin, dass meine Carrière zu Ende gehet und mir nichts
|r Consolation übrig bleibet, als solche mit reinem Gewissen und ohnverrückter Treue
,. schliessen. Inzwischen mir vieles ohnbegreiflich bleibet, und ich die Wege der
,ttlichen Vorsicht adoriren muss, die nicht anders als wunderbar und miraculeuse
sfallen können, wofern dieselbe beschlossen hat, uns aus einem Labyrinth, der-
eichen die Historie kein Exempel fourniret, zu ziehen."

[1] Dieser erste Abschnitt bezieht sich auf ein offenes ostensibles Schreiben, wel-
|es die Königin, um den Verdacht ihrer Gegner in Schweden zu entkräften, zu-
i ich mit dem chiffrirten Schreiben übersandt hatte, beide Schreiben d. d. Stock-
|lm 10. Februar. In dem offenen Schreiben hatte die Königin Ulrike über die
'stamentseröffnung der verstorbenen Königin-Wittwe (vergl. Bd. XV, 203) sich ge-
|ssert. — [2] Eichel übersendet, Breslau 5. März, die unchiffrirte Ausfertigung des
|hreibens an den Minister Podewils und schreibt: „So viel ich weiss, ist die Ant-
»rt durch und durch von höchsteigener Hand, und da nichts davon *en chiffre*, son-
|n alles *à clair* ist, so vermuthe zwar, dass der Einhalt nicht von so gar grosser

9807. A LA PRINCESSE GOUVERNANTE DES PROVINCES-UNIES A LA HAYE.

Breslau, 2 mars 1758.

Madame. Les marques de souvenir qu'il plaît à Votre Altesse Royale de me donner, me sont d'autant plus agréables que j'en connais tout le prix, et que je ne désire que de trouver l'occasion de Lui en témoigner ma reconnaissance. Il serait fort à souhaiter que quelques rayons lumineux dissipassent les brouillards qui couvrent l'Europe en bien des endroits; mais, Madame, il me paraît que la situation actuelle des choses, vu comme chaque État se trouve hors de son assiette et hors de sa position naturelle, que ce nœud gordien ne pourra être dénoué que par l'épée; et cette espèce de Fortune qui préside aux événements de la guerre, entraînera probablement avec elle ceux que leur incertitude ou leur timidité ont tenus en suspens. Il faut espérer qu'après le délire violent où l'Europe se trouve, et après les fortes hémorrhagies qu'elle a eues, le bon sens reviendra enfin, et qu'alors, honteuse des fureurs où elle s'est portée, elle pensera à une paix raisonnable et nécessaire pour le bien de l'humanité; mais là voici à la veille d'un nouvel accès, et il paraît que les transports au cerveau seront aussi violents qu'au précédent.

Mais, je ne sais, Madame, de quelles folies je m'avise de vous entretenir; je vous en demande million d'excuses, vous priant d'être persuadée des sentiments de la haute estime et de la considération avec laquelle je suis, Madame, de Votre Altesse Royale le fidèle frère, cousin et serviteur

Nach Abschrift der Cabinetskanzlei.

Federic.

9808. AU LIEUTENANT-COLONEL DE RAPIN.

Breslau, 2 mars 1758.

Dès que vous serez à même de marcher avec le bataillon que vous avez levé, ma volonté est que vous dirigerez votre marche au pays d'Anhalt-Bernburg et de Dessau pour vous y mettre en exécution, jusqu'à ce qu'on vous aura livré les 1000 recrues que j'ai fait demander par mon commissariat de guerre à Leipzig aux trois princes d'Anhalt

Importance sein, doch sich immer etwas von dem Stile des Herrn Verfassers ressentiren dörfte, mithin doch wohl alle möglichste Präcautiones zu nehmen sein möcht dass solches nicht in unrechte Hände verfallen könnte." Am 14. März schreibt Eic an Finckenstein, er sei über obiges königliches Schreiben in höchster Verlegenh man möge, wenn es noch irgend ginge, dasselbe zurückhalten, da es „ganz o Chiffres und etwas à la royale geschrieben ist" und „nicht überall in solchen Ter nis gefasset ist, dass es Jedermann, insonderheit einige darin ganz klar und mit men genannte Sénateurs, sehen können". Nach der eigenhändigen Ausfertigung Stockholm ist das Schreiben gedruckt in: Fersen, Historiska scrifter (hrsg. von K kowström) Bd. III, S. 319.

1 Vergl. S. 127. 156.

savoir celui de Bernburg, de Dessau et de Cœthen. C'est principalement aux deux premiers que vous vous attacherez pour en tirer, d'abord
et sans perte de temps, les susdites 1000 recrues, aussi, pour les en
presser d'autant plus fort, vos procédés doivent être assez rudes et sans
aucun ménagement. Au surplus, dès que vous aurez ensemble ces 1000
recrues, vous les amènerez avec vous, sous l'escorte de votre bataillon,
et marcherez vers ici à Breslau. Vous vous conformerez exactement
à cet ordre.

Nach dem Concept.   Federic.

9809. AN DEN GENERALFELDMARSCHALL PRINZ MORITZ
VON ANHALT-DESSAU.

Breslau, 3. März 1758.

Durchlauchtiger Fürst, freundlich lieber Vetter. Da Ew. Liebden
Mir die Copie eines Schreibens des Obristlieutenants Graf Gellhorn an
den Ministre von Schlabrendorff, vom 24. November vorigen Jahres
datiret,[1] den dermaligen Vorfall mit Breslau betreffend, einzusenden vor
gut befunden, so dienet Deroselben darauf in Antwort, wie Ich nicht
absehe, was dieses Schreiben zur Entschuldigung des dermaligen Commandanten zu Breslau, Generallieutenant von Katte,[2] dienen kann. Einmal war derselbe von Mir zur Defension von Breslau, auf den Fall
eines feindlichen Angriffes, bis auf den letzten Mann instruiret. Dass
die Häuser der Stadt bei solcher Gelegenheit vor Schaden in Acht genommen werden, solches kann wohl bei einem rechtschaffenen Commandanten nicht allerdings in Consideration kommen, da, wenn es alleine
darauf ankäme, es gar keiner Garnison von 12 Bataillons darin gebrauchet hätte, sowie Ich darein zu werfen befohlen hatte. Zudem hatte
gedachter Generallieutenant von Katte vorher alle Zeit gehabt, um seine
Mesures zu einer guten Defension der Stadt zu nehmen, in welcher er
sich dann um so mehr und ohne Bedenken halten können, da er sowohl als auch nachher der Generallieutenant von Lestwitz wusste, dass
Ich mit Meinem Corps d'armée kommen würde, um die Stadt Breslau
zu soutenieren und zu entsetzen; wie dann bekannter Maassen es nur
ohngefähr an 3 Tage vor der Uebergabe von Breslau gefehlet hat, da
Ich mit der Armee herangeeilet habe, um die Stadt zu retten. Ich bin
Ew. Liebden freundwilliger Vetter

Friderich.

Nach der Ausfertigung im Herzogl. Haus- und Staatsarchiv zu Zerbst.

---

[1] Das Schreiben enthielt das Ersuchen an Schlabrendorff, der Capitulation bei-
zustimmen, weil unter anderem dadurch die Zerstörung der Stadt abgewendet werden
könnte. — [2] Vergl. S. 63. 234. 272.

9810. AN DEN GENERALFELDMARSCHALL VON LEHWALDT.[1]

Breslau, 3. März 1758.

Da Mir einliegende Disposition von dem verstorbenen Fürsten von Anhalt wegen des Debarquements auf Rügen zugekommen ist, so dermalen in anno 1715 geschehen, so schicke Ich Euch solche hierbei zu,[2] um zu überlegen, ob Ihr nicht Euren Gebrauch mit davon machen könnet, und ob es nicht möglich ist, dass Ihr mit Schiffen gegen Rügen übergehen könnet. Ich habe Euch Meine besondere Verlegenheit, dass bisher in die ganze Zeit über noch nichts von Effect gegen den Feind dorten geschehen ist, bereits bekannt gemachet,[3] und bitte Euch deshalb noch, auf das baldigste, was nur menschmöglich sein wird, zu thun, sonsten gewiss in einer Zeit von 6 Wochen, höchstens 2 Monate, die Russen auf Euch in Pommern marschiren dörften; da Ihr dann Selbst begreifen werdet, wie höchst embarrassant und übel es sein wird, einen Feind vorne und einen auf dem Rücken zu haben. Woran und wenn es unglücklicher Weise geschehen sollte, Ich gewiss nicht Schuld bin Ich hoffe noch alles Beste.

Nach dem Concept.   Friderich.

9811. AU SECRÉTAIRE MICHELL A LONDRES.

Breslau, 3 mars 1758.

La dépêche que vous m'avez faite du 14 février, m'a été fidèlement rendue, au sujet de laquelle je suis bien aise de vous dire que ma façon de penser sur l'Angleterre est invariablement la même qu'elle a été, sans que rien y ait été altéré, et que je ne ferai nulle difficulté de me lier plus étroitement avec l'Angleterre par cette convention que les ministres d'Angleterre ont proposée;[4] tout au contraire, je suis fermement du sentiment que nous ne nous saurions tirer tous deux de la situation embarrassante où nous nous trouvons présentement, qu'au moyen d'un parfait accord et d'une unanimité invariable; que c'est dans ce accord et dans l'intelligence la plus intime que notre force consiste, de sorte que, si jamais nous nous en relâcherions, il serait fait de nous Dans l'idée que j'ai eue de ne pas vouloir d'abord tirer ces subside que l'Angleterre m'a offerts, il n'y a eu absolument point d'autre motif, sinon que je n'aime pas d'être à charge à mes alliés.[5] Ç'a été, depuis, tout temps ma façon de penser, et comme il se présentaient de occasions qui me firent espérer que je saurais m'aider moi-même, j'avou que j'aurais souhaité de parvenir par là en état de pouvoir me passe

---

[1] Die Berichte Lehwaldt's vom März 1758 sind aus Greifswald datirt. — [2] D vom Fürsten von Anhalt eingereichte „Disposition zum Debarquement auf der Ins Rügen", d. d. 21. August 1715, ist gedruckt in Büsching, Magazin für Histori Bd. XX, S. 241—244. Vergl. auch Droysen, Preuss. Politik IV, 2. S. 140 — 14. — [3] Vergl. Nr. 9772. 9791. — [4] Vergl. S. 196. 197. 199. 200. 228. — [5] Vergl S. 200.

le l'argent de l'Angleterre, uniquement pour ne lui être pas à charge.
Voilà ce que vous direz naturellement aux ministres, auxquels vous ferez,
après, les propositions suivantes en mon nom, et sur lesquelles j'attends
que vous me marquiez au plus tôt possible leur réponse:

Savoir que le ministère fasse en sorte que l'Angleterre envoie le
printemps qui vient, non pas une flotte formidable, mais seulement une
escadre de quelques vaisseaux de guerre avec quelques frégates dans
la Baltique,[1] pour que cela ait seulement le nom de l'envoi d'une
escadre anglaise là, quand même elle ne ferait que s'y promener. Que,
cette résolution prise de la part du ministère, je ferais incessamment
signer la convention[2] et accepterais la somme des subsides qu'on m'a
destinée, quoique sous condition qu'elle sera déposée en Angleterre, et
que je n'en ferais usage qu'au cas que la nécessité m'y obligerait.

Vous direz, d'ailleurs, aux ministres qu'après que l'expédition du
Prince Ferdinand était actuellement commencée,[3] et qu'on avait tout
lieu d'en espérer du succès, je croyais que Sa Majesté Britannique trouverait moyen d'augmenter son armée hanovrienne jusqu'à 10,000
hommes.[4] Que, pour exécuter ce plan, j'espérais au moins que le ministère anglais ne serait pas contraire, d'autant qu'il ne s'agissait pas
de donner des troupes nationales anglaises,[5] mais seulement de
faire une augmentation des troupes de Sa Majesté dans ses États
d'Allemagne.

Au reste, vous ne laisserez point passer cette occasion, sans faire
de ma part envers les ministres l'éloge qui est tout-à-fait dû au sieur
Mitchell, comme d'un ministre très entendu duquel je ne saurais assez
louer la droiture, la fidélité et le zèle dont il sert sa cour, très bien
intentionné d'ailleurs pour la cause commune. Vous ajouterez même
que je serais bien fâché et sensiblement touché, si on voulait rappeler[6]
à ma cour un ministre si bien intentionné et d'un mérite reconnu.

Au surplus, mes vœux sont que le projet de faire changer la façon
d'agir de la cour de Pétersbourg par des largesses réussisse à souhait,
ce qui serait un grand coup de parti; mais ce qui aurait été plus à
souhaiter encore, c'est qu'on y eût pensé plus tôt et de bonne heure,
pour prévenir bien des suites fâcheuses.

Vous finirez par dire aux ministres que, malgré la situation embarrassante où je me trouvais, serré de tous côtés de mes ennemis,

[1] Vergl. S. 228. 259. — [2] Am 4. März theilt der König dem englischen Gesandten
Mitchell mit, dass er geneigt sei, die Convention zu unterzeichnen, unter der Bedingung, dass eine kleine englische Flotte in die Ostsee geschickt und die hannoversche Armee vermehrt werde, „if there was a yielding on one side, he would yield
his part" [Bericht Mitchell's an Holdernesse, Breslau 5. März (private). Abschrift
im British Museum]. — [3] Vergl. S. 269. 280. — [4] Vergl. S. 250. 251. — [5] Vergl. S. 228.
249. 250. — [6] Michell hatte, London 14. Februar, berichtet, man gehe in London
damit um, Mitchell zurückzuberufen, weil er die Weisungen des Ministeriums nicht gut
ausgeführt und die englischen Zustände dem Könige nicht deutlich genug dargelegt habe.

j'avais cependant nullement balancé[1] d'envoyer au prince Ferdinand de Brunswick un corps de cavalerie sous les ordres de mon lieutenant-général le prince de Holstein-Gottorp,[2] afin de l'aider dans son expédition présente. Outre cela, que j'avais encore détaché mon frère le prince Henri avec un corps de troupes, pour faire en même temps une diversion aux Français du côté de Hildesheim,[3] pour favoriser par là l'expédition du prince Ferdinand; aussi les nouvelles que nous en avions déjà reçues, étaient que les Français commençaient à se retirer du pays d'Hanovre, qu'on avait tout lieu d'espérer qu'ils seraient rejetés bien au delà du Wéser.

Nach Abschrift der Cabinetskanzlei.   Federic.

9812. AU PRINCE HENRI DE PRUSSE.[4]

[Breslau,] 3 mars 1758.

Mon cher Frère. Les nouvelles que vous me donnez des progrès du prince Ferdinand, me font le plus grand plaisir du monde. Il m'écrit qu'il a passé l'Aller, et qu'il est maître de Hoya et du pont du Wéser, et que nos hussards ont détruit tout le régiment de Poleretzki.[5] A présent, la tête de M. Clermont tournera, et l'occasion deviendra favorable pour qui saura en profiter chaudement. Voilà ce que j'ai écrit.[6] Le prince Ferdinand doit marcher à Nienburg, et comme cela force les Français à prendre le chemin de Minden, pour se retirer, je lui ai fort recommandé de tâcher de les atteindre, avant qu'ils gagnent ces montagnes, ou de les attaquer de l'autre côté du Wéser.

Je passe à présent à l'article de Hildesheim et à ce qui vous regarde. Pour Hildesheim, il faudra que cela paie les quartiers d'hiver des régiments que vous me proposez, que cela fournisse aux frais de l'équipement de vos hussards,[7] et, quant au reste, il faut savoir combien vous en pourrez tirer à la hâte; pour Brunswick et Wolfenbüttel, dès qu'il n'y a plus de Français dans le pays, je ne vois pas pourquoi nous y mettrions garnison.

Je vous destine le commandement en Saxe, et comme tout votre corps y est nécessaire, hâtez-vous pour les contributions, et n'avancez pas plus que Hildesheim. Car, vers la fin de ce mois, il vous faudra

---

[1] Aehnlich wie im Folgenden befiehlt der König in einem Cabinetserlass an Hellen, vom 3. März, dass dieser im Haag auf die von Preussen der alliirten Armee gewährte Unterstützung aufmerksam mache. In einem Erlass an Hellen, d. d. Breslau 13. März, zeigt der König dem Gesandten an, die Erfolge des Prinzen Ferdinand und des Prinzen Heinrich liessen hoffen, dass die Franzosen bald über den Rhein getrieben sein würden. — [2] Vergl. S. 260. — [3] Vergl. Nr. 9812. — [4] Ueber die Berichte des Prinzen Heinrich aus dem Februar vergl. S. 221. Anm. 4. Nach den Berichten vom 3. und 8. März befand sich der Prinz an diesen Tagen in Libenburg (Dorf 1½ Ml. nördl. v. Goslar). — [5] Ein französisches Husarenregiment. — [6] Vergl. Nr. 9814. — [7] Vergl. S. 248.

prendre ce commandement et y ramener vos troupes; vous recevrez sur cela à temps les détails de tout.[1]

Quant au régiment de hussards,[2] j'approuve le choix que vous avez fait des officiers; je tâcherai de rassembler promptement les autres et de vous les envoyer, mais ce qui fera traîner leur arrivée, c'est qu'ici toutes les troupes sont en mouvement, pour prendre le chemin des montagnes, pour mieux couvrir Schweidnitz, que les Autrichiens font mine de vouloir secourir.[3] Mais cela n'empêchera pas que vous ne receviez les officiers qui vous manquent. J'ai fait calculer l'état du régiment, et Borcke aura ordre de le payer.

Dans ce moment, je reçois votre seconde lettre,[4] et je suis charmé de la fuite des Français, pourvu que le prince Ferdinand en profite et les détruise à présent, pour qu'ils ne puissent pas reparaître de sitôt; sans quoi, ce serait à recommencer. Si le Clermont va à Cassel, il reprendra par Paderborn et voudra naturellement regagner le Wéser; mais voilà ce que le prince Ferdinand lui peut empêcher facilement, le bien frotter et le renvoyer, accommodé de toutes pièces, vers le Rhin; ce qui pourrait l'obliger d'attirer Soubise[5] à lui. Je vous prie d'entretenir correspondance avec le maréchal Keith et Finck, pour être au fait de ce qui se passe là-bas et sur la frontière, afin que, lorsque vous serez obligé de vous y rendre, que vous soyez au fait des dispositions des ennemis.

Adieu, mon cher frère; vous êtes à présent la source des bonnes nouvelles; donnez-m'en toujours de vos progrès et de votre santé, et soyez persuadé de la tendresse avec laquelle je suis, mon cher frère, votre fidèle frère et serviteur

Nach der Ausfertigung. Eigenhändig.

Federic.

9813. AN DEN GENERALLIEUTENANT ERBPRINZEN VON HESSEN-CASSEL.

Breslau, 3. März 1758.

Durchlauchtiger Fürst, freundlich lieber Vetter. Da Ew. Liebden Neigung, die bevorstehende Campagne mit zu thun,[6] Mir bekannt ist, Ich Mich auch der Versicherung, so Ich Deroselben deshalb geben lassen, erinnert habe, so habe nicht anstehen wollen, Deroselben hierdurch zu vernehmen zu geben, wie Meine Intention sei, dass Ew. Liebden hier bei Mir die bevorstehende Campagne mit thun mögen. Es werden

[1] Vergl. Nr. 9839. — [2] Vergl. S. 248. Anm. 3. — [3] Vergl. S. 264. — [4] D. d. Hessen 27. Februar, der zuerst beantwortete Bericht datirt Halberstadt 26. Februar. In dem zweiten Bericht meldet der Prinz, die Franzosen hätten Braunschweig, Wolfenbüttel und Goslar geräumt und zögen sich gegen Cassel zurück, die preussischen Husaren seien bis Hildesheim vorgegangen. — [5] Soubise stand im Hessen-Casselschen. — [6] Vergl. S. 224.

Ew. Liebden also Dero Einrichtung darnach zu machen belieben, um hieher zu Mir zu kommen und demnächst der Campagne mit beiwohnen zu können. Ich bin mit aller Estime Ew. Liebden freundwilliger Vetter

F r i d e r i c h.

Nach der Ausfertigung im Königl. Staatsarchiv zu Marburg.

9814. AU LIEUTENANT-GÉNÉRAL PRINCE FERDINAND DE BRUNSWICK. [1]

Breslau, 4 mars 1758.

Monsieur mon Cousin. La lettre que Votre Altesse m'a faite du 24 de février, [2] m'est heureusement parvenue, et je La félicite de tout mon cœur du beau commencement qu'Elle a fait de Son expédition, [3] mes vœux étant que cela continue toujours à souhait, afin qu'en surmontant tous les obstacles de la saison, Votre Altesse retire de Ses soins et de Ses peines tout le succès qu'on en saurait désirer. J'en espère absolument bien et vous prie d'en être persuadé vous-même, après le beau train où vous avez mis les choses, après que vous vous êtes rendu maître de l'Aller et du Wéser, ce qui est un grand point de gagné. J'ose vous recommander fortement que, quand les Français voudront repasser le Wéser, comme ils seront absolument obligés de le faire, vous ne le leur laissiez faire impunément et sans les bien harceler. Car je suis sûr que ce sera plutôt une fuite qu'une retraite qu'ils feront. Avec cela, il faut que je vous recommande, selon la connaissance locale que j'en ai, de ne laisser pas approcher tout-à-fait l'ennemi vers Minden pour l'entreprendre, vu qu'il y a près de Minden beaucoup de mauvais terrain et des montagnes dont l'ennemi saurait tirer avantage; et c'est en conséquence de cela que Votre Altesse tâchera ou de les devancer de ce côté-ci du Wéser, pour les entreprendre, ou qu'il faudra qu'Elle le fasse de l'autre côté de Minden.

Comme je viens d'apprendre de très bonne main que le dessein de l'ennemi, selon le projet que le comte Clermont en a porté en poche, [4] a été de se retirer au delà du Wéser et de retomber ensuite sur le pays de Brême, [5] en marchant sur Stade, afin de vous couper au dos et se rendre également maître du courant de l'Elbe, dès qu'il aurait assemblé tous les secours et les recrues qui le doivent joindre, j'ai bien voulu vous en avertir, comme d'une chose qui demande toute votre attention; aussi le seul moyen pour empêcher cela et pour faire échouer

---

[1] Nach den Berichten aus dem Monat März befand sich Prinz Ferdinand am 1. März in Drakenburg (vergl. S. 296. Anm. 1), am 10., 13., 14., 17. in Hille (nordwstl. v. Minden), am 18. in Holzhausen (südwstl. v. Hille), am 25. in Sassenberg (östl. v. Münster), am 27. in Freckenhorst (südwstl. v. Sassenberg). — [2] Vergl. 259. Anm. 3. — [3] Vergl. Nr. 9812. — [4] Vergl. S. 251. Anm. 4. — [5] Vergl. S. 270.

un dessein si pernicieux, ce sera de les bien pousser de l'autre côté du Wéser et de les dissiper au mieux possible. Sans cela, Votre Altesse aura, après un temps de deux mois à peu près, plus de besogne et plus de peines à soutenir qu'Elle n'en a présentement. Je suis avec mes sentiments invariables, Monsieur mon Cousin, de Votre Altesse le bon et très affectionné cousin

F e d e r i c.

P. S.

Je vous recommande fort de profiter chaudement de l'occasion pour faire tourner la tête à M. de Clermont, et comme votre marche force les Français de prendre le chemin de Minden pour se retirer, de bien tâcher de les atteindre, avant qu'ils gagnent les montagnes, ou de les attaquer de l'autre côté du Wéser. Détruisez-les à présent, pour qu'ils ne puissent pas reparaître sitôt. Si Clermont va à Cassel, il reprendra par Paderborn et voudra naturellement regagner le Wéser. Mais voilà ce que vous pourrez empêcher facilement en le bien frottant, et le renvoyer bien accommodé de toutes pièces vers le Rhin.

Nach der Ausfertigung im Kriegsarchiv des Königl. Grossen Generalstabs zu Berlin.

9815. AN DEN GENERALFELDMARSCHALL VON LEHWALDT.

B r e s l a u, 4. März 1758.

Ich habe Eure beide Schreiben vom 27. letzteren Monates gestern allhier richtig erhalten und gebe Euch darauf in Antwort, wie Ihr Euch von keiner Ungnade noch Missvergnügen gegen Euch etwas zu besorgen und Euch desfalls völlig zu tranquillisiren habet, dieses hergegen aber auch wegen der Euch Selbst bekannten, höchst pressanten und critiquen Umstände sehr wünschete, dass die Sachen dorten mit mehrerer Vigueur und Activité geschehen und executiret werden möchten, damit wir sonsten nicht die Zeit und Occasions verlieren, die hernach irreparabel seind. Ihr habt also, was Rügen anlanget,[1] zu tentiren und, was darunter geschehen soll, prompte zu besorgen, ob Ihr nicht dorten so viel Schiffe, als zu einem Embarquement auf Rügen nöthig seind, zusammenbringen könnet, um eine Landung auf Rügen zu thun und den Feind allda auseinander zu jagen, als wodurch die Schweden vielleicht zu einem baldigen separaten Frieden obligiret werden würden. Was aber hierunter geschehen soll, muss bald und mit Activité geschehen, sonsten und wenn nichts dorten geschiehet, nicht anders daraus werden kann, als dass nachher Ihr Euch Selbst in einem grossen Embarras finden werdet, dazu Ich sodann wenig oder nichts werde thun können.

Was die Proposition des Obristen Graf Hordt[2] angehet, da werdet

---

1 Vergl. S. 276. — 2 Vergl. S. 220. Anm. 3. Der König hatte, Breslau 22. Februar, an Hordt geschrieben, dass er gern bereit sei, ihn in den preussischen Dienst aufzu-

Ihr und er selbst erkennen, dass es mit Errichtung eines neuen leichten Dragonerregiments, um solches noch in bevorstehender Campagne gebrauchen zu können, nunmehro schon zu späte ist; dann wann er auch die Mannschaft und alles darunter gegen kommendem Monate Juni zusammenbringen könnte, so ist doch leicht zu ermessen, wie es ohnmöglich falle, binnen so kurzer Zeit, Pferde, Zeug, Gewehr, Mundirung und andere nöthige Equipages fertig und die Leute dabei in einiger Ordre zu haben. Bei welchen Umständen dann Ich Mich auch nicht auf gedachte Proposition einlassen kann, noch erwähntem Grafen von Hordt anders zu helfen weiss, als etwa mit einem Freibataillon, welches noch angehet, womit er sich aber auch vor der Hand wird contentiren müssen.

Nach dem Concept.   F r i d e r i c h.

9816. AN DEN OBERST UND FLÜGELADJUTANTEN VON STUTTERHEIM. [1]

B r e s l a u, 4. März 1758.

Ihr wisset, in was vor Absicht Ich Euch zu dem Corps des Generalfeldmarschall von Lehwaldt geschicket, [2] und wie Ich Euch unter andern darauf instruiret habe, dass Ihr darauf sehen und mit guter Art betreiben sollet, dass, wenn Ich Ordres dahin schicke, solche mit Nachdruck und so exact als prompt nach aller Möglichkeit executiret werden müssen, und endlich, dass, wenn es darunter manquiren wollte, Ihr Mich davon benachrichtigen und die Ursachen davon schreiben sollet.

Wie Ihr aber seit der Zeit, da das Corps in Pommern gestanden, Mir nichts geschrieben, noch Ich von Euch was erfahren, inzwischen Ich dennoch verschiedene und viele Ordres an den sonst würdigen Feldmarschall ergehen lassen, die alle eine sehr prompte Execution erfordern, davon aber zeither noch nichts geschehen oder doch nicht zu Stande gebracht ist, so erinnere und befehle Ich Euch hierdurch so gnädig als ernstlichst, dass Ihr Euch dergleichen Sachen mit mehrerer Attention und Eifer wie bisher angelegen sein und es an convenablen Erinnerungen und Betreiben nicht fehlen lassen oder doch wenigstens Mir frei und pflichtmässig darüber berichten und Mir die Ursachen, warum es dorten überall so langsam gehet, und worum man dorten nichts mit sie anfangen kann, noch etwas zu Stande kommet, in Vertrauen, doch gerade heraus schreiben sollet.

Ich habe unter andern dorten aus dem Mecklenburgischen eine gewisse Anzahl Rekruten hieher zu liefern bestellet, [3] die Ich hier zum

---

nehmen. Breslau 4. März lehnt er in einem Schreiben an Hordt mit den gleichen Worten wie oben die Errichtung eines Dragonerregiments ab und räth dagegen, ein Freibataillon zu bilden.

[1] Stutterheim befand sich im Hauptquartier des Feldmarschalls Lehwaldt in Greifswald. — [2] Vergl. Bd. XV, 333. 337. 365. — [3] Vergl. S. 172. 195. 215.

höchsten nöthig habe; davon aber kommet nichts, und Ich erfahre auch nichts deshalb, da es doch von der höchsten Zeit damit ist, dass diese Rekruten hieher geschaffet werden, wenn sonsten solche noch dressiret und brauchbar gemachet werden sollen. Von denen aus dem Mecklenburgischen anher zu liefernden Pferden, Knechten und dergleichen,[1] erfahre Ich auch nichts, da Mir solche doch zum Anfang der Campagne ganz ohnumgänglich nöthig seind. Von denen aus dem Mecklenburgischen geforderten Contributionsgeldern[2] habe Ich bis dato noch keinen Groschen gesehen, weiss auch nicht, was Mir daher kommen wird.

Alles dieses seind höchst nöthige Sachen, worum Ihr Euch sehr bekümmern und vigilant sein, auch es an Erinnern und Treiben nicht fehlen lassen, nur aber reine schreiben müsset, worum es darunter so sehr langsam gehet und nichts zu Stande kommet.

Ich hoffe übrigens auch, dass das dortige Corps d'armée sich aus Schwedisch-Vorpommern wieder völlig completiret und remontiret, auch die erforderliche Feldequipages wieder im Stande gesetzet haben wird, welches alles Sachen seind, so nicht den geringsten Anstand leiden.

Ich erwarte Euren deutlichen und umständlichen Bericht mit einer expressen Estafette.

Nach dem Concept. .   Friderich.

9817. AN DEN GENERALMAJOR VON PLATEN.[3]

Breslau, 4. März 1758.

Ich habe Euer Schreiben vom 27. dieses gestern allhier erhalten, auf dessen Einhalt Ich Euch dann hierdurch in gnädiger Antwort ertheile, wie Ihr bei dem Commando und bei der Commission, so Euch von dem Generalfeldmarschall von Lehwaldt aufgetragen worden, nichts zu risquiren und Euch deshalb gänzlich zu tranquillisiren habet.[4] Ihr bleibet eigentlich mit dem Regiment zusammen, schicket aber, und zwar nur kleine, Patrouillen voraus, um zu wissen und zu erfahren, was wegen des Feindes auf sechs bis sieben Meilen vor Euch passiret, wornach Ihr dann Eure gute Dispositions machen müsset.

Ihr bleibet also mit dem Regiment weit genug vom Feinde ab und habt mithin gar nichts zu risquiren, und da Ihr nicht commandiret seid,

---

[1] Vergl. S. 215. — [2] Vergl. S. 14. 173. 215. — [3] Ueber die Absendung Platen's nach Hinterpommern, um die Russen zu beobachten, vergl. S. 258. Anm. 3. Platen's Berichte sind datirt am 27. Februar aus Anklam, am 14. März aus Cöslin, am 19. aus Wurchow bei Bublitz, am 27. März und 2. April aus Stolpe. — [4] Eichel schreibt, Breslau 14. März, an Podewils: „Indess und da der Generalmajor von Platen mit seinem Regiment und einem kleinen Corps Husaren nach Bütow auf den Marsch ist, so wird solches vorerst doch die russischen kleinen Partien von dort ab- und in Respect halten; wenn aber was recht starkes kommen sollte, so werden Se. Königl. Majestät davon eher und mit mehrerer Zuverlässigkeit wie sonsten informiret sein. Ich wünschete nur, dass der Herr Generalmajor von Platen diesen Marsch etwas mehr beschleunigte und nicht so vielen Unwillen gegen diese seine Commission hätte.“

mit dem Feinde, wenn er *en force* kommen sollte, zu batailliren, sondern nur, solchen zu recognosciren, allenfalls auch Eure Gegenden gegen kleine Partien zu decken, so werdet Ihr allemal, wenn Ihr von einem starken und Euch gar sehr überlegenen Feind allemal sechs à sieben Meilen voraus bleibet, genugsam Zeit haben, eine gute und wohl disponirte Retraite mit aller Contenance zu machen, zumalen, da Ihr Colberg hinter Euch habet, um Euch nöthigen Falls darauf zu repliciren; wiewohl Ich Euch hierbei nicht verhalten will, wie Ich nicht gerne sehe, dass man an Retraites von seinem Posten gedenket, wenn es nicht die äusserste und indispensable Nothwendigkeit erfordert, wozu es aber der Orten, wohin Ihr commandiret seid, noch bis dato nicht gekommen ist.

Ich werde inzwischen von Euch gute und zuverlässige Rapports, die Ihr zugleich an den Generalfeldmarschall von Lehwaldt erstatten müsset, erwarten.

Nach dem Concept. _____ **F r i d e r i c h.**

9818. AN DEN ETATSMINISTER GRAF PODEWILS IN BERLIN.

B r e s l a u , 4. März 175S.

Se. Königl. Majestät haben mir befohlen, an Ew. Excellenz sogleich zu melden, wie Dieselbe alsofort einen wohlgefasseten Articul wegen des schon bekannten de Fraigne[1] aufsetzen und solchen in denen publiquen Zeitungen inseriren lassen möchten: wie dass dieser Marquis de Fraigne sich eine Zeit her nach Zerbst faufiliret und daselbst sich aufgehalten habe, um allda zu espionniren und denen Franzosen von allem, so in unseren dortigen Quartieren passiret, Nachricht zu geben. Welches dann Se. Königl. Majestät, da Sie es in sichere Erfahrung bekommen, ohnmöglich leiden noch toleriren können und daher, nachdem Sie zuvorderst dem regierenden Fürsten von Zerbst geschrieben[2] und ersuchet hatten, diesen Menschen als einen ohnleidlichen Espion von dorten wegzuschaffen, dieses aber nichts verfangen wollen, Hochdieselbe Sich also endlich obligiret gesehen, solchen dorten aufheben und arretiren und nach Magdeburg in Sicherheit bringen zu lassen.[3]

Es verlangen Se. Königl. Majestät, dass Ew. Excellenz diesen, recht gut gefasseten, Articul je eher je besser sowohl in den berlinischen Zeitungen[4] als auch in auswärtigen bringen lassen, auch Dero Minister

---

[1] Vergl. S. 206. 248. — [2] Vergl. Nr. 9786. Vergl. das bereits in den Œuvres (Bd. 25, S. 588) zum Abdruck gelangte Schreiben des Königs an die Fürstin-Wittwe von Anhalt-Zerbst, d. d. Breslau 14. März 1758. — [3] Dem Kommandanten von Magdeburg, Generallieutenant von Borcke, befiehlt der König, Breslau 4. März, „dass Ihr den Marquis de Fraigne wie einen ohnedem verschlagenen und unruhigen Kopf nicht anders als wie einen andern Arrestanten dort in Arrest halten und keineswegs verstatten sollet, weder in der Stadt herumzugehen, noch Besuche und Zusprache anzunehmen oder auch und am wenigsten eine Correspondance zu führen". — [4] Der

darüber instruiren möchten, damit die anderen nicht etwas verkehrtes deshalb eher ausbringen und also dadurch das Publicum präveniren möchten, welches, wann es erst einmal präveniret wäre, alsdenn schwer auf andere Ideen zu rameniren sei.

Nach der Ausfertigung. Eichel.

9819. AU SECRÉTAIRE MICHELL A LONDRES.

Breslau, 5 mars 1758.

Après que je me suis amplement expliqué, par ma dépêche du 3 de ce mois,[1] sur ce que vous aurez à dire et à représenter de ma part aux ministres anglais, dont je ne doute pas que vous ne vous acquittiez fidèlement et avec exactitude, je vous fais la présente pour vous dire que ma volonté expresse est que, dès que les susdits ministres seront d'accord sur ce que je leur ai demandé par rapport à l'envoi d'une petite escadre de vaisseaux de guerre et de frégates dans la Baltique et au payement des subsides de la façon que je le souhaite, comme sur le reste que renferme ma dépêche ci-dessus accusée, au sujet d'une augmentation à faire de l'armée d'Hanovre dans les propres États en Allemagne du Roi, et que vous en aurez leurs assurances, vous deviez incessamment alors signer la convention proposée par eux dont j'ai déjà été préalablement d'accord, et au sujet de laquelle vous aurez déjà reçu vos pleins pouvoirs; à quoi vous procèderez sans attendre mes nouveaux ordres. Aussi mes ratifications là-dessus seront-elles expédiées et à vous envoyées, dès que j'aurai votre rapport sur l'accord des ministres à mes demandes et sur la signature de la convention que vous aurez faite tout de suite. Vous vous conformerez exactement à tout ce que dessus.

Nach dem Concept. Federic.

9820. A LA MARGRAVE DE BAIREUTH A BAIREUTH.

Breslau, 5 mars 1758.

Ma très chère Sœur. J'ai eu le plaisir de recevoir aujourd'hui votre lettre du 19 de février, qui m'a procuré la satisfaction d'apprendre la continuation de votre santé. En vérité, ma chère sœur, vous devez la ménager de toutes les manières, surtout pour ceux qui, comme moi, prétendent avoir sur votre personne le droit que donne l'amitié et l'attachement.

Voilà les Français chassés du pays d'Hanovre et de Brunswick, et l'insolence de leurs propos mal soutenue! Cette armée n'est qu'un ra-

Artikel erschien in den „Berlinischen Nachrichten" in Nr. 29 von Donnerstag 9. März 1758. An die preussischen Gesandten ergeht ein Circularrescript Berlin 7. März.

[1] Nr. 9811.

mas de canaille, excellent pour piller, mais non pas pour se battre. J'espère que le prince Ferdinand profitera de son avantage et enverra plus d'un Gaulois au manoir de Lucifer. Soyez tranquille, ma chère sœur, je vous en supplie; notre prophète[1] annonce tant de bonnes choses que nous n'aurons pas à nous plaindre, pourvu que la moitié en réussisse.

Je vais partir dans peu pour les montagnes, ce qui, joint aux mesures qu'il faudra prendre ensuite, dérangera fort notre correspondance. Mon frère Henri aura le commandement de l'armée de Saxe; peut être que par lui il y aura de temps en temps moyen de vous faire parvenir de nos nouvelles.

Ce que vous m'écrivez, ma chère sœur, de votre dame d'honneur, m'embarrasse fort; personne, pas même les officiers qui sont à mon service, ne sont eximés des contributions:[2] la raison vous en sera facile à deviner. Ainsi une terre exemptée ferait crier tout le monde, et peut-être il n'y aurait plus moyen de faire payer les autres. Cependant, je verrai si l'on peut trouver un tempérament pour la contenter.

Je vous supplie de ne vous point faire des images tristes avant le temps et d'attendre que la crise soit passée, pour prendre votre parti. En attendant, je peux vous assurer que mon armée sera à peu près aussi forte que l'année passée, et que, pourvu qu'il n'y ait point de grande catastrophe, je compte de me tirer bien d'affaire. Daignez recevoir les assurances de la parfaite tendresse et de la plus fidèle amitié que je vous ai vouée, et avec laquelle je suis, ma très chère sœur, votre très fidèle frère et serviteur

Nach der Ausfertigung. Eigenhändig.   F e d e r i c.

9821. AU LIEUTENANT-GÉNÉRAL PRINCE FERDINAND DE BRUNSWICK.

B r e s l a u, 5 mars 1758.

Monsieur mon Cousin. J'ai bien voulu me donner la satisfaction de vous annoncer préalablement que j'enverrai au premier jour à Votre Altesse le brevet de général de l'infanterie de mon armée.

Mais, comme il m'est arrivé depuis peu que les princes généraux de mon armée, après que je venais de les avancer aux premiers grades qu'ils ont acceptés, ont ensuite demandé leur congé, sans la moindre raison valable, dont je saurais accuser à Votre Altesse l'exemple du prince Maurice d'Anhalt-Dessau,[3] qui, après avoir accepté avec bien de la reconnaissance, à ce qu'il parut, la dignité de maréchal que je lui conférais à l'occasion de la bataille de Lissa, vient à présent, et sur le

---

[1] Vergl. S. 267. Anm. 3. — [2] Die Hofdame war im Mecklenburgischen begütert. Vergl. S. 243. — [3] Vergl. auch S. 31.

point que nous sommes d'ouvrir bientôt les opérations de la campagne, d'insister sans rime ni raison pour être congédié de mon service: je n'ai donc pu me dispenser davantage de faire, une fois pour toutes, l'arrangement général auprès de mon armée — afin de prévenir par là tous les grands inconvénients qui en résultent, quand un officier général, hors de saison et bien mal à propos, vient demander son congé — que tout officier général qui avancera au grade de lieutenant-général, de général de l'armée ou de feld-maréchal général, s'engagera par une promesse par écrit de ne pas vouloir contre mon gré demander sa démission, mais de rester attaché, sa vie durant, à mon service.

J'ai bien voulu en informer Votre Altesse, dont je suis parfaitement persuadé qu'Elle voudra bien S'assujettir, en recevant le susdit brevet, à ce qui sera constamment observé auprès de mon armée sur ce sujet. Je vous prie, au reste, d'être assuré des sentiments de considération, d'estime et d'amitié avec lesquels je suis à jamais, Monsieur mon Cousin, de Votre Altesse, le bon et très affectionné cousin

Federic.

Nach der Ausfertigung im Kriegsarchiv des Königl. Grossen Generalstabs zu Berlin.

9822. AU BARON ÉRIC WRANGEL A BRESLAU.

Der Baron Wrangel, ein eifriger Anhänger der schwedischen Hofpartei,[1] welcher sich kurze Zeit in Breslau aufgehalten hatte, erbittet, Breslau 2. März, vor seiner Abreise eine Audienz beim Könige.

[Breslau, mars 1758.]

Que, malgré toute l'envie que Sa Majesté avait de lui donner cette satisfaction qu'il demandait, le Roi le priait cependant de considérer lui-même combien une audience particulière causerait ici de l'éclat. C'est pourquoi Sa Majesté désirait qu'il voudrait bien s'ouvrir confidemment, sur tout ce qu'il avait à dire au Roi, au baron de Knyphausen, à qui Sa Majesté donnerait ses ordres de lui en faire un rapport exact et fidèle.[2]

Weisungen für die Antwort. Nach Aufzeichnung des Cabinetssecretärs.

•

[1] Vergl. Bd. XIII, 604. — [2] Knyphausen übersendet danach, Breslau 9. März, eine ausführliche Denkschrift Wrangel's über die Gründe, welche für eine Einmischung Preussens in die schwedischen Verhältnisse sprechen, und über die Mittel zu einer solchen Einmischung. Der König befiehlt an Knyphausen, Breslau 12. März, für die Denkschrift auf das höflichste Dank zu sagen. Auf eine Verwendung Wrangel's für den in preussischen Dienst aufgenommenen Grafen Hordt (vergl. S. 281. Anm. 2), entgegnet der König in dem gleichen Erlass an Knyphausen, dass Hordt ebenso wie in Schweden den Rang eines Obersten bekleiden solle, doch könne der König ihm nicht sofort die Führung eines alten preussischen Regiments übertragen, da er zuvorderst Hordt's Talente genügend kennen lernen müsse.

9823. AU LIEUTENANT-GÉNÉRAL PRINCE FERDINAND
DE BRUNSWICK.

Breslau, 6 mars 1758.

Monsieur mon Cousin. J'ai reçu la lettre que vous m'avez faite du 27 de février. Si le roi d'Angleterre a refusé, dans sa première réponse faite à Votre Altesse sur l'augmentation de ses troupes,[1] d'y donner les mains, par la raison de l'impuissance où il se voyait d'envoyer les fonds, je crois qu'il se ravisera là-dessus. Je pense pénétrer les raisons qui l'ont engagé à faire cette réponse, et qui sont quelques mésentendus qui se sont élevés en Angleterre au sujet des sommes des subsides à proposer au Parlement, dont il serait trop ample de marquer ici le détail; mais je me flatte que ces différends seront bientôt aplanis, et que Sa Majesté Britannique avisera mieux sur une chose indispensablement nécessaire au soutien de la cause commune et à la conservation de ses possessions en Allemagne, enfin au rétablissement d'une paix avantageuse et glorieuse à l'Angleterre.

En tout cas, j'ai imaginé encore un moyen par où je crois que Votre Altesse ramènera ce Prince à seconder Son projet d'augmentation de troupes. C'est de parler préalablement encore avec les ministres d'Hanovre, pour les convaincre tout-à-fait de la nécessité indispensable d'une telle augmentation des troupes, puis d'insinuer et de remontrer aux états du pays que, dans la situation où les affaires se trouvent aujourd'hui, et si les choses restaient sur le pied que jusques ici, les états [du] pays d'Hanovre seraient obligés de se dépouiller de tout pour payer les grosses contributions que les Français demandaient d'eux, de sorte qu'ils se verraient à la fin abîmés et dépouillés de tout; qu'ainsi eux, les états, pour prévenir une désolation générale du pays, devaient se résoudre de faire une représentation au Roi leur maître que, plutôt que de se voir entièrement abîmés par les Français, si jamais ceux-ci devaient rentrer dans le pays, les états aimeraient mieux de payer l'argent que, sans cela, les Français leur arracheraient, pour une augmentation des troupes à la défense du pays, que de se voir, sans cela, entièrement dépouillés de tout par les énormes exactions des Français. Je suis entièrement persuadé qu'une telle représentation de la part des susdits états auprès de Sa Majesté Britannique opèrera si bien sur son esprit qu'elle mettra tout en œuvre, pour que les Anglais se chargent de fournir les fonds pour l'entretien de l'augmentation des troupes, en sorte que la représentation des états ne sera proprement que pour la forme et pour presser indirectement cette augmentation.

Quant aux opérations de guerre, j'ose me flatter que Votre Altesse éprouvera à présent la vérité des sentiments où je suis,[2] qu'en agissant offensivement on réussit ordinairement, et que cela fait un bon effet.

[1] Vergl. S. 250. 251. — [2] Vergl. S. 147. 219. 251.

J'applaudis fort à ce que vous ne voulez la garnison de Nienburg que prisonnière de guerre. Il ne suffira pas que Votre Altesse déblaie les ennemis du pays d'Hanovre, ce que je n'ai pas compté pour la chose la plus difficile, mais la principale est que vous lui[1] causiez autant de mal et de pertes que possible, pour l'affaiblir et pour lui anéantir beaucoup de monde. Je vois que, comme les Français ont établi de gros hôpitaux à Hanovre, tout ce qu'il y a de malades, sera à vous.

L'expédition que mon cher neveu le prince héréditaire a faite à Hoya, a été très jolie et bien conduite. Il n'y a qu'une seule chose que j'oserais lui reprocher, si cela dépendait de moi, c'est qu'il n'a pas pris toute la garnison prisonnière de guerre. Je m'en console cependant, parceque je suis sûr qu'à l'avenir, et quand il en retrouvera les occasions, il se gardera d'être trop débonnaire et ne se laissera pas intimider par de petits secours[2] que l'ennemi voudra envoyer, mais qui ne sauraient rien changer aux affaires.

Au surplus, je ne doute nullement que, dès que Votre Altesse aura fini avec Nienburg, Elle ne marche d'abord sur Minden ou Hameln, savoir selon que les circonstances le demanderont. Je ne doute pas, d'ailleurs, que Votre Altesse n'ait commandé le prince de Holstein avec ses hussards et dragons et avec quelques bataillons d'infanterie pour entamer et attaquer l'arrière-garde de l'ennemi, afin de la ruiner et l'anéantir au possible, avant qu'elle sorte du pays.

Mon frère Henri me marque que les Français s'enfuyaient vers Cassel.[3] Voilà cependant où ils ne sauraient avoir de grands magasins ni y subsister longtemps. Si cet avis est sûr et fondé, et que Votre Altessse marche sur Minden et de là au pays de Paderborn et vers Lippstadt, non seulement Elle coupera par là Saint-Germain,[4] mais obligera encore l'ennemi absolument de se retirer bien plus en arrière.

En gros, je vous prie de considérer qu'à la vérité vous avez beaucoup fait de chasser l'ennemi du Hanovre, mais que ce n'est pas encore là le plus grand avantage que vous sauriez en tirer, et qui consiste à bien profiter de la bredouille et confusion de l'ennemi, pour le presser vivement et ne pas lui laisser le temps de se reconnaître, mais de tomber sur l'un des corps, soit Saint-Germain, soit de Clermont, pour le bien rosser et le châtier sensiblement. En exécutant ceci, vous en retirerez le profit que vous et vos troupes aurez des quartiers tranquilles, jusques au mois de mai ou de juin. Ce vaut bien la peine des fatigues que vous serez obligé d'y employer encore, mais que vous supporterez, à ce que je me persuade, avec plaisir, vu qu'il faut de toute nécessité que cela se fasse. Je suis avec ces sentiments que vous me

---

[1] Sic. — [2] „Secours" im Concept, die dechiffrirte Ausfertigung hat: „ouvertures". — [3] Vergl. S. 279. — [4] Saint-Germain befehligte das Corps, das vorher in Bremen gestanden hatte. Vergl. S. 190. 205.

connaissez, Monsieur mon Cousin, de Votre Altesse le bon et tout affectionné cousin

F e d e r i c.

Je pars dans quelques jours pour le siège de Schweidnitz.

Nach der Ausfertigung im Kriegsarchiv des Königl. Grossen Generalstabs zu Berlin. Der Zusatz eigenhändig.

9824. A LA MARGRAVE DE BAIREUTH A BAIREUTH.

Breslau, 6 mars [1758].

Ma très chère Sœur. Vos lettres me font un sensible plaisir, j'y vois la continuation de cette amitié qui m'est si chère et si précieuse; mais permettez que je vous gronde un peu. Vous craignez trop, ma chère sœur, et des infâmes qui prennent plaisir à vous alarmer, vous intimident. Ayez, je vous en conjure, bon courage; vous n'apprendrez que de bonnes nouvelles. Voilà les Français chassés du Brunswick et de l'Hanovre, et à présent tout est en train pour les chasser de la Hesse et de la Westphalie. Je ne serai pas surpris de les voir en trois semaines au delà du Rhin, et peut-être l'armée de Soubise également au diable. Notre situation devient de jour en jour meilleure, et il ne faut que cette campagne pour remettre toutes choses en dû et bon état. Les hommes sont méchants, il est vrai; mais ils l'ont toujours été: il faut prendre le monde tel qu'il est et tâcher de se conserver bon parmi les méchants, ne point s'affliger de choses nécessaires et tâcher de distraire les pensées tristes qu'un sang épais ou une mauvaise digestion envoient au cerveau. Je vous demande mille excuses de la liberté que je prends de vous gronder; mais c'est que je m'afflige de vous voir triste, que je voudrais que vous ajoutiez moins foi aux contes borgnes qui courent l'Empire, et que vous vous mettiez dans une situation tranquille. Vous n'avez jusqu'à présent pas le moindre lieu de vous alarmer, tout va à souhait. Si les choses vont autrement, je vous avertirai de tout; mais, par Dieu, ne croyez point des nouvelles que mes ennemis ont intérêt de répandre, ruses dont ils useront pendant cette campagne plus que jamais. Enfin, ma chère sœur, laissez me démêler avec mes ennemis et m'inquiéter de mes ennemis, sans encore me donner des angoisses pour votre personne, et n'affligez pas un frère qui vous aime, par vos inquiétudes qui vous rendront malade.

Soyez persuadée que la tendresse, la haute estime et la reconnaissance que j'ai pour vous, ne finiront qu'avec ma vie, étant, ma très chère sœur, votre très fidèle frère et serviteur

F e d e r i c.

Ma sœur de Schwedt se remet tout-à-fait de sa maladie. [1]

Nach der Ausfertigung. Eigenhändig.

---

[1] Vergl. S. 157. 222.

9825. A LA MARGRAVE DE BAIREUTH A BAIREUTH.

[Breslau, 6 mars 1758.][1]

Pour l'amour de Dieu, ne croyez pas tous les contes que l'on fait! la plupart des choses que l'on vous a dites, sont des mensonges ou des faits brodés et changés. Il n'y a point eu de conspiration de mes généraux, mais quelques-uns se sont mal conduits, et j'ai fait tenir conseil de guerre pour les punir.[2] Ne craignez point pour moi; ces propos que l'on vous a tenus de me prendre, il y a dix-huit ans que les Autrichiens les débitent, mais cela n'est guère faisable.

Quant à leurs autres rodomontades, vous les verrez démenties toutes de même. Je mets cette année 150,000 hommes en campagne, dont 100,000 sont ici en Silésie.[3] Les Français avec toutes leurs gasconnades vont dans quinze jours être au Rhin, peut être que leur déconfiture sera si considérable qu'ils seront obligés de retirer Soubise[4] également. Les Autrichiens se trouveront délaissés de ces secours, et ils n'en pourront guère tirer des Russes. Pour Dieu, ne vous tourmentez pas inutilement, car je vois qu'il faut que l'on débite d'horribles mensonges là-bas; toute l'aventure du Sultan est controuvée et fausse.[5]

Mon frère Henri commandera en Saxe, et si vous daignez m'écrire, vos lettres pourront passer par ses mains. Dès que vous serez débarrassée des Français, vous aurez Weimar et Gotha libres, qui sont tous deux des canaux sûrs.

Nach dem Concept. Eigenhändig.[6]   **Federic.**

9826. AU SECRÉTAIRE MICHELL A LONDRES.

Breslau, 6 mars 1758.

J'ai reçu votre rapport du 17 de février passé, par lequel j'ai appris à regret la résolution qu'on a prise de vouloir rappeler le sieur Mitchell[7] de la commission dont il s'est acquitté jusqu'à présent avec autant de dextérité que de droiture auprès de moi. J'en suis d'autant plus frappé que je ne comprends aucune bonne raison qui peut motiver un tel rappel; car de dire que le sieur Mitchell ait été inconséquent dans ses relations, voilà ce que je ne saurais jamais croire, ni regarder autrement un tel reproche que comme des imputations controuvées pour colorer une résolution qu'on a prise un peu trop précipitamment, tout

---

1 Das Datum nach dem von der Markgräfin eigenhändig niedergeschriebenen Déchiffré. — 2 Vergl. S. 234. 275. — 3 Am 15. März berichtet Mitchell aus Breslau an Holdernesse, der König habe ihm gesagt, die preussische Armee in Schlesien würde 100,000 Mann stark sein, diejenige in Sachsen 22,000 und die in Pommern ebenfalls 22,000, abgesehen von der Garnison in Magdeburg und anderen kleineren Garnisonen. — 4 Vergl. S. 279. Anm. 5. — 5 Der Sultan sollte durch seinen Leibarzt und einen muhamedanischen Priester vergiftet worden sein. — 6 Das Schreiben ward in Chiffern und vermuthlich ohne Unterschrift ausgefertigt. Es ging mit dem gleichen Boten wie das vorangehende unchiffrirte (Nr. 9824) ab. Vergl. S. 66. Anm. 2. — 7 Vergl. S. 277.

comme vous paraissez le soupçonner vous-même. Au surplus, je n'ai
rien à dire contre le sieur Yorke, dont j'ai appris à connaître les talents
et les bonnes intentions pour la cause commune par la façon dont i
s'est conduit sur son poste en Hollande;¹ mais tel ministre anglais
qu'on m'enverra, je ne saurais jamais m'empêcher de lui dire librement
et naturellement ce que je crois indispensablement convenir au bien de
la cause commune, au soutien absolument nécessaire des États du Roi
en Allemagne par les secours de la Grande-Bretagne, et pour ne pas
abandonner à la merci de nos ennemis communs les affaires de l'Allemagne. Ce que vous pouvez bien insinuer convenablement aux ministres.

Nach dem Concept.   **Federic.**

9827. AU ROI DE LA GRANDE-BRETAGNE A LONDRES.

Breslau, 6 mars 1758.

Monsieur mon Frère. J'envoie mon conseiller privé le sieur de Knyphausen à la cour de Votre Majesté,² avec des commissions qui, j'espère,
ne Lui seront pas désagréables. Je La félicite des heureux succès que
Ses troupes ont eus contre les Français. Un détachement de cavalerie
jointe à l'armée du prince Ferdinand, et un corps séparé commandé par
mon frère Henri ont coopéré à cette expédition. Votre Majesté apprendra
dra dans peu que la Hesse est libérée de même, et que les Français
s'enfuieront du côté du Rhin. Mais, après ces heureux commencements,
je La supplie de penser sérieusement à fortifier Son armée. Elle peut
faire sans peine une augmentation de quelques mille hommes dans Ses
troupes, le landgrave de Hesse et le duc de Brunswick en feront sûrement autant de leur part, et alors Elle n'aura non seulement rien à
appréhender d'une nouvelle invasion, mais Elle pourra même inspirer
du respect à Ses ennemis.

Votre Majesté saura sans doute que les Russes se sont emparés de
la Prusse, et qu'ils se préparent à m'attaquer avec deux corps, l'un par
la Poméranie, l'autre ici en Silésie. Dans ces circonstances, je serai
obligé de retirer toutes mes troupes de l'armée du prince Ferdinand
pour pourvoir à ma propre défense.³ Elle a vu, par ce qui se fait
actuellement, les marques de ma bonne volonté et du désir que j'ai de
Lui être utile; mais je me dois à mes peuples également, mon premier
devoir est celui de les défendre, je dois y déférer et surtout les délivrer de la cruelle et barbare domination d'une nation féroce et in-
humaine.

Je suis avec les sentiments de la plus haute considération, Monsieur
mon Frère, de Votre Majesté le bon frère

Federic.

Nach der Ausfertigung im Königl. Staatsarchiv zu Hannover. Eigenhändig.

¹ Vergl. S. 92. 165. — ² Vergl. Nr. 9828, auch S. 210 unten; S. 230. Anm. 1
— ³ Vergl. S. 218. 250.

9828. INSTRUCTION POUR LE CONSEILLER PRIVÉ D'AMBASSADE LE BARON DE KNYPHAUSEN.[1]

Breslau, 8 mars 1758.

Je vous envoie en Angleterre en qualité de ministre extraordinaire.

Le but de votre commission est de vous mettre premièrement au fait de la façon de penser des ministres anglais et du véritable état de l'Angleterre.

En second lieu, que la convention à faire entre moi et l'Angleterre, qui est actuellement sur le tapis, ne soit pas signée qu'aux conditions prescrites à mon chargé d'affaires Michell: convention que vous signerez en vertu des pleins pouvoirs ci-joints, si vous y arrivez assez à temps, supposé que les ministres anglais soient convenus des conditions que j'y ai attachées, et qui ont principalement pour objet:[2]

1° l'envoi d'une escadre anglaise, au printemps qui vient, dans la mer Baltique;

2° l'augmentation des troupes hanovriennes en Allemagne, parceque les ministres anglais ne veulent point donner là des troupes anglaises, et,

3° touchant les subsides que l'Angleterre me veut fournir pour supporter d'autant mieux les frais de guerre, et, au sujet desquels je demande que toute la somme en soit déposée là, jusqu'à ce que je trouverai nécessaire d'y recourir.[3]

Voilà les principaux objets de votre commission, que vous tâcherez de bien remplir, surtout pour ce qui regarde une prompte augmentation des troupes hanovriennes dans les États d'Allemagne du roi d'Angleterre. Vous ferez valoir, comme vous devez, le secours des troupes que j'ai donné aux Hanovriens, qui ont, en grande partie, contribué aux succès que le prince Ferdinand a eus.

Quant au reste, je ne peux rien vous prescrire que de tâcher d'animer ces gens à agir vigoureusement contre la France, de pousser bien la guerre contre elle, pour lui faire tout le mal possible.

Comme il y a de l'apparence que, peut-être vers la fin de l'année, la paix soit faite, il faut que vous vous procuriez une exacte notice, et soyez bien en garde sur toutes les démarches que la France et l'Angleterre feront pour faire la paix générale.

M'étant aperçu plus d'une fois que l'Angleterre garde quelque con-

---

[1] Ebenfalls am 8. März sendet der König an Podewils und Finckenstein den Befehl, das Beglaubigungsschreiben für Knyphausen auszufertigen und für die Kosten der Reise sowie für andere ausserordentliche Ausgaben ihm 3000 Thaler aus der Legationskasse zu zahlen. Das Beglaubigungsschreiben führt das Datum: „Berlin 14. März 1758". — [2] Vergl. S. 277. 285. — [3] Mitchell berichtet an Holdernesse, Breslau 15. März (most secret), der König habe ihm am 14. März mitgetheilt, Knyphausen sei ermächtigt, die Convention zu zeichnen unter zwei Bedingungen: „1st, that the money be deposited, and 2nd, that the King should augment his troops in Hanover. His Prussian Majesty added: »and I have directed M. Knyphausen to do you justice«; to which I made no reply, but only thanked His Prussian Majesty . . ." Vergl. S. 291.

sidération pour la Russie[1] et un certain penchant envers la cour de Vienne,[2] cela me fait soupçonner, avec fondement, que les Anglais n'attendent que la paix générale pour rétablir leur ancien système. C'est de quoi il faut nécessairement que je sois instruit.

Je n'ai pas besoin de vous recommander de presser sur l'envoi d'un ministre en Suède,[3] et pour faire d'ailleurs de nouvelles tentatives en Danemark,[4] où l'on trouvera plus de facilités à mesure que l'expédition du prince Ferdinand réussit. En cas aussi que l'expédition de ce Prince soit tout-à-fait heureuse, il serait temps de voir si la république de Hollande ne saurait être engagée pour prendre part à la cause commune.[5]

Le prétexte dont vous vous servirez par rapport à votre voyage en Angleterre, sera d'amener à sa fin la convention sus-dessus mentionnée, mise sur le tapis par le ministère anglais.

Vous aurez, avant votre départ d'ici, une lettre de ma part au roi d'Angleterre,[6] que vous lui présenterez à votre première audience, et quant à vos autres lettres de créance, vous les aurez de mes ministres, qui ont ordre de les tenir toutes prêtes pour votre usage.[7]

Nach dem Concept.

9829. AN DAS DEPARTEMENT DER AUSWÄRTIGEN AFFAIREN IN BERLIN.

Podewils und Finckenstein übersenden, Berlin 2. März, ein Schreiben des Herzogs Adolf Friedrich von Mecklenburg-Strelitz an den König, d. d. Neu-Strelitz 27. Februar. Der Herzog spricht seinen Dank aus, dass der Feldmarschall Lehwaldt Befehl erhalten hat, sein Land zu schonen.[8] Die Minister unterbreiten den Vorschlag, dem Herzoge mit einem Compliment antworten zu dürfen.

Breslau, 8. März 1758.

Recht gut. Wenn es nur auf Complimenten ankommt, das können sie immer machen, ohne Mich davon zu meliren.

Mündliche Resolution. Nach Aufzeichnung des Cabinetssecretärs.

9830. AU DUC RÉGNANT DE BRUNSWICK A BRUNSWICK.

Breslau, 8 mars [1758].

Monsieur mon Frère et Cousin. En recevant la lettre que Votre Altesse a pris la peine de m'écrire du 3 de ce mois, Elle jugera même de toute l'étendue de ma satisfaction de La voir rentrée dans Sa capi-

---

[1] Vergl. S. 228. — [2] Vergl. Bd. XV, 199—201. 237. — [3] Vergl. S. 70. Anm. 3; S. 170. Anm. 4; S. 270. Anm. 2. — [4] Vergl. S. 154. 176. 187. 229. — [5] Vergl. S. 164—166. 230. 256. — [6] Vergl. Nr. 9827. — [7] Vergl. S. 294. Anm. 1. — [8] Vergl. S. 139.

tale et Son pays délivré de ceux qui l'ont tenu depuis quelque temps
dans la plus dure oppression. Je L'en félicite de tout mon cœur et
me sens extrêmement flatté de ce que, par les efforts que j'ai faits, je
vous ai pu faire plaisir et contribuer à vous remettre dans vos États.

Comme les choses, grâce à Dieu!, sont parvenues à ce point-là,
je prie Votre Altesse de vouloir bien penser avec élévation, et non pas
faire grande. attention à des choses qu'on ne saurait qualifier autrement
que petites en comparaison des autres.   Conviendrait-il à présent à
Votre Altesse de faire, pour m'exprimer ainsi, l'avocat des Français,¹
pendant que ceux-ci ont fait tout le mal possible à vous et à vos alliés?
Je suis persuadé que l'expédition présente du prince Ferdinand ne se
bornera pas à avoir chassé les Français des pays de Brême, d'Hanovre
etc., mais qu'il les forcera de quitter encore la Hesse et les rejettera
peut-être même au delà du Rhin.   Dans une pareille occasion, il nous
convient d'affaiblir l'armée française partout, et autant que nous trouvons
lieu de le faire.   Pour ce qui regarde Son ministre de Cramm, que les
Français ont amené injustement avec d'autres otages à leur départ,
Votre Altesse agira en cette occasion comme c'est la coutume ordinaire
et l'usance de la guerre, savoir de les abandonner, ce qui opèrera que
les Français s'en lasseront bientôt, et que, voyant que leur mauvais procédé ne les mène à rien, ils les renverront d'eux-mêmes.   Quant à nous
autres, nous regarderons tous les Français dont nous pourrons nous sai-
sir, comme prisonniers de guerre du roi d'Angleterre, ce qui vous servira toujours de titre pour vous en disculper.   J'espère, enfin, qu'au
moins Votre Altesse voudra mieux penser que de Se prêter à une telle
humiliation devant les Français, que ceux-ci qualifieraient eux-mêmes de
bassesse, et, en général, je me persuade que l'avantage de vous voir
rétabli dans vos États vous doive bien dédommager de la perte momentanée du ministre de Cramm avec deux ou trois autres personnes
amenées de force par les Français.

Voilà les sentiments que je n'ai pu vous cacher, et dont je me
flatte qu'ils seront goûtés par Votre Altesse.   Je La prie d'ailleurs d'être
parfaitement assurée de la haute considération et de l'amitié la plus
sincère avec laquelle je suis à jamais, Monsieur mon Frère et Cousin,
de Votre Altesse le très bon frère et cousin

Nach dem Concept.   F e d e r i c.

---

¹ Prinz Heinrich hatte den Herzog von Braunschweig aufgefordert, die verwundeten französischen Soldaten, die sich in der Stadt Braunschweig befanden, als
Kriegsgefangene ihm auszuliefern. Der Herzog verweigerte dies, mit der Begrün-
dung, dass er diese französischen Soldaten in seinen Schutz genommen habe, und
dass die Franzosen an den aus Braunschweig mitgeführten Geisseln, u. a. an dem
Minister von Cramm, Rache nehmen könnten.

9831. AU LIEUTENANT-GÉNÉRAL PRINCE FERDINAND DE BRUNSWICK.

Breslau, 8 mars 1758.

Monsieur mon Cousin. La lettre que Votre Altesse m'a faite du
1ᵉʳ de ce mois, m'a causé une satisfaction peu commune, en apprenant
les heureux succès de Son expédition,¹ dont je vous félicite très cordialement et y prends toute la part imaginable. Vous me permettrez cependant de vous dire que, tandis que l'ennemi ne fera que se replier
devant vous, sans que vous puissiez l'atteindre pour le combattre et
faire sur lui force de prisonniers, afin d'augmenter par là ses embarras
et bredouille et affaiblir ses forces,² Votre Altesse n'aura pas tiré tout
l'avantage possible de Ses succès et laissera lieu à l'ennemi de se reconnaître et de retourner en force. Je suis donc toujours d'avis que
vous poussiez l'ennemi avec toute la vigueur imaginable pour détruire
ses forces, et surtout pour en faire autant de prisonniers qu'il sera possible, sans mépriser même les petits nombres des dixaines. Au surplus,
quand vous vous serez rendu maître de Minden et de Hameln, et que
vous vous tournerez alors du côté de Paderborn, je ne doute nullement
que l'ennemi ne se voie par là obligé de quitter encore le pays de
Hesse-Cassel, et que vous ne le rejetiez jusques au Rhin et au delà,
pourvu qu'il ne trouve pas le temps de se reconnaître et de revenir de
sa confusion et de la grande bredouille où il se trouve. Soyez entièrement persuadé, je vous prie, de la parfaite amitié et estime avec laquelle je suis, Monsieur mon Cousin, de Votre Altesse le bon et très
affectionné cousin

Federic.

Je vous joins ici une lettre³ qui vous fera voir que vous avez beau
jeu, si vous le voulez, et que sûrement les Français abandonneront la
Hesse et la Westphalie, si on les talonne.

Federic.

Nach der Ausfertigung im Kriegsarchiv des Königl. Grossen Generalstabs zu Berlin. Eigenhändig.

9832. AU PRINCE HENRI DE PRUSSE.

Breslau, 9 [mars 1758].

Mon cher Frère. Je suis si content de tout ce que je vous vois
faire, que, si j'étais à côté de vous, pour vous dire à chaque moment
ce que je pense, cela ne pourrait pas être plus conforme à mes idées.

¹ Prinz Ferdinand meldet, Drakenburg 1. März: die Franzosen hätten die Stadt
Hannover geräumt, Nienburg habe capitulirt, der Prinz Holstein sei gegen Minden
vorgerückt. — ² Vergl. S. 289. — ³ Ein Schreiben über den traurigen Zustand der
französischen Armee (ohne Datum und Absender-Namen).

Voyez-vous, cela est un grand article pour nous, de chasser le Clermont; mais s'il y a moyen d'englober l'armée de Soubise dans sa déroute, nous avons tout gagné. Tâchez donc, mon cher frère, d'y faire votre possible, comme vous l'avez commencé. Vos manœuvres de là-bas décideront à la fin de la guerre et mettront la balance de notre côté. Vous vous couvrez de gloire, et assurez par vos actions ce que j'ai toujours pensé de vous.

J'ai ordonné à Borcke[1] de vous payer, comme général commandant de l'armée de Saxe,[2] 1000 écus par mois pour votre table; il vous faudra, outre cela, encore trois aides de camp. Je vous enverrai Œlsnitz pour prendre vos camps sous votre direction. Il vous faudra, outre cela, les majors de brigade etc. C'est de quoi je vous entretiendrai dans quelques jours dans une lettre séparée.[3]

Il faudra vous hâter de tirer les contributions et les quartiers d'hiver, car vous ne pourrez pas rester longtemps dans les environs où vous êtes actuellement.[4] S'il plaisait au Ciel d'envoyer l'esprit de vertige à cette armée des Cercles, et si elle se mettait à courir aussi, cela serait admirable, mais ce serait en demander trop.

J'ai écrit au Duc[5] que les Français ne pouvaient pas établir de nouveaux usages à la guerre, et qu'où nous trouvions de leurs malades, je les tenais censés mes prisonniers, et qu'ils n'en avaient à jeter tout l'odieux sur moi.

Adieu, mon cher frère, soyez sûr que je prends une sincère part à toutes les bonnes choses que vous faites, et que l'on ne saurait être avec plus de tendresse et de considération que je suis, mon cher frère, votre fidèle frère et serviteur

F e d e r i c.

Si vous pouvez enrôler quelques centaines de déserteurs français pour mes bataillons francs de la Silésie, vous me ferez plaisir de me les envoyer.

Nach der Ausfertigung. Eigenhändig.

9833. AN DEN GENERALFELDMARSCHALL VON LEHWALDT.[6]

Berlin, 9. März 1758.

Ich habe zwar aus Eurem Schreiben vom 4. dieses [ersehen], was Ihr an Mich wegen eines gewissen Projectes, um dem Feinde einen sensiblen

---

[1] Befehl an den Minister von Borcke, d. d. Breslau 10. März. — [2] Vergl. S. 303 — [3] Vergl. an Prinz Heinrich unter dem 2. April. — [4] Vergl. S. 278. Anm. 4. — [5] Vergl. Nr. 9830. — [6] In einem Erlass an Lehwaldt, Breslau 8. März, bewilligt der König, dass 3000 Centner Pulver aus der Berliner Pulvermühle für die Festung Stettin geliefert werden. Der König fügt hinzu, er wolle nicht hoffen, dass Jemand dortiger Orten denken werde, „dass, so lange Ihr mit Eurem unterhabenden *Corps d'armée* in Pommern stehet, es eine Möglichkeit sein könne, dass Stettin vom Feinde belagert

Coup anzubringen, melden wollen;[1] worauf Ich Euch aber sagen muss, wie einestheils Ich den Success dieses Projets sehr misslich und ungewiss zu sein erachte, anderntheils aber, dass durch die zu Entreprenirung dessen zu machende Veranstaltungen alle Meine andere, auch die höchst nothwendigsten Arrangements über'n Haufen gehen, dabei aber die wenige noch übrige Zeit, etwas gutes und nützliches anzufangen, gänzlich verloren gehen würde. Ehe Ich darüber in ein weiteres Detail gehe, kann Ich Euch zuvorderst nicht verhalten, wie dass es Mir sehr nahe gehet und besonders unangenehm ist, mithin Ich nicht anders als ganz ohnzufrieden davon sein kann, dass alle Sachen und Operationes, so dorten geschehen können und sollen, bisher so sehr langsam gegangen[2] und noch gehen und so wenig davon zur Execution gebracht worden, so dass die dazu unwiederbringliche Zeit und Gelegenheiten theils schon verloren gegangen ist, theils durch die Eurerseits noch immer fortdauernde Inaction mehr und mehr verloren gehet. Welches alles aber, nämlich diese Inaction, und dass alles so langsam tractiret wird, in denen gegenwärtigen besonders critiquen Umständen, worin wir uns jetzo befinden, gar unsere Sache nicht ist, da wir jetzo an denen Orten, wo wir etwas entrepreniren, mit grosser Activité und Vigueur agiren und nicht allemal so methodiquement als wohl sonsten verfahren müssen.

Diesemnächst gebe Ich Euch, auf obiges Projet wieder zu kommen, in Antwort, dass, was die Peenemünder Schanze angehet, wir solche ganz unumgänglich und absolument haben müssen und schon längst hätten Meister davon sein sollen, um dadurch die Peene frei zu haben und selbst in gewisser Maassen denen Schweden die weitere Passage nach Hinterpommern nicht offen zu lassen.

Aus dem Mecklenburgischen die dort stehende Truppen zurückziehen, gehet schlechterdinges auch nicht an, denn Ich absolument aus dem Mecklenburgischen Geld, Rekruten und Pferde haben muss,[3] sonsten Ihr Mir hier Meine Sachen gänzlich verderbet. Daher Ich Euch dann auch bei dieser Gelegenheit nochmals auf das höchste recommandire

werde". — In einem Erlass vom 9. März gibt der König Bestimmungen über die Ablieferung der mecklenburgischen Contributionsgelder und sendet an Lehwaldt eine, nicht mehr vorliegende, Nachricht, aus welcher dieser ersehen werde, „wie gar leichte es practicable sei, die Fahrten nach Stralsund zu ruiniren, wenn es recht damit angefangen und prompt zu Werke gegangen wird".

[1] Lehwaldt legte, in dem Bericht Greifswald 4. März, folgenden Plan zur Einnahme von Stralsund vor: Er wolle mit sämmtlichen Truppen bis Demmin sich zurückziehen und aussprengen, dass er gegen die Russen marschiren müsse. Wenn die Schweden alsdann aus Stralsund herauskämen, um Lebensmittel zu suchen, soll ein Theil der Preussen aus einem Hinterhalt hervorbrechen und versuchen, zugleich mit den Flüchtenden in Stralsund einzudringen. Allerdings müsse, um diesen Plan auszuführen, die Beschiessung von Peenemünde und die Einziehung der mecklenburgischen Contribution eingestellt werden. — [2] Vergl. S. 281. 282. — [3] Vergl Nr. 9816.

ınd selbst darum bitte, mit diesen Articuls nicht länger zu trainiren, ondern auch damit ein Ende zu machen.

Dass die Schweden durch mehrgedachtes Projet dahin gebracht ˌerden könnten, dass sie Truppen aus Stralsund schicken, das will Ich ˌohl glauben, auch dass solche alsdenn geschlagen und zurückgejaget ˌerden können; dieses aber werden vielleicht einige wenige tausend ˌlann seind, mit solchen aber alsdenn zugleich mit in Stralsund zu ˌringen, um davon Meister zu werden, solches sehe Ich als eine ohnˌnögliche Sache an.

Dahergegen halte Ich es vor ganz möglich, dass durch prompt ˌusammengebrachte Schiffe und darauf embarquirte Truppen Ihr eine ˌ)escente auf Rügen, den Feind daselbst verjagen und viel nützliches ˌlachen könnet. Der Feind hat nichts wie Cavallerie auf der Insel; ˌenn Ihr damit fertig seid und solche bei die Ohren gekriegt oder verˌget habet, alsdenn kann man sogleich einige wenige Schiffe nehmen ˌnd die Fahrten zu dem Hafen von Stralsund damit versenken und ˌnschiffbar machen, da denn die Schweden weder Succurs noch Vivres ˌ1ehr dahin einbringen können. Diese Operation recommandire Ich ˌuch also sehr, weil es jetzo noch die Zeit dazu ist; wenn Ihr es aber ˌicht thut und die Zeit verstreichen lasset, so werdet Ihr den Euch ˌaraus entstehenden Embarras Selbst einsehen, wenn auf einer Seite die ˌchwcden in Pommern den aus Schweden dahin destinirten Succurs von ˌhngefähr 8000 Mann in Zeit nach ohngefähr 2 Monaten bekommen, ˌie Russen aber alsdenn zugleich von der andern Seite auf Euch anˌringen sollten, ehe Ihr dort aufgeräumet habt.

Was die Russen anbetrifft, da werden solche gewiss nicht vor ˌommendem Juni operiren, und wie es das Ansehen bis dato hat, eher ˌach Schlesien wie sonst wohin marschiren, daferne sie sonsten noch ˌar etwas mehreres entrepreniren, maassen Meinen Nachrichten nach das ˌogenannte Schuwalow'sche Corps[1] sich noch nicht recht in Marsch geˌetzet hat.

Nach dem Concept. F r i d e r i c h.

9834. AU LIEUTENANT-GÉNÉRAL COMTE DE DOHNA.[2]

Breslau, 9 mars 1758.

La lettre que vous m'avez faite du 4 de ce mois, m'a été bien ˌendue; sur laquelle il faut bien que je vous dise qu'il m'est impossible ˌe [vous] ôter du poste où vous vous trouvez, vu que, s'il devait arˌiver que le maréchal Lehwaldt tombât malade, ou que, dans le grand ˌge, où il est parvenu, il lui arrive quelque fâcheux accident ou malˌeur, vous aurez d'abord tout à la suite le commandement de tout son ˌorps d'armée. Je ne suis que trop informé déjà que vous n'êtes pas

_____

[1] Vergl. S. 304. — [2] Die Berichte Dohna's vom März datiren aus Greifswald.

bien avec le Maréchal, mais, quelque peine que cela me fasse, il faut cependant que vous tâchiez de vous gouverner avec lui. C'est pourquoi aussi il faudra que vous ne lui fassiez parvenir directement vos sentiments et vos plans, mais que vous vous serviez en cela du colonel de Stutterheim,[1] pour les faire parvenir indirectement au Maréchal, comme si c'était de lui, Stutterheim, en attendant que vous ferez semblant, comme vous n'y touchiez aucunement.

Je connais trop votre zèle et vos bonnes intentions pour mon service, pour ne pas m'attendre que vous feriez bien ce petit sacrifice pour [le] bien de mon service, et que vous tâcherez d'accommoder tout cela au mieux possible.[2]

Nach dem Concept.   F e d e r i c.

9835. AU SECRÉTAIRE MICHELL A LONDRES.

B r e s l a u, 10 mars 1758.

La dépêche que vous m'avez faite du 24 de février dernier, m'a été fidèlement rendue. Vous remercierez affectueusement M. Holdernesse avec les autres ministres de la communication des différentes pièces intéressantes[3] que j'ai trouvées à la suite de votre dépêche; après quoi vous leur direz tout naturellement, quoique avec bien de politesse, qu'assurément je ne trouvais de quoi ils avaient eu lieu d'être surpris de ce que j'avais insisté, en vrai et fidèle allié de l'Angleterre, et qui n'a d'autre but que le bien et le succès de la cause commune, sur l'envoi d'un corps de troupes anglaises en Allemagne;[4] mais que, comme je voyais à présent les motifs que les ministres avaient, et que vous m'expliquez dans votre susdite dépêche d'une façon bien plus détaillée et étendue que vous ne l'aviez fait dans aucune de vos antérieures,[5] et que je vois bien qu'ils ne peuvent rien envoyer au delà de la mer, sinon que des secours en argent, je leur faisais des instances de vouloir au moins ne pas être contraires à ce que, pour résister aux grands efforts que la France voudrait faire en Allemagne contre le roi de l'Angleterre et ses alliés, les troupes d'Hanovre et celles de Brunswick et de Hesse-Cassel fussent augmentées en Allemagne,[6] de façon seulement à ce qu'elles n'eussent pas lieu de plier devant un ennemi sans cela trop supérieur en nombre, et que le susdit ministère voudrait au contraire aider ces princes en ceci de secours pécuniaires.

1 Vergl. S. 282. — 2 In einem Schreiben an Dohna, d. d. Breslau 11. März bezieht sich der König noch einmal auf obiges Schreiben, mit der dringenden Ermahnung, den hier ausgesprochenen Wünschen nachzukommen. — 3 Die Uebersetzung eines Erlasses von Holdernesse an Mitchell, d. d. Whitehall 25. Februar, und eine Uebersicht der Hauptartikel der, wie man annahm, am 15. Januar 1758 zwischen Wien und Versailles erneuerten Allianz. Vergl. S. 252. Anm. 1. — 4 Vergl. S. 160—162. 229. — 5 Vergl. S. 244. 245. 253. — 6 Vergl. S. 277. 292.

En faisant vos remontrances aux ministres de la façon susdite, vous leur ferez entendre également que peut-être je ne me serais jamais mêlé de la guerre présente, si cela n'était arrivé en haine de la convention de neutralité que j'ai arrêtée avec l'Angleterre pour protéger les États d'Hanovre,[1] et que c'était, par conséquent, proprement moi qui assistais Sa Majesté Britannique. Que, d'ailleurs, pour ne rien cacher aux susdits ministres, c'étaient proprement mes troupes, mes canons[2] et cetera qui donnaient le poids dans l'expédition présente du prince Ferdinand de Brunswick, qui était bien servie par la diversion que mon frère Henri faisait en même temps, et que, par conséquent, les ministres anglais n'avaient certainement aucune bonne raison de me soupçonner de quelques égards ou ménagement pour la France; que mes intentions envers l'Angleterre étaient les plus pures et les plus droites; que je ne me détacherai pas de ses intérêts, ni n'entrerai en aucune négociation avec les Français que du consentement de l'Angleterre; que, conformément à ces miens principes invariables, je n'avais jamais eu aucun scrupule de signer la convention dont il est maintenant question,[3] mais que la seule chose que j'avais désirée était qu'on mît en Angleterre plus de ferveur et d'activité aux mesures nécessaires pour le bien et les succès de la cause commune.

Nach dem Concept.

Federic.

9836. AN DAS DEPARTEMENT DER AUSWÄRTIGEN AFFAIREN.

Podewils und Finckenstein berichten, Berlin 7. März, über ein Schreiben des Präsidenten Münchhausen, d. d. Stade 3. März: Münchhausen zeige an, es seien von dem französischen Hofe an den englischen neue Vorschläge zu einem Sonderfrieden für Hannover gemacht worden; König Georg habe alle Zumuthungen zurückgewiesen; Münchhausen schliesse hieran den Wunsch, der König von Preussen möge den Subsidienvertrag mit England annehmen.

Breslau, 10. März 1758.

Sie können darauf nur immer poliment antworten, ohne Mich davon weiter zu meliren, da es hier eigentlich nur auf Complimenten ankommet.

Friderich.

Mündliche Resolution. Nach Aufzeichnung des Cabinetssecretärs.

9837. A LA MARGRAVE DE BAIREUTH A BAIREUTH.

Breslau, 11 mars 1758.

Ma très chère Sœur. Votre lettre du 4 m'est très bien parvenue de Leipzig, et je rends grâces au Ciel de vous savoir encore en bonne santé. Pour moi, je vais malgré vent et marée, et je compte de soutenir la campagne future d'un bout à l'autre.

[1] Vergl. Bd. XIV, 361. — [2] Vergl. S. 168. 169. — [3] Vergl. S. 285. 293.

Assurément que vous savez à présent de quelle façon les Français ont été chassés du Wéser, et quelle prodigieuse confusion règne parmi eux. M. de Bamberg[1] pourra garder ses places fortes jusques à un autre temps, du moins les Français n'y viendront pas de sitôt.

Ma situation commence à devenir meilleure; ce n'est pas que je n'aie une hydre d'ennemis à combattre, mais certainement les choses sont plus faciles qu'elles ne l'étaient il y a trois mois. Je ne crains pas les Russes, ni tous ces gens-là, je ne crains que les caprices de la fortune, au dessus de laquelle aucun homme ne saurait se mettre.

Ce que vous dites, ma chère sœur, de la philosophie, est tout d'or. Cependant, il faut forcer son esprit à de certaines façons de penser, lorsque cela est nécessaire, et s'imprimer que la vie est trop briève pour prendre tant de souci d'avantages passagers, qu'il faut abandonner au premier ordre de la nature. Il y a un âge où l'on doit avoir honte de jouer avec l'espérance, comme les enfants avec une poupée; il faut se préparer à tout et prendre généreusement son parti. Vous et moi, nous avons vu écouler nos meilleures [années], celles qui nous restent à passer dans le monde, ne seront pas nombreuses, de sorte que nous pouvons être tranquilles, quoi qu'il arrive.

Je suis sur le point de mon départ pour les montagnes; j'ai le siège de Schweidnitz à faire, après quoi il faudra voir si le mois d'avril et mai nous seront favorables.

Adieu, ma divine sœur, daignez vous conserver pour un frère qui met sa consolation et son bonheur dans votre amitié, et qui vous prie de recevoir les assurances de la tendre amitié et de la haute considération avec laquelle je suis, ma très chère sœur, votre très fidèle frère et serviteur

Nach der Ausfertigung. Eigenhändig. **F e d e r i c.**

9838. AU PRINCE HENRI DE PRUSSE.

[Breslau,] 11 [mars 1758].

Mon cher Frère. Je vous envoie une grande instruction[2] pour l'armée que vous aurez à commander en Saxe. Si tout ce qui est français, prend le chemin du Rhin, c'est-à-dire Soubisien et Clermontais, vous pourrez peut-être, en retournant en Saxe, donner le réveil aux Cercles et peut-être vous débarrasser d'eux avant le commencement de la campagne, ce qui serait un grand avantage. Je ne vous dis ceci que comme un *concetto*, vous n'avez qu'à examiner l'affaire, et vous la ferez si vous la croirez faisable; sinon, vous ne l'entreprendrez pas.

[1] Der Bischof von Bamberg wollte den Franzosen seine festen Plätze einräumen — [2] Vergl. Nr. 9839.

Je vous fais lever une compagnie de canonniers dont vous aurez soin, et je joins à votre corps 20 gros canons de 12 livres; cela fait un prodigieux effet. Si vous avez quelque affaire avec l'ennemi, il faut mettre ces canons en batterie et les faire agir tous vers l'aile que vous voulez attaquer, et vous en éprouverez sûrement l'avantage. Cela est un peu difficile à traîner, mais en revanche cela tire à 5400 pas et la mitraille à 1000 pas. Comme, par l'heureuse fuite des Français, Magdeburg est hors d'insulte, vous pourrez tirer de là tout ce que vous croirez nécessaire pour vos opérations.

Je pars dans quelques jours pour couvrir le siège de Schweidnitz, que l'on pourra difficilement commencer avant le 20. Mais il faut le couvrir primo, secundo pousser un corps dans le comté de Glatz. Adieu, mon cher frère, je vous embrasse, étant avec une parfaite considération, mon cher frère, votre fidèle frère et serviteur

Nach der Ausfertigung. Eigenhändig.   F e d e r i c.

9839. INSTRUCTION POUR LE PRINCE HENRI, CHARGÉ DU COMMANDEMENT DE L'ARMÉE EN SAXE.

Cette instruction embrasse deux objets, le maintien de l'ordre, de la discipline, du complet et bon état des troupes, et 2° les opérations militaires.

Quant à ce qui regarde l e p r e m i e r a r t i c l e, ma volonté expresse est que vous mainteniez la discipline, surtout la subordination, avec toute la vigueur imaginable, et qu'en cas que quelqu'un y contrevînt grièvement, après avoir fait tenir conseil de guerre, vous pouvez le faire périr de mort, s'il le mérite; ainsi des déserteurs, lorsqu'il y en a trop, vous devez faire des exemples, pour contenir ceux qui pourraient vouloir les imiter. Vous aurez soin que le soldat ne manque ni de pain ni de viande, et, dans de grandes fatigues, vous lui ferez fournir des vivres gratis. Vous tâcherez, par toutes sortes d'industries, de recruter votre corps, s'il fait des pertes; vous tâcherez, autant que l'occasion et les moyens le permettent, de le tenir complet. Vous empêcherez le pillage, autant que possible, et punirez sévèrement les officiers qui ne l'ont pas empêché, surtout ceux qui s'oublient au point de faire eux-mêmes de pareilles bassesses.

Voilà en gros pour la règle à observer. Je passe à présent a u s e c o n d a r t i c l e qui emporte un plus grand détail et m'oblige, par conséquent, de vous exposer les projets des ennemis, ensuite les miens et d'entrer alors dans la discussion de ce qui regarde proprement les manœuvres de l'armée que je vous donne à commander.

Le projet des Autrichiens est d'agir avec leurs plus grandes forces contre la Silésie, tandis que l'armée de Clermont, moyennant un nouveau traité que ces gens voulaient faire avec le roi d'Angleterre,[1] devait pé-

¹ Vergl. Nr. 9836.

nétrer dans le Magdeburg ou marcher par Brême dans le Mecklembourg et se joindre par ce pays aux Suédois. L'armée de Soubise devait faire à peu près la même manœuvre que vous lui avez vu faire l'année précédente, c'est-à-dire pénétrer en Saxe du côté de la Thuringe, pour gagner l'Elbe, pendant que les troupes des Cercles et quelques mille Autrichiens devaient entrer en Saxe par Freiberg, et un détachement de Hongrois était destiné, d'ailleurs, pour infester la Lusace et faire de là des courses dans le Brandebourg. Or, de ce projet tout ce qui regarde l'armée de Clermont, est entièrement rompu. Si, comme on peut espérer, l'armée de Soubise[1] fuit en même temps, et que tout cela aille vers le Rhin, la Saxe ni le pays de Brandebourg n'auront rien à craindre de sitôt de la part des Français. L'armée que vous commandez, ne trouvera donc probablement contre elle que les Cercles joints au corps de Marschall.[2]

De ce côté-ci, les Autrichiens espèrent de persuader les Russes qu'ils envoient le corps de Schuwalow à leur secours. Ce corps a fait des magasins du côté de Grodno, et il ne peut arriver ici que vers la fin de juin. Cela m'oblige de frapper un grand coup sur les Autrichiens, tandis que j'ai toutes mes forces ensemble, et avant que ce secours, s'il arrive, m'oblige de détacher. Voici donc mon projet de campagne. Prendre Schweidnitz tranquillement, laisser un corps de 15,000 hommes pour couvrir les montagnes, où, au cas que quelque corps voulût passer par la Lusace, mon détachement peut s'y opposer, ensuite porter la guerre en Moravie. Si je marche droit à Olmütz, l'ennemi viendra pour le défendre; alors nous aurons une bataille dans un terrain dont il n'a pas le choix. Si je le bats, comme il le faut espérer, j'assiège Olmütz; alors l'ennemi, obligé de couvrir Vienne, attirera toutes ses forces de ce côté-là, et, Olmütz pris, votre armée sera destinée à prendre Prague et à tenir la Bohême en respect. Après quoi, que les Russes, ou qui que ce soit, viennent, je serais en état de détacher, tant qu'il le faudra.

Quant à ce qui regarde votre armée, le commencement de la campagne doit être une défensive. Vous pourrez rassembler votre armée du côté de Dresde, ou vous le voulez. Vous connaissez tous les camps que j'ai fait reconnaître là-bas, dont vous pourrez choisir celui qui vous conviendra le mieux. Comme il est nécessaire d'avoir de bonnes nouvelles, et qu'il ne faut rien épargner en espions, Borcke a ordre de vous fournir tout l'argent dont vous aurez besoin. Je défends expressément tout conseil de guerre pour vos opérations,[3] je vous donne plein pouvoir d'agir comme vous le trouverez bon, de vous battre, de ne vous point battre: en un mot, de prendre en toutes les occasions le parti que vous croirez le plus avantageux et le plus conforme à l'honneur

---

[1] Vergl. S. 279. — [2] In der Vorlage schreibt der König diesen Namen, wie auch sonst in der Regel, Maréchal. — [3] Vergl. S. 38; Bd. XV, 412. 419. 453.

La manière dont les Français viennent d'être chassés, doit naturellement faire changer de mesure aux Autrichiens pour leur plan d'observation. Comme il m'est impossible de le deviner à présent, je ne saurais vous rien dire, sinon que votre armée doit défendre la Saxe, empêcher l'ennemi d'y pénétrer avant et se borner à cet objet, jusqu'à ce que nous ayons pris Olmütz, où vous trouverez toutes les facilités pour agir. Vous ne négligerez aucune occasion pour nuire à l'ennemi ; surtout il faut être attentif à rompre ses mesures d'avance et ne lui point laisser tranquillement exécuter ses projets. Si cette armée est obligée de se retirer, pour se joindre aux Autrichiens, vous aurez de belles occasions pour engager des affaires d'arrière-garde, peut-être aussi des batailles, où vous ne risquez rien, si l'ennemi est obligé de gagner la Moravie. Vous avez les généraux Itzenplitz et Hülsen dans l'infanterie dont vous pouvez bien vous servir ; dans la cavalerie, vous aurez Driesen, et j'en enverrai encore quelque bon ; ensuite Kleist, de Székely et Belling, qui . reçu vos hussards. [1] Accoutumez les cavaliers à la guerre, et commandez toujours d'eux quelques détachements pour soutenir les hussards, mais sous leurs ordres, et non sous celui des officiers de cavalerie. Quant à vos magasins, je les ai placés à Torgau et Dresde, e qui vous donne la commodité de l'Elbe et vous met en état de vous tourner également vers Bautzen et Freiberg, selon l'exigence du cas. Je vous recommande surtout, quoique vous ne deviez que défendre la Saxe, d'agir toujours offensivement, et si vous croyez que l'ennemi peut vous forcer à vous battre, attaquez-le ; mais ne vous laissez jamais attaquer par lui. S'il manque quelque chose d'ailleurs à cette armée, soit médecins ou autres officiers de brigade, vous n'avez qu'à le mander promptement, pour qu'on y remédie à temps. Je vous recommande sur toute chose le soin des pauvres blessés et malades, pour qu'on ait pour eux toute l'attention que méritent des gens qui se sacrifient pour leur patrie.

Voilà à peu près tout ce que je peux vous dire. Je ne saurais entrer dans le détail d'évènements futurs ; vous savez en gros de quoi vous êtes chargé ; pour le détail et l'exécution, je m'en remets entièrement à votre vigilance, sagesse, exactitude et attachement, étant, mon cher frère, votre fidèle frère et serviteur

Frederic.

NB. Vous pouvez tirer le général Finck de Dresde, si vous le jugez à propos, et y nommer *ad interim* un autre commandant ; vous pourrez aussi, en cas de besoin, nommer un officier pour Torgau ou pour quelque autre ville que ce soit, que vous trouverez à propos de munir de troupes. [2]

Nach der Ausfertigung. Eigenhändig.

---

[1] Vergl. S. 248. — [2] Die in den Œuvres (Bd. 28, S. 142) der Instruktion beigefügte „Designation der Generalität" gehört vielmehr zu dem Schreiben an Prinz Heinrich vom 2. April. Vergl. dieses.

9840. AU CONSEILLER PRIVÉ DE LÉGATION DE VIERECK
A COPENHAGUE.

Breslau, 13 mars 1758.

J'ai reçu votre rapport du 4 de ce mois, sur lequel je vous dirai
que les négociations secrètes qui jusqu'à présent ont paru subsister entre
la cour où vous êtes et celles de Vienne et de France, tout comme
les fréquents envois de courriers, n'auront apparemment eu pour objet,
de la part de ces deux dernières cours, que de tâcher d'exciter la cour de
Copenhague à faire pendant les circonstances présentes une diversion
à Sa Majesté Britannique dans le pays de Brême, et j'espère que vous
serez bientôt à même de vous en convaincre ou bien d'approfondir le
véritable but sur lequel roulent les négociations en question.

Nach dem Concept.   Federic.

9841. A LA REINE DE SUÈDE A STOCKHOLM.

[Breslau,] 13 mars [1758].

Mes circonstances sont encore telles que j'aurai beaucoup de peine
pour faire face à tout. A moins que les Suédois en Poméranie ne
souffrent un échec considérable, pour être obligés à demander la paix,
je ne la leur offrirai jamais ni n'en ferai la première proposition. Je
souhaite de tout mon cœur de pouvoir remplir tout ce que vous désirez à cette occasion, mais les moments pour y satisfaire, ne sont pas
encore arrivés, et il y aura beaucoup de difficultés à surmonter, pour
amener le tout au point que vous désirez. Comme les Français sont
bien chassés par le [prince] Ferdinand de Brunswick, et que mon frère
Henri pourra [les faire] quitter Hanovre et les possessions dont ils se
sont emparés en Allemagne, je me flatte qu'on les balaiera jusqu'au
delà du Rhin, et que cela fera de l'impression sur messieurs le
sénateurs.

Nach der Ausfertigung. [1]   Federic.

9842. AU PRINCE HENRI DE PRUSSE. [2]

[Breslau,] 13 mars 1758.

Mon cher Frère. J'ai été charmé d'apprendre par votre lettre l
suite des avantages que vous avez sur les Français. [3] Il est certain que

---

[1] Die Ausfertigung war chiffrirt; vermuthlich lag ein eigenhändiges Concept z
Grunde. — [2] Nach den Berichten vom 14., 16. und 18. März befand sich der Prinz a
diesen Tagen in Flachstöckheim (ein Dorf im Hildesheimschen, an der braunschwei
Grenze, südwstl. von Wolfenbüttel). — [3] Prinz Heinrich meldete, Libenburg 8. Mä
(vergl. S. 278. Anm. 4), die Franzosen seien bei Hameln über die Weser zurückgegange
er habe eine Abtheilung nach Duderstadt entsandt, die das Gerücht verbreiten solle, d
preussischen Regimenter in Sachsen seien im Anmarsch auf Nordhausen und Dude
stadt; dadurch würde der Rückzug der Soubise'schen Armee aus Hessen vermuthlic
beschleunigt werden. Prinz Ferdinand sei vor Minden eingetroffen.

des que le prince Ferdinand aura passé le Wéser et fait mine de tourner du côté de Paderborn, que tous les Français courront au Rhin, et qu'il n'en sera plus question pour cette année, ce qui fait un point très important pour nos affaires.

Je compte de commencer le siège de Schweidnitz du 18 au 20 et d'avoir fini cette besogne le 2 d'avril.

Vous aurez reçu à présent, mon cher frère, une ample instruction de ma part,[1] et vous verrez par là que le dessein de l'ennemi est de commencer une campagne précoce. Il y a apparence que vos succès — surtout si les Français sont forcés à repasser le Rhin — ralentiront cette première ardeur. C'est de quoi dépend le moment que vous voulez vous rendre à Berlin. Je vous avoue que je ne crois pas que cela se pourra: si c'est pour voir Madame ou arranger des affaires, faites plutôt venir en Saxe les gens dont vous avez besoin, que rien n'empêche de voyager; si c'est pour vos finances, j'y ai pourvu selon le peu de moyens qui me restent, comme vous le verrez par les ordres donnés à Borcke.[2] D'ailleurs, j'aurai besoin, vers le mois d'avril, du maréchal Keith,[3] que je ne saurais retirer de Saxe, avant que vous ne l'ayez relevé.

Comme nous n'avons ici aucune nouvelle de ce qui se passe chez vous, je vous prie de m'écrire de temps à autre ce que vous apprenez et surtout de ce que font les Rossbach, s'ils fuient avec, ou s'ils prendront le chemin du Bamberg.

La chose à laquelle je vous avais préparé, n'aura point lieu,[4] dont je suis bien aise, parceque je hais tout ce qui s'appelle sévérité, rigueur, et que je ne m'y porte que quand cela est absolument nécessaire. Voilà deux ministres de disgraciés, Paulmy à Versailles[5] et Bestushew à Pétersbourg;[6] cela ne nous fait ni chaud ni froid. Je vois bien qu'il

---

[1] Nr. 9839. — [2] Vergl. S. 297. — [3] Vergl. S. 269. — [4] Vergl. S. 267 mit Anm. 1. — [5] Am 26. Februar wurde der Kriegsminister Paulmy verabschiedet, an seine Stelle trat der Marschall Belle-Isle. — [6] Bestushew wurde am 14./25. Februar gestürzt. Eichel schreibt an Finckenstein, Breslau 13. März: „Die Katastrophe mit dem Grosskanzler Bestushew ... hat des Königs Majestät sehr frappiret; wollte Gott, dass solche vor drei oder vier Jahren geschehen wäre, so würde viel Unglück, so nachher geschehen, unterblieben seind! So aber ist dieser Vorfall jetzo um so embarrassanter, als wir die eigentlichen Ursachen davon noch ignoriren und nicht wissen können, ob die Suiten davon uns favorabel oder, wie zu besorgen, schädlich sein werden." Mit demselben Schreiben übersendet Eichel an Finckenstein das Schreiben des Grafen Mailly, d. d. Versailles 30. Januar, für den Prinzen Heinrich. (Vergl. schon S. 266 Anm. 2.) Finckenstein würde aus dem Schreiben des Grafen, „der Urlaub nach Frankreich hat und das Terrain dorten sondiren wollen," ersehen, „wie man in Frankreich bis dahin wegen eines zu herstellenden Friedens denket" ... „Ob die jetzige Successe des Prinz Ferdinand von Braunschweig andere Idées inspiriren werden, stehet dahin." Das ganze Schreiben von Mailly lautet:
„Que le Roi ne mettrait jamais d'animosité ni d'humeur dans la guerre où Sa Majesté a été forcée d'entrer par l'invasion de la Saxe et de la Bohême, en qualité d'auxiliaire de l'Empire, de l'Impératrice-Reine et du roi de Pologne, électeur

n'y aura d'évènements favorables pour nous que ceux que nous forcerons au bout de l'épée.

Adieu, mon cher frère. Voici la réponse[1] à votre capitaine, qui m'a fait des propositions non recevables.

Je vous embrasse de tout mon cœur, vous assurant de la tendre amitié et de la haute estime avec laquelle je suis, mon cher frère, votre fidèle frère et serviteur

Nach der Ausfertigung. Eigenhändig.   F e d e r i c.

9843. AU LIEUTENANT-GÉNÉRAL PRINCE FERDINAND
DE BRUNSWICK.

Breslau, 13 mars 1758.

Monsieur mon Cousin. Je ne saurais m'empêcher de renouveler à Votre Altesse mes félicitations sur tous les avantages que vous avez eus jusqu'à présent sur l'ennemi,[2] et de vous faire de bien bon cœur ma congratulation à ce que votre expédition va le meilleur train possible. Ce que je vous prie à présent avec instance, c'est de ne pas vous relâcher ni de faire les choses à demi, mais de les mener plutôt à leur perfection et achever entièrement. Je suis bien persuadé que, quand vous serez maître de Minden et que vous tournerez vers le Paderborn, qu'alors les Français s'en iront vers Düsseldorf et se retireront au delà du Rhin. Après, vous n'en reverrez rien avant le mois d'août ou septembre, et vous aurez l'honneur d'avoir balayé les Français hors de toute l'Allemagne à la réserve de Wésel. Je suis avec tous les sentiments d'estime et d'amitié possible, Monsieur mon Cousin, de Votre Altesse le bon cousin

La nécessité, mon cher, de ce que je vous écris, n'existe pas dans le moment présent, mais c'est pour toute la campagne, qui sera longue.

de Saxe. Que le Roi, fidèle à ses alliés, évitera toute négociation qui pourrait leur donner ombrage, mais qu'il ne se refusera jamais, conjointement avec ses alliés, à une paix qui serait fondée sur les principes de l'équité et de la sûreté de la paix publique de l'Empire. Mais ce que je puis joindre encore, Monseigneur, avec confiance, est l'assurance des sentiments du Roi les plus purs et les plus sincères de voir la tranquillité rétablie et cimentée pour jamais. C'est le fond de son cœur, comme celui de son ministère; mais Votre Altesse Royale sentira d'Elle-même aisément que ces mêmes sentiments sont dépendants par eux-mêmes des différents moyens qui peuvent convenir à ses alliés, vis-à-vis desquels, en effet, le Roi, dans ce moment, n'a d'autre titre que celui d'auxiliaire et de garant de leurs États. C'est donc de ces moyens mêmes d'où dépend cet objet si désirable que la paix."

[1] Liegt nicht bei. Vermuthlich war es die Antwort auf die Eingabe eines französischen Officiers, der in preussische Dienste zu treten wünschte, und dessen Schreiben Prinz Heinrich, Libenburg 8. März, übersandt hatte. — [2] Vergl. S. 269. 280. 289. 296. Zwischen dem 1. und 10. März (vergl. S. 280 Anm. 1) liegt ein Bericht des Prinzen Ferdinand nicht vor, der Bericht vom 1. war am 8., der vom 10. wurde am 18. durch den König beantwortet (vergl. Nr. 9831 und Nr. 9851).

Il faut employer à présent mes secours que je vous ai envoyés, que je serai peut-être obligé de retirer dans peu. [1] Ainsi faites-en un si bon usage que vous puissiez vous en passer dans la suite avec sûreté. Je pars pour assiéger Schweidnitz. [2]

Federic.

Nach der Ausfertigung im Kriegsarchiv des Königl. Grossen Generalstabs zu Berlin. Der Zusatz eigenhändig.

9844. AN DEN OBERST UND FLÜGELADJUTANTEN VON STUTTERHEIM. [3]

Breslau, 13. März 1758.

Den Einhalt Eures Mir von denen dortigen Sachen erstatteten Berichtes vom 8. dieses habe Ich zwar mit mehreren ersehen, kann Euch aber darauf in Antwort nicht verhalten, wie das, was Ihr darin von allen guten Absichten meldet, Mir keine Satisfaction giebet, da bisher alles nur in guten Worten und gegebener Hoffnung bestanden, aber davon noch wenig oder nichts realisiret ist und zu denen Sachen selbst nicht gethan, die schöne convenable Zeit dazu aber verloren worden und, wie es Mir scheinet, noch durch alles Trainiren verloren wird. [4]

Gleich im Monat Januarii und da der starke Frost, auch die kurze Distanz zwischen Stralsund und Rügen mit Eis beleget war, hättet Ihr von solchem guten Moment profitiren und erinnern, auch darauf pressiren sollen, dass man, sogleich und ohne einmal anzufragen, bei der schönen Gelegenheit über das Eis gegangen wäre und den Feind auf Rügen, ohne ihm einmal Zeit zu lassen sich zu recognosciren, attaquiret und brusquement weggejaget hätte. Das angeführete von ihm geschehene Aufeisen hätte dieses nicht behindert: man eiset nicht leicht eine Länge von etlichen Meilen auf, und durch gehörige Anstalten mit Brettern und Balken passiret man auch aufgeeiste Oerter, welches die Oesterreicher im vorigen Winter in der Lausnitz bei der aufgeeiseten Neisse gnugsam gewiesen haben. [5]

---

[1] Vergl. S. 260. — [2] Eichel schreibt, Breslau 13. März, an Finckenstein: „Des Königs Majestät gehen übermorgen von hier weg nach dem Gebirge, wo Sie Dero Quartier vorerst wohl zu Kloster Grüssau nehmen dörften. Obgleich das Gebirge noch voller Eis und Schnee und die Wege fast überall ganz impracticables sein sollen, man auch noch nicht wissen kann, wie dorten Schnee und Eis aufgehen wird, so besorge ich doch frühe Operationes." — [3] Vergl. Nr. 9816. — [4] In ähnlicher Weise beklagt sich der König in einem Cabinetserlass an Lehwaldt vom 13. März über die Verzögerung der Operationen gegen die Schweden. Er fügt an Lehwaldt hinzu: „Warum Ihr zu der vorhabenden Expedition gegen Rügen 18 schwere Geschütz gebrauchen wollet, solches begreife Ich nicht, da Meines Wissens nicht mehr als ohngefähr 3000 Mann an schwedischer Cavallerie auf Rügen seind, mit welchen Ich glaube, dass man auch ohne erwähnten grossen Appareil fertig werden wird." — [5] Vergl. Bd XIV, 304.

Wann dieses geschehen wäre, so wäre jetzo dorten alles vorbei und die Schweden vielleicht dadurch schon gezwungen worden, den Frieden anzubieten. So aber gehet alles dorten so sehr langsam, dass nichts rechts zu Stande gebracht wird.

Ich muss Mich gleichergestalt über solches wegen der einzutreibenden mecklenburgischen Contributionen[1] und anderen Lieferungen, die Mir doch höchst nöthig seind, beschweren; denn was seind 350,000 Reichsthaler in Abschlag *à proportion* von zwei Millionen, die einkommen sollen,[2] da schon längstens über die Hälfte und weit mehr von letzterer Summe baar vorhanden und eingesandt sein müsste, wenn die Sache mit Activité und rechtem Ernst durch nachdrückliche und scharfe Executiones betrieben worden wäre, und Ihr deshalb gehörig erinnert und getrieben hättet.

Von Rekruten kommen bis dato wenig hier,[3] davon es doch die allerhöchste Zeit ist, und die hiehergeschickte 1761 Artillerie- und Proviantpferde seind so schlecht und ausgemergelt, dass man solche gar nicht gebrauchen kann, weil man Schindmähren von denen Bauerpferden dazu genommen, anstatt dass man zu solchen Pferden ramassirte und tüchtige Gespanne von denen dortigen Edelleuten nehmen und zusammenbringen lassen sollen.

Alles dieses giebt Mir wenig Satisfaction, und erinnere Ich Euch dannenhero, dass, da Ich Euch aus recht besonders gnädigem Vertrauen, um alles wohl zu betreiben und wegen Execution Meiner Ordres fleissig zu vigiliren, dahin gesandt, Ihr also auch activer sein und grosses Empressement desfalls haben und, wenn auch hier und da einige Misshelligkeiten seind, dennoch darauf treiben und bestehen sollet, dass Mein Dienst zuvörderst geschehen und Meine Ordres prompte und in allen Stücken executiret werden müssen. Ich erwarte dieses noch gewiss von Euch, ehe sonsten die dazu convenable Zeit vorbeistreichet.

Nach dem Concept.   F r i d e r i c h.

9845. AU FELD-MARÉCHAL DE KEITH.

[B r e s l a u, 14 mars 1758.][4]

La Saxe n'aura rien à craindre de l'armée de Soubise. Dès qu'ils prendront bien la route du Rhin, mon frère Henri reviendra en Saxe, et le prince de Holstein en Poméranie. Lehwaldt lambine, et ses irrésolutions me font beaucoup de tort.[5] Envoyez toujours vos équipages

---

[1] Vergl. S. 283. 298. — [2] In einem folgenden Cabinetserlass an Lehwaldt, d. d. Kloster Grüssau 22. März, befiehlt der König „wegen des dortigen generalen Contributionsquanti", „dass, wenn Ihr es damit auf eine Million Thaler bringen könnet, Ihr sehen sollet, zu accordiren, dabei aber alle Domänen des Herzogs recht stark angezogen und von solchen genommen werden muss, was nur immer zu erhalten stehet." — [3] Vergl. S. 283. 298. — [4] Das Datum nach der Ausfertigung. — [5] Vergl. Nr. 9833. 9844.

d'avance en Silésie,[1] et vous verrez que dans peu nous gagnerons une supériorité entière sur tous nos ennemis. Je pars demain pour le siège de Schweidnitz, après quoi d'autres opérations succèderont à celles-là, et pour les Russes, s'ils viennent vers la Silésie, vous verrez comme ils seront payés de leur peine.

F e d e r i c.

J'espère que, vers le commencement d'avril, vous apprendrez de bonnes nouvelles de ce côté-ci..

Das Hauptschreiben nach der eigenhändigen Weisung für die Antwort. Der Zusatz eigenhändig auf der nur chiffrirt vorliegenden Ausfertigung.

9846. AN DEN GENERALFELDMARSCHALL PRINZ MORITZ VON ANHALT - DESSAU.

Breslau, 14. März 1758.

Durchlauchtiger Fürst, freundlich lieber Vetter. Da Ich die von Ew. Liebden mit Dero Schreiben vom 12. dieses eingesandte Kriegesgerichtssentenz über die drei Generallieutenants von Kyau, von Lestwitz und von Katte[2] erhalten und deren Einhalt mit mehrern ersehen habe, so habe Ich auch solche überall und in allen Stücken approbiret und confirmiret, auch die dazu erforderliche schriftliche Confirmation ausfertigen und dem Generalauditoriat zu Berlin zusenden lassen, mit Befehl, das nöthige zu besorgen, damit gedachte Sentenz denen vorerwähnten drei Generallieutenants, so viel jeden daraus angehet, gehörig publiciret und alsdann gesprochener Maassen zur Execution gebracht werden müsse, als weshalb Ich auch ermeldetem Generalauditoriat die erforderlichen Ordres an die respective Commandanten zu Spandau und Glogau mit beifügen lassen. Wodurch also diese Sache geendiget sein wird. Ich bin Ew. Liebden freundwilliger Vetter

F r i d e r i c h.

Nach der Ausfertigung im Herzogl. Haus- und Staatsarchiv zu Zerbst.

9847. AN DEN ETATSMINISTER GRAF FINCKENSTEIN IN BERLIN.

Breslau, 14. März 1758.

Ew. Excellenz ganz gnädiges Schreiben [vom] 11. dieses habe heute Mittag *par estafette* hier zu erhalten die Ehre gehabt und danke

---

[1] Vergl. S. 269. — [2] Vergl. S. 234. 272. 275. Das von dem Prinzen Moritz und den übrigen Theilnehmern unterzeichnete Kriegsgerichtsurtheil datirt: Breslau 11. März, die Bestätigung des Königs: Breslau 14. März. Lestwitz war zu Cassation und zwei Jahren Festung, Katte zu einem Jahr Festung, Kyau zu sechs Monaten Festung verurtheilt worden.

unterthänig vor den gnädigen Antheil, so Dieselbe an meinem Befinden nehmen wollen; es möchte sich mit dem Körper noch wohl etwas noth- dürftig trainiren, daferne nur einige Ruhe des Gemüthes solchen secon- diren könnte, und das Herz nicht beständig vieler Ursachen halber na- vriret wäre.

Den Herrn Mitchell finde ich bei dem Desastre, so ihm sehr un- schuldiger Weise arriviret ist,[1] ziemlich beruhiget und erwartet er ganz tranquillement die letztere Resolution, so sein Hof seinetwegen nehmen wird. Er findet aber ganz particulier, dass sein Ministerium ihn be- urtheilen wollen, ehe dasselbe seine letztere Briefe, welche in Holland durch Wind und Wetter bei der übelen Saison aufgehalten worden, und den letzteren von ihm depechireten Courier erhalten hätte. Da indess des Königs Majestät in zweien kurz auf einander an den Herrn Michell ergangenen Schreiben[2] Sich sehr vor den Herrn Mitchell interessiret haben, so flattiren Höchstdieselbe Sich noch, dass das englische Mini- sterium hierunter von der sehr präcipitiret genommenen Resolution än- dern und den Herrn Mitchell auf seinem Posten continuiren wird, da- ferne erwähnte beide Schreiben nur noch zur rechten Zeit in Engelland, und ehe der Herr Yorke[3] von dorten abgehet, eintreffen. Ich wünschete demnächst auch wohl sehr, dass der Herr Baron von Knyphausen[4] seine Reise dergestalt beschleunigen könnte, um diese Sr. Königl. Majestät Intention noch in Zeiten bestens secondiren zu mögen. Die Creditive vor denselben haben Se. Königl. Majestät heute sogleich vollenzogen, und erfolgen selbige deshalb auch hierbei wiederum zurück.

Der Vorfall mit dem de Fraigne[5] ist wohl einer der ohnangenehm- sten, obgleich des Königs Majestät im Grunde der Sache Recht haben, der Zerbstsche Hof hergegen sich etwas übel genommen hat und in- sonderheit die verwittibete Fürstin eine Protection und Attachement vor gedachte Person bezeiget, die ganz besonders ist . . ."

Eichel übersendet das Schreiben des Königs an die Fürstin von Zerbst vom 14. März.[6] Er bittet den englischen Gesandten Mitchell über die Angelegenheit de Fraigne's „au fait zu setzen", dieser werde alsdann den englischen Vertreter Keith in Petersburg informiren und „ihn ersuchen, allen übelen Insinuationen, so deshalb zu Petersburg ge- machet werden könnten, wo nicht vorzubeugen, doch wenigstens davon zu desabusiren. Ich sollte auch fast glauben, dass es noch genugsam Zeit dazu wäre, da der Herr Keith vielleicht kaum jetzo zu Petersburg angekommen ist[7] und dem Ansehen nach die mit dem Grosskanzler Bestushew geschehene Katastrophe[8] jetzt die mehriste Attention bei dem Hofe daselbst occupiren wird. . . ."[9]

[1] Vergl. S. 291. — [2] Vergl. S. 277. 291. — [3] Vergl. S. 292. — [4] Vergl. S. 293. — [5] Vergl. S. 284. — [6] Vergl. S. 284. Anm. 2. — [7] Vergl. S. 230. — [8] Vergl. S. 307. Anm. 6. — [9] Eichel theilt im Folgenden dem Minister seine Besorgnisse mit über die Correspondenz des Königs mit der Königin von Schweden. Vergl. bereits S. 273. Anm. 2.

Des Königs Majestät gehen morgen mit dem frühesten von hier nach Reichenbach und von dar übermorgen nach dem Städtchen Freiburg, wohin ich auch Deroselben übermorgen zu folgen beordert worden bin und deshalb morgen Vormittag, wie schon erwähnet, von hier gehe. Ich zweifele fast nicht, dass alsdenn der Anfang der Belagerung von Schweidnitz bald darauf folgen und so eine Operation die andere nach sich ziehen, mithin hiesiger Orten die Campagne überall sehr frühe werde eröffnet werden, daferne nicht die noch ganz rüde Saison,[1] zumalen im Gebirge, einiges Hola machen wird.

Unglaublich scheinet es fast zu sein, was jedoch sehr gute und ganz authentique Nachrichten versichern, dass man österreichscher Seits jetzo wirklich an dienstbaren, gesunden regulären Soldaten, NB. die Kranken und Rekruten davon ausgenommen, nicht völlig in Böhmen 18,000 Mann zusammenbringen könnte.

Die starke und bisher so glücklich gegangene Diversion des Prinz Ferdinand von Braunschweig und des Prinz Heinrich Hoheit dörfte auch den vielleicht schon genommenen feindlichen Operationsplan gar sehr derangiren und den grossen bisherigen Orgueil etwas abaissiren, wenn nur in Pommern etwas mehreres geschehen[2] und die Nordseite besser gedecket wäre.

Gott wolle doch allen diesen Umständen durch einen glücklichen Frieden ein baldiges und erwünschtes Ende machen und es deshalb so weit bringen, dass die amerikanische Differenzien das einzige Obstacle davon wäre, da dann vielleicht sich zu allem Mittel und Rath fände; wegen welches Umstandes ich fast präsumire, dass des Königs Majestät mit vielem Vorbedacht und Grunde nichts occasione der bewussten Convention touchiren[3] wollen, um dadurch diejenigen, die nur bloss auf ihre interieure Affaires denken, die grossen Sachen aber darüber entweder nicht einsehen oder doch negligiren, nicht noch mehr zu irritiren oder in Irresolution zu halten.

Ew. Excellenz gnädigem Andenken und Wohlwollen empfehle ich mich mit meinem ohnveränderlichen Respect und treuesten Attachement.

Eichel.

Nach der Ausfertigung.

848. AU CONSEILLER PRIVÉ VON DER HELLEN A LA HAYE.

Landshut, 17 mars 1758.

J'ai bien reçu votre rapport du 7 de ce mois, et je ne saurais m'empêcher de vous dire que la joie que les Hollandais témoignent du début favorable jusqu'à présent aux alliés et de la retraite précipitée des troupes françaises, ne saurait nous être de grande aide, me paraissant encore toujours fort douteux que les Hollandais voulussent de manière ou d'autre se prêter efficacement au bien de la bonne cause.[4]

[1] Vergl. S. 309. Anm. 2. — [2] Vergl. S. 309. 310. — [3] Vergl. S. 199. 200. 293. — [4] Vergl. S. 294 u. Anm. 5.

Quant à l'accession de la cour de Turin à l'alliance de nos ennemis, je ne crois point fondé ni vraisemblable le bruit qui en court, auquel cependant vous ne manquerez pas d'apporter de l'attention de
votre part . . .[1]

Nach dem Concept.   F e d e r i c.

9849. AU MINISTRE D'ÉTAT ET DE CABINET COMTE DE FINCKENSTEIN A BERLIN.

Landshut, 18 mars 1758.

J'ai été sensiblement touché de la fâcheuse nouvelle que vous
m'avez marquée par votre lettre du 14 au sujet de l'accident qui est
arrivé au comte de Podewils par une forte attaque d'apoplexie. Le retour des connaissances et l'usage de la parole qu'il a repris, me font
cependant bien espérer encore sur son rétablissement, ce que je souhaite
de bien bon cœur;[2] en attendant que vous aurez soin que les expéditions
du Département aillent sans interruption leur train ordinaire. Et, sur
ce, je prie Dieu etc.

Nach der Ausfertigung.   F e d e r i c.

9850. AN DEN ETATSMINISTER GRAF FINCKENSTEIN IN BERLIN.

Landshut, 18. März 1758.

Ich habe mit so vieler Consternation als Betrübniss den traurigen
Zufall ersehen, so des Herrn Grafen von Podewils Excellenz so schleunig begegnet ist, und condolire Ew. Excellenz von Herzen über die
Alteration, so Dieselbe nothwendig darüber haben müssen, wünsche auch
dabei auf das devoteste, dass die sich einigermaassen gezeigte Besserung
bei diesem würdigen und grossen Mann continuiret haben, und derselbe
sich nach und nach zu Ew. Excellenz grossem Soulagement völlig re
tabliren möge. . . .

Des Königs Majestät seind gestern allhier angekommen und werden
morgen von hier nach dem ohngefähr eine Stunde von hier belegenen
Kloster Grüssau abgehen, um allda währender Belagerung von Schweid
nitz zu bleiben. Diese wird ihren Anfang nehmen, sobald es nur die
Saison zulassen wird, dass man mit den Graben zu denen Tranchée
in die Erde kommen kann, währender solcher Zeit höchstgedachte
Se. Königl. Majestät die Belagerung mit einem besondern Corps d'armée
wiewohl noch in Cantonnirungen, decken werden, der Generallieutenan

1 Der Schluss enthält Bestimmungen über einen neuen Chiffre. — 2 In einen
Cabinetserlass an Finckenstein, d. d. Grüssau 23. März, spricht der König seine Ge
nugthuung darüber aus, dass die Gesundheit des Grafen Podewils sich wiederherstelle
er räth, dass Podewils für einige Zeit sich auf das Land begebe.

von Fouqué aber mit einem aparten Corps eine Expedition auf die Grafschaft Glatz unternehmen wird, um dieses Land von dem seit einiger
Zeit her sich dort eingenistelten Feind zu befreien und zu decken. Se.
Königl. Majestät haben mir heute express befohlen, von Höchstderoselben
wegen Ew. Excellenz zu melden, wie man dortiger Orten über die jetzige
vorseinde Expeditiones allhier nicht im geringsten embarrassiret [sein], noch
sonsten einige besorgliche Gedanken über den Success davon fassen
möchte, allermaassen Sie Dero Mesures darunter überall so gut genommen hätten, dass mit göttlicher Hülfe an dem guten Erfolg nicht
zu zweifeln, und dass vielleicht in Zeit von ohngefähr 14 Tagen diese
Operation schon vorbei und geendiget sein dörfte, wiewohl es auch drei
oder vier Tage damit länger werden könnte, nachdem nämlich Wetter
und Saison und andere nicht vorauszusehende Zufälle mehr oder weniger
Hinderung darin machen möchten.

Ich acquittire mich demnach schuldigst hiervon und empfehle mich
übrigens Ew. Excellenz zu gnädigem Andenken.

Nach der Ausfertigung. Eichel.

9851. AU LIEUTENANT-GÉNÉRAL PRINCE FERDINAND
DE BRUNSWICK.

Landshut, 18 mars 1758.

Monsieur mon Cousin. J'ai reçu avec satisfaction la lettre que
Votre Altesse m'a faite du 10 de ce mois, et suis bien aise d'avoir
appris le petit avantage que les miens ont eu sur quelques troupes
ennemies.[1] Que je serais charmé d'apprendre bientôt que vous eussiez
remporté de plus grands et de plus décisifs sur l'ennemi!

Quant aux autres circonstances, par rapport à votre situation-là, je
vous conseillerais de ne pas laisser Minden derrière vous dans les mains
de l'Impératrice-Reine. Ce n'est pas parceque cette ville m'appartient
en propre, ni que ce soit un poste extrêmement considérable, mais plutôt parceque c'est toujours un bon poste où il ne faut pas laisser nicher
les ennemis derrière vous, qui, au moindre échec que, contre toute
attente, vos troupes auraient, ne laisseraient pas que d'incommoder
fortement.

D'ailleurs, je ne vous conseillerais pas d'aller droit sur Münster,
qui est un pays très mauvais par son terrain et propre à être chicané
par un ennemi, et où je crains fort qu'en courant là contre le seul
Saint-Germain et en laissant l'ennemi derrière vous, il ne vous arrive
le même cas et les mêmes malheurs qui arrivèrent autrefois au duc de

---

1 Nach dem Bericht des Prinzen, d. d. Hille 10. März, hatte das preussische
Dragonerregiment Finckenstein, unter Führung des Obersten von Aschersleben, zwischen
den Dörfern Hülsen und Bevern 4 französische Grenadiercompagnien und 400 Reiter
theils niedergehauen, theils gefangen genommen.

Cumberland, au lieu que, si, après la prise de Minden, vous vous tournerez vers le côté de Paderborn ou vers Lippstadt, vous verrez que tout ce qu'il y a là d'ennemis, s'enfuira au diable.

Au surplus, je vous conseille encore de ne pas vous séparer trop en corps, mais de vous tenir en quelque façon rallié ensemble, pour ne risquer pas trop. Ce qui vous saurait importer le plus, c'est que, dans quelque lieu que vous saurez les ennemis en cantonnement, hormis le pays de Cassel qui est trop montagneux, vous tombiez dans leurs quartiers, pour leur aller sur le corps et les combattre vivement. De cette façon-là, vous dissiperez les forces de l'ennemi, et vous ferez au mieux vos affaires, au lieu que si, par ménagement à ne pas vouloir venir aux mains avec eux, vous leur laissez le temps de se reconnaître et de revenir de la bredouille où vous les avez jetés si heureusement, vous risquerez beaucoup. [1]

Pour ce que vous désirez touchant mon frère Henri, [2] je suis bien fâché de vous dire que cela ne peut pas se faire, et qu'il faut qu'à la fin du mois présent mondit frère retourne vers la Saxe. Vous pénétrerez la nécessité qui m'y oblige, quand vous songerez que je n'ai actuellement que 9 bataillons à présent en Saxe, que les Autrichiens commencent à former des corps aux frontières, et qu'il est, en conséquence, indispensablement nécessaire que je retire ce que le Prince a de troupes sous ses ordres, pour retourner en Saxe. Avec cela, je me vois obligé de vous dire d'ailleurs que je ne saurais guère aussi vous laisser longtemps encore les régiments de dragons et les hussards sous le prince de Holstein, et qu'à peu près à la fin de ce mois je me verrai nécessité de les retirer à moi pour ma propre défense, [3] de sorte que j'ai bien voulu vous en avertir d'avance, afin que vous tâchiez de frapper en attendant les grands coups que vous voudrez faire.

Au reste, nous commencerons en peu de jours le siège de Schweidnitz, que je couvrirai par une armée d'observation que j'ai avancée ici, et le général Fouqué ira en attendant avec un autre corps de troupes dans le comté de Glatz, afin d'en rechasser les Autrichiens qui ont tenu occupé là le pays depuis quelque temps. Je me flatte que nous aurons achevé tout cela dans un temps d'à peu près quinze jours.

Je suis avec cette considération et estime que vous me connaissez invariable, Monsieur mon Cousin, de Votre Altesse le bon cousin

Je n'ai point de méfiance en vous, mon cher! vous pouvez bien le croire. Mais une règle que je me vois obligé d'établir indispensablement pour l'avantage de l'État, [4] fait que je suis obligé de lier la légèreté

---

[1] In dem Déchiffré sind die Worte „au lieu que si“ bis „vous risquerez beaucoup“ vom Prinzen unterstrichen, und am Rande ist bemerkt worden: „Quel f.... raisonnement est cela!“ [das zweite Wort nicht ausgeschrieben]. — [2] Prinz Ferdinand wünschte, der Prinz Heinrich möchte weiter bis Münden vorrücken. — [3] Vergl. S. 218. 309. — [4] Die Verpflichtung, welche den Generalen auferlegt werden sollte, die zu Ge-

de ceux qui parviennent aux premiers grades de l'armée, et qui, acqué-
rant par là une trop grande connaissance de son fort et de son faible,
pourraient s'en servir à son préjudice. Le hasard fait que cela tombe
sur vous. Faites seulement cet acte que je regarde comme superflu de
votre part, mais qui sert de planche pour les autres, parcequ'il m'est
impossible d'introduire dans la connaissance intime de mes affaires des
gens qui peuvent être aujourd'hui à moi, demain chez mes ennemis.
C'est contre toute la prudence.

Federic.

P. S.

Je viens de recevoir encore la lettre que Votre Altesse m'a dé-
pêchée par estafette du 13 de ce mois. Je serais fâché que, sur de
légers scrupules, vous voudriez refuser cette marque de distinction que
je voudrais bien vous donner avec le plus grand plaisir du monde, ne
pouvant pas moi changer de résolution que j'ai prise de ne pas donner
de pareils brevets, sans avoir tiré cette promesse en question, en sorte
donc que je prie Votre Altesse de vouloir bien y réfléchir encore. La
chose serait bien autre, s'il y avait de l'espérance que, par quelque
succession, vous sauriez devenir prince régnant de quelque État, mais,
sans cela, je ne vois aucune raison qui jamais saurait vous faire quitter
mon service, ainsi que, pour que Votre Altesse y songe bien, ma
demande à Son égard n'est qu'une formalité, dont cependant je ne saurais pas me passer, pour ne pas laisser lieu à d'autres d'en vouloir tirer
des conséquences.

Federic.

Nach der Ausfertigung im Kriegsarchiv des Königl. Grossen Generalstabs zu Berlin. Der Zusatz zum Hauptschreiben eigenhändig.

9852. AU PRINCE HENRI DE PRUSSE.

Grüssau, 19 mars 1758.

Mon cher Frère. Non seulement les trois régiments de Wésel[1]
vous sont assignés, mais encore trois régiments qui se trouvent à Berlin,
a savoir Lestwitz, Brandes et Schulze. Vous placerez tout cela, comme
vous le jugerez à propos. Si vous faites entrer les régiments de Wésel
a Dresde, cela m'épargnera l'argent des équipages de campagne, et les
autres vous rendront de meilleurs services.[2] Je ferai aussi partir dans
quelques jours le régiment de Bredow que j'envoie droit à Dresde, d'où
vous pourrez en disposer.

Vous faites bien, mon cher frère, de vous retirer tout doucement
vers la Saxe, pour ne point être prévenu par l'ennemi, car nous y

nerallieutenants, Generalen der Infanterie oder Generalfeldmarschällen ernannt wurden,
vergl. Nr. 9821.
  [1] Vergl. S. 97. 236. — [2] Vergl. S. 236.

sommes très faibles à présent. Vous aurez la bonté d'assigner tout ce qui est argent de contribution, au général Massow, et de lui écrire que c'est pour payer les fournitures et armes perdues de l'armée; cela vient fort à propos dans les circonstances présentes. J'espère que vous arrangerez d'avance un train d'artillerie de siège à Magdeburg, prêt à être transporté sur vos ordres sur l'Elbe; cette précaution est indispensable pour ce que vous savez,[1] si la fortune nous rit. Vous me demanderez peut-être: D'où viendront les officiers d'artilleurs? Je pourrai peut-être vous les envoyer alors, ainsi que d'autres personnes dont vous pouvez avoir besoin.

Pour que vous sachiez ce qui se passe ici, je dois vous dire que je me suis mis ici sur le nez des Autrichiens, mais que des chemins dignes de la Sibérie nous séparent et nous empêchent de nous caresser, que la tranchée pourra s'ouvrir devant Schweidnitz du 22 au 23 à peu près, et que nous comptons que l'affaire durera à peu près quinze jours. Après quoi, il faudra donner un peu de repos aux troupes.

Vous savez, mon cher frère, que j'aime à vous faire plaisir, quand j'en ai l'occasion; mais vous me demandez une chose qui m'afflige de ne pouvoir vous satisfaire, point parceque Kalkreuth[2] est dans les gardes du corps, mais par sa mauvaise conduite. Il m'a demandé le congé, et j'ai été sur le point de l'envoyer dans une forteresse. Après cela, je ne puis m'en dédire: ou il est obligé de faire son service, ou moi de le faire enfermer. Si vous en voulez un autre du même corps, ce lui sera un honneur d'être employé chez vous; il faut que cela soit une distinction, et non pas la récompense d'un caprice, comme l'est sa maladie.

Dans ce moment, j'apprends que Minden est rendu.[3] Dieu en soit loué! et puissent tous les Français être ignominieusement chassés au delà du Rhin et noyés même, ou fleurdelisés sur le cul chacun avec les lettres initiales de la garantie de la Paix de Westphalie![4]

Adieu, mon cher frère, je vous embrasse de tout mon cœur, vous assurant de la tendresse et considération avec laquelle je suis, mon cher, frère, votre fidèle frère et serviteur

Nach der Ausfertigung. Eigenhändig. F e d e r i c.

9853. AU LIEUTENANT-GÉNÉRAL PRINCE FERDINAND DE BRUNSWICK.

Grüssau, 19 mars 1758.

Monsieur mon Cousin. J'ai reçu avec la satisfaction la plus complète la lettre que Votre Altesse m'a faite du 14 de ce mois,[5] et La

---

[1] Zur Einnahme von Prag, vergl. S. 304. — [2] Der Prinz bat, den Lieutenant von Kalkreuth, der augenblicklich krank in Leipzig sei, ihm zum Adjutanten zu geben. — [3] Vergl. Nr. 9853. — [4] Vergl. Bd. XIV, 503. Anm. 2. — [5] Vergl. S. 280. Anm. 1.

félicite de tout mon cœur de l'heureuse prise de Minden et de tout ce qu'il y a eu garnison de l'ennemi, nouvelle qui m'a fait un plaisir extrême.

Soyez persuadé que personne ne prend plus de part que moi à vos glorieux succès, de la façon que vous menez l'ennemi; et selon le train que votre expédition prend, il ne me reste plus aucun doute que vous ne chasserez sûrement l'ennemi au delà du Rhin.

Ce que je vous prie avec instance, c'est que Votre Altesse voudra bien me marquer où se trouve à présent l'armée de Soubise, si elle est englobée avec les autres troupes françaises, ou à quel lieu elle se tient présentement. Vous m'obligerez en me donnant des notices exactes à ce sujet. Je suis avec la plus haute estime et l'amitié la plus parfaite, Monsieur mon Cousin, de Votre Altesse le très bon cousin

Je vous félicite, mon cher, de tout mon cœur de vos heureux succès. Puissiez-vous fleurdeliser tous les Français, en leur imprimant sur le cul les marques initiales de la Paix de Westphalie, et les rechasser ainsi au delà du Rhin![1]

F e d e r i c.

Nach der Ausfertigung im Kriegsarchiv des Königl. Grossen Generalstabs zu Berlin. Der Zusatz eigenhändig.

9854. INSTRUCTION VOR DIE GENERALS IN DIE CANTONNIERQUARTIERE.

Grüssau, 20. März 1758.

Die erste und unumgängliche Précaution, die zu nehmen ist, bestehet in die Wege, die von den Cantonnierquartieren einer zum andern gehen, so viel möglich zu repariren, dass sowohl im Nothfall die Regimenter als Kanonen eine zu die andern kommen können. Der Alarmplatz vor das ganze Corps ist auf den Anhöhen hinter Zieder und Grüssau; dieser Posten aber wird nicht anders genommen, als wann es befohlen wird. Die Patrouillen von Liebau, Schömberg und Friedland müssen beständig gehen. Sollten einige einbringen, dass sich der Feind eins dieser Orten *en force* versammlet, und dieses wird dem König berichtet, so wird gegen dem Ort, wo der Feind einbrechen will, die Force der Armee hingezogen werden, um dem Feind gerade entgegen zu gehen. Sollte solches in der Gegend von Trautenau sind, so zöge sich die ganze Armee gegen Schömberg, bis auf das Corps von Friedland. Sollte der Feind aber gegen Braunau sich verstärken, so würde

---

[1] Vergl. auch das Schreiben an den Lord Marschall von Schottland in den Œuvres Bd. 20, S. 269. Der König schreibt an Marschall: „Grâce au Ciel et au prince Ferdinand, les Français passeront bientôt le Rhin avec leur garantie de la Paix de Westphalie, qui, par parenthèse, est devenue la meilleure de leurs fermes générales."

sich die Armee gegen Friedland ziehn, hingegen ein Theil des rechten Flügels bei Landshut stehen bleiben. Wegen Verhütung der Desertion muss alle Précaution genommen werden; vor die Bursche muss gesorget werden, dass sie, so viel möglich, gut genähret und untergebracht werden.

NB. Die Husaren müssen keinen Menschen nach Böhmen durchlassen und jedes wohl examiniren, damit, wann Spions oder Leute [kommen], so mit Briefe von Schweidnitz nach der österreichschen Armee oder von da nach Schweidnitz wollen, solche sofort angehalten werden. Wann Deserteurs kommen oder das geringste von der Grenze in Erfahrung gebracht wird, soll solches dem König gleich gemeldet werden.

Nach der Ausfertigung. [1]   F r i d e r i c h.

—— ———

9855. AU PRINCE HENRI DE PRUSSE. [2]

Grüssau, 21 mars 1758.

Mon cher Frère. Vous avez fait fort bien de vous retirer vers la Saxe, puisqu'il ne s'agit pas d'aller au Rhin, mais de défendre l'électorat qui certainement serait exposé, si vous ne rejoignez le corps du maréchal Keith. Prince Ferdinand, en faisant agir ses galeux de la façon que vous le dites, ne pourra pas manquer d'expulser de l'Allemagne ce débris de l'armée française qui s'y trouve encore. D'ailleurs, votre petite troupe aurait pu tomber dans de grands inconvénients en marchant vers Minden, dans des montagnes où une poignée de monde peut arrêter une armée, et où vous auriez eu de la peine à pouvoir cantonner.

Il faut que vous dirigiez Œlsnitz pour les campements. [3] Ses idées ne sont pas assez mûres, pour que vous [vous] fiiez à lui, mais dès que Schweidnitz sera pris, je vous enverrai un ingénieur. Cependant, prenez vos camps vous-même, c'est la meilleure méthode et la plus sûre.

Pour vos aides de camp, [4] il dépendra de vous de les prendre où vous voudrez; je vous avoue naturellement que, si je vous envoyais des miens, ce ne seraient pas les meilleurs. J'ai encore ici un petit Anhalt, un petit dindon qui est fort à votre service, mais dont vous ne tirerez aucun parti; j'en ai d'autres que je ne connais pas moi-même, ainsi en bon frère je vous conseille de vous en choisir vous-même.

A propos, vous avez un escadron de Seydlitz là-bas, que je vous prie de me renvoyer, pour que le régiment soit ensemble. Je vous en-

---

[1] Ausgefertigte Exemplare obiger Instruction finden sich im Nachlass des Markgrafen Karl im Kgl. Geh. Staatsarchiv zu Berlin und im Nachlass des Prinzen Moritz im Herzogl. Archiv zu Zerbst. — [2] Nach dem Bericht vom 18. März befand sich der Prinz in Flachstöckheim (vergl. S. 306. Anm. 2), der folgende Bericht vom 25. ist aus Leipzig datirt, die Berichte vom 30. und 31. aus Dresden. — [3] Vergl. S. 297. — [4] Vergl. S. 318.

verrai Kleist et le second bataillon de Székely dans la place, avec de la cavalerie pesante.

Je vous recommande les Cercles et toutes les canailles que l'on enverra contre vous; j'espère que, vers le commencement de mai, vous pourrez avoir une bonne affaire d'arrière-garde.

NB. N'oubliez pas de vous bien informer de tous les endroits où l'ennemi a des magasins. Peut-être pourrait-on lui déranger toute la campagne en les lui enlevant à temps. Tout cela ne sont que des idées dont vous ne ferez que l'usage que vous trouverez à propos.

J'ai eu hier et la nuit une affreuse colique; cela se passe à présent. Nous sommes ici comme en Laponie: des barrières de glace nous séparent des ennemis, et tant qu'elles ne se fondront point, nous serons aussi tranquilles ici qu'à Breslau.

Adieu, mon cher frère, je vous embrasse de tout mon cœur, vous priant de me croire avec une parfaite tendresse et estime, mon cher frère, votre fidèle frère et serviteur

Nach der Ausfertigung. Eigenhändig.   F e d e r i c.

9856. AU CONSEILLER PRIVÉ VON DER HELLEN A LA HAYE.

Grüssau, 21 mars 1758.

J'ai reçu votre rapport du 11 de ce mois, et on ne saurait disconvenir que le prince de Birkenfeld[1] ne soit un brave homme qui paie bien de sa personne; mais, indépendamment de cela, quand même les Autrichiens l'auront, ils n'y gagneront pas grand' chose.

Au surplus, il me reste à vous dire qu'il n'est point à douter que, par les progrès que le prince Ferdinand de Brunswick fait contre l'armée française, il ne balaie les Français de l'Allemagne de ce côté du Rhin et ne les recogne au delà de ce fleuve. Cela fera peut-être impression sur les Régents de la République, principalement si les sentiments du peuple pouvaient être fomentés là-dessus sous main.[2]

Nach dem Concept.   F e d e r i c.

9857. AU SECRÉTAIRE MICHELL A LONDRES.

Grüssau, 21 mars 1758.

J'ai bien reçu votre rapport du 3 de ce mois. Me référant au préalable à ma dépêche du 18 du mois de février dernier,[3] qui, à l'heure

[1] Der holländische General Prinz von Birkenfeld sollte in den österreichischen Heerdienst gezogen werden. — [2] In einem folgenden Cabinetserlass, d. d. Grüssau 26. März, befiehlt der König, Nachrichten über Russland ihm einzusenden, da diese ihn augenblicklich am meisten interessirten; ein danach folgender aus Grüssau vom 29. März datirter Cabinetserlass enthält die Weisung an Hellen, dass dem Könige ein neuer Gesandter, der an Stelle von Gronsfeld (vergl. S. 241) nach Berlin geschickt würde, angenehm sein werde, da er nicht zweifele, dass man eine wohlgesinnte Persönlichkeit wählen würde. — [3] Vergl. Nr. 9784.

qu'il est, vous aura sans doute déjà été rendue, je vous dirai en réponse à votre susdit rapport que je conçois très bien qu'il ne m'appartient pas de disposer, ni de commander en Angleterre, mais que c'est à Sa Majesté Britannique et à son ministère à le faire, et que, par conséquent, par tout ce que j'ai fait remarquer par vous aux ministres anglais, mon intention n'a été uniquement que de leur dire ce que je pensais être le plus convenable au bien de la cause commune, sauf à eux s'ils le jugeaient compatible ou non aux circonstances où se trouvent à présent les affaires en Angleterre, desquelles je ne saurais, vu la grande distance dans laquelle je me trouve ici, juger assez précisément.

Toutefois je me flatte que le mécontentement des ministres anglais sera venu à cesser entièrement par les ordres qui vous ont été expédiés du depuis,[1] et que tout le monde sera content au moment présent.

Nach dem Concept.   F e d e r i c.

9858. AU DUC RÉGNANT DE BRUNSWICK A BRUNSWICK.

. Grüssau, 22 mars 1758.

Monsieur mon Frère et Cousin. Je me sens vivement touché des sentiments d'amitié que Votre Altesse m'a bien voulu renouveler par Sa lettre du 12 de ce mois, par laquelle j'ai appris d'ailleurs avec bien de la satisfaction que les avis que j'ai osé vous donner par ma lettre antérieure,[2] ne vous ont pas déplu. Quant au district du pays de deux rives du Wéser de Votre Altesse, dont Elle paraît être en peine, Elle considèrera que tout le bien ne se saurait faire à la fois, et qu'il faut ainsi prendre patience et espérer qu'après un si bon commencement, le reste viendra. C'est avec la même patience que j'attends le recouvrement de mes provinces de Ravensberg [et] de la Mark que les Français tiennent occupées encore, et que j'attends qu'on les en chassera: mais, après l'heureuse prise de la ville de Minden,[3] j'ai tout lieu de me flatter que tout ce qui reste de troupes françaises de ce côté du Rhin s'enfuira, pour passer au delà de ladite rivière. Je suis invariablement avec ces sentiments de considération et d'amitié que vous me connaissez, Monsieur mon Frère et Cousin, de Votre Altesse le bon frère et cousin

Nach dem Concept.   F e d e r i c.

---

¹ Vergl. Nr. 9811. 9819. 9826. 9835. — ² Vergl. Nr. 9830. — ³ Vergl. S. 318. 319

9859. AN DEN ADMINISTRATOR PRINZ DIETRICH VON AN-HALT-DESSAU IN DESSAU.

Grüssau, 22. März 1758.

Durchlauchtiger Fürst, freundlich lieber Vetter. Ew. Liebden Schreiben vom 16. dieses habe Ich erhalten. Um Mich über dessen Einhalt gegen Dieselbe, als Meinem alten guten Freunde, vertraulich zu expliciren, so werden Ew. Liebden Sich zurückerinnern belieben, wie sehr Ich gesuchet, das alte gute Vernehmen mit denen fürstlich An-haltschen Häusern, so nach als vor, zu unterhalten, und was Ich denen-selben deshalb zu mehrern Malen vorgestellet und an die Hand gegeben habe.[1] Wie aber alles dieses bei solchen nichts verfangen, vielmehr selbige denen allen Gesetzen und Reichsverfassungen zuwiderlaufenden und denen alten fürstlichen Häusern selbst zum höchsten präjudicirenden Reichshofraths-Decretis zufolge die ganz illegale Avocatorien, und was dergleichen mehr ist, publiciret, mithin sich dadurch selbst gegen Mich als Feind declariren wollen, so ist es auch im geringsten Meine Schuld nicht, wenn Ich auch darauf oberwähnte drei fürstliche Häuser als feind-selig gegen Mich ansehen, mithin dasjenige, was die Regeln des Krieges in dergleichen Fällen mit sich bringen, gegen dieselbe veranlassen müssen. Alle unangenehme Suiten davon haben also nurgedachte Häuser sich selbst zuzuschreiben, da sie Meine gütlichen und freundschaftlichen Er-innerungen gar nicht stattfinden lassen wollen. Ich bin auch nunmehro nicht im Stande, darunter etwas zu ändern, noch von dem, so verlanget worden, Mich im geringsten zu relachiren; mithin kann nichts anders übrig bleiben, als dass das geforderte[2] nur je ehe je lieber berichtiget werde, sonsten die schwereste Executionen deshalb continuiren müssen, und gedachte Herren Fürsten sich den daher entstehenden Ruin des Landes selbst einig und allein beizumessen haben.[3]

Ich bin sonsten mit vieler Freundschaft Ew. Liebden freundwilliger Vetter

Friderich.

Nach der Ausfertigung im Herzogl. Haus- und Staatsarchiv zu Zerbst.

9860. AN DEN GENERALFELDMARSCHALL VON LEHWALDT.

Grüssau, 24. März 1758.

Nachdem Ich den Einhalt Eures unter dem 19. dieses an Mich erlassenen Schreibens mit mehrern ersehen habe, so gehet es Mir zwar sehr nahe, dass Euer ganz ruhmwürdig erreichtes hohes Alter und die dabei fast ohnausbleibliche Infirmitäten Euch nicht mehr erlauben wollen,

---

[1] Vergl. S. 86. — [2] Vergl. S. 96. 144. — [3] In ähnlicher Weise antwortet der König, Grüssau 24. März, in einem Schreiben an die Fürsten von Bernburg und Köthen.

Mir Euren Eifer im Dienste dergestalt zu bezeigen, noch Eurem bisherigen Commando so vorzustehen, als wie Ihr es jedesmal zu Meiner
vollenkommensten Satisfaction gethan habet. So nahe es Mir aber auch
gehet, so kann Ich dennoch aus denen von Euch angeführeten billigen
Ursachen nicht umhin, Eurem gethanen Gesuch zu deferiren und Euch
mithin auf das allergnädigste von Eurem bisherigen Commando des
dortigen Corps d'armée zu dispensiren. Welches Ihr dann also auch
dem dortigen Generallieutenant Grafen zu Dohna, als welchem Ich solches hinwiederum conferire und ihm das nöthige deshalb bekannt mache,[1]
zu übertragen und ihm deshalb alle Instructiones und übrige Ordres und
Nachrichten, so Euer jetziges Commando in Pommern concerniren, abgeben zu lassen habet.

Wobei Ich denn auch nöthig finde, dass diese nunmehrige Veränderung mit dem Commando der dortigen Truppen denenselben durch
anliegende offene Circulaire-Ordre[2] überall bekannt gemachet werde.

Inzwischen könnet Ihr von Mir und Meiner Erkenntlichkeit gegen
Eure so vieljährige treu und Mir sowie dem ganzen Staat nützlich er-
wiesene Dienste versichert sein, dass Ich Euch von allem dem, so Ich
Euch vorhin conferiret habe, nicht das geringste nehmen, vielmehr Euch
auf Eure ganze übrige Lebenszeit Euer unterhabendes Regiment nach
als vor nebst allen davon fallenden Revenus lassen, auch Euch sonsten
niemalen, als einen so würdigen und meritirten General, beiseite setzen,
vielmehr Euch in allen Eurer Charge als Generalfeldmarschall gebühren-
den Distinctionen bei der Armee und sonsten conserviren und mainteniren werde.

Es wird also nunmehro von Euch dependiren, dass, wann Ihr an
den Generallieutenant Graf zu Dohna das Commando des dortigen Corps
d'armée übertragen und an ihn alles erforderliche abgegeben haben
werdet, Ihr alsdann bei jetzigen Umständen, und wie es Meiner Intention am gemässesten ist, nach Berlin gehen, daselbst auch inzwischen
das Gouvernement unter Assistance des dasigen Generallieutenant von
Rochow[3] übernehmen und daselbst so lange bleiben werdet, bis mit
göttlicher Hülfe die Ruhe und der Friede wiederherstellet und die Sachen
in Preussen wiederum in den vorigen Stand gesetzet sein werden.

Ich zweifele übrigens nicht, dass der Generallieutenant Graf zu
Dohna, an welchen Ich auch deshalb geschrieben, den Auditeur Eures
unterhabenden Regiments, Hennings, ganz gerne weiterhin zu Führung
der geheimen Correspondance als Secretaire gebrauchen und deshalb zu
sich nehmen werde, da dieser alle Routine und überdem, Eurer Versicherung gemäss, die dazu nothwendig erforderliche Qualitäten hat.
Ich bin jedesmal mit aller Estime etc.

Nach dem Concept.   F r i d e r i c h.

_____

[1] Erlass an Dohna, d. d. Grüssau 24. März. — [2] D. d. Grüssau 24. März. —
[3] Vergl. Bd. XV, 482.

9861. AN DEN GENERALFELDMARSCHALL PRINZ MORITZ
VON ANHALT-DESSAU.[1]

Grüssau, 24. März 1758.

Durchlauchtiger Fürst, freundlich lieber Vetter. Ich habe Ew.
Liebden Schreiben vom 23. dieses wohl erhalten und bin Deroselben
zuvorderst vor die darin gegebene Nachrichten obligiret, diene auch
sonsten darauf in Antwort, wie dass es kein Wunder ist, wenn nach
Aussage des von Deroselben ausgeschickten die Oestreicher Braunau
letzthin ledig gelassen haben, da nach der Mir nunmehro gewiss zugekommenen Nachricht der Generallieutenant von Fouqué[2] den östreichschen Generalmajor Jahnus in der Grafschaft Glatz dergestalt surpreniret hat, dass derselbe sich in grösster Eil den 20. dieses mit Zurück-
lassung seiner ganzen Bagage, an 200 Wagen, worunter die seinigen
mitgerechnet, in grosser Unordnung aus Habelschwerdt zurückziehen
müssen; da dann derselbe bis Grulich poussiret und 4 Officiers und
200 Gemeine von ihm gefangen, verschiedene Panduren aber niedergehauen worden, ohne dass unsererseits jemand geblieben und nur ohngefähr etliche Husaren blessiret worden seind. Bei welcher Gelegenheit
dann gedachtem Jahnus noch der tiefe Schnee und die fast impracti-
cable Wege zu Statten gekommen seind, ausser welchen wir über 5 bis
600 Gefangene bekommen haben würden. Ich bin Ew. Liebden freundwilliger Vetter

Friderich.

Nach der Ausfertigung im Herzogl. Haus- und Staatsarchiv zu Zerbst.

9862. AU MINISTRE D'ÉTAT COMTE DE FINCKENSTEIN
A BERLIN.

Grüssau, 24 mars 1758.

Mon cher comte de Finckenstein. J'apprends que mon frère le
prince de Prusse a conçu le dessein d'aller faire de son gré la campagne en volontaire auprès du corps d'armée sous les ordres du maréchal de Lehwaldt. Pour prévenir donc tout inconvénient qui en arriverait, ma volonté expresse est que vous devez lui en parler et le dis-
suader d'un dessein qui ne saurait pas s'exécuter sans mon consentement
préalable et sans mon ordre exprès, au défaut duquel il s'exposerait
sûrement.[3] Et, sur ce, je prie Dieu etc.

Federic.

Nach der Ausfertigung.

---

[1] Die Berichte des Prinzen Moritz vom 20. bis zum 31. März sind aus Schlesisch-Friedland datirt. Dem obigen Erlass an Prinz Moritz gehen zwei andere vom
24. März vorauf; der Inhalt ist weniger erheblich. — [2] Vergl. S. 315. — [3] Finckenstein
antwortet, Berlin 30. März, der Prinz habe ihm erklärt, dass die Nachricht, er be-
absichtige als Freiwilliger bei dem Lehwaldt'schen Corps den Feldzug mitzumachen,
vollständig unbegründet sei.

9863. AN DEN ETATSMINISTER GRAF VON GOTTER IN BERLIN.

Grüssau, 24. März 1758.

Den Gedanken, welchen Ihr Mir vermittelst Eures Berichtes vom 17. dieses wegen der nach allem Recht und Billigkeit zu gebrauchenden Represaillen gegen den Fürsten von Thurn und Taxis wegen seines bei Gelegenheit des jetzigen Krieges sich überall gegen Mein Postwesen bezeigten gehässigen und unvernünftigen Betragens communiciren wollen, habe Ich sehr gut gefunden und approbire sehr, dass an allen Orten, so Meine Truppen occupiret haben und noch occupiren möchten, wenn Taxesche Reichsposten daselbst etabliret sein, die Taxesche Postmeister sogleich weg- und fortgeschaffet, mit denen Reichsposten aber allda ebenso verfahren werden soll, als wie mehrgedachter Fürst von Thurn und Taxis mit Meinen Posten im Clevischen und Westphälischen um-gegangen, folglich sothane Postämter von Meinen Postbedienten admini-striret und die Revenus Mir berechnet werden sollen, so lange nämlich vorerwähnte Oerter von uns occupiret sein werden. Ich werde auch hiernach das nöthige an Meines Brudern, des Prinzen Heinrich Lieb-den, gelangen lassen.

Ich approbire gleichfalls, dass nach Eurem Vorschlage das General-postamt suche, sich mit dem hannöverschen und braunschweigschen Ministerio darüber zu concertiren, dass dem fürstlich Thurn- und Taxe-schen Reichspostwesen aller nur möglichster Abbruch geschehen, auch bei dieser Gelegenheit mit Hannover, Cassel und Braunschweig solche Conventiones eingegangen werden, wodurch unser Postinteresse reci-proquement merklich erhöhet werden kann. Als welches alles Ihr so fort zu veranstalten und Euch mit dem Departement der auswärtigen Affairen zu concertiren habet.

Nach Abschrift der Cabinetskanzlei.   Friderich.

9864. AU GÉNÉRAL DE L'INFANTERIE PRINCE FERDINAND DE BRUNSWICK.

Grüssau, 25 mars 1758.

Monsieur mon Cousin. Les lettres que Votre Altesse m'a faite du 17 et du 18 de ce mois, m'ont fait tout le plaisir imaginable par rapport aux heureux succès de votre expédition.[1] Selon des rapport qui me sont parvenus, les Français ont déjà abandonné outre la ville de Rinteln aussi celle de Hameln. Si l'on m'a accusé juste, il me pa

------

[1] Prinz Ferdinand meldet, Hille 17. März, der Feind ziehe sich auf Paderborn und Münster zurück, Prinz Holstein verfolge ihn mit der Cavallerie, mit dem Haupt-corps werde er selbst durch das Osnabrückische vorgehen und versuchen, den Fran-zosen noch einmal in die Quartiere zu fallen. Am 18. meldet der Prinz aus Holz-hausen die Einnahme von Hameln.

raît être absolument impossible qu'ils sauraient tenir encore à Cassel, surtout après que je sais que mon frère Henri a détaché vers Gœttingen, ce qui, sans doute, fera un très bon effet.

Les idées que vous avez présentement, pour poursuivre vos succès, sont telles que je ne saurais qu'y applaudir parfaitement. Si les Français sont dans la position que Votre Altesse me marque, il ne saura manquer que, quand vous percerez encore une fois leurs quartiers, ils ne s'enfuient tous très précipitamment, après la dernière rencontre que vous aurez eu avec eux, au delà du Rhin. C'est alors et dans cette occasion-là qu'il faut que vous envoyiez à leurs trousses les hussards et les dragons, pour les talonner de près et les bien pousser, afin de les bien accommoder encore et les pousser de sorte qu'ils soient rejetés le pied en l'air et fort délabrés au delà du Rhin.

Au reste, pour donner une marque éclatante à Votre Altesse de la satisfaction extrême où je suis sur Ses progrès contre l'ennemi, je vous adresse ci-clos le brevet de général d'infanterie de mon armée,[1] ne souhaitant rien plus que de vous persuader par là de la parfaite considération et estime avec laquelle je suis, Monsieur mon Cousin, de Votre Altesse le bon et très affectionné cousin

Federic.

Nach der Ausfertigung im Kriegsarchiv des Königl. Grossen Generalstabs zu Berlin.

9865. AU PRINCE HENRI DE PRUSSE.

[Grüssau,] 25 mars 1758.

Mon cher Frère. Je n'ai pu vous écrire de quelques jours, à cause d'une terrible colique accompagnée de fièvre, qui m'avait mis sur le grabat. Ce délai m'a procuré des lettres du prince Ferdinand, qui m'ont donné des éclaircissements sur bien des choses, s'entend il me marque que les Français ont abandonné Hameln et Rinteln,[2] d'où je tire la conséquence certaine qu'ils seront obligés d'abandonner le pays de Hesse, et à présent je peux supposer sans témérité que tous ces brigands passeront le Rhin, ne trouvant plus rien à piller en Allemagne.

J'en viens à présent à ce qui vous regarde, mon chère frère, et pour ne vous rien laisser à désirer sur mes idées, je vais vous les expliquer de mon mieux. Selon ce qui est parvenu à ma connaissance, vous n'aurez vis-à-vis de vous que les troupes de l'Empire et le vieux Wenzel Wallis, qui est un vieux coïon. Si, de mon côté, je parviens à gagner deux marches sur l'ennemi, je me trouve avant l'armée de Daun vers Olmütz.[3] Ceci, comme je l'espère, l'engagera à une bataille, où, comme je l'espère, il sera battu. En ce cas, vous jugez bien qu'ils rassembleront toutes les forces qu'ils pourront en Moravie, pour couvrir

---

[1] Vergl. S. 286. 317. — [2] Vergl. Nr. 9864. — [3] Vergl. S. 304.

Vienne, et voilà le moment dont vous pourrez profiter pour talonner ces gens, qui ni plus ni moins seront obligés d'aller en Moravie. Si avec cela les Cercles ne reçoivent qu'une chiquenaude, ils s'enfuiront tous, et de toute l'année il n'en sera plus question. Si personne ne vous empêche de pousser en avant, vous pouvez alors marcher droit sur Prague, faire venir votre artillerie par l'Elbe jusqu'à Leitmeritz, faire l'investiture d'un des côtés de la ville avec de la cavalerie, et de l'autre, où vous jugerez à propos, d'ouvrir la tranchée avec de l'infanterie. Dans le cas que je suppose, l'ennemi n'y aura pas une forte garnison, et la prise de la ville ne sera qu'une affaire de 8 jours de tranchée. Si, contre toutes les apparences, Soubise revenait dans ces entrefaites — de quoi cependant je doute beaucoup —, il faudrait vous tourner du côté de Leipzig, parcequ'il y a cent à parier contre un que les ennemis n'attaqueront pas Dresde, qu'ils se verraient forcés de ruiner, pour nous le prendre.

Voilà, mon cher frère, tout ce que je peux vous dire sur des choses incertaines; souvenez-vous toujours qu'au cas que le nombre de nos ennemis surpasse de beaucoup vos forces, qu'il faut défendre l'Elbe et par conséquent en éloigner l'ennemi le plus qu'il est possible.

Pour ce qui regarde ici nos opérations, nous préparons tout pour le siège de Schweidnitz. Mes messieurs me lanternent un peu, cependant j'ai envoyé Fouqué avec un détachement dans le comté; il a surpris le 21 ce redoutable Jahnus à Habelschwerdt,[1] lui a pris 200 pandours et tout son équipage. Cette petite affaire aurait été plus décisive, si des chemins, dont vous ne sauriez vous faire des idées, n'avaient empêché nos troupes de profiter de leurs avantages. Ce petit succès a forcé les Autrichiens d'abandonner Bràunau et toute la lisière de ce côté-là. Il faudra voir s'ils voudront encore entreprendre de faire lever le siège de Schweidnitz; je ne les crains point, et j'attends que les chemins deviennent praticables, non point pour les attaquer, mais pour éprouver leur contenance et leur donner un petit camouflet qui me les éloigne davantage de mon voisinage.

Adieu, mon cher frère, je vous embrasse de tout mon cœur, vous assurant de la tendre amitié, avec laquelle je suis, mon cher frère, votre fidèle frère et serviteur

Nach der Ausfertigung. Eigenhändig.   F e d e r i c.

9866. AU FELD-MARÉCHAL DE KEITH.

[Grüssau, 25 mars 1758.]

J'ai reçu, mon cher Maréchal, les lettres que vous m'avez faites du 20 de ce mois, et crois avoir guéri le colonel Székely par celle que je

---

[1] Vergl. S. 325.

lui adresse ci-close, par laquelle je lui notifie de l'avoir avancé au grade
de général major.

Quant aux affaires, je suis bien aise de vous [dire] que [nous] n'aurons pas beaucoup à appréhender des Français cette année-ci, puisque
tout ce qu'ils ont eu de troupes en Allemagne, court dans un état très
délabré au delà du Rhin et ne pourra pas se remettre que peut-être
vers l'automne de cette année-ci.

Mais, quant aux Russes, il faut que nous nous représentions comme
chose certaine qu'il en viendra quelque corps, soit vers la Poméranie,
soit du côté de Glogau, soit de ce côté-ci. Mais, comme ce sont des
troupes très misérables, je pense que nous en aurons bientôt fait et à
bon marché.

Nach dem Concept.   F e d e r i c.[1]

_____

9867. AN DEN GENERALMAJOR VON PLATEN.[2]

Grüssau, 25. März 1758.

Nachdem Ich den Einhalt Eures Schreibens vom 19. dieses mit
mehrern ersehen habe, auch davon ganz wohl zufrieden gewesen bin,
so gebe Ich Euch darauf in Antwort, wie Ich in der Persuasion stehe,
dass es mit Euch dortiger Orten so leichte nichts zu sagen haben werde,
auch, so zu sagen, fast wetten wollte, dass die Russen nichts gegen
Pommern tentiren, wohl aber ihren Marsch vielleicht gegen Schlesien[3]
oder noch tiefer herunter dirigiren werden, welches doch aber noch
nicht so bald geschehen kann, indem sie dazu zuvorderst Magazine
nebst verschiedenen andern Arrangements deshalb machen müssen. Ihr
werdet auch aus der Beilage ersehen, was Mir darüber Mein Resident
zu Danzig, Reimer, gemeldet hat. Ich finde dannenhero vorerst noch
nicht vor nöthig, dass Ihr den von Euch genannten Edelmann gemel-
deter Orten hin abschicket, weil wir doch so wissen, was allda passiret;
indessen Ihr doch solchen an der Hand behalten könnet, um Euch
dessen auf nöthigern Fall wie jetzo zu bedienen.

Nach dem Concept.   F r i d e r i c h.

_____

[1] In einem Cabinetserlass an den Generalmajor von Finck in Dresden, d. d.
Grüssau 25. März, befiehlt der König, da der Wiener Hof sich weigere, den arretirten Legationssecretär Plesmann auszuliefern (vergl. S. 194), „unter dem Prätexte,
dass er dazu von dem sächsischen Hofe in Warschau requiriret worden und also auch
sonder dessen Genehmhaltung auf eine Extradition des p. Plesmann nicht entriren könne“,
so sollen in Dresden Repressalien geübt werden; Finck soll einen angesehenen sächsischen Rath festnehmen lassen und den sächsischen Ministern erklären, derselbe werde
in der gleichen Weise behandelt werden, wie man Plesmann in Wien behandele, sobald sich das Gerücht bestätige, dass Plesmann „in das Rumorhaus zu Wien geschlossen, unter allerhand schlechte und criminelle Gefangene gesetzet worden“. —
[2] Vergl. S. 258. Anm. 3 und S. 283. — [3] Die gleiche Ansicht äussert der König in
einem folgenden Cabinetserlass an Platen, d. d. Grüssau 31. März.

9868. AU FELD-MARÉCHAL COMTE RUTOWSKI.[1]

Grüssau, 26 mars 1758.

Monsieur le comte de Rutowski. Vous savez que j'aime les occasions où je puis vous faire plaisir, autant que cela dépend de ma bonne volonté et de mon inclination à le faire. C'est en conséquence que je suis bien content que vous vous rendiez à Pillnitz, selon la permission que vous m'avez demandée par votre lettre du 19 de ce mois, pour vous y servir des moyens les plus propres à rétablir votre santé, à laquelle je prends toujours bien de la part. Il dépendra de vous de fixer le temps quand vous voudrez vous y faire transporter. Je suis, d'ailleurs, trop persuadé de votre droiture que vous y tiendrez la main à ce que personne de ceux qui vous y accompagneront, ne puisse entreprendre rien de contraire à la bonne foi contre mes intérêts.

Nach dem Concept. Federic.

9869. AN DEN GENERALLIEUTENANT BARON DE LA MOTTE-FOUQUÉ.[2]

Grüssau, 26. März 1758.

Ich schicke Euch hierbei die Nachrichten, so des Generalfeldmarschall Fürst Moritz Liebden nebst dem Obristen de Le Noble wegen des Feindes von denen Grenzen eingezogen, und ersterer an Mich eingesandt hat.

Ohnerachtet die Berichte unter sich über die Sachen nicht gar zu einig seind, so erhellet doch so viel daraus, dass, obschon das Corps, so der Feind angezeigter Orten hat, nicht im Stande noch formidable ist, dennoch die Leute dorten bei ein oder anderer Gelegenheit etwas bei Tannhausen tentiren können. Dahero Ich glaube, dass wenn Ihr mit Eurem unterhabenden Corps bei Wünschelburg, Neurode und der Gegenden stehet, Ihr alsdann sie einigermaassen werdet in Respect halten können, dadurch dass, wenn sie was tentiren wollen, Ihr denenselben sogleich im Rücken marschiret.[3] Die Wege seind zwar zwischen Friedland und Braunau noch so sehr schlecht, dass niemand etwas mit Prudence, noch mit Hoffnung einiges Successes entrepreniren kann; dem ohnerachtet muss man doch auf das rechnen, was der Feind unternehmen könnte und möchte, auf dass er nichts ausrichten, noch uns unserer seits surpreniren könne.

Wenn Ihr erst in der Gegend von Wünschelburg, Neurode etc sein werdet, so habt Ihr dahin zu sehen, ob man nicht gleich mit Sicher

---

[1] Rutowski's Schreiben vom 19. März ist aus Dresden datirt. — [2] Die Berichte Fouqué's datiren am 18. März aus Frankenberg, am 21. und 22. aus Grulich, am 23. aus Lipka bei Grulich, am 27. aus Glatz, am 31. aus Scharfeneck. — [3] Prinz Moritz sollte dem Feinde alsdann, wie der König am 26. März ihm schreibt, in die Flanke fallen.

heit über Silberberg eine Correspondance zwischen Euch und dem Obristen Le Noble, auch des Fürst Moritz Liebden etabliren könne, um Euch dadurch unter einander desto eher wegen des Feindes avertiren zu können, als welches sehr gut und höchst nöthig sein würde, um so mehr hinter die Wahrheit seiner Unternehmungen zu kommen.

Friderich.

9870. AN DIE DIRIGIRENDE MINISTER DES GENERAL-
DIRECTORII.

Grüssau, 26. März 1758.

Se. Königl. Majestät machen Dero dirigirende Minister des Generaldirectorii hierdurch bekannt, dass, nachdem durch die zeither glücklich succedirte Operationes sowohl der alliirten Armee im Hannöverschen als des unter Commando Dero Bruders, des Prinzen Heinrich Liebden, stehenden Corps verschiedene Dero Provinzien, als Halberstadt, Minden, Ravensberg und die Grafschaft Mark, zum Theil von denen feindlichen Invasionen, wodurch dieselbe bisher sehr unterdrücket worden, befreiet und die darin vorhanden gewesene feindliche Truppen gezwungen worden seind, solche gänzlich zu abandonniren, auch hoffentlich unter göttlichem Beistand es darunter noch weiter gehen wird, also Sr. Königl. Majestät Intention ist, dass die bisher aus solchen Provinzien mit Dero Genehmhaltung abwesend gewesene Kammerpräsidenten sich allmählich, und wie solche Provinzien nach und nach von dem Feinde gereiniget werden, wiederum auf ihren Posten einfinden und ihre Functiones zu Sr. Königl. Majestät Dienst und Interesse und zum Besten und zum Soulagement Dero getreuen und bishero sehr unterdrückten Unterthanen nach als vor verrichten sollen. Worüber dann gedachte dirigirende Minister sofort das gehörige [zu] besorgen haben.

Im übrigen declariren Se. Königl. Majestät denen gesammten Ministern des Generaldirectorii hierdurch, wie dass gedachte Präsidenten darauf sehen und halten sollen, dass diejenige Prästanda derer Unterthanen in gedachten Provinzien, so von ihnen eingehen können, und sie abzutragen noch im Stande geblieben seind, ordentlich eingehen und Sr. Königl. Majestät gewöhnlicher Maassen berechnet werden müssen. Wie aber die Billigkeit vor ermeldete Unterthanen selbst spricht, und es nicht möglich ist, dass nach dem Unglück, so dieselbe durch die feindliche Impressionen[1] erlitten, alles dergestalt von ihnen eingehen können, als wie es vor der feindlichen Invasion erfolgen müssen, also auch Sr. Königl. Majestät Willensmeinung ist, dass gedachte Präsidenten dahin instruiret werden müssen, damit selbige mit denen Unterthanen

---

[1] Sic! statt: Oppressionen.

quaestionis hierunter in die Gelegenheit sehen und dabei sehr gelinde denen Unterthanen begegnen, mithin vor der Hand an Praestandis nichts weiter von ihnen fordern müssen, als was dieselbe nach ihrer jetzigen Situation und ohne gänzlich enerviret zu werden, zu thun im Stande seind; wie denn überhaupt gedachte Präsidenten sowohl als die unter ihnen stehenden Collegia auf das glimpflichste mit denen Unterthanen verfahren und sie mit Gutheit begegnen sollen.

Wornach dann aber auch gedachte dirigirende Minister sich selbst zu achten und solches in dergleichen Fällen als eine Regul vor sich selbst anzunehmen haben.

Nach Abschrift der Cabinetskanzlei. Friderich.

9871. AU SECRÉTAIRE MICHELL A LONDRES.

Grüssau, 26 mars 1758.

J'ai bien reçu votre dépêche du 7 de ce mois, et je vous sais gré des nouvelles que vous venez de m'y marquer. Cependant, je veux bien m'ouvrir confidemment à vous sur ce que je pense de la conduite du ministère anglais, qui, pour vous parler ouvertement, est telle que je n'y comprends rien, de manière qu'il me paraît que ces gens-là sont parfaitement idiots relativement à toutes les affaires du dehors et surtout à celles de l'Allemagne, ou bien qu'ils sont très malintentionnés; car, voyant à présent les heureux succès contre les troupes françaises en Allemagne et le bon train que les choses y prennent, la première idée qui naturellement devrait se présenter là-dessus à leur esprit, est de soutenir au mieux un si beau commencement. D'ailleurs, les ministres anglais ne sauraient ignorer que tous les efforts extraordinaires que la France a faits et fait encore en faveur de la Reine-Impératrice, en la secondant de fortes sommes en argent que la France emploie à Vienne et à Pétersbourg, et en envoyant de nombreuses armées en Allemagne, n'ont pour but que d'attraper le Brabant et une bonne partie des Pays-Bas autrichiens.

Un pareil accroissement de la puissance de la France, surtout de ce côté-là, étant le plus diamétralement contraire aux intérêts de la Grande-Bretagne, si à présent l'Angleterre soutenait efficacement le prince Ferdinand de Brunswick, de sorte qu'elle le mît à même de pousser vivement ses progrès contre les Français, il en résulterait immanquablement que tout le concert pris entre les cours de Versailles et de Vienne, par rapport à des cessions dans les Pays-Bas autrichiens, serait anéanti et à bas; qu'apparemment la république de Hollande se joindrait alors à l'Angleterre; que la Grande-Bretagne aurait, au surplus, la gloire d'avoir sauvé l'Allemagne et les Protestants de l'oppression; elle pourra même peut-être disposer à son gré, selon sa convenance, de quelques places cédées à la France dans la Flandre, et à la fin elle donnera la loi à la France, pour faire la paix la plus glorieuse qu'elle ait jamais faite. Mais si, au contraire, les ministres anglais ne veulent rien faire et traiter avec indifférence les affaires du continent, il n'arrivera rien de tout ce que dessus, sinon que, malgré toute leur indifférence, les Français seront chassés au delà du Rhin.

Voilà des réflexions que je vous fais dans la dernière confidence, mais dont vous pourrez cependant faire votre usage, quoique toujours avec tout le ménagement nécessaire, en trouvant des occasions propres à faire vos insinuations en conséquence à milord Holdernesse et à d'autres ministres anglais bien intentionnés.

Vous savez, au reste, les conditions auxquelles je vous ai ordonné de signer la convention avec l'Angleterre.[1] Je me flatte qu'elle le sera déjà; en tout cas, je renoncerai encore à l'envoi d'une escadre anglaise dans la Baltique,[2] et vous vous appliquerez seulement à faire en sorte que ladite convention soit signée, pour tranquilliser Sa Majesté Britannique, et pour ne pas mettre plus d'empêchements aux autres affaires parlementaires.

Nach dem Concept. F e d e r i c.

9872. AU LIEUTENANT-GÉNÉRAL COMTE DE DOHNA.

Grüssau, 29 mars 1758.

J'ai reçu la lettre que vous m'avez faite du 19 de ce mois, sur laquelle je vous dirai que je suis très fâché que, contre mes intentions et mes ordres les plus pressants, on a perdu là le temps, sans rien faire, et la saison la plus propre pour déloger l'ennemi de l'île de Rügen;[3] aussi soyez assuré que je ne connais que trop toutes les mauvaises suites qui en sauraient arriver, et la situation embarrassante où l'on se trouve. Cependant, comme il n'y a pas moyen de refaire les choses passées, il faut, à présent que vous avez les mains libres, que vous raffiniez pour jouer un très mauvais tour aux Suédois. Il est bon que vous leur fassiez brûler ces vaisseaux dont vous faites mention, mais il faut d'ailleurs que vous leur frappiez quelque coup très sensible, et dont ils se ressentent, afin de les tenir en respect. Ce qui cependant est nécessaire à ce sujet, c'est qu'il ne faut pas que vous vous figuriez ces gens-là comme des gens redoutables; en y songeant, vous serez convaincu vous-même que ce ne sont proprement que des gens misérables, ramassés de gré ou de force, sans ordre ni discipline, de sorte qu'il ne faut pas croire qu'il y aura de grands hasards à courir contre eux.

Comme vous avez encore le temps pour songer à leur porter quelque grand et sensible coup, vu que les Russes ne sauraient pas encore être à même de les secourir, et que le renfort qu'ils attendent de la

---

[1] Vergl. Nr. 9811. 9819. — [2] Vergl. S. 277. 285. 293. — [3] Vergl. S. 299. 309.

Suède, ne saurait arriver tantôt, je ne doute pas que vous ne trouviez les occasions pour remplir mon attente à ce sujet.

Quant au colonel Hordt,[1] je lui ai déjà écrit de venir me trouver ici.

Au surplus, comme l'on sera, sans doute, informé à vos lieux des succès du prince Ferdinand de Brunswick contre les Français et la fuite honteuse de ceux-ci jusques, et apparemment au delà du Rhin, je suis bien curieux de savoir de vous l'impression que cet évènement a faite sur les Suédois. Et, sur ce, je prie Dieu etc.

F e d e r i c.

Nach der Ausfertigung im Kriegsarchiv des Königl. Grossen Generalstabs zu Berlin.

9873. AU PRINCE HENRI DE PRUSSE.

Grüssau 30 [mars 1758].

Mon cher Frère. Vous pouvez croire que je suis fort réjoui des bonnes nouvelles que vous me marquez, surtout de l'infâme fuite des Français.[2] Voilà, grâce au hasard, un flanc en sûreté, le Ciel pourvoira au reste. Vous saurez, mon cher frère, que vous avez encore 6 bataillons à votre disposition à Berlin.[3] J'ai ordonné qu'ils s'équipent de tout ce qui leur faut, et dès qu'ils auront tout ce qu'il leur faut, vous pourrez les faire marcher en Saxe. J'ai accepté l'offre de cet officier français de Brunswick,[4] et dès que son bataillon sera rassemblé, je le ferai venir ici en Silésie.

Aujourd'hui, la tranchée s'ouvrira devant Schweidnitz, il n'y a pas eu moyen d'aller plus vite. Nous sommes fort tranquilles ici derrière nos retranchements de glace et de neige. Cependant, ils commencen à fondre. Mais cela ne m'inquiète pas le moins du monde.

Votre liste de l'armée autrichienne est fausse; j'y trouve des généraux morts et prisonniers sur l'ordre de bataille, ce qui n'est pas vraisemblable. L'armée autrichienne est tout au plus 35 à 40,000 hommes de troupes régulières, et je vous réponds que, dans peu, l'envie leur passera de faire trois corps d'armée.

Il y a un libertinage parmi mes officiers des gardes du corps horrible;[5] il y en a cinq ou six qui font les malades. Il faut absolument mon cher frère, que je fasse un exemple; cela est honteux que ces gens

---

[1] Vergl. S. 282. 287. — [2] Der Prinz meldete, Leipzig 25. März, die Franzosen hätte Hameln verlassen und rüsteten sich zum Abzuge aus Cassel. Der Präsident Besse zeige aus Duisburg ihm an, es seien bereits 12 Regimenter bei Wesel über den Rhei zurückgegangen. — [3] Vergl. S. 317. — [4] Ein verabschiedeter französischer Officier der sich in Braunschweig aufhielt, wünschte ein Freibataillon zu errichten. Es mus du Verger gemeint sein, dem der König durch Cabinetserlass, Grüssau 30. März 175 die Errichtung eines Freibataillons überträgt. — [5] Der Prinz hatte von neuem gebeten den Lieutenant von Kalkreuth von den Gensdarmen ihm zum Adjutanten zu gebe Vergl. S. 318.

au lieu de faire leur devoir, fassent les malades, tandis que tout ce qu'il y a d'honnêtes gens, combattent pour le salut de la patrie. Quel exemple, si, au lieu de les punir, ces gens avançaient! Jugez vous-même de l'effet que cela ferait sur d'autres jeunes officiers peut-être aussi lâches qu'eux. Il faut des punitions, après quoi le reste pourra se faire. Je vous aime, Dieu sait, de tout mon cœur, mais vous sentirez vous-même que, dans la situation où je me trouve, il faut redoubler de sévérité dans la discipline pour obliger chacun à faire son devoir.

Je suis obligé de partir incessamment pour Liebau. Je vous embrasse de tout mon cœur, vous assurant de la tendresse et de la haute estime avec laquelle je suis, mon cher frère, votre très fidèle frère et serviteur

Nach der Ausfertigung. Eigenhändig.   F e d e r i c.

9874. AN DEN GENERALFELDMARSCHALL PRINZ MORITZ
VON ANHALT-DESSAU. [1]

Grüssau, 30. März 1758.

Durchlauchtiger Fürst, freundlich lieber Vetter. Ich habe Ew. Liebden beide Berichte vom 29. dieses erhalten. Ich sehe wohl so viel aus allen Nachrichten, so Ich von denen österreichischen Deserteurs erfahren kann, dass sie noch nicht stark an denen Grenzen stehen und dass ihre ganze Armee noch nicht zusammen ist; aus welchem also zu sehen, dass man noch nicht viel von ihnen zu befürchten hat.

Den Generallieutenant von Fouqué anlangend, da denke Ich, dass er heute in Wünschelburg ankommen wird. Ich werde auch ehester Tagen Selbsten zu Ew. Liebden kommen und habe hier nur noch etwas zu thun, so Mich daran behindert. Ich bin Ew. Liebden freundwilliger Vetter

F r i d e r i c h.

Nach der Ausfertigung im Herzogl. Haus- und Staatsarchiv zu Zerbst.

9875. AN DEN ETATSMINISTER GRAF FINCKENSTEIN
IN BERLIN.

Kloster Grüssau, 30. März 1758.

Wann ich bisher Ew. Excellenz gnädige Schreiben vom 18., 21. und 25. dieses ohnbeantwortet lassen müssen, so werden Dieselbe solches in Egard der beständigen Distraction, so die jetzigen hiesigen Umstände fast ohnvermeidlich mit sich bringen, bestens zu condonniren geruhen. Die glückliche Ankunft und baldige Abreise des Herrn von Knyphausen [2] hat mich sehr erfreuet, und wünschete ich herzlich, dass

---

[1] Vergl. S. 325. Anm. 1. — [2] Vergl. S. 312.

die bisherige Bisbilles und Missverständnisse in Engelland einmal gehoben sein und des Königs Majestät zu dem vorerst nothwendigsten Zweck gekommen sein möchten. Was der Herr Michell deshalb noch letzthin geschrieben, solches werden Ew. Excellenz ausser Zweifel aus den Duplicatis seiner vorigen Dépêches ersehen haben. Es ist betrübt, man will einerlei und verstehet sich doch nicht recht unter einander,[1] und je länger das Correspondiren währet, je mehr kommet man von den ersteren adoptirten Sätzen ab, die man in ihrem Zusammenhang vergisset und auf neue Gedenkensarten kommet, die die Sachen mehr und mehr impliciren und von dem Hauptzweck abführen. . . .

Hier ist noch bis dato alles ruhig und stille gewesen, ausser dass der Generallieutenant von Fouqué, so nach dem Glatzischen detachiret ist, die Oesterreicher dorten etwas verschüchtert und ein kleines Paroli vor des Prinz Ferdinand von Braunschweig Durchlaucht gemacht hat.[2] Das Eis und noch im Gebirge liegende tiefe Schnee haben bisher gleichsam einen Vorhang zwischen beiden Theilen gezogen, jedoch da seit gestern das Wetter bei Tage sich in Helle und warm, des Nachts aber sich in Frost gegeben, so dörfte sich der Schnee dadurch wenigstens auf denen Bergen, obschon noch nicht sogleich in denen Wegen und Thälern, verlieren und man alsdenn näher sehen, wie sich beide Theile gegen einander anschicken werden. Ew. Excellenz ohnschätzbarem Wohlwollen und gnädigem Andenken empfehle mich mit meiner gewöhnlichen respectueusen Treue

E i c h e l .

P. S.

Ich lege hierbei einen Extract aus einem Schreiben vom Generallieutenant von Fouqué und untergebe Ew. Excellenz, ob Dieselbe etwas auszugsweise davon, und ohne das Fouqué'sche Schreiben zu nennen, denen Zeitungen inseriren lassen wollen, daferne nicht schon vorhin etwas davon bekannt geworden.[3]

Nach der Ausfertigung.

9876. AN DEN ETATSMINISTER GRAF FINCKENSTEIN IN BERLIN.

Grüssau, 31. März 1758.

Da des Königs Majestät intentioniret seind, über die von denen Franzosen begangenen Excesse, Exactiones und Plünderungen in dem Halberstädtschen, Braunschweigischen, Hannoverschen, Bremischen, Minden- und Ravensbergischen, auch Clevischen, währender Zeit sie solche Länder und Provinzien occupiret gehalten, eine Art von Memoire aufsetzen zu lassen, und zwar nur von denen gröbesten Umständen, so

---

[1] Vergl. S. 332. 333. — [2] Vergl. S. 325. 328. — [3] Die Mittheilung erschien in Nr. 40 der „Berlinischen Nachrichten" Dienstag 4. April.

haben Dieselbe, so viel das Hannoversche, Braunschweigische p. angehet, an des Prinz Ferdinand von Braunschweig Durchlaucht um Communication solcher Umstände schreiben lassen;[1] was aber Dero eigene vorgedachte Provinzien anbetrifft, davon Sie glauben, dass schon alle Nachrichten deshalb vorhanden seind, da verlangen Sie einen summarischen Auszug von denen deshalb von Zeit zu Zeit eingelaufenen Berichten, und zwar insonderheit, wie schon gedacht, von denen gröbesten Excessen und stärksten Exactionen und Plünderungen, um alsdenn Dero weiteren Gebrauch davon zu machen.

Da ich nun von allen solchen Berichten, insoweit solche an des Königs Majestät immediate eingegangen seind, keinen als etwa den einliegenden[2] nur vor gar wenig Tagen eingegangenen hier zurückbehalten, sondern solche insgesammt schon vor verschiedenen Wochen in verschiedenen davon auch rubricirten Paqueten nach Berlin an den Herrn Geheimen Rath von Hertzberg oder auch an den Geheimen Registrator Bergemann eingesandt habe, so muss ich Ew. Excellenz ersuchen, ohnbeschwer dorten jemanden aus der Geheimen Kanzelei dergleichen Extract im Teutschen oder auch Französischen aus denen dortigen Nachrichten anfertigen zu lassen, um solchen demnächst an Se. Königl. Majestät einzusenden, um Dero weiteren Gebrauch davon zu machen. *En passant* unternehme mich, bei solcher Gelegenheit anzuführen, ob dieses nicht eine Sache vor einen derer Herren Legationsräthe, obschon unter gehöriger Aufsicht und Direction, sein könne, so aber zugleich wohl eine Arbeit von höchstens zwei oder drei Tagen sein müsste, maassen Se. Königl. Majestät, sobald Sie nur die Antwort und Nachricht von des Prinz Ferdinand von Braunschweig Durchlaucht, die vermuthlich in kein gar grosses Detail gehen wird, erhalten haben, Sie alsdenn auch wohl zugleich vorerwähnten Extract fordern dörften.[3]

Nach der Ausfertigung.   E i c h e l.

9877. AU SECRÉTAIRE MICHELL A LONDRES.

Grüssau, 31 mars 1758.

. . . Je dois,[4] au reste, vous faire observer que ce que vous me marquez dans votre susallégué rapport du 10 de ce mois des propos que les ministres anglais vous ont tenus, savoir que je pourrais employer le subside que l'Angleterre me destinait, à en faire des levées pour les troupes d'Hanovre et de Hesse-Cassel, n'a pas laissé que de

---

[1] Cabinetserlass an Prinz Ferdinand, d. d. Grüssau 31. März. — [2] Immediatbericht des Mindenschen Regierungspräsidenten Culemann, d. d. Minden 14. März, über den in den Provinzen Minden, Ravensberg, Lingen, Tecklenburg durch die Franzosen erlittenen Schaden. — [3] Die undatirte Denkschrift, von Hertzberg verfasst, wurde am 8. April von diesem an Finckenstein eingereicht. — [4] Im Eingange spricht der König die Erwartung aus, dass die letzten für Michell bestimmten Cabinetserlasse ihm richtig zugekommen seien.

m'étonner beaucoup. Je ne conçois pas que vous ayez donné lieu aux propos en question; au cas cependant que cela fût, vous vous seriez fortement aventuré et auriez avancé contre vos ordres une idée que je ne saurais aucunement approuver. Je dois donc vous avertir de vous en tenir exactement à vos instructions et de les exécuter, sans rien avancer de votre chef.

Quant aux autres avis renfermés dans vos rapports susallégués, je vous en remercie, vous recommandant de nouveau de ne rien négliger, mais de vous employer de votre mieux à ce que le sieur Mitchell, comme un ministre très zélé pour sa cour et très bien intentionné, ne soit point rappelé d'ici,[1] mais qu'il soit conservé à son poste, vous avouant franchement que, lui ayant donné une fois ma confiance et l'en trouvant parfaitement digne, que point d'autre ministre ne saurait m'être aussi agréable que lui.

Nach dem Concept.   F e d e r i c.

9878. A LA MARGRAVE DE BAIREUTH A BAIREUTH.

[Mars 1758].

Pour l'amour de Dieu, ne vous faites point d'affaires avec les tyrans de l'Europe! Cédez en tout ce que vous ne pouvez leur disputer;[2] d'autant plus que les choses changeront bientôt de face, dès que les Français seront poussés au Rhin. J'espère que mon frère Henri pourra peut-être donner une chiquenaude au Cercle. Quant aux Russes, l'Impératrice est très mal; ils ne peuvent avancer sitôt, et j'espère entre ce temps porter un grand coup à la reine de Hongrie. Voilà tout ce que j'ose dire.

Nach der Ausfertigung.[3]   [F e d e r i c.]

9879. AU DUC RÉGNANT DE BRUNSWICK A BRUNSWICK

Grüssau, 1er avril 1758.

Monsieur mon Frère et Cousin. La lettre que Votre Altesse a pris la peine de m'écrire le 27 de mars, m'a été fidèlement rendue. Quoique très convaincu de Ses sentiments invariables à mon égard, j'ai été cependant sensiblement touché des nouveaux témoignages qu'Elle m'en a voulu réitérer à cette occasion. Je félicite Votre Altesse de tout mon cœur de ce qu'Elle voit aujourd'hui Ses États entièrement délivrés des cruels ennemis qui les opprimaient. Voilà l'heureux effet de Sa persévérance et de la fermeté de Son attachement à la bonne cause. J'en suis d'autant plus aise qu'un parti opposé que Votre Altesse aurait pu

---

[1] Vergl. S. 292. 312. — [2] Oesterreichische und Reichsregimenter hatten das Bai reuther Gebiet besetzt. — [3] Déchiffré von der Hand der Markgräfin. Das Schreiben war vermuthlich ohne Unterschrift abgegangen und beruhte auf einem eigenhändigen Concept. Vergl. S. 66. Anm. 2.

choisir, en contractant des conventions particulières, ne L'aurait jamais préservée d'embarras et mise peut-être dans une situation plus gênante et plus ruineuse pour Ses États que celle d'où Elle vient de sortir à présent d'une manière si honorable et glorieuse pour Elle. Aussi je me persuade que rien détournera Votre Altesse de cette façon d'agir et de penser, et, quand le temps arrivera que la paix générale sera faite, Elle Se verra au moins appuyée par Ses véritables amis et à l'abri de toutes les humiliantes démarches que nos ennemis n'auraient pas laissé de Lui faire essuyer en bien d'occasions.

Je Lui suis bien obligé des vœux sincères qu'Elle fait pour la prospérité de mes armes. J'en espère bien, malgré les difficultés qui se présentent, et me flatte de les surmonter. Votre Altesse me fera justice, quand Elle sera parfaitement assurée de la considération, de l'estime et de l'amitié invariable avec laquelle je suis etc.

Nach dem Concept.   F e d e r i c.

9880. AU GÉNÉRAL DE L'INFANTERIE PRINCE FERDINAND DE BRUNSWICK.[1]

Grüssau, 1er avril 1758.

Monsieur mon Cousin. Le courrier m'a bien rendu la lettre du 25 mars que Votre Altesse lui avait confiée pour moi. Elle jugera Elle-même de toute l'étendue de ma satisfaction, et combien je prends part à la continuation de Ses heureux succès dans Ses opérations, et que, par une suite de ces succès, ma province d'Ost-Frise vient d'être délivrée de ses ennemis oppresseurs, qui, pour peu qu'ils y fussent restés encore, auraient achevé sa ruine totale.

Pour ce qui regarde votre demande à vous laisser encore six semaines au moins le prince de Holstein-Gottorp avec ce qu'il a de mes troupes,[2] Votre Altesse sera persuadée de toute ma bonne volonté envers Elle et la cause commune, autant que cela dépend de moi et de mon inclination. Mais voudra-t-Elle prendre en considération, comme je La prie de faire, qu'en ceci il ne faudra pas qu'Elle dirige toute Son attention seulement sur les Français de ce côté-là, mais qu'Elle envisage également la situation où je suis de ce côté-ci. Je reconnais que vous avez fait beaucoup pour moi, et que votre expédition m'a considérablement soulagé; mais il faut considérer que, nonobstant cela, j'ai actuellement encore une multitude considérable de troupes ennemies de ce côté-ci vis-à-vis de moi, et que ce n'est pas un badinage de laisser un flanc ouvert aux Russes. Soyez, je vous en prie, persuadé qu'aussi longtemps que je verrai la possibilité de vous laisser là le prince de

---

[1] Ueber die Berichte des Prinzen Ferdinand aus dem Monat März vergl. S. 280. Anm. 1; die Berichte des April sind sämmtlich aus Münster datirt. — [2] Vergl. S. 260. 309. 316.

22*

Holstein avec ses troupes, je ne le retirerai pas. Mais ayez la bonté de considérer vous-même la longueur et la distance de la marche que ces troupes auront à faire, quand je me verrai obligé de les faire aller dans la Poméranie ultérieure et aux frontières de la Pologne ou même ici en Silésie. A ce qu'il me paraît, je pourrais en avoir indispensablement besoin dans le courant du mois de mai.

Au surplus, je ne suis nullement plus embarrassé sur ce qui vous reste à faire d'opérations dans la mauvaise situation où se trouvent les Français. Il faut absolument qu'ils s'enfuient au delà du Rhin. Mais quand vous les y aurez rejetés, je veux bien vous aviser que vous disposiez avec bien de la précaution la chaîne des troupes sous vos ordres. Car ne pouvant naturellement pas présumer que les Français voudraient aussi abandonner Wésel, mais qu'il faut croire plutôt qu'ils tâcheront de maintenir cette place, il importera que vous usiez de précautions, pour ne pas en être insulté, ni n'en pas essuyer quelque affront par des surprises. C'est pourquoi je suis d'avis qu'en faisant votre chaîne, vous vous teniez éloigné en deçà de Wésel à la distance de 5 à 6 milles, pour ne pas être exposé à des insultes; mais si, contre toute mon attente, les Français, dans la bredouille où ils se trouvent, devaient aussi abandonner Wésel, alors, et en ce cas-là, je vous prie de le faire occuper, mais d'assembler d'abord. du monde, pour en faire raser les fortifications à tel lieu que vous le trouverez le plus convenable pour en faire une place ouverte, et dont l'ennemi ne pourrait plus se servir pour place de guerre.[1]

Comme aussi les électeurs de Cologne[2] et palatin[3] ont fait voir dans tout le cours de la présente guerre une animosité déraisonnable et très déplacée contre moi et même contre le roi d'Angleterre, en usant de tous les mauvais procédés contre nous dont ils ont été capables, et qu'ils méritent bien de sentir à l'occasion présente notre ressentiment, je vous prie bien que, dès que vous serez approché aux environs du pays de Berg et de celui de la domination de l'électeur de Cologne, d'y détacher alors mes hussards et mes dragons pour rafler ces pays-là et pour châtier un peu par là ces princes de la mauvaise conduite qu'ils ont tenue contre moi, ce que je crois que vous ne me refuserez pas.

Ce que je conseille, au surplus, à Votre Altesse de faire, quand Elle aura rejeté les Français au delà du Rhin, c'est de faire toujours répandre des bruits, quand même Elle n'en fera rien, qu'Elle était résolue de passer le Rhin tantôt d'un côté tantôt d'un autre, pour tomber encore dans les quartiers des Français et les attaquer au delà du Rhin. Vous retirerez l'avantage de ces bruits que, par ces appréhensions, vous tiendrez toujours les Français là sur la défensive,

---

[1] Vergl. Bd. XIV, 201. 250. 454. 552. — [2] Vergl. Bd. XIV, 554. — [3] Vergl. Bd. XV, 144.

au lieu que, quand ils croiront n'avoir plus rien à appréhender, ils pourront bien retourner à l'offensive. Votre Altesse pourra Se servir très utilement de mes gens de Clèves et même des Hollandais pour disséminer ces bruits et les faire passer à l'ennemi, surtout si Elle en imposait aux gens en question, de manière qu'ils fussent eux-mêmes persuadés de la réalité de pareil dessein. Je suis avec toute la considération et toute l'estime imaginables, Monsieur mon Cousin, de Votre Altesse le bon et très affectionné cousin

P. S.

Un officier français de nation, nommé du Verger, à Brunswick s'étant engagé de lever un nouveau bataillon franc pour mon service, de déserteurs français et d'autres recrues,[1] je vous saurai un gré particulier, si vous voudrez bien l'aider de quelque nombre de déserteurs français, afin qu'il saurait d'autant plus tôt achever sa recrue et rendre complet le bataillon, que je voudrais alors faire marcher ici.

Federic.

Je ne juge pas, mon cher, de vos avantages sur l'évènement,[2] mais je souffle du feu, pour que votre léthargique armée ne vous refroidisse point, et, comme un vieux routier, je prends la liberté de vous donner quelques avis.

Federic.

Nach der Ausfertigung im Kriegsarchiv des Königl. Grossen Generalstabs zu Berlin. Der zweite Zusatz eigenhändig.

9881. AN DEN GENERALLIEUTENANT GRAF DOHNA.[3]

Grüssau, 1. April 1758.

Mein lieber Generallieutenant Graf von Dohna. Ich habe Euer Schreiben vom 28. voriges wohl erhalten und bin von allen denen Versicherungen, so Ihr Mir darinnen ertheilen wollen, so vollenkommen persuadiret, dass Ich nicht im allergeringsten zweifle, den guten Success von dem Euch nunmehro aufgetragenen Commando der dortigen Armee[4] zu sehen, und dass Ich in allen Gelegenheiten davon sehr zufrieden zu sein Ursache haben werde.

Was die von Euch verlangte Instruction zu Eurer künftigen Verhaltung anbetrifft, da werdet Ihr solche in wenigen Tagen bekommen,[5] und würde Ich Euch solche bereits mit diesem Meinem Schreiben zugesandt haben, daferne Ich nicht daran heute durch einige habende pressante Geschäfte behindert wäre.

[1] Vergl. S. 334. Anm. 4. — [2] Prinz Ferdinand hatte sich beklagt, dass der König ihm trotz seiner thatsächlichen Erfolge vorgeworfen hatte, er lasse dem Feinde zu viel Zeit, um wieder zur Besinnung zu kommen. Vergl. S. 289. 296. 308. 316. — [3] Die Berichte Dohna's sind im Monat April ebenso wie im Februar und März aus Greifswald datirt. — [4] Vergl. S. 324. — [5] Vergl. Nr. 9887.

Was Ich Euch inzwischen besonders recommandire, ist, dass Ihr jetzo gleich veranstaltet und pressiret, damit alles, was aus dem Mecklenburgischen an Gelde, an Rekruten, an Pferden und Knechten einkommen und geliefert werden soll, mit der grössesten Geschwindigkeit eingezogen und eingebracht werden müssen.[1] Dabei Ihr dann sonderlich mit [darauf] zu halten habet, dass die Aemter und Domänen des Herzoges zu Schwerin recht stark dabei angezogen und mehr dazu als die andern adlichen Güter beitragen müssen;[2] da dann, wenn auch des Herzoges Aemter dabei etwas ruiniret werden, solches nicht schaden kann, und er solches seiner gegen Mich so sehr gehässig bezeugten Conduite und höchst übelen Betragen[3] beizumessen hat.

Was die Schweden anbetrifft, da müsset Ihr wohl darauf sehen und arbeiten, um ihnen allen menschmöglichen Tort zu thun und denenselben noch was anzuhängen.

Im übrigen recommandire Ich Euch sehr, dass Ihr bei Eurem Commando vor Euch alleine und für Euren eigenen Kopf handelt, und wann Ihr alles überleget und Euch determiniret habet, solches, ohne einige Kriegesconseils mit der Generalität zu halten,[4] als welches Ich Euch hierdurch expresse verbiete, sodann alles prompte executiret, dabei auch auf die strengste Subordination, von dem ersten unter Euch stehenden General an zu rechnen bis auf den letzten Fähnrich, rigoureuse haltet, so dass keiner von ihnen raisonniren, wohl aber, was Ihr denenselben befohlen und aufgetragen, schlechterdings und mit der grössesten Attention executiren müsse. Ich habe daher vor nöthig gefunden, Euch einliegende offene Ordre[5] an die sämmtliche unter Eurem Commando stehende Generalität zuzusenden, als welche Ihr deshalb bei Euch zusammenkriegen und ihnen diese Meine Ordre publiciren sollet, worüber Ihr hiernächst sonder Ausnahme [mit] Rigueur zu halten habet. Ich bin Euer wohlaffectionirter König

F r i d e r i c h.[6]

Nach der Ausfertigung im Kriegsarchiv des Königl. Grossen Generalstabs zu Berlin.

9882. AU SECRÉTAIRE BENOÎT A VARSOVIE.

Grüssau, 2 avril 1758.

J'ai bien reçu votre rapport du 22 de mars dernier, et je vous recommande d'être extrêmement attentif et de tâcher de vous procurer des notions sûres, pour vous mettre au fait comment les Russes voudront diriger leur marche de la Prusse, pour savoir la force effective

---

[1] Vergl. S. 310. — [2] Vergl. S. 310. Anm. 2. — [3] Vergl. Bd. XII, 511; XIII, 612; XIV, 554; XV, 491. — [4] Vergl. S. 38. 304; Bd. XV, 412. 419. 453. — [5] D. d. Grüssau, 1. April 1758. — [6] In einem Schreiben an den Feldmarschall von Lehwaldt, d. d. Grüssau, 1. April, wiederholt der König die Versicherung, dass er sich der „vieljährigen treuen und guten Dienste" Lehwaldt's stets erinnern werde. Vergl. S. 324.

de ce corps de troupes russiennes, les arrangements qu'on y prend, et toutes les circonstances relatives à celui qu'on pourra vouloir faire marcher vers la Silésie.

Si le général Fermor a 30 et quelques mille jusqu'à 35,000 hommes sous son commandement, c'est bien là tout au monde à quoi peut se monter son armée; mais quant à l'autre corps de troupes russes,[1] vous ne manquerez pas de vous en informer, et vous vous donnerez toutes les peines nécessaires pour vous procurer des notions sûres par le canal de vos amis en Pologne, tant sur sa force que sur tout ce qui y a quelque rapport . . .

Nach dem Concept.   F e d e r i c.

9883. AN DEN GEHEIMEN KRIEGSRATH EICHEL
IN GRÜSSAU.

[Grüssau, 2. April 1758.]

Knyphausen schreibet,[2] [dass][3] der Yorke[4] aus Hamburg[5] hier kommen wird. Es muss an Mitchell nach Breslau geschrieben werden, dass er nach Landshut kömmt, wenn es möglich ist, so dass ich ihm einen Tag vor des anderen Ankunft sprechen kann.

Eigenhändige Weisung.[6]   F r i d e r i c h.

9884. AU PRINCE HENRI DE PRUSSE.[7]

Grüssau, 2 avril 1758.

Mon cher Frère. Je suis bien aise de vous savoir à Dresde; quoique nous soyons en quelque façon rapprochés, cela n'empêche pas que l'absence ne soit longue, et qu'elle ne le devienne encore davantage par la nécessité des conjonctures. Voilà, mon cher frère, un grand ennemi[8] de moins, mais il nous reste encore bien de la besogne, pour laquelle il faut du bonheur, et vous savez que l'on ne fait rien sans Fortune.

---

[1] Das Schuwalow'sche Corps. Vergl. S. 299. 304. Dasselbe stand, wie Benoît meldete, noch bei Grodno. — [2] Immediatbericht Knyphausen's, d. d. Hamburg 25. März. Am 1. April theilt Eichel an Finckenstein mit, dass der preussische Geschäftsträger Michell in London von der Sendung Knyphausen's keinerlei Anzeige erhalten habe, und daher zu besorgen sei, dass er „bei der Ankunft des Herrn von Knyphausen so surpreniret als ombragiret sein werde", daher bittet Eichel, man möge im Departement die Vorsorge haben, „ihn dazu zu präpariren und von denen eigentlichen Absichten deshalb, und dass es alles sonder seinem Präjudiz und seiner Fonction geschähe, zu informiren und *au fait* zu setzen." — [3] Vorlage „dar." — [4] Der an Stelle von Mitchell neu ernannte englische Gesandte. Vergl. S. 292. 312. — [5] D. h. in Hamburg war Yorke am 25. März gelandet. — [6] Auf Grund der obigen Weisung ergeht Grüssau 2. April ein Cabinetsschreiben an Mitchell [Ausfertigung im British Museum. Add. MSS. 6843]. Danach das obige Datum. — [7] Die Berichte des Prinzen Heinrich datiren im April aus Dresden. — [8] Die Franzosen.

Mes généraux me lanternent fort avec ce siège de Schweidnitz, ce qui me fait perdre du temps. Fouqué est à présent sur le flanc de l'ennemi;[1] mais les chemins sont si impraticables qu'il est impossible à nous, comme aux ennemis, d'avancer. Ils fortifient leur camp de Kœniggrætz, où ils ont fait transporter 27 grosses pièces d'Olmütz. Si vous n'avez pas besoin là-bas de recrues, je vous prie de me les envoyer ici, où nous en avons grand besoin.

Ce que je vous ai écrit touchant les Cercles,[2] n'a été que conditionnel, autant que cela pouvait être faisable. Je ne crains pas ces gueux réunis avec d'autres, mais je crains qu'ils voudront paraître dans un endroit où personne ne se trouvera vis-à-vis d'eux. Si ce n'est pas d'abord, par la suite du temps il se présentera bien une occasion ou l'on pourra les renvoyer le pied au cul. En attendant, mon cher frère, je vous écrirai toutes les visions qui me passent par la tête, ne vous assujettissant à rien qu'à ce que vous trouverez faisable.

Je vous envoie ci-joint la liste des officiers généraux qui serviront sous vous;[3] il y en a beaucoup de prisonniers; dès que l'échange sera achevé, je pourrai vous en envoyer quelques-uns. Vous avez encore Jungkenn[4] et Salmuth dont vous pouvez vous servir, de même que Wietersheim. Salmuth passe pour un bon officier,[5] du moins il conduira bien une brigade à l'ennemi. Quant aux lieutenants-généraux, je m'en trouve si pauvre que je n'en ai que trois ici: Treskow qui assiège Schweidnitz, Retzow dont je ne puis me passer,[6] et mon frère Ferdinand. Il faudra en venir à une promotion, et, selon toutes les apparences, les aînés d'entre les généraux y auront la moindre part.

J'ai les hémorroïdes blanches, ce qui ne m'accommode guère; cependant, à présent, je suis en état d'aller et d'agir comme un autre, et l'on m'assure que j'aurai repos pour tout ce qui s'appelle coliques pendant six mois. Il faut le croire et aller ni plus ni moins, quoi qu'il arrive.

Ayez la bonté de faire partir de Torgau, de Wittenberg et de Dresde tous les reconvalescents, pour peu qu'ils puissent rejoindre l'armée. Il faut nous remettre en force et nous recompléter le plus tôt possible.

---

[1] Fouqué hatte die Oesterreicher aus der Grafschaft Glatz verjagt und wendete sich nun gegen die rechte Flanke des bei Braunau stehenden Feindes. Vergl. S. 325. 328. 330. 336. 345. In einem Schreiben an Fouqué vom 2. April befiehlt der König, über Reinerz und der Orten zu erfahren zu suchen, wie eigentlich die österreichische Armee stehe. — [2] Vergl. S. 321. 328. — [3] „Designation der Generalität, welche bei dem sächsischen Corps d'armée stehen soll." Es sind die Generallieutenants Prinz Heinrich, Itzenplitz, Hülsen, Driesen (der letzte von der Cavallerie); die Generalmajors Asseburg, Grabow, Finck, Bredow, Wietersheim, Jungkenn, Salmuth, Baron Schönaich, Meinecke, Zieten (die drei letzten von der Cavallerie). Vergl. S. 305. Anm. 2. — [4] Der König schreibt den Namen des Generals gewöhnlich und so auch hier: Jungheim. — [5] Vergl. S. 207. — [6] Retzow leitete das Verpflegungswesen der Armee. Vergl. Bd. XV, 341. 354.

Adieu, mon cher frère, je vous embrasse de tout mon cœur, vous assurant que je serai jusqu'au tombeau avec une parfaite estime, mon cher frère, votre fidèle frère et serviteur

Nach der Ausfertigung. Eigenhändig.   F e d e r i c.

9885. AN DEN GENERALFELDMARSCHALL PRINZ MORITZ VON ANHALT-DESSAU.[1]

Grüssau, 2. April 1758.

Durchlauchtigster Prinz, freundlich lieber Vetter. Ew. Liebden heutiges Schreiben habe Ich erhalten, und danke Ich vor die Nachrichten, so Dieselben Mir darin geschickt haben; Ich erwarte nunmehro auch nur zu vernehmen, wo der Feind weiter hingegangen ist,[2] und kann es fast nicht anders sein, als dass der Generallieutenant von Fouqué ihm was in den Rücken gemachet haben muss.[3]

Sonsten sind die Tranchées vor Schweidnitz gestern Abend geöffnet worden, ohne dass wir das geringste dabei verloren haben, so dass nur ein Mann dabei blessiret worden.[4] Ich bin Ew. Liebden freundwilliger Vetter

Fouqué muss was gemacht haben, das zu diese Veränderung Gelegenheit gegeben hat; ich habe heute zuverlässig erfahren, dass der Feind bei Trautenau sich ein retranchirtes Lager präpariret. Dieses ist defensiv, und glaube ich, dass es sehr vieles zum guten Endzweck der Campagne contribuiren wird.

F r i d e r i c h.

Nach der Ausfertigung im Herzogl. Haus- und Staatsarchiv zu Zerbst. Der Zusatz eigenhändig.

9886. AN DEN GENERALFELDMARSCHALL PRINZ MORITZ VON ANHALT - DESSAU.

[G rüssau,] 2. April [1758].

Der Husaren-Unterofficier hat mir Ihren Brief gebracht. Dem Feind sitzet Fouqué in der Flanque, und sowie solches dem Daun ist rapportiret worden, so hat er das Theil der Chaîne von Braunau zurücke ziehen müssen. Nunmehro aber, wann Sie Ihre Patrouillen poussiren, so werden Sie in kurzem mit Fouqué gerade über Braunau Communication kriegen. Adieu!

F r i d e r i c h.

Nach der Ausfertigung im Herzogl. Haus- und Staatsarchiv zu Zerbst. Eigenhändig.

---

[1] Die Berichte des Prinzen Moritz im April sind vom 1. bis zum 17. aus Schlesisch-Friedland datirt, ein Bericht vom 20. aus Kynau (östlich von Waldenburg). — [2] Prinz Moritz hatte gemeldet, der Feind habe die Posten von Neusorge und Halbstadt geräumt. — [3] Vergl. S. 344. — [4] Etwas eingehender äussert sich Eichel in einem Schreiben an Finckenstein vom 3. April über die Eröffnung der Laufgräben und über die geringen Erfolge des feindlichen Geschützfeuers am 1. und 2. April.

9887. INSTRUCTION AU LIEUTENANT-GÉNÉRAL DOHNA.

Grüssau, 2 avril 1758. [1]

Je vous ai donné le commandement de mon armée de Prusse, [2] parceque j'ai la confiance en votre mérite que vous vous en acquitterez bien. Par cette raison, je vous défends, sous peine de la vie, de tenir conseil de guerre [3] — dont il ne résulte que des partis lâches —, mais d'avoir en vous la même confiance que je crois y avoir bien placée. Il faut que vous vous donniez dans votre armée la même autorité que j'y exercerais, si j'y étais. [4] Il y a des lieutenants-généraux qui, à la vérité, ont le même grade que vous, mais le commandement de l'armée fait l'intervalle de vous aux autres: c'est pourquoi vous les tiendrez à faire leur devoir, sans souffrir leurs représentations sur quoi que ce puisse être. Vous êtes élevé dans notre discipline, ainsi je ne dois pas vous recommander de la maintenir en vigueur, ainsi que la subordination.

Dans votre position présente, tâchez de finir les affaires de Mecklembourg le plus tôt possible, [5] j'attends la livraison de recrues et de magasins et l'argent, pour que vous ayez vos troupes ensemble, et que vous puissiez, par conséquent, agir avec plus de liberté.

Ne vous fiez pas, durant la campagne, aux ordres que vous pourriez recevoir de moi, à cause que la nature de mes opérations nous ôtera toute connexion, et que vous serez obligé d'agir de tête. D'ailleurs le fardeau du commandement de deux ou trois corps que j'ai de ce côté-ci, absorbera si fort mon attention que, si je voulais vous donner des avis sur vos opérations, ils ne pourraient être que superficiels, ou arriver trop tard, ou, enfin, vous embrouiller plutôt que vous aider dans ce que vous aurez à faire. Par ces raisons, je trouve à propos de vous faire un tableau en général de nos affaires et de vous détailler le gros de votre besogne, abandonnant, au reste, à votre sagesse et à votre pénétration le détail de l'exécution de ce que vous aurez à faire.

Ma situation est telle à présent que je suis délivré, au moins pour six mois, des Français dont la diversion m'a lié les bras l'année passée et quoique ces mauvaises troupes ne m'aient porté de préjudice que par leur pillage, [6] ils m'ont toutefois fait un mal réel en m'occupant de leur côté, tandis que les Autrichiens me faisaient faire des pertes réelles. Délivré des Français qui actuellement passent le Rhin, je dois faire mes plus grands efforts pour accabler la reine de Hongrie dès le commencement de la campagne, et c'est à quoi sont destinées mon armée de Silésie et [celle] de Saxe. [7] Je n'ai de diversion à craindre que de la part de la Russie et de la Suède. Quant à la Russie, selon ce qui paraît, elle paraît avoir dessein de se fortifier sur la Vistule et d'en

[1] Nach dem Schreiben an Dohna vom 9. April ist die Instruction am 3. Apr. zur Absendung gelangt. — [2] Das ostpreussische Corps des Feldmarschalls Lehwald Vergl. S. 324. 341. — [3] Vergl. S. 342 mit Anm. 4. — [4] Vergl. S. 342. — [5] Vergl. S. 342. — [6] Vergl. S. 193. 336. — [7] Vergl. S. 304.

voyer ensuite un corps contre moi. La nature de cette diversion peut être double: elle peut regarder la Poméranie, ou elle peut regarder la Silésie. Selon toutes mes nouvelles, c'est à cette dernière province que les Autrichiens font tous leurs efforts pour les attirer;[1] mais comme ce corps de Russes destiné pour cette expédition ne peut agir contre la Silésie que vers la fin de juin au plus tôt, je compte vers ce temps de m'être mis dans un tel avantage à pouvoir détacher un corps d'armée pour m'y opposer.

Ce qui pourrait m'arriver de plus fâcheux, ce serait, si Fermor voulait pénétrer en Poméranie. Cela vous mettrait dans le fâcheux inconvénient de lâcher les Suédois, pour courir vers ces nouveaux ennemis. La façon de leur faire la guerre doit être de les chasser le plus promptement que vous le pourrez, de les attaquer en marche ou le moment qu'ils entrent dans le camp, pour qu'ils ne puissent point avoir le temps de s'arranger, de placer leurs canons et de se retrancher. Vous observerez soigneusement de ne faire votre attaque que par une aile, et comme le canon est furieusement devenu à la mode, vous ferez des batteries de grosses pièces et de haubitz à l'aile où vous attaquerez, pour démonter leur canon et pour leur faire perdre contenance. Si vous avez chassé ces gens-là, il faut incessamment retourner contre les Suédois, sans quoi rien ne les empêche d'aller droit à Berlin. Toutes ces circonstances me font donc infiniment souhaiter que vous puissiez porter un bon coup aux Suédois, avant que de vous voir forcé de tourner d'un autre côté; c'est à vous à employer la ruse et la force pour faire réussir ce dessein, dont il est clair et évident que la nécessité en est grande.

Pour tout ce qui regarde la subsistance des troupes, vous donnerez en tout cas vos ordres au président Aschersleben, et, quant à votre conduite, agissez toujours vigoureusement et offensivement; consultez les principes de l'honneur et prenez toujours les partis les plus honorables à la nation. Il faut qu'un général soit hardi et audacieux; pourvu qu'il joigne de bonnes dispositions à sa témérité, il est ordinairement heureux. Vous êtes un homme, vous n'êtes point au dessus de la fortune, des malheurs peuvent vous arriver: mais vous devez être tranquille sur cet article et être sûr que je ne vous jugerai pas sur l'évènement, mais sur les circonstances où vous vous êtes trouvé, et sur les dispositions que vous avez faites. Si, par exemple, il s'agissait de marcher au devant des Russes, je ne crois pas qu'il convient d'aller plus loin que Cœslin. Cependant, je vous abandonne à régler tout cela; vous qui n'avez à penser qu'à cette seule chose, vous ferez mieux vos réflexions sur ce qu'il vous convient de faire que moi qui ai la tête pleine du gros fardeau qui m'accable ici.

Je dois ajouter à ce que je viens de dire que, si nous sommes

---

[1] Vergl. S. 329.

heureux, et qu'un corps russe s'approchant de la Silésie fût bien battu comme il faut, que je pousserai ma pointe et enverrais[1] ce corps de Silésie passer la Vistule non loin de Varsovie pour tourner Fermor dans ses postes de Thorn, Elbing etc., et que, si vous aviez vers ce temps expédié les Suédois, j'aurais intention de vous faire marcher par la Prusse polonaise pour prendre Thorn, Elbing, Danzig etc., après que l'autre armée aurait tourné Fermor et l'aurait obligé de s'éloigner de la Vistule.

Mais il n'est pas temps à présent de penser à ce dernier article; dès que je croirai la chose faisable, je vous en avertirai assez à temps, pour que vous preniez vos mesures en conséquence. Ne pensez premièrement qu'au Mecklembourg, ensuite aux Suédois, et, en levant une difficulté après l'autre avec l'aide du Ciel et de notre brave armée, j'espère de remettre toutes les choses dans l'état le plus avantageux pour l'État que nous servons, et notre commune patrie.

Federic.

Je vous envoie un chiffre français pour vos relations.

P. S.

Tout ce que je vous écris, n'est qu'en gros, mais le nombre de mes ennemis m'empêche d'entrer en détail et de faire un projet suivi. Voici donc le résumé de ce que vous tâcherez de mettre de votre mieux en exécution:

1° forcer les Suédois à la paix;

2° couvrir la Poméranie et l'Ukermark, si le premier est impossible;

3° rechasser les Russes, en cas qu'ils viennent en Poméranie ou dans la Nouvelle-Marche;

4° prendre des précautions pour Stettin;

5° et si vous avez été forcé à tourner vers les Russes, vous retourner contre les Suédois, après avoir battu ces premiers.

Nach dem Concept. Eigenhändig.[2]   Federic.

9888. AU MINISTRE D'ÉTAT COMTE DE FINCKENSTEIN A BERLIN.

Grüssau, 2 avril 1758.

Après les succès des troupes alliées contre les Français, je crois qu'il convient à présent que nous fassions un bon usage des vues que les ministres hanovriens firent remarquer, il y a quelques mois, par rapport à l'acquisition de l'Eichsfeld.[3] Vous vous souviendrez de ce que le baron de Münchhausen en toucha alors dans une de ses lettres au comte de Podewils, à quoi on ne sut pas faire grande attention, vu

---

[1] So! — [2] Unter den nachgelassenen Papieren Dohna's, die sich im Kriegsarchiv des Grossen Generalstabes befinden, ist eine Ausfertigung der Instruction nicht vorhanden. — [3] Vergl. Bd. XV, 47. 48.

que les circonstances n'étaient dans ce temps-là nullement propres pour prendre quelque concert à ce sujet. A présent que les États d'Hanovre, de Brunswick et de Hesse sont balayés des Français, et qu'on a rejeté ceux-ci au delà du Rhin, je crois convenir à mes intérêts de remettre l'affaire susdite sur le tapis et de la mettre adroitement en perspective aux ministres hanovriens, pour nous attacher d'autant mieux ces gens-là et leur maître, dont vous connaissez la prédilection pour ses États d'Allemagne.

C'est donc en conséquence que vous écrirez au baron de Münchhausen, pour lui insinuer que, vu le bon train que nos affaires commençaient à prendre, on oserait se flatter à présent que les vues d'Hanovre sur l'acquisition de l'Eichsfeld, en guise de compensation des grands dommages que la France et ses alliés lui avaient causés, sauraient succéder. Que du temps que les ministres en firent la première ouverture, la chose était prématurée, mais qu'à présent, quand le prince Ferdinand serait soutenu, et quand mes affaires ici prendraient également un bon train, on oserait bien se promettre que la susdite acquisition saurait se réaliser. Que j'y contribuerais du meilleur de mon cœur et seconderais la chose, comme toute autre qui regarde les intérêts du Roi leur maître, autant qu'il dépendrait de moi. Que j'entrerais avec plaisir dans le projet à former là-dessus, que je le soutiendrais, surtout si mes armes prospèreront également. Et, sur ce, je prie Dieu etc.

P. S.

Je viens d'écrire au duc régnant de Brunswick, tout comme au landgrave de Cassel,[1] pour les faire souvenir de la nécessité indispensable qu'il y a pour recruter incessamment de leurs pays leurs troupes auprès de l'armée alliée, et de les augmenter même, s'il est possible, afin de mettre par là le prince Ferdinand de Brunswick à même de faire face à l'ennemi, si celui-ci voudrait retourner. J'ai même conseillé au landgrave d'offrir son régiment de dragons qu'il a gardé jusqu'à présent dans ses États, au roi d'Angleterre, pour en renforcer l'armée. Vous appuierez ceci par votre correspondance avec les ministres des deux princes et communiquerez avec le ministre de Borcke pour ce qui regarde le landgrave, afin qu'il y travaille de son côté.[2]

Nach der Ausfertigung.

F e d e r i c.

---

[1] Die beiden Schreiben an den Herzog von Braunschweig und an den Landgrafen von Cassel, deren Inhalt aus dem Erlass an Finckenstein erhellt, sind vom April datirt. Der obige Erlass an Finckenstein ist jedenfalls erst am 3. oder gar 4. April zur Absendung gelangt; es kann das P. S. erst vom 3. oder 4. herrühren. Den ersten Theil des Erlasses sendet Eichel bereits am 2. in einer Abschrift an Finckenstein; diese Abschrift wurde am 4. präsentirt, während der vollständige Erlass am 6. Finckenstein präsentirt wurde. — [2] Vergl. Bd. XIV, S. 220. Anm. 3, 223. Anm. 4.

9889. AN DEN GENERALFELDMARSCHALL PRINZ MORITZ
VON ANHALT - DESSAU.

[Grüssau,] 3. [April 1758].

Ich habe Fouqué geschrieben, den Feind zu suchen über Reinerz
Ombrage zu machen. Geschiehet das, und dass nur was Panduren ge-
kloppet werden, so ziehet sich der rechte Flügel gegen Königgrätz, allwo
sie stark an dem Pandurenberg schanzen lassen.

Morgen werden die Batterien bei Schweidnitz anfangen zu feuern.
Adieu!   Friderich.

Nach der Ausfertigung im Herzogl. Haus- und Staatsarchiv zu Zerbst. Eigenhändig.

9890. AU SECRÉTAIRE BENOÎT A VARSOVIE.

Grüssau, 3 avril 1758.

Je suis entièrement content des avis que renferme votre rapport
du 25 de mars dernier, et je veux bien vous dire pour votre direction
que vous deviez continuer à donner votre attention à tous les mouvements et démarches des troupes russes qui se trouvent actuellement en
Prusse, et principalement aux magasins qu'ils amasseront en Pologne,[1]
afin que vous puissiez me donner là-dessus des informations exactes,
savoir sur la force desdits magasins et sur les lieux où ils les formeront.

Quant à l'envoyé turc,[2] vous ne devez point vous rebuter des manières grossières qu'il fait paraître; mais vous tâcherez, nonobstant de
cela, de lui faire faire des insinuations sur la nécessité et sur la bonne
occasion que la Porte avait de se mettre en sûreté contre l'alliance formidable de la Russie avec la cour de Vienne, et que, de ma part, je
tiendrais assez occupées ces deux cours, pour que la Porte Ottomane
saurait frapper sûrement son coup contre elles.

Pour ce qui regarde les Arméniens en question, je vous ferai savoir au premier jour mes intentions à leur égard par quelque exprès
que je vous dépêcherai.[3]

Nach dem Concept.   Federic.

---

[1] An den Etatsminister von Schlabrendorff in Breslau schreibt der König am
3. April, er habe zwar Mühe zu glauben, dass die Sendung eines russischen Corps
von Preussen nach der Gegend von Schlesien so bald geschehen könne, doch solle
Schlabrendorff verständige Emissaires nach Polen senden, die sich nach den Mouvements der Russen erkundigen, „vornehmlich aber und hauptsächlichst gründlich zu
erfahren suchen müssen, ob die Russen solcher Orten wärts Magazine anlegen", „dann
dieses das Hauptwerk ist, da, ohne Magazine angeleget zu haben, die Russen dergleichen Marsch nicht entrepreniren können". In ähnlicher Weise schreibt der König
am 3. April an den Commandanten von Glogau Oberst von Hacke. [Beide Erlasse
an Schlabrendorff und an Hacke, im Kriegsarchiv des Grossen Generalstabs.] — [2] Ein
an den König von Polen geschickter türkischer Gesandter. In seinem Gefolge befanden sich die beiden weiter unten genannten armenischen Kaufleute, die den Bericht
Rexin's vom 6. Januar an Benoît überbracht hatten. Vergl. Nr. 9891. Anm. 3. —
[3] Vergl. Nr. 9891. Anm. 3.

9891. AN DEN GEHEIMEN COMMERZIENRATH VON REXIN
IN KONSTANTINOPEL.

Quartier Kloster Grüssau, 4. April [1758]. 1

Ueber Warschau aus habe Ich Euer Schreiben vom 6. Januarii
gestern durch den Benoît erhalten. Ihr erwähnet darin, dass Ihr solches
durch einen Courier schicket, es seind aber zwei armenianische Kaufleute gewesen, welche in der Suite des zu Warschau angekommenen
türkischen Gesandten mitgekommen, und die Euer Schreiben dort abgegeben haben.2 Welches Ich Euch hierbei, doch nur nachrichtlich,
melde, auch nur noch gleich mit beifüge, dass, da diese Leute bei Ab-
gebung Eures Schreibens einen Recompens, auch die Kosten zur Rück-
reise gefordert, ihnen deshalb in Warschau 130 Ducaten gegeben und
sie wegen des ersteren an Euch verwiesen worden.3

Diesemnächst muss Ich Euch antworten, wie Ich nicht gerne sehe, dass
Ihr Euch mit dem Minister Porter brouilliret;4 es mag derselbe sein,
wie er will, und seine Fehler haben, so erfordert es dennoch Mein Dienst
und Interesse, dass Ihr mit solchem in einem guten Vernehmen lebet,
ihn von keinem Verdacht gegen ihn etwas blicken lasset, sondern ihm
vielmehr höflich begegnet und seine Freundschaft zu unterhalten suchet;
denn Ihr denken müsset, dass wenn Ihr Euch auch diesen Mann alie-
niret, Ihr alsdenn gar keine Protection dort habet, und also alles, was
dorten von fremden Ministern sich findet, gegen Euch ist. Demohnerachtet könnet Ihr doch Eure Sachen apart in der Stille mit Euren
Freunden machen, nur dass Ihr Euch mit Porter'n nicht brouilliren müsset.

Was Ich jetzo von Euch verlange, und woran Mir zum höchsten
gelegen ist, das ist dieses, dass Ihr es dahin bringet, damit die Pforte
noch in diesem Jahre mit einem oder anderm der kaiserlichen Höfe
breche.5 Ihr meldet etwas deshalb; dass aber der Sultan das Arsenal
gesehen, zeigt wenig an, sondern ob und wo er Magazins vor die
Armee mache, dieses ist der wahre Barometer, ob sie dieses Jahr was
thun wollen oder nicht. Bei den jetzigen Umständen ist Mir, wie Ich
Euch im Januario dieses Jahres schon geschrieben,6 mit keinem kost-
baren Commercientractat gedienet; wenn Ihr aber die Pforte zum Bruch
bringen könnet, alsdenn müsset Ihr weder Geld noch nichts sparen und
alles dazu anwenden. Ihr müsset durch Eure Freunde deshalb an den
Orten, wo es nützlich ist, vorstellen lassen und sie damit zu engagiren
suchen, dass die Alliance zwischen dem russischen und Wienerschen

---

1 Vorlage: 1756. — 2 Vergl. Nr. 9890. — 3 Am 4. April übersendet der König
biges Schreiben an Benoît und giebt Verhaltungsbefehle für die weitere Beförderung:
es soll durch die beiden armenischen Kaufleute als ein wichtiger Handelsbrief unter
der Adresse des Kaufmanns Jean du Four in Saloniki nach Constantinopel überbracht
werden. Zugleich empfängt Benoît Befehl, dem türkischen Gesandten in Warschau
(vergl. Nr. 9890) in ähnlicher Weise Aufklärung und Rath zu geben, wie es Rexin in
Constantinopel thun soll. — 4 Vergl. S. 238. — 5 Vergl. S. 237. 261. — 6 Vergl.
S. 236 mit Anm. 5.

Hofe der Pforte sehr gefährlich wäre, dass nach einem geheimen Articul¹ von solcher man erst nur mit Mir fertig sein und die Pforte so lange einschläfern wollte, dass alsdenn aber die Oesterreicher und Russen zusammen der Pforte auf den Hals fallen und solche herunterbringen wollten. Mit welchem Concert es so weit gegangen, dass Frankreich ihnen versprechen müssen, wie dass, sobald man mit Mir erst fertig sein und alsdenn die Pforte attaquiren würde, Frankreich sich gar nicht von solchem Kriege gegen die Pforte meliren wollte.

Ihr müsset weiter insinuiren lassen, dass jetzo das rechte Moment wäre, da die Pforte sich freie Hände von solcher Allianz machen könne. Ich hätte die ganze österreichische Armee in letzterem Monat December totaliter bei Lissa in Schlesien geschlagen, dass mehr als über die Hälfte davon verloren gegangen; Ungern wäre jetzo von allen Truppen entblösset, und die Oesterreicher hätten nicht so viel Truppen, dass sie Mir Tête machen und auch zugleich Hungern defendiren könnten, daher die Pforte freie Hände daselbst haben, mit denen Russen aber, die jetzo fast alle ihre Forces in Polen und nach der Weichsel gezogen, auch hoffentlich fertig werden würde. Die französische Armee sei theils durch die Bataille bei Rossbach, wo Ich sie im November vorigen Jahres geschlagen, theils aber auch, da sie jetzo in grössester Confusion aus Teutschland über den Rhein gejaget würden, sehr delabriret worden, dass also überall es jetzo das beste Moment vor die Pforte wäre, wenn sie noch dies Jahr agirte, sich von einer ihr so schädlichen Allianz, wie obgedacht, in Sicherheit zu setzen.

Durch dieses und wenn Ihr solches zu rechter Zeit mit Geld secondiret, müsset Ihr die Türken zu engagiren suchen, und, wenn Ihr solches ausrichtet, so werde Ich sehr von Euch zufrieden sein. Arbeitet nur, so viel möglich ist, fleissig darauf.

F r i d e r i c h.

Wir seind jetzo dabei, denen Oesterreichern die Festung Schweidnitz wegzunehmen, mit welcher Ich hoffe, dass es bald geschehen sein soll; denn werde Ich die Oesterreicher weiter pressiren und zugleich sehen, was Ich gegen die Russen zu thun habe.

Nach dem Concept.

9892. AN DEN GENERALLIEUTENANT GRAF DOHNA.

Grüssau, 4. April 1758.

Mein lieber Generallieutenant Graf zu Dohna. Da Mir von einem recht treu und wohl intentionirten Mann, der die Attention für Mich gehabt, einen sichern Expressen damit hieher zu schicken, die in Abschrift beigehende Anlage zugekommen ist, um Mich von dem dermaligen

---

¹ Vergl. den Articulus Secretissimus der österreichisch-russischen Allianz vom 22. Mai 1746 st. vet. (Martens, Traités conclus par la Russie. 1874. Bd. I. S. 160), der sich jedoch nur auf den Angriff der Pforte gegen eine der Kaisermächte bezieht.

stande in Preussen, auch von der ohngefährlichen Stärke derer russi-
nen dort stehenden Truppen, deren Artillerie und der dortigen Magazins
ter der Hand zu informiren, so lasse Ich Euch diese Nachricht der-
stalt, wie sie Mir zugekommen, in Abschrift hierbei communiciren,
mit Ihr Eure Information daraus nehmen und guten Gebrauch davon
achen könnet.

Dabei Euch aber dennoch zur Direction dienet, wie der damit als
presser angekommene Mann Mir auf Verlangen seines Committenten [1]
gen müssen, dass, was die angegebene Zahl der Mannschaft von denen
gimentern anbetreffe, [2] solche von letztern nur dergestalt angegeben
rden, es aber noch sehr daran fehle, dass bis dato solche wirklich
stark sein solle: maassen er selber Gelegenheit genommen, einige im
rbeimarschiren ohnvermerkt zu zählen und die Regimenter eins vor
s andere viel schwächer, ja einige Cavallerie-Escadrons zu 30 à 36
inn gefunden habe. Die Grenadierregimenter bestünden aus guter
innschaft, die andern Regimenter aber aus schlechten Leuten, und
s die Handgriffe mit dem Gewehr anlange, so ginge solches noch
ziemlich nach denen Tempos; sobald aber einige Schwenkungen
machet werden sollten, so ginge es sehr schlecht und wäre alles unter
ander. Die Mannschaft von der Cavallerie wäre an sich gut und
ouste, ihre Pferde hergegen sehr klein und abgehungert, so dass alles,
s ein Cavalleriste thun könne, dieses sei, dass er nur sein Pferd aus
r Stelle und fort brächte. Die Cuirassiers hätten dorten in Preussen
oo bis 2000 Pferde angekauft, aber nur taxiret und noch nicht be-
hlen lassen, welches aber alles von dem kleinen Schlag Litthauer
re, die kaum den Cuirassier mit seiner Rüstung tragen könnten. Von
tersburg sei zwar eine Anzahl Remonte von etlichen 100 Stück, so
rten die Garde zu Pferde abgeben müssen, angekommen, so ziemlich
oss, aber dabei auch so entkräftet und abgehungert wären, dass solche
inig zu gebrauchen, allenfalls eine geraume Zeit Ruhe und gute
tterung würde haben müssen, um etwas wieder im Stande zu kommen.
as die Officiers, als Capitäns, Subalternen und dergleichen anlange, so
ren solches fast durchgängig Russen, die hohen Officiers aber mehren-
ils Deutschen. Auf ihre Artillerie verliessen sie sich am meisten,
l besonders auf ihre Haubitzen, so von einer neuen Invention und
onders wegen Kartätschen sein sollten, wegen derer sie auch so jaloux
en, dass die Mündung vorne beständig mit einem Bleche bedecket
t verschlossen gehalten würde, auch selbst ihre Officiers sich nicht
igen auf 6 Schritte nähern dörften.

---

[1] Der Auftraggeber ist auch in der Anlage nicht genannt. — [2] Das russische
r in Ostpreussen sollte bestehen aus 32 Regimentern Infanterie zu je 800 Mann,
egimentern Kürassiere zu je 500, 5 Regimentern Husaren zu je 600, 5 Regimentern
acken, 4 zu 800, 1 zu 400 Mann, einem Dragonerdetachement von 1000 Mann,
Artilleristen für 194 Geschütze, d. h. im ganzen aus 37,200 Mann.

Aus allem vorstehenden ist also zu urtheilen, dass, wenn die Russen sich vor etliche 30,000 Mann angeben, solche ohngefähr zu 28,000 stark sein können, mit welchen Ihr dann erforderlichen Falles noch wohl werdet zurechte kommen können. Ich bin Euer wohlaffectionirter König

Les contributions du Mecklembourg NB.| Faites prendre des otages, et menacez les baillifs du Duc de brûler et saccager, pour les forcer à payer promptement. [1]

Federic.

Nach der Ausfertigung im Kriegsarchiv des Königl. Grossen Generalstabs zu Berlin. Der Zusatz eigenhändig.

9893. AU GÉNÉRAL DE L'INFANTERIE PRINCE FERDINAND DE BRUNSWICK.

Grüssau, 4 avril 1758.

Monsieur mon Cousin. La lettre que Votre Altesse m'a faite du 27 de mars m'ayant appris avec une sensible satisfaction la continuation de Ses progrès contre les Français, pour les avoir poussés au delà de Münster, et que, l'armée de Soubise entraînée avec celle de Clermont, tout marche à grands pas au delà du Rhin, en sorte que l'ennemi se prépare à quitter pareillement Wésel, je vous en félicite le plus cordialement et ne saurais envisager à présent votre expédition que comme finie; de sorte qu'il ne vous restera que de prendre vos arrangements pour les quartiers des troupes, que vous saurez pousser en avant, autant que vous le trouverez de votre convenance. Ce que je vous souhaite d'ailleurs, c'est que vous ne voyiez plus reparaître les Français ou jamais ou du moins pas avant le mois de septembre.

Après cela, je prie Votre Altesse de vouloir bien Se souvenir de ce que je Lui ai déjà demandé à l'égard de mes dragons et de mes hussards,[2] c'est-à-dire que, quand vous serez encore plus avancé en avant dans ces pays-là, que vous détachiez alors mes gens dans les pays de Berg, le comté de Westphalie et autres pays de l'électeur de Cologne et du Palatin, comme aussi dans le pays de Münster, pour y châtier un peu ces princes qui en ont agi avec la dernière ingratitude envers moi, en faisant lever par mes gens de bonnes contributions pour moi et en se faisant livrer de ces pays un bon nombre de recrues pour mes troupes ici, dont vous serez persuadé que nous en avons bien besoin. Je ne doute pas que Votre Altesse me procurera cette satisfaction, étant au reste, avec toute la considération et estime imaginable, Monsieur mon Cousin, de Votre Altesse le bon cousin

Vive mon cher Ferdinand! Cela va à merveille; voyez-vous l'offensive vaut mieux que la défensive![3] Vous comblez de honte Cumberland, qui, avec les mêmes troupes que vous commandez, n'a fait

---

[1] Vergl. S. 342. — [2] Vergl. Nr. 9880. S. 340. — [3] Vergl. S. 147. 152. 211.

̨ue des coïonneries.[1] Vous aurez bon jeu des Français; mais arrivé au
̨hin, il faut que vous deveniez un Fabius pour les projets et les dis-
ͻositions, et un Hannibal pour les rodomontades.

Federic.

Nach der Ausfertigung im Kriegsarchiv des Köuigl. Grossen Generalstabs zu Berlin. Der
usatz eigenhändig.

̨894. AN DEN GENERALFELDMARSCHALL PRINZ MORITZ VON ANHALT-DESSAU.

[Grüssau,] 4. [April 1758].

Ich approbire sehr, dass Sie die Bataillons und Jägers und Husaren
ͻn Wüste-Giersdorf und Tannhausen vorziehen; dieses ist anjetzo nöthig
ͷd wird den Feind noch mehr in seinem Plan verrücken, nur möchte
̨h, dass der Generalmajor Wedell mit Sie bis Ort und Stelle marschirte.
ͷm zu sehen, wie es mit dem Feind stehet, und um dass Sie Sich recht
ͻostiren. Das wird die Zeitung von Bülow seind, die Ich Ihnen zu-
ͼeschicket habe.[2]

Die Franzosen haben Wesel verlassen;[3] sie haben knapp 30,000
ͅann über dem Rhein gebracht.

Morgen frühe[4] werden unsere Batterien bei Schweidnitz feuern mit
ͻ Stück. Adieu!

Friderich.

Nach der Ausfertigung im Herzogl. Haus- und Staatsarchiv zu Zerbst.

9895. AU PRINCE HENRI DE PRUSSE.

Grüssau, 5 [avril 1758].

Mon cher Frère. Vous connaissez le penchant des Saxons et sur-
ͻut de la cour pour les Autrichiens; cela me fait espérer d'en profiter,
ͻour leur mieux cacher mon plan de campagne qui vous est connu.[5]
ͅès que vous recevrez la nouvelle que Schweidnitz est pris, ayez la
ͻonté de répandre le bruit sous main, comme si c'était par indiscrétion,
ͷe nous exécuterions cette année le même plan de l'année passée.[6] Si
ͼela ne dérange pas trop vos affaires, tâchez de faire le semblant d'assem-
ͼler beaucoup de chariots pour le transport des vivres et fourrages en
ͅohême, pour que cette apparence les séduise et les éloigne d'autant
ͺlus de deviner quelle est mon intention.

Mes artilleurs me font donner au diable. Vous ne sauriez croire
ͼuelles peines l'on a pour leur faire faire leur devoir, cela est épouvan-
̨ble. Dieskau se hérisse de difficultés et n'achève rien, tant vaudrait-il
̨re un bouvier que de conduire de pareilles bêtes.[7]

---

[1] Vergl. Bd. XV, 488. 489. — [2] Nicht mehr vorliegend. — [3] Die Nachricht
͏ar verfrüht. Vergl. S. 354. 371. — [4] Vergl. Nr. 9889 und dagegen Nr 9899. 9901.
904. — [5] Vergl. S. 304. — [6] Vergl. Bd. XIV, 555. 556. — [7] Vergl. Nr. 9898. 9901.

Vous saurez sans doute que les Français ont abandonné Wésel.[1] Quels coïons, mon cher frère! Revenez des préjugés favorables que vous aviez pour eux à Erfurt.[2] Leurs officiers ont un jargon militaire qui en impose; mais ce sont des perroquets qui ont appris à siffler une marche, et qui n'en savent pas davantage. J'espère que vous en conviendrez à présent, et que vous voyez que tous les hommes, quels qu'ils sont, font des sottises, et que ceux qui valent le mieux, font les moins grossières.

Voilà, mon cher frère, le propre de l'humanité. La carrière de la sagesse est plus bornée que l'on pense; la perfection ne se trouve en aucun genre; l'on tourne alentour, on en approche, mais on ne l'atteint jamais. Vous me donnerez au diable avec ma morale; je ne saurais qu'y faire. Ce sont des vérités humiliantes pour l'humanité qui n'en restent pas moins vraies, mais qui n'empêchent pas d'agir comme si nous étions parfaits.

Adieu, mon cher frère, je vous embrasse. Ne m'oubliez pas, aimez-moi un peu, et soyez sûr de la tendresse avec laquelle je suis, mon cher frère, votre fidèle frère et serviteur

Nach der Ausfertigung. Eigenhändig.   F e d e r i c.

9896. A LA MARGRAVE DE BAIREUTH A BAIREUTH.

Grüssau, 5 avril 1758.

Ma très chère Sœur. Votre lettre a pensé éteindre la joie dans laquelle j'étais de l'infâme fuite des Français. Comment, ma chère sœur, vous voulez que je tremble toujours pour vous? Non, vous ne m'aimez plus; si vous m'aimez encore, vous ménageriez une vie à laquelle la mienne est attachée. Par tout ce qui vous est cher, daignez vous conserver, et songez que fortune et gloire ne sont rien pour mon cœur, si je vous perds.

On a ouvert la tranchée devant Schweidnitz, et j'espère que dans huit jours l'ouvrage sera achevé. Nous ne reverrons plus les Français, ils ont été si bien accommodés que leur perte passe les 33,000 hommes. Ils ont abandonné la Frise, Wésel,[3] et se sont tous sauvés au delà du Rhin. Ne craignez désormais plus rien pour nous, ma chère sœur, et songez que la grande difficulté est levée; que des bagatelles passagères ne vous chagrinent point! Je vous supplie, j'embrasse vos genoux, daignez vous ménager et vous distraire; tâchez de vous dissiper et soyez sûre que, plus d'une fois, j'aurai occasion de vous donner de bonnes nouvelles!

Adieu, ma chère, mon adorable sœur; je ne peux faire que des vœux pour vous, mais ils sont bien sincères. Veuille le Ciel que je

[1] Vergl. Nr. 9894. Anm. 3. — [2] Vergl. Bd. XV, 341—380. — [3] Wie oben.

voie arriver le jour où je pourrai vous témoigner toute l'étendue de
ma reconnaissance et la haute estime et la vive tendresse avec laquelle
je suis, ma très chère sœur, votre très fidèle frère et serviteur

Nach der Ausfertigung. Eigenhändig.   F e d e r i c.

9897. AU CONSEILLER DE GUERRE CŒPER A GRÜSSAU.

[Grüssau, 5 avril 1758.][1]

Sa réponse[2] est fort bien faite. Il doit s'en tenir là, et si d'Affry
continue, il n'a qu'à lui dire que je lui avais défendu d'avoir aucune
sorte de commerce avec un ministre de France.

Il doit tâcher d'apprendre, par le ministre de Sardaigne[3] ou comme
il pourra, l'impression que fait en France la fuite de leur armée et leurs
pertes, s'entend l'effet véritable, et non les couleurs qu'on y donne.

                                                        F e d e r i c.

Eigenhändige Weisung für die Antwort; auf der Rückseite des Berichts von Hellen, d. d. Haag
25. März 1758.

9898. AN DEN GENERALFELDMARSCHALL PRINZ MORITZ VON ANHALT-DESSAU.

[Grüssau,] 5. [April 1758], Abends.[4]

Ich habe an Fouqué geschrieben, dass es bei der Abrede bleibet; die
Redouten können Sie demoliren lassen, nur muss ich Ihnen bei diese
Gelegenheit erinnern, dass ich den Posten von Braunau nicht opiniâtre
souteniren will, sondern ihm nur behalten, so lange es angehet. Wor
der Feind was gegen Reinerz tentiret, so muss Fouqué zurücke und die
vorige Postens bezogen werden.

Dieskau macht mich viel Verdruss, es ist ein Erzdröhmer.[5] Adieu!

                                                        F r i d e r i c h.

Nach der Ausfertigung im Herzogl. Haus- und Staatsarchiv zu Zerbst. Eigenhändig.

---

[1] Das Datum nach dem auf Grund obiger Weisung von Cöper aufgesetzten
Concept des Cabinetserlasses an Hellen, d. d. Grüssau 5 avril 1758. — [2] Die Antwort, welche Hellen, nach seinem Berichte vom 25. März, dem französischen Gesandten Affry in der Angelegenheit des Marquis de Fraigne (vergl. S. 284. 312) gegeben hatte. — [3] Graf Viry. — [4] Zwei kurze eigenhändige und ein nichteigenhändiges Schreiben an Prinz Moritz vom 5. April gehen dem obigen voran. Mit dem
einen eigenhändigen übersendet der König die ihm zugegangene Nachricht, dass der
Feind von Trautenau gegen Braunau in Bewegung sei. In dem anderen schreibt er,
es sei am besten, dass der geplante Vorstoss der Fouqué'schen und Prinz Moritz'schen
Truppen gegen Braunau „morgen executiret werde“. In dem nichteigenhändigen
Schreiben billigt der König die von Prinz Moritz für den Vorstoss gemachten Dispositionen. — [5] Vergl. Nr. 9895. 9901.

9899. AU LIEUTENANT - GÉNÉRAL BARON DE LA MOTTE-
FOUQUÉ. [1]

[Grüssau,] 6 avril 1758.

J'ai bien reçu votre lettre. Mon cher, il faudra être un peu sur
vos gardes. Voilà des nouvelles de Schœmberg. [2] Voilà tout ce que
j'en sais. Je m'imagine que le prince Maurice en saura peut-être davantage. Vous les incommodez beaucoup, et je crois que, s'ils le pouvaient, ils voudraient volontiers se défaire de votre voisinage entier dans
le comté, par Habelschwerdt, Reinerz et Braunau en même temps.

Les Français ont abandonné Wésel [3] et se sauvent au delà du Rhin.
Voilà une bonne nouvelle.

Demain au matin, notre artillerie commencera à opérer sur Schweidnitz. Adieu, mon cher, je vous embrasse.

Federic.

Nach dem Druck in den „Mittheilungen des Kaiserl. Königl. Kriegsarchivs" 1881. S. 495. Der
dortige Druck nach der eigenhändigen Ausfertigung im Kaiserl. Königl. Kriegsarchiv zu Wien. [4]

9900. AN DEN GENERALFELDMARSCHALL PRINZ MORITZ
VON ANHALT - DESSAU.

[Grüssau,] 6. [April 1758].

Ich danke Ihnen vor alle die gute Nachrichten, die Sie mir geben.
Wann Daun die Postirung mit seinen Augen gesehen hätte, so zöge er
von Stunde an seinen linken Flügel zurücke; alleine er siehet es nur auf
der Karte, und da siehet es nicht so gefährlich aus. Vielleicht kömmt
noch eine Gelegenheit, wor entweder Le Noble [5] oder die Husaren
was werden thun können. Dergleichen kleine Sachen helfen den Feind
in Respect halten und ziehen seine ganze Attention auf der Defension
hiesiger Grenze. Sie haben mir ganz recht wegen Braunau und der
Postirung verstanden; [6] ich denke nicht, dass es vors erste dazu kommen
soll. Adieu!

Friderich.

Nach der Ausfertigung im Herzogl. Haus- und Staatsarchiv zu Zerbst. Eigenhändig.

9901. AN DEN GENERALLIEUTENANT VON TRESKOW. [7]

[Grüssau, 6. April 1758.] [8]

Es wäre des Obristen von Dieskau seine Schuld ganz alleine, dass
die Batteries nicht fertig wären, und verstünde er gar nicht solche an-

---

[1] Fouqué's Berichte sind datirt am 31. März, sowie am 2. und 3. April aus
Scharfeneck (nordöstlich von Wünschelburg), vom 7. bis 16. April aus Braunau, vom
22. bis 30. aus Wallisfurth (westlich von Glatz). — [2] Die auch an Prinz Moritz
(vergl. Anm. 4 S. 357) mitgetheilte Nachricht, dass der Feind von Trautenau gegen
Braunau sich vorgezogen habe. — [3] Vergl. S. 355. Anm. 3. — [4] Vergl. S. 137.
Anm. 3. — [5] Oberst und Commandeur eines Freibataillons. — [6] Der bezügliche Bericht fehlt. Vergl. aber 9898. — [7] Treskow befehligte das Belagerungscorps vor
Schweidnitz. — [8] Der Bericht Treskow's ist vom 6. April. Am Ende der obigen Weisungen befindet sich die Notiz „geantwortet eodem".

zulegen, wie Ich es ihm schon geschrieben hätte. Er könnte zwar mit denen lausichten Batteries, so fertig wären, immer anfangen, er würde aber nicht viel damit ausrichten, indem das Feuer von denen anderen Batteries nicht secondiret werden könnte. Er sollte nur p. Dieskau von Meinetwegen ein garstiges Compliment machen und ihm sagen, dass die Leute, so dabei todtgeschossen würden, auf sein Gewissen lägen und ihm zur Verantwortung gereichen würden; er verstünde gar nicht, was zur Anlegung einer Batterie erfordert würde, noch was vor Arbeit des Tages und was des Nachts geschehen müsste.

Er vor seine Person möchte sich nur menagiren[1] und könnte allenfalls, wenn er es nöthig fände, den Geheimen Rath Cothenius aus Breslau holen lassen.

Weisungen für die Antwort; auf der Rückseite des Berichts von Treskow, d. d. Kloster Würben 6. April.

9902. AN DEN GENERALLIEUTENANT GRAF DOHNA.

Grüssau, 6. April 1758.

Mein lieber Generallieutenant Graf von Dohna. Nachdem Ich den Einhalt Eures Berichtes vom 1. dieses Monates mit mehrern ersehen habe, so gebe Ich Euch darauf in Antwort, wie dass zwar Euer Vorhaben, die feindliche Prahmen vernichten zu lassen, recht gut ist, und Ich wünsche, dass Ihr darunter glücklich reussiren möget; dieses aber wird den Krieg dorten noch nicht ausmachen, sondern Ihr müsset suchen, dem Feind noch mehrern Abbruch und Schaden als das zu thun.

Was die von Euch verlangte Freibataillons anbetrifft, da kann Ich Euch dergleichen von hier aus nicht schicken, indem Ich die, so Ich hier habe, Selbst höchst nöthig gebrauche, und alles, was Ich darunter thun kann, dieses ist, dass Ich dem Obristen Grafen Hordt proponiren will, einige Freibataillons zu errichten,[2] die Ich Euch alsdenn schicken will. Ich bin Euer wohlaffectionirter König

Friderich.

Vos officiers au Mecklembourg pensent à faire leur bourse et n'exécutent pas mes ordres.[3] Mordieu! n'est-ce pas une honte de ne pas pouvoir tirer de l'argent d'une riche province qui en a en quantité!

Federic.

Nach der Ausfertigung im Kriegsarchiv des Königl. Grossen Generalstabs zu Berlin. Der Zusatz eigenhändig.

---

[1] Treskow war leidend. Vergl. Nr. 9906. — [2] Vergl. S. 282. — [3] Vergl. S. 310. 342. 354.

9903. AN DEN ETATSMINISTER VON BORCKE.[1]

Grüssau, 7. April 1758.

Mein lieber Geheimer Etatsminister von Borcke. Nachdem Ich aus dem Einhalt Eures Berichtes vom 2. dieses ersehen habe, wie dass endlich die sächsischen Landesstände sich eines bessern besinnen und zu verstehen gegeben, wie sie entschlossen, vor die übrige Revenus dieses Jahres 1758 aus Sachsen 2½ Million offeriren zu wollen, so ertheile Ich Euch darauf zur Resolution, dass, wenn Ihr von denen sächsischen Ständen 2 Millionen und 700,000 Reichsthaler vor die übrige Revenus dieses Jahres bekommen könnet, Ich davon zufrieden bin, und Ihr also Eure Convention[2] mit ihnen darnach reguliren, dabei aber auch alle mögliche Sicherheit wegen der richtigen Bezahlung in denen festzusetzenden Terminen nehmen sollet.

Ich verstehe dieses aber dergestalt und nicht anders, dass die Revenus von der sächsischen Kammer und denen Domaines noch aparte abgeführet und bezahlet werden müssen, und dass letztere nicht mit unter dem Quanto derer 2,700,000 Reichsthaler begriffen seind. Als welches Ich hierdurch exprès festsetze. Ich bin Euer wohlaffectionirter König

Nach der Ausfertigung.
Friderich.

9904. AN DEN GENERALFELDMARSCHALL PRINZ MORITZ VON ANHALT-DESSAU.

[Grüssau,] 7. [April 1758].

Ich danke Ihnen vor die gegebene Nachrichten; ich zweifle nicht, dass der Feind einmal bei Braunau was wird tentiren wollen. Wann ihm Fouqué allda eine Falle legt, so kann es noch eine gute Comédie werden.

Unsere Batterien haben bei Schweidnitz mit 20 Mortier und 20 Canonen angefangen;[3] ich weiss noch nicht den Effect davon.

Von der sächsischen Grenze seind alle Oesterreicher bis auf 2 Infanterie- und 2 Dragonerregimenter weg und hierher marschiret.[4] Adieu!

Friderich.

Nach der Ausfertigung im Herzogl. Haus- und Staatsarchiv zu Zerbst. Eigenhändig.

9905. AN DEN GENERALFELDMARSCHALL PRINZ MORITZ VON ANHALT-DESSAU.

Grüssau, 8. April 1758.

Durchlauchtiger Fürst, freundlich lieber Vetter. Ich habe Ew. Liebden Schreiben vom 8. dieses erhalten. Es ist Mir sehr lieb, dass

---

1 Borcke, der Präsident des Feldkriegsdirectoriums in Sachsen, befand sich in der Regel in Torgau, dem Sitze des Directoriums. — 2 Ein Extract aus der am 20. April abgeschlossenen Convention ist als Beilage zu der preussischen Staatsschrift „Gründliche Anmerkungen etc." abgedruckt u. a. in den Danziger „Beyträgen" Bd. VIII, S. 731. — 3 Vergl. hingegen Nr. 9894. — 4 Vergl. Nr. 9907.

es mit Vorrückung der Postirung so gut abgelaufen ist; Ich finde aber eben nicht nöthig, dass der Feind aus Wernersdorf ganz delogiret werde, indem uns das nichts helfen kann und wir zufrieden sein können, dass wir die Communication mit Braunau haben. Ew. Liebden müssen nur immer Miene machen, als wenn Sie vorwärts rücken wollten, damit der Feind in beständiger Apprehension bleibet, und wir Zeit gewinnen, die Belagerung zu Ende zu bringen.

Dass übrigens das Bataillon Le Noble und die Freiwilligen die Panduren so gut repoussiret haben, solches ist Mir lieb. Es wird aber nöthig sein, deshalb alle mögliche Précautions zu nehmen, damit, wenn selbige etwa Lust bekommen möchten wiederzukommen, sie noch besser empfangen werden können. Ich bin Ew. Liebden freundwilliger Vetter

Wir müssen nicht weiter vorwärts gehen; allein weilen man mit Leute zu thuen hat, die andere und schädlichere Desseins machen könnten, so muss man sie in beständige Unruhe und Aufmerksamkeit auf sich selber halten, als wann von Braunau aus was hinter Trautenau sollte tentiret werden. Ich befürchte diesseits nichts vom Feind, aber ins Glatzische[1] von Mittelwalde und Rückertz her können sie was thun, und deswegen muss man Wind machen und mit Lügens Diversions ausbreiten. Adieu!

Friderich.

Nach der Ausfertigung im Herzogl. Haus- und Staatsarchiv zu Zerbst. Der Zusatz eigenhändig.

9906. AU FELD-MARÉCHAL DE KEITH.[2]

Grüssau, 8 avril 1758.

Mon cher Maréchal. Au cas que votre santé vous le permette, je serais charmé que vous allassiez devant Schweidnitz, pour vous y charger du commandement de siège, le lieutenant-général de Treskow n'étant guère en état, par sa maladie,[3] d'y avoir soin des affaires qui y ont du rapport. Mais il faut que je vous dise en même temps que je ne suis point content du tout de ceux qui y servent l'artillerie.[4] Il faudra donc que vous les bridiez davantage et les mettiez sous la subordination des ingénieurs.

Quant au siège même, il s'agira principalement de le diriger de façon à pouvoir avancer contre la place, et d'avoir soin de faire savoir à chacun en son particulier ce qu'il a à faire, et que l'exécution en soit prompte.

[1] Auf der Rückseite eines Berichts von Fouqué, d. d. Braunau 7. April, findet sich die folgende Weisung für die Antwort: „Wenn der Feind stark auf Reinerz zu kommen sollte, so müsste er sofort dem Fürsten Moritz davon Nachricht geben, damit derselbe auf Braunau seine Attention nehmen, und die Postirungen mit ihm so concertiren, dass er [Fouqué!] nicht von Glatz abgeschnitten werden könnte." — [2] Die zwei allein vorliegenden Berichte Keith's aus dem April 1758, vom 9. und 12., sind aus Landshut datirt. — [3] Vergl. S. 359. Anm. 1. — [4] Vergl. Nr. 9901.

J'y ai déjà envoyé actuellement quatre adjudants; s'il vous en faut davantage, je les y enverrai encore. Au reste, le général de Treskow vous remettra tout ce qui a du rapport à la capitulation et aux autres papiers qui concernent le siège.

Je joins ici l'ordre au général Treskow, afin que vous puissiez vous-même le lui faire remettre. Au cas cependant que votre santé ne vous permet pas de vous rendre devant Schweidnitz, vous n'aurez qu'à me renvoyer ledit ordre. Sur ce, je prie Dieu etc.

Je suis fort embarrassé pour ce siège; si vous pouvez vous en charger, vous me rendrez un grand service qui ajoutera encore à la reconnaissance et à l'estime que j'ai pour vous.[1]

Nach der Ausfertigung. Der Zusatz eigenhändig.   **Federic.**

9907. AU PRINCE HENRI DE PRUSSE.

Grüssau, 8 [avril 1758].

Mon cher Frère. J'ai reçu vos deux lettres presque en même temps. Premièrement, je vous prie de faire tenir cette lettre à ma sœur de Baireuth.[2] Ensuite, mon cher frère, pour l'officier d'artillerie,[3] je vous enverrai ce que je pourrai de mieux, dès que le siège sera achevé; mais à présent, c'est impossible, ils sont tous occupés, et il faut finir cette besogne-ci à quel prix que ce soit. Je vous enverrai de même les ingénieurs. NB. Vous recevrez 5 haubitz de Berlin pour votre artillerie de campagne.

Le maréchal Keith m'a dit que vous n'aviez plus en Bohême que deux régiments infanterie et deux de cavalerie autrichienne contre vous.[4] Si cela est, je vous en félicite, car vous aurez beau jeu, et comme il vous est libre d'entreprendre tout ce que vous jugez à propos,[5] vous trouverez sûrement de bonnes occasions.

J'ai fait écrire à Jægerndorf à Pawlowsky[6] d'envoyer tout ce qu'il a de plus nouveau et à la mode en fait du cartel, pour que vous puissiez vous en servir là-bas.

Prince Ferdinand m'écrit que les Français rasent et abandonnent Wésel.[7] Voilà ce qui s'appelle bien courir.

Adieu, mon cher frère, j'ai rôdé toute la matinée; j'ai fait avancer ma gauche qui a pris un lieutenant-colonel et 8 hommes prisonniers

---

[1] Am 9. April schreibt der König an Keith, es thue ihm äusserst leid, aus dem Bericht des Marschalls ersehen zu müssen, dass derselbe durch den Zustand seiner Gesundheit verhindert werde, den Befehl vor Schweidnitz zu übernehmen. — [2] Vergl Nr. 9908. — [3] Prinz Heinrich bat, Dresden 31. März, noch um einen Artillerie-officier, da der Major Zastrow nicht kundig genug sei. Vergl. auch S. 318. — [4] Vergl Nr. 9904. — [5] Vergl. S. 305. — [6] Der Generalauditeur von Pawlowsky befand sich in Jägerndorf zur Auswechselung der Gefangenen. — [7] Vergl. S. 355. Anm. 3.

après avoir sabré 40 pandours. Ce sont les exploits de héros sub-
alternes, mais cela prélude sur la campagne. Je suis avec la plus tendre
amitié, mon cher frère, votre très fidèle frère et serviteur

Nach der Ausfertigung. Eigenhändig. F e d e r i c.

9908. A LA MARGRAVE DE BAIREUTH A BAIREUTH.

Grüssau, 8 avril 1758.

Ma très chère Sœur. Mon frère Henri m'a envoyé la lettre que
vous avez eu la bonté de m'écrire. Comme l'écriture est meilleure que
la précédente, je me flatte que votre santé est entièrement rétablie, ce
qui me tranquillise fort. Vous saurez sans doute à présent toutes les
circonstances de la déroute des Français, et vous pouvez compter qu'entre
ci et six mois, il ne sera pas question d'eux. C'est beaucoup, et quant
aux Russes, ils demandent de l'argent. Personne ne veut leur en donner:
voilà à quoi leurs projets s'accrochent, et je pense que, si nous sommes
heureux dans les commencements de la campagne, que cela décidera
de tout. Le siège de Schweidnitz va son train; il pourra bien durer
encore quelques jours; j'espère que le 20 tout sera fini. Je ne vous
écris, ma chère sœur, que des balivernes héroïques, faute de mieux,
mais il n'est pas étonnant que j'en ai la tête encore remplie cette année:
il faut soutenir l'État et la famille, d'aussi chers intérêts demandent les
plus grands soins et une attention ininterrompue. J'ignore si nous
assiégerons Vienne, cela me paraît bien prophétique;[1] pourvu seulement
que nous gagnions l'ascendant sur les ennemis, ce sera tout ce que
l'on pourra prétendre.

Adieu, ma divine sœur, ma consolation et mon appui; ménagez
votre santé, je vous en conjure, et pensez que mes jours sont attachés
aux vôtres, et que personne ne vous aime et vous chérit plus tendrement que, ma très chère sœur, votre fidèle frère et serviteur

F e d e r i c.

Je plains le cardinal Tencin,[2] il était fort vieux.

Les provinces conquises ne causeront pas un grand embarras au
maréchal de Belle-Isle.[3] Le prince Ferdinand l'en soulage.

Voici une réponse pour Voltaire;[4] ayez la grâce de vous en charger.

Nach der Ausfertigung. Eigenhändig.

---

[1] Die Markgräfin hatte am 18. März geschrieben: „Nos prophètes nous assurent
que vous prendrez Vienne; tout le monde compte là-dessus comme sur l'Évangile." —
[2] Cardinal Tencin, der ehemalige französische Minister, war am 2. März 1758 gestorben. Vergl. über ihn Bd. II, 508; III, 392; IV, 401; V, 567; VIII, 589. —
[3] Belle-Isle war französischer Kriegsminister geworden. Vergl. S. 307. Anm. 5. —
[4] Vermuthlich das in den Œuvres (Bd. XXIII, 19) unter März 1758 gedruckte Schreiben.

9909. AU CONSEILLER DE GUERRE CŒPER[1] A GRÜSSAU.

Finckenstein berichtet, Berlin 4. April, der neuernannte englische Gesandte General Yorke[2] sei am 1. April in Berlin eingetroffen und werde am 5. seine Reise nach Schlesien fortsetzen.

„Ce ministre est venu me voir, immédiatement après son arrivée, et m'a parlé fort en détail et avec beaucoup de franchise sur la situation des affaires de sa cour et sur la nature de sa commission.

Votre Majesté en jugera Elle-même, par le précis que je vais avoir l'honneur de Lui faire des entretiens que j'ai eus avec lui:

Il a d'abord commencé par me témoigner la joie que lui avait causée la rencontre du baron de Knyphausen à Hamburg,[3] dont il avait ignoré la destination, et de la mission duquel[4] il se promettait les suites les plus avantageuses pour les intérêts communs des deux cours; que c'était de lui qu'il avait appris l'ordre que Votre Majesté avait déjà donné au sieur Michell de se prêter aux vues de sa cour pour la signature de la convention proposée,[5] et que, cette affaire faisant l'objet principal de sa mission, il sentait lui-même qu'elle devenait à présent inutile, mais que le désir qu'il avait toujours eu de faire sa cour à Votre Majesté, et les ordres qu'il avait de Lui donner les assurances les plus fortes de l'amitié et des dispositions du Roi son maître et de sa nation en général, et l'occasion qu'il aurait de pouvoir Lui fournir peut-être des explications satisfaisantes sur les différentes particularités qui y étaient relatives, lui faisaient espérer que ce voyage pourrait être aussi utile pour les affaires qu'il le trouvait en son particulier honorable et flatteur pour lui.

Après ce début, il entra en matière et me dit qu'il ne pouvait pas m'exprimer l'impression singulière et la fermentation qu'avait produites sur l'esprit des ministres anglais, ou plutôt sur celui d'un seul, le parti que Votre Majesté avait pris de surseoir la signature de la convention.[6] Que c'était proprement le sieur Pitt qui avait été tellement frappé de cet incident qu'il avait cru tout perdu et tout le système renversé, qu'il lui était venu sur cela tout plein de doutes et de soupçons destitués de fondement, et que, comme c'était l'homme qui jouait aujourd'hui le premier rôle en Angleterre,[7] sa façon d'envisager la chose avait influé sur tout le reste et avait causé un dérangement et une inaction totale dans toutes les affaires.

Il me fit, à cette occasion, le caractère de ce secrétaire d'État, disant qu'on ne pouvait pas lui refuser beaucoup de génie et de très grands talents, mais qu'il avait aussi ses faiblesses et, entre autres, celle d'être un peu défiant et soupçonneux; qu'il avait formé de tout temps la résolution de rendre le pays d'Hanovre une province dépendante de l'Angleterre, qu'il avait eu le bonheur d'y réussir et d'obtenir par là un but que tous ses prédécesseurs avaient manqué; qu'il outrait peut-être à bien des égards une chose très bonne en elle-même, mais que, comme l'idée était chère à la nation et qu'il en était amoureux en son particulier, il n'y avait pas moyen de le faire renoncer à tout ce qui pouvait y avoir la moindre relation, et que c'était là proprement ce qui avait causé son opposition à un transport de troupes anglaises,[8] et ce qui le porterait constamment à se refuser à cette mesure; que le roi d'Angleterre et une partie de ses ministres auraient vu ce transport avec plaisir, mais que ce Prince, qui avait été autrefois d'une fermeté à toute épreuve, était devenu plus indécis par une suite de son âge avancé, et qu'il préférait aujourd'hui le repos aux tracasseries par lesquelles il faudrait qu'il passât pour nager contre le torrent: circonstance qui augmentait le crédit du sieur Pitt et faisait qu'il était, pour ainsi dire, l'âme et le mobile de tout le ministère anglais; qu'avec cela et après m'avoir parlé tout naturellement de ce ministre, il devait lui rendre aussi la justice qu'il était très

---

[1] Cöper setzte den weiter unten (S. 367. Anm. 3.) genannten Cabinetsbefehl auf. — [2] Vergl. S. 292. 343. — [3] Vergl. S. 343. — [4] Vergl. S. 293. — [5] Vergl. S. 276. 277. 285. 293. 294. — [6] Vergl. S. 196. 197. 199. 200. — [7] Vergl. S. 253. — [8] Vergl. S. 250. 256. 300.

bien intentionné pour la bonne cause et aussi zélé que possible pour les intérêts de Votre Majesté, de sorte que lui, Yorke, avait été charmé en apprenant qu'Elle avait eu la condescendance de Se prêter à ses idées, au moyen de quoi il était persuadé qu'il ferait, de son côté, tout ce qui serait dans la possibilité des choses pour entrer dans les vues de Votre Majesté.

Le sieur Yorke ajouta qu'il avait appris que Votre Majesté souhaitait de suppléer au défaut des troupes anglaises par deux objets, dont l'un était l'augmentation de l'armée alliée,[1] et l'autre l'envoi d'une escadre dans la mer Baltique,[2] et que, comme il était convaincu de la solidité et de l'avantage de ces mesures, il pouvait m'assurer d'avance qu'il appuierait sur l'une et l'autre dans toutes ses dépêches.

Qu'au premier égard, il se souvenait que le sieur Pitt lui avait dit une fois dans la chaleur du discours qu'il aimerait mieux augmenter l'armée alliée de 10,000 hommes et charger l'Angleterre de tous les frais de cette augmentation, que d'envoyer un seul Anglais dans le pays d'Hanovre, de sorte qu'il ne désespérait pas que le baron de Knyphausen, à qui il avait fait part de ce propos, ainsi que [de] tout ce qui pourrait le faire réussir dans sa négociation, ne parvînt à régler ce premier point à la satisfaction de Votre Majesté.

Il me parla d'une manière un peu plus vague et plus incertaine sur l'envoi d'une escadre, mais sans désespérer cependant que cette affaire ne puisse réussir également. Il se contenta de me dire qu'elle n'était pas sans difficultés:

1o Par la prodigieuse quantité de vaisseaux qu'on avait envoyée en Amérique, où l'on avait prévenu l'arrivée de la flotte française, de sorte que celle-ci, obligée de rester dans les parages de l'Europe, prendrait peut-être le parti de les inquiéter dans la Manche, ce qui les obligerait de lui opposer encore des forces navales de ce côté-ci; qu'à cela se joignait

2o La difficulté de trouver un bon port dans la mer Baltique, au cas que l'escadre qu'on voudrait y envoyer, vînt à y avoir un échec, et que c'était à cause de cela qu'on voulait être sûr d'une des trois puissances du Nord, avant que de procéder à cette mesure; qu'il croyait cependant qu'on pourrait trouver moyen de lever ces deux premières difficultés, et qu'on se mettrait peut-être au dessus de l'opposition qu'on craignait de la part du Danemark, pourvu qu'on pût

3o Trouver la quantité de matelots nécessaires pour cette expédition, ce qui causait aujourd'hui un embarras extrême en Angleterre, et ce qui mettrait le plus grand obstacle à toute cette expédition, pour laquelle le gros de la nation et la cité de Londres en particulier était généralement porté, et à laquelle le sieur Pitt ne s'opposerait pas non plus, pourvu qu'on pût trouver moyen de lever ses doutes sur les objets susmentionnés, et que lui, Yorke, pousserait certainement à la roue et ferait de son mieux pour la faire réussir.

Ce ministre me dit ensuite qu'il n'y avait qu'une seule voix en Angleterre sur le sujet de Votre Majesté et sur la nécessité de Lui rester attaché; que tout le monde y était prussien, que le crédit de la maison d'Autriche y était tombé pour toujours, qu'on désirait aujourd'hui de voir Votre Majesté à la tête de toutes les affaires d'Allemagne, et que l'idée du sieur Pitt en particulier était de s'unir plus étroitement que jamais avec Elle et de faire en sorte que cette union ne soit pas momentanée et simplement relative aux circonstances présentes, mais qu'elle puisse être durable, de manière que Votre Majesté reste l'allié intime de l'Angleterre après la paix, tout comme Elle l'a été pendant la guerre.

Qu'en conséquence de ces sentiments, il avait ordre d'assurer Votre Majesté que les secours qu'on Lui avait offerts, ainsi que ceux dont on pourrait convenir encore, soit en argent soit autrement, ne se borneraient pas à la campagne présente, mais qu'on était résolu de les renouveler l'année prochaine, au cas que la paix ne pût pas se faire, et de les continuer, en un mot, jusqu'à la fin de la guerre.

[1] Vergl. S. 277. 285. 293. 300. — [2] Vergl. S. 277. 285. 293. 333.

Qu'il lui avait été enjoint, de plus, de rendre compte à Votre Majesté des mouvements qu'on s'était donnés, et qu'on se donnait encore à Constantinople, pour animer la Porte Ottomane à une levée de boucliers;[1] qu'il n'y avait pas moyen, à la vérité, de juger avec quelque certitude du succès de cette négociation, puisqu'il s'agissait d'un pays éloigné et sujet à des changements continuels, mais que, le sieur Porter ayant marqué, il y a environ six semaines, que les Turcs ne paraissaient pas contents des deux cours impériales, on lui avait ordonné de profiter de cette disposition pour parvenir à son but, et qu'on lui avait envoyé une lettre de crédit très considérable, comme le meilleur moyen de traiter et de faire réussir les affaires dans ce pays oriental.

Qu'il devait aussi avoir l'honneur de dire à Votre Majesté que, par les mesures qu'on avait prises en Amérique, on avait lieu de se promettre les succès les plus éclatants et une campagne des plus brillantes, et qu'il y avait tout à parier qu'on se rendrait maître du Cap Breton, ou qu'on ferait quelque autre coup d'éclat qui en imposerait à la France et lui ferait sentir la nécessité de songer à la paix.

Qu'il était chargé en particulier de la part du roi d'Angleterre de marquer à Votre Majesté sa vive reconnaissance et de Lui dire qu'il n'oublierait jamais ce qu'Elle avait fait pour lui en lui accordant le prince Ferdinand pour général de son armée, en l'assistant de Ses conseils et en lui fournissant un secours de Ses propres troupes;[2] qu'il sentait bien que c'était à elles seules qu'il était redevable de[3] la délivrance de ses États électoraux, et qu'en revanche Elle pourrait compter sur lui dans toutes les occasions qui se présenteraient.

Le sieur Yorke ajouta que ce Prince était effectivement si pénétré de la manière dont Votre Majesté en avait agi à son égard qu'il n'en parlait jamais qu'avec une sorte d'extase, et que, le voyant dans ces sentiments dont il pouvait garantir la sincérité, il en avait profité pour lui proposer une question que personne n'avait osé lui faire jusqu'ici, et sur laquelle il avait cependant cru devoir s'éclaircir, avant que de se rendre auprès de Votre Majesté, pour couper court à toutes les difficultés et à toutes les chicanes que la délicatesse pointilleuse du ministère hanovrien pourrait imaginer; qu'il lui avait donc dit que, le cas pouvant arriver que le comte de Clermont, après avoir passé le Rhin et avoir reçu ses renforts, se contentât de faire une guerre défensive de ce côté-là et envoyât un détachement considérable pour agir contre Votre Majesté, soit en Bohême soit du côté de la Thuringe, il serait bien aise de savoir si dans ce cas, Sa Majesté Britannique voudrait que toute son armée restât rassemblée du côté du Rhin, ou si elle ne permettrait pas qu'on fît alors aussi un détachement proportionné aux forces de cette armée, pour agir en faveur de Votre Majesté, et du côté où Elle le trouverait nécessaire? Sur quoi, ce Prince lui avait répondu, sans hésiter, qu'il en était content, qu'il l'avait même remercié de lui en avoir fait naître l'idée, et lui avait ordonné de déclarer à Votre Majesté qu'Elle pouvait disposer de ses troupes et donner Ses ordres au prince Ferdinand, de la manière qui Lui paraîtrait la plus convenable dans tous les cas qui pourraient survenir.

Enfin, le sieur Yorke m'a parlé du rappel du sieur Mitchell comme d'une chose qui était résolue,[4] et qui lui faisait de la peine, mais qui pourrait encore être redressée, si Votre Majesté désirait de conserver ce ministre; qu'il était en partie cause lui-même de cette résolution, pour avoir écrit de certaines vérités un peu trop durement, ce qui avait personnellement offensé le sieur Pitt, qui était le seul du ministère qui avait insisté sur son rappel; que le roi d'Angleterre était persuadé qu'on lui faisait tort, et serait charmé qu'il restât; qu'en attendant on lui avait donné ordre de demander à Votre Majesté si Elle agréerait le retour de milord Hyndford,[5] mais qu'il était persuadé que cette affaire dépendrait en dernier ressort de Votre Majesté et de la manière dont Elle jugerait à propos de S'intéresser en faveur du sieur Mitchell

---

[1] Vergl. S. 160. 237. 261. 351. — [2] Vergl. S. 293. 339. — [3] Vorlage „à délivrance". — [4] Vergl. S. 312. 338. — [5] Hyndford war vom Frühjahr 1741 bis zu Herbst 1744 englischer Gesandter in Berlin gewesen. Vergl. Bd. I, 219; III, 311.

Le sieur Yorke m'a aussi fait faire la connaissance du chevalier Goodrick, destiné pour la cour de Suède,¹ et qui doit avoir l'honneur de Lui demander Ses ordres sur la manière de Lui faire parvenir les nouvelles de la Suède, aussi bien que sur les conditions auxquelles Elle pourrait vouloir Se prêter à un accommodement avec la Suède, s'il survenait des circonstances propres à terminer cette affaire."

[Grüssau, 8 avril 1758.]²

Le remercier de cette relation, qui me met au fait de tout.³
La communiquer à Mitchell,⁴ pour qu'il sache de quoi il est question.

Federic.

Eigenhändige Weisung; auf der Rückseite des Berichts von Finckenstein.

9910. AU CONSEILLER DE GUERRE CŒPER A GRÜSSAU.

Finckenstein berichtet, Berlin 4. April, der preussische Resident Benoît in Warschau habe mehrfach darüber geklagt, dass er keinen zuverlässigen Menschen bei der Hand habe, den er als Courier absenden könne in so dringenden Fällen, wie sie bei dem weiteren Vormarsch der Russen eintreten würden; Finckenstein frägt an, ob er einen Feldjäger nach Warschau schicken solle.

[Grüssau, 8 avril 1758.]⁵

Le danger ne presse pas, les Russiens de Prusse sont trop faibles pour entreprendre à présent sur nous; quand ceux de l'Ukraine avanceront, il faudra y aviser.

Federic.

Eigenhändige Weisung;⁶ auf der Rückseite des Berichts von Finckenstein.

9911. AN DEN GENERALLIEUTENANT VON TRESKOW.⁷

[Grüssau, April 1758.]

Er möchte doch den Herren Artilleristen sagen, dass sie Esels wären, dass sie Magasins in Brand steckten, wovon wir selbst eine gute Usage machen könnten; sie sollten ihre Bomben nach die Werke, und nicht nach die Magasins richten.

Weisungen für die Antwort; auf dem Rande des Berichts von Treskow, d. d. Kloster Würben 8. April. ⁸

---

¹ Vergl. S. 294. — ² Das Datum nach der Ausfertigung des Erlasses an Finckenstein. — ³ Demgemäss ergeht, Grüssau 8. April, ein Cabinetserlass an Finckenstein. Der zweite Theil des Erlasses enthält die in der folgenden Nummer (Nr. 9910) ertheilten Befehle. — ⁴ Geschieht mit Cabinetsschreiben, datirt Grüssau 8. April. [Brit. Museum. Add. MSS. 6843 und 6844.] — ⁵ Das Datum nach dem Cabinetserlass an Finckenstein. — ⁶ Demgemäss Cabinetserlass an Finckenstein, Grüssau 8. April; mit den in Nr. 9909 gegebenen Befehlen sind die obigen in einen Cabinetserlass an Finckenstein, d. d. Grüssau 8. April, zusammengezogen, dessen zweiter Theil beginnt: „Quant à la personne affidée que le sieur Benoît a demandée qu'elle lui soit envoyée à Varsovie, le danger ne presse pas etc." — ⁷ Vergl. Nr. 9901. Anm. 7. — ⁸ Auf der Rückseite eines Berichts vom 7. April befindet sich die eigenhändige Weisung: „So lange wie sie nicht 70 oder 80 Stücke auf die Batterien haben, richten sie nichts rechts aus; dann sie müssen die Superiorität haben, und eher können die Sappen nicht prosequiret werden."

9912. AU CONSEILLER DE GUERRE CŒPER A GRÜSSAU.

[Grüssau, 9 avril 1758.][1]

Tout cela est fort bien. D'Affry est devenu plus doux,[2] puisqu'il voit que leurs affaires prennent un train de chien. Le meilleur est de finir la correspondance.

Quant aux Hollandais, ils prennent part à tout et ne font rien.

Federic.

Eigenhändige Weisung für die Antwort; auf der Rückseite des Berichts von Hellen, d. d. Haag 28. März.

9913. AN DEN GENERALFELDMARSCHALL PRINZ MORITZ VON ANHALT - DESSAU.

Grüssau, 9. April 1758.

Durchlauchtiger Fürst, freundlich lieber Vetter. Ich habe Ew. Liebden Rapport vom 8. dieses[3] die Nacht erhalten und darauf sogleich die Ordre gestellet, dass die beiden Bataillons vom Braunschweigschen Regiment parat sein sollen, sobald Ew. Liebden solches verlangen werden.[4]

Mir kommt es so vor, als wenn der Feind von Wernersdorf aus nach Halbstadt zu attaquiren wollte, und wenn dieses geschehen sollte, so könnte man ihm von der Seite von Dittersbach in Rücken kommen, welches vielleicht eine gute Kurzweile geben würde. Ich bin Ew. Liebden freundwilliger Vetter

Friderich.

Nach der Ausfertigung im Herzogl. Haus- und Staatsarchiv zu Zerbst.

9914. AN DEN GENERALFELDMARSCHALL PRINZ MORITZ VON ANHALT-DESSAU.

Grüssau, 9. April 1758.

Durchlauchtiger Fürst, freundlich lieber Vetter. Ich habe Ew. Liebden beide Schreibens vom 9. dieses zugleich erhalten; Ich kann also nicht wissen, welches davon das erste oder das zweite ist. In dem einen melden Sie Mir, dass das Le Noble'sche Bataillon den Feind repoussiret, in dem andern aber, dass selbiges sich zurückgezogen habe.

---

[1] In Folge der obigen Weisung wurde von Cöper das Concept zu einem Immediaterlass an Hellen aufgesetzt, d. d. Grüssau 9 avril. — [2] Hellen berichtete, Haag 28. März, der französische Gesandte Graf Affry habe ihm einen dritten Brief in der Angelegenheit de Fraigne's geschrieben (vergl. S. 357. Anm. 2), diesmal eigenhändig und sehr höflich; demzufolge habe auch er an Affry höflich erwidert. — [3] Friedland 8. April, übersendet Prinz Moritz einen Bericht von Wedell, d. d. Ruppersdorf 8. April, der die Meldung enthielt, der Feind habe den Berg bei Halbstadt besetzt; Wedell hat nach Halbstadt Unterstützung senden müssen. — [4] Ein zweites eigenhändiges Schreiben vom 9. April gibt dem Prinzen Nachricht, das Regiment Braunschweig sei beordert, nach Friedland oder Ruppersdorf zu marschiren, wenn es der Prinz nöthig finde.

Was das Zurückziehen betrifft, so muss Ich Ew. Liebden nur sagen, dass dazu vorjetzo keine Zeit ist. Ich bin Ew. Liebden freundwilliger Vetter

Eben erhalte die Deserteurs. Der Fouqué[1] will zu flüchtig zurücke. Das gehet nicht, sonst kömmt der ganze Schwarm nach. Nur Dittersbach besetzet, so höret hier der Krieg auf; dann von da kömmet man sie in Rücken. Lassen Sie Ferdinand[2] marschiren, wann Sie es gut finden; das Regiment ist parat.

F r i d e r i c h.

Nach der Ausfertigung im Herzogl. Haus- und Staatsarchiv zu Zerbst. Der Zusatz eigenhändig.

9915. AN DEN GENERALLIEUTENANT VON TRESKOW.

[Grüssau, April 1758.]

Es wäre Mir gar nicht daran gelegen, zu wissen, wie viel Bomben und Granaten verschossen worden, sondern ob sie gut träfen und die Werke ruinirten: das wäre die Sache, worauf es hier ankäme. Wie weit die übrigen Batteries fertig geworden, davon schriebe er Mir nichts. Ich müsste also glauben, dass sie seit seinem letztern Rapport nichts gemachet hätten. Nach der eingeschickten Liste hätte er die vergangene Nacht 23 Blessirte und 7 Todte gehabt, und da in der vorigen nicht so viele gewesen, so sähe Ich noch nicht ab, was er mit denen Batteries gewonnen hätte. Er müsste die Artilleristen kürzer halten[3] und sie schlechterdings unter die Subordination der Ingenieurs setzen, sonsten käme er mit ihnen nicht zurecht. Ich schickte zu dem Ende den Generalmajor von Wobersnow zu ihm, damit der ihm etwas assistiren und helfen könnte, die Leute etwas in Ordnung zu bringen, da er anjetzo wegen seiner Krankheit[4] nicht wohl im Stande wäre, auf alles selber zu sehen; er möchte also mit demselben das nöthige concertiren.

Weisungen für die Antwort; auf der Rückseite des Berichts von Treskow, d. d. Kloster Würben 9. April.

9916. AN DEN GENERALLIEUTENANT VON TRESKOW.

[Grüssau, 10. April 1758.][5]

Es wäre Mir zwar lieb, dass er mit denen Batteries so weit avanciret wäre, dass sie anfingen, die feindliche Batteries und Forts zu demontiren, alleine Ich verlöre einen Tag nach dem andern. Die Sape wäre noch nicht gemachet, und ehe sie damit nicht avanciret wären, würde er mit dem übrigen nicht viel ausrichten. Nach Meiner

---

[1] Vergl. S. 361. Anm. 1. — [2] Das Regiment Ferdinand von Braunschweig. Vergl. S. 368. Anm. 4. — [3] Vergl. Nr. 9901. 9911. — [4] Vergl. S. 361. — [5] Am Ende der Weisungen der Vermerk „resp. eodem dato", d. h. am Tage des Berichts eantwortet.

Rechnung hätte die Stadt nunmehro schon über sein müssen, durch die unerlaubte Négligence und Ignorance der Artilleristen aber dauerte es damit so lange. Ich bäte ihn, er möchte selber beurtheilen, wie sehr Ich hier pressiret wäre, und wie nöthig es wäre, dass die Belagerung zu Ende käme, damit Ich weiter agiren könnte.

Denen Obristen von Dieskau und von Moller möchte er nur vor Meinetwegen sagen, dass sie Erz-Ignoranten wären, die ihr Handwerk nicht verstünden.[1] Ich wollte indessen hoffen, dass durch die Arrangements, so Ich anjetzo machen lassen, die Sachen etwas anders und besser gehen würden.

Weisungen für die Antwort; auf der Rückseite des Berichts von Treskow, d. d. Kloster Würben 10. April.

9917. AN DEN GENERALFELDMARSCHALL PRINZ MORITZ VON ANHALT-DESSAU.

Grüssau, 10. April 1758.

Durchlauchtiger Fürst, freundlich lieber Vetter. Ich habe Ew. Liebden Rapport vom 10. dieses erhalten. Der Panduren ihre Furcht und Terreur kann wohl so sehr gross nicht sein; denn wenn sie gleich bei der Affaire 15 bis 16 Mann verloren haben, so haben wir dabei doch auch gelitten. Ich halte davor, dass, wenn man sie nur in Respect halten kann, dass sie dorten stehen bleiben und nichts weiter tentiren, solches vor der Hand schon genug sei.

Was die Belagerung von Schweidnitz betrifft, so gehet es damit nunmehro etwas besser, indem unsere Batterien verschiedene feindliche Forts sehr beschädiget und eine Flèche ganz ruiniret haben, so dass das Feuer der Feinde sehr nachlässet; wie dann die Sapes nunmehr auch avanciret werden. Es gehet zwar nicht so geschwinde, wie Ich es wohl gewünschet hätte; inzwischen wenn man die Sache *en gros* ansiehet, so kann uns ein Aufschub von einigen Tagen nicht vielen Schaden thun.[2]

Ich recommandire Ew. Liebden, dasjenige nicht zu vergessen, was Ich Ihnen durch den Capitän von Kleist habe sagen lassen.[3]

Nach Meinen jetzigen Nachrichten und der Aussage der Deserteurs ziehet sich das Corps, so zur Armee gehöret, bei Königgrätz zusammen

---

[1] Vergl. Nr. 9915 mit Anm. 3. und S. 355. 357. — [2] In einem Schreiben an Prinz Moritz vom 11. April zeigt der König an, dass es nunmehr mit der Belagerung von Schweidnitz „recht gut gehet“, „und hoffe Ich, dass wir damit in 6, höchstens 8 Tagen fertig sein werden“; zugleich spricht der König seine Freude aus, dass das Dorf Dittersbach (nordwestlich von Braunau; vergl. Nr. 9914) von den Preussen besetzt worden sei. In einem Schreiben vom 12. erklärt sich der König zufrieden, dass auch Göhlenau besetzt worden sei; wenn eine Demonstration gemacht werde, so werde der Feind auch Wernersdorf „von selbsten abandonniren“. — [3] Prinz Moritz deutet diese Mittheilungen hin in einem Berichte, d. d. Schlesisch-Friedland 9. April; was enthielten, ist jedoch nicht zu bestimmen.

und können also hier auf der Grenze wohl nicht viel mehr als 8 bis
10 Regimenter sein, die ohngefähr 8 bis 10,000 Mann ausmachen
werden, die Panduren ohngerechnet. Ich bin Ew. Liebden freundwilliger
Vetter

Friderich.

Nach der Ausfertigung im Herzogl. Haus- und Staatsarchiv zu Zerbst.

9918. AN DEN GENERALLIEUTENANT GRAF DOHNA.

Grüssau, 10. April 1758.

Mein lieber Generallieutenant Graf zu Dohna. Ich habe Eure
beide Schreiben vom 5. dieses erhalten und mit vieler Zufriedenheit ersehen, dass die Schweden bei ihrer vorgehabten Entreprise auf Peenemünde so gar gut und wie es sich gebühret hat, bewillkommet und
gezüchtiget worden seind . . .[1]
Das übrige überlasse Ich Eurer Disposition und recommandire Euch
nur nochmalen auf das höchste hierbei, dass Ihr in Euren Unternehmungen nicht so viele Difficultäten präsupponiren, sondern das, was Ihr
thun wollet, frisch in das Werk setzen sollet,[2] sonsten Ihr nicht von
der Stelle kommen werdet. Ich bin Euer wohlaffectionirter König

Friderich.

Nach der Ausfertigung im Kriegsarchiv des Königl. Grossen Generalstabs zu Berlin.

9919. AU CONSEILLER PRIVÉ DE GUERRE EICHEL A GRÜSSAU.

[Grüssau, 10 avril 1758.][3]

S'il peut trouver de bons ingénieurs,[4] voilà ce qui nous faut, mais
point de *Kilians*.[5] Le prince Ferdinand m'écrit que Wésel est évacuée;[6]
c'est sans doute faute de canons.
Mais que se dit-on à l'oreille à Versailles? Voilà ce qu'il faut savoir; ainsi que les nouvelles cabales qui se forment en Russie.

Federic.

Eigenhändige Weisung für die Antwort; auf der Rückseite des Berichts von Hellen, d. d.
Haag 1. April.

---

[1] Im Folgenden spricht sich der König gnädig über die einzelnen Officiere aus,
die sich „distinguiret haben", und verleiht dem Capitän v. Reibnitz den Verdienst-Orden.
— [2] In der gleichen Weise hatte der König den General schon in einem Schreiben vom
9. April ermahnt. Vergl. über das Schreiben vom 9. auch Nr. 9887. Anm. 1. In einem
folgenden Schreiben an Dohna, d. d. Grüssau 13. April, äussert der König seine
Zufriedenheit „dass Ihr die mecklenburgsche Angelegenheiten auf das allerbeste zu
beschleunigen Euch bearbeitet, auch Mir die gesicherte Hoffnung gebet, dass solche
nächstens in ihrer völligen Richtigkeit sein werden". Vergl. S. 342. 354. — [3] In Folge
der obigen Weisung wurde am 10. April von Eichel das Concept zu einem Immediaterlass an Hellen aufgesetzt. — [4] Vergl. S. 123. — [5] Kilian Brustfleck eine lächerliche
Person im deutschen Lustspiel. — [6] Prinz Ferdinand hatte am 27. März nur geschrieben:
„J'ai eu des avis qui indiquent que l'ennemi se prépare à quitter pareillement la forteresse de Wésel. Il faut voir ce qu'il en sera." Am 3. April wird die Nachricht
widerrufen. Vergl. S. 375; auch S. 354. 355. 356. 362.

24*

9920. AN DEN ETATSMINISTER GRAF FINCKENSTEIN IN BERLIN.

Finckenstein berichtet, Berlin 8. April, auf den Erlass des Königs vom 2. April,[1] er habe bereits früher an die verschiedenen verbündeten Höfe in Deutschland geschrieben, um eine Vermehrung ihrer Truppencontingente vorzuschlagen. Der Landgraf von Hessen-Cassel habe sich bereit erklärt, weitere 3200 Mann zu liefern, doch verlange er zuvorderst, auf Grund seines Vertrages mit England,[2] für die Verluste entschädigt zu werden, die er bei der Besetzung Hessens durch die Franzosen erlitten habe;[3] fahre das englische Ministerium und insbesondere Pitt fort, die Erfüllung dieser Wünsche hinauszuschieben, so sehe sich der Landgraf genöthigt, auch die jetzt bereits bei der Armee des Prinzen Ferdinand befindlichen Truppen abzuberufen, um sich gegen die fernere Rache Frankreichs sicher zu stellen. Der Braunschweiger Hof glaube, wie Finckenstein schreibt, ebenfalls Grund zu vielen Klagen zu haben; er sei vornehmlich gegen das hannoversche Ministerium heftig erbittert.[4]

Grüssau, 11. April 1758.

Ich kann Mich, zumalen wegen Meiner jetzigen Umstände hier, vor jetzo in keine Correspondance noch Schreiberei deshalb einlassen. E[s] muss aber sowohl wegen des Landgrafen von Hessen als wegen de[s] Herzogs von Braunschweig alles an[ge]wenden, um sie wieder auf ander[e] Gesinnung und bessere Gedanke[n] zu bringen. Alle Argumente dazu seind ihm bekannt. Diese muss e[r] bestens anwenden, um sie auf mo[de]ratere Sentiments zu bringen[,] damit sie fernerhin mit uns eine[n] gemeinsamen Strang ziehen. In[s] übrigen aber ist doch auch so vie[l] wahr, dass wenn sie Avantage haben wollen, solches nicht ander[s] als bei dem Friedensschluss ge[sche]schehen kann, denn gleich jetzo e[s] nicht angehet. Er muss inzwische[n] an Knyphausen schreiben und ihn instruiren, das englische Minister[ium] zu disponiren, damit sie beide vorgedachte Prinzen auf guter Laune e[r]halten; denn wenn das nicht geschähe, so könnten sie auf einmal vo[n] uns absetzen und uns durchgehen, so uns sehr embarrassiren würde.

Mündliche Resolution. Nach Aufzeichnung des Cabinetssecretärs.

9921. AN DEN ETATSMINISTER GRAF FINCKENSTEIN IN BERLIN.

Finckenstein berichtet, Berlin 8. April, auf Grund eines Schreibens des hessischen Ministers Hardenberg,[5] der schwedische Kanzleipräsident Baron Höpken habe zu verstehen gegeben, dass man die Beendigung des Krieges mit Preussen sehnlich herbeiwünsche;[6] Hardenberg glaube, dass die schwedische Regierung sich der Vermittlung des Landgrafen zu bedienen wünsche.

Grüssau, 11. April 1758.

Ist recht gut; der englische G[e]sandte[7] aber, so jetzo hier und nac[h] Schweden gehet, wird das dorte besser thun können.

Mündliche Resolution. Nach Aufzeichnung des Cabinetssecretärs.

---

[1] Vergl. Nr. 9888. — [2] Vergl. Bd. XI, 226. 227. — [3] Vergl. S. 72; Bd. XV, 49
[4] Vergl. S. 155. 156. — [5] Hardenberg an Finckenstein, d. d. Hamburg 4. April. ·
[6] Vergl. S. 170. 213. 217. 306. 348. — [7] Goodrick. Vergl. S. 367.

[ETATSMINISTER GRAF FINCKENSTEIN
IN BERLIN.

Grüssau, 11. April 1758.

Yorke[1] ist gestern mit seinem Reisegefährten[2] hier
ı Se. Königl. Majestät von M. Mitchell präsentiret
:sigem Orte gar kein Platz zu deren Unterkommen
ı Landshut, so eine kleine halbe Meile von hier,
iglich herüber. Des Königs Majestät haben den
:cueilliret und gestern eine Unterredung von einigen
l M. Mitchell gehabt, auch sie alle drei zur Tafel
s an den Abend verzogen.

sämmtlich wieder hier und haben des Königs Ma·
ı über die Nothwendigkeit, doch ein ordentliches
ınterredet, wovon Sie mir das Gros gesaget, auch
enz sowohl als dem Herrn von Knyphausen solches
çlaube es begriffen zu haben, so viel als es bei der
nten grossen Vivacité,[5] und da man nicht die Zeit
notiren, geschehen kann, werde mich also auch
keit bestens zu acquittiren suchen; ich wünschete
lass es dazu kommen dörfte, dass des Königs Ma·
ı schriftlich Selbst aufsetzeten, wie Sie solches thun
rten, wenn nämlich erwähnte Herren Engelländer

rohl sehr, dass es Ew. Excellenz gefällig gewesen
as expedirete Recreditif vor den Herrn Yorke mit
um solches bei der Hand zu haben, da ich glaube,
llhier über einige Tage nicht dauren dörfte, wenn
weidnitz sich bald zur Uebergabe anlassen sollte.
m deshalb nur etwas besonders, da es sich fataler
ı müssen, dass just gegen die Zeit, da alle diese
ich mit einem hitzigen Flussfieber befallen worden,
Tage im Bette gehalten und ohnendlich entkräftet
eute das erstere Mal wieder ausgehen können und
schwer wird, die erforderliche Gemüthskräfte zu
ler Kopf durch die schwere Phantasien, so ich bei
smis von heftiger Hitze gehabt, sehr mitgenommen
indess nach allen Kräften thun, was ich kann, ob
s noch nicht von aller Hitze und damit begleiteten
ı, und mich wegen des übrigen der Führung des
· · ·

Eichel.

67. — [2] Goodrick. Vergl. S. 367. 372. — [3] Ueber die Unter-
: Yorke am 10. und 11. April vergl. Bisset, Memoirs and
iitchell (London 1850) Bd. II, S. 9 ff. — [4] Vergl. Nr. 9926
ıl. Bd. XV, 427 unten.

9923. AN DEN GENERALLIEUTENANT VON TRESKOW.

[Grüssau, April 1758.]

Ich freuete Mich, dass es mit unsern Batteries so gut ginge; da die Sache einmal im Train wäre, so hoffete Ich, dass sie nunmehro bald fertig werden würden. Das grösste wäre überstanden, da sie die Canons von dem Feinde demontiret hätten. Die Uebergabe des Orts beruhete Meines Erachtens darauf, dass wir von dem Galgenfort[1] und der kleinen Redoute[2] Meister würden, welches in 3 bis 4 Tagen wohl geschehen könnte.[3]

Weisungen für die Antwort; auf der Rückseite des Berichts von Treskow, d. d. Kloster Würben 11. April.

9924. A LA REINE DE SUÈDE A STOCKHOLM.

Grüssau, 12 avril 1758.

Ma très chère Sœur. Je me sers du départ du chevalier Goodrick, envoyé du roi d'Angleterre en Suède,[4] pour vous faire, ma chère sœur, tenir cette lettre. Il a commission de travailler à notre paix,[5] pour peu que l'occasion le favorise, et de faire même plus avec la Suède, si les conjonctures le permettent. Comme vous avez désiré cet envoi, je ne doute pas que vous ne ferez ce que vous pourrez, pour le mettre au fait du pays, et pour lui indiquer les canaux dont il pourra se servir pour parvenir à ses fins. Cet homme n'a point d'apparence, mais il a plus de fond qu'il n'en promet. Il vous fera tenir cette lettre en secret, et je ne doute point que vous ne trouviez moyen de lui faire expliquer vos intentions, et — comme il est tout-à-fait nouveau en Suède —, par quels moyens il pourra parvenir. Ce m'est toujours une grande satisfaction de pouvoir par cette voie vous écrire et vous assurer de la tendresse infinie avec laquelle je suis, ma très chère sœur, votre très fidèle frère et serviteur

Nach der Ausfertigung. Eigenhändig.   Federic.

---

[1] Das Galgenfort im Südosten der Stadt. — [2] Wohl die in der Nacht zum 16. April kurz vor der Einnahme des Galgenforts besetzte Verschanzung zwischen dem Schweidnitzer Wasser und dem Galgenfort. Auf der Karte der Belagerung von Schweidnitz, die zu der „Gesch. des siebenjähr. Krieges" vom preuss. Generalstab (Berlin 1826) gehört, ist die in Frage stehende Verschanzung mit X bezeichnet. Vergl auch das genannte Werk Bd. II, S. 174. — [3] In einem Schreiben an Keith vom 12. April bezeigt der König seine Freude darüber, dass der Marschall vom Fieber befreit sei das Anerbieten Keith's, nunmehr die Belagerung von Schweidnitz zu übernehmen (vergl. Nr. 9906), lehnt der König ab, da die Uebergabe des Platzes nahe bevor stehe, und da er wünsche, dass der Marschall zunächst seine Gesundheit völlig herstelle. — [4] Vergl. S. 367. 372. 373. — [5] Vergl. S. 372 mit Anm. 6.

9925. AU GÉNÉRAL DE L'INFANTERIE PRINCE FERDINAND
DE BRUNSWICK.

Grüssau, 12 avril 1758.

Je suis charmé, mon cher Ferdinand, de toute votre expédition.
Avant que Bülow fût arrivé ici, il était déjà transpiré une partie des
embarras que vous aviez eus.[1] Pourvu qu'on fasse avancer un troupeau
d'ânes et de bœufs, on en a toujours le mérite, et qu'importe que mes
hussards ou les hanovriens aient chassé les Français? suffit qu'ils aient
repassé le Rhin.

Vous me demandez mes idées sur ce que je crois de votre situation et de ce qu'il y aura à faire pour vous jusqu'à l'avenir. A cela
je vous réponds, mon cher, que, selon que vous êtes informé des choses,
je trouve tant[2] pour votre position et les mesures que vous avez prises,
très sages et les seules qui vous convinssent. Je dois y ajouter que,
si vous pouviez encore donner le change aux Français, pour leur faire
quitter Wésel, que ce serait un coup très avantageux. A présent, puisqu'il faut arranger l'avenir, je serai obligé de vous rendre compte 1° de
ce qui s'est fait entre moi et l'Angleterre, 2° de mon projet de campagne; après quoi nous entrerons en discussion pour ce qui vous regarde.

Nous avons un nouveau traité avec le roi d'Angleterre,[3] qui lie
simplement les parties à ne point faire de paix séparée. J'ai voulu y
ajouter l'envoi de troupes anglaises en Allemagne; mais c'est une corde
à laquelle il ne faut pas toucher du tout, à cause d'un vertigo que Pitt
s'est mis dans la tête.[4] Ainsi je vous conseille de n'en pas parler. Je
me suis donc rabattu à faire augmenter l'armée alliée[5] et de la porter
à 55,000 hommes. Voilà j'espère à quoi l'on pourra réussir, et alors
vous pourriez avoir encore un bon régiment de dragons hessois et les
dragons de votre frère, et augmenter ce qui est hanovrien. D'ailleurs,
on travaille avec espérance de succès à faire déclarer la Hollande;[6]
si cela réussit, voilà une nouvelle scène qui s'ouvre, et qui changera
tout. C'est pourquoi, s'il était possible, il faut tâcher de faire dé-
crépir[7] les Français de Wésel, soit par le bruit d'un siège à faire, de
les couper etc.

Quant à mes opérations de campagne, voici mon projet. Dès que
Schweidnitz sera pris, je marche sur Olmütz. Si je suis assez heureux

---

[1] Prinz Ferdinand hatte am 3. April seinen Adjutanten Lieutenant von Bülow
an den König gesandt, um über die Expedition Bericht zu erstatten. In dem Begleitschreiben, Münster 3. April, meldete der Prinz, dass der Feind die Festung Wesel
behaupte und Meister des Rheinstromes bleibe; die verbündeten Truppen hätten
zur Erholung Quartiere zwischen Münster und Coesfeld bezogen; das obere Weser-
gebiet bleibe allerdings den Franzosen dadurch ausgesetzt; um wenigstens einige Ab-
hülfe zu schaffen, werde er die Städte Lippstadt, Hameln und Cassel in Vertheidi-
gungszustand setzen lassen. — [2] So! vielleicht verschrieben für „tout". — [3] Vergl.
S. 379. Anm. 2. — [4] Vergl. S. 364. 365. — [5] Vergl. S. 288. 292. 349. 372. —
[6] Vergl. S. 377. — [7] So! Es ist wohl gemeint: déguerpir = sich aus dem Staube
machen, faire déguerpir quelqu'un = Jemand fortjagen.

d'y prévenir les Autrichiens, ou ils seront obligés de me livrer bataille ou de voir prendre Olmütz à leur barbe. Si nous prenons Olmütz sans bataille, je crois qu'ils se camperont à Brünn, et pour les tirer de là, je ferai de forts détachements, par Hradisch, en Hongrie; cela les obligera de retirer à eux tout ce qu'il y a en Bohême, alors mon frère Henri cassera les cerceaux des Cercles[1] et prendra Prague.[2] Ma grande armée est actuellement ici de 98,000 combattants, sans les garnisons, de sorte que je garde encore des troupes pour détacher contre les Russes, qui font mine de vouloir marcher de Thorn sur Glogau. Dohna est occupé contre les Suédois. Voilà donc mon projet de campagne, auquel je ne saurais rien changer.

Pour donc en revenir à vous, mon cher, je crois que, si vous pouvez approcher du Rhin par le moyen de Wésel, que cela accélérera les bonnes résolutions des Hollandais, et j'ai conseillé qu'il ne faut point absolument vous faire passer le Rhin, avant que les Hollandais [ne] se déclarent. Alors on demandera aux Français et à la reine de Hongrie des explications catégoriques sur ce qu'ils ont fait entre eux touchant la Flandre,[3] et l'on compte par là engager les Hollandais dans cette expédition. Si tout ceci ne peut avoir lieu, et que cependant vous pouvez occuper Wésel, je crois qu'il vous conviendra de vous approcher le plus près de Düsseldorf que possible, et je parierai bien que les Français y penseront plus d'une fois, avant de repasser le Rhin, et surtout que, s'ils veulent faire quelques détachements, ils les feront passer par Strasbourg en longeant le Danube, ce que vous ne sauriez empêcher, et ce qui ne me causera aucun embarras. Réfléchissez bien, mon cher, sur tout ce que je viens de vous écrire, et je crois que vous verrez que c'est ce qu'il y a le mieux à faire. Après cela, je ne vous conseillerais pas de faire camper les troupes avant la fin de mai, pour qu'ils[4] se refassent davantage, et qu'ils endurent mieux la campagne prochaine qui pourrait durer plus longtemps que l'on ne pense.

Je n'ai pas besoin de vous recommander le secret pour mon projet de campagne. Schweidnitz pris, ce qui sera l'affaire de quelques jours, il faudra nous écrire en chiffres, et la correspondance sera un peu interrompue; ni plus ni moins vous serez, mon cher, informé de tout ce qui se passe.

Les Anglais sont rétifs comme le diable, mais je me flatte qu'en les retournant de toutes les façons, que nous en tirerons pied ou aile, surtout pour les ostentations; et voilà d'abord ce que vous pourrez écrire en Angleterre: c'est qu'ils fassent des démonstrations, comme

---

[1] Le cerceau = der Fassreif; das Wort „cercles" gebraucht der König häufig spottend im Sinne von „Fässer". Vergl. nach der Schlacht bei Rossbach: „les tonneliers (die Franzosen) mit leurs cercles voulaient prendre Leipzig", oben S. 7—8; und Œuvres XII, 70—73: „Congé de l'armée des cercles et des tonneliers." — [2] Vergl. S. 381 mit Anm. 2. — [3] Vergl. S. 145. 377. — [4] So!

s'ils voulaient faire une descente vers Dunkerque. Cela obligera Clermont d'y détacher, contribuera peut-être à[1] faire évacuer Wésel et vous débarrassera toujours d'un vingt-millier d'hommes, ce qui vous mettra à votre aise.

Enfin, mon cher, ma lettre devient un traité militaire, il est temps que je la finisse. Embrassez, je vous prie, de ma part ce neveu qui nous fait tant d'honneur,[2] et soyez persuadé de l'estime et de l'amitié avec laquelle je suis, mon cher Ferdinand, votre fidèle ami et cousin

Federic.

Nach der Ausfertigung im Kriegsarchiv des Königl. Grossen Generalstabs zu Berlin. Eigenhändig.

9926. AU MINISTRE D'ÉTAT COMTE DE FINCKENSTEIN A BERLIN.

Grüssau, 12 avril 1758.

J'ai été bien aise de voir, par la lettre que vous m'avez faite du 8 de ce mois, ce que vous avez écrit au baron de Münchhausen pour lui renouveler la perspective d'une acquisition de l'Eichsfeld,[3] afin d'animer par là au mieux ces gens de concourir plus promptement à l'augmentation de l'armée alliée.

Parmi les propos que j'ai tenus ici au sieur Yorke,[4] j'ai insisté surtout sur la nécessité qu'il y avait de nous concerter sur un système à régler entre nous; car nos ennemis ayant fait leur plan, au lieu que nous n'avions agi que du jour à la journée, il n'en saurait arriver que des inconvénients pour nous. Que, si l'Angleterre voulait faire ses plus grands efforts en Amérique contre les Français, je n'y avais rien à dire, et que, tout au contraire, mes voeux étaient qu'ils leur portassent des coups très sensibles. Mais comme l'on connaissait en Angleterre la convention faite entre les cours de Versailles et de Vienne par rapport à la cession de Nieuport et d'Ostende,[5] il s'agissait de savoir si cela conviendrait à l'Angleterre. En cas que non, il fallait donc penser aux moyens de l'empêcher, dont un des plus efficaces était, sans doute, de se lier avec la Hollande,[6] afin que les ennemis n'y sussent pas donner la loi. Qu'il fallait que ces mesures fussent prises à temps, car, la paix une fois faite, la chose ne serait plus à remédier, et de vouloir rendre en échange aux Français quelques possessions en Amérique, ce serait avoir travaillé pour la reine de Hongrie.

Que, d'ailleurs, il faudrait songer, après la paix faite, de nous mettre en état de soutenir la balance, en nous fortifiant par les alliances de la Hollande, du Danemark, de la Suède ou de la Russie. Mais que, si la France resterait en possession de Nieuport et d'Ostende, la république de Hollande se verrait obligée à garder la neutralité et,

---

[1] Vorlage „de“. — [2] Vergl. S. 289. — [3] Vergl. Nr. 9888. — [4] Vergl. S. 373. — [5] Vergl. Bd. XIV, 132. 166. — [6] Vergl. S. 313 mit Anm. 4.

dépendante ainsi de la France, elle n'osera pas se remuer. Enfin, je lui ai fait voir la nécessité indispensable qu'il y avait à tous égards que l'Angleterre convînt d'un système pour que nous puissions agir en conséquence. Et, sur ce, je prie Dieu etc.

Nach der Ausfertigung.[1]   F e d e r i c.

9927. AU CONSEILLER PRIVÉ DE LÉGATION BARON DE KNYPHAUSEN A LONDRES.

Grüssau, 12 avril 1758.

J'ai reçu la lettre que vous m'avez faite du 29 mars. Comme je ne doute pas que, vu les bons arrangements qu'on a pris en Hollande pour vous faciliter le trajet par mer en Angleterre, celle-ci ne vous trouve déjà à Londres, j'ai bien voulu vous dire pour votre direction que, parmi les propos que j'ai tenus ici au sieur Yorke, j'ai insisté surtout . . .[2]

Vous vous conformerez à tout ceci dans le langage que vous tiendrez aux ministres anglais, et les presserez au mieux sur un certain plan à prendre pour nous diriger. Sur ce, je prie Dieu etc.

P. S.

Un article assez intéressant encore que vous tâcherez de faire valoir au mieux auprès des ministres anglais, c'est que, si leurs affaires ne permettent pas de faire quelque solide entreprise contre la France sur le Continent, qu'ils fassent faire au moins de temps à autre quelques démonstrations seulement, soit en faisant courir des bruits, soit par quelque autre ostentation, comme si l'on voulait tenter quelque entreprise sur les côtes de la France ou des Pays-Bas ou sur Dunkerque.[3] En faisant de pareilles démonstrations, on en alarmera la France, qui se verra obligée d'y tourner son attention et d'y détacher même des troupes; ce qui secondera beaucoup les opérations du prince Ferdinand de Brunswick,

---

[1] In einem folgenden Erlass an Finckenstein vom 13. April theilt der König dem Minister mit, dass die ehemals nach Tönning geschaffte schwere Weselsche Artillerie (vergl. S. 168) nunmehr nach Magdeburg überführt werden solle. In einem Schreiben vom 14. berichtet Eichel an Finckenstein über die Conferenzen des Königs mit Yorke: „Es hat derselbe Sr. Königl. Majestät alle gute Hoffnung gegeben, dass man sich in England ganz bereit finden lassen werde, mit Sr. Königl. Majestät ein Concert über ein sicheres Système zu nehmen." Ueber die Belagerung von Schweidnitz äussert Eichel, sie habe zwar ihren guten Fortgang genommen, „nachdem des Feindes mehriste Artillerie in denen Aussenwerken demontiret und stille gemachet worden; es gehet aber damit demohnerachtet nach der Art aller Belagerungen, die durch Sapes geführet werden, etwas langsam, jedoch flattiren sich die Kunstsverständige, dass es damit binnen 4 oder 6 Tagen zu Ende gehen werde." — [2] Es folgen Mittheilungen über die Unterredung mit Yorke genau in der gleichen Weise wie in dem Erlass an Finckenstein Nr. 9926. Vergl. dazu auch S. 373. — [3] Vgl. S. 377.

surtout si les ministres anglais voulaient aller un peu de concert là-
dessus avec lui.

Nach der Ausfertigung.   F e d e r i c.

9928. AU ROI DE LA GRANDE-BRETAGNE A LONDRES.

Grüssau, 13 avril 1758.

Monsieur mon Frère. Le sieur de Marwitz[1] m'a remis la lettre
que Votre Majesté a eu la bonté de m'écrire. J'y vois avec beaucoup
de plaisir la satisfaction qu'Elle ressent de la conduite du prince Ferdinand. Votre Majesté peut être persuadée que je n'ai eu rien tant à
cœur que de contribuer à ce qui pouvait être de Son avantage et de
Sa gloire. Le général de Yorke, en arrivant ici, a été étonné que sa
négociation se trouva terminée aussitôt que commencée. J'ai compris
que, pour le bien des affaires, il fallait céder et se prêter aux choses
possibles. Le sieur de Knyphausen aura déjà, je crois, signé le traité
à Londres.[2] Votre Majesté peut être persuadée que je n'ai d'autre intention que d'éterniser, s'il se peut, les engagements et l'alliance dans
laquelle je suis avec l'Angleterre; que les intérêts de Votre Majesté me
sont aussi chers que les miens, et que je contribuerai, autant que
mes forces et le nombre de mes ennemis me le permettront, à Ses
avantages.

Le général de Yorke m'a dit, de plus, de la manière favorable dont
Votre Majesté S'était expliquée sur le sujet des mouvements de Son
armée, en cas que quelque détachement de ces troupes fût nécessaire
pour mon secours;[3] je L'en remercie certainement avec autant de reconnaissance, comme si j'en avais éprouvé les effets, mais j'espère qu'il
ne sera pas nécessaire d'avoir recours à cet expédient, et que ces troupes
pourront être employées plus utilement encore pour la cause commune.

Je passe sur bien des détails dont je ne doute point que le général de Yorke ne rende compte à Votre Majesté, et dont j'espère
qu'Elle aura lieu d'être satisfaite, L'assurant de la haute considération
et de tous les sentiments avec lesquels je suis, Monsieur mon Frère, de
Votre Majesté le bon frère

F e d e r i c.

Nach der Ausfertigung im Königl. Staatsarchiv zu Hannover. Eigenhändig.[4]

---

[1] Marwitz hatte dem Könige von England das Schreiben Friedrich's II. über den
Sieg bei Leuthen und die Einnahme von Breslau (Nr. 9614) überbracht. — [2] Der
preussisch-englische Subsidienvertrag wurde am 11. April in London unterzeichnet, von
preussischer Seite durch Knyphausen und Michell. Vergl. S. 375. — Der Vertrag
ist gedruckt in: Wenck, codex juris gentium Bd. III, 173—178; 173—176 der
Vertrag, 176—178 die Declaration im Namen des Königs von England. Ueber beide
vergl. auch Schäfer, Siebenjähr. Krieg Bd. I, S. 564—566. — [3] Vergl. S. 366 — [4] Am
13. April übersendet Eichel das obige königliche Schreiben an General Yorke. Auf
Befehl des Königs fügt er neu eingekommene Nachrichten aus Schweden bei, unter

9929. AU SECRÉTAIRE MICHELL A LONDRES.

Grüssau, 13 avril 1758.

J'ai reçu presque toutes à la fois les dépêches que vous m'avez faites depuis le 17 jusqu'au 31 du mars passé, du contenu desquelles j'ai été bien aise, parceque j'y ai trouvé des explications sur bien des choses qui m'importaient de savoir, et comme le baron de Knyphausen sera apparemment déjà arrivé, muni des instructions dont il vous fera part,[1] et que, d'ailleurs, le général-major Yorke est arrivé ici,[2] dont la négociation s'est trouvée aussitôt terminée que commencée, j'espère que tout le monde sera satisfait, et qu'il n'y aura plus le moindre malentendu.

Je ne désapprouve nullement la démarche que vous avez faite par rapport à la ville d'Emden,[3] tout au contraire, ma volonté est que vous devez remercier bien obligeamment de ma part les ministres sur cet envoi des troupes à Emden, étant persuadé du bon effet que cela ferait pour la cause commune, que je m'apercevais combien cela faisait de l'impression à nos ennemis, quand l'Angleterre faisait seulement la mine de vouloir détacher pour quelque entreprise, quand même cela restait dans les termes de pure ostentation . . . .[4]

Nach dem Concept.   Federic.

9930. AU CONSEILLER PRIVÉ DE LÉGATION DE VIERECK A COPENHAGUE.

Grüssau, 13 avril 1758.

J'ai reçu votre rapport du 4 de ce mois, dont j'ai été satisfait par les différentes informations que vous m'avez données sur des choses qui méritent mon attention; mais ce que je voudrais que vous approfondiez plus encore, et que vous m'en fassiez un rapport exact, c'est sur l'impression que la retraite précipitée des troupes françaises en Allemagne, faite avec des pertes très considérables jusqu'au delà du Rhin, a faite sur la cour où vous vous trouvez, et ce qu'elle en pense. Vous tâcherez

diesen die Meldung, dass es zweifelhaft werde, ob eine schwedische Verstärkung nach Pommern gesandt würde, da man die Ankunft eines englischen Geschwaders in der Ostsee befürchte. Eichel schreibt: „Sa Majesté croit que vous verrez au moins par là l'effet que produit le bruit seulement de quelque ostentation de la part de l'Angleterre, quoique point réelle encore et prématurée." [Public Record Office. Prussia Vol. 93.] Vergl. S. 365.

[1] Vergl. S. 293 und S. 343. Anm. 2. — [2] Vergl. S. 373. 377. — [3] Michell berichtete, London 31. März, er habe den englischen Minister Pitt aufgefordert, eine englische Besatzung in die Stadt Emden zu legen; Pitt sei sofort darauf eingegangen, schon am folgenden Tage (1. April) solle ein Bataillon von 900 Mann nach Emden eingeschifft werden. Am 13. April schreibt der König an Hellen: „Quelque singulière que soit au fond la démarche que le ministère anglais a faite par rapport à Emden, j'en ai cependant été bien aise, par plus d'une raison." In dem nämlichen Erlass zeigt der König Hellen die Ankunft Yorke's an „que j'ai trouvé un homme bien aimable". — [4] Zum Schluss befiehlt der König, einen Ventilator zum Reinigen der Zimmerluft in England zu kaufen und ihm zuzusenden.

donc de me satisfaire au plus tôt là-dessus, et me manderez en même temps votre sentiment si un changement d'une telle importance ne saurait opérer si bien sur ces gens qu'on saurait faire quelque chose avec eux.[1]

Nach dem Concept. F e d e r i c.

9931. AU PRINCE HENRI DE PRUSSE.

[Grüssau,] 13 avril 1758.

Mon cher Frère. Je souhaiterais que j'eusse autant de poudre, pour faire le siège d'Olmütz, que vous en trouvez à Magdeburg. Je n'ai ici que 4500 *centner* pour le siège de Schweidnitz, et, pour prendre Prague, il ne vous faut que 2600 *centner*, 20 canons de 12 livres, 12 de 24 et 20 mortiers. D'ailleurs, mon cher frère, vous êtes mal informé des troupes autrichiennes que vous avez vis-à-vis de vous. Vous pouvez être persuadé que Laudon est ici vis-à-vis de Halbstadt, il a encore été rossé en personne ce matin; moyennant quoi il ne peut être à Leitmeritz.

Vos idées pour l'armée du Cercle sont fort bonnes. Mais, premièrement, cette armée n'est forte que de 12,000 hommes; si vous lui opposez 8,000, c'est encore lui faire trop d'honneur. En second lieu, toute cette opération dans l'Empire ne mène à rien et ne finit pas la guerre; mais la prise de Prague[2] est un coup de massue pour la cour de Vienne, dont elle ne saurait revenir. Je compte d'avoir fini mon siège vers le 20 de ce mois. Tant qu'Olmütz n'est pas pris, vous pouvez faire ce que vous voulez; mais, cela fait, il faut frapper un grand coup. Vous pouvez écarter et chasser les Cercles; mais il faut toujours en revenir à Prague, sans quoi tout ce que vous pourriez faire de mieux, n'est que de la crème fouettée.

Les régiments de Berlin[3] ont des malades; mais pensez-vous que les nôtres n'en aient pas et l'ennemi encore davantage? Faites toujours marcher ce qui a armes et bagage, et les malades suivront, lorsqu'il plaira à Dieu. Il s'agit plus à présent chez vous d'ostentations que de forces réelles. Je vous enverrai d'ici votre cavalerie et vos hussards,[4] dès que le siège sera fini; mais vous serez très supérieur à l'ennemi. Vous aurez reçu de moi et plans de Saxe et cartels.[5] J'apprends qu'il y a des officiers saxons prisonniers à Wittenberg de désertés. Il faudra faire confisquer leurs biens et procéder juridiquement contre eux.

Que j'aie les hémorroïdes blanches ou noires, j'irai, mon cher frère, ne fût-ce que sur des béquilles, et je finirai la campagne, si je ne suis

---

[1] Vergl. S. 294 mit Anm. 4. — [2] Vergl. S. 304. 328. — [3] Vergl. S. 317. — [4] Vergl. S. 321. 387. 389. — [5] Mit einem Schreiben vom 12. April übersandte der König an den Prinzen Pläne des Churfürstenthums Sachsen und ein Exemplar des mit den Oesterreichern abgeschlossenen Kartells für den Austausch der Gefangenen. Vergl. S. 362.

pas dépêché entre ci et ce temps-là. Adieu, mon cher frère, je vous embrasse de tout mon cœur, vous assurant de la tendre amitié avec laquelle je suis, mon cher frère, votre fidèle frère et serviteur

F e d e r i c.

Vous n'avez pas besoin de chariots de munition pour l'artillerie de siège, car elle doit aller par eau et être transportée ensuite par des *Vorspann* jusqu'au lieu; mais ce qu'il vous faut, c'est des affûts de rechange et quelques blocs pour les canons, que vous pouvez faire préparer à Dresde, pour ménager le transport.

Quant à votre projet de vous tenir tranquille à présent, je l'approuve fort et de n'agir qu'à bonnes enseignes.

Nach der Ausfertigung. Eigenhändig.

9932. AN DEN GENERALFELDMARSCHALL PRINZ MORITZ VON ANHALT-DESSAU.

Grüssau, 13. April 1758.

Durchlauchtiger Fürst, freundlich lieber Vetter. Ich habe Ew. Liebden Schreiben vom 13. dieses erhalten und daraus ersehen, dass die Österreicher die Besatzung von Dittersbach[1] surpreniren wollen, von derselben aber repoussiret worden; welches Mir recht lieb zu vernehmen gewesen.

Wenn aber Ew. Liebden den Feind aus Wernersdorf weg haben wollen, so wird nöthig sein, dass Sie einige reguläre Bataillons nach Dittersbach hinziehen; denn Sie mit dem Le Noble'schen Bataillon und denen Husaren, so Sie dorten haben, die Leute von da nicht wegkriegen werden.

Sobald sie aber nur sehen werden, dass Ew. Liebden Ernst gebrauchen wollen, so werden sie schon von selbst weggehen. Ich bin Ew. Liebden freundwilliger Vetter

F r i d e r i c h.

Nach der Ausfertigung im Herzogl. Haus- und Staatsarchiv zu Zerbst.

9933. AN DEN GENERALLIEUTENANT VON TRESKOW.

[Grüssau, April 1758.]

Wenn er meinte, mit der Belagerung bis Ende Dec[ember] zuzubringen, so wäre keine Puissance in der Welt, die ihm so viel Pulver und Kugeln schicken könnte, als wie sie sodann nöthig haben würden. Sie müssten mit dem, was Ich ihnen gegeben, auskommen, und kriegten nicht ein Loth Pulver noch Kugeln mehr. Deswegen hätte Ich ihm die 2 Grenadierbataillons geschickt, damit er nach dem formirten Project

---

[1] Vergl. S. 370. Anm. 2.

das Fort Nr. 1 attaquiren und wegnehmen¹ und dadurch der Sache einmal ein Ende machen sollte; denn Ich es nachgerade sehr müde wäre.

Weisungen für die Antwort; auf der Rückseite des Berichts von Treskow, d. d. Kloster Würben 13. April.

9934. AU GÉNÉRAL DE L'INFANTERIE PRINCE FERDINAND DE BRUNSWICK.

Grüssau, 14 avril 1758.

Monsieur mon Cousin. J'ai été agréablement surpris de la nouvelle que Votre Altesse m'a marquée par Sa lettre du 7 de ce mois de la résolution prise en Angleterre de faire passer la mer à 8 ou 900 hommes de troupes anglaises, pour servir de garnison et de défense à la ville d'Emden² et aux autres endroits de ma province d'Ost-Frise.

Comme j'y reconnais parfaitement la bonne volonté de Sa Majesté Britannique, et que ces sortes de démonstrations sont toujours bonnes, mon seul embarras est de trouver présentement parmi mes officiers de rang quelqu'un dont je pourrais me passer, pour l'envoyer à Emden et dans l'Ost-Frise, afin d'y prendre la fonction de commandant. C'est pourquoi je me confie uniquement là-dessus à Votre Altesse et vous prie de vouloir bien vous charger de diriger de vos instructions et de vos ordres le commandant des susdites troupes, le colonel Brudenell, pour la sûreté et la défense de madite province, conformément à mon service et aux intentions déclarées du roi d'Angleterre. Mes intérêts seront par là en d'aussi bonnes mains que si j'y avais envoyé exprès quelque officier de ma part, pour y veiller sur ce qu'il y aurait à faire, dans le cas que l'ennemi voudrait tenter quelque nouvelle entreprise contre cette province, et je vous en aurai une obligation particulière; étant d'ailleurs avec des sentiments de la plus parfaite estime, Monsieur mon Cousin, de Votre Altesse le bon cousin

Federic.

Nach der Ausfertigung im Kriegsarchiv des Königl. Grossen Generalstabs zu Berlin.

9935. AN DEN GENERALFELDMARSCHALL PRINZ MORITZ VON ANHALT-DESSAU.

Grüssau, 14. April 1758.

. . . Was³ das Dorf Wernersdorf betrifft, so begreife Ich nunmehr bei der Mir gemeldeten Situation desselben Selber ganz wohl, dass es nicht rathsam ist, selbiges zu besetzen; Ich muss aber Ew. Liebden bitten, dem Feinde als ein unruhiger Nachbar alle Tage was neues zu machen, damit er beständig amusiret werde und nicht wissen könne, wann wir ihm auf dem Halse gehen wollen. So viel ist gewiss, dass sie zwischen Königgrätz und Jaromirs ein Lager ausgestochen

---

¹ Fort Nr. 1 ist das oben (S. 374) genannte Galgenfort. — ² Vergl. S. 380. — ³ Im Eingange dankt der König für zugeschickte Deserteure.

haben, wo sie sich zusammenziehen wollen, und warten sie nur auf den Augenblick, dass wir in Böhmen einrücken; alsdann sie das Lager nehmen werden. Ich bin Ew. Liebden freundwilliger Vetter

Friderich. [1]

Nach der Ausfertigung im Herzogl. Haus- und Staatsarchiv zu Zerbst.

9936. AU MINISTRE DE LA GRANDE-BRETAGNE MITCHELL A LANDSHUT.

Grüssau, 14 avril 1758.

Im Eingange spricht Eichel seine Freude aus, dass Mitchell über den Zustand seiner Gesundheit ihn beruhigt habe. „Mes vœux sont toujours pour la conservation de votre personne et de votre santé, qui ne peut qu'être précieuse à tous les honnêtes hommes." Weiter übersendet Eichel einen Pass für den nach Schweden gehenden Gesandten Goodrick. [2]

Sa Majesté vient de m'ordonner expressément à cette occasion de vous marquer en Son nom qu'Elle vous priait de dire de Sa part à M. le général de Yorke que Sa Majesté serait charmée de voir plus souvent ici Monsieur le Général, qui n'avait qu'à venir aussi souvent qu'il lui plairait pour voir Sa Majesté. J'espère que Votre Excellence voudra bien S'acquitter de cette commission du Roi envers M. de Yorke. [3]

Je suis avec ces sentiments de respect et cet attachement inviolable que Votre Excellence me connaît, Monsieur etc.

Aus der Ausfertigung im British Museum zu London.

Eichel.

9937. AN DEN GENERALLIEUTENANT GRAF DOHNA.

Grüssau, 15. April 1758.

Mein lieber Generallieutenant Graf von Dohna. Nachdem Ich nur allererst Mein gestriges Schreiben an Euch[4] abgehen lassen, erhalte Ich bereits wiederum das Eurige vom 10. dieses, so Ich mit Eurem vorigen mehrentheils fast von gleichem Einhalt gefunden. Ihr werdet Selbst erachten, wie es Mir in Meinen jetzigen Umständen ohnmöglich fället,

---

[1] In einem vorangehenden Schreiben an Prinz Moritz vom 14. April befiehlt der König, dem General Fouqué die allerdings nicht ganz zuverlässige Nachricht mitzutheilen, dass „die Oesterreicher etwas auf Braunau tentiren wollen". Man müsse dagegen „gehörige Précautions" nehmen. In einem folgenden Schreiben an Fouqué vom 15. April äussert der König, er sei versichert, dass der Feind nichts tentiren werde; sollte er aber bei Reinerz mit Gewalt etwas versuchen, so müsse Fouqué dorthin, und Prinz Moritz müsse „auf Braunau so lange das Auge haben". — [2] Vergl. S. 374. — [3] Am 20. April ersucht Eichel im Auftrage des Königs den englischen Gesandten Mitchell, am Abend des Tages mit dem General Yorke nach Schwengfeld zu kommen; Mitchell war jedoch, wie Eichel am 21. an Finckenstein schreibt, bereits nach Breslau abgereist; dort erst empfing Mitchell das Eichel'sche Schreiben. Der König hatte in diesem ausserdem noch das Erbieten machen lassen, die beiden englischen Diplomaten möchten ihn auf den bevorstehenden Märschen begleiten. — [4] Liegt nicht vor.

über fast einerlei Materie beständighin zu correspondiren, und kann Ich nicht umhin, Euch nochmalen hierdurch zu wiederholen, dass, sobald die Belagerung von Schweidnitz vorbei sein wird, unsere Correspondance auf einige Zeit lang sehr derangiret werden wird, und Ihr also alsdenn Euch Selbst führen und, ohne Euch auf Meine Ordres zu confiiren, dasjenige werdet thun müssen, was die Umstände und Eure Instructiones mit sich bringen.

Dass es ohne Geschrei im Mecklenburgischen nicht abgehen könne, [1] solches bin Ich persuadiret, Ihr werdet hergegen auch, ohne Euch daran zu kehren, zu thun wissen, was sich gebühret, damit Meine Intention erreichet werden müsse; denn ein vor allemal Ich Rekruten und wenigstens das Quantum an Gelde aus dem Mecklenburgischen haben muss, worüber Ich auf die letzte mit dem Generalfeldmarschall von Lehwaldt und dieser mit denen mecklenburgischen Ständen conveniret ist. Es muss aber die Sache mit Ernst betrieben und geendiget werden, da Ich dann der erste bin, so selbst wünschet, dass Ihr Eure Detachements aus dem Mecklenburgischen einziehen könnet.

Was den mecklenburg-schwerinischen Geheimen Rath Ditmar angehet, so wäre es sehr gut, wenn Ihr denselben für Euch bekommen könnet; noch weit besser aber würde es sein, wenn Ihr Euch gar dessen Person versichern und solche in Euren Gewahrsam bekommen könntet, denn eben dieser derjenige ist, der von Anfang her alle Misshelligkeiten zwischen Mir und dem Herzog betrieben, solche unterhalten und auf alle Extremitäten poussiret hat, [2] und welchem also die Schuld des den Mecklenburgischen geschehenen Verdrusses und Unglücks lediglich beizumessen.

Sonsten weiss Ich Euch niemanden von Generalmajors von der Infanterie von hier aus dorthin zu schicken; da Ihr aber bereits deren 4 in Eurer *Ordre de bataille* habt, als die Generalmajors von Manteuffel und von Rauter, welche zwei recht tüchtige und zuverlässige Officiers seind, so auch den Generalmajor Grafen Flemming und bisherigen Obristen von Stollhofen, so Ich Euch gleichfalls accordire, so sehe Ich auch nicht ab, wie Ihr mehrere Generalmajors dorten gebrauchen könnet. Im übrigen habe Ich auch den bisherigen Obristen von Malachowski zum Generalmajor avanciret. Ich recommandire Euch nochmalen alles bestens, und dass Ihr Eure Dispositions und Arrangements nunmehr insgesammt dergestalt präpariret und einrichtet, damit Ihr Meine Intentions erfüllen könnet, und Ich alle Ursache, davon zufrieden zu sein, haben möge. Ich bin Ew. wohlaffectionirter König

F r i d e r i c h.

Nach der Ausfertigung im Kriegsarchiv des Königl. Grossen Generalstabs zu Berlin.

---

[1] Vergl. S. 359. — [2] Vergl. Bd. XIII. 2. 44. 72. 83.

9938. AN DEN GENERALLIEUTENANT VON TRESKOW.

[Grüssau, 15. April 1758.]

Die Disposition, so er zu der Attaque des Forts[1] gemacht hätte, approbirte Ich völlig, und hätte Ich dabei weiter nichts zu erinnern, als dass, wenn das Fort occupirt sein würde, er sofort Kanonen dahin bringen lassen müsste, damit, wenn der Feind sich etwa noch nicht geben wollte, er ihn sodann von diesem Fort dazu zwingen könnte.

Uebrigens sähe Ich der Nachricht von dem Erfolg der Attaque mit Verlangen entgegen, und möchte er Mir nur einen Officier herschicken, der Mir von allem *en détail* rapportiren könnte.

Weisungen für die Antwort; auf der Rückseite des Berichts von Treskow, d. d. Kloster Würben 15. April.

9939. AN DEN GENERALLIEUTENANT VON TRESKOW.

[Grüssau, 16. April 1758.]

Er hätte sehr wohl gethan, dass er die Capitulation nicht angenommen hätte;[2] denn Ich solche nimmermehr würde approbiret haben. Wenn der Commandant capituliret, so ergiebt er sich; das wäre eine alte Regel. Er möchte nur auf dem Fort Nr. 1 die Batterie ordentlich zurecht machen lassen und thun, als wann er Ernst gebrauchen wollte; Ich stünde ihm fast davor, dass er sie alsdann zu Kriegesgefangenen haben würde, und sollte er nur den Commandanten bedrohen lassen, dass, wenn er es auf der Extremité ankommen liesse, Ihr sodann die Garnison nicht anders als auf Discretion annehmen würdet. Es thäte Mir zwar leid um die Todten und Blessirten, so wir bei der Affaire[3] bekommen hätten, allein er müsste rechnen, dass wir sonsten noch 10 Tage mit der Stadt zu thun gehabt hätten, und solches uns gewiss noch mehrere Leute gekostet haben würde. Und die Zeit wäre Mir anjetzo sehr edel; welches er wohl nicht so erkennen könnte, da er nicht wüsste, wo Meine Absichten hingingen, und was Ich vor hätte dergestalt, dass Ich sehr zufrieden wäre, dass die Sache so abgegangen Ich zweifelte nicht, dass er nunmehr zwischen hier und 2 Tagen völlig fertig sein würde.

[1] Der Angriff auf das Galgenfort (d. i. Fort Nr. 1; vergl. S. 374. 383) fand in der Nacht vom 15. zum 16. April statt; in Folge der Eroberung dieses Forts liess der österreichische Commandant, Graf Thürhaimb, am 16. Chamade schlagen und die Capitulation anbieten. Vergl. Nr. 9940. Schon auf einen Bericht Treskow's vom 14. April hatte der König antworten lassen: „Ich dächte, dass wenn sie das Fort erst weg hätten, alsdann das Ding überhaupt ein Ende haben würde." — [2] Graf Thürhaimb, der Commandant von Schweidnitz, hatte sich bereit erklärt, die Stadt zu übergeben, wenn die Besatzung freien Abzug erhielte. Treskow hatte geantwortet, dass er die Capitulation unter keinen andern Bedingungen abschliessen werde, als unter denen Nadasdy im November vorigen Jahres die Capitulation der Preussen gefordert habe. Vergl. S. 37. 64. — [3] Bei der Eroberung des Galgenforts.

Ich schickte den Obristen von Krusemarck zu ihm hin, damit der-selbe, sobald die Capitulation fertig und die Stadt übergeben wäre, die dort befindliche Gewehre, Patrontaschen und sonstige Mundirungsstücke unter die Regimenter, die es nöthig hätten, vertheilen sollte, und würde der morgen bei ihm ankommen. Er würde nunmehro selber wohl ein-sehen, wie unnütz es gewesen sein würde, wenn Ich noch mehrere Mu-nition[1] hätte dahin transportiren lassen.

Hiernächst müsste Ich ihm auch noch notificiren, was er zu obser-viren haben würde, sobald die Stadt über wäre. Wann die Capitulation fertig und unterschrieben wäre, so sollte das Regiment von Sydow nach Breslau marschiren und die Stadt besetzen, und so wie selbiges dort angekommen, so sollte das Grenadierbataillon von Kleist nach Neisse und das Regiment von Kreytzen nach Schweidnitz marschiren, um zu der Armee zu stossen. Das Regiment von Manteuffel sei destiniret, Schweidnitz zu besetzen; weilen aber dort viele Kranken sein würden, so müssten sie inzwischen in Kletsch[2] und Schönbrunn cantonniren, bis das Wetter gut würde; alsdann sie so lange in denen Werken campiren könnten, bis die Stadt von allem Unflath gereiniget worden.

Zu dem Observationscorps bei Landshut stossen die Regimenter von Kreytzen, von Kurssell, Pionniers, Bülow und die Grenadierbatail-lons von Kreytzen, von Burgsdorf und von Österreich, mit denen Ge-neralmajors von Kurssell und von Diericke. Das Bataillon von Lattorff marschiret nach Neisse und wird weiter beordert werden, wo es hin soll. Die Grenadierbataillons von Diringshofen und von Beneckendorf bleiben dorten bis auf weitere Ordre.

Was die Kavallerie anlangete, so wären die Regimenter vom Prinz von Preussen, von Driesen und von Markgraf Friederich nebst dem Generalmajor von Zieten beordert, nach Sachsen zu marschiren,[3] und sollte er also selbige, sobald die Belagerung vorbei wäre, nach der Ge-gend von Naumburg an der Queiss hinmarschiren lassen, auch ihnen solches nur gleich sagen, damit sie es wüssten und sich arrangiren könnten. Ich hätte dem Generalmajor von Lentulus dato befohlen, dass er die Commandirten von diesen Regimentern, so er bei sich hätte, sofort nach Schweidnitz abgehen lassen sollte, damit sie zu ihre Regimenter stossen könnten.

Weisungen für die Antwort; auf der Rückseite des Berichts von Treskow, d. d. Kloster Würben 16. April.[4]

---

[1] Vergl. Nr. 9933. — [2] So! Es ist wohl Kletschkau südöstlich von Schweidnitz gemeint. — [3] Vergl. S. 381. 389. — [4] Unter einem Bericht von Fouqué, d. d. Braunau 16. April, findet sich die vom 16. zu datirende Weisung für die Antwort: „Ich wüsste nicht, was er mit seinem Magazin haben wollte. Die Kammer hätte recht gethan, dass sie ihm keine Fourage geschickt. Es würde ihm noch vieles daran verderben. Wenn er glaubte, dass Ich ihn mit seinem Corps in seiner Grafschaft [d. i. Glatz] lassen würde, so betröge er sich. Schweidnitz wäre auf dem Point zu capituliren, und sobald es damit vorbei wäre, wollte Ich ihm andere Sachen zu thun geben." [Am Ende der Weisung der Vermerk: „beantwortet eodem".]

9940. AN DEN GENERALLIEUTENANT VON TRESKOW.

[Grüssau, 16. April 1758.][1]

Ich gratulirte ihm von Herzen, dass er die Sache so glücklich zu
Ende gebracht,[2] und da er kaum aus der Gefangenschaft herausgekommen,[3]
schon wieder neue Ehre und Ruhm erworben hätte. Er sollte versichert sein, dass Ich die Dienste, so er Mir dabei geleistet, nicht vergessen, sondern solche bei aller Gelegenheit gegen ihn in Gnaden erkennen würde.

Denen sämmtlichen Officiers, so bei der Belagerung Dienste gethan,
insbesondere aber denenjenigen, so sich dabei distinguiret hätten, sollte
er von Meinetwegen ein gnädiges Compliment machen und sie Meiner
beständigen Gnade und Vorsorge versichern. Der Obristlieutenant
von Wrede von denen Ingenieurs sollte Obrister sein. Die Blessirten,
ingleichen alle die Magazinvorräthe müssten nur gleich nach Schweidnitz
hereingebracht werden. Diejenige Officiers, so vorhin bei der Artillerie
in Schweidnitz gewesen, müssten von dem Obristen von Dieskau sofort
wieder dahin beordert und selbige instruiret werden, die Compagnien
wieder auf den Fuss zu setzen, wie sie vorhin gewesen wären. Er
möchte nur von denen Regimentern, so zum Obs[ervations]corps stossen
sollten,[4] sofort ein paar Bataillons nach Landshut hin marschiren lassen,
wo die beiden Grenadierbataillons, so Ich ihm zuletzt geschicket, gestanden hätten.

Weisungen für die Antwort; auf der Rückseite eines zweiten Berichts von Treskow, d. d. Kloster
Würben 16. April.[5]

9941. AU PRINCE HENRI DE PRUSSE.

Grüssau, 16 avril 1758.

Mon cher Frère. J'ai la satisfaction de vous apprendre que Schweidnitz
est pris, la garnison prisonnière de guerre etc. On a donné la nuit passée
l'assaut à la redoute de la potence.[6] Nous n'y avons perdu qu'un
officier et 10 hommes; en tout, le siège ne nous coûte que 70 morts

---

· [1] Am Schluss der Weisungen findet sich der Vermerk „beantwortet eodem". —
[2] Am 16. April wurde die Capitulation von Schweidnitz zwischen dem österreichischen
Commandanten Feldmarschalllieutenant Graf Thürhaimb, sowie dem Generalfeldwachtmeister Baron Krottendorf und dem preussischen Generallieutenant von Treskow ab-
geschlossen. Vergl. dieselbe in den Danziger „Beyträgen" Bd. IV, 668—671. Vergl.
auch unten Nr. 9954 mit Anm. 1. S. 399. — [3] Treskow war bei Kolin in österreichische Gefangenschaft gerathen und vor kurzem ausgewechselt worden. — [4] Vergl.
Nr. 9939. — [5] Auf einem Berichte Treskow's, d. d. Kloster Würben 17. April, fordert der König eine Erklärung über die jetzigen Gesundheitsumstände des Generals
(vergl. S. 361); davon wolle es der König abhängig machen, ob Treskow mit in das
Feld gehen solle. — [6] Vergl. Nr. 9939. Am 16. April benachrichtigt der König auch
den Prinzen Moritz von dem glücklichen Sturm auf Fort Nr. 1; er glaube, „zwischen
heut und morgen mit Schweidnitz fertig zu seind, und wird es alsdenn nöthig seind,
andere Dispositions zu machen, da ich Ihnen zu Zeiten davon avertiren werde" [die
angeführten Worte eigenhändig]. In einem zweiten Schreiben an Prinz Moritz befiehlt der König, 5 Schwadronen Székely-Husaren ihm zuzusenden; in einem dritten

et 137 hommes blessés. C'est s'en tirer assez bien. Je fais donner de nos armes, dont il y a encore bonne provision à Schweidnitz, au régiment de Bredow.[1] Dès qu'il les aura, il partira avec les 3 régiments de cavalerie et Székely pour la Saxe.[2] Cette colonne marche par Naumburg, Gœrlitz, Weissenburg, Bautzen à Dresde. Vous aurez soin de leur faire préparer le pain à leur arrivée. Je compte à peu près qu'ils seront le 22 à Naumburg, 23 repos, 24 Katholisch-Hennersdorf, 25 Gœrlitz, 26 Weissenberg, 27 Bautzen, 28 repos, 29 et 30 à Dresde, où vous leur assignerez les quartiers.

Je serai le 23 à Camenz, et il faudra quelques jours pour arranger mes vivres, de sorte que je ne pourrai me mettre en marche que le 25. Je prends par Neisse, tandis qu'un autre corps masque mes mouvements, et que l'on fera, ici et dans le Glatz, toutes les démonstrations pour pénétrer en Bohême vers Nachod. Vous aurez la bonté de faire de même de faux apprêts de votre côté,[3] comme si vous alliez faire la même expédition que nous avons faite l'année passée. Je vous écrirai encore en marche; mais je ne crois pas pouvoir vous promettre de mes nouvelles, lorsque j'aurai une fois pénétré en Moravie; je me confie en vous et vous laisse le maître de faire en ce temps et d'entreprendre tout ce que vous croirez utile et faisable, attendu toutefois que, si la Fortune me seconde, vous pourrez écarter tout ce qui se trouve dans votre voisinage et vous porter ensuite sur Prague,[4] dont la prise m'importe beaucoup et influera dans toute la campagne encore plus pour la paix. Les ingénieurs partiront, mais comme j'ai encore un siège à faire, je ne vous enverrai les cordons bleus et les bons artilleurs que lorsque vous pourrez entreprendre le siège de Prague.

Adieu, mon cher et digne frère, je fais mille vœux pour vous, espérant que l'absence ne m'effacera pas de votre esprit, vous assurant de la tendresse et de l'estime infinie avec laquelle je suis, mon cher frère, votre fidèle frère et serviteur

Federic.

Nach der Ausfertigung. Eigenhändig.

9942. AU MINISTRE DE LA GRANDE-BRETAGNE MITCHELL A LANDSHUT.

Grüssau, 17 avril 1758.

Monsieur. Je vous suis bien obligé de l'attention que vous avez voulu avoir pour me communiquer les nouvelles qu'on vous a écrites de Pétersbourg, mais que je trouve fort fâcheuses à tous égards.[5]

meldet er die erfolgte Capitulation von Schweidnitz. [Die drei Schreiben im Zerbster Archiv.] Ein unbedeutendes Schreiben an Prinz Moritz vom 17. April sh. bei Orlich, Fürst Moritz von Anhalt-Dessau S. 107. In diesem Werke sind auch einzelne derjenigen Schreiben an den Prinzen, die wir gekürzt in Anmerkungen erwähnen, vollständig abgedruckt, jedoch sind die Texte bei Orlich nicht selten recht unzuverlässig.

[1] Vergl. S. 317. — [2] Vergl. S. 381. 387. — [3] Vergl. S. 355. — [4] Vergl. S. 304. 381. — [5] Mitchell übersandte, Landshut 15. April, Nachrichten, die ihm unter

Je serais toujours bien aise d'apprendre le parfait rétablissement de votre santé, afin d'avoir la satisfaction de vous revoir. Et, sur ce, je prie Dieu etc.

Federic.

Nach der Ausfertigung im British Museum zu London. (Zu Grunde liegt eine eigenhändige Weisung auf der Rückseite des Berichts vom 19. April.)

9943. AU GÉNÉRAL DE L'INFANTERIE PRINCE FERDINAND DE BRUNSWICK.

Grüssau, 18 avril 1758.

Monsieur mon Cousin. Les lettres que Votre Altesse m'a faites du 10 et du 11 de ce mois, m'ont été fidèlement rendues par le courrier qu'Elle en avait chargé.

Je pense que vous avez appris à connaître ce que sont que les Français, et que vous en jugerez par ce que vous en avez vu tant à l'affaire de Rossbach qu'à votre propre expédition contre eux. Enfin, vous conviendrez que ce sont des gascons tumultueux et sans ordre, dont on a toujours bon marché, quand on les pousse vivement. J'avoue que j'aurais bien aimé, et qu'il aurait été à souhaiter qu'on eût pu chasser entièrement ces gens-là au delà du Rhin, parceque cela aurait fait une grande impression sur les Hollandais et sur d'autres encore. Et comme cela n'a pas été possible, j'avoue encore que le cas de Votre Altesse est à présent plus embarrassant qu'il n'aurait été, quand les Français auraient été tout-à-fait rejetés au delà du Rhin. Quoiqu'aussi ces gens-là n'aient point de canon à Wésel, il me paraît cependant que ce n'est pas une affaire à entreprendre de vous que d'assiéger Wésel. Dans cette supposition, je ne vois pas d'autre dessein que Votre Altesse puisse former devant l'ouverture de la campagne, sinon que, si l'ennemi voulait tenter l'entreprise de passer en force en deçà du Rhin, que vous l'y rejetiez brusquement.

En attendant, mes lettres de Londres m'assurent que l'Angleterre aura à sa solde 50,000 hommes effectifs en campagne dans l'armée alliée, auxquels le roi d'Angleterre, comme électeur, s'engagera de joindre encore 5000 hommes, pour former en tout une armée de 55,000 hommes. Qu'outre cela on y était résolu de faire incessamment une diversion sur les côtes de la France,[1] pour empêcher que cette puissance ne se remonte en force en Allemagne et pour vous en débarrasser. Si cela s'exécute, et qu'on en prend en quelque façon le conseil avec vous,

---

dem 30. März aus Petersburg überkommen waren; sie meldeten, dass der Sturz Bestushew's durch den Vicekanzler Woronzow und den französischen Gesandten Marquis L'Hôpital erfolgt sei (vergl. S. 307. 312); dass die Kaiserin sich sehr wohl befinde (vergl. dagegen S. 14. 183. 221. 388); General Soltykoff werde den Befehl über das russische Heer übernehmen, welches den Oesterreichern zu Hülfe marschiren solle.

[1] Vergl. Nr. 9945.

cela effectuera peut-être que vous sauriez chasser entièrement les Français du pays de Hanau. Mais voilà aussi tout ce qu'on en pourra espérer.

Quant à mes troupes sous le commandement du prince de Holstein,[1] Votre Altesse peut être assurée que je vous les laisse encore avec plaisir à votre disposition, afin que vos affaires continuent d'aller bon train, vu que cela importe à moi-même considérablement. La seule raison qui pourrait me forcer de retirer à moi ces troupes, est quand je me verrais pressé des Russes et qu'ainsi je me verrais obligé de courir au plus pressant.

Pour vous aider de mes lumières par rapport à votre plan de campagne, ce sera une chose bien difficile de vous en dire mes idées, par des raisons que vous comprenez vous-même.

Au reste, après que Schweidnitz est pris, je me mettrai demain en marche, et je pense d'être le 4 ou le 5 de mai auprès d'Olmütz, où alors il faudra bien que les choses se décident en peu de temps.

Je fais mes remercîments à Votre Altesse de ce qu'Elle veut bien m'aider dans la levée des bataillons francs, dont je serai bien aise.[2]

J'ai parlé au général-major Yorke, afin qu'à son retour il passe chez vous, pour vous mettre au moins au fait de la façon de penser des Anglais.

Pour finir, je me réfère surtout à cette ample lettre que j'ai faite en dernier lieu à Votre Altesse, et que Son adjudant le sieur de Bülow Lui aura apparemment déjà rendue,[3] étant, d'ailleurs, avec cette estime et l'amitié la plus sincère que vous me connaissez, Monsieur mon Cousin, de Votre Altesse le bon cousin

Federic.

Nach der Ausfertigung im Kriegsarchiv des Königl. Grossen Generalstabs zu Berlin.

9944. AU MINISTRE D'ÉTAT ET DE CABINET COMTE DE FINCKENSTEIN A BERLIN.

Grüssau, 18 avril 1758.

Le landgrave régnant de Hesse-Cassel m'ayant écrit la lettre que je vous adresse ci-close en original,[4] et mon temps ne me permettant pas à présent d'y répondre moi-même ni d'entrer en tous les détails auxquels il s'étend, ma volonté est que vous devez répondre en mon nom à ce digne prince dont la fermeté et les sentiments patriotiques méritent bien de l'attention, et instruire d'ailleurs mes ministres en Angleterre, conformément à mes intentions qui vous sont déjà connues, d'ap-

---

[1] Vergl. S. 339. — [2] Vergl. S. 341. — [3] Vergl. Nr. 9925. — [4] D. d. Hamburg 10. April. Der Landgraf erklärt sich bereit, weitere hessische Truppen zu dem Heere der Verbündeten stossen zu lassen, beklagt sich jedoch heftig über das englische Ministerium, das für die erlittenen Verluste ihm keine Entschädigung gewähren wolle. Vergl. S. 372.

puyer ses justes demandes, autant que les circonstances le voudront permettre. Et, sur ce, je prie Dieu etc.

Nach der Ausfertigung.   F e d e r i c.

9945. AU CONSEILLER PRIVÉ DE GUERRE EICHEL A GRÜSSAU.

[Grüssau, 18 avril 1758.][1]

Je compte que tout[2] sera signé à présent; que je pourrai encore laisser ma cavalerie de ce côté,[3] autant que je ne me verrai pas pressé par les Russes, mais qu'alors force sera de courir au plus pressé. Les idées des diversions[4] sont bonnes, pourvu que le projet en soit bien digéré et bien exécuté. Que Schweidnitz est pris.[5]

F e d e r i c.

Eigenhändige Weisung für die Beantwortung eines Berichts von Michell, d. d. London 4. April.

9946. A LA REINE DE SUÈDE A STOCKHOLM.

[Grüssau, 18 avril 1758.][6]

Vos intentions sont les meilleures du monde, mais, pour le siège de Stralsund, il est impossible, lorsque l'on n'a pas une flotte, et d'ailleurs bien des raisons m'empêchent d'entreprendre des expéditions qui demandent du temps et attachent les armées. J'ai toujours ce voisinage des Russes qui avec un mouvement peuvent m'obliger à lever le siège. Ainsi nous ne ferons qu'enfermer vos conquérants, toujours prêts à lâcher prise, si nous sommes attaqués d'un autre côté.

L'envoyé d'Angleterre[7] sera dans peu chez vous; vous aurez la bonté de le mettre au fait de ce qui se passe chez vous, pour qu'il puisse vous devenir d'autant plus utile.

Nous avons pris Schweidnitz et allons pénétrer en Moravie.

F e d e r i c.

Nach dem Concept. Eigenhändig auf der Rückseite eines Schreibens der Königin, d. d. 4. April 1758.

---

1 Das Datum nach dem Immediaterlass an Michell, der auf Grund obiger Weisung aufgesetzt wurde. — 2 Der englisch-preussische Subsidienvertrag. Vergl. S. 379. — 3 Die dem Prinzen Ferdinand zur Verfügung gestellte preussische Kavallerie unter dem Prinzen von Holstein. Vergl. S. 391. — 4 Englische Diversionen an der Küste Frankreichs. Vergl. Nr. 9943. — 5 In dem danach aufgesetzten Immediaterlass wird die Einnahme von Schweidnitz in der gleichen Weise berichtet wie in dem Schreiben an Prinz Ferdinand von Braunschweig Nr. 9947. — 6 Das Datum nach einem Begleitschreiben an den Herzog von Braunschweig, dem die, jedenfalls chiffrirte, Ausfertigung am 18. April zur Weiterbeförderung nach Schweden zugesandt wurde. — 7 Vergl. S. 374.

9947. AU GÉNÉRAL DE L'INFANTERIE PRINCE FERDINAND DE BRUNSWICK.

Grüssau, 18 avril 1758.

Monsieur mon Cousin. J'ai la satisfaction de mander à Votre Altesse que Schweidnitz s'est rendu le 16, après que, la nuit du 15 au 16, un certain fort fut pris d'assaut.

La garnison a été obligée de se rendre prisonnière de guerre, dont nous avons pris 250 officiers et 3200 hommes. D'ailleurs, la bloquade a coûté à l'ennemi la perte de 3500 hommes, qui sont péris de maladies.[1]

Comme mon résident Hecht à Hamburg vient de m'envoyer la copie ci-close de la reconnaissance d'un officier hanovrien, le capitaine en second Kohlhardt, sur quelques pièces d'artillerie et différentes munitions qu'il a prises à Tœnning par ordre de Votre Altesse, j'ai bien voulu vous en faire communication, ne doutant pas que vous aurez soin à ce que cette artillerie et munitions spécifiées me soient bonifiées, en conséquence de ce que nous en sommes autrefois convenus.[2] Je suis avec l'estime la plus distinguée, Monsieur mon Cousin, de Votre Altesse le bon cousin

Federic.

Nach der Ausfertigung im Kriegsarchiv des Königl. Grossen Generalstabs zu Berlin.

9948. AU PRINCE HENRI DE PRUSSE.

Schwengfeld,[3] 19 avril 1758.

Mon cher Frère. J'ai reçu votre lettre avec toute la satisfaction imaginable. Je suis charmé de la chiquenaude que vous avez donnée à messieurs de l'Empire; ces 100 prisonniers feront toujours des recrues.[4] Je marche le 27 de Neisse pour entreprendre l'expédition que vous savez. Je ne dois vous gêner en rien pendant ce temps, parceque

[1] In übereinstimmender Weise wird die Nachricht von der Einnahme der Festung Schweidnitz am 18. April in Immediaterlassen an Michell, Viereck und Hellen, sowie in dem S. 392 Anm. 6 erwähnten Schreiben an den Herzog von Braunschweig vom 18. April mitgetheilt; jedoch werden in letzterem die gefangenen gemeinen Soldaten auf über 4000 angegeben; ausserdem wird hier mitgetheilt, dass die schöne preussische Artillerie, die bei dem Fall von Schweidnitz im November verloren gegangen, wieder gewonnen sei, zudem noch 40 bis 50 Stück schwerer österreichischer Artillerie. Das Schreiben an Algarotti vom 18. April (Œuvres Bd. XVIII, 114) gibt die Zahl der gefangenen Soldaten auf 4200 an. — [2] Vergl. Nr. 9685. — [3] Am 19. April schreibt der König an den Prinzen Moritz: „Ich werde wegen vieler auf dem heutigen Marsch entzwei gegangenen Wagen und Kanonen morgen allhier einen Ruhetag mit Meinem Corps zu machen genöthiget." Prinz Moritz solle ebenfalls am 20. einen Ruhetag machen. Am 18. April hatte der König aus Grüssau dem Prinzen Moritz und dem Feldmarschall Keith die Ordre de bataille und die Marschrouten für ihre Abtheilungen übersandt. — [4] Oberst Mayr hatte die Stadt Hof eingenommen und dabei 104 Mann von der Reichsarmee gefangen.

vous pouvez trouver une bonne occasion, et qu'il ne la faut pas négliger. D'ailleurs, on ne saurait savoir ce que fera l'ennemi, et vous devez profiter de toutes les occasions, ainsi que vous donniez une tape aux Cercles, avant d'entreprendre ce que vous savez, ou que vous les réserviez pour la bonne bouche: c'est en quoi je ne vous gênerai aucunement. Le régiment de Bredow[1] ne pourra marcher que le 22, et encore lui manque-t-il beaucoup pour les uniformes, mais cela peut joindre à Dresde aussi bien qu'en Silésie. Je vous conseille de faire marcher Lestwitz et Brandes pour peu que cela soit possible. L'arrivée de nouveaux régiments imprime du respect à l'ennemi, et quand même vous ne pourriez pas vous [en] servir les premières quatre semaines, cela fait toujours acte de comparution.

Grand merci pour les 60,000 écus;[2] cela vient comme désiré, pour payer le régiment franc de Hordt que je viens de lever, et qui doit servir en Poméranie.[3] J'ai fait écrire à Boden que cet argent doit servir pour payer ce régiment pendant le courant de cette année. Si la guerre dure, mon cher frère, je serai obligé de voler aux grands chemins, pour payer les troupes.

J'ai écrit une grande lettre à la duchesse de Gotha,[4] pour la conforter et lui faire envisager que je me flatte que, dans peu, elle n'aura à craindre les Cercles ni les Tonneliers.[5] Je ne sais ce que la ville de Dresde a payé; si c'est 300,000 écus, j'ai écrit que l'on doit user de tolérance.[6] Vous le savez, je n'ai pas le cœur méchant, ni je ne suis intéressé, mais à présent que je me vois obligé de payer de tous côtés, je suis bien, malgré moi, obligé d'avoir recours à toutes les extrémités.

Adieu, mon cher frère, je vous embrasse de tout mon cœur. Je suis en pleine expédition, je m'y livre tout entier, c'est ce qui m'empêche de vous en dire davantage. Si cela se peut, je vous écrirai encore entre ci et le 27. Je suis avec toute l'amitié et l'estime imaginable, mon cher frère, votre fidèle frère et serviteur

Nach der Ausfertigung. Eigenhändig.   F e d e r i c.

9949. AU DUC RÉGNANT DE BRUNSWICK A BRUNSWICK.

Au quartier de Schwengfeld, 20 avril 1758.[7]

Monsieur mon Frère et Cousin. Les expressions me manquent pour bien expliquer à Votre Altesse combien j'ai été sensible à la lettre qu'Elle m'a faite du 10 de ce mois; qu'Elle soit seulement

---

[1] Vergl. S. 389. — [2] Aus den Contributionen im Hildesheimschen und im Eichsfeld. — [3] Vergl. S. 398. — [4] Vergl. das Schreiben an die Herzogin von Gotha vom 15. April in den Œuvres Bd. XVIII, 169. Es wurde am 18. April abgeschickt.— [5] Vergl. S. 376. Anm. 1. — [6] Vergl. das Schreiben vom 19. an den neuen Commandanten von Dresden, Generallieutenant Schmettau, in: Preuss, Friedrich d. Grosse, Urk.-Buch II, 13. — [7] Ein Cabinetserlass an Benoît, d. d. Schwengfeld 20. April, handelt über Papiere aus der königlichen Correspondenz mit Benoît, die diesem gestohlen waren.

assurée que mes sentiments envers Votre Altesse seront invariables, et qu'en ami fidèle rien ne vous saura arriver dont je ne prendrai pas sincèrement part. Je me suis toujours persuadé que votre bon et généreux cœur oublierait les sujets de mécontentement que le prince Ferdinand, zélé pour la cause commune et pressé par une nécessité indispensable, pourra vous avoir donnés. [1] J'ai été cependant sensible aux assurances que vous avez bien voulu m'en donner, et me flatte que vous ne resterez pas à moitié de si bon chemin.

Pour ce qui regarde l'augmentation du corps des troupes de Votre Altesse, [2] Elle sait que plusieurs de mes provinces ont été aussi maltraitées de notre ennemi commun [3] que celles de Votre Altesse, et que, malgré cela, j'ai fait tous efforts possibles. Qu'Elle prenne en considération combien il importe de contribuer au mieux pour que l'armée alliée soit en état de tenir éloigné l'ennemi de vos possessions et d'empêcher qu'il ne saura revenir ni renouveler ses cruelles oppressions. Au surplus, je ne doute pas que l'Angleterre ne voudra vous aider d'une manière efficace en ceci.

Je réitère à Votre Altesse les protestations de la haute considération et de l'amitié la plus vive avec laquelle je suis à jamais, Monsieur mon Frère et Cousin, de Votre Altesse etc.

Nach dem Concept.   F e d e r i c.

9950. AN DEN GENERALLIEUTENANT VON ZIETEN. [4]

[April 1758.] [5]

Wohl gelten, dass Gottesberg mit seinen 3 Escadrons gedeckt; wann er auch nöthig findt, [so] noch mehr Escadrons dahin ziehen und da stehen bleiben, bis die Bäckerei von da abgefahren. Nur pressiren, dass bald geschehen möge. Dann nur seine Märsche stärker machen, [6] so wird er uns noch zeitig gnug nachkommen können und des Abends den 27. im Hauptquartier sein können.

Die Bataillons, so er [er]wartet, kommen alle hin. Die Nachricht, was bei Angelelli'schen B[ataillon] geschehen, [7] nicht lieb; unterdessen,

[1] Vergl. S. 73 mit Anm. 2; 106. 107. — [2] Vergl. S. 372. 375. — [3] Vergl. Nr. 9876. — [4] Die Berichte Zieten's datiren am 19. aus Reich-Hennersdorf, ebendaher ein erster Bericht vom 20., ein zweiter vom 20. aus Landshut, die Berichte vom 23., 24., 25., 26. April aus Landshut. — [5] Die Ausfertigung des Schreibens wird vermuthlich vom 21. April datirt haben. — [6] Zieten sollte vorläufig während des Marsches der Hauptarmee nach Mähren die schlesische Grenze bei Landshut gegen Einfälle von Böhmen her schützen; später sollte er der Hauptarmee nach Mähren folgen. — [7] Der Generalmajor von Angelelli, Chef eines Freibataillons, war, wie Zieten am 20. noch aus Reich-Hennersdorf meldet, bei Liebau überfallen und unter beträchtlichem Verlust zum Rückzug genöthigt worden. Vergl. diesen Bericht in Winter, Zieten Bd. II, S. 296. 297; die Texte der Berichte bei Winter sind jedoch nicht ganz zuverlässig, und der auf der Rückseite dieser Berichte befindlichen

wann der Feind weg wäre, sei schon gut, und riethe ihm, Liebau nicht wieder zu besetzen.

Unterdessen, wann die Höhen und Reich-Hennersdorf besetzt, so können ihm nichts thun. Patrouillen müssen vorgehen und nicht leiden, dass der F[eind] L[iebau] besetzet. In Gottesberg stehen keine Feinde,[1] sondern Obristlieutenant S[eelen] von seinem Regiment.

Die andern Regimenter, so ihm bestimmt, [solle] schon haben, und nur alles nach Gottesberg, dass wir die Bäckerei dort weg hätten; die, glaubte, würde morgen wegkommen.

Im übrigen hoffte Ich, dass, wenn der Feind gewisse Nachricht von unserm Marsch haben würde, er schon andere Mesures nehmen wird.

Weisungen für die Antwort;[2] auf der Rückseite des Berichts von Zieten, d. d. Reich-Hennersdorf 20. April.

─────────

9951. AN DEN GENERALFELDMARSCHALL PRINZ MORITZ VON ANHALT-DESSAU.

Schwengfeld, 20. April 1758.

Durchlauchtiger Fürst, freundlich lieber Vetter. Ew. Liebden danke Ich vor die in Dero Rapport vom heutigen Dato gegebene Nachrichten. Von dem Generallieutenant von Zieten habe Ich den unangenehmen Bericht erhalten,[3] dass der Generalmajor Angelelli, als er eben selbst vom Recognosciren von Dittersbach zurückgekommen, in Liebau von hinten zu und von der Schömberg'schen Seite her dergestalt gleich heftig angefallen worden, dass er, da er das Feuer gleich überall bekommen, sich so gut als möglich, wo er herauskommen können, zurück nach Blasdorf[4] ziehen und dabei die Canons, welche in dem schlimmen Wege umgeworfen, im Stiche lassen müssen.

Auch benachrichtige Ew. Liebden, dass der Obristlieutenant von Seelen Zieten'schen Regiments mit denen bei sich habenden 3 Escadrons

schwierig zu entziffernden Antworten des Königs hat der Verfasser gar nicht Erwähnung gethan. Vergl. ähnliche Antworten an Zieten S. 166. Anm. 4., 264. Anm. 2. S. 400. 406. 407. W. führt den genannten Bericht als „zweiten" Bericht vom 20. ein, das Ortsdatum sowie der Umstand, dass Z. am Anfang des Landshuter Berichts auf das Ende des Hennersdorfer hinweist (S. 295 „heute früh" Nachricht über Gottesberg), beweisen, dass der Landshuter Bericht als der spätere anzusehen ist.

[1] Nach dem Reich-Hennersdorfer Bericht sollte Gottesberg von 900 Oesterreichern besetzt worden sein; in dem Landshuter widerruft Zieten diese Meldung. — [2] Der demgemäss aufgesetzte Erlass an Zieten liegt nicht mehr vor. Der König pflegte dem Cabinetssecretär Eichel bei dem Vortrage der Berichte mündliche Befehle für die zu entwerfende Antwort zu ertheilen; der Cabinetssecretär skizzirte diese Befehle flüchtig mit dem Bleistift auf der Rückseite des Berichts, diese Bleinotizen sind jetzt sehr verblasst und unleserlich, einzelne Worte waren stark abgekürzt oder auch ganz fortgelassen. — [3] Vergl. Nr. 9950. — [4] Dittersbach südlich, Schömberg südöstlich, Blasdorf nördlich von Liebau.

Gottesberg,[1] allwo die Bäckerei annoch geblieben, gedecket hat, auch morgen noch allda stehen bleibet, um die Bäckerei von dort fortzuschaffen. Ich bin Ew. Liebden freundwilliger Vetter

Friderich.

Nach der Ausfertigung im Herzogl. Haus- und Staatsarchiv zu Zerbst. (Zu Grunde liegt eine eigenhändige Weisung auf der Rückseite des Berichts, d. d. Kynau 20. April.)

9952. AN DEN GENERALLIEUTENANT GRAF DOHNA.

Nimptsch, 21. April 1758.

Mein lieber Generallieutenant Graf von Dohna. Ich habe Euren Bericht vom 17. dieses erhalten. Ihr werdet nun Selber die Verlegenheit erkennen, worinnen man sich gesetzet, wenn man sich nicht auf der einen Seite frei gemachet hat,[2] welches gar füglich im vorigen Winter geschehen können und sollen, so dass man sich jetzo nach denen Russen umsehen und solchen allenfalls entgegengehen können; welches und da ersteres nicht geschehen, allerdinges Euch jetzo dorten übele Umstände machen muss.

Wäre es möglich, und könntet Ihr es dahin bringen, dass Ihr die auf Rügen und Stralsund befindliche Schweden aushungern könntet, so wäre es excellent; Ich glaube aber nicht, dass solches geschehen kann, weil sie die See frei haben.

Unter denen Euch aus Preussen zugekommenen Nachrichten könnet Ihr glauben, dass sehr viele Fanfaronnaden sein; denn was das Brandstecken anbetrifft,[3] so werde Ich schon sehen, wie man es wird abwenden können.

Ich bin jetzo bedacht, Mir die Oesterreicher vollenkommen vom Halse zu schaffen, um Mich alsdenn gegen die andern desto besser drehen zu können.

Was die mecklenburgische Sache[4] anlanget, da verlasse Ich Mir auf Euch und Euren Mir bekannten Diensteifer, dass Ihr solche mit mehrerem Ernst, als bisher geschehen, zu berichtigen und zur Endschaft zu bringen suchen werdet. Die daher geschickte Pferde seind nichts nutze und fast unbrauchbar, die Rekruten aber schlecht, *en comparaison* deren, so das mecklenburgische Land aufbringen können.

Was das Dragonerregiment von Platen[5] anbetrifft, so hat solches bisher noch nichts gethan, womit es sich so wie das Regiment von Finckenstein und besonders der Obrist von Aschersleben distinguiret hätte.[6] Wenn also gedachtes Platen'sche Regiment sich nicht gleichfalls

---

[1] Südwestlich von Waldenburg. Vergl. Nr. 9950. — [2] Vergl. S. 333. — [3] General Fermor sollte gedroht haben, „wo die Russen sich retiriren müssen, würden sie von Marienwerder ab 10 Meilen weit alles in Brand stecken". — [4] Vergl. S. 159. 385. — [5] Vergl. S. 329. — [6] Vergl. S. 315.

distinguiren wird, so sehe Ich auch keine Ursache ab, warum Ich das-selbe mit Distinctiones von mehrern Stabsofficiers wie sonsten präve-niren sollte.

Sonsten wird Euch vermuthlich schon bekannt sein, dass Ich den Obristen Graf Hordt ein Freiregiment von 2 Bataillons, jede Compagnie zu 150 Gemeine, errichten lasse und conferiret habe.[1] Er bekommet dazu von hier aus 800 Rekruten mit; das übrige kann aus Schwedisch-Pommern, insonderheit und hauptsächlich aber aus dem Mecklenburgi-schen angenommen werden . . .[2]

Friderich.

Nach der Ausfertigung im Kriegsarchiv des Königl. Grossen Generalstabs zu Berlin.

9953. AUX MINISTRES D'ÉTAT COMTES DE PODEWILS ET DE FINCKENSTEIN A BERLIN.

Münsterberg, 23 avril 1758.

J'ai vu tout ce que votre rapport du 19 de ce mois comprend au sujet de la réponse que vous avez reçue du baron de Münchhausen sur une lettre que vous et le comte de Finckenstein lui aviez faite.[3] A tout cela je vous dirai que, pourvu que nos armes prospèrent, comme je crois avoir lieu d'espérer, ce que vous traitez à présent encore de doux songes et de chimères, se pourrait bien réaliser encore, et qu'au moins il ne faut pas tout traiter d'abord en chimères. Cependant, comme le temps n'est pas encore arrivé, pour y penser tout sérieusement, et que d'ail-leurs mes occupations présentes ne me permettent pas que je me mêle immédiatement de ce qui est dessus, vous répondrez, en attendant, au susdit de Münchhausen en termes obligeants et flatteurs, mais qui lui laissent entrevoir que mon éloignement présent de vous, mes opérations militaires et les voies, pas trop bien assurées dans le moment présent, ne me laissaient pas le loisir d'entrer en correspondance formelle sur de pareils sujets, et, en attendant, vous sauriez donner les assurances les plus positives de la bonne disposition où j'étais de contribuer au mieux à tout ce qui pourrait être favorable au roi d'Angleterre et à ses in-térêts. Sur ce, je prie Dieu etc.

Federic.[4]

Nach der Ausfertigung.

---

[1] Vergl. S. 359. 394. — [2] Zum Schluss befiehlt der König, ihm fernerhin nur Sachen von Wichtigkeit, diese aber in Chiffern, zu melden. — [3] Podewils und Fincken-stein berichten, Berlin 19. April, nach einem Schreiben des hannoverschen Präsidenten von Münchhausen, d. d. Hannover 15. April, dass die hannoversche Regierung den Vorschlag künftiger Erwerbungen (vergl. S. 349) mit Freuden aufgenommen habe, doch sei sie noch mehr als auf das Eichsfeld, auf die Hildesheimer und die Osna-brückschen Lande begierig. Die preussischen Minister bezeichnen diese Pläne der Hannoveraner als „angenehmen Traum". — [4] Ein Schreiben vom 23. April an den Marquis d'Argens vergl. Œuvres Bd. XIX, 49.

9954. AN DEN ETATSMINISTER GRAF FINCKENSTEIN
IN BERLIN.

Münsterberg, 24. April 1758.

. . . Ich habe letzthin die Ehre gehabt, Ew. Excellenz eine Abschrift von der letzteren Schweidnitzer Capitulation¹ zuzusenden, jetzo
lege die Relation von der Belagerung hierbei, davon ich zwar noch
nicht weiss, ob des Königs Majestät solche völlig approbiret haben,
hergegen aber auch nicht glaube, dass Höchstdieselbe etwas daran aus-
zusetzen finden sollten, da Sie mir selbige Selbst zugesandt haben. Ich
hoffe auch noch heute Ew. Excellenz die Originalliste derer Namen von
denen sämmtlichen in Schweidnitz zu Kriegesgefangenen gemachten Officiers etc. zusenden zu können, wegen dessen allen dann Ew. Excellenz
wohl geruhen werden zu besorgen, dass alles mit einer guten französischen Uebersetzung gedrucket und publique gemachet werde.² Ich
zweifele fast nicht, dass diese geschwinde und so wohl dirigiret gewesene Wiedereroberung von Schweidnitz nicht bei Freunden sowohl als
Feinden viele Impression machen wird, davon die grosse Mérite allemal
Sr. Königl. Majestät bleibet, als die solche überhaupt dirigiret und zugleich überall sehr pressiret haben, ohne welches solche noch wohl ein
Tag oder zehn länger gedauret haben dörfte . . .

Eichel.

Auszug aus der Ausfertigung.

9955. INSTRUCTION POUR LE GÉNÉRAL FOUQUÉ.

Glatz,³ 24 avril 1758.

Je marche ce 27 de Neisse, je serai le 29 à Troppau et à peu
près le 3 de mai devant Olmütz. Le général Fouqué aura soin d'être

¹ Eichel hatte, Nimptsch 21. April, eine Abschrift der Capitulation von Schweidnitz (vergl. S. 388) dem Minister übersandt und anheim gegeben, dieselbe drucken
zu lassen. Sie erschien in den „Berlinischen Nachrichten" am 25. April Nr. 49; in
den Danziger „Beyträgen" findet sie sich Bd. IV, 668—671. Eine vorläufige Nachricht über die Einnahme von Schweidnitz hatte Eichel schon am 17. an Finckenstein
gesandt; daraufhin war in den „Berlinischen Nachrichten" vom 22. April (Nr. 47)
eine Anzeige erschienen und zugleich war am 22. ein Circularerlass an die preussischen
Gesandten ergangen. — ² Die Relation über die Belagerung und die Liste der gefangenen Officiere erschienen in den „Berlinischen Nachrichten" Nr. 51 (Sonnabend
29. April); in den Danziger „Beyträgen" sind sie gedruckt Bd. IV, 665—667 und
671—675. — ³ Am 22. hatte der König aus Münsterberg dem General geschrieben,
dass er den 24. Morgens nach Glatz kommen werde, „um mit Euch, wenn es anders
möglich ist, meine letzte Arrangements zu nehmen". Der König befahl, Leute mit
Stangen parat zu halten: „Ich will ein Lager jenseits Glatz ausstechen, zu welcher
Absicht, werdet Ihr leicht einsehen:" (Vermuthlich, um die Oesterreicher irre zu führen.)
Fouqué solle fortfahren, „den Feind beständig zu inquietieren". In einem undatirten
eigenhändigen Schreiben an Prinz Moritz, vielleicht ebenfalls vom 22. April, zeigt
der König diesem an, dass er am 24. nach Glatz gehe. „Da kommen Sie nach Frankenstein, weilen ich meine letzte Dispositions dar ausgeben muss, und dass Sie nöthig
dabei sind." Ein zweites eigenhändiges undatirtes Schreiben an Prinz Moritz wird

bien informé de ce qui se passe chez l'ennemi, *primo*, pour m'en avertir chaque jour, *secundo*, pour régler ses démarches sur celles des ennemis. Si tout s'en va en Moravie jusqu'à un corps de 3000 hommes, il peut tenter d'enlever les magasins de Jaromirs et de Kœniggrætz, se replier ensuite sur le comté, et de Glatz marcher à Neisse. Si, au contraire, l'ennemi laisse à Kœniggrætz un corps de 12,000 ou 15,000 hommes, le général Fouqué, après le départ de Leopold Daun, marchera d'abord sur Neisse et de là transportera notre gros canon à Troppau et *plus ultra.* Il recevra tous les avis et toutes les nouvelles nécessaires de ma part, mais il faut qu'il m'avertisse de même de tout ce qu'il apprendra.

F e d e r i c.

Nach dem Abdruck in den Mittheilungen des Kaiserl. Königl. Kriegsarchivs 1881, S. 497. Der dortige Druck nach der eigenhändigen Ausfertigung im Kaiserl. Königl. Kriegsarchiv in Wien. 1

9956. AN DEN GENERALLIEUTENANT VON ZIETEN.

[April 1758.]2

Er kann das Magazin [von] Gottesberg3 lassen, wo er will, wenn nur da4 wegkommt.

Was ihn angehet, so muss er nothwendig da so lange stehen bleiben,5 wie F[eind] gegen ihn ist; aber müsste nur Geduld haben. Mir lieb, dass sie6 sich noch herumtreiben, so [ein] Zeichen, dass sie keine Nachricht von Meinem Marsche haben. Den 28. oder 29. wird er hören, dass sie in grosser Eil zurücklaufen werden; nur die Zeitung abwarten, wenn auch der 30. wäre! Denn er wird gewiss mit seine Husaren eher zu Mir stossen, als ihre Armee sich uniret. Also kann er die Zeit ganz tranquil abwarten und nehmen Praecautiones, den Feind abzuhalten, wenn da was durch will.

Weisungen für die Antwort;7 auf der Rückseite des Berichts von Zieten, d. d. Landshut 24. April.

9957. AU PRINCE HENRI DE PRUSSE.

Neisse, 25 [avril 1758].

Mon cher Frère. Je viens de recevoir votre lettre dans le moment que je fais mes dernières dispositions pour mon expédition, c'est-à-dire dans cette agitation qui précède les grands mouvements d'une armée; ceci m'oblige à vous répondre laconiquement, à savoir:

auf den 24. oder 25. April anzusetzen sein; es lautet: „Ich bitte Ihnen, verstehen Sie mir nicht in der Quere: morgen soll keine Katze über der Neisse, und muss nicht einmal eine Patrouille vor dem 27. herüber. Adieu! Friderich." [Beide Schreiben an Moritz im Zerbster Archiv, das Schreiben an Fouqué im Wiener Kriegsarchiv.]

1 Vergl. S. 137. Anm. 3. — 2 Die Ausfertigung des Erlasses wird vom 25. gewesen sein. — 3 Vergl. Nr. 9950. — 4 D. h. von Gottesberg. — 5 Vergl. Nr. 9950. Anm. 3. — 6 Die Oesterreicher. Den Bericht vom 24. April vergl. in dem S. 396 erwähnten Werk von Winter, Bd. II, 298. — 7 Vergl. S. 396. Anm. 2.

que j'approuve beaucoup les hauts faits que vous avez chargé Mayr[1] d'exécuter, sûr qu'il y réussira;

2° que vous pouvez engager les deux Irlandais dans des bataillons francs ou de Hordt ou de celui dont j'ignore le nom, mais qui en lève un du côté de Brunswick;[2]

3° que je me moque des Saxons,[3] qui craindront et notre canon et notre valeur et la potence, qu'ainsi je ne m'en embarrasse pas;

4° que, quant aux Français, qu'ils pourront expier à Berlin[4] les brigandages que leurs compatriotes ont commis dans mon pays;

5° le 30, vous aurez à Dresde tout ce que j'ai pu vous envoyer;[5]

6° que nous manquons encore de beaucoup, mais comme nous savons que l'ennemi est dans un plus grand besoin, nous ne laissons pas d'agir.

Adieu, mon cher frère, je vous abandonne toute la Saxe et la Bohême; si l'occasion se présente, profitez-en, sans me demander conseil; sinon, j'espère dans peu de vous la procurer, étant avec bien de l'estime, mon cher frère, votre fidèle frère et serviteur

Nach der Ausfertigung. Eigenhändig.[6]   F e d e r i c.

9958. AN DEN ETATSMINISTER VON BORCKE.

N e i s s e, 25. April 1758.

Mein lieber Geheimer Etatsminister von Borcke. Es ist Mir recht lieb gewesen, aus Eurem Berichte vom 21. dieses zu ersehen, dass Ihr endlich mit denen sächsischen Ständen über ein gewisses zu erlegendes Quantum vor das jetzige Jahr 1758 von 2,700,000 Reichsthaler auf die zugleich von Euch angeführte Conditiones conveniret seid, welches dieselbe in sichern Terminen bezahlen werden. Ich confirmire auch kraft dieses sothane Convention[7] hierdurch, und so viel die Stadt Dresden anbetrifft, da will Ich Mich endlich mit der Summe, so dieselbe in Abschlag der von ihr sonst geforderten extraordinären Contribution erleget hat, contentiren.[8] Was aber die Stadt Leipzig anbetrifft, da kann Ich darunter keine Aenderung machen, sondern es muss dieselbe den Rest der von ihr zum letzten Male geforderten extraordinären Contribution noch abtragen, welches ihr auch so gar schwer nicht fallen kann, da es in leidlichen monatlichen Terminen geschiehet.

[1] Oberst Mayr war beauftragt, die Stadt Suhl zu überrumpeln und die in den dortigen Waffenfabriken befindlichen Waffen fortzunehmen. — [2] Du Verger, vergl. S. 341. — [3] Ein Corps von 8—9000 Sachsen sollte in Ungarn stehen. — [4] Die gefangenen französischen Officiere in Berlin (vergl. S. 204) hatten sich an den Prinzen Heinrich gewandt, um Urlaub nach Paris oder nach Heilbädern zu erlangen. — [5] Vergl. S. 389. — [6] Durch ein nichteigenhändiges Schreiben, Neisse 27. April, sendet der König an den Prinzen Nachrichten, von denen eine näher bezeichnet wird: dass „die Sachsen wohl zu denen Reichstruppen stossen dürften". Den Lieutenant von Kalkreuth (vergl. S. 334), der „unter dem Prätext von Krankheit" in Leipzig zurückgeblieben, befiehlt der König in Arrest zu setzen. — [7] Vergl. S. 360. — [8] Vergl. S. 394.

Ihr werdet bei diesem allen selbst in Consideration ziehen, dass alles, was Ich aus Sachsen bekomme, gar erträglich und nicht die Hälfte desjenigen ist, welches die Stände und das Land sonsten jährlich an den König von Polen bezahlen müssen,[1] dahergegen Euch nicht unbekannt ist, wie die Franzosen mit dem Clevischen und denen Provinzien jenseits der Weser, so lange sie den Meister in solchen gespielet haben, ganz anders verfahren seind, wovon Ihr selbst wegen Eurer Güter im Clevischen die traurige Erfahrung haben werdet, es müsste dann seind, dass erstere diese nicht so sehr wie andere Güter dorten geplündert und mitgenommen hätten. Ich überlasse Euch, hiernach alles weitere zu besorgen und bin übrigens Euer wohlaffectionirter König

Nach der Ausfertigung. F r i d e r i c h.

9959. AU GÉNÉRAL DE L'INFANTERIE PRINCE FERDINAND DE BRUNSWICK.

Neisse, 25 avril 1758.

Monsieur mon Cousin. J'ai reçu la lettre que vous m'avez faite du 16 de ce mois. Vous devez connaître l'inclination que j'ai de vous faire plaisir, autant que cela dépend de ma bonne volonté; mais pour ce qui regarde la demande du marquis de Tane,[2] pour avoir la permission de retourner sur sa parole en France, je suis fâché de vous dire qu'il y a des raisons qui s'opposent à ce que je ne puis pas m'y prêter, et que, d'ailleurs, il n'y a pas de cartel réglé entre la France et moi. Je suis avec estime, Monsieur mon Cousin, de Votre Altesse le bon cousin

P. S.

Mes lettres d'Angleterre m'ayant appris que le ministère anglais n'était pas tout-à-fait satisfait de ce que Votre Altesse n'a pas profité du premier étourdissement des Français, pour les pousser au delà du Rhin, afin de leur faire quitter tous ces parages-là, je leur ai fait remontrer[3] les motifs que vous avez pu avoir pour ne pas attaquer Wésel de force, pour ne pas aller vers Düsseldorf et pour ne pas détacher vers Hanau.

Comme je suis persuadé que Votre Altesse ne manque point de bonne volonté pour chasser entièrement les Français du Bas-Rhin, j'ai bien voulu Lui prêter mon avis de ce qu'Elle aura à faire, au cas que les Anglais vous pressent de faire cette manœuvre, savoir que vous marchiez alors plus haut au Rhin vers les frontières de Hollande et à peu près vers la Schenkenschanz, pour passer vis-à-vis de Clèves le Rhin

---

[1] Vergl. auch Bd. XIII, 303; XIV, 293. — [2] Der französische Oberfeldherr Graf Clermont hatte dringend gebeten, den Cornet Marquis von Tane, der bei Rossbach gefangen war, auf sein Ehrenwort nach Frankreich heimkehren zu lassen. — [3] Vergl. Nr. 9960.

sur un pont de bateaux à assembler pour le passage du Rhin, afin de venir par là au flanc des Français, qui par là se verront obligés de quitter tout le Bas-Rhin. Voilà le seul moyen que j'envisage pour y parvenir; car de marcher de ce côté-ci du Rhin vers Düsseldorf, vous risquerez que l'ennemi vous détache par Wésel en dos et vous coupe la communication avec Münster et autres lieux nécessaires pour votre subsistance. Vous courrez le même risque, si vous détachez à présent vers Hanau, pour en chasser les Français, qui sauraient alors toujours vous venir en dos par Wésel ou par Düsseldorf. Voilà mon avis.

F e d e r i c.

Nach der Ausfertigung im Kriegsarchiv des Königl. Grossen Generalstabs zu Berlin.

9960. AU CONSEILLER PRIVÉ DE LÉGATION BARON DE KNYPHAUSEN A LONDRES.

Neisse, 26 avril 1758.

J'ai bien reçu toutes les dépêches que vous et le sieur Michell ensemble et séparément m'avez faites depuis le 7 jusqu'au 12 de ce mois. Je suis très satisfait que vous ayez signé la convention,[1] et que vous ayez mené les affaires au point que je vous ai ordonné, et que je vois par votre dépêche qu'elles se trouvent présentement. Quant aux compliments à faire de ma part aux ministres anglais de leurs sentiments bien intentionnés qu'ils vous ont déclarés, je ne vous instruis pas, sachant que vous n'oublierez rien à cet égard, et que vous y suppléerez. Pour ce qui regarde les affaires mêmes, je me flatte que nous aurons bien gagné avec ces gens-là, et j'espère que, quand même l'Angleterre ne voudra pas aller d'abord aussi loin qu'il serait à désirer, que nous l'y mènerons par la suite et pas à pas. Quant aux avantages que vous croyez que je retirerai de la convention signée, j'en conviens parfaitement. Pour le moment présent, il sera néanmoins à voir, et vous y veillerez attentivement avec le sieur Michell, si le ministère anglais restera toujours le même sur cette façon de penser où il est à présent; car ce que je veux bien vous marquer pour votre direction seule, c'est qu'il faut que ce ministère continue également, et qu'il soit bien entretenu dans cette façon de penser jusqu'à la paix à faire, et qu'on lui fasse toujours entrevoir que je contribuerais de mon mieux à ce que l'Angleterre trouvât à la paix future ses avantages également que [moi] les miens. Quant aux subsides, je n'en tirerai rien encore, ce qui cependant ne doit point vous empêcher de vous arranger en attendant et de prendre vos mesures de manière, afin que, quand la nécessité m'obligera de recourir à cet argent, j'en puisse tirer d'abord et qu'il puisse

---

[1] Vergl. S. 379. Anm. 2.

26*

être remis alors de la façon la meilleure et la plus prompte qu'il sera possible. [1]

Pour ce qui est des opérations du prince Ferdinand de Brunswick, [2] j'aurais bien souhaité qu'il eût pu les pousser plus loin encore, mais en considérant, ce que vous ferez aussi comprendre aux ministres anglais, que les Français ont gardé Wésel et Düsseldorf, il aurait fallu que le Prince en marchant sur Wésel attaquât de force, à quoi les troupes sous ses ordres n'ont pas été suffisantes, et il n'a pas eu assez d'artillerie pesante pour tenter ce coup. Que, s'il avait voulu détacher vers Hanau, pour en déloger et chasser les Français, alors les Français auraient pu aisément le prendre à dos par Wésel et Düsseldorf, ce qui aurait eu de mauvaises suites. Que la seule façon que je savais dont ce Prince pourrait chasser les Français entièrement du Rhin, était qu'il tâchât de tourner les Français et qu'il marchât plus haut vers le Rhin et vers les frontières de la Hollande auprès de Schenkenschanz et vis-à-vis de Clèves, pour passer là le Rhin moyennant un pont de bateaux, ce qui obligerait alors les Français de se retirer du Bas-Rhin. Reste à voir si le prince est assez en force pour entreprendre cette manœuvre. Car, selon ce que j'apprends, il doit être encore assez faible en nombre de troupes, et il ne pourra assembler assez de bateaux pour faire le passage du Rhin. Outre ce moyen pour déloger les Français du Bas-Rhin, je n'en vois à présent presque aucun autre. S'il voulait aller en avant vers Düsseldorf, il courrait risque que les Français lui viendraient par Wésel à dos et le couperaient de Münster et de tous les autres lieux de ces environs qui doivent lui fournir des subsistances, dont l'effet ne saurait être que très mauvais et dangereux . . . [3]

Nach der Ausfertigung.   F e d e r i c.

9961. AU CONSEILLER PRIVÉ VON DER HELLEN A LA HAYE.

Neisse, 26 avril 1758.

J'ai bien reçu votre rapport du 15 de ce mois, et je serais bien aise que le sieur Rœmer [4] pressât son voyage pour arriver bientôt ici, à quoi vous contribuerez de tout votre mieux.

Je suis d'ailleurs bien aise d'apprendre les mouvements que la province d'Over-Yssel commence à se donner pour une augmentation de troupes, mais je crois que le bon ou le mauvais succès du commen-

---

[1] In gleichem Sinne ergeht am 26. eine Resolution für das „Ministère zu Berlin", es soll in den Subsidienangelegenheiten mit Knyphausen und Michell „die besten und convenablesten Arrangements nehmen". — [2] Vergl. Nr. 9959. — [3] Zum Schluss befiehlt der König, ihm künftig sämmtliche, auch die durch Couriere gesandten, Berichte nur chiffrirt zu schicken. Der gleiche Befehl war, Münsterberg 23. April, an Hellen gegeben worden. Auf die jüngst eingelaufenen Berichte Hellen's hatte der König in diesem Erlass entgegnet: „Je vois clairement que les Hollandais ne voudront se déclarer à rien." — [4] Vergl. S. 247.

cement de notre campagne décidera principalement les Hollandais[1] et que, si ce commencement vient à prendre un heureux train, qu'alors il en saurait facilement arriver que la République se déclarât, mais qu'au cas que les succès à l'ouverture de la campagne présente fussent mau·vais, qu'alors la République restera dans son état d'inaction, tout comme jusqu'ici.

Au surplus, vous direz confidemment au prince Louis de Brunswick que j'étais en pleine marche, pour me mettre en avant entre l'armée autrichienne et la ville d'Olmütz, afin de forcer par là l'ennemi ou de venir m'attaquer, où certainement je me défendrais bien, ou de voir prendre à sa barbe ladite ville d'Olmütz.

Nach dem Concept.   F e d e r i c.

9962. AU CONSEILLER PRIVÉ DE LÉGATION DE VIERECK A COPENHAGUE.

N e i s s e, 26 avril 1758.

J'ai reçu votre dépêche du 15 de ce mois. Comme j'y ai vu que la cour où vous vous trouvez commence à prendre de justes ombrages sur les entreprises et sur les projets que la cour de Pétersbourg saurait adopter après la catastrophe avec Bestushew,[2] vous ne manquerez pas de souffler, adroitement et dans toutes les occasions que vous trouverez convenables, toutes les malignes insinuations que vous saurez imaginer, pour fortifier ces soupçons.

Nach dem Concept.   F e d e r i c.

9963. A LA MARGRAVE DE BAIREUTH A BAIREUTH.

N e i s s e, 26 avril 1758.

Ma très chère Sœur. Sur le point de partir, j'ai reçu votre chère lettre et vous rends mille grâces de la tendre part que vous daignez prendre à ma conservation.

Nous partons et allons nous embarquer dans les grandes aventures. J'ai appris de bonne part que les Cercles veuillent former un camp dans vos États; je crains qu'ils ne commettent toute sorte d'indignités, et qu'ils n'en usent très mal chez vous. Mais, ma chère sœur, si cela arrive, comptez que cela ne durera guère, et que, dans peu, vous verrez changer la scène des évènements. De quelque façon que mes infâmes ennemis vous environnent, je trouverai moyen de vous faire savoir de mes nouvelles et de vous apprendre au moins les choses qui m'intéressent le plus.

Comme j'ignore quel destin aura cette lettre, je n'ose m'expliquer davantage; tout ce que je vous supplie instamment, c'est de conserver

[1] Vergl. S. 377. — [2] Vergl. S. 307. 390.

votre santé et de me faire savoir au moins une fois par mois que vous vous portez bien; quand même un autre écrirait la lettre, cela me suffira, si j'y trouve ces paroles consolantes. Daignez, ma très chère sœur, être persuadée de la tendre reconnaissance, de la haute estime et du dévouement avec lequel je serai jusqu'au dernier soupir de ma vie, ma très chère sœur, votre très fidèle frère et serviteur

Federic.

Daignez faire mille amitiés au Margrave.

Nach der Ausfertigung. Eigenhändig.

9964. AN DEN GENERALLIEUTENANT VON ZIETEN.

[April 1758.][1]

Wegen Magazin in Gottesberg kann transportiren, und, was er kann consumiren durch die Kavallerie, gut.

Der Schritt ist jetzo überstanden, und zweifelte Ich nicht, dass wenn erst der 29. vorüber, sich alsdenn alles ändern werde. Er wird doch über Neisse marschiren, wenn er auch ein T[ag] oder einige Tage später . . . .[2] Den 27. marschire Ich; da können sie nicht ehr als den 28. Nachricht in Königgrätz oder H.[3] haben, und [wir] werden also nicht ehr als den 29. wahrnehmen können, was vor Veränderungen sie bei der Armee machten; aber nicht anders zu denken, als dass sie nach Mähren laufen würden.

Weisungen für die Antwort;[4] auf der Rückseite des Berichts von Zieten, d. d. Landshut 25. April.

9965. AN DEN GENERALFELDMARSCHALL PRINZ MORITZ VON ANHALT-DESSAU.

[Neisse, 26. April 1758.]

Der König gibt Anordnungen über den am Morgen des 27. erfolgenden Ausmarsch der Colonne des Prinzen Moritz aus Neisse.

. . . Es muss alle Bursche gesagt werden, wann aufgestellet wird, dass der König das Vertrauen zu sie hätte, dass sie bei dieser Campagne als brave Soldaten sich halten würden, sowie sie beständig gethan hätten, und sollten sie das ihrige nur ehrlich thun, und verspreche ihnen der König, nicht allein vor sie zu sorgen, wie er es immer gethan hätte, aber noch mehr vor die jeden zu thun, die etwa könnten lahm geschossen werden, als dar noch geschehen wäre. Sie möchten sich nur gut halten und lassen sich nicht etwas Fatiguen, die die vorjährigen nicht beikommen würden, verdriessen.

Friderich.

Nach der Ausfertigung im Herzogl. Haus- und Staatsarchiv zu Zerbst. Eigenhändig.

---

[1] Die Ausfertigung war wohl vom 26. April. — [2] Einige Zeilen nicht zu lesen. — [3] Vielleicht Halbstadt, ein Posten, der von den Zieten gegenüberstehenden Oesterreichern besetzt war. — [4] Vergl. S. 395. Anm. 7; S. 396. Anm. 2.

9966. AN DEN GENERALLIEUTENANT VON ZIETEN.

[April 1758.] [1]

Ich glaubte, dass die Oesterreicher jetzo ihre Position absolument ändern müssten . . . . [2] Woferne Leute sich merken liessen, nach Schlesien einzumarschiren, würde ihr Magazin zu Königgrätz nehmen und bin ihnen im Rücken.

Weisungen für die Antwort; [3] auf der Rückseite des Berichts von Zieten, d. d. Landshut 26. April.

9967. AN DEN ETATSMINISTER GRAF FINCKENSTEIN IN BERLIN.

Hauptquartier Sauerwitz, zwischen Leobschütz und Jägerndorf, 28. April 1758.

Bei meiner Anwesenheit in Neisse ist der unglückliche Legationssecretär Plesmann [4] daselbst angelanget, nachdem er von denen Oesterreichern zu Jägerndorf wieder ausgeliefert worden. Die traurige Situation, worin derselbe sich befunden, hat wohl nicht anders als alles mein Mitleiden gegen ihn erregen können. Des Königs Majestät haben vor gut gefunden, dass derselbe vorerst nach Berlin zurückgehen und allda von den sehr harten und übelen Procédés, womit die Oesterreicher gegen ihn währender seiner Gefangenschaft und insonderheit zu Wien verfahren, eine kurze Note aufsetzen und solche alsdenn in denen Zeitungen gedruckt werden soll, [5] um der ganzen Welt das ohnverantwortliche und unjustificirliche Verfahren, mit welchem ihm begegnet worden, bekannt zu machen. Besonders ist es, dass, als der Geheime Rath von Pawlowsky sich zu Jägerndorf bei denen österreichischen Commissarien zur Auswechselung der Kriegesgefangenen [6] nach diesem Plesmann sich erkundiget und dessen Extradition begehret, diese gar nichts von ihm wissen, noch einmal dessen Namen kennen wollen. Als man aber unter der Hand erfahren, dass er zu Wien als ein Delinquent im Rumorhause verschlossen gehalten würde, ist darauf an den Feldmarschall Daun seinetwegen geschrieben und dessen Extradition begehret worden, da dann anfänglich derselbe sich darauf nicht einlassen wollen, unter dem Vorwand, es habe der Plesmann solche Sachen begangen, wodurch er sich seines Charakters [7] unwürdig gemachet, und überdem habe der Warschausche Hof auf dessen Fest- und Zurückhaltung insistiret, und erwarte man zu Wien täglich von letzterem Requisitoria zu des Plesmann Extra-

---

[1] Die Ausfertigung war vermuthlich vom 27. April. — [2] Einige Zeilen nicht sicher zu lesen. — [3] Vergl. S. 406. Anm. 4. — [4] Vergl. S. 194. 329. — [5] Dieser Bericht erschien in den „Berlinischen Nachrichten" Sonnabend 20. Mai (Nr. 60). In den Danziger „Beyträgen" ist er gedruckt Bd. IV, 653 — 655. — [6] Vergl. S. 362. — [7] Plesmann war preussischer Legationssecretär in Dresden gewesen. Bd. XII, 496; XIII, 600.

dition. Als man aber darauf dem Feldmarschall Daun in der Antwort den Unfug seines Hofes hierunter gezeiget und zugleich declariret, wie man nicht nur sich an zwei aus dem Teschen'schen arretirten Edelleuten wegen des Plesmann halten, sondern auch, weil der Warschau'sche Hof vorgedachtermaassen sich von dem Arrest des Plesmann meliret haben sollte, man *par représaille* zu Dresden einen derer dortigen Civilbedienten arretiren und solchen auf gleichen Fuss, wie ersterer zu Wien tractiret würde, tractiren werde, [1] welches letztere dann auch in der Person des Legationsrath Just zu Dresden geschehen, als der dort auf die Hauptwacht, jedoch in ein bequemes Zimmer, gesetzet und ganz honnet gehalten worden, so hat man sich österreichischerseits bald eines andern besonnen und den Plesmann extradiret, dagegen dann des Königs Majestät die Ordre gestellet, dass sowohl vorgedachte beide Teschen'sche Edelleute als auch der p. Just zu Dresden wieder auf freien Fuss gestellet werden soll. Inzwischen hat der Warschau'sche Hof hautement dementiret, dass er niemalen die Zurückhaltung des Plesmann's, noch weniger dessen Extradition von dem zu Wien begehret habe . . .

So wie ich heute noch von M. Yorke verstanden, so hat derselbe die Ratifications der letzteren Convention mit dem in einer silbernen Kapsel angehängten Siegel bei sich und vermeinet noch immer die Auswechselung beider Ratificationen hier zu verrichten. [2] Ich kann ihm in Ermangelung genugsamer Information nicht genugsam darauf antworten, bin aber nur besorget, dass die Wege indess unsicher werden, und gedachte Instrumenta alsdenn exponiret sein könnten. Ich begreife auch gar nicht, warum das englische Ministère so sehr pressiret gewesen, dem Herrn Yorke die Ratifications mitzugeben. Ew. Excellenz gnädigem Andenken empfehle mich ganz gehorsamst.

Nach der Ausfertigung.   E i c h e l.

9968. AN DEN GENERALLIEUTENANT BARON DE LA MOTTE-FOUQUÉ.

Sauerwitz, 28. April 1758.

Mein lieber Generallieutenant von Fouqué. Ich habe Ursach zu glauben, dass die Oesterreicher von Meinem jetzigen Manœuvre spät werden informiret sein. Nunmehr aber werdet Ihr bald merken und sehen, wo sie werden hin wollen.

Im Fall Ihr nicht meinet, dass Ihr auf ihre Magazine etwas werdet tentiren können, so werdet Ihr solchenfalls nur schleunig nach Neisse marschiren, um die Artillerie nachzubringen. Ich bin Euer wohlaffectionirter König

---

[1] Vergl. S. 329. Anm. 1. — [2] Vergl. im 17. Bande das Schreiben Eichel's an Finckenstein vom 22. Mai.

J'ai reçu votre lettre, mon ami, du 27, et je suis charmé de ce que je vous écris; soyez sûr que la bredouille deviendra grande chez nos ennemis, et que, dans peu de jours, vous serez délivré de votre surveillant.[1]

F e d e r i c.

Nach dem Abdruck in den Mittheilungen des Kaiserl. Königl. Kriegsarchivs 1881. S. 497. Dieser Abdruck nach der Ausfertigung im Kaiserl. Königl. Kriegsarchiv zu Wien;[2] der französische Zusatz eigenhändig. Die in Chiffern geschriebenen Worte „Im Fall Ihr — nachzubringen" sind nach dem Concept im Berliner Geh. Staatsarchiv ergänzt.

9969. AU FELD-MARÉCHAL DE KEITH.

Sauerwitz, 28 avril 1758.

Monsieur le Maréchal. L'ennemi a été surpris par nos manœuvres, il ne s'y est point attendu. Le 27, leurs quartiers de Trautenau, de Nachod et de Jaromirs ont été les mêmes que ceux que nous y avons vus. Sur le bruit de notre marche qui s'est répandu depuis deux jours, ils se sont retirés en hâte de Troppau, de Bennisch et des autres quartiers qu'ils ont eus dans ce voisinage. Vous arrivez[3] demain, le 29, à Jægerndorf où vous ferez le 30 jour de repos; le 1er, votre colonne marche à Bennisch. Je ne puis pas vous en dire davantage, si je ferai marcher l'aile gauche par un autre chemin, puisque je n'en ai pas assez de notion encore et que je tâche d'en avoir. Le 30, je ferai aussi jour de repos à Troppau. Je n'ai pas pu acquérir jusqu'ici des connaissances suffisantes, pour régler ni ma propre marche ni celle de votre corps; mais comme ces connaissances ne nous manqueront point à Troppau, je ne manquerai point de vous donner tous les ordres nécessaires, dès que je les ai reçues.

Je dois vous avertir d'ailleurs que j'ai donné des assurances aux commissaires autrichiens chargés de l'échange des prisonniers à Jægerndorf,[4] comme quoi l'échange [ne] serait interrompu en rien par nos manœuvres; vous pouvez leur faire déclarer de même que, quand même sur votre route ou la mienne nous rencontrions des prisonniers échangés des nôtres ou de leurs ou leurs escortes, que l'on ne s'y arrogerait aucun droit, et qu'on les laisserait passer, ainsi que leur escorte, en toute sûreté. Sur quoi, je prie Dieu etc.

F e d e r i c.

Nach der Ausfertigung.

9970. AU FELD-MARÉCHAL DE KEITH.

Troppau, 29 avril 1758.

Monsieur le Maréchal. L'ennemi a abandonné Troppau avant-hier et Grætz aujourd'hui, où nous avons trouvé 4000 pains et 80 tonneaux de farine. Tout ce corps qui pouvait consister en 3000 hommes, se

1 Vermuthlich ist der österreichische General Jahnus gemeint. Vergl. S. 325. 328. — 2 Vergl. S. 137. Anm. 3. — 3 Der König ging mit der Avantgarde voraus, Feldmarschall Keith folgte mit der Hauptarmee. — 4 Vergl. S. 407.

retire à Olmütz, de sorte que, comme il n'y a point d'ennemis dans les montagnes, notre attention se borne de régler nos marches à la seule commodité. J'aurais volontiers voulu que l'armée eût pu traverser les montagnes sur plusieurs colonnes; mais quand même nous trouverions deux colonnes pour les premières marches, il ne nous en reste qu'une seule pour les autres, de sorte qu'il vaut mieux d'arranger d'avance de manière à pouvoir la poursuivre, sans y rien altérer. Il vous conviendra donc, Monsieur le Maréchal, de faire une avant-garde, la faire suivre des pontons, ensuite de l'infanterie et ensuite la cavalerie, ensuite les bagages. Votre première marche pourra être de Jægerndorf à Hartau, la seconde de Hartau par Bæhrn à Sternberg, la troisième à Littau. On m'assure que l'ennemi a un magasin à Hof, dont il faudra nécessairement s'emparer. Vous prendrez d'ailleurs la précaution de ne point mettre des troupes dans les endroits sur votre passage où les Autrichiens ont eu des malades.[1] Si, d'ailleurs, vous trouvez quelque chose à changer dans votre marche, pour l'aisance et la commodité des troupes, je vous en laisse entièrement le maître; ma disposition ne doit vous servir que de canevas sur lequel vous pouvez travailler, comme vous le jugerez convenable. Je ne doute point que vous ne fassiez ordonner des livraisons de pain sur votre route, pour compléter votre pain. Je compte d'être, le 3, avec la tête de mon armée aux environs de Littau; à la vérité, je crois que le bagage arrivera un jour et demi plus tard, mais ce n'est pas là une affaire: il pourra toujours suivre, pourvu que l'armée s'y trouve.

Le 27, le maréchal Daun a été encore dans la position où nous l'avons laissé, et, par tout ce que j'apprends, je dois croire qu'il sera surpris de notre marche, et qu'on lui verra bientôt changer son plan d'opération. Sur quoi, je prie Dieu etc.

Nach der Ausfertigung.   F e d e r i c.

9971. AU FELD-MARÉCHAL DE KEITH.

Troppau, 30 avril 1758.

Monsieur le Maréchal. Je suis fort content des arrangements que vous avez pris pour votre marche; plus vous pourrez la rendre aisée aux troupes, plus elle sera conforme à mon intention.

Pour ce qui regarde le magasin de Hof, je le laisse à droite dans ma marche, et vous le trouverez justement dans votre chemin. Il faudra ainsi que vous vous en saisissiez. Sur quoi, je prie Dieu etc.

Nach der Ausfertigung.   F e d e r i c.

---

[1] Vergl. S. 146. 164.

9972. AU CONSEILLER PRIVÉ DE LÉGATION BARON DE KNYPHAUSEN A LONDRES.

Au quartier général de Troppau, 30 avril 1758.

La dépêche que vous m'avez faite avec le sieur Michell du 14 de ce mois, m'a été fidèlement rendue. Comme je vois que les soupçons que les ministres anglais ont pris peut-être aussi injustement qu'ils les ont pris trop fortement contre lui[1] pour oser espérer qu'ils s'en désisteront, vous direz aux ministres que, quand ils voudraient absolument rappeler le sieur Mitchell,[2] je ne m'y opposerais pas et me contenterais de ce qu'ils trouveraient bon de faire là-dessus ; que, de plus, il dépendrait d'eux de m'envoyer tel autre ministre qu'ils voudraient, pourvu que seulement ils voudraient avoir soin d'y choisir une personne traitable, et qui n'eût pas des manières trop roides et altières, mais en laquelle je pourrais prendre confiance et d'ailleurs propre pour entretenir et cimenter la bonne intelligence entre les deux cours, et qu'alors tout sujet qu'ils emploieraient me serait agréable. Et, sur ce, je prie Dieu etc.

Nach der Ausfertigung.   Federic.

9973. AU PRINCE HENRI DE PRUSSE.

Troppau, 30 [avril 1758].

Mon cher Frère. Nous sommes arrivés ici hier; toutes les troupes qui ont été de ces côtés-ci, se sont retirées vers Olmütz, dont ils composent la garnison consistant en 3000 soldats et 2000 reçus.[3] Monsieur de Daun a si bien pris le change qu'il s'est renforcé du côté de Politz, Neustadt et Nachod, et que, le 28, il a été tranquille à Kœniggrætz, ayant un gros corps éparpillé le long des frontières. Ceci me fait gagner l'entrée de la Moravie pour le siège d'Olmütz. Vous jugerez facilement, si vous calculez le chemin que l'artillerie est obligée de faire, qu'il n'ira pas si vite; cependant, j'espère de l'avoir pris au milieu du mois de juin. Voilà tout ce que je peux vous écrire d'ici avec certitude. Je suis avec bien de l'amitié, mon cher frère, votre fidèle frère et serviteur

Nach der Ausfertigung. Eigenhändig.   Federic.

---

[1] So im Déchiffré. Es wird zu lesen sein: „Comme je vois que les ministres . . . . aussi injustement les soupçons contre le sieur Mitchell qu'ils" etc. — [2] Vergl. S. 366.
[3] Vielleicht verschrieben für recrues.

9974. AU GÉNÉRAL DE L'INFANTERIE PRINCE FERDINAND
DE BRUNSWICK.

Au quartier de Troppau, 30 avril 1758.

Monsieur mon Cousin. Je viens de recevoir les lettres que Votre Altesse a pris la peine de me faire du 20 et du 21 de ce mois, au sujet desquelles je ne saurais assez vous exprimer la satisfaction que j'ai ressentie de voir que nos idées, par rapport à la façon de faire le passage du Rhin, pour chasser les Français de cette rivière-là et leur faire quitter Wésel et Düsseldorf, enfin, pour les rejeter au delà de la Meuse, selon les intentions du roi d'Angleterre, se sont si justement rencontrées, comme Elle aura vu par ma dernière lettre,[1] où je me suis expliqué plus amplement à ce sujet. L'entreprise serait excellente, si Votre Altesse passe le Rhin aux lieux qu'Elle marque, et que je Lui ai déjà indiqués dans madite lettre. Les effets en seront merveilleux, car, outre qu'il n'y a pas à douter que les Français abandonneront tout pour courir se recogner au delà de la Meuse, Votre Altesse leur prendra apparemment les magasins à Ruremonde èt empêchera en même temps que les Français ne sauraient rien détacher vers l'Allemagne et vers la Bohême, et il est d'ailleurs fort à présumer qu'alors et après ces succès les Hollandais se déclareront pour la bonne cause,[2] ainsi donc que ce sera à tous égards une entreprise excellente, si Votre Altesse pourra passer le Rhin. Pour faire ce passage, vous ne pourrez faire aucun usage des pontons, mais il vous faudra plutôt des vaisseaux, pour en faire construire un pont. Pour cette fin, il sera nécessaire que vous rassembliez tout ce que vous pourrez avoir de vaisseaux, et d'en faire même venir du territoire de Hollande, sous différents prétextes et en cachant le vrai dessein auquel vous en voudrez faire usage. En tout cas, j'ai écrit à mon président de la chambre d'Ost-Frise, Lentz, qu'il doit assembler tout ce qu'il y aura de vaisseaux de l'Ems pour vous les envoyer sur cette rivière, afin que vous en puissiez faire usage.

Me voilà avancé jusqu'ici, ayant gagné plusieurs marches sur le maréchal Daun, de sorte que j'arriverai toujours quelques jours avant lui vers Olmütz, et c'est à présent que je verrai bientôt à quel parti il se determinera.

Au reste, j'ai ordonné à mon chargé d'affaires de Hellen à La Haye[3] d'informer soigneusement Votre Altesse de tout ce qu'il apprendra là de nouvelles qui vous sauraient être intéressantes, et qui vous mettront au fait de ce qui s'y passe. Je suis avec toute l'estime et toute l'amitié possible, Monsieur mon Cousin, de Votre Altesse le bon cousin

---

[1] Vergl. Nr. 9959. — [2] Vergl. S. 405. — [3] Dies ist in dem jetzt nicht mehr vorliegenden Immediaterlass an Hellen vom 30. April geschehen, wie sich aus Hellen's Antwort vom 13. Mai ergibt. Auf dem Marsche nach Mähren ist ein grosser Theil der Cabinetspapiere verloren gegangen.

Nous sommes arrivés hier ici. Le 28, M. de Daun a été tranquille dans ses quartiers à Kœniggrætz et ses avant-troupes à Trautenau et Nachod, de sorte que j'ai sur lui une avance de 9 jours.

Voilà beaucoup pour l'ouverture de la campagne; il s'agit de la finir comme elle commence. C'est le point où l'auteur s'embarrasse.

F e d e r i ç.

Nach der Ausfertigung im Kriegsarchiv des Königl. Grossen Generalstabs zu Berlin. Der Zusatz eigenhändig.

PERSONENVERZEICHNISS.[1]

Für die mit * bezeichneten Namen vergl. auch S. 428 ff.

A.

Adam Friedrich, Bischof von Bamberg und Würzburg, Freiherr von Seinsheim: Seite 302.

Adolf Friedrich, Herzog von Mecklenburg-Strelitz: 294.

Affry, Graf, Ludwig August Augustin, franz. Botschafter im Haag: 166. 215. 357. 368.

Algarotti, Graf, Franz, preuss. Kammerherr: 393.

Amalie, preuss. Prinzessin, Schwester des Königs: 120. 157. 189. 190. 198. 222. 231.

Angelelli-Malvezzi, Marquis, Ludwig, preuss. Generalmajor, Chef und Commandeur eines Freibataillons: 395. 396.

Anhalt-Bernburg: siehe Victor Friedrich.

Anhalt-Dessau: siehe Dietrich; Leopold; Leopold Friedrich Franz; Moritz.

Anhalt-Köthen: siehe Karl Georg Lebrecht.

Anhalt-Zerbst: siehe Friedrich August; Johanna Elisabeth; Katharina.

Anhalt, preuss. Infanterieregiment; Chef Leopold Friedrich Franz, regierender Fürst von Anhalt-Dessau: 19.

Anhalt, Friedrich, Graf, preuss. Major, Commandeur eines Grenadierbataillons, Flügeladjutant des Königs: 320.

Anna, Königin von Grossbritannien († 1714): 40. 161.

*Anna, Prinzessin von Oranien, Regentin der Vereinigten Provinzen: 165. 176. 177. 215. 241.

Anna Elisabeth Luise, Gemahlin des Prinzen Ferdinand von Preussen, Tochter des Markgrafen von Schwedt: 157. 174. 190.

Apraxin, Graf, Stephan, russ. Feldmarschall: 115.

d'Argens, Marquis, Johann Baptista de Boyer, preuss. Kammerherr: 37. 118. 175. 267. 398.

d'Argenson, Graf, Marc Peter de Voyer de Paulmy, franz. Kriegsminister, bis Februar 1758: 26. 42. 307.

Armentières, Marquis, franz. Officier: 98.

Aschersleben, Georg Wilhelm von, Präsident der preuss. Kriegs- und Domänenkammer in Stettin: 5. 6. 46. 240. 347.

Aschersleben, Ehrentreich Friedrich von, preuss. Oberst, Commandeur des Dragonerregiments Finckenstein: 315. 397.

---

[1] Die Schreibung der Namen erfolgt, soweit möglich, nach den eigenhändigen Unterschriften. Die Vornamen der preussischen Officiere und die Angaben über ihre Rangverhältnisse sind zum Theil den Akten der Geh. Kriegskanzlei entnommen.

Asseburg, Moritz Wilhelm von der, preuss. Generalmajor, Chef eines Infanterieregiments: 344.

August III., König von Polen, Churfürst von Sachsen: 25. 90. 158. 200. 201. 268. 307. 350. 402.

*August Wilhelm, Prinz von Preussen, Thronfolger, General der Infanterie, Chef eines Infanterie- und eines Kürassierregiments: 69. 70. 138. 186. 234. 325. 387.

*August Wilhelm, Herzog von Braunschweig-Bevern, preuss. Generallieutenant, Chef des Infanterieregiments Alt-Bevern: 7. 41. 42. 47. 50—53. 57. 59—64. 67—69. 78. 81. 110. 117. 140. 169. 235. 251.

B.

Baiern: siehe Clemens August.

Baireuth: siehe Friederike; Friedrich; Wilhelmine.

Baireuth, preuss. Dragonerregiment; Chef Friedrich Markgraf von Baireuth: 82. 95. 124.

Bamberg: siehe Adam Friedrich.

Bardeleben (Barleben), Ernst Christoph Wilhelm von, preuss. Oberst im Regiment Garde zu Fuss: 164. 234.

Barowsky, Johann Theophil von, preuss. Lieutenant im Husarenregiment Seydlitz: 206.

Bartikow, preuss. Feldjäger: 18. 43.

Beck, Freiherr, Levin Philipp, österr. Generalfeldwachtmeister: 60. 62. 63.

Beck, Secretär des Grafen Branicki: 263. 264.

Belle-Isle, Herzog von Vernon, Ludwig Karl August Fouquet, Marschall von Frankreich, seit Februar 1758 Kriegsminister: 307. 363.

Belling, Karl Philipp Wilhelm von, preuss. Oberstlieutenant im Infanterieregiment Prinz von Preussen: 234.

Belling, Wilhelm Sebastian von, preuss. Oberstlieutenant, Chef eines Husarenregiments: 248. 305.

Beneckendorf, Johann Friedrich von, preuss. Major, Commandeur eines Grenadierbataillons: 387.

*Benoît, Gideon, preuss. Legationssecretär in Warschau: 14. 25. 236. 260. 351. 395.

von Berg, preuss. Edelmann aus der Uckermark: 70.

Bergemann, Johann Friedrich, Geheimer Registrator beim Geh. Archiv in Berlin: 337.

Bernburg: siehe Anhalt-Bernburg.

Bernis, Graf, Franz Joachim de Pierre de, Abt, Mitglied des franz. Staatsraths, Staatssecretär des Auswärtigen: 92. 151. 152.

Bernstorff, Freiherr, Johann Hartwig Ernst, dän. Geh. Rath, Mitglied des Geh. Staatsraths: 187. 244.

Bessel, Karl Wilhelm Moritz von, Präsident der preuss. Kriegs- und Domänenkammer in Cleve: 241. 334.

Bestushew-Rumin, Graf, Alexei, russ. Grosskanzler, bis Februar 1758: 85. 183. 307. 312. 390. 405.

Beust, Karl von, preuss. Major im Husarenregiment Rüsch: 195.

Bevern: siehe Braunschweig-Bevern.

Bevern, preuss. Infanterieregimenter Alt-Bevern und Jung-Bevern: siehe unter Herzog August Wilhelm und Prinz Friedrich Karl Ferdinand von Braunschweig-Bevern.

Birkenfeld, Prinz von Pfalz-Zweibrücken-Birkenfeld, Wilhelm, holländ. General der Kavallerie und österr. Generalfeldmarschall: 321.

Blücher, Fürst, Gebhard Lebrecht, preuss. Feldmarschall (1813), Chef eines Husarenregiments: 248.

*Blumenthal, Adam Ludwig von, preuss. Etatsminister, Chef des ersten Departements des Generaldirectoriums: 428.

Blumenthal, Joachim Christian von, Präsident der preuss. Kriegs- und Domänenkammer in Magdeburg: 19.

Boden, August Friedrich von, preuss. Etatsminister, Chef des zweiten Departements des Generaldirectoriums: 20. 21. 80. 394.

Bohlen, Graf, Karl Heinrich Bernd, schwedischer Regierungsrath, in Vorpommern begütert: 155.

*Borcke, Friedrich Wilhelm von, preuss. Etatsminister, Chef des dritten Departements des Generaldirectoriums, Präsident des preuss. Feldkriegsdirectoriums in Sachsen: 89. 90. 111. 135. 192. 193. 232. 279. 297. 304. 307. 349.

Borcke, Franz Andreas von, preuss. Generallieutenant, Commandant von Magdeburg: 19. 284.

Brandenburg: siehe Baireuth; Preussen.

Brandes, Johann Christian von, preuss. Generallieutenant, Chef eines Infanterieregiments: 131. 137. 317. 394.

Branicki, Graf, Johann Clemens, poln. Krongrossfeldherr: 238. 239. 262—264.

Braunschweig-Bevern: siehe August Wilhelm; Elisabeth Christine; Friedrich Karl Ferdinand.

Braunschweig-Wolfenbüttel: siehe Elisabeth Christine; Ferdinand; Franz; Karl; Karl Wilhelm Ferdinand; Ludwig Ernst.

Braunschweig, preuss. Infanterieregimenter Alt-Braunschweig und Jung-Braunschweig: siehe unter Prinz Ferdinand und Prinz Franz von Braunschweig-Wolfenbüttel.

Bredow, Joachim Leopold von, preuss. Generalmajor, Chef eines Infanterieregiments: 317. 344. 389. 394.

Brösicke, Heino von, preuss. Oberst im Infanterieregiment Jung-Braunschweig: 234.

Broglie, Graf (sic), Karl Franz, franz. Botschafter am chursächs. Hofe: 94.

*Broune, Baron, österr. Generalfeldwachtmeister: 428.

Browne de Camus, Graf, Maximilian Ulysses, österr. Generalfeldmarschall († 26. Juni 1757): 122.

Browne de Camus, Graf, Philipp Georg, österr. Oberst, Sohn des Feldmarschalls: 82.

Brudenell, Thomas, engl. Oberst: 383.

Brühl, Graf, Heinrich, chursächs. Premierminister: 32. 36. 89. 201. 233. 268.

*Brühl, Gräfin, Franziska Marie Anna Antonie, geb. Gräfin Kolowrat, Gemahlin des chursächs. Premierministers: 428.

Buccow, Freiherr, Adolf Nicolas, österr. Feldmarschalllieutenant, seit 22. Januar 1758 General der Kavallerie: 102. 103. 105. 115. 119.

Bülow, Johann Albrecht von, preuss. Generalmajor, Chef eines Infanterieregiments: 355. 387.

Bülow, Ferdinand von, österr. Oberst, Commandant von Liegnitz: 102. 128. 131.

Bülow, Freiherr, August Christian, preuss.

Lieutenant, Flügeladjutant des Prinzen Ferdinand von Braunschweig: 375. 391.

Bünau, Graf, sächs. Edelmann auf Lauenstein: 257.

Burgsdorf, Kurt Ehrentreich von, preuss. Major, Commandeur eines Grenadierbataillons: 387.

C.

Campbell, engl. Oberst, im Auftrage der englischen Regierung in Stockholm: 70. 71. 170.

Camplin, Camplin & Smith, engl. Kaufmannshaus in Bristol: 22.

Catt, Heinrich von, Vorleser des Königs (seit März 1758): 123.

Cedercreutz, Freiherr, Hermann, schwedischer Reichsrath († 1754): 70.

Cedercreutz, Freifrau, Gemahlin des schwed. Reichsraths, geb. Campbell: 70.

Christian Franz, Prinz von Sachsen-Coburg, österr. Oberst: 184. 185.

Cicero, Marcus Tullius, röm. Staatsmann und Redner: 156.

Clemens August, Churfürst von Köln, Herzog in Baiern: 340. 354.

Clermont, Graf, Ludwig, Prinz von Bourbon-Condé, franz. Generallieutenant: 191. 251. 266. 278—281. 289. 297. 302—304. 354. 366. 377. 402.

Coburg: siehe Sachsen-Coburg.

*Cöper, Ludwig Ernst Heinrich, preuss. Kriegsrath, Geh. Secretär im Königl. Cabinet: 114.

Cothenius, Christian Andreas, preuss. Geh. Rath, Leibarzt des Königs: 25. 127. 266. 359.

von Courvoisier, holländ. Oberst und Regimentscommandeur: 226.

Cramm, August Adam von, braunschw. Staatsminister: 129. 295.

Culemann, Rudolf, preuss. Regierungspräsident in Minden: 337.

Cumberland: siehe Wilhelm August.

Custine, Marquis, Marcus, franz. Maréchal de camp († im November 1757 in Leipzig): 26.

Czettritz, Freiherr, Ernst Heinrich, preuss. Generalmajor, Chef eines Dragonerregiments: 124.

D.

Dacheröde, Friedrich Karl von, preuss. Landrath in der Grafschaft Mansfeld: 19.

Dänemark: siehe Friedrich V.

Daun, Graf, Leopold, österr. General-feldmarschall: 20. 50. 51. 75. 81. 93. 143. 193. 327. 345. 358. 400. 407. 408. 410—413.

Dessau: siehe Anhalt-Dessau.

Destouches, Philipp Héricault, franz. Lustspieldichter († 1754): 146.

Diericke, Kaspar Christoph von, preuss. Oberst bei den Pionieren: 387.

Dieskau, Karl Wilhelm von, preuss. Oberst der Artillerie: 173. 355. 357—359. 370. 388.

Dieterich, Director der preuss. Kriegs- und Domänenkammer in Halberstadt: 235.

*Dietrich, Prinz und Administrator von Anhalt-Dessau, ehemal. preuss. Feldmarschall: 86.

Diringshofen, Bernhard Alexander von, preuss. Oberstlieutenant, Commandeur eines Grenadierbataillons: 387.

Ditmar, Freiherr, Gottfried Rudolf, mecklenburg-schwerinscher Geheimrath: 385.

*Dohna, Graf, Christoph, preuss. Gene-rallieutenant, Chef eines Infanterieregiments: 243. 252. 300. 324. 348. 371. 376.

*Domhardt, Johann Friedrich, Präsident der preuss. Kriegs- und Domänenkammer in Gumbinnen: 180. 181. 216.

Drebbert, preuss. Feldjäger: 48.

Driesen, Georg Wilhelm von, preuss. Generallieutenant, Chef eines Kürassier-regiments: 305. 344. 387.

Duden, preuss. Feldjäger: 48.

Dürgetz, schwed. Major: 252. 270.

E.

Ehrensvärd, August, schwed. General-major: 183.

*Eichel, August Friedrich, preuss. Geh. Kriegsrath und Cabinetssecretär: 7. 10. 23. 26. 30. 43. 52. 53. 65. 70. 72. 73. 76. 77. 81. 82. 95. 97. 101. 106. 107 113. 114. 120. 128. 131. 137. 140. 148. 149. 163. 165. 166. 181. 231. 246. 247. 252. 261. 265. 272—274. 283. 285. 307. 309. 313. 336. 337. 343. 345. 349. 373. 378—380. 384. 397. 399. 408.

Eickstedt, Georg von, preuss. Kammer-gerichtsrath: 145.

Elisabeth, Kaiserin von Russland: 14. 85. 183. 221. 232. 247. 338.

Elisabeth Christine, Königin von Preussen, geb. Prinzessin von Braunschweig-Bevern, Schwester des Herzogs Karl und der Prinzen Ludwig, Ferdinand und Franz von Braunschweig-Wolfenbüttel: 99. 100. 120.

England - Hannover: siehe Anna; Georg II.; Sophie Dorothee; Wilhelm III.; Wilhelm August.

Esterhazy, Graf, Nicolas, österr. Feldmarschalllieutenant: 114.

d'Estrées, Graf, Ludwig Karl Cäsar Le Tellier, Marquis de Courtanvaux, Marschall von Frankreich, ehemal. Specialgesandter in Wien: 94.

F.

Fabius, Quintus Fabius Maximus Cunctator, röm. Feldherr im zweiten punischen Kriege: 355.

Fagel, Heinrich, Greffier der Generalstaaten: 166. 226.

*Ferdinand, preuss. Prinz, Generalmajor, Chef eines Infanterieregiments, nach der Schlacht bei Leuthen Generallieutenant: 68. 75. 127. 135. 146. 156. 157. 174. 184. 189. 190. 198. 234.

*Ferdinand, Prinz von Braunschweig-Wolfenbüttel, preuss. Generallieutenant, Chef des Infanterieregiments Alt-Braunschweig, Gouverneur von Magdeburg, seit März 1758 General der Infanterie: 11. 15—17. 27. 29. 32. 39. 52. 68. 72. 76. 77. 89. 90. 97. 98. 100. 101. 103. 104. 111—113. 129. 134. 142. 146. 149. 156. 158. 160. 174. 179. 181. 184. 185. 189. 195. 202. 205. 209. 225. 233. 235. 248. 249. 266. 267. 277—279. 286. 292—295. 301. 306. 307. 313. 319—321. 327. 332. 334. 336. 337. 344. 349. 362. 363. 366. 368. 369. 371. 372. 378. 379. 392. 395. 404.

Fermor, Wilhelm von, russ. General en chef: 115. 180. 343. 347. 348. 397.

Fersen, Graf, Axel, schwed. Generallieutenant: 183.

*Finck, Friedrich August von, preuss. Oberst, Commandant von Dresden, seit November 1757 Generalmajor und Chef eines Infanterieregiments: 13. 40. 68. 89. 111. 158. 232. 233. 257. 279. 305. 329. 344.

*Finckenstein, Graf, Finck von, Karl Wilhelm, preuss. Etats- und Cabinetsminister: 49. 70. 80. 111. 112. 121. 149. 151. 163. 165. 175. 192. 201. 202. 217. 254. 261. 272. 274. 293. 307. 309. 314. 337. 343. 345. 364. 367. 378. 384. 399. 408.

Finckenstein, Graf, Finck von, Friedrich Ludwig, preuss. Generalmajor, Chef eines Dragonerregiments: 315. 397.

Fischer, franz. Oberst, Commandeur eines Freicorps: 141.

Flemming, Graf, Ernst Bogislav, preuss. Generalmajor, Chef eines Infanterieregiments: 385.

de Forcade, Friedrich Wilhelm Quérin, Marquis de Biaix, preuss. Generallieutenant, Chef eines Infanterieregiments: 234.

*Fouqué, Freiherr, Heinrich August de la Motte, preuss. Generallieutenant, Chef eines Infanterieregiments: 103. 117. 123. 124. 126. 138. 258. 315. 316. 325. 328. 335. 336. 344. 345. 350. 357. 360. 361. 369. 384. 387. 399. 400.

du Four, Johann, Kaufmann in Saloniki: 351.

de Fraigne, Marquis, ehemals in Berlin im Dienste des franz. Gesandten Valory, dann am Zerbster Hofe: 164. 189. 198. 206. 225. 248. 254. 255. 284. 312. 357. 368.

Frankreich: siehe Ludwig XV.

Franz I., Römischer Kaiser, Grossherzog von Toskana, Herzog von Lothringen: 80. 104. 183. 201. 202.

Franz (Friedrich Franz), Prinz von Braunschweig-Wolfenbüttel, preuss. Generalmajor, Chef des Infanterieregiments Jung-Braunschweig: 131. 234.

*Franz Josias, regierender Herzog von Sachsen-Coburg: 428.

Friederike (Elisabeth Friederike Sophie Wilhelmine), Herzogin von Württemberg, geb. Prinzessin von Baireuth: 79.

Friederike Dorothee Sophie, Gemahlin des Prinzen Friedrich Eugen von Württemberg, Tochter des Markgrafen von Schwedt: 157. 174. 190.

Friedrich V., König von Dänemark: 187. 188.

Friedrich, regierender Herzog von Mecklenburg-Schwerin: 172. 187. 310. 342. 354. 385.

Friedrich, Markgraf von Baireuth, preuss. Generallieutenant, Chef des preuss. Dragonerregiments Baireuth: 142. 151. 406; siehe auch unter Baireuth, Regiment.

*Friedrich, Erbprinz von Hessen-Cassel, preuss. Generallieutenant, Chef eines Infanterieregiments, Vice-Gouverneur von Magdeburg: 21. 98. 190. 224. 289.

Friedrich, Regiment: siehe Friedrich Wilhelm.

Friedrich August, Fürst von Anhalt-Zerbst: 52. 206. 207. 225. 248. 254. 284.

*Friedrich Christian, Churprinz von Sachsen: 254.

Friedrich Eugen, Prinz von Württemberg, preuss. Generalmajor, Chef des Dragonerregiments Württemberg, nach der Schlacht bei Leuthen Generallieutenant: 124. 157. 234.

*Friedrich Karl Ferdinand, Prinz von Braunschweig-Bevern, preuss. Generalmajor, Chef des Infanterieregiments Jung-Bevern: 170.

Friedrich Wilhelm, Markgraf von Schwedt, preuss. Generallieutenant, Chef des Kürassierregiments Markgraf Friedrich: 387.

Fronmüller, Scheel & Fronmüller, Kaufmanns- und Banquierhaus in Berlin: 22. 47.

G.

Gaudi, Friedrich Wilhelm Ernst von, preuss. Hauptmann, Flügeladjutant des Königs: 3.

Geist, Freiherr von Hagen, genannt Geist, Karl Ferdinand, preuss. Generalmajor, Chef eines Infanterieregiments: 234.

Gellhorn, Graf, preuss. Oberstlieutenant, ehemals in österr. Diensten: 122. 275.

*Georg II., König von Grossbritannien, Churfürst von Hannover: 15—17. 25. 33. 42. 87. 89. 94. 108. 109. 113. 125. 160. 164. 170. 196. 197. 229. 246. 247. 251. 252. 261. 273. 277. 285. 288. 292. 295. 301. 304. 306. 322. 333. 340. 349. 364. 366. 374. 375. 379. 383. 412.

Gisors, Graf, Ludwig Maria de Fouquet, Sohn des Marschalls Belle-Isle, franz. Brigadier: 191.

G l o b i g , Hans Gotthelf von, chursächs. Consistorialpräsident: 36.

G l o g a u , Commandant von: siehe Hacke.

G o l d b e c k , Johann Friedrich, preuss. Kriegsrath und Oberauditeur: 139. 140.

G o l t z , Freiherr von der, Karl Christoph, preuss. Generalmajor, Chef eines Infanterieregiments: 2.

G o l t z , von der, Siegmund Friedrich, preuss. Major im Dragonerregiment Stechow: 265.

G o o d r i c k , John, designirter englischer Gesandter für den schwed. Hof: 367. 372—374. 384. 392.

G o t h a : siehe Sachsen-Gotha.

* G o t t e r , Graf, Gustav Adolf, preuss. Etatsminister, Chef des preuss. Postwesens: 429.

G r a b o w , Christoph Heinrich von, preuss. Generalmajor, Chef eines Infanterieregiments: 344.

von G r ä v e n i t z , preuss. Landrath: 67. 235.

G r a n t , Johann von, preuss. Major, Flügeladjutant, Ueberbringer der Siegesbotschaft von Rossbach an König Georg II.: 16. 25. 111. 175.

G r o n s f e l d , Graf, Bertram van D i e p e n - b r o e k , holländ. ausserordentlicher Gesandter am preuss. Hofe: 176. 177. 226. 241. 321.

G r o t i u s , Hugo, Völkerrechtslehrer in Holland († 1645): 174.

G r u m b k o w , Philipp Wilhelm von, preuss. Generalmajor: 18.

H.

H a c k e , Nicolaus Ludwig von, preuss. Oberst, Commandant von Glogau: 311. 350.

H a d i k , Graf, Andreas, österr. Feldmarschalllieutenant: 35. 41. 42. 47. 103.

H a e n e l , preuss. Kriegs- und Domänenrath in Breslau: 150.

H a e s e l e r , Johann August von, preuss. Geh. Legationsrath, ehemal. ausserordentlicher Gesandter in Kopenhagen: 69. 85.

H a n n i b a l , karthagischer Feldherr: 12. 355.

H a r d e n b e r g , Freiherr, Friedrich August, hessen-cassel. Geheimrath und Minister: 223. 224. 372.

* H a u d e , Gottfried Fabian, Emissär in der Türkei unter dem Namen eines preuss. Commercienrathes und Geschäftsträgers Karl Adolf von R e x i n : 236. 261. 350.

H a u s s , Friedrich Christian von, preuss. Generalmajor, Chef eines Infanterieregiments: 19.

H a v r i n c o u r , Marquis, Ludwig de C a r - d e v a q u e , franz. Botschafter in Stockholm: 270.

H e c h t , Johann Georg, preuss. Geh. Rath, Resident beim niedersächsischen Kreise in Hamburg: 85. 168. 245. 393.

* H e i n r i c h (Friedrich Heinrich Ludwig), preuss. Prinz, Generallieutenant, Chef eines Infanterieregiments: 7. 9. 15. 19. 25. 29. 30. 76. 88. 104. 130. 157. 164. 184. 190. 203. 219. 269. 278. 286. 289. 291. 292. 295. 301. 305 — 308. 310. 313. 316. 327. 331. 338. 344. 376. 401.

H e i n r i c h , Prinzessin: siehe Wilhelmine.

* H e l l e n , Bruno von der, preuss. Geh. Rath, Geschäftsträger im Haag: 14. 16. 53. 149. 165. 177. 209. 210. 241. 278. 321. 357. 368. 371. 380. 393. 404. 412.

H e n c k e l von D o n n e r s m a r c k , Graf, Victor Amadäus, preuss. Hauptmann, Adjutant des Prinzen Heinrich: 126. 227.

H e n n i n g s , Auditeur im preuss. Infanterieregiment Lehwaldt: 324.

H e r t z b e r g , Ewald Friedrich von, preuss. Geh. Legationsrath: 118. 337.

H e s s e n - C a s s e l : siehe Friedrich; Wilhelm; Wilhelmine.

H e s s e n - D a r m s t a d t : siehe Ludwig.

H i l d b u r g h a u s e n : siehe Sachsen-Hildburghausen.

H ö p k e n , Freiherr, Johann Andreas, schwed. Reichsrath und Kanzleipräsident: 372.

H o f f m a n n , Rudolf August von, preuss. Oberst im Infanterieregiment Jung-Braunschweig: 234.

H o l d e r n e s s e , Graf, Robert d'Arcy, engl. Staatssecretär für die nordischen Angelegenheiten: 15. 17. 32. 42. 160. 161. 170. 196. 199. 214. 228. 230. 251. 277. 291. 293. 300. 333.

H o l l a n d : siehe Anna; Wilhelm III.

H o l s t e i n - G o t t o r p : siehe Johanna Elisabeth; Peter; und den folgenden Namen.

Holstein-Gottorp, Prinz, Georg Ludwig, preuss. Generallieutenant, Chef eines Dragonerregiments (Sohn eines Grossoheims des Grossfürsten Peter von Russland): 169. 172. 195. 202—204. 211. 218. 220. 250. 260. 278. 289. 296. 310. 316. 326. 339. 340. 391. 392.

L'Hôpital, Marquis, Paul, franz. Generallieutenant, Botschafter in Petersburg: 390.

Hordt, Graf, Johann Ludwig, ehem. schwed. Officier, preuss. Oberst, Chef und Commandeur eines Freiregiments: 221. 281. 282. 287. 334. 359. 394. 398. 401.

Horn, Graf, Adam, schwed. Generalmajor: 70. 71.

Hülsen, Johann Dietrich von, preuss. Generallieutenant, Chef eines Infanterieregiments: 305. 344.

Hyndford, Graf, Johann Carmichael, ehemal. engl. bevollmächtigter Minister in Berlin: 366.

I. (J.)

Jahnus, Freiherr, Franz, österr. Generalfeldwachtmeister: 126. 137. 325. 328. 409.

*Johanna Elisabeth, verwittw. Fürstin von Anhalt-Zerbst, geb. Prinzessin von Holstein-Gottorp, Schwester des Königs von Schweden: 107. 149. 428. 312.

Joseph Friedrich Wilhelm Hollandinus, Prinz von Sachsen-Hildburghausen, Reichs-Generalfeldzeugmeister, österr. Generalfeldmarschall: 27. 34. 57. 58. 104.

Itzenplitz, August Friedrich von, preuss. Generalmajor, Chef eines Infanterieregiments, seit Januar 1758 Generallieutenant: 9. 305. 344.

Jungkenn (Jungheim), Freiherr, Martin Eberhard, preuss. Generalmajor, Chef eines Infanterieregiments: 19. 344.

Just, chursächs. Legationsrath: 408.

Iwan (Johann), entthroner russischer Kaiser: 183.

K.

Kahlden, Henning Alexander von, preuss. Generalmajor, Chef eines Infanterieregiments: 225.

Kaiser, Römischer Kaiser: siehe Franz I.

Kalkreuth, Samuel Adolf von, preuss. Generalmajor, Chef eines Infanterieregiments: 189.

Kalkreuth, Friedrich Adolf von, preuss. Lieutenant im Regiment Garde du Corps (sic): 318. 334. 401.

Kalnoky, Graf, Anton, österr. Feldmarschalllieutenant: 120.

*Karl, regierender Herzog von Braunschweig-Wolfenbüttel: 16. 17. 73. 76. 99. 100. 104—106. 112. 129. 168. 183. 184. 292. 297. 300. 349. 372. 375. 392. 393.

Karl (Friedrich Karl Albert), Markgraf, preuss. Prinz, General der Infanterie, Chef eines Infanterieregiments: 117. 320.

Karl Alexander, Prinz von Lothringen, österr. und Reichs-Generalfeldmarschall: 75. 81. 93. 102. 103. 113. 126. 127. 133. 159.

Karl Emanuel III., König von Sardinien, Herzog von Savoyen: 185.

Karl Eugen, regierender Herzog von Württemberg: 78. 79.

*Karl Georg Lebrecht, Fürst von Anhalt-Bernburg: 227. 274. 275. 323.

Karl Theodor, Churfürst von der Pfalz: 340. 354.

Karl Wilhelm Ferdinand, Erbprinz von Braunschweig-Wolfenbüttel, braunschweig. General: 99. 105. 107. 112. 129.

Katharina, Grossfürstin von Russland, geb. Prinzessin von Anhalt-Zerbst: 52. 183. 245—247.

Katte, Hans Friedrich von, preuss. Generallieutenant, Commandeur en chef des Leibregiments Kürassiere, Commandant von Breslau: 46. 63. 64. 234. 235. 272. 275. 311.

*Kaunitz-Rittberg, Graf, Wenzel, österr. Staatskanzler: 92. 133.

*Keith, Jacob, preuss. Generalfeldmarschall: 2—4. 6. 13. 27. 28. 30. 35. 37. 40. 47. 58. 60. 68. 74. 76. 81. 88. 90. 103. 106. 111. 116. 117. 134. 143. 146. 158. 193. 219. 222. 226. 269. 279. 307. 320. 362. 374. 393.

Keith, Ritter, Robert Murray, engl. Minister am russ. Hofe: 188. 230. 312.

Kleist, Friedrich Heinrich von, preuss. Oberstlieutenant, Commandant von Spandau: 311.

Kleist, Friedrich Wilhelm Gottfried Arnd von, preuss. Major im Husarenregiment Székely: 124. 130. 305. 321.

Kleist, Primislaus Ulrich von, preuss. Major, Flügeladjutant, Commandeur eines Grenadierbataillons: 387.

von Kleist, preuss. Hauptmann: 370, wohl Peter Christian von K., preuss. Hauptmann im Infanterieregiment Prinz Moritz und Adjutant des Prinzen.

Knoch, W., holländ. Lieutenant: 141.

Knöffel, Peter Lorenz, preuss. Münzdirector: 20. 21.

zu Inn- und Knyphausen, Freiherr, Dodo Heinrich, preuss. Geh. Legationsrath, ausserord. Gesandter und bevollmächtigter Minister am engl. Hofe: 118. 120. 151. 175. 287. 292. 312. 335. 343. 364. 365. 372. 379. 380. 404.

Köln: siehe Clemens August.

Köthen: siehe Anhalt-Köthen.

Kohlhardt, hannover. Hauptmann: 393.

Kolowrat, Graf, Franz Joseph, österr. Oberst-Landeskriegscommissär, Chef der Verwaltung von Schlesien während der österr. Occupation: 150.

Kreytzen, Johann Friedrich von, preuss. Generalmajor, Chef eines Infanterieregiments: 126. 387.

Kreytzen, Friedrich von, preuss. Oberst, Commandeur eines Grenadierbataillons, wird im April 1758 Generalmajor: 387.

Krockow, Anton von, preuss. Generalmajor, seit 1. Dec. 1757; Chef eines Dragonerregiments, seit 24. Sept. 1757: 74. 82.

Krottendorf, Freiherr, Maximilian, österr. Generalfeldwachtmeister: 388.

Krusemarck, Hans Friedrich von, preuss. Oberstlieutenant, Flügeladjutant des Königs, seit Januar 1758 Oberst: 70. 387.

*Kurssell, Heinrich Adolf von, preuss. Generalmajor, Chef eines Infanterieregiments: 387.

*Kyau, Freiherr, Friedrich Wilhelm, preuss. Generallieutenant, Chef eines Kürassierregiments: 38. 48. 55. 59. 60. 62. 64. 234. 235. 311.

L.

Lamprecht, preuss. Kriegs- und Domänenrath in Halle: 19.

Lange, Christian Henning von, preuss. Oberst, Chef eines Garnisonregiments, Commandant von Glogau: 54.

Lantingshausen (sic), Jacob Albrecht von, schwed. Generallieutenant: 183.

Laspeyres, Theodor Stephan, Déchiffreur im königl. Cabinet: 109.

*Lattorff, Christoph Friedrich von, preuss. Generalmajor, Chef eines Garnisonregiments, Commandant von Cosel: 270.

Lattorff, Johann Sigismund von, preuss. Generalmajor, Chef eines Infanterieregiments: 76. 234. 387.

Laudon, Freiherr, Gideon Ernst, österr. Generalfeldwachtmeister: 40. 89. 104. 116. 381.

Leckow, Friedrich Wilhelm von, preuss. Oberstlieutenant im Dragonerregiment Stechow: 265. 271.

Lefebvre, Simon Deodat, preuss. Hauptmann im Ingenieurcorps: 195.

*Lehwaldt, Hans von, preuss. Generalfeldmarschall, Chef eines Infanterieregiments, seit 1759 Gouverneur von Berlin: 5. 11. 15. 16. 26. 29. 58. 66. 71. 85. 106. 107. 111. 116. 142. 143. 147. 156. 160. 167. 173—175. 182. 203. 204. 208. 219—221. 227. 233. 239. 282. 283. 294. 297—300. 309. 310. 325. 342. 346. 385.

Leining (sic), Johann Wilhelm, Geh. Kämmerer des Königs: 128.

Lentulus, Freiherr, Rupert Scipio, preuss. Oberst und Flügeladjutant, nach der Schlacht bei Leuthen Generalmajor, seit Januar 1758 Commandeur en Chef des Leibregiments Kürassiere: 6. 7. 26. 70. 387.

Lentz, Daniel, Präsident der Kriegs- und Domänenkammer in Emden: 412.

Leopold, Fürst von Anhalt-Dessau, preuss. und Reichs-Generalfeldmarschall († 1747): 276.

Leopold Friedrich Franz, Fürst von Anhalt-Dessau, ehemal. preuss. Oberst, Chef des preuss. Regiments Anhalt: 86. 227. 274. 275; siehe auch unter Anhalt, Regiment.

Lestwitz, Johann Georg von, preuss. Generallieutenant, Chef eines Infanterie-

regiments, Commandant von Breslau:
38. 46. 57. 59. 60. 62—64. 68. 137.
234. 235. 275. 311. 317. 394.

Leutrum, Freiherr, Karl, russ. Oberstlieutenant (sic): 174.

Lieven, Graf, Hans Heinrich, schwed.
Generallieutenant: 183.

Lobkowitz, Prinz, August, österr.
Oberst: 112.

Locmann, Schweizer-Oberst: 273.

Loën, Johann Bernhard von, preuss.
Generalmajor, Chef eines Infanterieregiments: 189.

Looss, Graf, Christian, chursächs. Conferenzminister (sic): 36.

Looss, Graf, Johann Adolf, chursächs.
Cabinetsminister, im Jahr 1741 chursächs. Gesandter in Frankreich: 36.

Lothringen: siehe Franz I.; Karl
Alexander.

Lubomirski, Fürst, poln. Edelmann:
178. 179.

Lucchesi, Graf, Joseph, österr. General der Kavallerie († bei Leuthen 5. Dec.
1757): 78.

Ludwig XV., König von Frankreich:
97. 151. 191. 198. 266. 307. 308.

Ludwig, Erbprinz von Hessen - Darmstadt, ehemal. preuss. Generallieutenant
und Regimentschef: 31. 51. 53.

Ludwig Ernst, Prinz von Braunschweig-
Wolfenbüttel, österr., holländ. u. Reichs-
Generalfeldmarschall: 197. 209. 215.

Luise Dorothee, Herzogin von Sachsen-
Gotha, geb. Prinzessin von Sachsen-Mei-
ningen: 147. 394.

M.

*Mailly, Graf, Marquis von Haut-
court, Augustin Joseph, Schwiegersohn des franz. Kriegsministers Argenson,
franz. Generallieutenant: 19. 40. 42.
98. 126. 266. 307.

Malachowski, Paul Joseph Malachow
von, preuss. Oberst, Chef eines Husarenregiments, seit April 1758 Generalmajor:
385.

Manteuffel, Heinrich von, preuss. Generalmajor, Chef eines Infanterieregiments, seit April 1758 Generallieutenant: 6. 139. 385. 387.

Maria Josepha, Königin von Polen,
Churfürstin von Sachsen, geb. Prinzessin von Oesterreich († 17. Nov. 1757):
39. 40. 43.

Maria Theresia, Römische Kaiserin,
Königin von Ungarn und Böhmen: 20.
23. 60. 63. 80. 98. 104. 123. 125. 142.
150. 201. 202. 231. 232. 307. 315. 332.
338. 346. 376. 377.

Marschall von Biberstein (sic),
Freiherr, Ernst Dietrich, österr. General-
feldzeugmeister: 18. 27. 29. 34. 35. 37.
40. 43. 47. 58. 81. 89. 101. 103. 132.
143. 146. 223. 269. 304.

Marschall von Schottland, Georg
Keith, Gouverneur von Neuchâtel:
125. 185. 186. 222. 319.

*Marwitz, David Sigismund von der,
Präsident der Kriegs- und Domänenkammer in Königsberg: 181.

Marwitz, Georg Wilhelm von der,
preuss. Major, Quartiermeisterlieutenant
und Flügeladjutant des Königs, Ueberbringer der Siegesbotschaft von Leuthen
an König Georg: 113. 379.

Massow, Hans Jürgen Detlev von, preuss.
Generallieutenant, Generalkriegscom-
missar: 318.

Mayr, Johann von, preuss. Oberst, Chef
und Commandeur eines Freibataillons:
58. 89. 268. 393. 401.

Mecklenburg-Schwerin: siehe Friedrich.

Mecklenburg-Strelitz: siehe Adolf
Friedrich.

Meier, Karl Friedrich von, preuss.
Generalmajor, Commandeur en chef
des Dragonerregiments Baireuth: 95.
102. 124.

Meinecke, Peter von, preuss. Generalmajor, Chef eines Dragonerregiments:
7—9. 25. 29. 344.

*Michell, Abraham Ludwig, preuss.
Legationssecretär, Geschäftsträger in
London: 7. 41. 53. 72. 148. 149. 196.
197. 209. 214. 245. 293. 312. 336. 343.
364. 379. 392. 393. 403. 404. 411.

Mirabeau, Ritter, Ludwig Alexander
de Riquetti, baireuth. Oberkammer-
herr, nach Paris entsendet: 104. 151.

*Mitchell, Andrew, engl. Minister in
Berlin: 7. 11. 16. 32. 41. 42. 71. 72. 74.
90. 109. 111. 161—163. 199. 200. 209.
214. 228. 252. 272. 277. 291. 293. 300.
312. 343. 366. 367. 373. 389. 411.

Mittrowsky, Freiherr, Maximilian Joseph, österr. Generalfeldwachtmeister:
35. 89.

Moller, Karl Friedrich von, preuss. Oberst der Artillerie: 128. 370.

Moltke, Graf, Adam'Gottlob, dän. Ober-hofmarschall: 154.

*Moritz, Prinz von Anhalt-Dessau, preuss. General der Infanterie, Chef eines Infanterieregiments, nach der Schlacht bei Leuthen Feldmarschall: 3. 27. 66. 132. 193. 286. 320. 330. 331. 357. 358. 361. 370. 384. 388. 389. 393. 399. 400.

Münchhausen, Freiherr, Gerlach Adolf, hannover. Kammerpräsident, Mitglied des Geheimen Rathes: 72. 185. 223. 301. 348. 349. 377. 398.

Muhamed, türkischer Gesandter in Warschau: 350. 351.

Mustafa III., türk. Sultan, seit October 1757: 187. 199. 238. 260. 261. 291.

N.

Nadasdy, Graf, Franz, österr. General der Kavallerie: 37. 51. 55. 59. 61. 62. 75. 81. 93. 127.

Nivernois, Herzog, Ludwig Julius Barbon Manzini-Mazzarini, Pair von Frankreich, ehemal. franz. bevollmächtigter Minister in Berlin: 151.

Le Noble, Franz von, preuss. Oberst, Chef und Commandeur eines Frei-bataillons: 97. 124. 330. 331. 358. 361. 368. 382.

Normann, Karl Ludwig von, preuss. Generalmajor, Chef eines Dragoner-regiments: 124.

Nostitz, Graf, Georg Ludwig, chur-sächs. Generallieutenant: 82.

O.

*d'O, Bartholomäus, preuss. Platzmajor und Vicecommandant in Glatz: 257. 258.

O'Donell, Graf, Johann, österr. General-feldwachtmeister: 78. 82. 157.

von der Oelsnitz, preuss. Hauptmann: 297. 320; wohl Johann Karl Gottlob von der O., preuss. Hauptmann.

Oesterreich: siehe Maria Josepha; Maria Theresia.

Oesterreich, Johann Friedrich von, preuss. Major, Chef eines Grenadier-bataillons: 387.

Oesterreichischer Gesandter in Constantinopel: siehe Schwachheim.

Ogilvy, Graf in Dresden: 266.

Oppen, Karl Friedrich von, preuss. Hauptmann, Flügeladjutant des Königs: 70.

Oranien: siehe Anna; Wilhelm III.

Osman III. Ibrahim, türk. Sultan († October 1757): 187.

Osten, Johann Andreas von der, preuss. Geheimrath, Agent in Hof: 144. 194.

P.

Palasty, Franz von, österr. Oberstlieute-nant, seit Februar 1758 Oberst: 102. 103. 105. 119.

Palmstierna (sic), Freiherr, Niels, schwed. Reichsrath: 273.

Paulmy: siehe Argenson.

Pawlowsky, Andreas Friedrich Wilhelm von, preuss. Generalauditeur und Geh. Kriegsrath: 362. 407.

Peter, Grossfürst von Russland, Herzog von Holstein-Gottorp: 183. 245—247.

Pfalz: siehe Karl Theodor.

Pfannenstiel, Leineweber in Berlin 267.

Piémont, franz. Infanterieregiment: 126.

Pitt, Wilhelm, leitender engl. Staats-mann, Staatssecretär für die südlichen Angelegenheiten: 253. 256. 364—366. 372. 375. 380.

*Platen, Dubislav Friedrich von, preuss. Generalmajor, Chef eines Dragoner-regiments: 258. 283. 329. 397.

Plesmann, Karl Otto, ehemal. preuss. Legationssecretär in Dresden: 194. 329. 467. 408.

Plettenberg, Christoph Friedrich Stephan von, preuss. Generalmajor, Chef eines Dragonerregiments: 234.

*Plotho, Edler von, Erich Christoph, preuss. Etatsminister, brandenb. Co-mitialgesandter: 149.

*Podewils, Graf, Heinrich, preuss. Etats- und Cabinetsminister: 10. 49. 66. 72. 76. 77. 82. 107. 111. 112. 118. 181. 183. 214. 273. 283. 293. 314. 348.

Polen: siehe August III.; Maria Josepha.

Poleretzki, franz. Husarenregiment: 278.

*Porter, Jacob, engl. Botschafter in Con-stantinopel: 238. 260. 262. 263. 351. 366.

Pretlack, Freiherr, Johann Franz, österr. General der Kavallerie, Chef eines Ka-vallerieregiments: 24.

Preussen: siehe Amalie; Anna Elisabeth Luise; August Wilhelm; Elisabeth Christine; Ferdinand; Friederike Dorothee Sophie; Friedrich Wilhelm; Heinrich; Karl; Sophie Dorothee; Sophie Dorothee Marie; Wilhelmine; Wilhelmine; Ulrike.

Preussen, Prinz von, preuss. Infanterie- und preuss. Kürassierregiment: siehe unter August Wilhelm Prinz von Preussen.

Priegnitz, Johann Christoph von, preuss. Oberst im Infanterieregiment Prinz Ferdinand von Braunschweig (Alt-Braunschweig), († bei Rossbach 5. November 1757): 29.

Puttkammer, Georg Ludwig von, preuss. Oberst, Chef eines Husarenregiments, seit März 1758 Generalmajor: 124.

Puttlitz, Gans Edler Herr zu, Georg Karl, Leibpage des Königs: 76. 97. 103.

R.

Racheb Pascha, türk. Grossvezier: 238. 260.

Racine, Johann von, franz. Dichter († 1699): 67.

*Rapin, David Salomon von, preuss. Oberst, Chef eines Freibataillons: 429.

Rath, Leopold von, preuss. Oberst, Commandeur eines Grenadierbataillons: 132.

Rauter, Karl Friedrich von, preuss. Generalmajor, Chef eines Infanterieregiments: 385.

Rebentisch, Freiherr, Johann Karl, preuss. Generalmajor: 64.

Regnard, Johann Franz, franz. Lustspieldichter († 1709): 175.

Reibnitz, Sigismund Woldemar von, preuss. Hauptmann im Infanterieregiment Below: 371.

Reimer, preuss. Resident in Danzig: 216. 239. 329.

Retzow, Wolf Friedrich von, preuss. Generalmajor, Chef der Grenadiergarde, Generalintendant, nach der Schlacht bei Leuthen Generallieutenant: 12. 96. 344.

Revel, Graf, Franz de Buys-Broglie, franz. Generallieutenant († 6. November 1757 in Merseburg): 7.

*Rexin: siehe Haude.

Richelieu, Herzog, Ludwig Franz Armand du Plessis, Marschall von Frankreich: 7. 8. 11. 15. 25. 27. 29. 33. 39. 58. 67. 72. 87. 98. 104. 111. 135. 142. 145. 168. 188. 189. 191. 211. 251.

Rochemont, L. von, franz. Hauptmann im Freicorps Fischer, tritt in preuss. Dienste: 141.

Rochow, Hans Friedrich von, preuss. Generallieutenant, Commandant von Berlin: 207. 324.

Römer, J. D. von, Ingenieur-Hauptmann in der Reichsarmee, tritt in preussische Dienste: 247. 404.

Rosen, Graf, Gustav Friedrich, schwed. Reichsrath und General en chef: 213. 214. 217.

Russland: siehe Elisabeth; Iwan; Katharina; Peter.

*Rutowski, Graf, Friedrich August, chursächs. Feldmarschall: 134.

S.

(Chur-) Sachsen: siehe August III; Friedrich Christian; Maria Josepha.

Sachsen-Coburg: siehe Christian Franz; Franz Josias.

Sachsen-Gotha: siehe Luise Dorothee.

Sachsen-Hildburghausen: siehe Joseph Friedrich.

Saint-Germain, Graf, Claudius Ludwig, franz. Generallieutenant: 289. 315.

*Saldern, Wilhelm von, preuss. Generalmajor, Chef eines Infanterieregiments: 164. 271.

Saldern, Friedrich Christoph von, preuss. Oberstlieutenant im Regiment Garde zu Fuss: 234.

Salmuth, Friedrich Wilhelm von, preuss. Generalmajor, Chef eines Infanterieregiments: 207. 344.

Sardinien und Savoyen: siehe Karl Emanuel III.

Scheel & Fronmüller, Kaufmanns- und Banquierhaus in Berlin: 22. 47.

Scheffer, Baron, Karl Friedrich, schwed. Reichsrath: 184. 273.

*Schlabrendorff, Freiherr, Ernst Wilhelm, dirigirender Minister von Schlesien: 77. 130. 275. 350.

Schliestedt, Heinrich Bernhard Schrader von, braunschweig. Geh. Rath und Minister: 129.

Schmettau, Graf, Karl Christoph, preuss. Generallieutenant, Commandant von Dresden: 394.

Schmettau, Johann Ernst von, preuss. Geueralmajor, Chef eines Kürassierregiments: 178.

Schönaich, Freiherr, Georg Philipp Gottlob, preuss. Generalmajor, Chef eines Kürassierregiments: 344.

Schrader: siehe Schliestedt.

von Schreger, österr. Generalfeldwachtmeister der Husaren: 117. 120.

Schulenburg, Graf von der, Daniel Christoph Georg, hannov. Generalmajor: 15. 16. 32. 115. 147.

Schulenburg, Levin Rudolf von der, preuss. Lieutenant im Gefolge des Königs, seit Januar 1758 Hauptmann und Flügeladjutant: 128.

Schulze, Kaspar Ernst von, preuss. Generallieutenant, Chef eines Infanterieregiments: 137. 317.

Schuwalow, Graf, Peter, russ. Feldzeugmeister und Senator: 183. 299. 304. 343.

Schwachheim, Peter von, österr. Hofrath, Internuntius in Constantinopel: 158.

Schwartz, Gebrüder, Kaufmannshaus in Berlin: 237.

Schweden: siehe Ulrike.

Schwedt: Markgraf, Markgräfin und zwei Töchter: siehe unter Preussen.

Schweinichen, Georg Friedrich von, preuss. Hauptmann im Infanterieregiment Markgraf Karl († bei der Wiedereroberung von Breslau): 117.

Schwerin, Friedrich Albrecht von, preuss. Major im Regiment Gens d'armes: 9.

Seelen, Friedrich Wilhelm von, preuss. Oberstlieutenant im Husarenregiment Zieten: 396.

Sers, Philipp von, preuss. Generalmajor, Chef der Pioniere, Commandant von Schweidnitz: 18. 37.

Seydlitz, Friedrich Wilhelm von, preuss. Generalmajor, nach der Schlacht bei Rossbach Generallieutenant und Chef eines Kürassierregiments: 7. 8. 9. 25. 26. 29. 40. 67. 117.

Seydlitz, Alexander von, preuss. Oberst, Chef eines Husarenregiments, seit April 1758 Generalmajor: 124. 135. 206. 320.

Simbschen, Freiherr, österr. Oberst: 117. 120.

Skrbensky von Hrzistie, Freiherr, Johann Maximilian Gottlob, preuss. Oberstlieutenant im Husarenregiment Seydlitz: 132.

Smith, Camplin & Smith, engl. Kaufmannshaus in Bristol: 22.

Soltykoff, Graf, Peter, russ. Generallieutenant: 390.

Sophie Dorothee, Königin-Mutter von Preussen, geb. Prinzessin von Hannover († 28. Juni 1757): 273.

Sophie Dorothee Marie, Markgräfin von Schwedt, Schwester Friedrich's II.: 157. 222. 290.

Soubise, Prinz, Karl, Herzog von Rohan-Rohan, franz. Generallieutenant: 7. 26. 33. 34. 57. 67. 188. 269. 279. 290. 291. 297. 302. 304. 306. 310. 319. 328. 354.

Spandau, Commandant der Festung: siehe Kleist, Oberstlieutenant.

Splitgerber, David, Banquier in Berlin: 92. 148.

Sprecher von Bernegg, Salomon, österr. Feldmarschalllieutenant, Commandant von Breslau: 103. 109. 136. 137. 139. 140.

Stechow, Christoph Ludwig von, preuss. Generalmajor, Chef eines Dragonerregiments (im März 1758 entlassen): 265. 271.

Steinberg, Freiherr, Georg Friedrich, hannover. Geheimrath, Gesandter in Wien: 177. 187. 188.

Steinecker, preuss. Feldjäger: 48.

Steyn, Peter, Grosssiegelbewahrer und Grosspensionär der Generalstaaten: 177. 241.

Stolberg, Prinz, Gustav Adolf, österr. Generalfeldwachtmeister († bei Leuthen 5. Dec. 1757): 78.

Stollhofen, Martin Friedrich von, preuss. Oberst im Infanterieregiment Kanitz, seit April 1758 Generalmajor: 385.

*Stutterheim, Otto Ludwig von, preuss. Oberst, Flügeladjutant: 300.

Swallow (?), russ. Unterthan: 247.

van Swart, holl. Gesandter in Russland: 14. 92. 141. 226. 247.

Sydow, Hans Sigismund von, preuss. Oberst, Chef eines Garnisonregiments: 387.

Székely, Michael von, preuss. Oberst, Chef eines Husarenregiments, seit März 1758 Generalmajor: 95. 120. 124. 135. 305. 321. 328. 388. 389.

T.

Tallart, Graf, Camille von Hostun, Marschall von Frankreich († 1728): 40. 42.

Tane, Marquis, franz. Cornet: 402.

*Tauentzien. Bogislav Friedrich von, preuss. Oberst im Regiment Garde zu Fuss: 190. 227.

Tencin, Peter Guérin, Cardinal, ehemal. franz. Staatssecretär († 2. März 1758): 363.

Teubers, ehemal. preuss. Kriegs- und Domänenrath in Breslau: 150.

Thadden, Georg Reinhold von, preuss. Major bei den Pionieren: 131.

Thürhaimb, Graf, Ludwig Franz, österr. Feldmarschalllieutenant, Commandant von Schweidnitz: 386. 388.

Thurn und Taxis, Reichsfürst, Alexander Ferdinand, Reichs-Erb-Postmeister: 326.

Trauttmansdorf, Graf, Franz Karl, österr. Feldmarschalllieutenant, Chef eines Kavallerieregiments: 24.

*Treskow, Joachim Christian von, preuss. Generallieutenant, Chef eines Infanterieregiments: 344. 361. 362. 386. 388.

Türkei: siehe Mustafa III.; Osman III. Ibrahim.

Türkischer Gesandter in Warschau: siehe Muhamed.

Tunderfeld, braunschw. Oberst: 183. 184.

Turpin de Crissé, Graf, Lancelot, franz. Brigadier: 20.

U.

*Ulrike (Luise Ulrike), Königin von Schweden, geb. Prinzessin von Preussen, Schwester Friedrich's II.: 107. 149. 214. 312.

V.

Valory, Marquis, Veit Heinrich Ludwig, franz. Generallieutenant, ehemal. bevollmächtigter Minister in Berlin: 164.

Verger, Johann Anton Keusinger du, ehemal. franz. Officier, preuss. Oberstlieutenant, Chef und Commandeur eines Freibataillons: 334. 341. 401.

*Victor Friedrich, Fürst von Anhalt-Bernburg: 227. 274. 275. 323.

*Viereck, Cuno Hans von, preuss. Geh. Legationsrath, bevollmächtigter Minister in Kopenhagen: 85. 188. 393.

Villemur, Marquis, Johann Baptista Franz, franz. Generallieutenant: 251.

Viry, Graf, sardin. ausserordentl. Gesandter im Haag: 357.

Voltaire, Franz Arouet de, franz. Schriftsteller: 78. 146. 249. 363.

W.

Wackerbarth-Salmour, Graf, Joseph Anton Gabaleon, chursächs. Cabinets- und Conferenzminister, Oberhofmeister des Churprinzen: 39. 153. 154.

Wallis, Graf, Franz Wenzel, österr. Feldmarschall: 327.

Walter von Waldenau, Ignaz, österr. Oberst der Artillerie: 127.

Warnery, Karl Emanuel von, preuss. Oberst, Chef eines Husarenregiments: 124.

Wedell, Karl Heinrich von, preuss. Generalmajor, Chef eines Infanterieregiments: 125. 355. 368.

Weidemann, Secretär des Feldmarschalls Keith: 50. 114.

Werner, Paul von, preuss. Oberst, Chef eines Husarenregiments: 84. 91. 92. 117. 120. 125. 132. 133. 135. 137. 163. 169. 178. 265.

Weyher, Karl Oswald von, preuss. Hauptmann im Infanterieregiment Markgraf Karl († bei der Wiedereroberung von Breslau): 117.

Wied zu Neuwied, Reichsgraf, Franz Karl Ludwig, preuss. Generalmajor, Chef eines Infanterieregiments, seit April 1758 Generallieutenant: 45.

Wietersheim, Leopold Friedrich Ludwig von, preuss. Generalmajor, Chef eines Infanterieregiments: 344.

Wilhelm III., König von Grossbritannien, Erbstatthalter der Vereinigten Provinzen († 1702): 161.

Wilhelm, regierender Landgraf von Hessen-Cassel: 16. 22. 53. 71. 72. 76. 111. 148. 156. 224. 292. 300. 349. 372. 391.

Wilhelm August, Herzog von Cumberland: 17. 253. 316. 354.

*Wilhelmine, Markgräfin von Baireuth, geb. Prinzessin von Preussen, Schwester Friedrich's II.: 42. 79. 117. 147. 148. 159. 175. 236. 362.

Wilhelmine, Gemahlin des Prinzen Heinrich von Preussen, geb. Prinzessin von Hessen-Cassel: 307.
Williams, Karl Hanbury, ehemal. engl. Gesandter in Petersburg: 85. 154. 183. 184. 188. 245—247.
Winterfeldt, Hans Karl von, preuss. Generallieutenant, Chef eines Infanterieregiments (tödtlich verwundet bei Moys, 7. Septbr. 1757): 65.
Witte, preuss. Kriegs- und Domänenrath in Breslau: 150.
von Witzleben, preuss. Oberstlieutenant: 122.
Wobersnow, Moritz Franz Casimir von, preuss. Oberst, Generaladjutant, nach der Schlacht bei Leuthen Generalmajor: 70. 77. 137. 369.
Woronzow, Graf, Michael, russ. Vicekanzler: 390.
*Wrangel, Freiherr, Erich, Anhänger der schwed. Hofpartei: 287.
Wrangel, Freiherr, Gustav, schwed. Major und Obergeneraladjutant: 213. 287.
Wrede, Friedrich von, preuss. Oberstlieutenant, dann Oberst bei den Ingenieuren: 388.
Württemberg: siehe Friederike; Friederike Dorothee Sophie; Friedrich Eugen; Karl Eugen.
Württemberg, preuss. Dragonerregiment: siehe unter Friedrich Eugen.

Y.

Yenner, Schweizer-Oberst in franz. Dienst: 273.
Yorke, Joseph, engl. Generalmajor, bevollmächtigter Minister im Haag; geht als engl. Gesandter in das preuss. Hauptquartier: 16. 92. 141. 149. 165. 215. 221. 254. 292. 312. 343. 364—367. 373. 377—379. 380. 384. 391. 408.

Z.

Zastrow, Ludwig von, hannover. Generallieutenant: 72.
Zastrow, Boislaus Friedrich von, preuss. Major der Artillerie: 362.
Zeno, griech. Philosoph, Stifter der stoischen Schule: 226. 249.
Zerbst: siehe Anhalt-Zerbst.
Zeuner, Karl Christoph von, preuss. Oberstlieutenant im Infanterieregiment Lattorff: 234.
*Zieten, Hans Joachim von, preuss. Generallieutenant, Chef eines Husarenregiments: 34. 59. 60. 61. 64. 68. 78. 80. 82. 84. 89. 92. 95. 102. 103. 113. 119. 123. 124. 138. 166. 167. 258. 265. 344. 396.
Zieten, Hans Sigismund von, preuss. Generalmajor, Commandeur en chef des Kürassierregiments Markgraf Friedrich: 387.

VERZEICHNISS DER CORRESPONDENTEN.[1]

A.

Anna, Prinzessin von Oranien: Nr. 9682. 9807.

August Wilhelm, Prinz von Preussen: Nr. 9512. 9598. 9706.

August Wilhelm, Herzog von Braunschweig-Bevern: Nr. 9496. 9501. 9521. 9525. 9531—9533. 9536. 9546—9548.

B.

Benoît: Nr. 9723. 9743. 9795. 9769. 9882. 9890.

Blumenthal, Adam Ludwig von: Nr. 9744.

Borcke, Friedrich Wilhelm von: Nr. 9579. 9740. 9903. 9958.

Broune: Nr. 9628.

Brühl, Gräfin: Nr. 9799.

C.

Cöper: Nr. 9897. 9909. 9910. 9912.

D.

Departement der auswärtigen Affairen: Nr. 9534. 9829. 9836.

Dietrich, Prinz von Anhalt-Dessau: Nr. 9577. 9592. 9657. 9859.

Dohna: Nr. 9748. 9783. 9802. 9834. 9872. 9881. 9887. 9892. 9902. 9918. 9937. 9952.

Domhardt: Nr. 9698.

E.

Eichel: Nr. 9565. 9681. 9705. 9883. 9919. 9945.

F.

Ferdinand, preuss. Prinz: Nr. 9583.

Ferdinand, Prinz von Braunschweig-Wolfenbüttel: Nr. 9517. 9537. 9564. 9578. 9595. 9605. 9616. 9621. 9645. 9655. 9661. 9667. 9685. 9700. 9710. 9721. 9728. 9738. 9746. 9747. 9780. 9781. 9792. 9801. 9814. 9821. 9823. 9831. 9843. 9851. 9853. 9864. 9880. 9893. 9925. 9934. 9943. 9947. 9959. 9974.

Finck: Nr. 9485. 9516. 9522. 9563. 9603. 9641. 9647. 9755.

Finckenstein, Graf, Karl Wilhelm: Nr. 9487. 9490. 9505. 9511. 9529. 9530. 9542. 9543. 9545. 9554. 9558. 9560. 9561. 9562. 9569. 9596. 9615. 9623—9625. 9662. 9847. 9849. 9850. 9862. 9875. 9876. 9888. 9920—9922. 9926. 9944. 9953. 9954. 9967.

Fouqué: Nr. 9627. 9869. 9899. 9955. 9968.

Franz Josias, regierender Herzog von Sachsen-Coburg: Nr. 9703.

Friedrich, Erbprinz von Hessen-Cassel: Nr. 9813.

---

[1] Vornamen und Titel der hier mit Familiennamen angeführten Correspondenten vergl. im Personenverzeichniss.

Friedrich Christian, Churprinz von Sachsen: Nr. 9526. 9668.
Friedrich Karl Ferdinand, Prinz von Braunschweig-Bevern: Nr. 9687.

G.

Generaldirectorium: Nr. 9715. 9870.
Georg II., König von Grossbritannien: Nr. 9492. 9614. 9627. 9928.
Gotter: Nr. 9863.

H.

Haude, genannt von Rexin: Nr. 9768. 9793. 9891.
Heinrich, preuss. Prinz: Nr. 9502. 9524. 9527. 9535. 9538. 9544. 9553. 9557. 9567. 9575. 9581. 9593. 9594. 9600. 9602. 9607. 9612. 9622. 9636. 9644. 9660. 9672. 9690. 9691. 9696. 9711. 9712. 9714. 9722. 9729. 9730. 9732. 9733. 9750. 9754. 9757. 9766. 9767. 9778. 9798. 9812. 9832. 9838. 9839. 9842. 9852. 9855. 9865. 9873. 9884. 9895. 9907. 9931. 9941. 9948. 9957. 9973.
Hellen: Nr. 9586. 9629. 9653. 9683. 9693. 9725. 9742. 9749. 9756. 9771. 9776. 9785. 9787. 9848. 9856. 9861.

I. (J.)

Instructionen: siehe unten.
Johanna Elisabeth, verwittwete Fürstin von Anhalt-Zerbst: Nr. 9786.

K.

Karl, regierender Herzog von Braunschweig-Wolfenbüttel: Nr. 9608. 9671. 9830. 9858. 9879. 9949.
Karl Georg Lebrecht, regierender Fürst von Anhalt-Köthen: Nr. 9592.
Kaunitz: Nr. 9726.
Keith, Jacob: Nr. 9475. 9478. 9481. 9483. 9493 — 9495. 9503. 9514. 9518. 9520. 9528. 9540. 9580. 9599. 9619. 9642. 9675. 9717. 9739. 9762. 9763. 9789. 9800. 9845. 9866. 9906. 9969—9971.
Knyphausen: Nr. 9828. 9927. 9960. 9972.
Kurssell: Nr. 9552.
Kyau: Nr. 9549.

L.

Landräthe etc. in der Altmark und den angrenzenden Orten: Nr. 9699.

Lattorff, Christoph Friedrich von: Nr. 9640. 9686. 9695.
Lehwaldt: Nr. 9497. 9651. 9670. 9676. 9688. 9719. 9727. 9741. 9745. 9770. 9772. 9791. 9810. 9815. 9833. 9860.

M.

Mailly: Nr. 9504. 9513. 9635.
Manteuffel: Nr. 9486. 9556.
Marwitz, David Sigismund von der: Nr. 9734.
Mémoires: siehe unten.
Michell: Nr. 9587. 9611. 9692. 9716. 9724. 9737. 9758. 9774. 9784. 9788. 9811. 9819. 9826. 9835. 9857. 9871. 9877. 9929.
Mitchell: Nr. 9491. 9498. 9499. 9591. 9610. 9620. 9677. 9678. 9697. 9720. 9759. 9775. 9782. 9936. 9942.
Moritz, Prinz von Anhalt-Dessau: Nr. 9476. 9477. 9479. 9480. 9482. 9484. 9515. 9541. 9630. 9637. 9639. 9656. 9718. 9765. 9804. 9809. 9846. 9861. 9874. 9885. 9886. 9889. 9894. 9898. 9900. 9904. 9905. 9913. 9914. 9917. 9932. 9935. 9951. 9965.

O.

D'O: Nr. 9647. 9648. 9764.

P.

Platen: Nr. 9817. 9867.
Plotho: Nr. 9701.
Podewils: Nr. 9488. 9506. 9507. 9509. 9561. 9568. 9571. 9615. 9617. 9624. 9638. 9646. 9652. 9662. 9663. 9680. 9694. 9704. 9709. 9731. 9736. 9753. 9777. 9805. 9818. 9953.
Porter: Nr. 9794.

R.

Rapin: Nr. 9808.
Relationen: siehe unten.
Rexin: siehe unter Haude.
Rutowski: Nr. 9868.

S.

Saldern, Wilhelm von: Nr. 9797. 9803.
Schlabrendorff: Nr. 9664. 9708.
Stutterheim: Nr. 9816. 9844.

T.

Tauentzien: Nr. 9582.
Treskow: Nr. 9901. 9911. 9915. 9916. 9923. 9933. 9938—9940.

U.

Ulrike, Königin von Schweden: Nr. 9609. 9702. 9806. 9841. 9924. 9946.

V.

Victor Friedrich, Fürst von Anhalt-Bernburg: Nr. 9592.
Viereck: Nr. 9576. 9669. 9707. 9735. 9773. 9840. 9930. 9962.

W.

Wilhelmine, Markgräfin von Baireuth: Nr. 9489. 9500. 9508. 9519. 9523. 9539. 9550. 9551. 9555. 9566. 9570. 9588. 9597. 9604. 9613. 9654. 9658. 9659. 9665. 9666. 9673. 9674. 9689. 9713. 9751. 9752. 9760. 9761. 9779. 9820. 9824. 9825. 9837. 9878. 9896. 9908. 9963.
Wrangel, Baron, Erich: Nr. 9822.

Z.

Zieten, Hans Joachim von: Nr. 9573. 9574. 9584. 9585. 9589. 9590. 9601. 9606. 9626. 9631 — 9634. 9643. 9650. 9684. 9790. 9796. 9950. 9956. 9964. 9966.

Denkschriften, Instructionen, Kriegsberichte:

Denkschrift des Königs über die englische Kriegführung: Nr. 9679.
Testamentarische Verfügung des Königs vor der Schlacht bei Leuthen: Nr. 9559.

Instruction für die Generale in den Cantonnierquartieren: Nr. 9854.
— für Dohna: Nr. 9887.
— für Fouqué: Nr. 9955.
— für Prinz Heinrich: Nr. 9839.
— für Knyphausen: Nr. 9828.
— für Lehwaldt, unter Nr. 9497.

Kriegsberichte aus dem Königlichen Hauptquartier:

Relation des Königs über den Feldzug gegen die Franzosen und über die Schlacht bei Rossbach: Nr. 9510.
Relation des Königs über die Ereignisse in Schlesien und über die Schlacht bei Leuthen: Nr. 9572.
Relation des Königs über die Verfolgung der Oesterreicher und die Wiedereinnahme von Breslau: Nr. 9618.

SACHREGISTER.

ANHALT. Entfremdung zwischen den dessauer Prinzen und dem Könige von Preussen. Die gegen Preussen gerichteten kaiserlichen Avocatorien werden in Dessau publicirt 323. — Fürst Leopold Friedrich Franz verlässt den preussischen Militärdienst 86. — Prinz Moritz erbittet seinen Abschied aus Besorgniss vor den Drohungen des Reichshofraths 31; vergl. 286. 287. — Gewaltsame Eintreibung von Rekruten in Dessau, Bernburg und Köthen 52. 127. 146. 156. 227. 274. 275. — Lieferungen an Mehl und Fourage werden im Anhaltschen ausgeschrieben 86. 96. 127. 144. 146. 156.

Die Zerbster Lande bleiben mit Lieferungen verschont 52. 254. — Die verwittwete Fürstin von Zerbst verweigert die fernere Vermittlung der Correspondenz zwischen dem Könige von Preussen und der Königin von Schweden 149; vergl. 107. — Verfolgung und Verhaftung des von der Zerbster Fürstin beschützten französischen Spions, Marquis de Fraigne 164. 189. 198. 206. 207. 225. 248. 254. 255. 284. 285. 312. 357. 368.

BAIREUTH. Reichstruppen und Oesterreicher im Baireuthischen 58. 104. 151. 231. 338. 405. — Reichsexecution in Baireuth. Die baireuther Truppen gezwungen, gegen Preussen zu Felde zu ziehen 104. 151.

Verhältniss der Markgräfin zu ihrem Bruder, dem Könige von Preussen: siehe unter Preussen. — Verhandlungen der Markgräfin mit dem Versailler Hofe: siehe unter Frankreich.

BRAUNSCHWEIG. Der Herzog von Braunschweig will seine Truppen von der verbündeten Armee abberufen. Vereitelung dieser Bestrebungen 72. 73. 99. 100. 101. 104. 105. 106. 107. 112. 129; vergl. 395. — Misstrauen des Herzogs gegen die hannoversche Regierung 107. 155. 372; vergl. auch 16. — Mahnungen des Königs an den Herzog von Braunschweig, der Sache der Verbündeten treu zu bleiben 106. 107. 155. 156. 295. 297. 339.

Befreiung der braunschweigischen Lande von den Franzosen 278. 279. 285. 290. 295. 322. 338. — Prinz Ferdinand von Braunschweig als Oberbefehlshaber des verbündeten Heeres: siehe unter England-Hannover. — Kriegerische Erfolge des Erbprinzen von Braunschweig 289. — Die Frage der Vermehrung des braunschweigischen Truppencontingents 292. 300. 349. 372. 375. 395.

Plan zu einer preussischen Postconvention mit Braunschweig, Hannover und Hessen-Cassel 326.

DÄNEMARK. Unbeständigkeit und Furchtsamkeit der dänischen Minister 154. 243. — Bemühungen, Dänemark zum Anschluss an England zu bewegen 154. 176. 187. 229. 294. 380. 381. — Der dänische Hof soll gegen Russland aufgestachelt werden

405. — Die Versailler Verbündeten drängen auf eine Diversion Dänemarks gegen Hannover 306.

Die dänische Regierung verwendet sich bei dem preussischen Gesandten für den mecklenburgischen Adel 187. 188. 243. 244.

ENGLAND-HANNOVER. Prinz Ferdinand von Braunschweig zum Oberbefehlshaber des verbündeten Heeres ernannt 11. 15. 16. 17. 29. 32. 33. 49. 52. 68. 73. 87. 104. 111. 112. 142. 179. — Sendung des hannoverschen Generals von der Schulenburg in das preussische Hauptquartier zur Besprechung der Operationspläne 15. 16. 32. — Rathschläge des Königs für die Operationen des verbündeten Heeres, Mahnungen zu energischem Vorgehen 32. 33. 112. 115. 152. 153. 167. 168. 182. 185. 188. 189 197. 204. 211. 251. 280. 281. 288. 296. 308. 309. 315. 316. 327. 340. 354. 355. 376. 377. 402. 403. 412. — Zeitweise Unzufriedenheit des Königs mit dem Prinzen Ferdinand, Vorwürfe über den verunglückten Marsch auf Celle, über die Langsamkeit und mangelnde Thatkraft bei dem Vorgehen 115. 116 (vergl. 129). 134. 135. 136. 143. 146. 147. 152. 153. 167. 188. 189. 197. 198. 211. 218. 219. 251. 259. 260. — Zu weitgehende Anforderungen der Engländer und des Prinzen Ferdinand an die Unterstützung durch preussische Truppen; man wünscht die Befreiung Hannovers durch das bei Rossbach siegreiche preussische Heer, durch die in Pommern beschäftigte Armee Lehwaldt's, durch die Keith'sche Armee in Sachsen, durch die bei Leuthen siegreichen Truppen, durch ein preussisches Subsidiencorps u. s. w. 15. 97. 142. 143. 160. 197. 203. 209. 210. 219. 316. — Der König verheisst, nach Besiegung der Schweden, und im Fall die Russen ruhig bleiben, die ganze Armee Lehwaldt's nach Hannover zu senden 15. 16. 111. 143. 160. 164. 167. 204; vergl. 221. — Vorübergehender Gedanke des Königs, selbst den Oberbefehl des verbündeten Heeres zu übernehmen 251. 252. — Sendung preussischer Husaren von der Lehwaldt'schen Armee zur Vertreibung der Franzosen aus der Priegnitz 14; vergl. 111. — Preussisches Kavalleriecorps von dem Heere Lehwaldt's, unter Befehl des Prinzen von Holstein, den Hannoveranern zu Hülfe gesandt 116. 160. 168. 169. 195. 202. 203. 204. 211. 218. 220. 250. 260. 278. 289. 292. 301. 309. 315. 316. 336. 339. 391. 392. 392. — Anerkennendes Urtheil des Königs über den Prinzen von Holstein 204. 211; vergl. 172. — Für den Fall eines weiteren Vorgehens der in Ostpreussen eingefallenen Russen und für den Fall der Fortdauer der völligen Gleichgültigkeit von Seiten der Engländer soll Prinz Holstein zurückberufen werden 218. 250. 260. 292. 309. 339. 391. 392. 310. 316. — Preussische Artillerie den Hannoveranern überlassen 168; vergl. 301. 393. — Lebensmittel aus preussischen Landestheilen geliefert 181. 182. — Prinz Heinrich unterstützt die verbündete Armee durch den Vormarsch eines preussischen Corps gegen Halberstadt, Braunschweig und Hildesheim 52. 97. 98. 106. 168. 189. 190. 198. 203. 205. 219. 221. 222. 225. 227. 235. 236. 248. 278. 279. 289. 292. 295. 297. 306. 313. 316. 327. 331. — Siegreiches Vorgehen der Verbündeten unter Prinz Ferdinand, Befreiung von Hannover, Braunschweig, Westphalen, Hessen, Ostfriesland, die Franzosen über den Rhein zurückgetrieben 99. 153. 156. 158. 167. 174. 190. 205. 209. 236. 248. 249. 251. 266. 269. 270. 278. 279. 280. 281. 285. 288. 290. 291. 292. 295. 296. 297. 302. 307. 308. 310. 315. 316. 318. 319. 320. 321. 322. 326. 327. 331. 334. 338. 339. 340. 343. 344. 352. 355. 356. 357. 362. 363. 371. 375. 380. 390. 391. 402. 403. 404. 412; vergl. auch unter Frankreich. — Frage des Rheinüberganges der verbündeten Armee 376. 390. 402. 403. 404. 412; vergl. 340. 341. — Plan zum Uebergange 402. 403. 404. 412. — Prinz Ferdinand zum preussischen General der Infanterie ernannt 286. 287. 317. 327. — Der König ersucht um eine Unterstützung der verbündeten Armee durch englische Truppen, die englische Regierung verhält sich durchaus ablehnend 41. 72. 108. 160. 162. 175. 185. 199. 200. 209. 210. 229. 230. 252. 253. 300. 364. 365. 375. — Man entscheidet sich für eine Vermehrung der hannoverschen Truppen 250. 251. 277. 285. 288. 292. 293. 300. 375. 390. — desgl. für eine Verstärkung des braunschweigischen und hessi-

schen Contingents 292. 300. 349. 372. 375. 395. — Die englische Regierung muthet
dem Könige von Preussen zu, für die bewilligten Subsidien Aushebungen zu Gunsten
der hannoverschen und hessischen Armee zu veranstalten 337. 338. -- König Georg
verheisst, für den Fall, dass die französischen Heere allein gegen Preussen in Böhmen
oder Thüringen die Offensive aufnehmen sollten, mit einem Theile des verbündeten
Heeres den König von Preussen zu unterstützen 366. 379. — Eine Besetzung Ost-
frieslands durch englische Truppen geplant 215. 221. 380. 383.

Unwillen des Königs über die schlaffe, engherzige und selbstsüchtige Politik
der Engländer 15. 161. 162. 176. 196. 197. 200. 210. 218. 229. 245. 253. 301.
332. 333. 376. 403; vergl. auch 313. 336. — Misstrauen gegen Hannover 15. —
Nachgiebigkeit der Engländer gegen den russischen Hof 228. 238. 253. 294. —
Aengstliche Rücksichtnahme der Engländer auf ihre Industrie und ihren Handel
229. 238. — Der König glaubt sich genöthigt, seine Unterhandlungen an der Pforte
vor England geheim zu halten 238. 263 (vergl. jedoch 366). — Hinweis auf die
Thaten der Engländer im Erbfolgekrieg 161. 229. — Fortdauernde Hinneigung
Englands zu Oesterreich, Befürchtung einer Rückkehr zum alten System 294 (vergl.
dagegen 365). — Mahnungen des Königs an die brittische Regierung zu that-
kräftigem Handeln 160. 161. 162. 210. 229. 244. 293. 322. 373. 377. — Aufforderung, an der französischen Küste Landungen zu versuchen 230. 377. 378. 390.
392. — Der bisherige Krieg Englands zur See und in Amerika ohne jeden Erfolg
161. 162. — Forderung von englischen Truppen für den Landkrieg in Hannover,
Ablehnung dieser Forderung durch das englische Ministerium: siehe oben. — Haltung Pitt's. König Friedrich missvergnügt über Pitt 253. 256. 364. 366. 375. —
Die Bitte des Königs um Unterstützung durch ein englisches Geschwader in der
Ostsee wird abgeschlagen 93. 149. 176. 199. 228. 229. 277. 285. 293. 333. 365.
379 (Anm. 4). — Friedrich II. von seinen englischen Bundesgenossen im Stich ge-
lassen 15. 16 (Anm. 5). 196. 218. 253. — Misstrauen der Engländer gegen Friedrich II.,
Befürchtung eines Sonderfriedens zwischen Preussen und Frankreich 16. 256. 301.
364. — Die Schlacht bei Rossbach, die Nichtbestätigung der Zevener Convention,
die Ernennung des Prinzen Ferdinand zum Befehlshaber der Hannoveraner und die
Vereinbarung der Operationspläne verursachen eine Annäherung an England, eine
Abwendung von Frankreich 23. 29. 33. 145. 152. — Festhalten des Königs an dem
Bunde mit England 16. 23. 29. 33. 145. 152. 200. 218. 301.

Verhandlungen für die zwischen England und Preussen abzuschliessende Sub-
sidienconvention: Der König, durch die schweren Kosten des letzten Feldzugs genöthigt, sein früheres Widerstreben gegen die englischen Subsidien aufzugeben 93.
108. 109. 176. 192. — Der König lehnt, in Folge der Haltung der Engländer, es
plötzlich von neuem ab, Subsidien anzunehmen 196. 197. 199. 200. 214. 228; vergl.
313. — Bestürzung in London 364. — Friedrich II. giebt dem Drängen der englischen Regierung nach. Seine Bedingungen für die Annahme der Subsidien 276.
277. 285. 293. 294. 301. 333. — Unzufriedenheit des Königs mit der Bericht-
erstattung und dem Verhalten seines Gesandten Michell in London 210. 228. 244.
245. 253. — Die Frage der Sendung eines neuen Vertreters nach London 209. —
Knyphausen nach London geschickt, insbesondere zum Abschluss der Subsidien-
convention 292. 293. 312. 335. 343. 364. 378. 379. 380. — Instructionen für Knyphausen 293. 294. — Abschluss der Convention in London (11. April) 375. 379.
392. 403. — Der König verschiebt die Auszahlung der Subsidien 293. 403. —
Friedrich wünscht, das Bündniss mit England auch nach einem etwaigen Frieden
aufrecht zu erhalten und durch den Beitritt anderer Mächte zu einer grossen Allianz
zu erweitern für die Bewahrung des europäischen Gleichgewichts 377. 379. —
Der König erbietet sich, dazu beizutragen, dass in einem künftigen Frieden
den Engländern Vortheile verschafft werden, sowie er dasselbe für sich erwartet
403, — er erbietet sich, den Hannoveranern im Frieden das Eichsfeld oder andere
geistliche Gebiete zukommen zu lassen 348. 349. 377. 398.

Das englische Ministerium, zumal Pitt, mit dem Gesandten Andrew Mitchell in Preussen unzufrieden. Abberufung Mitchell's. Friedrich II. verwendet sich eifrig für das Verbleiben Mitchell's 209. 277. 291. 293. 312. 338. 366. 411. — Unterredungen des Königs mit Mitchell 15. 16. 160. 228. 229. 230. 251. 252. — Mission von Yorke im preussischen Hauptquartier 292. 312. 343. 364. 365. 366. 367. 373. 377. 378. 379. 380. 384. — Yorke, als englischer Gesandter im Haag, ein eifriger Förderer der englisch-preussischen Beziehungen 92. 141. 149. 165. 215. 221. 292. Mittheilungen Friedrich's II. an König Georg über die Erfolge der preussischen Waffen 10. 11. 25. 108. 110. 111. 113.

Neue Versuche der französischen Regierung, Hannover zu einem Sonderfrieden zu verleiten 301.

Plan zu einer preussischen Postconvention mit Hannover, Braunschweig und Hessen-Cassel 326.

Friedrich II. dringt auf die Sendung eines englischen Vertreters nach Stockholm; derselbe soll bei einer Friedensunterhandlung zwischen Preussen und Schweden als Vermittler dienen 70. 71. 170. 184. 270. 294. 367. 374. 384. 392. — Beziehungen Englands und Hannovers zu Braunschweig, Dänemark, Hessen-Cassel, Holland, Russland, Schweiz, Türkei: siehe unter diesen Staaten.

FRANKREICH. Operationen des Königs gegen die französische Armee unter Soubise. Uebergang über die Saale 1. 2. 3. 4. 27. — Voraussicht einer Schlacht 5. 6. 7. — Niederlage der Franzosen bei Rossbach (5. Nov. 1757) 7. 8. 9. 10. 11. 18. 23. 24. 25. 26. 27. 28. 29. 37. — Verfolgung der geschlagenen Franzosen 9. 11. 12. 20. 24. 25. 26. 28. 34. — Die gefangenen französischen Officiere 10. 19. 20. 25. 90. 98. 117. 126. 130. 157. 166. 204. 205. 222. 235. 401. 402. — Mittheilungen an die gefangenen französischen Officiere über die preussischen Erfolge in Schlesien 90. 117. 130. — Prinz Heinrich erhält den Oberbefehl gegen die Franzosen in Sachsen 19. 52. 67. 90. 97. 106. 117. 156. 164. 174. — Preussische Husaren nach der Priegnitz gegen die Franzosen entsendet 14; vergl. 111. — Befürchtung eines Einbruchs der Franzosen in die Altmark 106; vergl. 67. 206. 207. — Einbruch der Franzosen in Halberstadt 179. 182. 188. 189. 191. 193. — Ihre Absicht, den Schweden Erleichterung zu verschaffen 106. 179; vergl. auch 206. 304. — Befehl an Prinz Heinrich, nach Halberstadt vorzurücken 52. 97. 98. 106. 168. 189. 190. 198. 203. 205. — Besetzung des Halberstädter Gebiets durch die Preussen 227. 236. — Diversion des Prinzen Heinrich gegen Braunschweig und Hildesheim, Unterstützung der Operationen des Prinzen Ferdinand 190. 205. 219. 221. 222. 225. 235. 236. 248. 266. 278. 279. 289. 292. 295. 297. 306. 313. 316. 327. 331. — Errichtung des preussischen Husarenregiments Belling auf Kosten des Hildesheimer Landes 248. 266. 278. 279. — Rückkehr des Prinzen Heinrich nach Sachsen 267. 269. 278. 279. 297. 310. 316. 317. 320. 343. — Prinz Heinrich als Oberfeldherr in Sachsen gegen Reichstruppen und Oesterreicher: siehe unter Römisches Reich und Oesterreich.

Feldzug der verbündeten Armee unter Führung des Prinzen Ferdinand von Braunschweig, Vertreibung der Franzosen aus Hannover, Braunschweig, Westphalen, Hessen und aus allen Gebieten rechts des Rheins: siehe unter England-Hannover. — Drohungen der Franzosen mit Raub und Brand in Hannover, falls die Zevener Convention nicht streng innegehalten würde 87. 89. 108. 116; vergl. 135. — Der französische Oberfeldherr Richelieu durch den Grafen Clermont ersetzt 251. — Plan der Franzosen, nach Bremen und von da nach Mecklenburg durchzudringen 266. 270. 280. 281. 289. 304; vergl. 306. — Verstärkungen der französischen Armee 173. 198. 236. 280. — Rückzug der Armee unter Soubise 57. 279. 290. 291. 297. 302. 304. 306. 319. 328. 354. — Rückzug der Franzosen über den Rhein 302. 306. 307. 308. 310. 318. 319. 327. 334. 338. 340. 352. 354. 355. 356. 358. 363. 375. 380. — Möglichkeit einer französischen Diversion nach Süddeutschland 222. 223. 302. 307. 366. 376. — Ansichten des Königs über die gemeinsamen Feldzugspläne der Franzosen, Oesterreicher, Russen und Reichstruppen im Jahre 1758: 223. 269.

303. 304. 328. — Falsche Nachricht von dem Verlassen der Festung Wesel durch die Franzosen 354. 355. 356. 358. 362. 371; vergl. dagegen 375. — Frage des Rheinüberganges der verbündeten Armee 376. 390. 402. 403. 404. 412; vergl. 340. 341. — Ueberzeugung des Königs, dass die Franzosen für das folgende Jahr unschädlich gemacht sind 328. 329. 343. 346. 354. 356. 363. 394. Verachtung der französischen Truppen durch den König 112. 219. 260. 285. 286. 302. 307. 318. 319. 334. 346. 356. 390. — Spott über die französischen Officiere 356; desgl. über die combinirte französische und Reichsarmee 7. 8. 376. 394. — Die Franzosen gross durch ihre Prahlereien 198. 223. 236. 248. 291. 390. — Bedrückungen und Plünderungen der Franzosen in preussischen Landen 87. 188. 191. 193. 198. 232. 235. 243. 249. 268. 286. 339. 346. 402. — Denkschrift über die französischen Excesse 336. 337. — Die Franzosen in Hessen, Hannover und in den Reichslanden 22. 87. 96. 135. 243. 336. 337. — Schandthaten gegen die verbündeten Sachsen 24. 25. — Das gewaltsame Auftreten der Franzosen und Russen in den preussischen Provinzen ist schuld an dem harten Vorgehen der Preussen in Mecklenburg und Sachsen 14. 88. 188. 193. 243. 244. 257. 268. 402. — Französische Kriegsgefangene und Deserteure für die preussischen Freicorps angeworben 97. 297. 341. 391. — Verabschiedete französische Officiere zum Eintritt in den preussischen Dienst aufgefordert 97. 126; vergl. 308. — Der ehemalige französische Officier du Verger bildet ein preussisches Freicorps 334. 341. 401. — Aufnahme des Capitäns von Rochemont 141.

Die Unterhandlungen zwischen Richelieu und Prinz Ferdinand zu einer Convention für Halberstadt abgebrochen 22. 98. — Der König den Verhandlungen zu einem Sonderfrieden mit Frankreich abgeneigt 23. 29. 33. 34. 145. 151. 152. 232. — Bemühungen der Markgräfin von Baireuth zur Herbeiführung des Friedens zwischen Preussen und Frankreich 23. 33. 42. 66. 145. 151. — Der König hofft, nach Vertreibung der Oesterreicher aus Schlesien mit Frankreich zum Frieden zu gelangen, jedoch nicht ohne Zustimmung der Engländer 23. 34. 42. 57. 66. 104. 112. 142; vergl. 72. 73. — Der gefangene französische General Graf Mailly nach Frankreich beurlaubt 20. 30. 40. 42. 125. 126. 266. — Mailly's vergeblicher Versuch, Friedensunterhandlungen einzuleiten 40. 42. 266. 307. 308. — Verbot an den preussischen Gesandten im Haag, mit dem französischen Gesandten Beziehungen zu unterhalten 357; vergl. 368.

Urtheil des Königs über den leitenden französischen Minister Bernis 92. — Bernis über den König 151.

Nachrichten über Unterhandlungen zwischen Frankreich und Oesterreich und über eine Abtretung der österreichischen Niederlande, insbesondere der Häfen Ostende und Nieuport, an Frankreich 10. 23. 29. 92. 94. 145. 148. 151. 152. 162. 252. 255. 300. 332. 376. 377.

Ermahnungen des Königs an die englische Regierung, an der von Truppen entblössten französischen Küste Landungen zu unternehmen 230. 378. 392.

Verhaftung des französischen Spions de Fraigne in Zerbst: siehe unter Anhalt. — Einfluss Frankreichs in Holland und in der Türkei: siehe unter diesen Staaten.

HESSEN-CASSEL. Der Landgraf von Cassel als Verbündeter Englands und Preussens. Bundestreue des Landgrafen 16. 22. 71. 391. — Unterhandlungen des Landgrafen mit England. Unterstützung der hessischen Ansprüche durch Preussen 72. 148. 372. 391. 392. — Bedrückungen der Franzosen in Hessen 22. — Die Frage der Entschädigung des Landgrafen für die erlittenen Verluste 72. 372. 391. — Die Frage der Vermehrung des hessischen Truppencontingents 292. 300. 349. 372. 375. — Befreiung Hessens von den Franzosen 281. 289. 296. 306. 327. 334. 375.

Urtheil des Königs über den Erbprinzen von Cassel 21. 224. — Weigerung, dem Erbprinzen das Commando über eine preussische Heeresabtheilung anzuvertrauen 21. 98. 224. — Der Erbprinz soll zum Vicegouverneur von Magdeburg ernannt werden 98. — Berufung des Erbprinzen zur schlesischen Armee 279. 280.

Der Landgraf von Cassel erbietet sich zur Friedensvermittlung zwischen Preussen und Schweden 372.

Plan zu einer preussischen Postconvention mit Hessen-Cassel, Hannover und Braunschweig 326.

HOLLAND. Bemühungen, Holland zum Anschluss an Preussen und England zu bewegen 92. 141. 162. 164. 165. 166. 215. 230. 256. 274. 294. 321. 332. 375. 376. 377. 390. 404. 405. 412. — Die Vermehrung der holländischen Armee befürwortet 164. 165; vergl. 404. — Eifer des englischen Gesandten Yorke im Haag 92. 141. 165. 215. — Die Regentin Anna auf Seiten Englands und Preussens 164. 165. 215. 241. 274. — Das Volk in Holland für die protestantischen Verbündeten 210. 321. — Die Regentenpartei für die Neutralität, Gleichgültigkeit und Schlaffheit der Regenten 141. 165. 215. 247. 321. — Innere Streitigkeiten und die Handelsdifferenzen mit England stehen dem Bündniss entgegen 165. — Einfluss Frankreichs 165. 215. — Geringe Hoffnung des Königs, Holland zu gewinnen 165. 215. 247. 256. 313. 368. 404. 405. — Verbot an den preussischen Gesandten, mit dem französischen Gesandten im Haag in Beziehung zu treten 357; vergl. 368.

Intriguen des holländischen Gesandten Gronsfeld in Berlin. Der König verlangt seine Abberufung 176. 177. 226. 241. 321.

Gerüchte in Holland über angebliche preussische Unterhandlungen mit Frankreich, Sachsen und Oesterreich 141. 200. 201. 254. — Der König hintertreibt eine beabsichtigte Anleihe der clevischen Behörden in Holland 241. — Mittheilungen aus dem Haag über die Zustände in Russland 14. 92. 221. 247.

Ingenieure für die preussische Armee in Holland angeworben 123. 200. 247. 371. 404. — Officiere für die preussischen Freicorps in Holland angeworben 141; vergl. auch 226. 227. — Eine neue artilleristische Erfindung eines holländischen Officiers dem Könige angeboten 141. — Urtheil des Königs über den holländischen General Prinz Birkenfeld 321.

KÖLN. Der Churfürst von Köln ein eifriger Gegner Preussens und Englands. Preussische Husaren und Dragoner in die Kölner Lande gesandt, um Contributionen und Rekruten einzutreiben 340. 354.

MECKLENBURG. Feindliche Haltung des Herzogs von Mecklenburg-Schwerin gegen Preussen 342. 385. — Preussische Truppen nach Mecklenburg-Schwerin verlegt. Eintreiben von Contributionen an Geld und Lebensmitteln, Einforderung von Rekruten und Pferden 14. 139. 155. 159. 172. 173. 194. 204. 214. 215. 241. 282. 283. 286. 298. 310. 342. 346. 354. 359. 371. 385. 397. — Die Douceurgelder für die Winterquartiere der schlesischen Armee soll Mecklenburg liefern 172. 173; vergl. 155. — Befehl, die schweriner Truppen bei preussischen Regimentern unterzustecken 172. 195; vergl. 203. — Die Domänen des Herzogs besonders stark herangezogen 310. 342. 354. — Das Vorgehen gegen Mecklenburg veranlasst durch die Gewaltsamkeiten der Russen und Franzosen in preussischen Landen 14. 188. 243. 244. — Verwendung des dänischen Hofes für den mecklenburgischen Adel 187. 188. 243. 244.

Schonung der Lande des Herzogs von Mecklenburg-Strelitz 139. 294.

OESTERREICH. Oesterreichische Regimenter in der Schlacht bei Rossbach 24. — Marsch Friedrich's II. von Sachsen durch die Lausitz nach Schlesien 11. 12. 13. 15. 19. 23. 25. 29. 34. 35. 36. 37. 41. 42. 43. 44. 45. 46. 47. 48. 49. 50. 51. 53. 54. 55. 57. 67. 81. — Oesterreichische Truppen unter Marschall und Hadik in Sachsen und in der Lausitz. Vertreibung derselben durch den König 5. 29. 34. 35. 37. 40. 41. 42. 43. 47. 48. 81. 89. 103. 132. — Gewaltthätiges Auftreten der Oesterreicher gegen die protestantischen Sachsen 42.

Die preussische Armee in Schlesien unter dem Herzoge von Bevern den Oesterreichern gegenüber 12. 13. 18. 19. 34. 35. 37. 38. 41. 42. 43. 44. 45. 46. 47. 48.
61. — Belagerung von Schweidnitz durch die Oesterreicher unter Nadasdy 11. 12.
15. 18. 25. 34. 35. 61. 64. — Befehle an Bevern zum Angriff auf die Oesterreicher
13. 35. 38. 41. 42. 43. 44. 45; vergl. 61. — Fall von Schweidnitz (12. November)
35. 37. 39. 41. 42. 43. 44. 47. 64. 65. 81. 110. — Angeblicher Sieg des Herzogs
von Bevern bei Breslau 49. 50. 51. 52. — Widerruf des Sieges 53. 57. 59. —
Niederlage der Preussen bei Breslau (22. November) 53. 57. 59. 60. 61. 62. 67.
81; vergl. 251. — Der Herzog von Bevern von den Oesterreichern gefangen genommen 57. 60. 62. — Befehle an Bevern, dann an Kyau, Breslau zu halten 53.
54. 56. 57; vergl. 63. 275. — Capitulation von Breslau (24. November) 57. 60.
62. 63. 64. 68. 81. 110; vergl. 234. 272. 275. — Der König lässt die Generale
Kyau, Lestwitz und Katte verhaften 64. — Kriegsgericht gegen die drei Generale
234. 235. 272. 275. 291. 311. — Vorgänge in Schlesien während der österreichischen Occupation; vergl. auch unter: Preussen.

Pläne des Königs zum Angriff auf die Oesterreicher in Schlesien, vor der
Kunde von Bevern's Niederlage 13. 35. 38. 43. 44. 45. 46. 47. 48. 50. — Ent-
schlüsse und Befehle nach der Niederlage Bevern's 53. 54. 55. 56. 57. — desgl.
nach dem Verlust von Breslau. Vorbereitungen zur Schlacht 57. 59. 60. 67. 68.
69. 70. 72. 73. 74. 75. 81. — Testamentarische Verfügung vor der Schlacht 69.
70. — Sieg über die Oesterreicher bei Leuthen (5. December) 74. 75. 76. 77. 78.
79. 80. 81. 82. 83. 84. 90. 93. 94. 107. 110. 116. 128. 156. 157. — Medaille auf
den Sieg bei Leuthen 80. 129. 222. 223. — Verfolgung der geschlagenen Oesterreicher durch Zieten 79. 80. 82. 83. 84. 91. 92. 94. 95. 102. 103. 105. 113. 119.
120. 121. 123. 124. 125. — Fouqué auf der Verfolgung der Oesterreicher 117. 121.
122. 123. 126. — Auflösung der österreichischen Armee 75. 78. 79. 80. 84. 89.
94. 126. 127. 150. 313.

Einbruch eines preussischen Corps unter Feldmarschall Keith in das nordwest-
liche Böhmen (Ende November) 13. 35. 40. 47. 50. 58. 81. 89. 101. 103. 146. —
Besorgniss, die Oesterreicher könnten ihren Vorstoss gegen Berlin wiederholen 58;
vergl. 27 und 304.

Belagerung von Breslau durch den König 84. 85. 91. 94. 95. 97. 100. 101.
102. 103. 105. 108. 113. — Wiedereroberung Breslaus (20. December) 109. 110.
111. 112. 114. 116. 117. 119. 126. 128. 129. 130. 131. 136. 137. 139. 140. —
Belagerung von Liegnitz durch die Preussen 117. 118. 122. 123. 127. 128. 129;
vergl. auch 102. 109. — Capitulation von Liegnitz (26. December) 128. 131. 132.
133. 134. 137. 138. 142. 147. 162. 163. — Vertreibung der Oesterreicher aus Oberschlesien durch die preussischen Truppen unter Werner, Skrbensky und Lattorff.
Besetzung eines Theils von Oesterreichisch-Schlesien 117. 120. 125. 132. 133. 135.
137. 163. 169; vergl. 142.

Blokade von Schweidnitz während des Winters durch eine preussische Heeresabtheilung unter Fouqué 124 (vergl. auch schon 102. 117) 127. 129. 133. 135. 138.
142. 163. 167. 190. 258. 264. — Postirung an der böhmischen Grenze unter Zieten
124. 133. 134. 138. 166. 167. 257. 258. 264. 265. 395. 396. 406. 407. — Preussen
und Oesterreicher in der Grafschaft Glatz 137. 138. 233. 257. 315. 316. — Die
Oesterreicher in Böhmen im Winter und im Frühjahr 89. 103. 124. 125. 132. 133.
134. 138. 146. 147. 158. 166. 175. 226. 233. 257. 264. 265. 313. 344. 345. 360.
362. 370. 371. 381. 400. 407.

Feldmarschall Keith in Sachsen während des Winters 1757 auf 1758. Die Postirung an der sächsisch-böhmischen Grenze 89. 101. 114. 116. 133. 143. 158. 219.
226. 232. 233. 257. 269.

Beginn der Operationen im Frühjahr 1758: Die Stärke der preussischen Armeen im neuen Feldzuge 175. 227. 286. 291. 376. — Belagerung von Schweidnitz
durch ein preussisches Corps unter Generallieutenant von Treskow 235. 279. 302.

303. 304. 307. 313. 314. 315. 316. 318. 319. 320. 328. 334. 336. 344. 345. 350.
352. 355. 356. 361. 362. 363. 367. 369. 370. 376. 378. 382. — Beschiessung von
Schweidnitz 350. 355. 358. 359. 360. 369. 370. 374. — Unzufriedenheit des Königs
mit den Artilleristen vor Schweidnitz 355. 357. 358. 359. 361. 367. 369. 370. —
Sturm auf das Galgenfort 374. 383. 386. 388. — Capitulation von Schweidnitz
386. 387. 388. 391. 392. 393. 399. — Prinz Moritz von Dessau gegen die Oesterreicher an der schlesisch-böhmischen Grenze 325. 330. 331. 335. 345. 350. 355.
357. 358. 360. 361. 368. 369. 370. 382. 383. 384. — Generallieutenant Fouqué in
der Grafschaft Glatz. Vertreibung des österreichischen Generals Jahnus. Vorstoss
gegen Böhmen 315. 316. 325. 328. 335. 336. 344. 345. 350. 357. 358. 360. 361.
369. 384. 387.

Ansichten des Königs über die Feldzugspläne der Oesterreicher im Jahre 1758
223. 269. 303. 304. — Feldzugsplan des Königs für 1758 304. 327. 328. 338. 346.
375. 376. 381; vergl. 355. 363. 400. 407.

Marsch des Königs durch Oberschlesien nach Mähren. Einrücken in Mähren
389. 391. 392. 393. 394. 399. 400. 405. 406. 407. 408. 409. 410. 411. 412. —
Instruction für Fouqué 399. 400; vergl. 387. — Glücklicher Beginn des Feldzugs 413.

Feldmarschall Keith aus Sachsen nach Schlesien berufen 233. 269. 307. 361.
362. 374. — Der Oberbefehl über die preussische Armee in Sachsen dem Prinzen
Heinrich übertragen 267. 269. 278. 279. 286. 291. 297. 302. 303. 304. 305. 307.
316. 317. 318. 320. 321. 327. 328. 334. 343. 344. 362. 381. 382. 389. 393. 394.
400. 401. — Instructionen für den Prinzen Heinrich 302. 304. 305; vergl. 267. 279.
307. — Prinz Heinrich soll in Böhmen einrücken und Prag erobern 304. 328. 376.
381. 389. 401. — Unternehmungen des Prinzen Heinrich gegen die Reichstruppen:
siehe unter Römisches Reich.

Aussichten auf Frieden nach Besiegung der Oesterreicher in Schlesien 23. 26.
39. 42. 57. 66. 69. 72. 73. 77. 78. 84. 89. 90. 94. 108. 112. 114. 120. 121. 135.
142. — Minister Finckenstein nach Breslau berufen zur Besprechung einer etwaigen
Friedensunterhandlung 120. 121. 272. 273; vergl. 254. — Ueberzeugung, dass der
Krieg noch ein weiteres Jahr währen wird 145. 146. 156. 175. 190. 222. 227. 231.
232. 274. — Erwartung des Friedens nach Beendigung des Feldzuges von 1758
175. 190. 274. 290. 293; vergl. 313.

Anerkennung der Tapferkeit der Oesterreicher. Die österreichischen Truppen
weit tüchtiger und gefährlicher als die französischen 79. 184. 219. 346. — Die
österreichischen Officiere und Soldaten besser als in früheren Kriegen 119. — De-
sertionen von österreichischen Kerntruppen, von Panduren und Ungarn 126. 127.
— Einreihung von desertirten Oesterreichern in die preussischen Regimenter 127. —
Prinz Karl von Lothringen und seine militärische Umgebung 127. — Urtheil des
Königs über die österreichischen Generale Prinz Birkenfeld 321 — und Graf Wallis
327 — über den Grafen Kaunitz 92. — Krankheiten im österreichischen Heere 146. 164.

Maria Theresia verweigert die Gefangenenauswechslung 20. 98. 122; vergl. 126.
— Behandlung gefangener preussischer Officiere in Oesterreich 122. — Befreiung von
widerrechtlich festgenommenen preussischen Civilbeamten, des Geheimraths von der
Osten und des Legationssecretärs Plesmann 143. 144. 193. 194. 329. 407. 408. —
Oesterreichische Officiere in preussischer Gefangenschaft 122. 127. 137. 184. 185. —
Gefangenenauswechslung nach den österreichischen Verlusten in Schlesien 156. 185.
344. 362. 381. 407. 409.

Graf Kaunitz benachrichtigt den König von einem gegen ihn geplanten Mordanschlag. Antwort des Königs durch den Minister Finckenstein 201. 202.

Finanznoth in Wien 157. 158. — Beunruhigung der österreichischen Regierung
durch Bewegungen unter den Türken 133. 152. 158. 159. 160. 195. — Nachrichten über Verhandlungen zwischen dem Wiener und Versailler Hofe. Für die
Rückeroberung Schlesiens soll Flandern an Frankreich kommen 10. 23. 29. 92. 94.

145. 148. 151. 152. 162. 252. 255. 300. 332. 376. 377. — Oesterreichs despotisches Auftreten im Reiche 31. 173. 174. 182. 183. 231. 323.

PFALZ. Der Churfürst von der Pfalz als Gegner Preussens. Die preussische Kavallerie des Prinzen Ferdinand soll Rekruten und Contributionen in den pfälzischen Besitzungen am Niederrhein auftreiben 340. 354.

POLEN. Tod der Königin von Polen 39. 40.
Die Russen in Polen 237. 238. 239. 240. 260. 261. 346. 350. — Der Grossgeneral Graf Branicki ein Gegner der Russen. Beziehungen Friedrich's II. zu Branicki 238. 239. 262. 263. 264. — Feldmarschall Lehwaldt soll mit seinen Truppen, ebenso wie die Russen, auf Kosten der Polen leben 240.
Der junge Fürst Lubomirski wünscht in preussische Dienste zu treten 178. — Urtheil des Königs über die Windbeutel, die Polen 178. 179.

PREUSSEN.[1] Beziehungen Preussens zu den fremden Mächten: siehe unter diesen.
Klagen des Königs über das Kriegsleben, Widerwille gegen die Kriegsführung 100. 157. 174. 175. 190. 198. 223. 227. 231. 249. 274. — Hoffnung auf Frieden nach Vertreibung der Oesterreicher aus Schlesien 23. 26. 39. 42. 57. 66. 69. 72. 73. 77. 78. 84. 89. 90. 94. 108. 112. 114. 120. 121. 135. 142. — Stimmung des Königs nach der Schlacht bei Rossbach 8. 29. 36. 37; vergl. auch Bernis über den König 151. — Eichel über die Haltung des Königs vor der Entscheidungsschlacht bei Leuthen 42. 68. 69; vergl. auch 73. — Testament des Königs für den Fall seines Todes in der Schlacht 69. 70. — Mitchell über den König nach den Erfolgen in Schlesien 160. — Grösse der Leistungen des Königs und der preussischen Armee in den letzten Monaten des Jahres 1757: 76. 77. 78. 79. 112. 127. 146. 160. — Voraussicht des Nothwendigkeit eines weiteren Feldzuges 145. 146. 156. 175. 190. 222. 227. — Erwartung des Friedens nach Beendigung des Feldzuges 1758: 175. 190. 274. 290. 293. — Hoffnungsvolle Stimmung für den neuen Kampf 150. 158. 160. 175. 286. 290. 302. 338. 363. 413.
Krankheitszustände des Königs 117. 127. 173. 225. 324. 327. 344. — Rückkehr der königlichen Familie von Magdeburg nach Berlin 118. 120. — Die Königin verwendet sich bei ihrem Bruder, dem Herzoge von Braunschweig 99. 100. — Krankheit des Prinzen von Preussen 29. 30. — Der Prinz geht nach Berlin 29. 30. 186. — Gratulation zum Siege bei Leuthen, Antwort des Königs 101. 102. — Gereizte Stimmung zwischen den beiden Brüdern 186. — Angeblicher Wunsch des Prinzen von Preussen, den neuen Feldzug als Freiwilliger im Heere Lehwaldt's mitzumachen 325. — Verwundung des Prinzen Heinrich bei Rossbach 8. 9. — Herzlichkeit des Königs gegen den Prinzen Heinrich 40. 74. 127. 146. 198. 199. 225. 235. 236. 266. 356. — Lobeserhebungen über die militärischen Leistungen des Prinzen Heinrich 74. 236. 266. 296. — Vorliebe des Prinzen für die Franzosen 356. — Krankheit des Prinzen Ferdinand 127. 135. 146. 156. 157. 174. 189. 190. 198. — Brüderliche Sorge des Königs um den Prinzen Ferdinand 75. 127. 135. 174. 175. — Herzliches Verhältniss zwischen dem Könige und der Markgräfin von Baireuth 8. 18. 37. 74. 94. 100. 145. 146. 150. 157. 173. 174. 190. 222. 285. 286. 290. 291. 363. — Krankheit der Schwester des Königs, der Markgräfin von Schwedt 157. 222. 290. — Die Töchter der Markgräfin von Schwedt in Breslau 157. 174. 190. — Friedrich und seine Schwester Ulrike, die Königin von Schweden 107. 108. 183. 184. 273. 306. 374. 392. — Prinzessin Amalie in Breslau, Freude des Königs über das Wiedersehen 157. 189. 190. 198. 222. 231.

---

[1] In den früheren Bänden, bei denen eine besondere Abtheilung „Preussen" nicht gebildet ist, sind die oben angeführten Punkte zum Theil der Abtheilung „Oesterreich" beigefügt worden. Vergl. Bd. XV, 493.

Der König über sein Leben in Breslau 157. 174. 190. 198. 222. 231. 249. — Finckenstein, Knyphausen und Marquis d'Argens nach Breslau berufen 118. 120. 121. 175. 201. — Gerüchte von Verhandlungen des Königs mit Oesterreich 254. — desgl. mit Frankreich und Sachsen 141. 200. 201. — Prinzessin Amalie und die schwedter Prinzessinnen in Breslau: siehe oben. — Berufung de Catt's 123. — Sammlung der Relationen zum Behufe der Darstellung des Krieges durch den König 118. 119. — Nachricht von einem Mordanschlag gegen den König 201. Rückkehr der preussischen Minister von Magdeburg nach Berlin 118. 120. — Schlaganfall des Ministers Podewils 314. — Das Testament des Königs an Finckenstein gesandt 69. — Finckenstein in Breslau: siehe oben.

Einschmelzen des königlichen Silbergeräths 20. 21. — Ausprägung geringhaltiger Münzen 21. — Die Breslauer Kaufleute weigern sich, den Münzentrepreneuren einen Vorschuss zu gewähren 187. — Annahme englischer Subsidien: siehe unter England. — Contributionen in Mecklenburg und Sachsen: siehe unter diesen Staaten. — Finanzielle Schonung der preussischen Unterthanen 135. 257 mit Anm. 4. 331. 332. — Die von den Franzosen geforderten Lieferungen sollen nach Möglichkeit hinausgeschoben werden 67. 191. 192. 207; vergl. 241. — Bedrückungen der Franzosen und Russen in preussischen Landen 188. 191. 193. 198. 232. 235. 243. 249. 268. 286. 339. 346. 402. — Eidesleistung der ostpreussischen Städte an die Kaiserin Elisabeth 232. — Besetzung Ostpreussens durch die Russen: siehe unter Russland. — Vertreibung der Franzosen aus Halberstadt 227. 236. 331. — desgl. aus Ortfriesland und den preussischen Provinzen in Westphalen und am Niederrhein 280. 289. 296. 318. 319. 322. 326. 331. 339. 356. 402. — Wiedereinrichtung der preussischen Verwaltung in den zurückeroberten westlichen Provinzen. Nachlass der Abgaben 331. 332. — Vorgehen der thurn- und taxis'schen Postbehörden in den besetzten preussischen Provinzen 326. — Mit den Bundesgenossen Preussens, Hannover, Hessen-Cassel und Braunschweig, sollen Postconventionen vereinbart werden 326. — Anwerben von sächsischen Fabrikanten für Preussen 90. — Propheten und Prophezeiungen in Berlin 267. 286.

Vorgänge in Schlesien während der österreichischen Occupation: Verräthereien des katholischen Clerus in Breslau 63. — Eidesleistung von preussischen Regierungsbeamten in Breslau an die österreichische Kaiserin 150. — Die preussischen Soldaten und die Generale vor der Schlacht bei Breslau 61. — Die preussischen Soldaten und die Generale während der Belagerung und nach der Uebergabe von Schweidnitz 64. 65. — Die Generale Kyau, Katte und Lestwitz. Kriegsgericht gegen dieselben 64. 234. 235. 272. 275. 291. 311.

Aeusserungen des Königs und seines Cabinetssecretärs über die Fähigkeiten oder Leistungen von preussischen Generalen und Officieren: Prinz Heinrich 74. 236. 296. — Feldmarschall Keith 101. — Feldmarschall Lehwaldt 139. 159. 160. 258. 259. 281. 282. 298. 309. 310. 323. 333. — Herzog von Bevern 38. 41. 43. 44. 45. 53. 61. 62. 73. 74. — Prinz Ferdinand von Braunschweig 115. 129. 134. 136. 146. 147. 152. 189. 198. 211. 218. 219. 251. 259. 280. 296. 339. 375. 404. — Erbprinz von Hessen-Cassel 21. 224. — Dohna 371. — Prinz Holstein 204. 211; vergl. 172. — Kyau, Lestwitz, Katte 46. 57. 59. 60. 62. 63. 64. 73. 74. 234. 275. 291. 311. — Zieten 59. 61. 62. 95. 102. — Fouqué 121. 122. — Itzenplitz und Hülsen 305. — Seydlitz 9. Herzliches Verhältniss zu Seydlitz 40. 67. 117. — Prinz Karl von Bevern 170. — Sers und Grumbkow, die Vertheidiger von Schweidnitz 18. 64. — Platen 283. 397. — Salmuth 207. 344. — Aschersleben 397. — Die preussischen Artillerieofficiere Dieskau und Möller vor Schweidnitz 355. 357. 358. 359. 361. 367. 369. 370. — Oelsnitz und Graf Anhalt 320. — Der Lieutenant, spätere Feldmarschall Kalkreuth 318. 334.

Den neu zu ernennenden preussischen Generallieutenants, Generalen der Armee und Generalfeldmarschällen soll die Verpflichtung auferlegt werden, niemals gegen den Willen des Königs den Abschied zu fordern 286. 287. — Die preussische Generalität bei dem Heere des Prinzen Heinrich 304. 344. — bei dem Heere Dohna's 385. — Papiere des gefallenen Generals von Winterfeldt 65. 66.

Ergänzung des preussischen Officiercorps: Edelleute aus Ansbach, Baireuth, Gotha, Weimar zum Eintritt aufgefordert 175. — Aufnahme verabschiedeter französischer Officiere 97. 126. 141. 334; vergl. 308. — schwedischer Officiere von der Hofpartei 281. 287. — eines holländischen Officiers 226. 227. — Ingenieurofficiere in Holland angeworben 123. 200. 247. 371. 404. — Besoldung preussischer Ingenieurofficiere 123. — Tadel über die Officiere des Regiments Garde du Corps 334. 335.

Stärke des preussischen Heeres vor dem Feldzuge von 1758: 175. 227. 286. 291. 376. — Ergänzung des Heeres: durch Rekruten aus Anhalt 52. 127. 156. 227. 274. 275. — aus Köln und Pfalz 340. 354. — aus Sachsen 132. 134. 158. — aus Mecklenburg (4000 Rekruten soll Mecklenburg liefern) 139. 159. 172. 173. 204. 214. 215. 282. 283. 298. 310. 342. 385. 397. — aus Schwedisch-Pommern (1000 Rekruten zu liefern) 154. 159. 172. 173. 214. 215. — durch schwedische Kriegsgefangene 170. 171. 173. 214. — durch Gefangene von der Reichsarmee 393. — durch Deserteure von der Reichsarmee 25; vergl. 104. 151. — durch österreichische Deserteure 127. — durch mecklenburgische Truppen 172. 195; vergl. 203. — Ergänzung des Heeres vergl. auch weiter unten bei den Freibataillonen. — Disciplin im preussischen Heere 303. — Sorge für das leibliche Wohl der Soldaten 303. 320. — Sorge für die Verwundeten und Kranken 305. 406. — Bestrafung der Plünderer 303. — Vertheilung der Regimenter nach der Capitulation von Schweidnitz 387.

Verstärkung der preussischen Husarenregimenter auf je 1300 Pferde 134. 135. — Errichtung des preussischen Husarenregiments Belling auf Kosten des Hildesheimer Landes 248. 266. 278. 279. — Die Husarenofficiere und die Officiere der (anderen) Kavallerieregimenter 305. — Die preussische Artillerie der schwedischen gegenüber 259. — Gefangene schwedische Artilleristen in das preussische Heer aufgenommen 171. 173. — Preussische Artillerie bei dem verbündeten Heere 168. 301. 393. — Verwendung der Artillerie in der Schlacht auf dem angreifenden Flügel 303. — Unzufriedenheit mit den Leistungen der preussischen Artillerieofficiere vor Schweidnitz: siehe oben. — Verstärkung der preussischen Freibataillone auf je 750 Mann 189. — Errichtung eines preussischen Freicorps durch den schwedischen Grafen Hordt 281. 282. 287. 359. 394. 398; vergl. 401. — Errichtung eines Freibataillons durch den ehemaligen französischen Officier du Verger 334. 341. 401. — Ergänzung der Freibataillone durch französische Kriegsgefangene 97. — desgl. durch französische Deserteure 297. 341. 391. — Französische Officiere bei den Freicorps 141. 334. — Preussische Landbataillone im Magdeburgischen 207.

RÖMISCHES REICH. Absicht, über den König von Preussen die Reichsacht zu verhängen. Befehl an den preussischen Gesandten, den gegen die beschworene Wahlcapitulation handelnden Kaiser für abgesetzt zu erklären 182. 183. — Reichshofrathsdecrete und Avocatorien gegen Preussen 31. 323. — Verletzung der Reichsconstitution, Vernichtung der deutschen Freiheit durch den Wiener Hof 173. 174. 231. — Preussen der Verfechter der deutschen Rechte und Freiheiten 174. — Nach den preussischen Erfolgen wird die Bedrückung der Patrioten im Reiche aufhören 51 (Anm. 1). — Verblendung der deutschen Fürsten, die durch den Krieg gegen Preussen ihre eigene Knechtschaft befördern 174.

Vorrücken des Königs über die Saale gegen Reichsarmee und Franzosen 1. 2. 3. 4. 5. — Voraussicht einer Schlacht 5. 6. 7. — Niederlage der Reichsarmee bei Rossbach 7. 8. 9. 10. 11. 18. 23. 24. 25. 26. 27. 28. 29. — Erwartung, dass die Reichstruppen im Winter von Unternehmungen abstehen werden 57. 104.

Die Reichsarmee in Franken 58. 104. 151. 405. — Der Prinz von Hildburghausen seines Commandos entsetzt 104. — Nachrichten, dass die Reichstruppen im Jahre 1758 nach Böhmen marschieren und als Besatzungen der österreichischen Festungen verwendet werden sollen 158. 159. 219. 222. — Die Kreistruppen sollen im Verein mit den Oesterreichern von Böhmen her gegen Sachsen operiren 223. 269. 304.

Prinz Heinrich zum Oberbefehlshaber der preussischen Armee in Sachsen ernannt: siehe unter Oesterreich. — Prinz Heinrich soll von Sachsen aus einen Vorstoss gegen die Reichstruppen im Fränkischen unternehmen 302. 321. 328. 338. 344. 376. 381. — Oberst Mayr in Franken. Einnahme von Hof. Zug gegen Suhl 393. 401.

Des Königs Verachtung gegen die Reichstruppen 223. 297. 232. 321. 328. 344. 381. — Spott über die combinirte französische und Reichsarmee 7. 8. 376. 394.

Uebertreten von Soldaten der Reichsarmee in preussische Dienste 25; vergl. 104. 151. — Gefangene Reichstruppen als Rekruten in das preussische Heer eingereiht 393.

Auftreten des Reichserbpostmeisters in den preussischen Provinzen am Rhein und in Westphalen. Vergeltungsmassregeln an den thurn- und taxis'schen Postämtern in den von Preussen besetzten Reichslanden 326.

RUSSLAND. Krankheit der Kaiserin von Russland. Voraussicht ihres baldigen Ablebens. 14. 85. 183. 221. 247. 338; vergl. dagegen 390. — Erwartung, dass dem Tode der Kaiserin ein allgemeiner Friede folgen werde 247. — Der Grossfürst Peter und seine Gemahlin der englischen Partei zugeneigt 183. 246. 247. — Schonendes Auftreten der Preussen im Fürstenthum Zerbst aus Rücksicht auf die Grossfürstin Katharina 52. 284. 312. — Die französische Partei am Petersburger Hofe 183. — .Stellung des Grosskanzlers Bestushew 85. 183. — Sturz Bestushew's 307. 312. 390. 405.

Fortgang des englischen Gesandten Williams aus Petersburg 85. 183. 188. 245. 246. — Plan von Williams zur Lösung der russisch-französischen Allianz 85; vergl. 245. 246. 247. — Williams und das russische Grossfürstenpaar 246. 247. — Urtheil des Königs über Williams 184. — Robert Keith geht als englischer Gesandter nach Petersburg 188. 230. 312. — Friedrich II. unwillig über die Haltung der Engländer gegen Russland; er giebt die Hoffnung auf, durch England den petersburger Hof vom Kriege zurückzuhalten 188. 218. 238. 253. 277. — Die Engländer werden in Petersburg allein durch Bestechung Erfolg haben 230. 277. — Russland abhängig von dem Geldbietenden 363. — Vergebliche Bemühungen Friedrich's für die Unterstützung durch eine englische Flotte in der Ostsee 93. 149. 176. 199. 228. 229. 277. 285. 293. 333. 365. 379 (Anm. 4). — Der König zum Frieden mit Russland bereit, aber gegen eine russische Friedensvermittlung zwischen Preussen und Oesterreich 230.

Rückzug der russischen Armee aus Ostpreussen im Herbst 1757: 14. 183. — Hoffnung des Königs, dass die Russen nicht zurückkehren werden 14. 150. 160. — General Fermor erhält den Oberbefehl an Apraxin's Stelle 115. — Die Provinz Ostpreussen von den preussischen Truppen geräumt. Das ostpreussische Corps unter Feldmarschall Lehwaldt übernimmt den Krieg gegen die Schweden in Pommern 14. Neuer russischer Einbruch im Januar 1758: 179. 180. 199. 216. 217. 218. 221. 223. 232. 237. 239. 240. 242. 253. 256. 260. 292. — Flüchten der preussischen Kassen 180. 181. — Befehl, Königsberg energisch zu vertheidigen 181. 207. 208. — Einnahme von Königsberg durch die Russen (22. Januar) 211. 218. — Auftreten der Russen in Ostpreussen 232. 249. 268. — Königsberg und andere preussische Städte zur Eidesleistung an die Kaiserin von Russland gezwungen 232; vergl. 239. — Die Russen in polnischen Landen, in Litthauen und Westpreussen 237. 238. 239. 240. 260. 261. 346. 350. — Befürchtung des Vordringens der Russen nach Schlesien oder nach Pommern 216. 218. 221. 232. 237. 239. 240. 249. 269. 276. 292. 299. 304. 311. 329. 333. 342. 343. 346. 347. 348. 367. 376. — Der König wird für diesen Fall genöthigt sein, den Prinzen von Holstein mit seiner Kavallerie von der hannoverschen Armee zurückzuberufen 218. 250. 260. 292. 309. 310. 316. 339. 340. 391. 392. — Ein preussisches Kavalleriecorps unter Generalmajor von Platen wird nach Hinterpommern entsandt zur Beobachtung der Russen 258. 283. 284. 329; vergl. 240. 397. — Operationsplan für Feldmarschall Lehwaldt zum Krieg gegen die Russen 240. 241. — Absicht, dem Feldmarschall Keith ein Commando gegen die Russen zu übergeben 269. — Instructionen an den Nachfolger Lehwaldt's, Generallieutenant Graf Dohna, zum Kriege gegen die Russen 346. 347. 348; vergl. auch 376.

Urtheil des Königs über die „miserablen" russischen Truppen; Erwartung, dieselben leicht zu besiegen 329; vergl. auch 302. — Nachrichten über den Zustand des russischen Heeres 353. — Stärke der Armee 343. 353. 354. — Die russische Kavallerie 353. — Die russische Artillerie 353. — Deutsche Officiere im russischen Heere 353.

Friedrich wünscht die Türken als Bundesgenossen gegen Russland zu gewinnen 196. 237. 238. 260. 261. 350. 351. 352. — desgl. die Dänen 405.

Mittheilungen aus dem Haag über die Zustände in Russland 14. 92. 221. 247.

(CHUR-)SACHSEN. Angebliche Unterhandlungen Friedrich's II. mit dem Churfürsten von Sachsen 200. 201. — Absicht, durch starke Lieferungen in Sachsen den Churfürsten zum Frieden zu bewegen 89. 90; vergl. 158. — Tod der Churfürstin von Sachsen 39. 40. — Verhältniss des Königs zum Churprinzen von Sachsen. Freilassung des prinzlichen Oberhofmeisters Grafen Wackerbarth 39. 153. — Angebliche Unterhandlungen zwischen Friedrich und dem Churprinzen 254. — Feindschaft gegen Brühl 89. 201. 233. 268. — Brühl's Intriguen und Verleumdungen gegen Preussen 201; vergl. auch 36. — Verhältniss des Königs zu Feldmarschall Rutowski 330. — Intriguen sächsischer Beamten 36. 153.

Einziehen der Steuern und der anderen Abgaben des Churfürstenthums 88. 132. 135. 137. 156. 158. 192. 193. 212. 360. 401. — Die preussische Verwaltung verlangt geringere Abgaben als die bisherige chursächsische 402. — Contribution in Dresden 36. 212. 233. 257. — Ermässigung der dresdener Contribution 394. 401. — Das Vorgehen der Preussen in Sachsen veranlasst durch die Gewaltthätigkeiten der Franzosen und Russen in preussischen Landen 88. 193. 257. 268. 402. — Eidesleistung sächsischer Städte als Gegenmassregel gegen die erzwungene Eidesleistung der Stadt Königsberg an die Kaiserin von Russland 232. 257. — Repressalien in Sachsen angekündigt, gegen die Drohungen der Franzosen, die hannoverschen Königsschlösser zerstören zu wollen 87. 89. 90. 133. 135. — Oberst Mayr in Nischwitz 89. 233. 267. 268. — Schandthaten der Franzosen gegen ihre sächsischen Bundesgenossen 24. 25. — Hass der Oesterreicher gegen die protestantischen Sachsen 42. — Sächsische Handwerker und Fabrikanten für Preussen geworben 90. — Rekruten in Sachsen ausgehoben 132. 134. 158.

Sächsische Truppen in Ungarn 152. 401. — Heimliche Unterstützung der Oesterreicher von Sachsen her 257. 355. — Desertion sächsischer Soldaten aus dem preussischen Heere 63. — Desertion gefangener sächsischer Officiere 381.

Vorübergehende Absicht des Königs, die Winterquartiere in Dresden zu beziehen; vorläufige, vielleicht auf Täuschung der Gegner berechnete, Anordnungen für die Dresdener Quartiere 32.

SARDINIEN. Der König von Sardinien, ein Bewunderer Friedrich's II. 185. — Abneigung Friedrich's gegen eine sardinische Vermittlung 186.

Angeblicher Beitritt Sardiniens zur Versailler Allianz 314.

SCHWEDEN. Parteinahme der Königin von Schweden für Preussen 183. 184. 273. 392. — Ihre Feindschaft gegen die den Krieg mit Preussen betreibende Senatspartei 183. — Feindschaft Friedrich's II. gegen die schwedische Senatspartei 155. 170. 273. — Eindruck der Schlacht bei Rossbach in stockholmer Regierungskreisen

183. — Freilassung der in preussische Gefangenschaft gerathenen schwedischen Officiere von der Hofpartei 195. — Die Officiere der Hofpartei zum Frieden mit Preussen geneigt 71. ;252. — Der Parteigänger des schwedischen Hofes, Baron Wrangel, in Breslau 287. — Graf Hordt, ein Anhänger des schwedischen Hofes, ·tritt in preussische Kriegsdienste 221. 281. 287. 334. — Anwerbung eines Freiregiments durch den Grafen Hordt 281. 282. 287.·359. 394. 398; vergl. 401.

Der Krieg in Pommern: General Manteuffel gegen die Schweden 5. 6. 66. 139. — Das ostpreussische Corps unter Feldmarschall Lehwaldt übernimmt den Kampf gegen die Schweden 5. 6. 11. 13. 14. 26. 29. 34. 58. 66. 67. 85. 106. 107. 111. 116. 139. 142. 143. 147. 154. 156. 159. 160. 170. 171. 172. 173. 174. 184. 194. 227. — Einnahme von Anklam und· Loitz 154 — von Demmin 159 — der Peenemünder Schanze 172. 298. — Blokade von Stralsund 159. 170. 171. 203. 204. 208. 210. 214. 217. 259. 297. 298. 299. 392. 397. — Absicht, nach der Insel Rügen überzugehen 220. 221. 242. 243. 276. 281. 299. 309. 333. — Der König unzufrieden über die Langsamkeit der Bewegungen und die geringen Erfolge Lehwaldt's 139. 159. 240. 242. 243. 258. 259. 281. 282. 309. 310. 313. 333. 371. 397. — Entsendung des Generals Grafen Holstein von dem Lehwaldt'schen Corps zu der hannoverschen Armee, desgl. des Generals von Platen von demselben Corps zur Beobachtung der Russen: siehe unter England-Hannover bezw. unter Russland. — Zwiespalt zwischen Lehwaldt und Graf Dohna 299. 300. — Lehwaldt im Oberbefehl durch Dohna ersetzt 323. 324. — Dohna an der Spitze des preussischen Heeres 333. 334. 341. 342. 346. 347. 348. 352. 359. 371. 384. 385. 397. — Instructionen für Dohna 346. 347. 348; vergl. 341

Des Königs Urtheil über die Feigheit und Untüchtigkeit der schwedischen Soldaten 184. 333. — Die schwedische Artillerie 259; vergl. 171. — Gefangene schwedische Soldaten, insbesondere Artilleristen, in das preussische Heer übernommen 170. 171. 173. — Auswechslung von Kriegsgefangenen mit den Schweden 195. — Rekruten für die preussische Armee in Schwedisch-Pommern ausgehoben 154. 159. 172. 173. 214. 215. — Eintreiben von Geld, Pferden und Lebensmitteln in Schwedisch-Pommern 155. 171. 172. 173. 195. 196. 215. 283. — Die Douceurgelder für die Winterquartiere der Lehwaldt'schen Armee sind in Schwedisch-Pommern aufzubringen 155. 173. — Das preussische Auftreten im schwedischen Lande soll dazu dienen, die Schweden zum Frieden zu bewegen 170.

Friedrich II. erwartet baldigen Frieden mit Schweden 108. 147. 150. 158. 164. 173. 174. 208. 215. 217. — Der König bereit, einen Frieden mit Schweden einzugehen 71. 108. 159. 164. 170. 184. 195. 208. 213. 214. 217. 252. 306. — Vollmacht für Lehwaldt zum Friedensabschluss 217. — Der Königin Ulrike soll die Ehre und das Verdienst des Friedensschlusses zugewendet werden 108. 184. 214. — Friedenseröffnungen von Seiten der Schweden: General Horn 70. 71. — General Rosen und Major Wrangel 213. 214. 217. — Major Dürgetz 252. 270. — Präsident Höpken 372. — Der Landgraf von Hessen-Cassel zur Vermittlung bereit 372. — Plan, den Engländern die Vermittlung zwischen Preussen und Schweden anzuvertrauen 70. 71. 170. 184. 252. 294. 367. 372. 374. 392.

SCHWEIZ. Beschwerden der englischen und preussischen Regierung über das Eintreten von schweizer Regimentern in französische Kriegsdienste 272. 273.

WÜRTTEMBERG. Niederlage der Württemberger bei Leuthen 79. — Der Herzog von Württemberg und die Markgräfin von Baireuth 79. 80.

TÜRKEI. Thronwechsel in Constantinopel 187. 199. 238. — Angebliches Attentat gegen den neuen Sultan Mustafa 291.

Gerüchte von Bewegungen der Türken gegen Oesterreich 133. 152. 158. 159. 160. 196. — Einfluss Frankreichs an der Pforte 188.

Verhandlungen des preussischen Emissärs von Rexin in Constantinopel, der König wünscht die Türken zum Angriff auf Russland und Oesterreich zu bewegen 237. 238. 260. 261. 351. 352; vergl. auch 196. — Beförderung der Briefe an Rexin 238. 262. 263. 264. 350. 351. — Insinuationen an den türkischen Gesandten in Warschau 350. — Verhältniss Rexin's zu dem englischen Gesandten Porter in Constantinopel 238. 260. 261. 351. — Misstrauen gegen die englische Politik an der Pforte. Der König wünscht die Verhandlungen Rexin's vor Porter geheim zu halten 238. 263. — Die englische Regierung erklärt sich auf die preussischen Mahnungen hin bereit, die Türken zu einer Schilderhebung anzustacheln 366.

———————

Es ist zu lesen:

S. 67. Z. 3 v. u.; 90. Z. 18; 192. Z. 1 v. u.: états statt États.

S. 68. Z. 17 ff.: sur les désastres que le prince etc.; par ses affreuses et lourdes fautes etc.; et poussez-le à ne pas traîner etc. [nach einem zweiten, nachträglich gefundenen Déchiffré].

S. 102. Anm. Z. 8: S. 95. Anm. 1 u. 2 statt S. 94. Anm. 3.

S. 104. Anm. Z. 3: S. 66. Anm. 2 statt Anm. 1.

S. 111. Anm. 2: mit dem Vorstoss nach der Gegend von Lenzen ist die S. 14 erwähnte Sendung der 500 Husaren gemeint.

S. 172. Anm. 2: 9676 statt 9670.

S. 266. Anm. Z. 9: se statt la.

———————

Pierer'sche Hofbuchdruckerei. Stephan Geibel & Co. in Altenburg.